大雄宝殿

后檐斗栱及版门

翼角

山面外景

梁架

补间铺作里转

角部构造

武都区广严院

北立面

戏楼抹角梁结构

戏楼歇山梁架结构

戏楼卷棚梁架结构

戏楼南立面

戏楼檐下斗栱

正门檐下斗栱

武都区麻池大爷庙

后院内景

前院内景

主屋内部梁架结构

主屋内部梁架结构

主屋窗槅扇样式

主屋门槅扇样式

主屋门绦环板图样

主屋门绦环板图样

主屋门绦环板图样

文县李家大院

正房立面

正房屋角结构

厢房

垂花柱

倒座立面

檐廊雀替

正房室内结构

栏杆纹样

文县任家宅

正房立面

正房檐下结构

厢房立面

屋角结构

倒座立面

廊架结构

柱础

柱础

柱础

文县田家宅

正房立面

檐下结构

厢房立面

正、厢房转角结构

倒座立面

正房门扇

正房雀替

文县张家宅

入口

院落

正殿

正殿内山面梁架

正殿内主梁架

院落

文县西京观

庭院内景

栏杆样式

柱头科斗栱式样

庭院内景

柱头科斗栱式样

雀替式样

宕昌县王家大院

红一方面军司令部旧址庭院内景

红一方面军司令部旧址屋内梁架结构

红一方面军司令部旧址屋面脊兽

红二方面军总指挥部旧址主屋外立面

红二方面军总指挥部旧址主屋梁架结构

红二方面军总指挥部旧址庭院内景

红二方面军总指挥部旧址入口

宕昌县哈达铺上下街典型院落

庭院内景

主屋檐下斗栱

院门外观

主屋内部梁架结构

主屋内部梁架结构

主屋正脊脊兽

主屋窗户纹样

主屋室内斗栱

礼县刘氏宅院

宅院外景

二进院门

影壁

正房前廊

正房及庭院

正房梁架

厢房

倒座

西和县孔氏宅院

院落

正房

厢房

木雕局部

梁架

室内

槅扇门

柱础

柱础

成县李明武民居

西立面

南立面

北立面门窗

悬梁挂柱

镂空横披及棋眼壁

梁架结构

徽县清真寺姆拉楼

倒座立面

厢房立面

正门檐下结构

屋内梁架

大门

大门屋脊

大门抱鼓石

徽县尹家大院

大院一角

大院内景

厢房立面

南房立面

梁架

梁架

横披

圆窗

康县何家大院

主院一角

主院入口

外立面

主院内景

梁架

梁架

槅扇门

窗

康县黎家大院主院

分院入口

分院内景

立面

立面

窗

窗

柱础

柱础

康县黎家大院分院

侧立面

檐口出挑结构

正立面

撑栱

内部梁架结构

柱础形态

康县窑坪村廊桥

院落总体

过厅外景

正房立面及踏步

门窗雕花

偏房

院落一角

门窗及栏板

康县赵氏庄园

院落内景

立面

二层廊道

大门

梁架

梁架

屋顶

门窗

康县朱彦杰民居

谯楼正面

谯楼翼角

谯楼梁架

大殿

大殿斗栱

大殿前石雕

大殿梁架

大殿梁架局部

大殿壁画

两当县左家泰山庙

总平面

街道外景

两当兵变旧址

两当兵变旧址

街面现状

街面现状

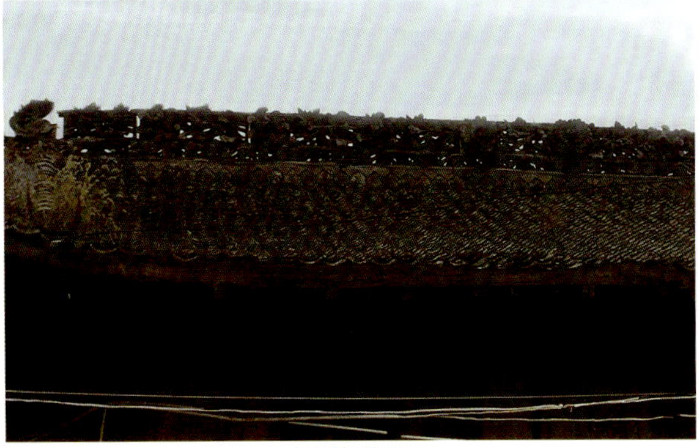
正脊雕花

山墙墀头

两当县杨店古建一条街

本书得到以下国家自然科学基金项目资助

“北茶马古道传统民居建筑谱系与活态发展模式研究”（项目编号：51568038）

“丝绸之路甘肃段明清古建筑大木营造研究” （项目编号：51868043）

“陕甘川交界区传统氐羌聚落形态的演进机制研究” （项目编号：52068046）

丝路甘肃建筑遗产研究

阶州古建筑实测图

孟祥武　叶明晖　著

科学出版社
北　京

内 容 简 介

本书为“丝路甘肃建筑遗产研究”书系之一的《丝路甘肃建筑遗产研究：阶州古建筑实测图》卷，收录了丝路甘肃境内陇南地区（古称阶州）现存的建筑遗产的现状勘察测绘资料，包含陇南八县一区典型的古建筑测绘图稿，并且着重对各县区的传统建筑特征予以了研究和阐释。不仅提供了每一处古建筑翔实的第一手测绘资料，同时对每一处古建筑的营造特征加以总结提炼，全面展示了古代丝路甘肃阶州区域建筑遗产的历史价值、科学价值、艺术价值，填补了甘肃陇南地区建筑遗产研究的空白，为专业研究人员提供了珍贵的基础资料。

本书适合建筑历史与理论、文物保护、风景园林、艺术设计等领域专业技术人员以及高等院校相关专业的师生参考阅读，也可供广大文物保护爱好者阅读。

图书在版编目（CIP）数据

丝路甘肃建筑遗产研究：阶州古建筑实测图 / 孟祥武，叶明晖著. —北京：科学出版社，2021. 9

ISBN 978-7-03-066631-4

Ⅰ. ①丝… Ⅱ. ①孟… ②叶… Ⅲ. ①古建筑—建筑测量—阶州—图集 Ⅳ. ①K928.712

中国版本图书馆 CIP 数据核字（2020）第 214203 号

责任编辑：吴书雷 / 责任校对：邹慧卿

责任印制：肖 兴 / 封面设计：张 放

科 学 出 版 社 出版

北京东黄城根北街 16 号

邮政编码：100717

http://www.sciencep.com

中国科学院印刷厂 印刷

科学出版社发行 各地新华书店经销

*

2021 年 9 月第 一 版 开本：889 × 1194 1/16

2021 年 9 月第一次印刷 印张：26 1/2 插页：13

字数：720 000

定价：298.00 元

（如有印装质量问题，我社负责调换）

序　一

甘肃古称“雍凉之地”，她的问世似乎就被上苍赋予了某种使命般的作用。甘肃的地形东西长、南北短，两端阔大，中央狭窄，非常像古代的一把锁钥、或者一支如意。狭长的河西走廊横亘在青藏高原和内蒙古高原之间，形成了一条天然的地理通道。这里地势较为平坦，气候相对温和，利于人众聚居。古代，这里是中原通向西域的必经之路；如今，这里傲然成为欧亚大陆桥的枢纽之地。因此，古人形容甘肃的地理特征是“联络四域、襟带万里”。正是这种天设地造的优势，成就了历史上著名的“丝绸之路”。“丝绸之路”在15世纪末哥伦布发现美洲大陆开辟欧美海上通商航道之前，它是亚欧大陆上最伟大的通商道路。

“丝绸之路”作为世界文化遗产[1]一共包括新疆、甘肃、陕西、河南四省（区）的24处历史遗产地，其中甘肃境内有锁阳城、悬泉置、玉门关、莫高窟、炳灵寺、麦积山石窟6处遗产地。这些遗产地有石窟寺、古城、关隘及驿站，都属于建筑文化遗产，时代覆盖两汉、南北朝、隋唐，正是处于“丝绸之路”的功能活跃期间，为甘肃的历史作用提供了坚实的物质证据。

宋元明清以来，政治中心东移，海上商道勃兴，京杭运河开通，曾经穿行于河西走廊的“丝绸之路”逐渐失去了驼队马帮的喧闹，变成历史长河中的文化积淀被岁月的时光掩藏起来。但是，建筑所具有的承载和展现传统文化的机能，却如同薪火般一茬接一茬地传续着，在黄土高原上催生出美轮美奂的建筑。

“丝路甘肃建筑遗产研究”丛书一共12卷，详实记载了明清时期的甘肃建筑（如果用当下时髦的词语，可以说成是“后丝绸之路”时期的甘肃建筑）。这部丛书主要由建筑实测图录、建筑营造技术、建筑文化研究三大部分组成。每个部分又分为四卷，从建筑的历史沿革、文化意义、整体布局、单体特征到营造的梁架构造、土木技术、装饰彩画……，甚至把甘肃当地通行建筑营造术语都专门做了解释。洋洋洒洒，可谓全矣。我们可以把这套丛书里面的建筑看作是前面提到的甘肃6处“丝绸之路”遗产地的补充或接续，由此构成一个上迄两汉、下止明清的介绍甘肃古代建筑的小型全书。

这部丛书有这样几个特点：第一，它较为详实地记录了明清时期的建筑，主要是散布在城镇乡村的寺庙宅院。与衙署府邸相比，这些寺庙宅院在封建社会中虽然等级卑低，但是，在建筑形

[1]　全名为“丝绸之路：长安 - 天山廊道的路网”，2014年世界遗产大会公布为世界文化遗产。

制和营造手法上具有显著的乡土特征，是反映当时社会经济文化生活诸方面的实例，堪称具有特色的地域建筑。第二，作者对于甘肃建筑的传统营造技艺做了专门的论述。由于我国的传统木结构营造技艺属于非物质文化遗产的范畴[1]，表明作者注意到了建筑遗产中物质文化遗产与非物质文化遗产的共生性，因而次第开展建筑的物质文化属性和非物质文化属性的研究，形成了既统一关联又鞭辟入里的研究成果。第三，作者系统地收集编撰了甘肃建筑的营造术语，并且把这些地方化的营造术语做出简明的解释，极大地方便了读者对于全书内容的理解，可谓匠心独到。

这部丛书是几位在高校任教的中青年教师积累十数载心血的成果。他们作为新时代的教育工作者，深知心怀的使命和肩负的责任，深刻理解"保护好古建筑、保护好文物就是保存历史，保存城市的文脉，保存历史文化名城无形的优良传统"[2] 的意义。因此，他们利用教学之余，组织起来专题调研小分队，不计偏远、不惧贫苦、不怕辛劳，深入到历史建筑遗存的所在地，几乎跑遍了甘肃境内的区县乡镇，惟求得获历史建筑真容为快乐，尝试揭示中国传统文化对于建筑营造的影响，破译历史建筑蕴含的传统文化遗传密码。

希望这部丛书的出版能够进一步推动甘肃历史建筑的研究，促进建筑遗产的保护利用，繁荣丝绸之路的城市文化建设。

北京建筑大学教授

2021 年 8 月 26 日（时值兰州解放日）

[1] 2009 年 8 月，中国传统木结构营造技艺入选联合国教科文组织人类非物质文化遗产代表作名录。

[2] 摘自《福州古厝·序言》，福建人民出版社 2002 年 5 月出版。2002 年，时任福建省省长的习近平同志为《福州古厝》撰写了序言。

序　二

丝绸之路，全长总共7000多公里，在甘肃境内就有1600多公里。甘肃地区的文明发源于秦安的大地湾文化，距今已有8000多年的历史。因此，“丝绸之路三千里，华夏文明八千年”应该是对甘肃丝路历史文化的真实写照，也是对甘肃厚重历史文化的最好诠释。建筑是历史文化的记忆，更是传统文化的基因，故而，丝路甘肃的建筑遗产具有极高的历史与文化价值，为研究丝绸之路的形成和发展过程以及影响因素提供了丰富和宝贵的研究资源。但是，近年来对于甘肃建筑历史的研究还是相对匮乏，这对于甘肃、西北乃至全国的建筑历史研究都是不小的缺憾。

“丝路甘肃建筑遗产研究”丛书主要是基于古建测绘、文献研究对甘肃地区建筑遗产的样式、做法与文化进行研究与展示。作者通过对该区域内大量的历史建筑进行踏勘，同时结合历史文献进行辅证，以丝绸之路甘肃段上的重镇作为切入点：首先，对现存的建筑遗产进行全面、系统、详细的现状勘察以及典型建筑的测绘；其次，对具有区系特征的典型营造技术的建筑智慧进行深入挖掘；最后，进一步对典型建筑遗产的历史文化内涵进行解读。由此，全套图书形成了实测图录、营造技术以及建筑文化三个重要组成部分。不仅展现了甘肃传统建筑物质空间的特征，而且呈现展现了其独特的营造技艺，还在建筑文化的地区系统研究上进行了尝试，给读者呈现了甘肃建筑遗产风貌的多层次性。

建筑是人类文明最重要的结晶，除那些已被列为文保的建筑之外，大多数传统建筑都处在不断因应自然与人类社会变化的过程当中。这一过程导致了众多建筑遗产的不断消失，尤其在西北地区欠发达区域，快速的经济建设对于历史建筑的破坏是很大的。在这种现状背景下，抢救性地对这些建筑遗产进行测绘以及探讨区域性建筑的营造特色，一方面会有助于区域性历史建筑的保护修缮；另一方面也会对区域建筑文化可持续发展的理论、方法、策略的建立提供参考资料。孟祥武博士及其研究团队在这一研究中投入了大量的时间，其带领众多建筑学子在一线不辞辛劳、日复一日地进行调查测绘和研究工作，从而获得了丰硕并富有启发性的研究成果。孟祥武博士曾在他的。博士论文中对“生土建筑”的研究与发展趋势提出了“再审视”的见解，这也提供了一个系统认知建筑遗产历史变化的重要视角，也用在了这部丛书的研究之中。因此，“丝路甘肃建筑遗产研究”丛书是一次扎实的基础研究与区域建筑体系研究的尝试，是对于甘肃地区建筑遗产研究的重要补充与完善。

习近平总书记在十九大报告中深刻阐明：“文化是一个国家、一个民族的灵魂。文化兴国运兴，文化强民族强。没有高度的文化自信，没有文化的繁荣兴盛，就没有中华民族伟大复兴。”丝绸之路甘肃段建筑遗产是中华优秀传统文化的一个重要组成部分，对其进行挖掘研究是贯彻十九大精神的很好体现，孟祥武博士团队的这套丛书无疑是对丝绸之路甘肃段优秀传统建筑文化的一次集中整理和展示。

相信“丝路甘肃建筑遗产研究”这套丛书能够为关注区域建筑历史遗产保护，以及关心甘肃历史、建筑文化的人们提供有益的参考和启发。

西安建筑科技大学教授 王军

2021年8月27日

前　言

阶州，甘肃省陇南市武都区于公元 892 ～ 1371 年、1377 ～ 1913 年间的地名。纵观阶州建置沿革，阶州地区很早就有了人类居住，东晋《华阳国志》对其作了简要记载。由于地处交通要冲，阶州的位置极为重要，几乎所有的王朝都曾经在这一地区实施过统治。阶州地区在不同时期有过不同的称谓，但以武都、阶州两个名称使用时间最长。在历史发展的进程之中，阶州所处的甘肃省东南部，逐渐成为当下的陕、甘、川三省交界之地，同时也是先秦文化、巴蜀文化、氐羌文化的交汇之地，获得了“秦陇锁钥”“巴蜀咽喉”之称谓，为古丝绸之路与北茶马古道等文化线路的形成与发展奠定了重要的基础，尤其新近发现的北茶马古道基本贯穿了整个陇南地区。

多元文化的交融，致使陇南地区的传统建筑呈现出较为综合的区域文化特征。细细品味，不仅是在与陕、甘、川相邻的其他地区相比较所显示出区域内部特征的分异，更是陇南地区的特殊地理区位促进历史文化交融沉淀的重要结果。陇南从行政区划来看，包括八县一区：礼县、成县、徽县、西和县、宕昌县、文县、康县、两当县以及武都区。历史发展之中，有多个县域曾经在属地之上并不在陇南。如西和、礼县属于秦州（今天水）管辖时间较长，因而，区域内的建筑营造风格与秦州做法更为相近，临近的成徽平原则也多与秦州做法相似。再者，从方言语系的角度来看，也佐证了陇南各个县域存在较大差异现象的事实：如文县的碧口镇所用官话皆为四川方言；康县方言则属于中原秦陇官话。至此，陇南地区传统建筑的风格大概可以分为三个片区：康县、两当与陕南地区相似；文县、宕昌、武都则与川蜀地区以及甘南地区相似；西和、礼县、成县、徽县则与秦州地区相似。三个片区在地区相接的区域又表现出建筑风格相似的特征，武都（阶州）作为历史上区域与文化交融的典型区域，体现的综合特征最为明显。单从传统民居建筑的类型来看，平面制式包括一字形、L 形、U 形以及回字形等；从建筑材料的使用来看，包括夯土房、板屋、石板房等。

本书作为“丝路甘肃建筑遗产研究”系列图书中“古建筑测绘图”的第一卷，其意义重大。它是兰州理工大学建筑历史团队从 2014 年至今对于陇南地区古建筑测绘的成果，测绘图稿是以 2011 级与 2012 级建筑学本科的测绘课程的测绘成果为基础，在 2015 级以来研究生的不断勘误之后完成的。大家本着对于传统建筑文化遗产的敬畏，细致测绘、审慎绘图、斟酌阐释，试图将陇南地区的古建筑特征客观、准确地展现在各位读者面前。这些资料曾为 2014 年以来三批次对于陇南地区传统村落的调研与申报做出了巨大贡献，同时为进一步完善文物保护单位的“四有”档案添砖加瓦，更为后续研究陇南地区传统建筑文化的传承与发展提供借鉴。

目　录

武都区广严院

福津广严院位于甘肃省陇南市武都区三河镇柏林村，别称“柏林寺”，始建于宋代，清代扩建，占地 2000m^2。院内现存北宋元丰元年 (1078 年) 所立《阶州福津广严院记》和南宋淳熙十五年 (1188 年)《新修广严院记》碑刻各 1 通，古柏 3 棵。广严院前殿建筑是陇南境内保存最完整、最早的宋代古建筑，也是甘肃现存宋代木结构三大建筑之一。广严院 1981 年被列为县级文物保护单位，1993 年被列为省级文物保护单位，2019 年被列为全国重点文物保护单位。[1]

广严院现仅存山门、大雄宝殿（前殿）及东西两侧僧房（厢房）四座单体建筑，仅一进院落。前殿北临三河粮油管理所，据称是原广严院正殿基址（广严院中轴线北端延伸至粮库的当下位置）。

前殿坐北朝南，土木结构，单檐歇山屋顶，面阔五间（20m），进深六架椽（16m），山面三间四柱，整个建筑置于砖石垒砌的台基上。正面当心间面阔略小于次间面阔，梢间面阔又小于当心间面阔，间广小于柱高。当心间、次间门板为后换。当心间门楣上施两枚八瓣门簪，形似南瓜。梢间设版棂窗，似为原构。北、西、东三侧槛墙为黄土砌筑，有明显收分。檐柱为梭柱[2]，生起、侧脚不明显。柱础掩没于台基内依稀可辨，为覆莲状。柱脚间施地栿。正面当心间与次间四根柱子全部露明，其余檐柱皆包于墙身之内，仅柱头可见。柱头间施阑额，上置普拍枋。普拍枋至角柱出头垂直斫截，阑额不出头。外檐铺作为斗口跳，各间设补间铺作一朵。

[1] 北宋碑正面为嘉祐七年朝廷敕赐碑文“……旧阶州福津镇弥陀院……敕宜赐广严院为额”。按碑文广严院之前身名作弥陀院。而反面碑文《阶州福津广严院记》印证了赐额与更名的历程。更提到广严院由僧人智光创建于乾德元年(963 年),并记述了当时的寺院规模:“大佛殿三间，文殊殿三间。□音殿（缺字疑为‘观’）三间。斋厅三间。僧堂两间。三门楼三间。”另一块南宋碑刻有《新修广严院记》。碑文作者魏鲸为当时阶州刺史吕侯的门客。受广严院主持普兴之托将其向吕侯介绍广严院的过程记载成文。碑文载“院故名弥陀……至嘉祐中改赐今名。绍兴中为涨潦啮坏，无尺椽寸瓦留者。普兴与师道思始相今址，裒一方施金，迁而新之。起于绍兴三十一年，落于乾道九年，凡十有二年。为屋八十□，为□一，为堂二，为寮十，庖廥湢浴无不咸具。而又以余力为大钟楼而悬之……”。根据碑文的记录，广严院在南宋绍兴（1131 ~ 1163 年）中被洪水毁坏，迁移新建于绍兴三十一年（1162 年）、乾道九年（1173 年）建成，历经十二年。对当时的寺院规模亦有说明，从“为堂二”“为屋八十□”来看，其规模已远不及北宋时期（李靖，丁垚 . 甘肃武都广严院及陇东南古建筑考察记略 [J]. 建筑创作 . 2009（01）：146-153）。

[2] 梭柱自五代起主要应用于南方，北方唐辽建筑不多见。

补间铺作外部伸出为水平昂头，内部仍为华栱，即昂头华栱，琴面昂嘴；柱头铺作外部亦伸出为水平昂头，里转与四椽栿或乳栿相连。斗口跳是铺作中最简单的组合形式，唐代即出现，《营造法式》中也有记载，但实例较少。

屋面高度占立面总高度的1/2，檐椽断面方形，椽头垂直斫截，飞子端头略有收分。屋面正脊两端为鸱吻形象，张嘴吞脊，尾部做鱼形，向内卷曲，正脊上连砖分为上下两个部分，上嵌“牡丹花卉”缠枝纹，下嵌“琴棋书画”类主题。垂脊为甘青地区常见“五把鬃”兽，戗脊用卷云状兽形，显示较大差异。方椽、兽形及纹饰的差异或与1995年广严院大殿修缮时施工方为永靖古建队有关，有河州工艺的痕迹。

前殿的内部梁架为厅堂式，彻上明造。殿内供奉三世佛塑像，乃是1949年后所造，已非原物。屋内梁栿表面残留充当粮库时涂抹的白灰略显破败，但仍有部分位置遗存彩画痕迹。横向梁架可从上而下分为三层，当心间与次间的构成方式不同。当心间梁栿最下层为四椽栿对乳栿，中间层为三椽栿对劄牵，最上层为平梁，其上立蜀柱，无叉手。次间梁栿上、下层与当心间相同，中间层为两端劄牵连以长两椽的顺栿串。细节也略有不同：当心间三层梁栿间施木块托垫而次间无，次间蜀柱脚施合楷而当心间无。须特别提到的是次间两缝梁架的平梁北端上表面有一矩形开口槽孔使人联想到这有可能是为安放叉手所设。山面平梁下施下平槫，上立南北对称两根夹际柱子，下设栱枋。栱枋与夹际柱子结合处做连身对隐。纵向梁架除脊槫外，皆设单材襻间与顺身串。脊槫为两根木料上下叠构，与蜀柱顶结合处施雀替。脊槫部分的形制与其他各槫不同，而与清代修缮的山门脊槫结构相似，应为雍正朝重修时改换。梢间纵向设丁栿两道以联系横梁与山面檐墙。屋内四转角处沿45°方向施抹角栿，两端插入转角铺作之间的空当。其上施垫块托垫角昂后尾与下平槫相交结点。

屋内有四根内柱，柱首抵北上平槫下襻间栌料之下。西端屋内柱柱础为覆莲状，磨损较重。中间两根内柱柱径稍大，柱础为四棱台上置礅墩形，材质崭新，应为后换构件。东端屋内柱柱础不存。另有四根较细的柱子，支于四椽栿腹底中部，柱础方形。这四根细柱应是后世添加，以避免四椽栿跨中弯矩过大而致坍塌。

山面出际简单，脊槫、上平槫出际，无搏风版，无悬鱼，脊槫下置蜀柱合楷于平梁之上，上平槫被山面柱头铺作的斗口跳支撑于平梁之上。出际制度在《营造法式·大木作制度二·栋》之内记述“槫至两梢间，两际各出柱头，又谓之屋废”。平梁下置搏脊。

前殿虽屡经修缮，但主体大木形制接近于唐宋做法，主体构架仍为南宋初建遗物，与碑文内容契合。现存南宋时期的木构建筑遗存极少，仅江苏苏州玄妙观三清殿和广东广州光孝寺大殿两例，且都处于南方地区。广严院位于西北与西南交接地区，在时间和空间坐标上都占据了一席之地。

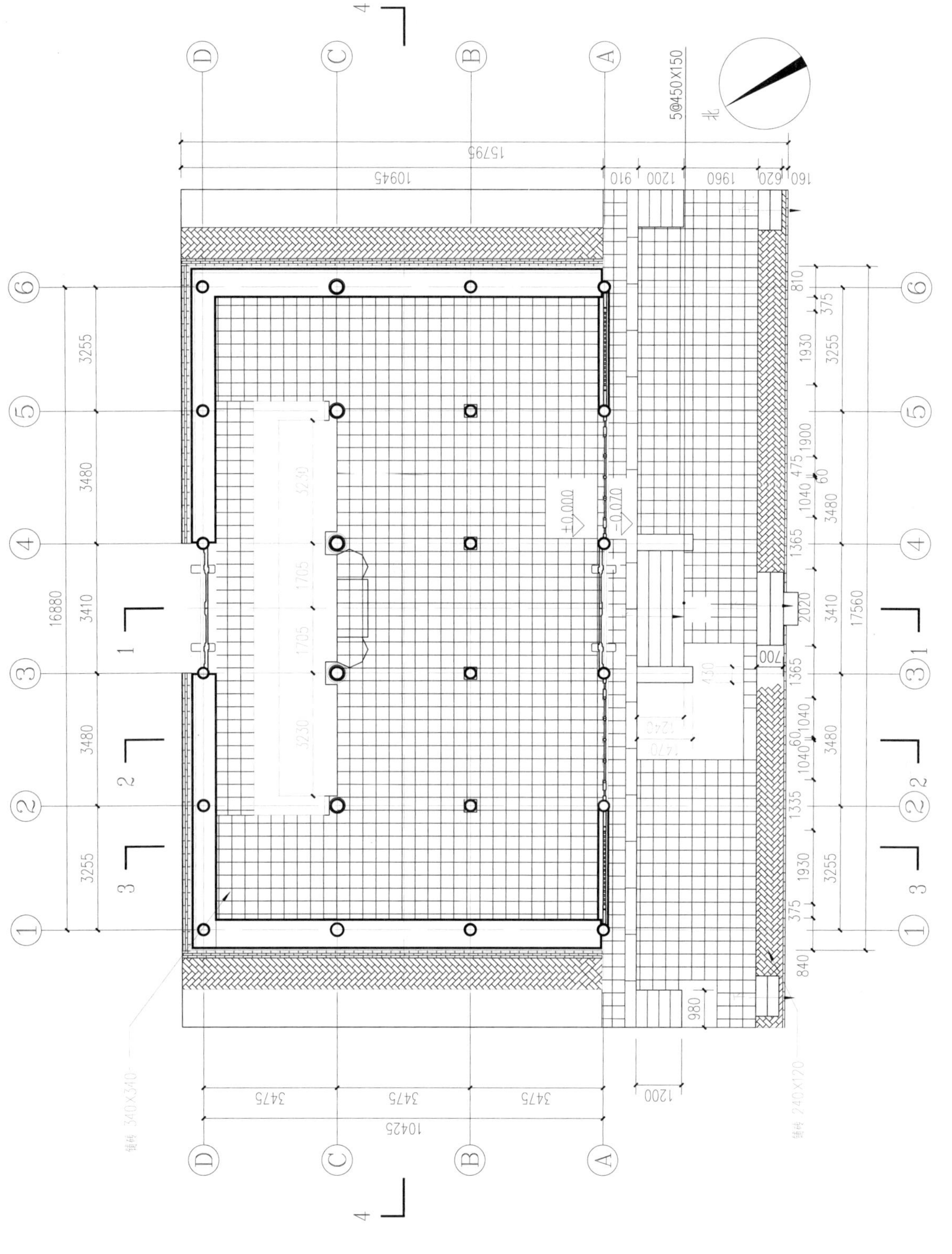

图 1　一层平面图

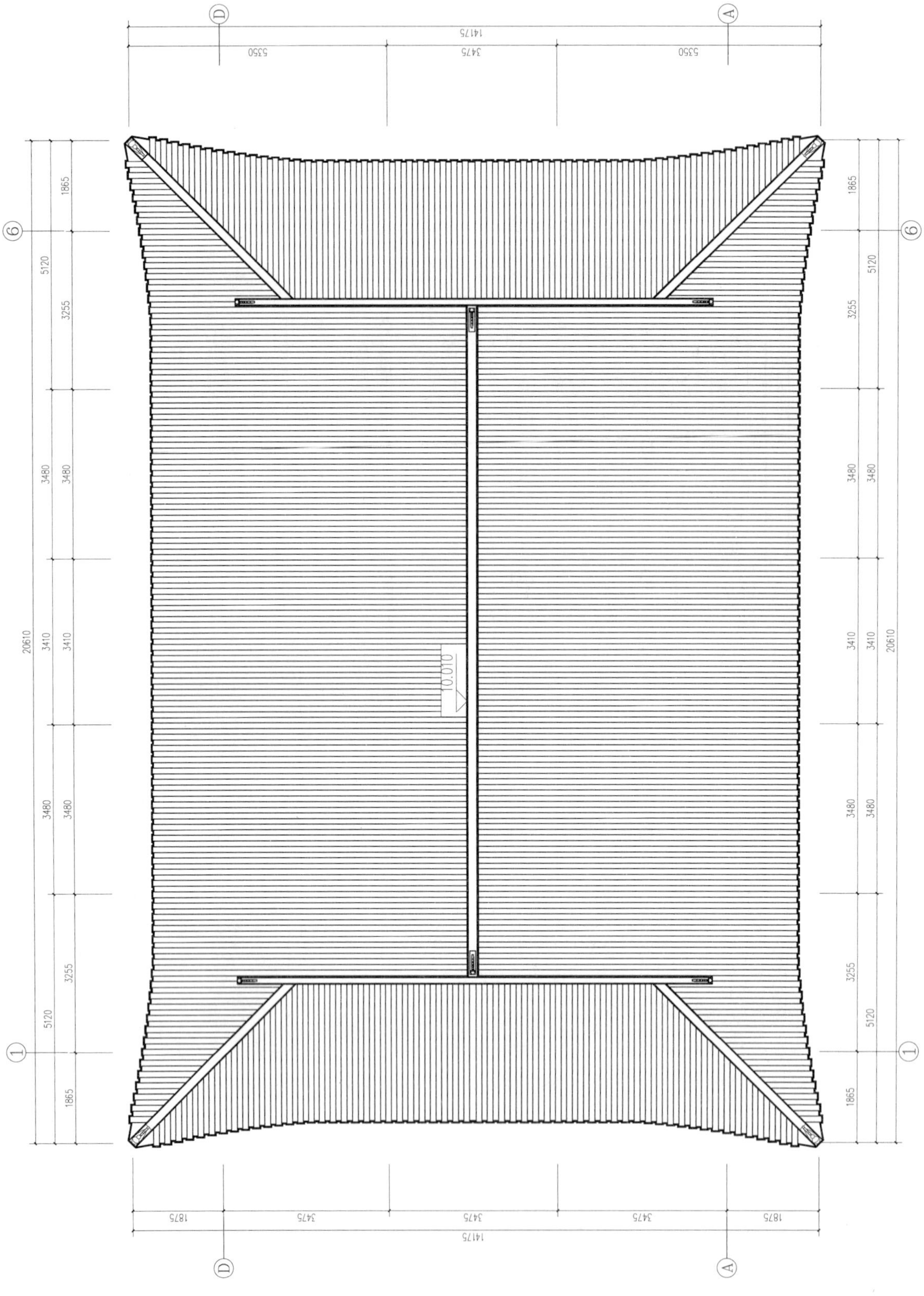
D
A
14175
5350
3475
1875
1865
5120
3255
3480
3410
20610
6
1
10.010

图 2 屋顶平面图

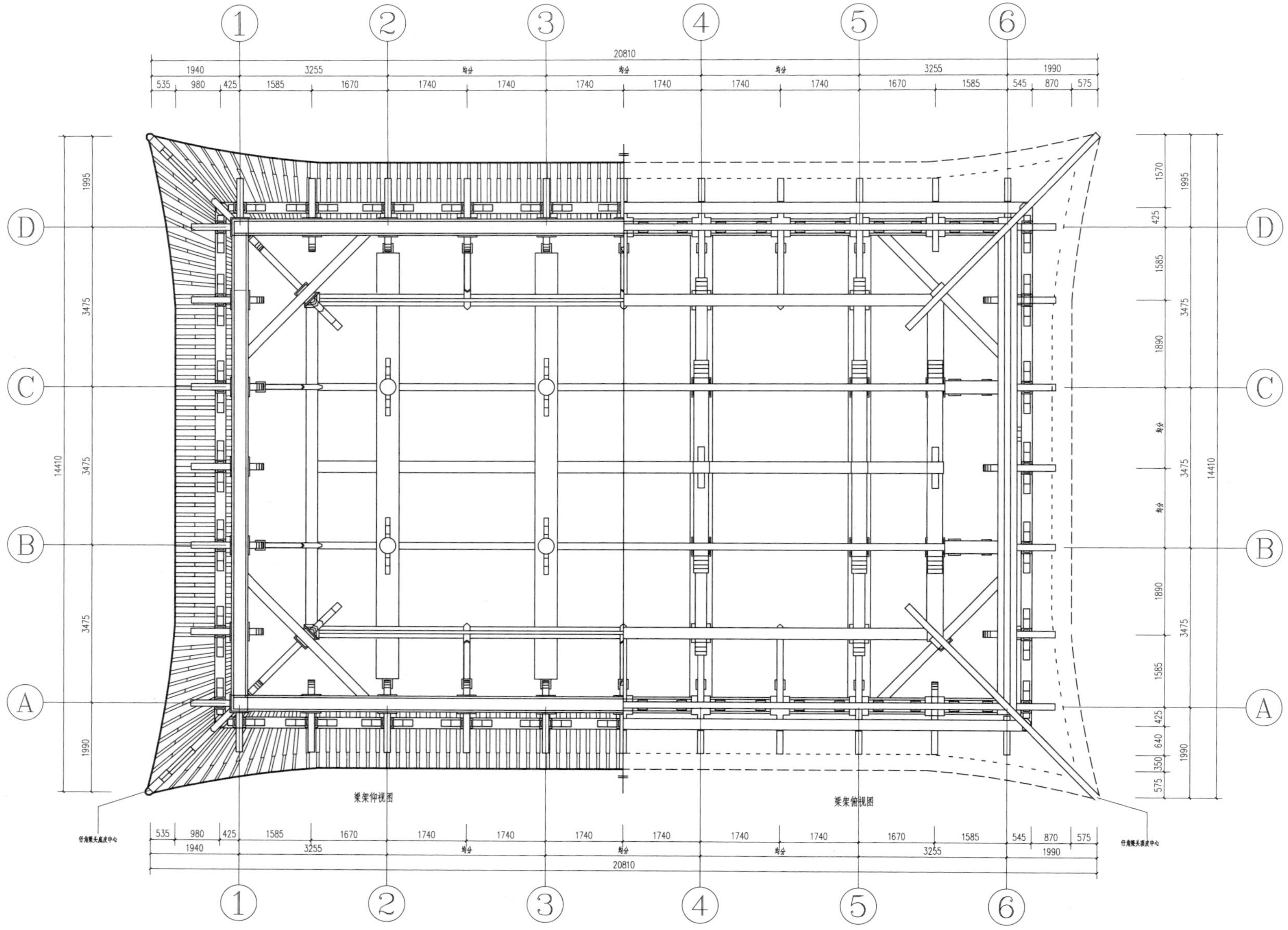
1
2
3
4
5
6
A
B
C
D
20810
1940
3255
均分
1990
535
980
425
1585
1670
1740
545
870
575
14410
1995
3475
1570
1890
640
350
梁架仰视图
梁架俯视图

图 3　梁架仰、俯视图

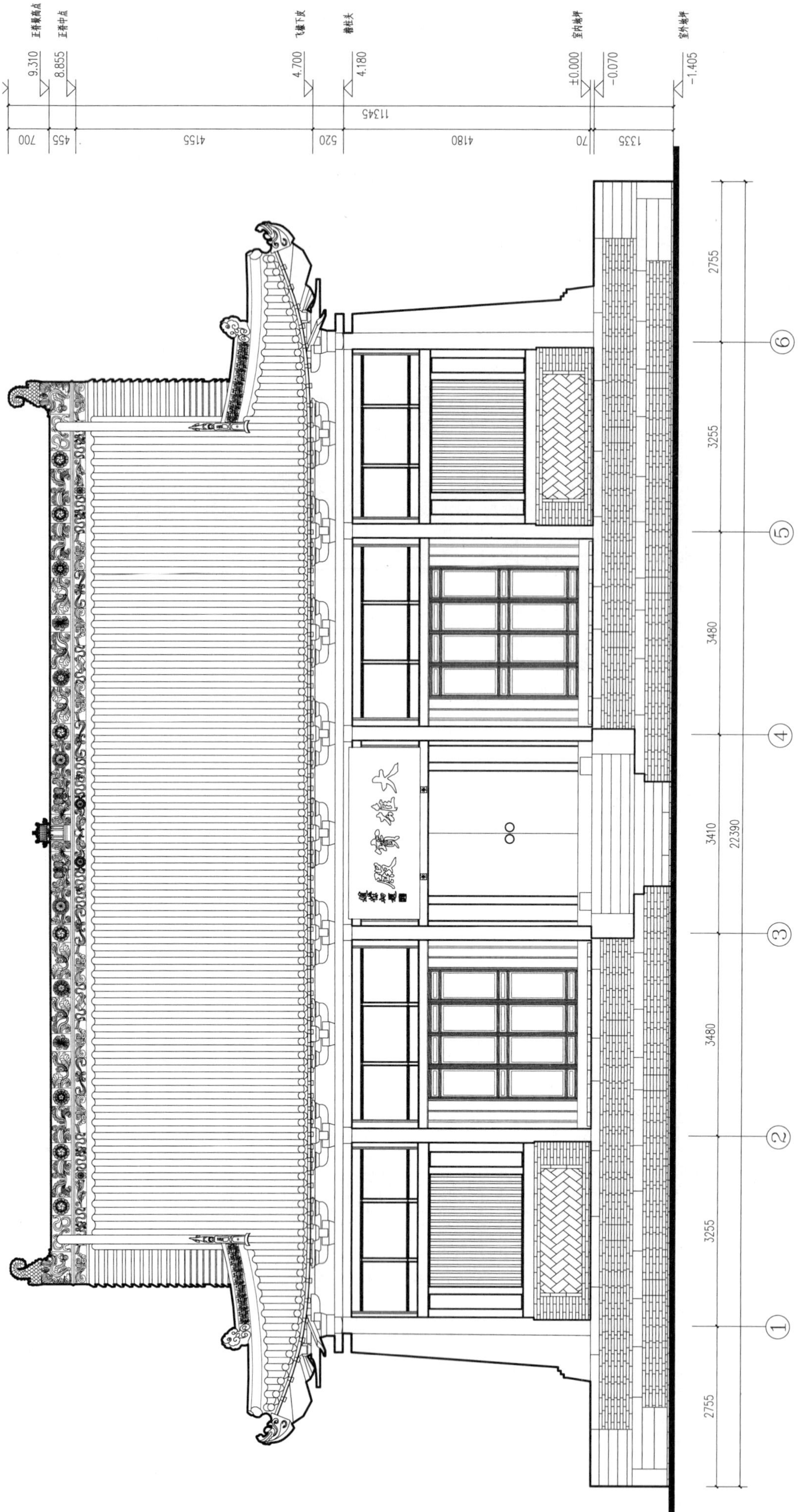

9.310
正脊最高点
8.855
正脊中点
4.700
飞椽下皮
4.180
檐柱头
±0.000
室内地坪
-0.070
-1.405
室外地坪
700
455
4155
520
4180
70
1335
11345
2755
3255
3480
3410
3480
3255
2755
22390
①
②
③
④
⑤
⑥

图4 正立面图

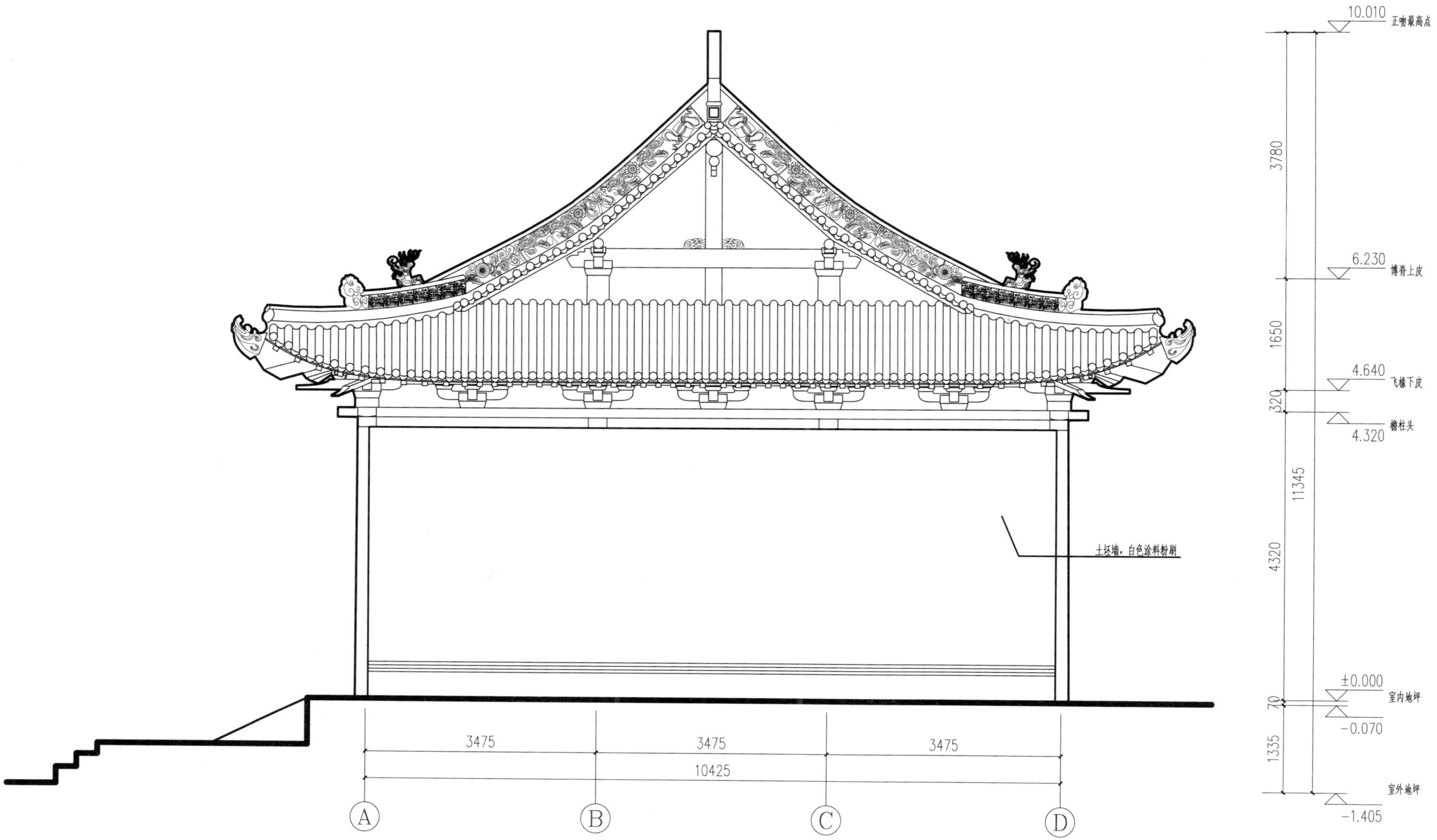
10.010 正吻最高点
6.230 博脊上皮
4.640 飞椽下皮
4.320 檐柱头
±0.000 室内地坪
-0.070
-1.405 室外地坪
3780
1650
320
4320
11345
70
1335
土坯墙，白色涂料粉刷
3475
3475
3475
10425
A
B
C
D

图 5　侧立面图

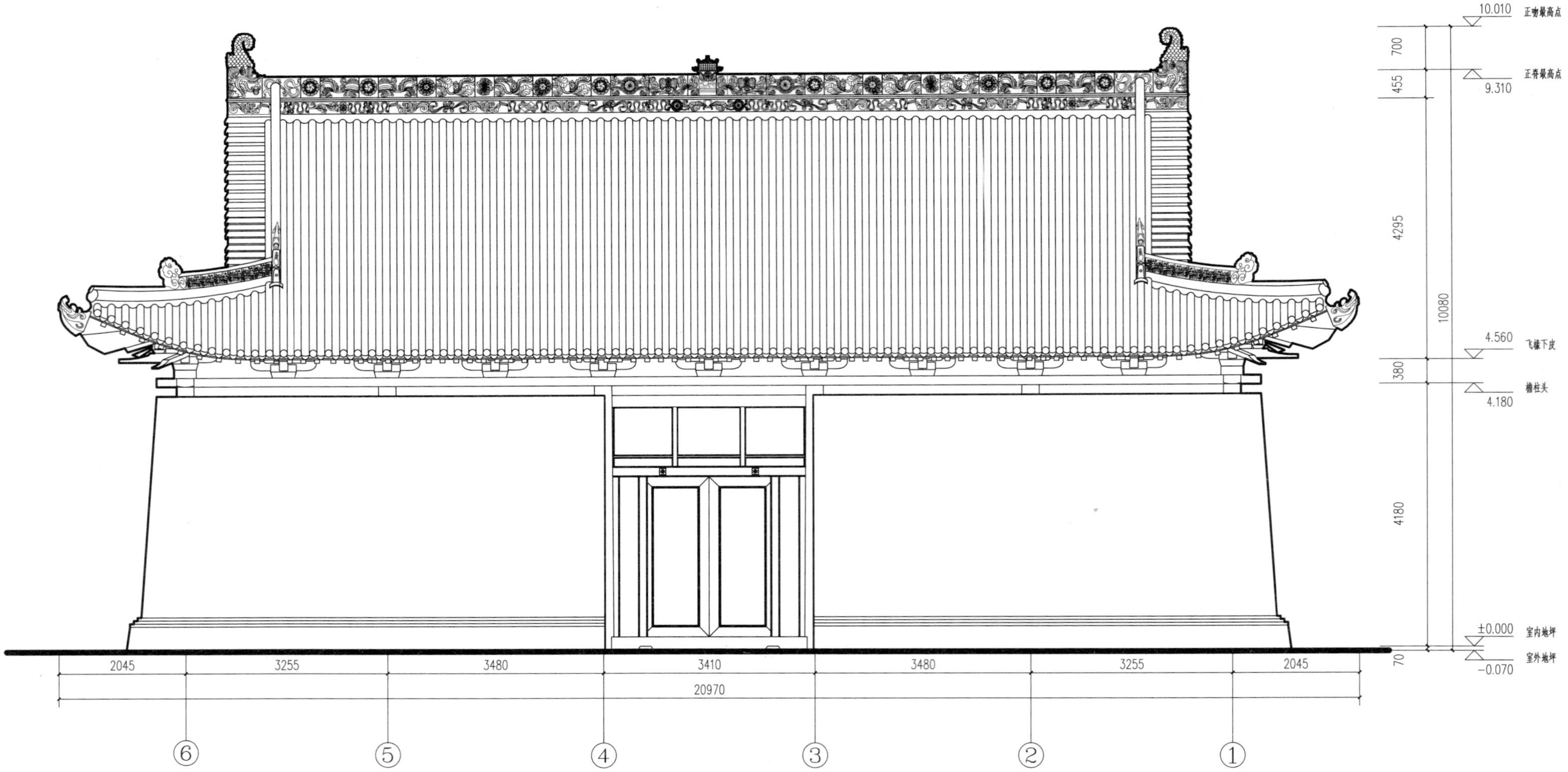
10.010
正吻最高点
9.310
正脊最高点
4.560
飞椽下皮
4.180
檐柱头
±0.000
室内地坪
-0.070
室外地坪
700
455
4295
380
4180
70
10080
2045
3255
3480
3410
3480
3255
2045
20970
⑥
⑤
④
③
②
①

图6 背立面图

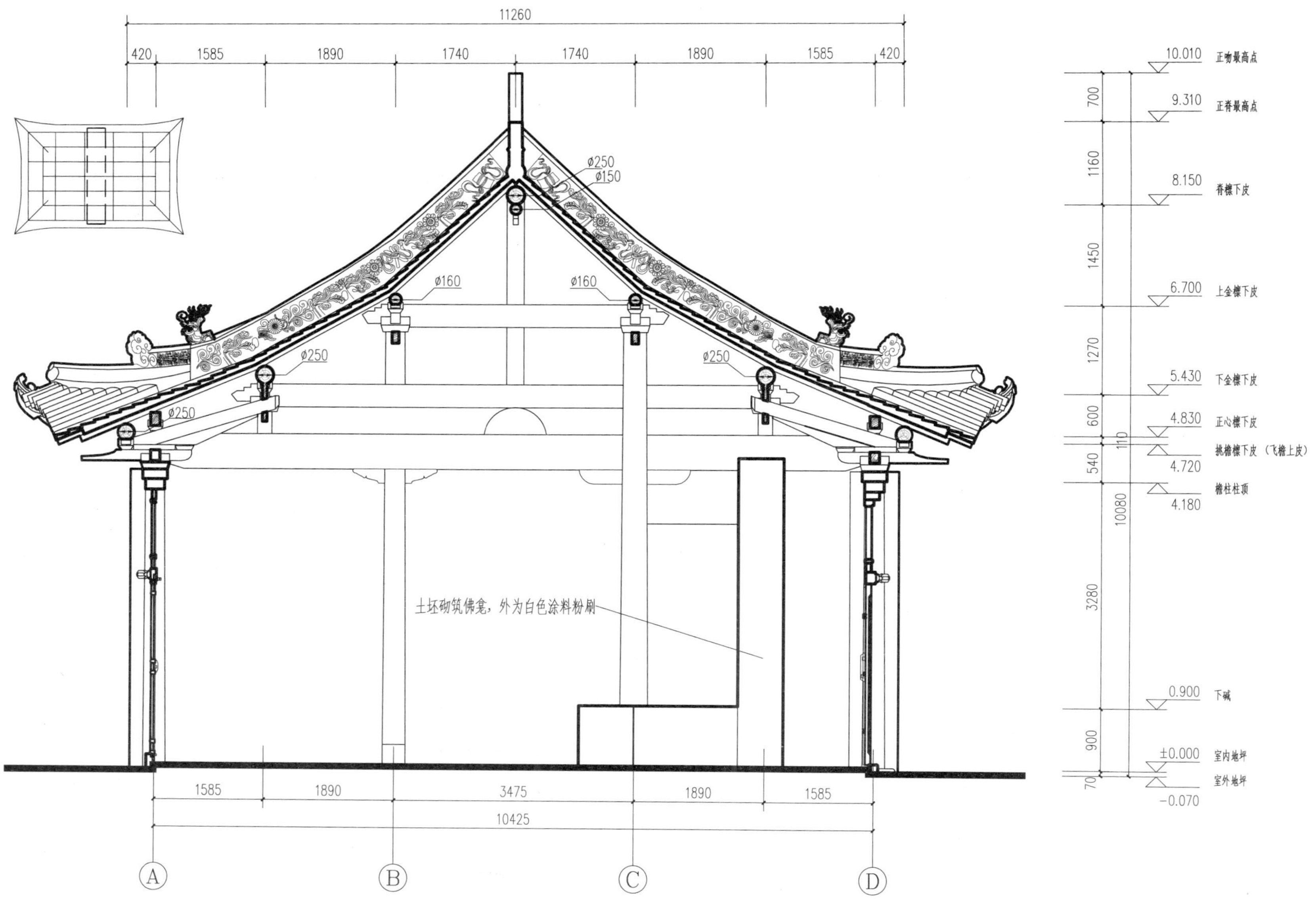
11260
420
1585
1890
1740
1740
1890
1585
420
ø250
ø150
ø160
ø160
ø250
ø250
ø250
土坯砌筑佛龛，外为白色涂料粉刷
1585
1890
3475
1890
1585
10425
A
B
C
D
10.010 正吻最高点
9.310 正脊最高点
8.150 脊檩下皮
6.700 上金檩下皮
5.430 下金檩下皮
4.830 正心檩下皮
4.720 挑檐檩下皮（飞檐上皮）
4.180 檐柱柱顶
0.900 下碱
±0.000 室内地坪
-0.070 室外地坪
700
1160
1450
1270
600
110
540
10080
3280
900
70

图 7　1-1 剖面图

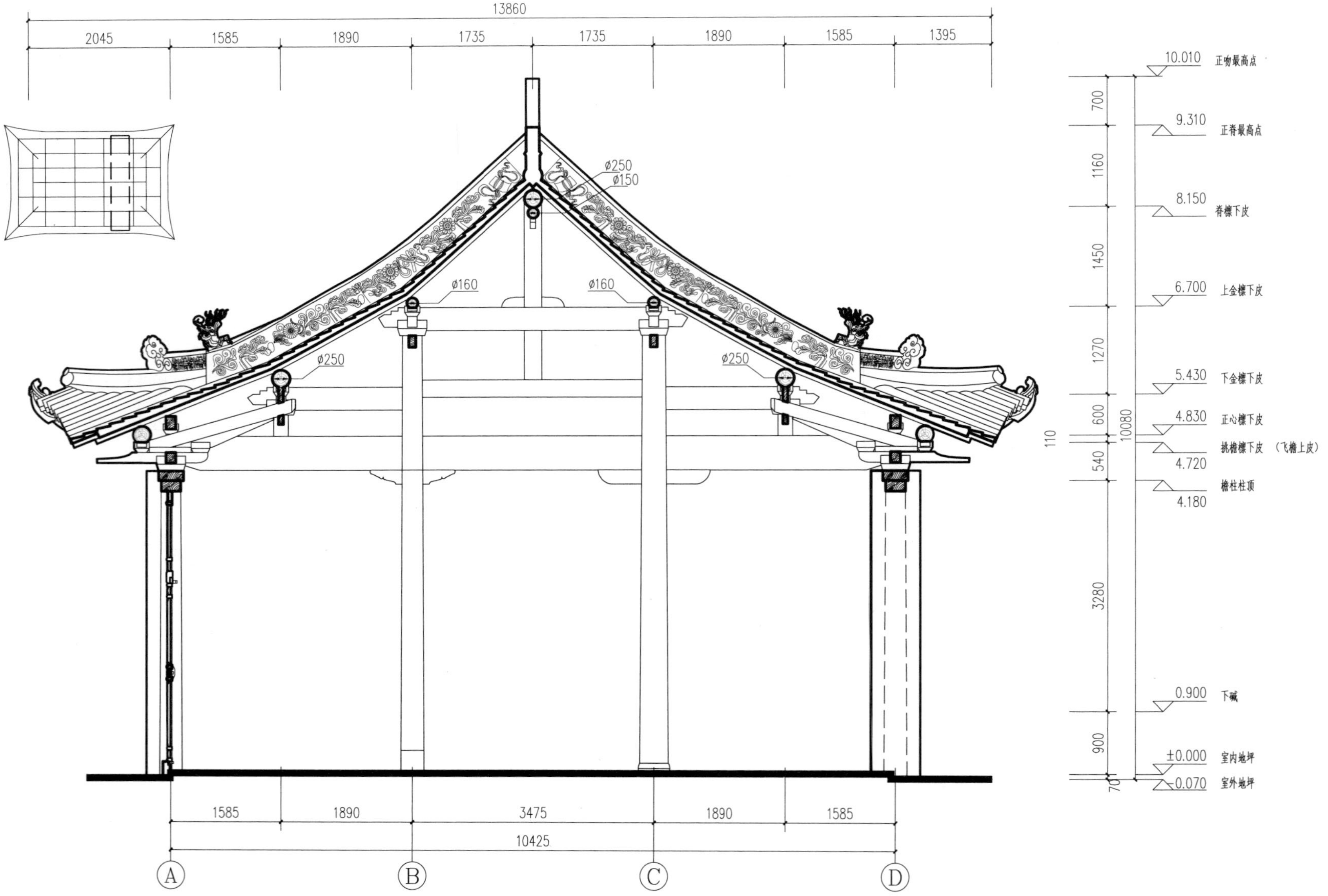
13860
2045
1585
1890
1735
1735
1890
1585
1395
ø250
ø150
ø160
ø160
ø250
ø250
10.010 正吻最高点
9.310 正脊最高点
8.150 脊檩下皮
6.700 上金檩下皮
5.430 下金檩下皮
4.830 正心檩下皮
4.720 挑檐檩下皮 （飞檐上皮）
4.180 檐柱柱顶
0.900 下碱
±0.000 室内地坪
-0.070 室外地坪
700
1160
1450
1270
600
110
540
3280
900
70
10080
1585
1890
3475
1890
1585
10425
A
B
C
D

图8　2-2剖面图

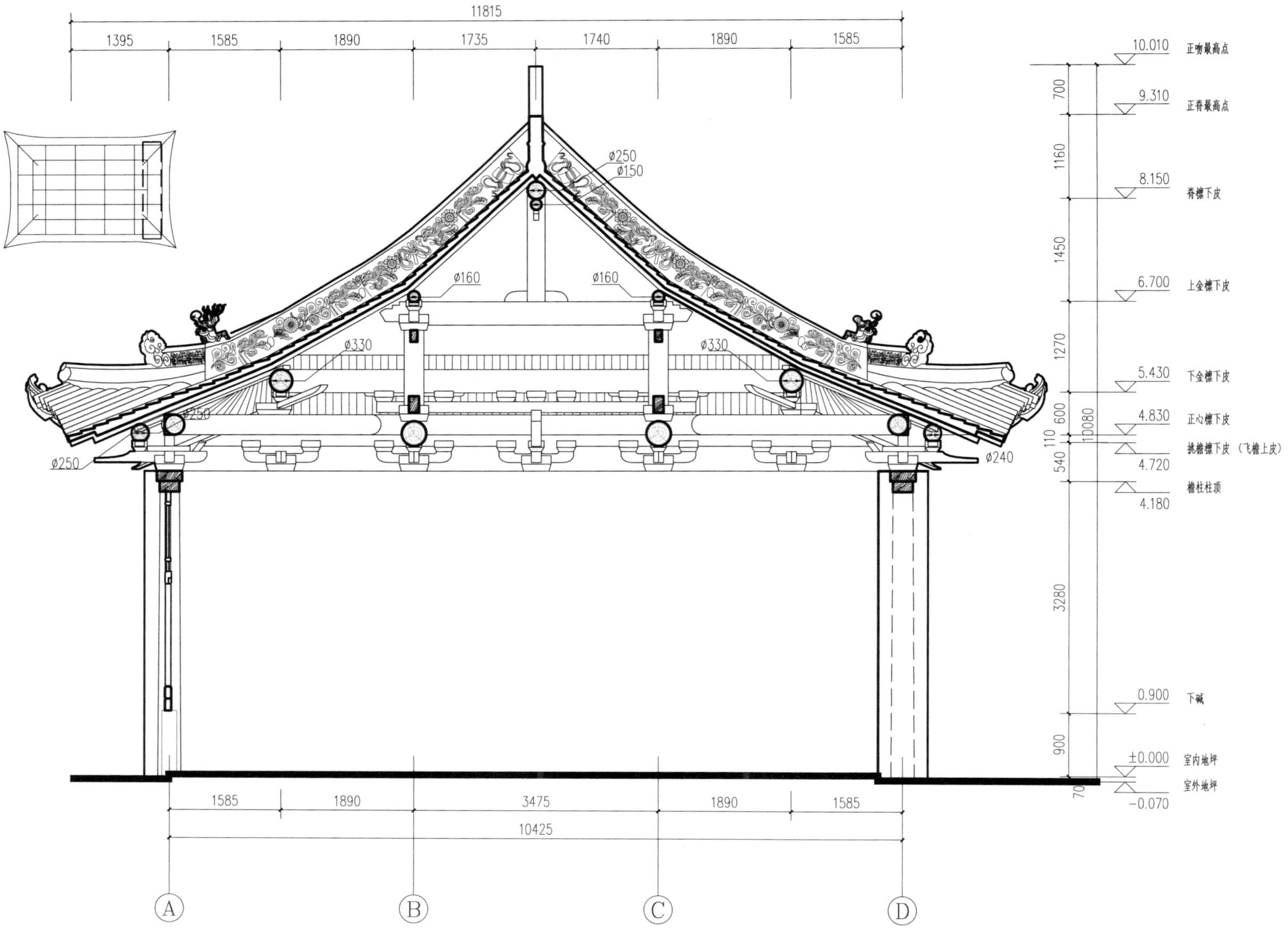
11815
1395
1585
1890
1735
1740
1890
1585
ø250
ø150
ø160
ø160
ø330
ø330
ø250
ø250
ø240
10.010 正吻最高点
9.310 正脊最高点
8.150 脊檩下皮
6.700 上金檩下皮
5.430 下金檩下皮
4.830 正心檩下皮
4.720 挑檐檩下皮（飞檐上皮）
4.180 檐柱柱顶
0.900 下碱
±0.000 室内地坪
-0.070 室外地坪
700
1160
1450
1270
600
110
540
3280
900
70
10080
1585
1890
3475
1890
1585
10425
A
B
C
D

图9　3-3 剖面图

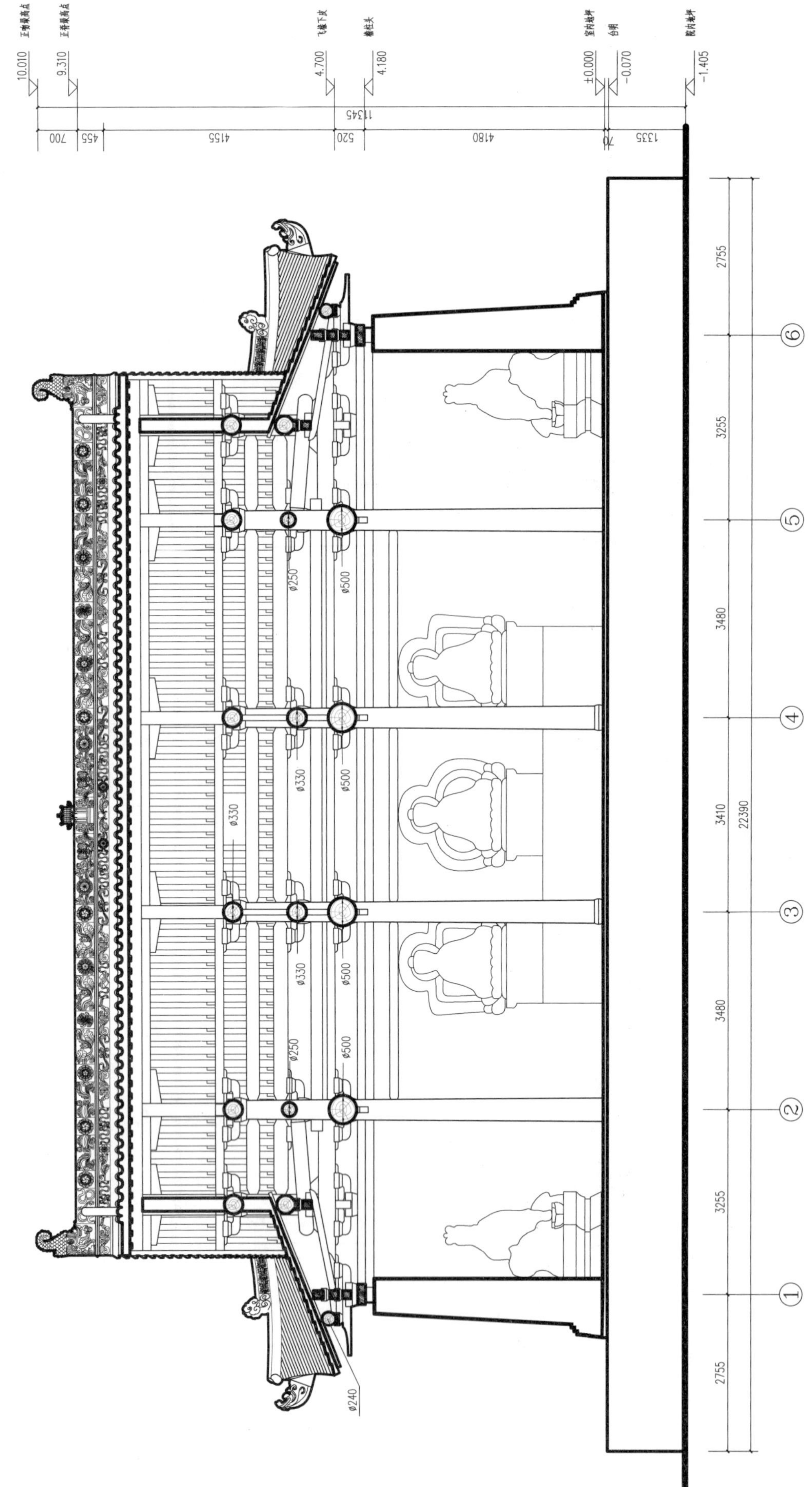
10.010
9.310
4.700
4.180
±0.000
-0.070
-1.405
11345
700
455
4155
520
4180
70
1335
ø240
ø250
ø330
ø500
2755
3255
3480
3410
22390
①
②
③
④
⑤
⑥

图10　4-4剖面图

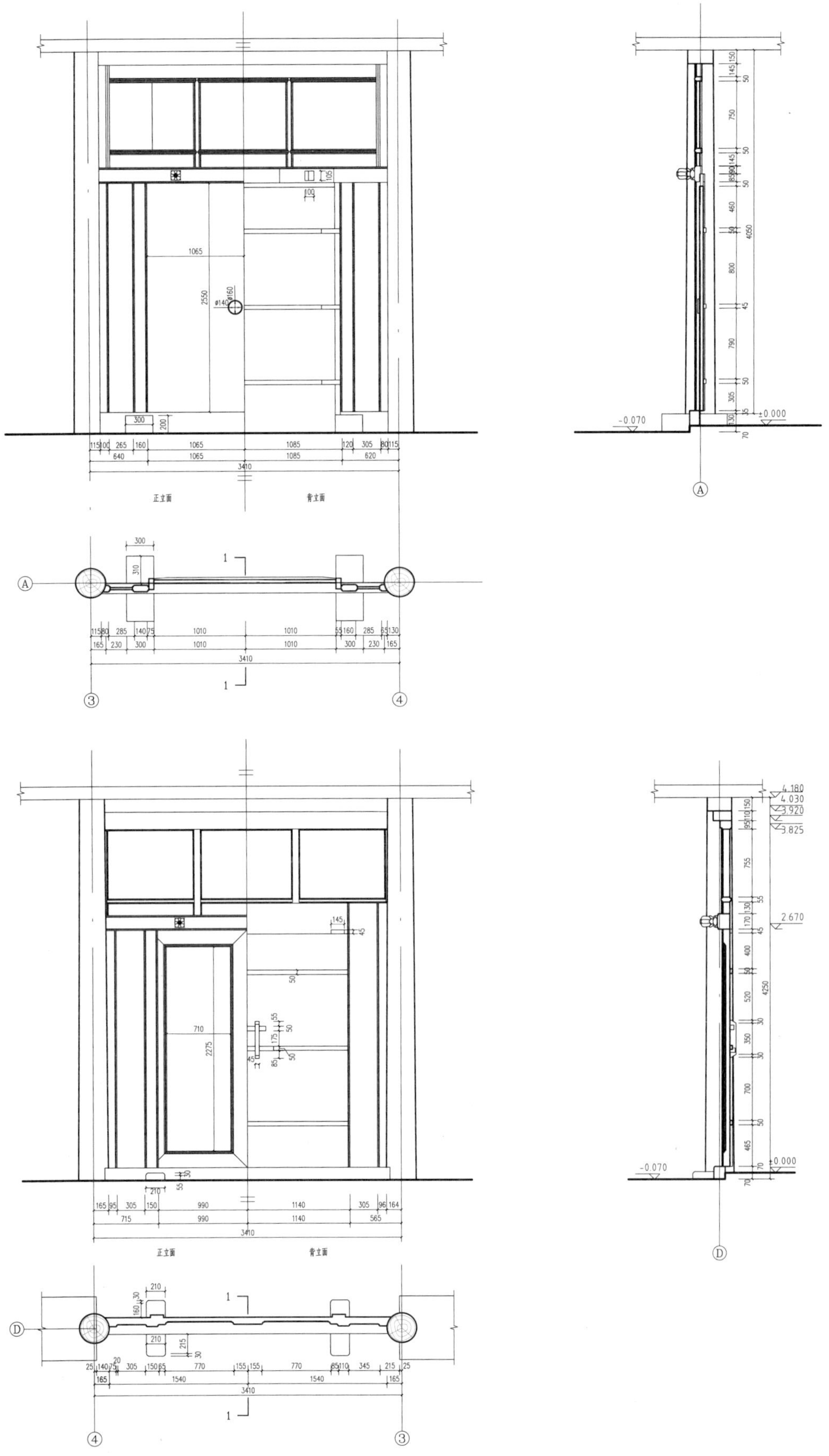
正立面
背立面
±0.000
-0.070
3410
正立面
背立面
4.180
4.030
3.920
3.825
2.670
±0.000
-0.070

图 11　门大样图

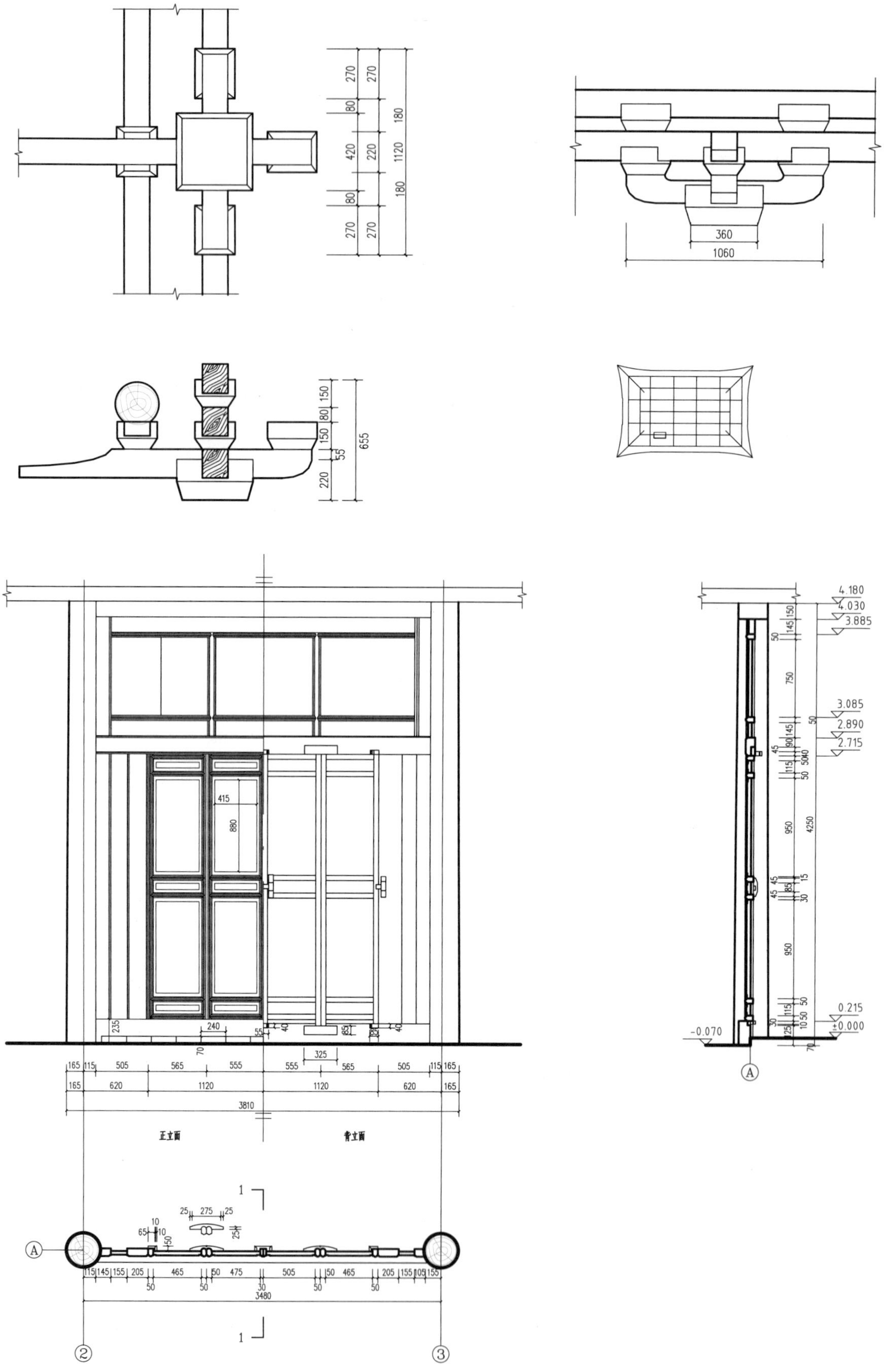
360
1060
4.180
4.030
3.885
3.085
2.890
2.715
0.215
±0.000
-0.070
3810
正立面
背立面
3480

图 12　斗栱、门窗大样图

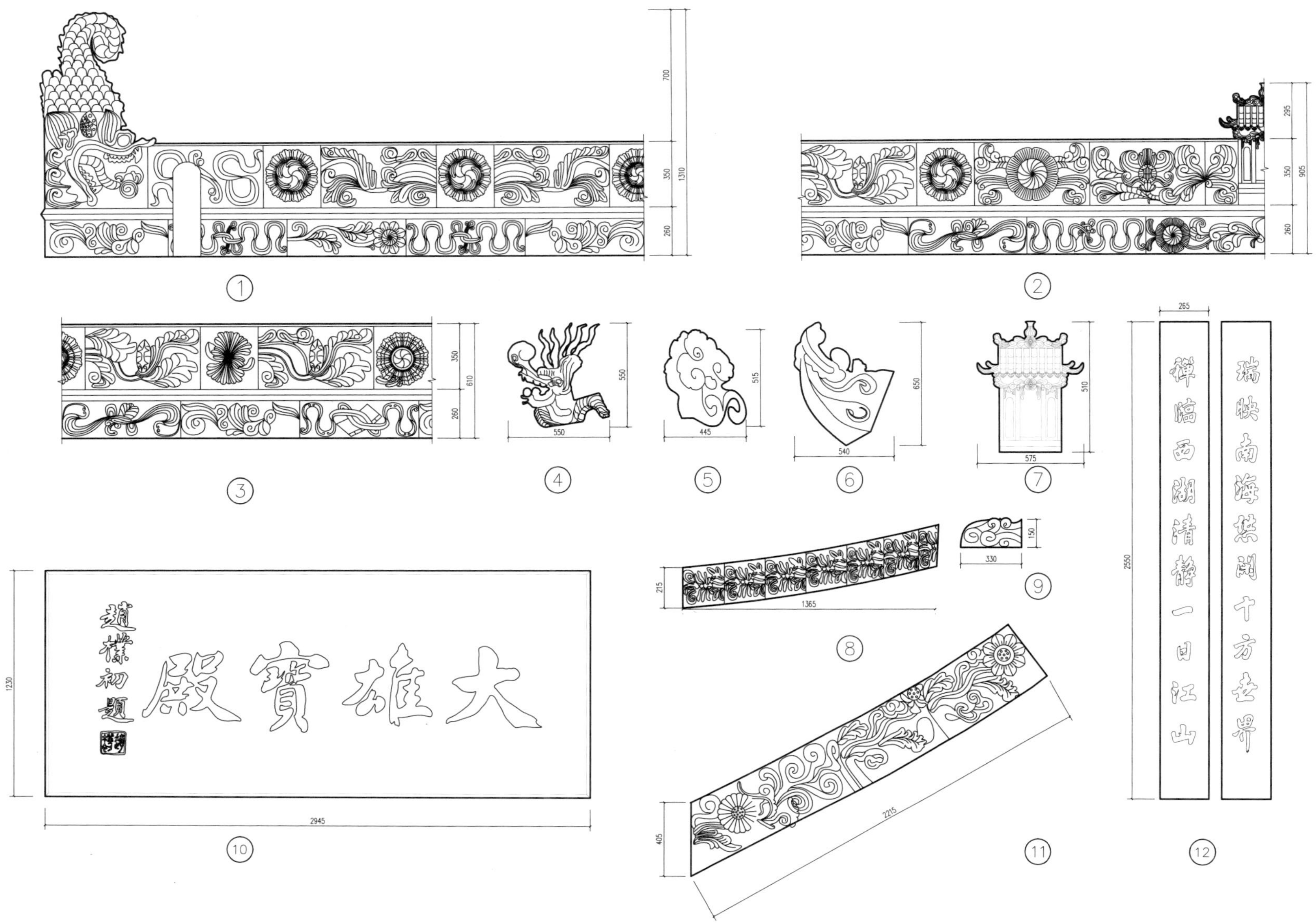

图 13 雕花及匾额、对联大样图

武都区麻池大爷庙

麻池大爷庙位于陇南市武都区东部汉王镇麻池村，紧邻白龙江及兰海高速、212 国道，交通水利便捷。“大爷”与道教有着深厚的渊源，全国各地乡村多有供奉，与市镇的城隍庙类似，是百姓祈求平安、庇护相邻之所。武都麻池大爷庙原为一道教场所，据称始建于清初，有三百多年的历史。

现存山门式戏楼占地面积约 90m^2，坐北朝南，为南北两侧不对称式建筑，凸出式柱网平面，共两层。建筑面阔三间（约 11.86m），当心间面阔略大于次间面阔，明间进深七架椽（约 8.29m），两侧次间进深四架椽（约 4.17m）。整体建筑置于砖石砌筑的台基之上，从北面看，建筑屋顶样式由两层屋面构成，一层为单坡硬山顶，当心间接一半歇山顶，二层为卷棚顶，当心间接硬山顶式样；从南面看，整体建筑为歇山抱厦两翼出卷棚顶。东侧山墙紧贴院门，院门为后建，走马板上书写“麻池大爷庙”字样。西侧山墙墙皮大部分已脱落，裸露出土墙内部结构。墙体均无明显收分，檐柱无明显生起与侧脚。

北面正门为木质板门，位于一层歇山檐下，门入口两侧置饰有花鸟图案的抱鼓石一对，两侧次间则为实体砖墙，山墙墀头雕饰有龙形以及植物花纹。前檐柱与金柱采用覆盆形柱础，次间檐柱上穿插额枋、平板枋，其上置有镂空垫板与檐下檐檩相结合。当心间檐柱柱头间施额枋与平板枋，额枋下置双层花草纹式样的骑马雀替。平板枋上施斗栱，斗栱出一跳，壁内用重栱，45° 方向上出斜栱，栱端抹斜，耍头做卷云状。角科斗栱上承角梁，角梁前端饰有龙头形套兽，后尾插入正门上部的短柱中，短柱上支脊檩挂椽，角梁下施垂柱，垂柱与角科斜出耍头后尾相插接。歇山垂脊前段饰有甘青地区常见“五把鬃”兽，正脊上简单铺砌砖块，两端脊兽形似鱼尾。单坡正脊雕饰有花草纹，间隔穿插龙身，龙头部分则为吻兽，垂脊前端同样饰有“五把鬃”。

南面戏楼作为整体建筑的重点，在当心间位置突出建筑立面，出挑平台。金柱与檐柱作为通柱从一层直通二层。出挑戏楼的四根圆柱采用方形柱础。戏楼一层并无实体墙，与北面正门相通，两侧次间为实体砖墙，中间开有小窗。戏楼二层采用木板门，并向外出挑戏台，二层次间设有龟背锦棂格窗。戏台楼板东侧搭有简易木质楼梯，东西两侧设有木质栏杆，立杆为“S”曲形弯木，楼板南侧无任何遮挡设施。戏楼二层平板枋上施一跳斗栱，耍头做卷云状。角科斗栱是在平身科基础上，45° 方向上出两跳斜栱，耍头部分做卷云状。

戏楼内部梁架采用混合结构，七檩歇山内部穿插四檩卷棚，歇山仅在南侧向外出挑的部分有翼角，采用抹角梁搭接法，抹角梁与斗栱原本相交接的位置取消斗栱以方形柁墩代替。抹角梁上承交金瓜柱，瓜柱上承五架梁，梁上置踩步金，踩步金与下金檩相交，五架梁则与随檩枋相交，而角梁后尾则插入五架梁与交金瓜柱相接处。金瓜柱与踩步金榫卯插接，搭置于五架梁之上，其上承托三架梁，再置脊瓜柱，两侧施角背，最上为脊枋与脊檩。卷棚结构中的两处脊檩，一根搭于五架梁的里端，而另一根则处于歇山结构中下金檩的位置。两侧脊檩上搭罗锅椽，卷棚结构中的四架梁与歇山中的七架梁相平齐。歇山屋顶正脊、垂脊、戗脊均以“五把鬃”装饰。

2014 年测绘期间，戏楼歇山结构中的梁架及斗栱上绘制有彩画，外侧彩画脱落较明显，部分屋面杂草丛生，外墙墙皮脱落较为严重，后来从网络资料中获知该建筑于 2016 年进行了翻修。

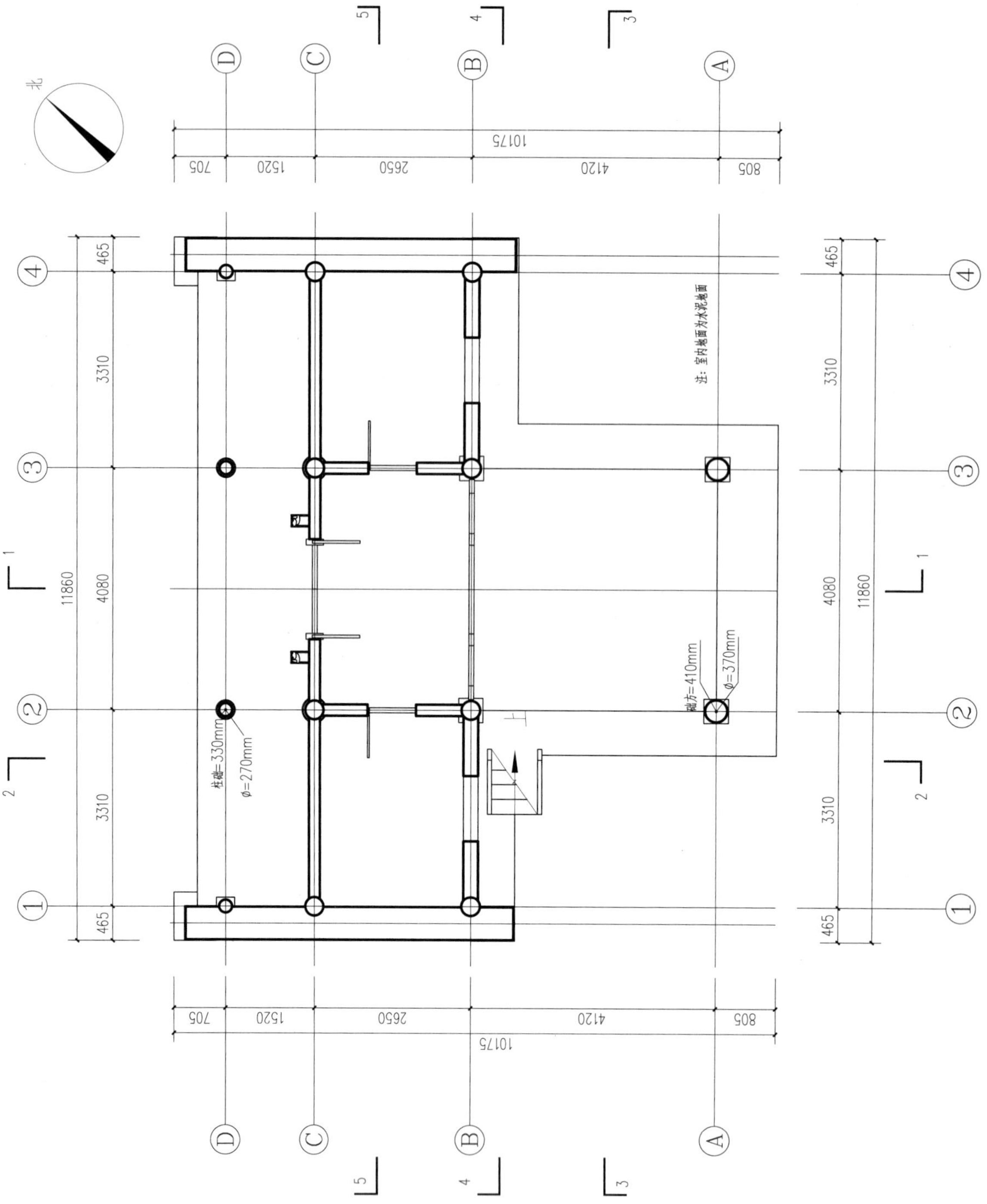
北
注：室内地面为水泥地面
柱础=330mm
φ=270mm
础方=410mm
φ=370mm
A
B
C
D
1
2
3
4
705
1520
2650
4120
805
10175
465
3310
4080
11860

图1　一层平面图

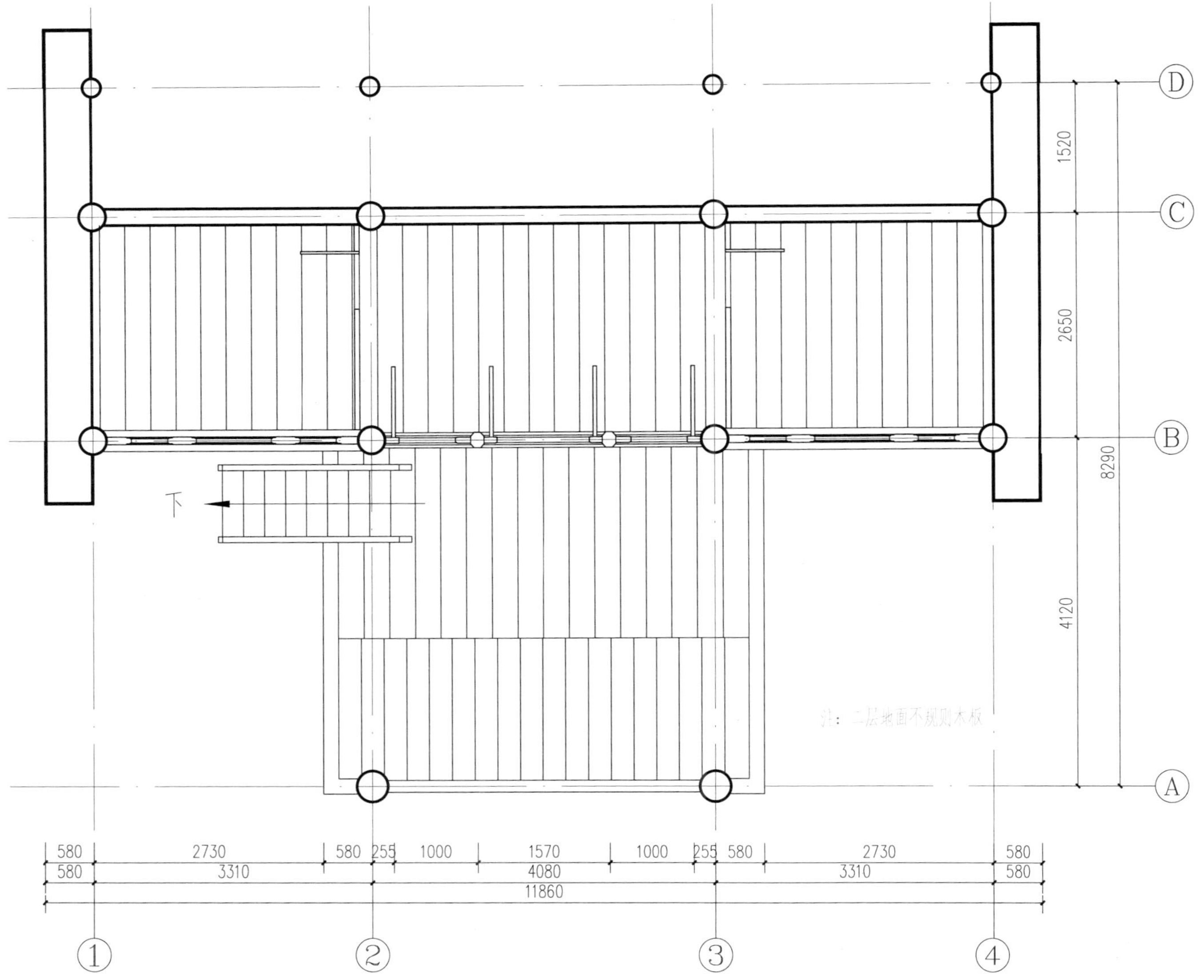
D
C
B
A
1520
2650
4120
8290
下
注：二层地面不规则木板
580
2730
580
255
1000
1570
1000
255
580
2730
580
580
3310
4080
3310
580
11860
1
2
3
4

图2　二层平面图

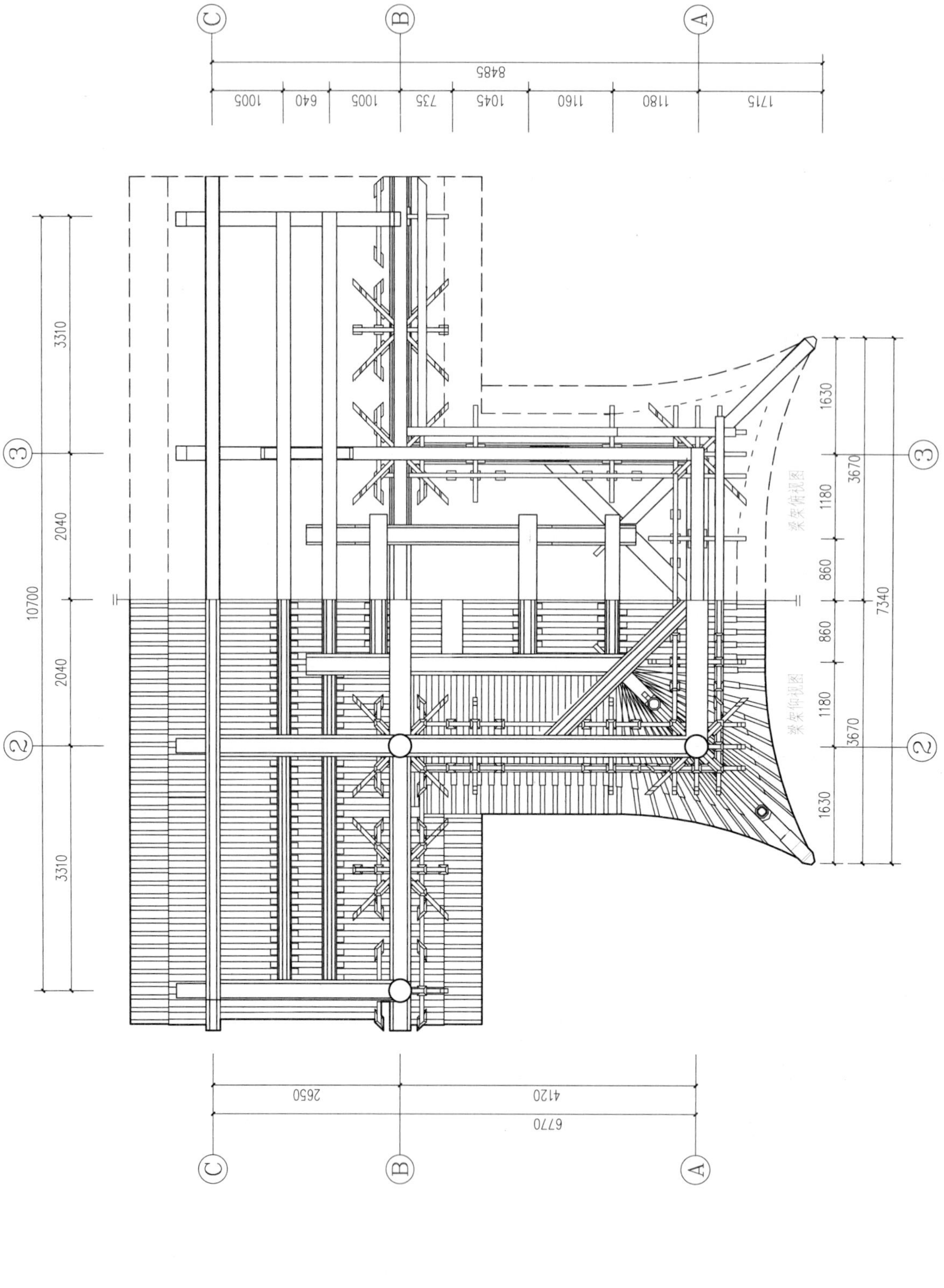

梁架仰视图
梁架俯视图
8485
1005
640
1005
735
1045
1160
1180
1715
10700
3310
2040
2040
3310
6770
4120
2650
7340
3670
3670
1630
1180
860
860
1180
1630

图 3 梁架仰、俯视图

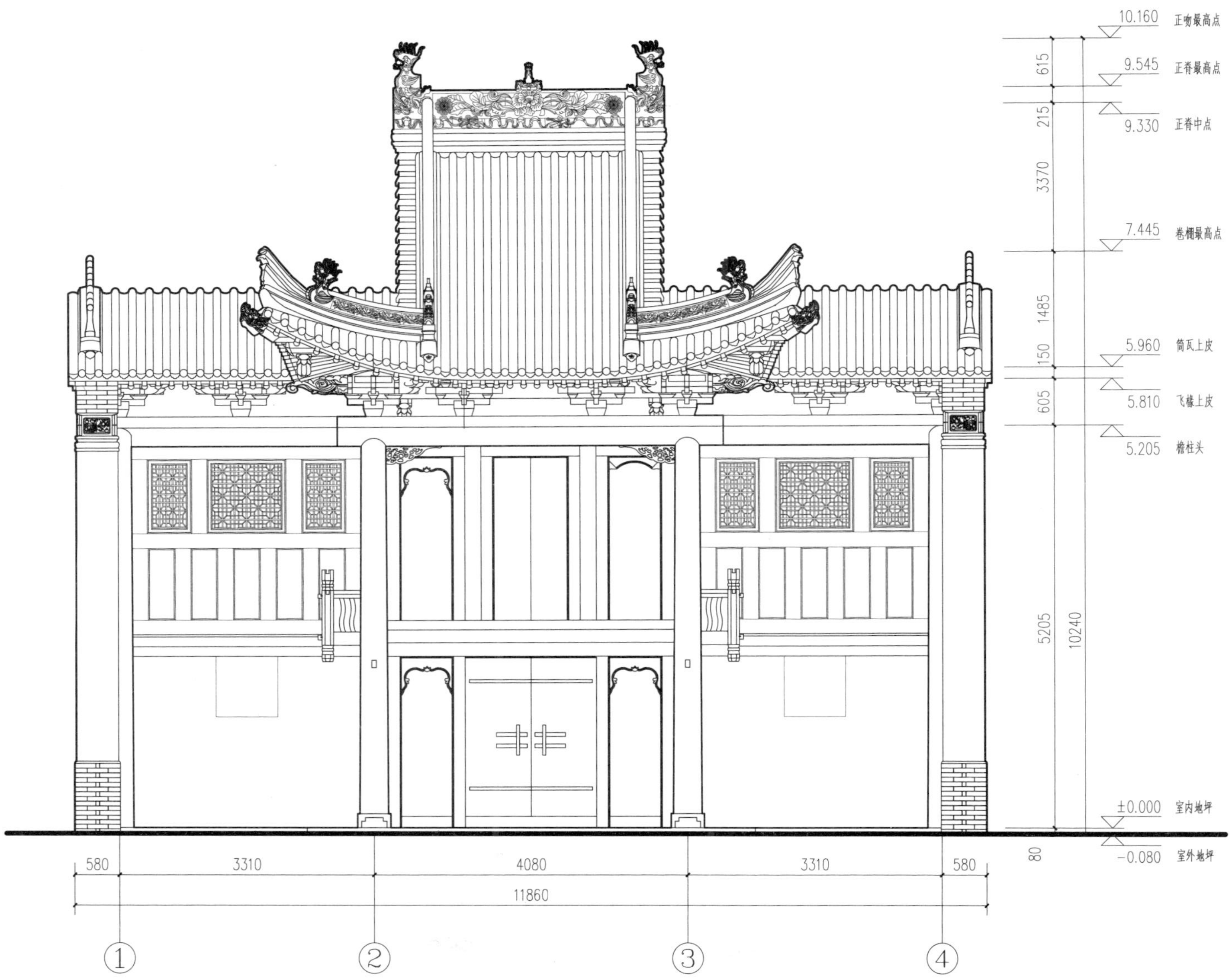
10.160 正吻最高点
9.545 正脊最高点
9.330 正脊中点
7.445 卷棚最高点
5.960 筒瓦上皮
5.810 飞椽上皮
5.205 檐柱头
±0.000 室内地坪
-0.080 室外地坪
615
215
3370
1485
150
605
5205
10240
80
580
3310
4080
3310
580
11860
①
②
③
④

图4 正立面图

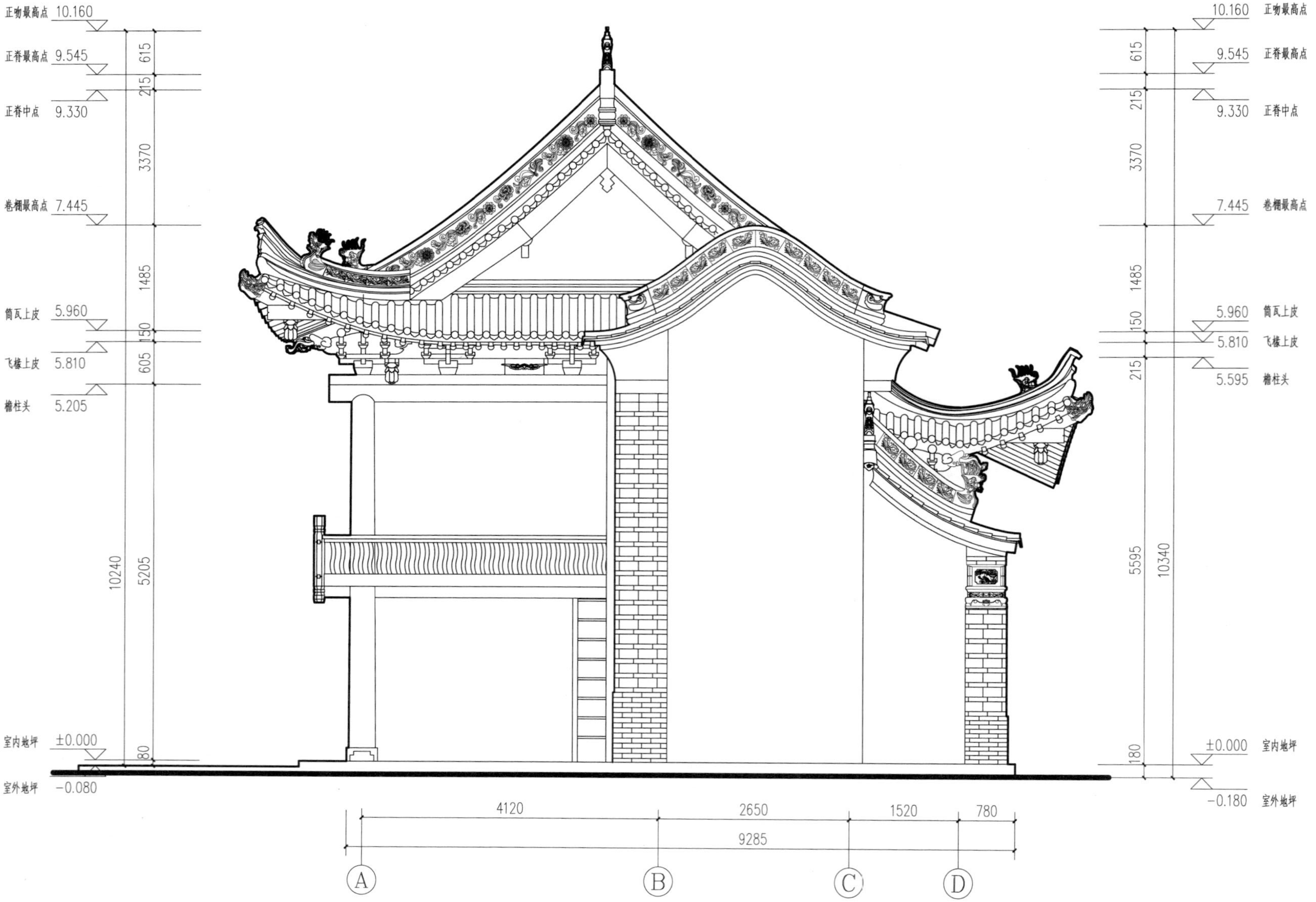
正吻最高点 10.160
正脊最高点 9.545
正脊中点 9.330
卷棚最高点 7.445
筒瓦上皮 5.960
飞椽上皮 5.810
檐柱头 5.205
室内地坪 ±0.000
室外地坪 −0.080
615
215
3370
1485
150
605
5205
80
10240
10.160 正吻最高点
9.545 正脊最高点
9.330 正脊中点
7.445 卷棚最高点
5.960 筒瓦上皮
5.810 飞椽上皮
5.595 檐柱头
±0.000 室内地坪
−0.180 室外地坪
615
215
3370
1485
150
215
5595
180
10340
4120
2650
1520
780
9285
A
B
C
D

图5 侧立面图

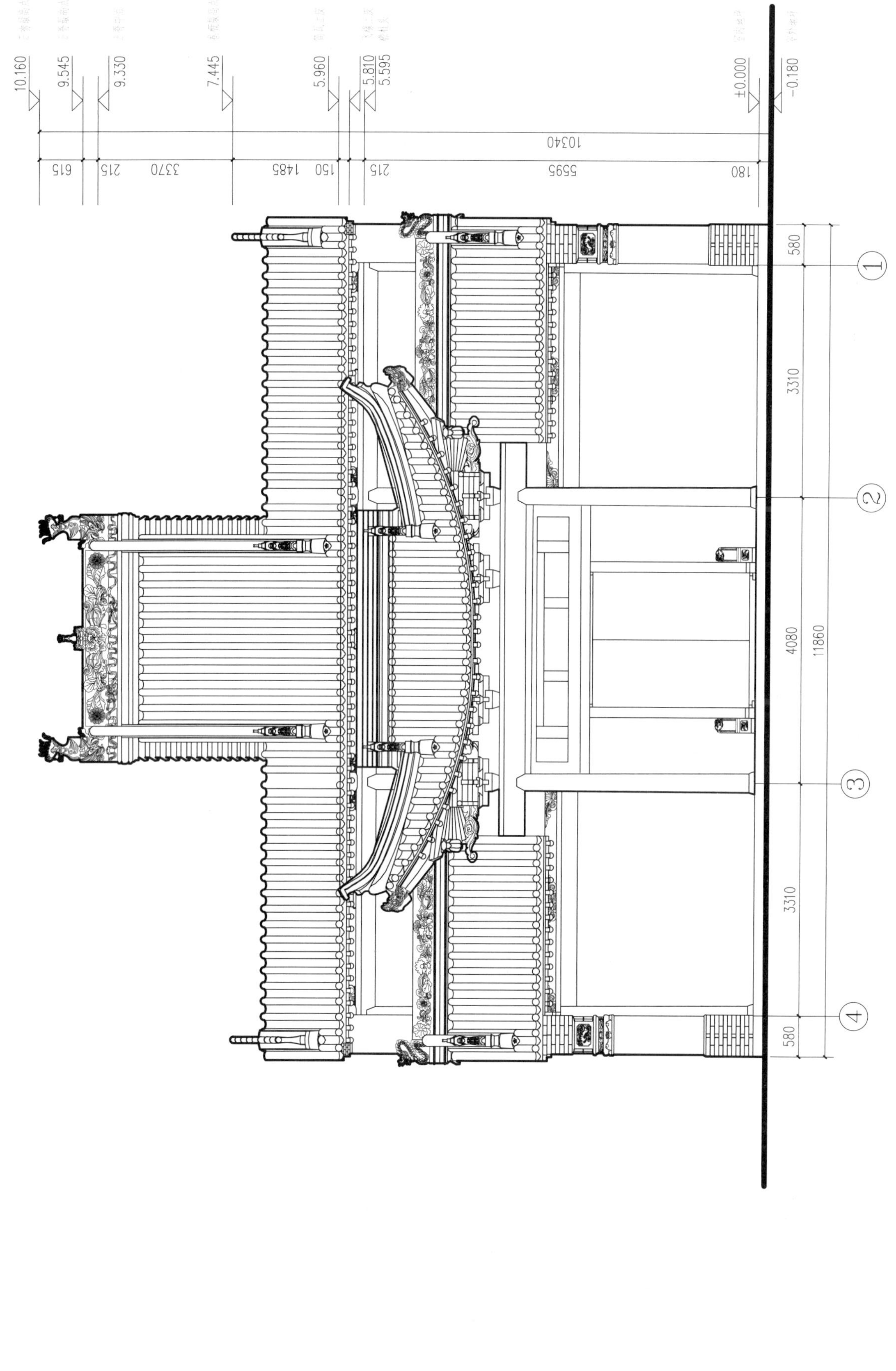

10.160
9.545
9.330
7.445
5.960
5.810
5.595
±0.000
-0.180
615
215
3370
1485
150
215
5595
180
10340
580
3310
4080
3310
580
11860
1
2
3
4

图6 背立面图

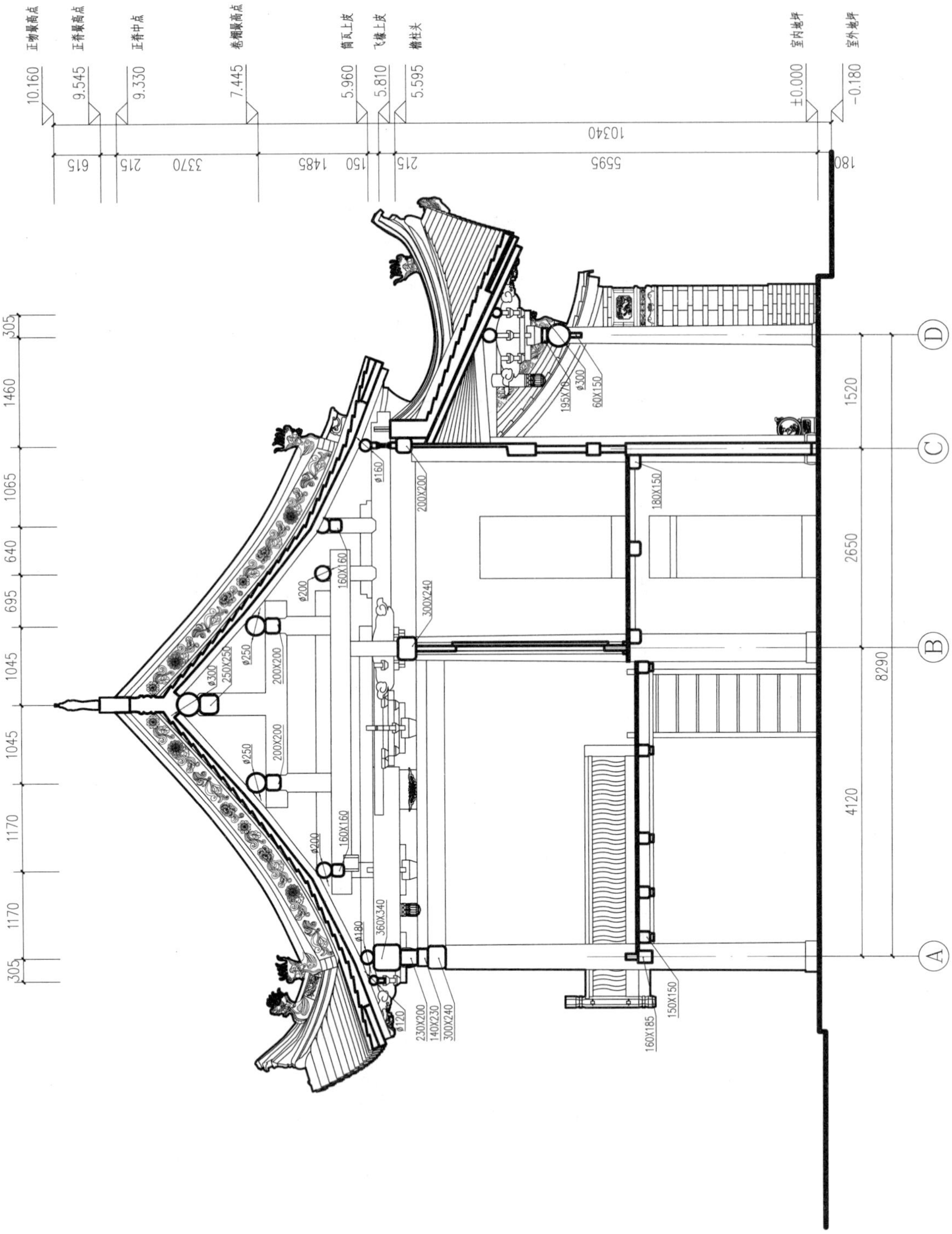
10.160 正吻最高点
9.545 正脊最高点
9.330 正脊中点
7.445 卷棚最高点
5.960 筒瓦上皮
5.810 飞椽上皮
5.595 檐柱头
±0.000 室内地坪
-0.180 室外地坪
10340
615 215 3370 1485 150 215 5595 180
305 1460 1065 640 695 1045 1045 1170 1170 305
1520 2650 8290 4120
A B C D

图 7　1-1 剖面图

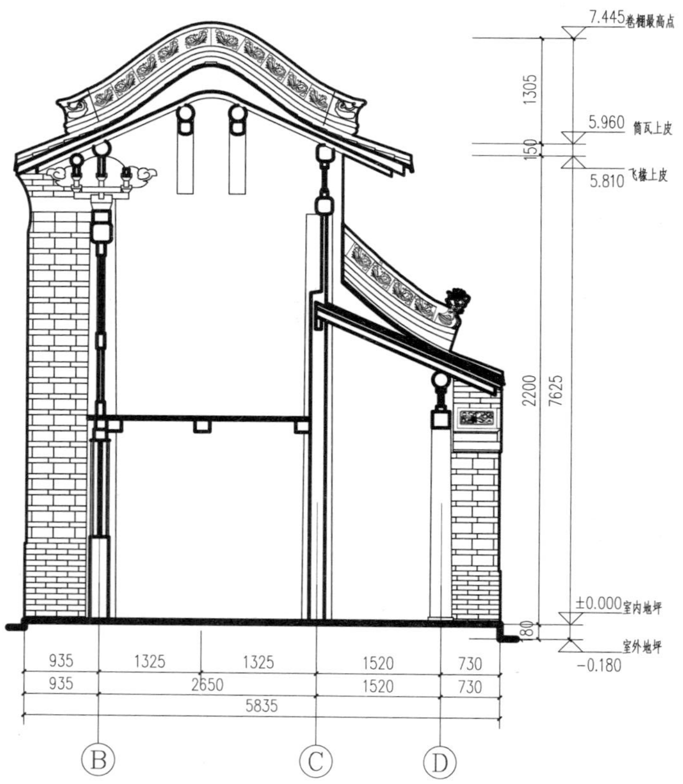

图 8　2-2 剖面图

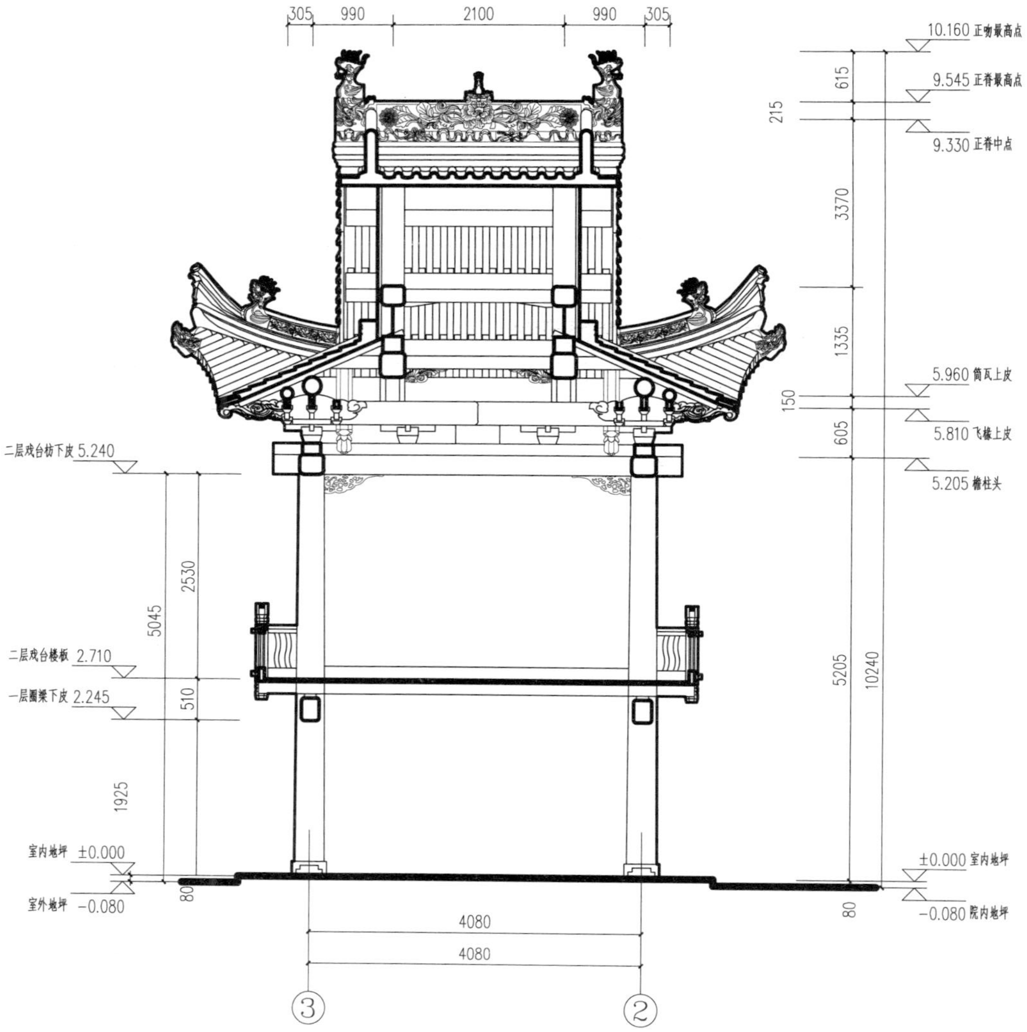

图 9　3-3 剖面图

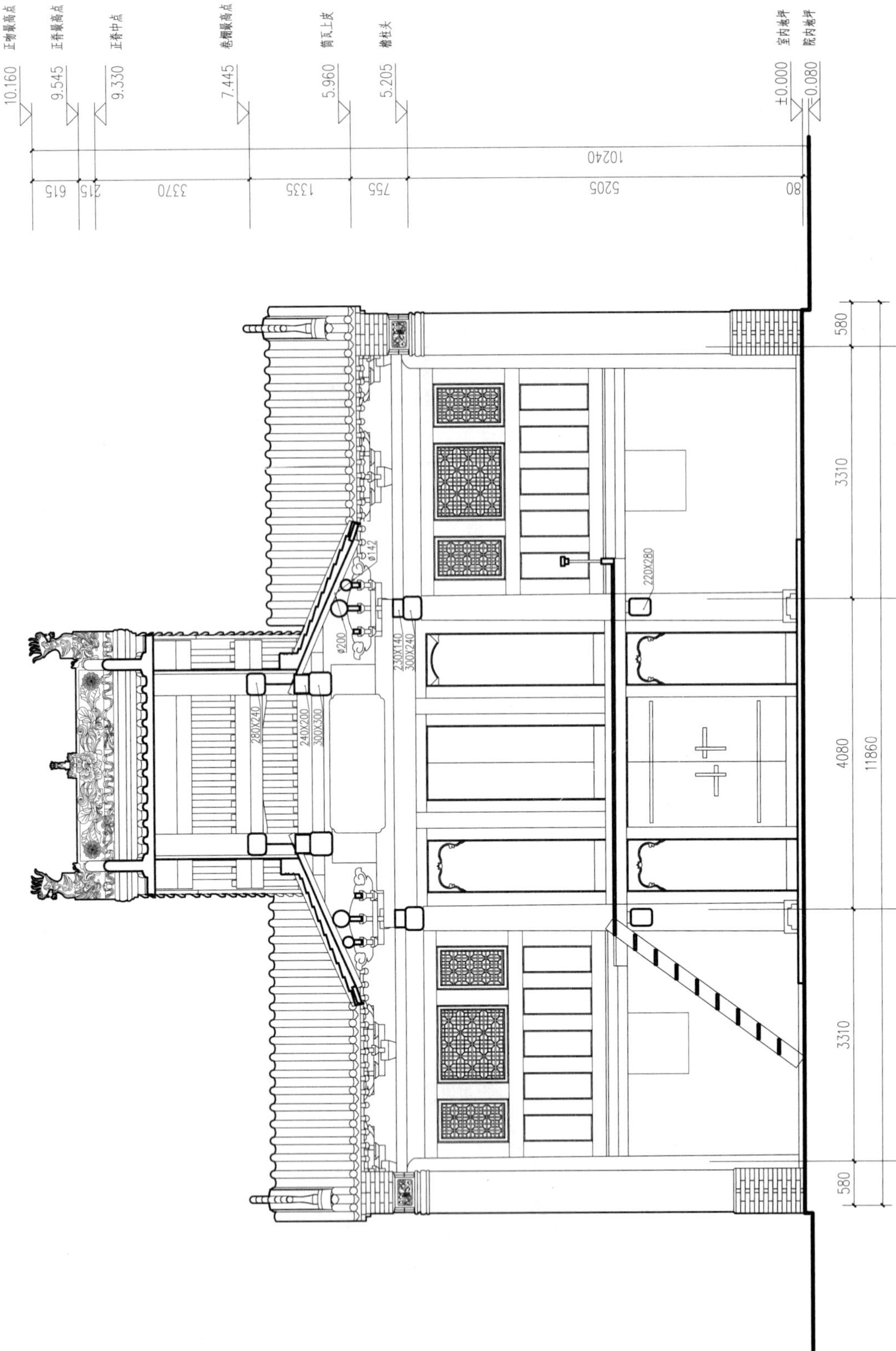
10.160
9.545
9.330
7.445
5.960
5.205
±0.000
-0.080
10240
615
215
3370
1335
755
5205
80
580
3310
4080
11860
220X280
230X140
300X240
280X240
240X200
300X300
ø142
ø200
①
②
③
④

图10 4-4剖面图

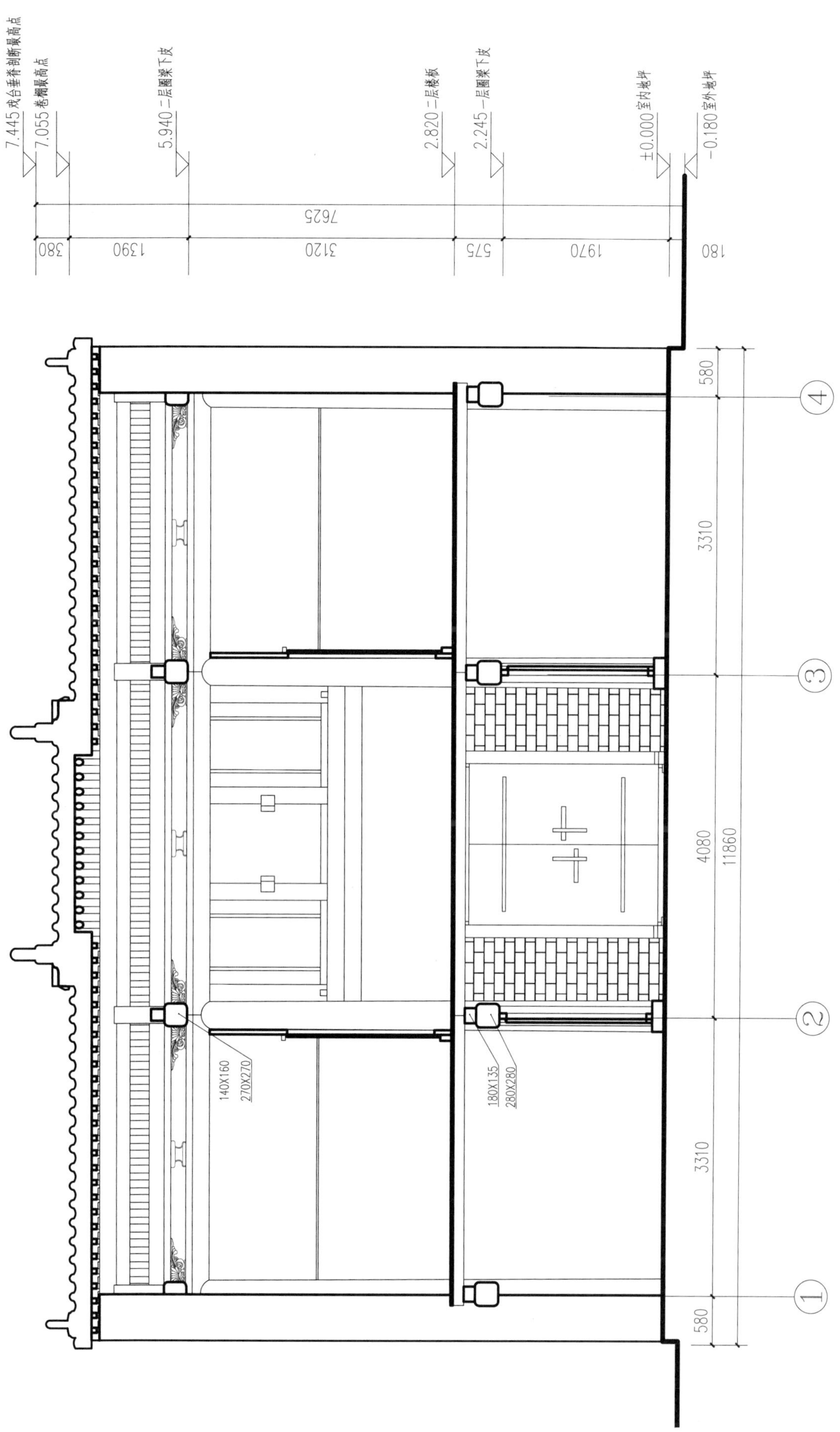

7.445 戏台垂脊剖断最高点
7.055 卷棚最高点
5.940 二层圈梁下皮
2.820 二层楼板
2.245 一层圈梁下皮
±0.000 室内地坪
−0.180 室外地坪
7625
380
1390
3120
575
1970
180
580
3310
4080
11860
3310
580
140X160
270X270
180X135
280X280

图 11　5-5 剖面图

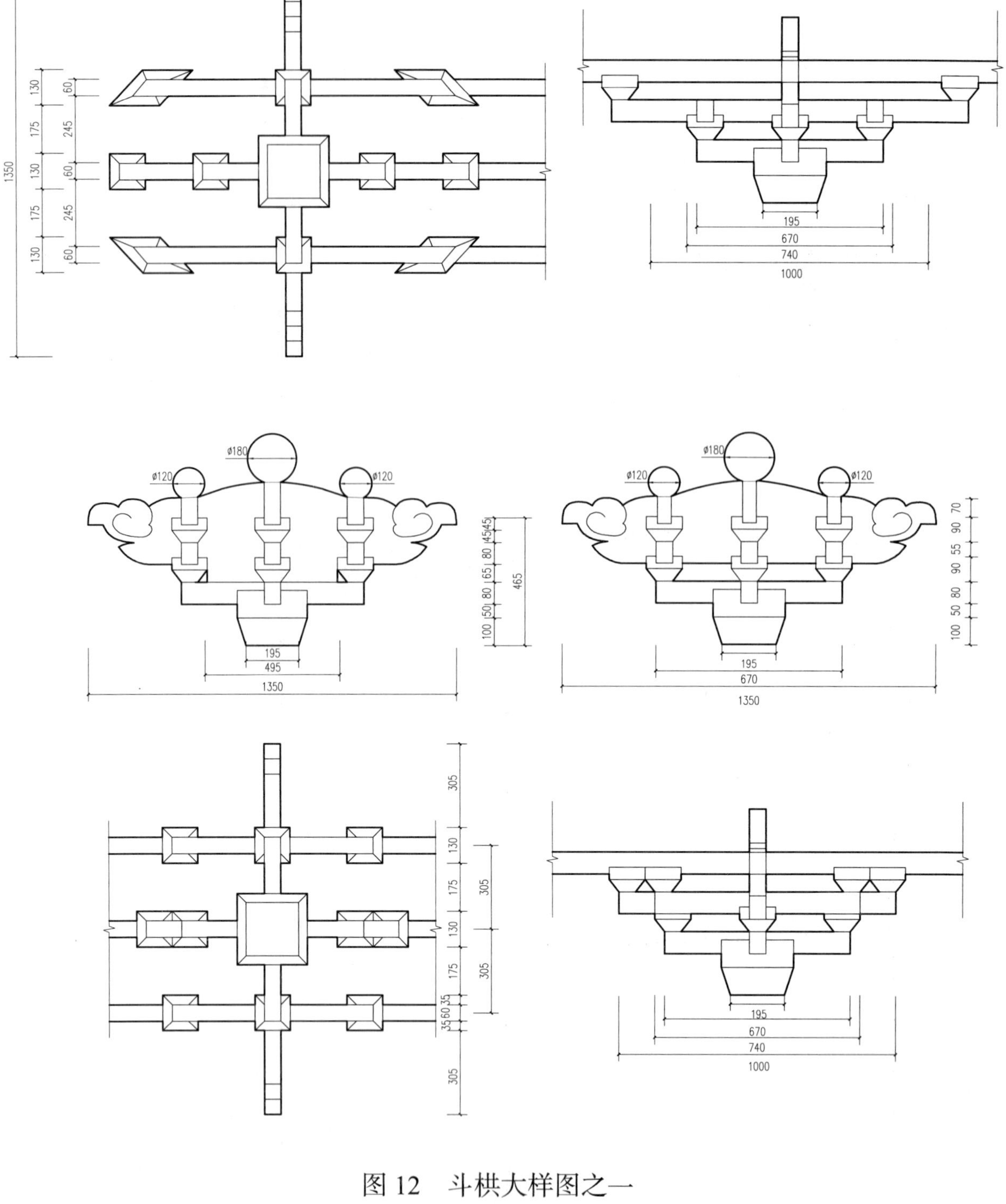

1350
130
175
130
175
130
60
245
60
245
60
195
670
740
1000
ø180
ø120
ø120
45
45
80
65
80
50
100
465
195
495
1350
ø180
ø120
ø120
70
90
55
90
80
50
100
195
670
1350
305
130
175
130
175
35
60
35
305
305
305
195
670
740
1000

图 12　斗栱大样图之一

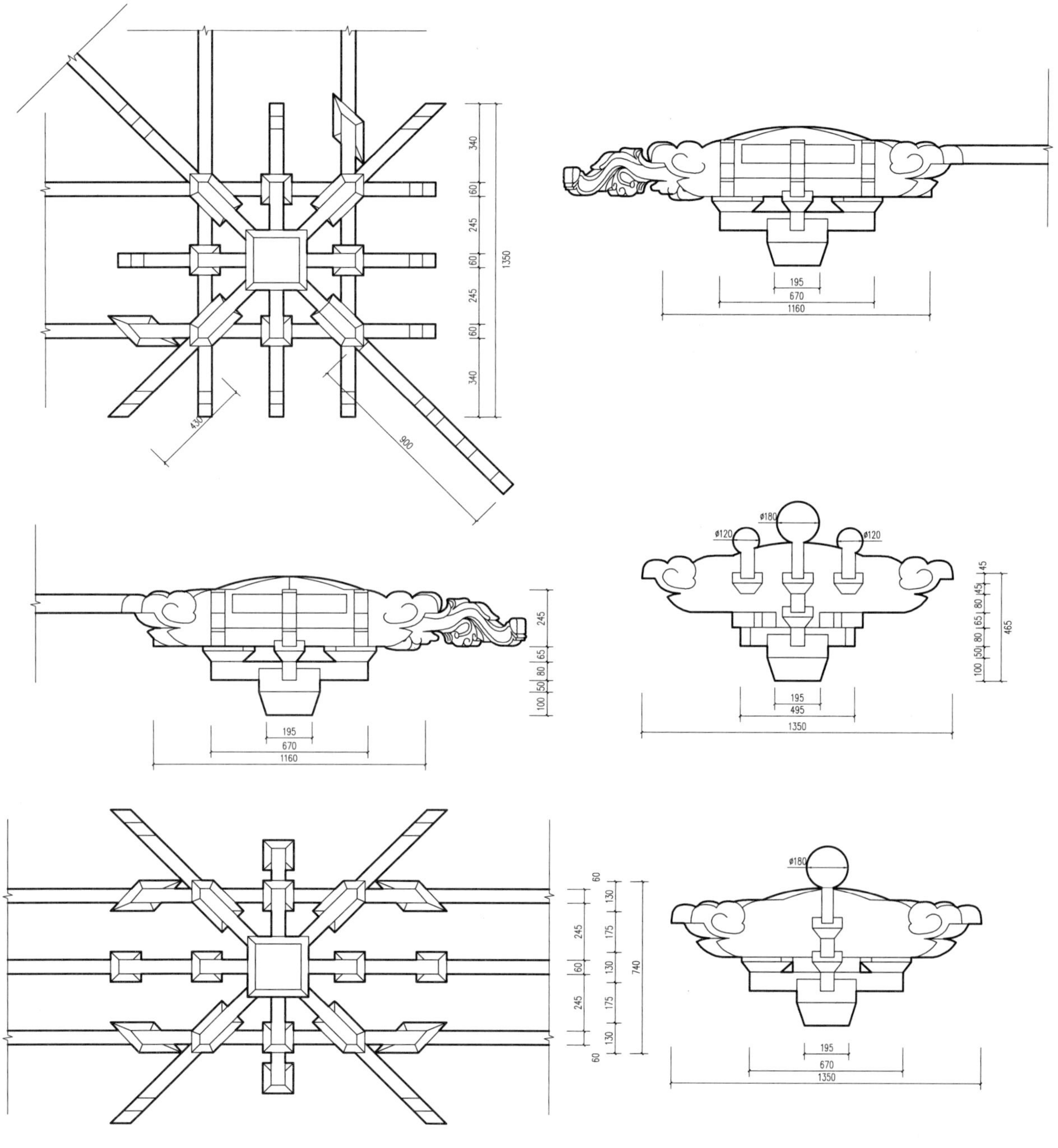
340
60
245
60
245
60
340
1350
430
900
195
670
1160
ø180
ø120
ø120
45
45
80
65
80
50
100
465
245
65
80
50
100
195
495
1350
195
670
1160
60
130
175
130
175
130
60
245
60
245
740
ø180
195
670
1350

图 13　斗栱大样图之二

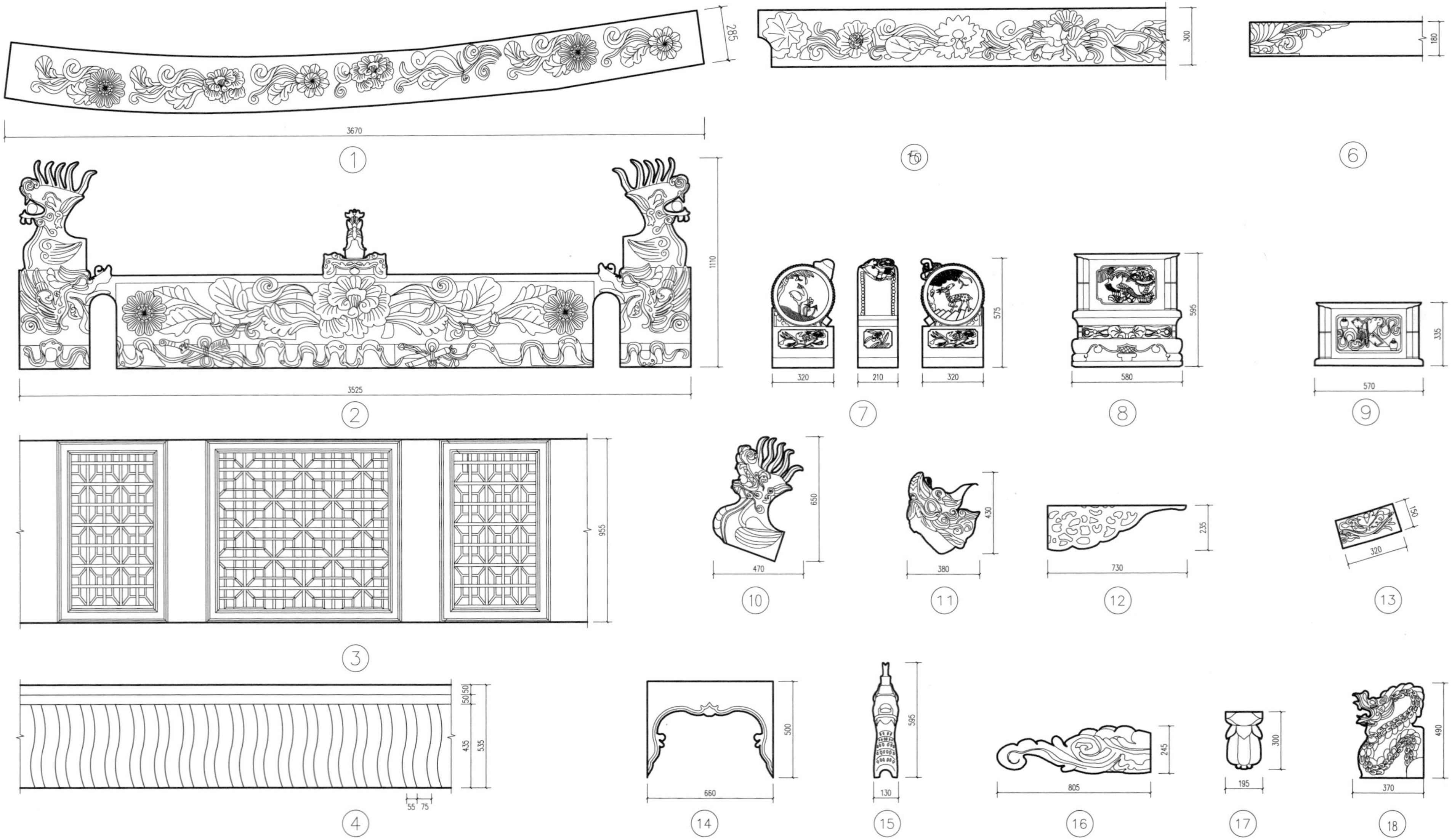
285
3670
①
300
⑤
180
⑥
1110
3525
②
320
210
320
575
⑦
595
580
⑧
335
570
⑨
955
③
650
470
⑩
430
380
⑪
235
730
⑫
150
320
⑬
50
50
435
535
55
75
④
500
660
⑭
595
130
⑮
245
805
⑯
300
195
⑰
490
370
⑱

图 14　雕花大样图

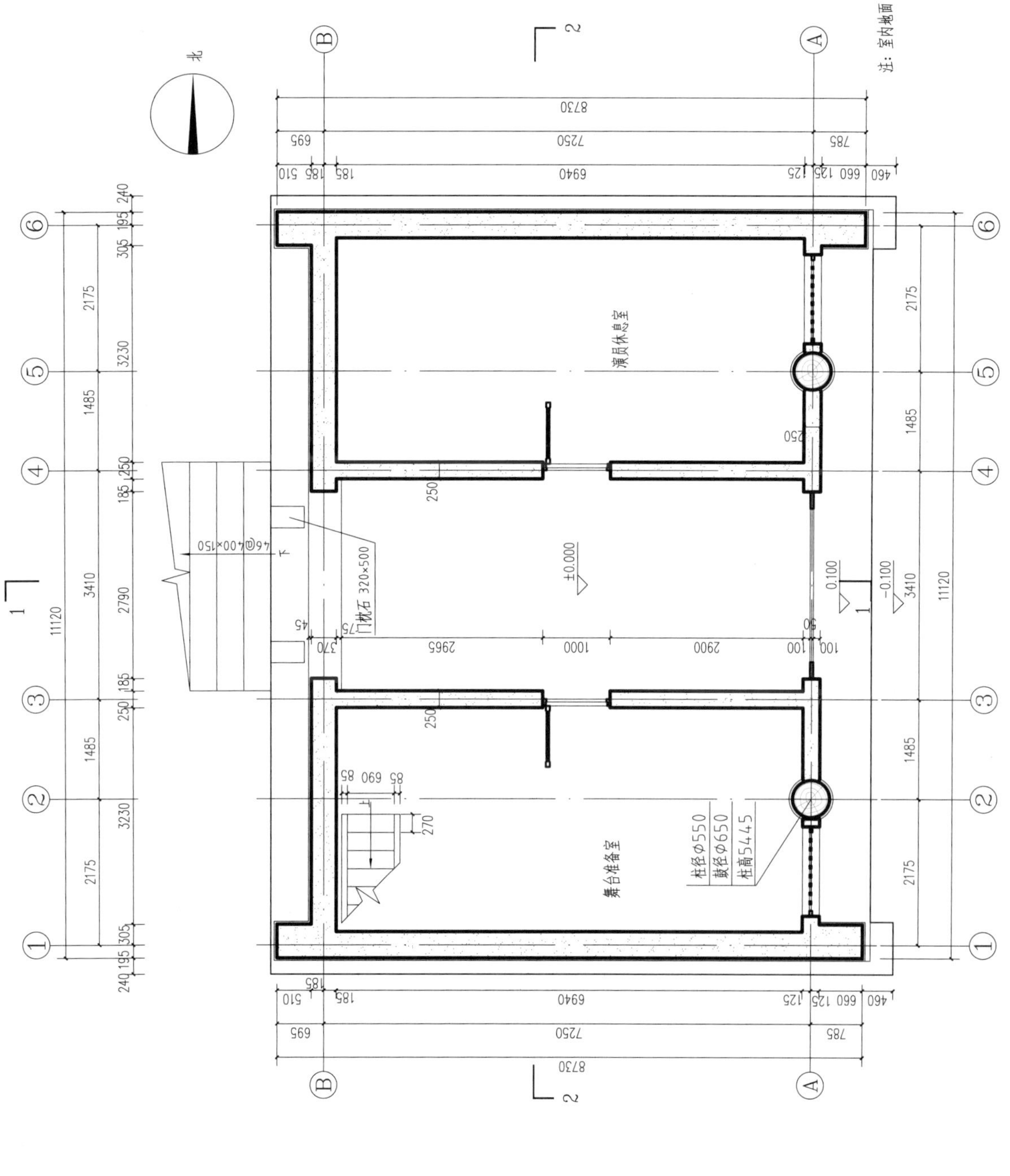
北
注：室内地面
演员休息室
舞台准备室
柱径φ550
鼓径φ650
柱高5445
门枕石 320×500
±0.000
0.100
-0.100

图15 戏楼一层平面图

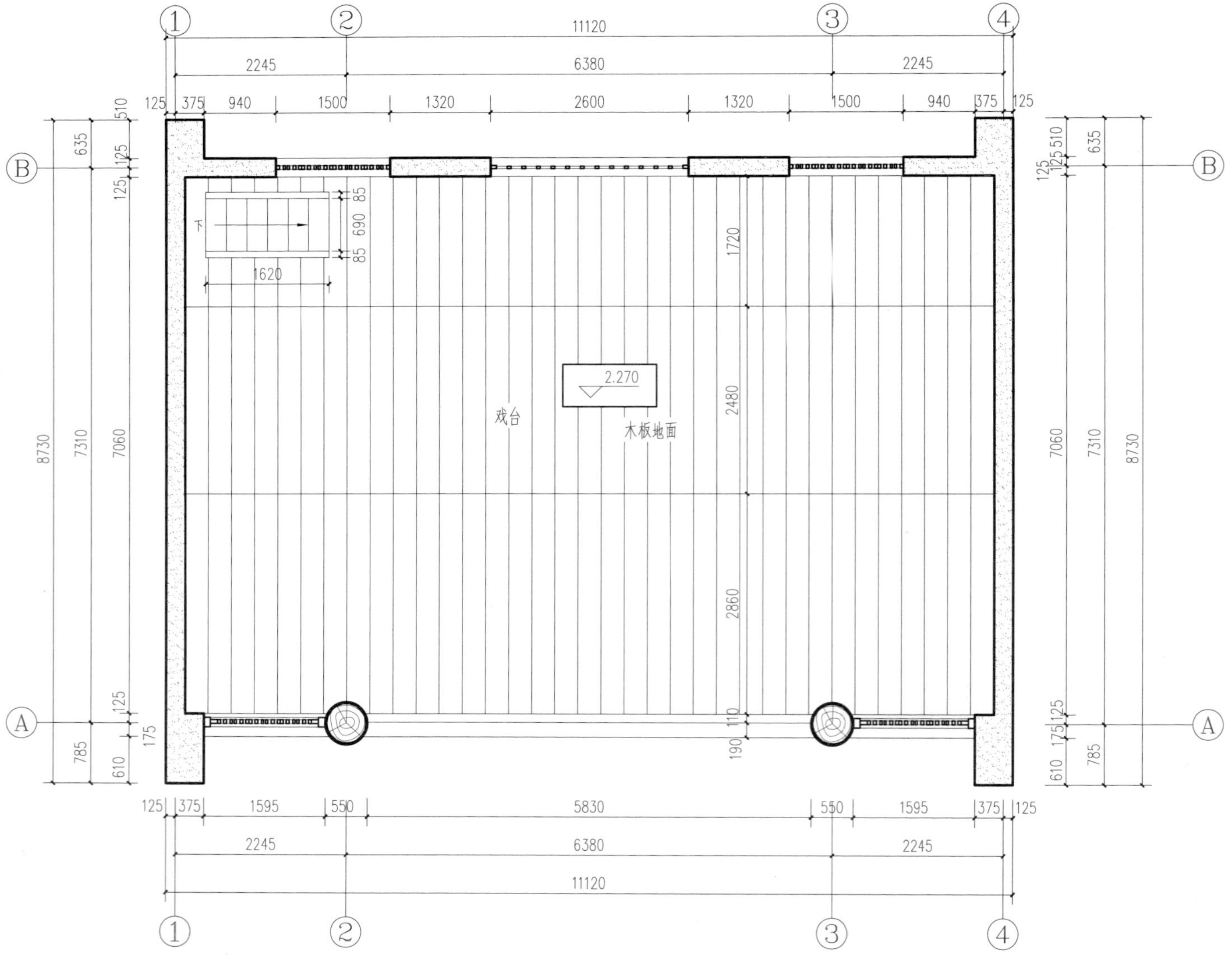

图 16　戏楼二层平面图

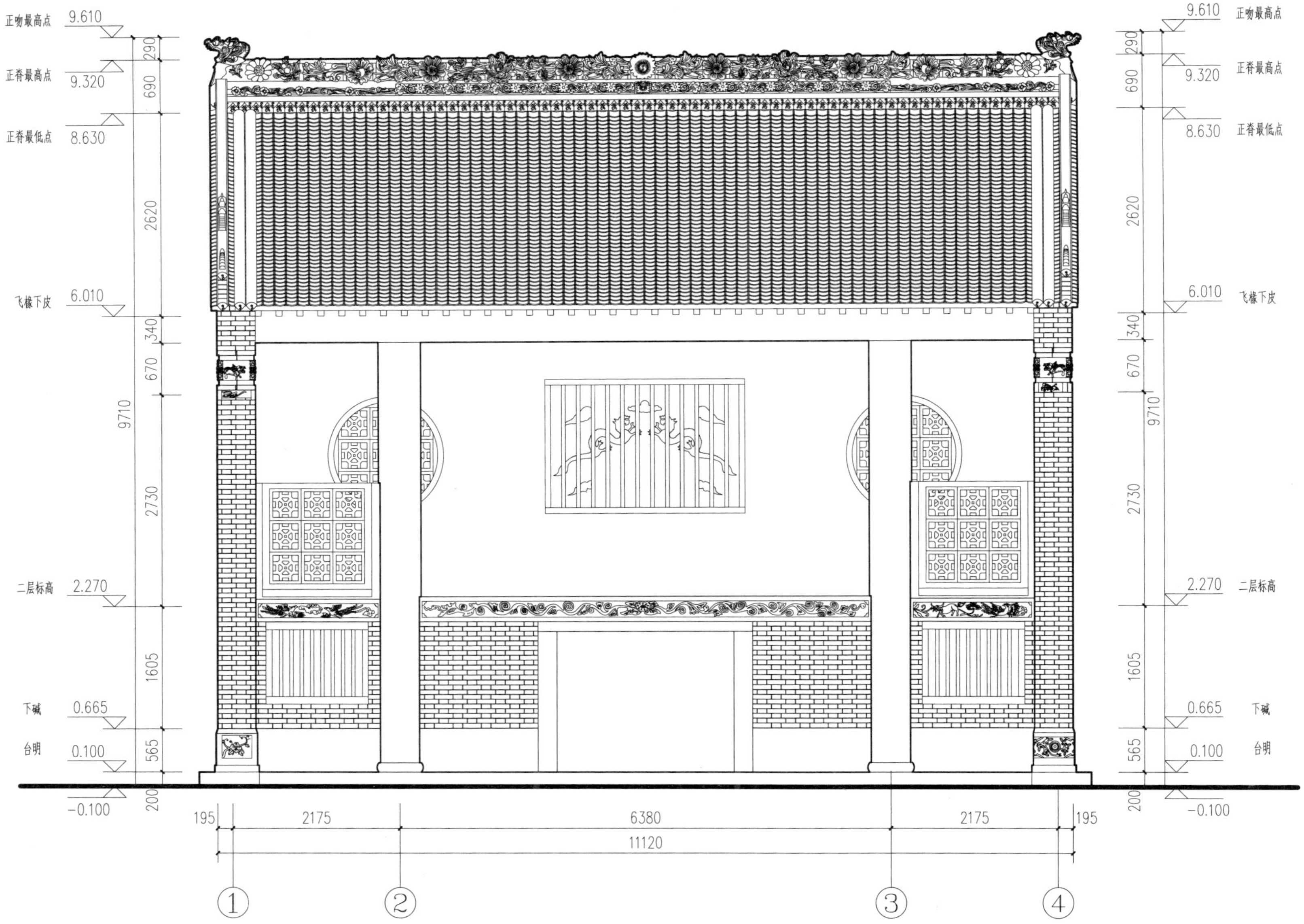
正吻最高点
9.610
正脊最高点
9.320
正脊最低点
8.630
飞椽下皮
6.010
二层标高
2.270
下碱
0.665
台明
0.100
−0.100
290
690
2620
340
670
9710
2730
1605
565
200
195
2175
6380
2175
195
11120
1
2
3
4

图 17　戏楼东立面图

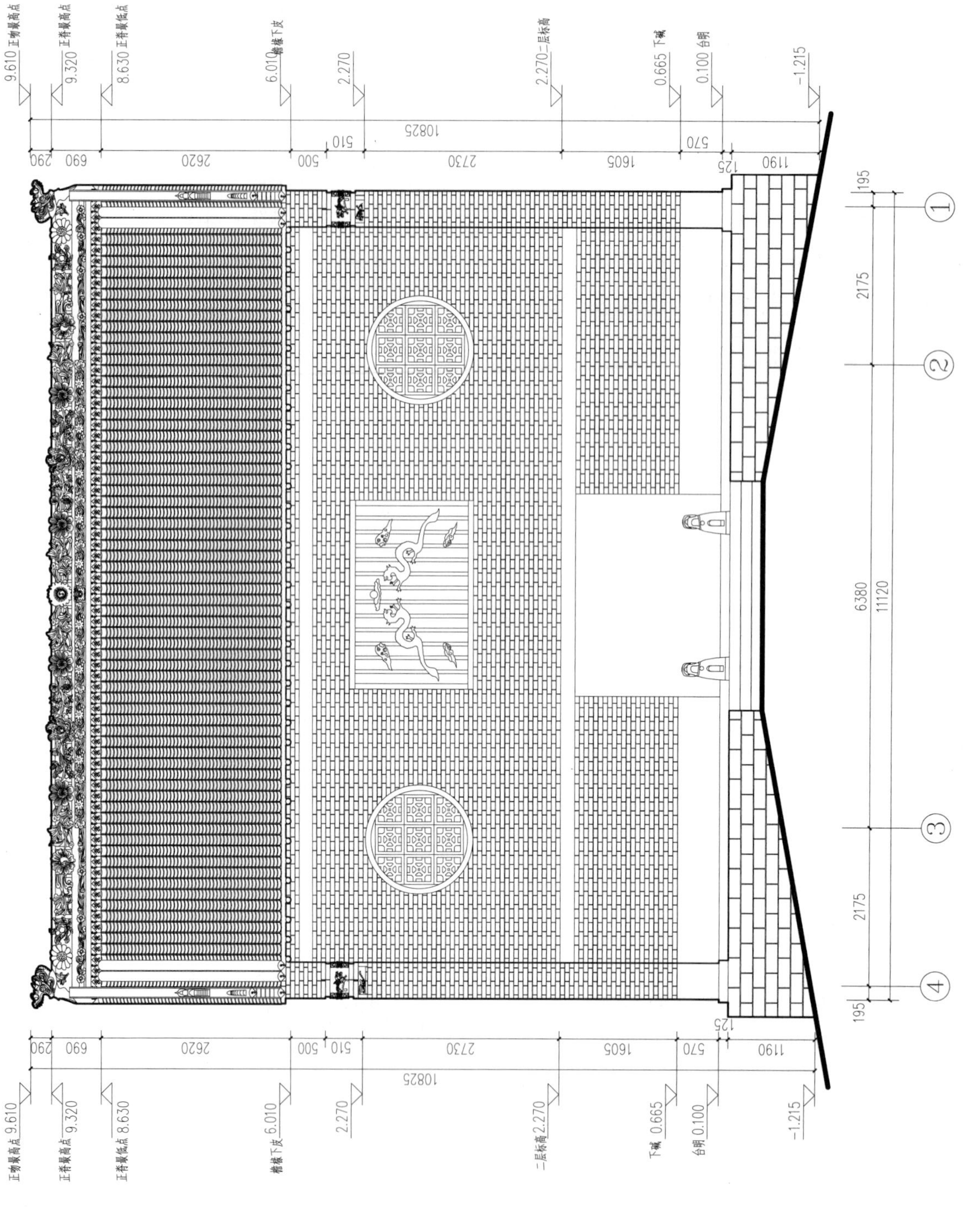
正吻最高点 9.610
正脊最高点 9.320
正脊最低点 8.630
檐椽下皮 6.010
2.270
二层标高 2.270
下碱 0.665
台明 0.100
-1.215
10825
11120
6380
2175
2175
195
195

图18 戏楼西立面图

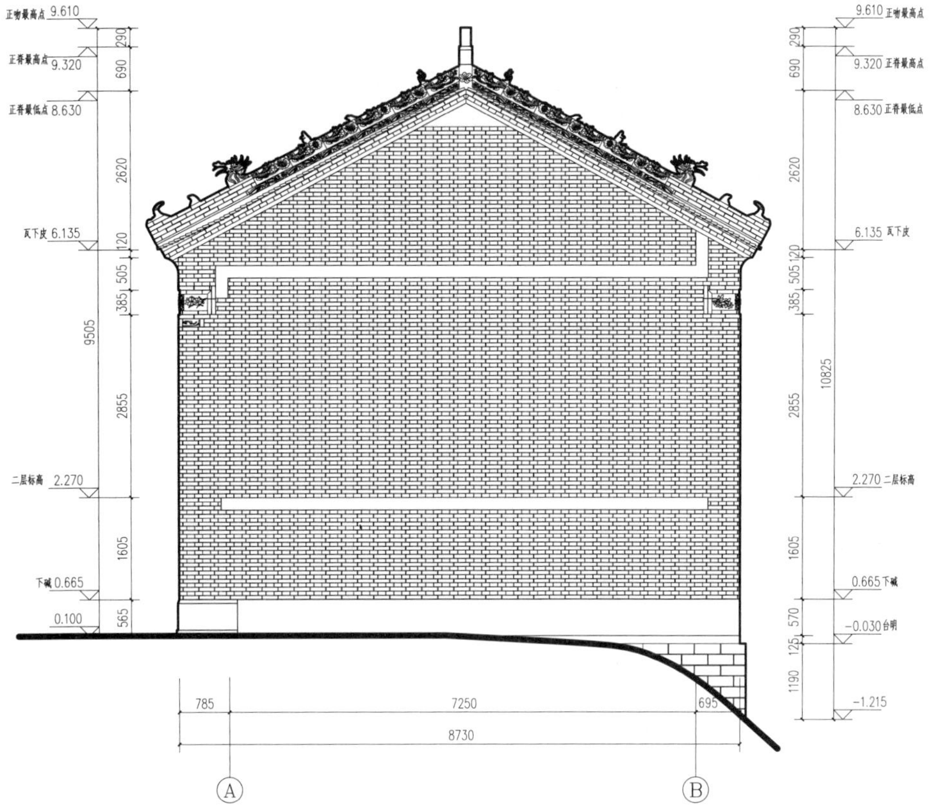

图 19　戏楼北立面图

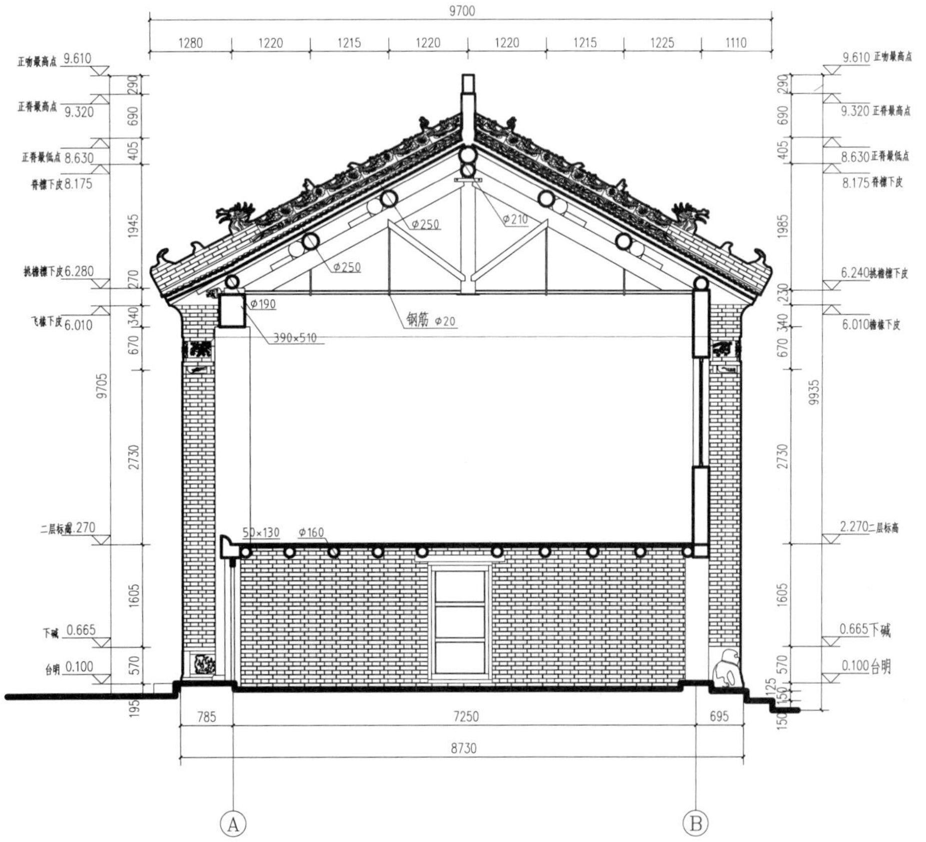

图 20　戏楼 1-1 剖面图

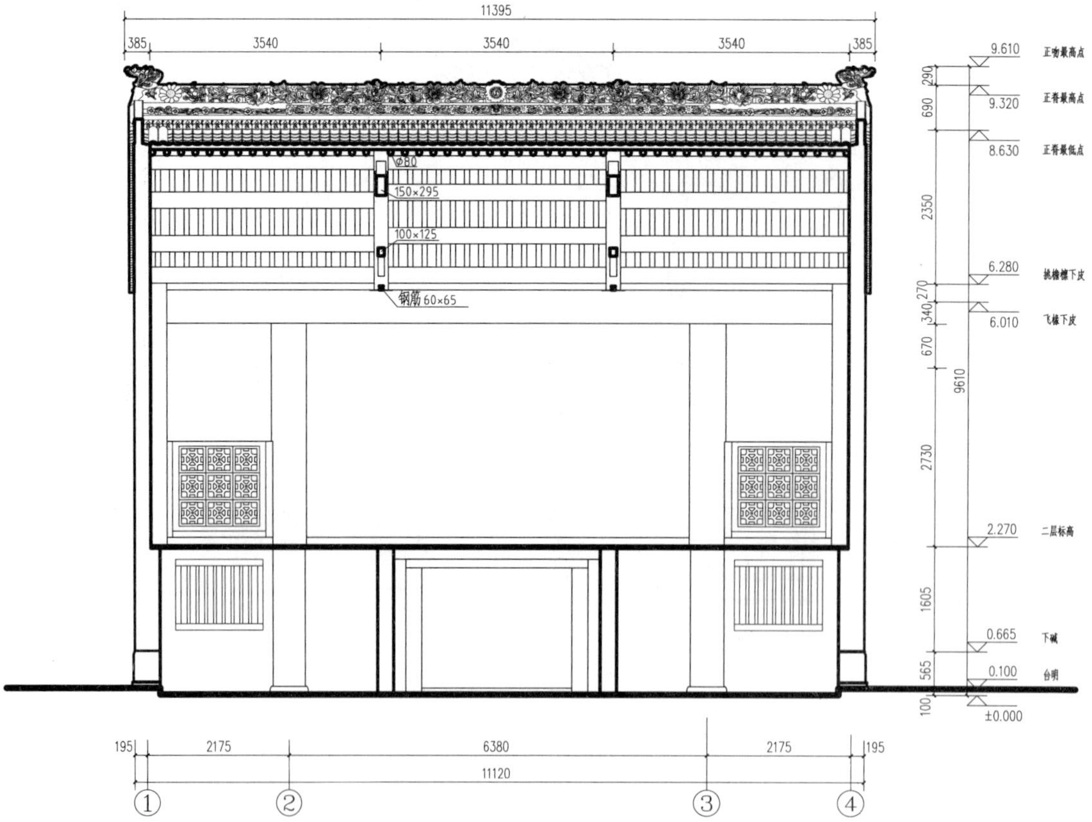

图 21　戏楼 2-2 剖面图

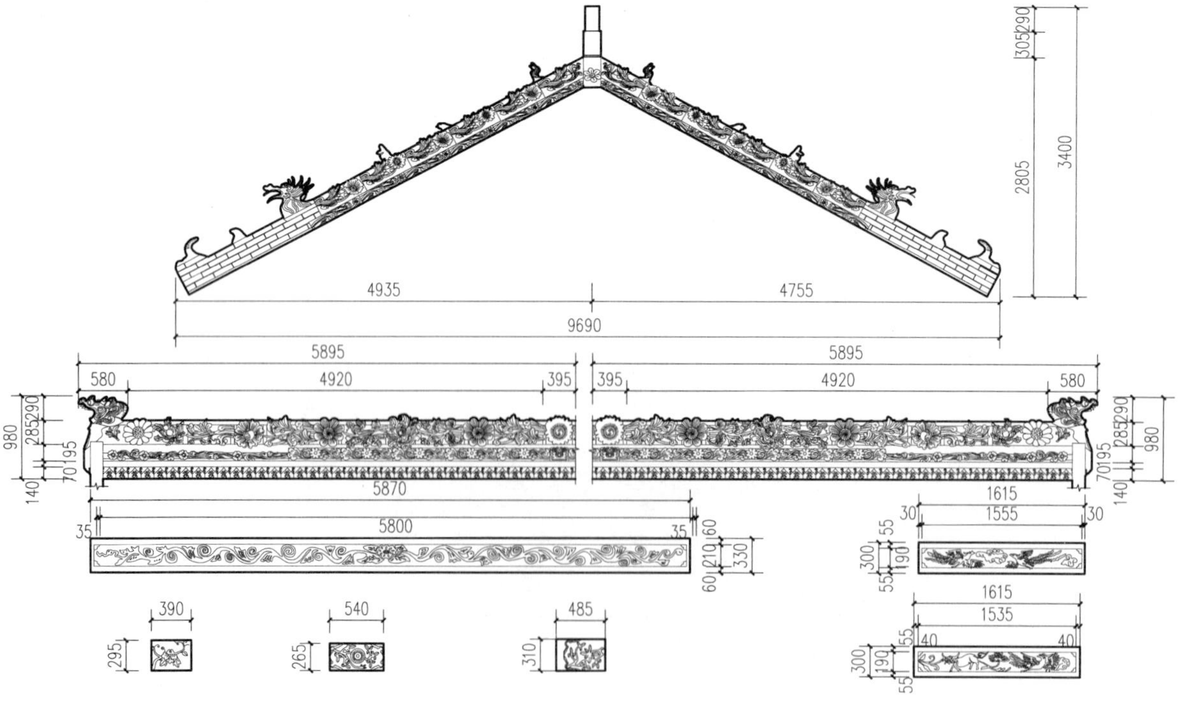

图 22　正脊、垂脊雕花大样图

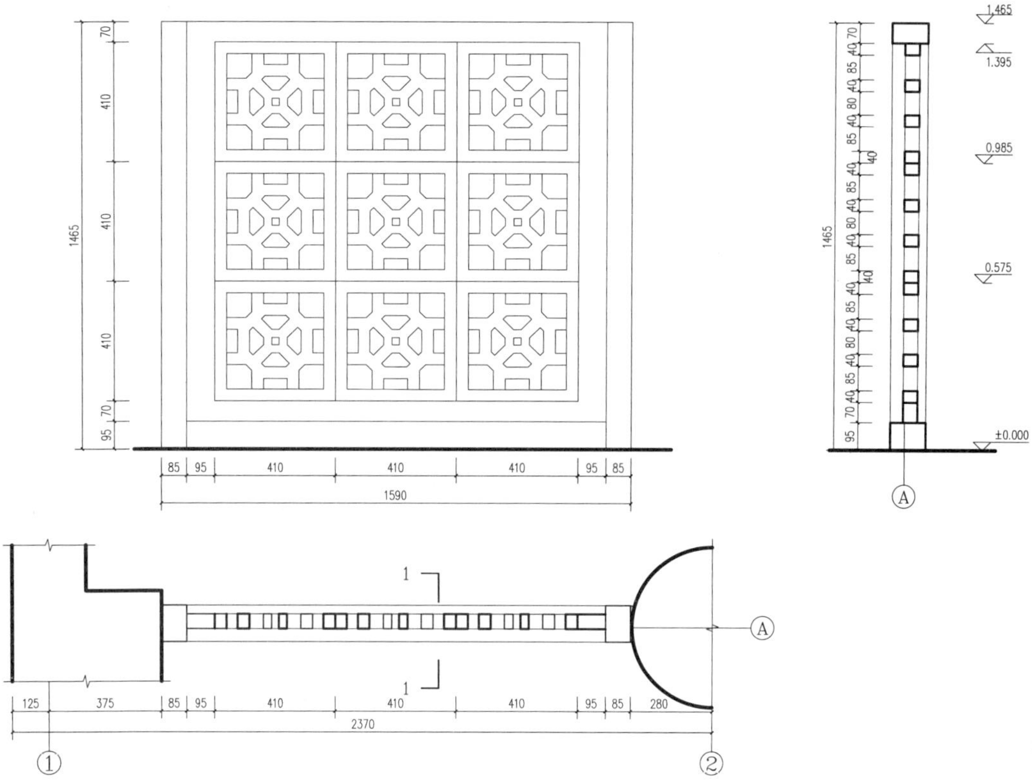

图 23　戏楼窗大样图

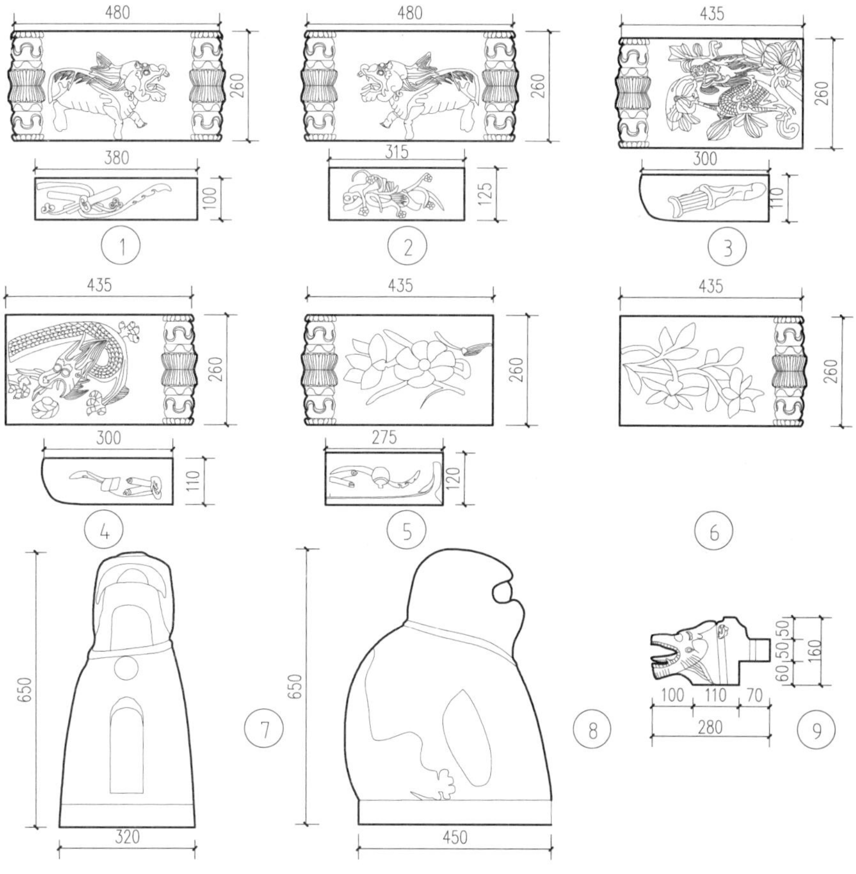

图 24　雕花大样图

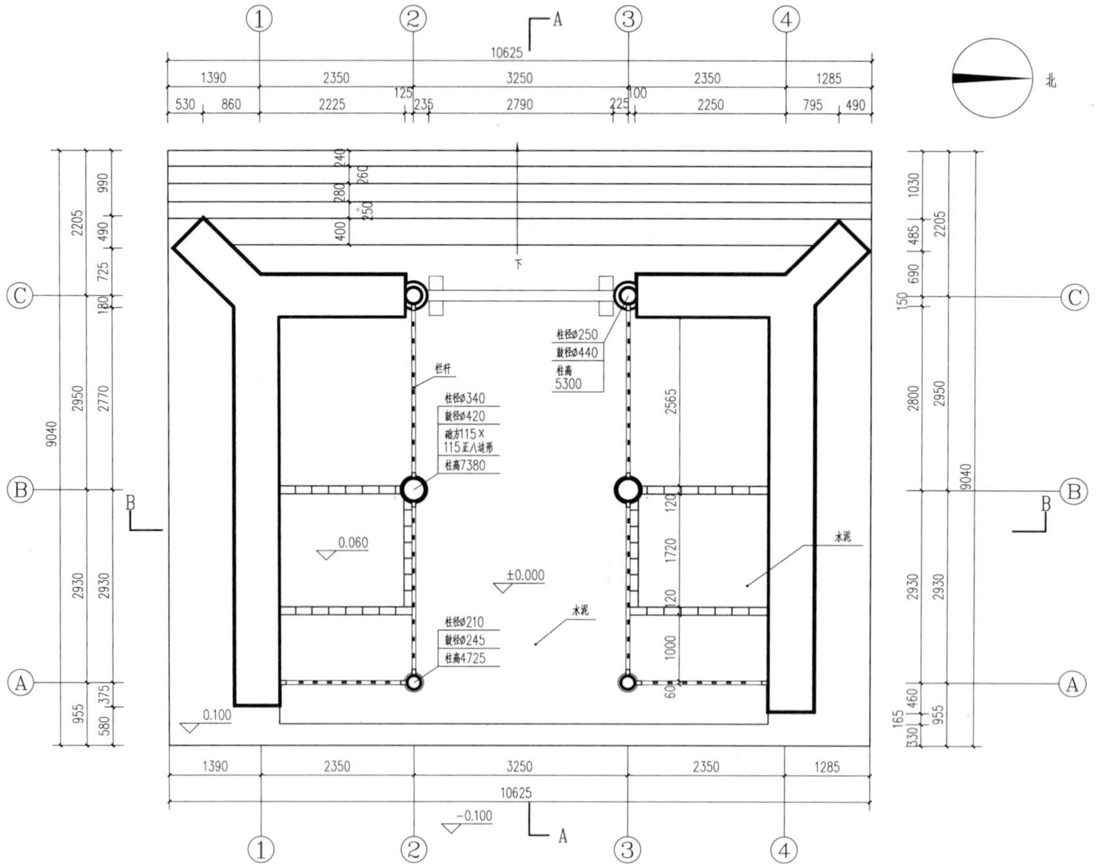

图 25　钟鼓楼一层平面图

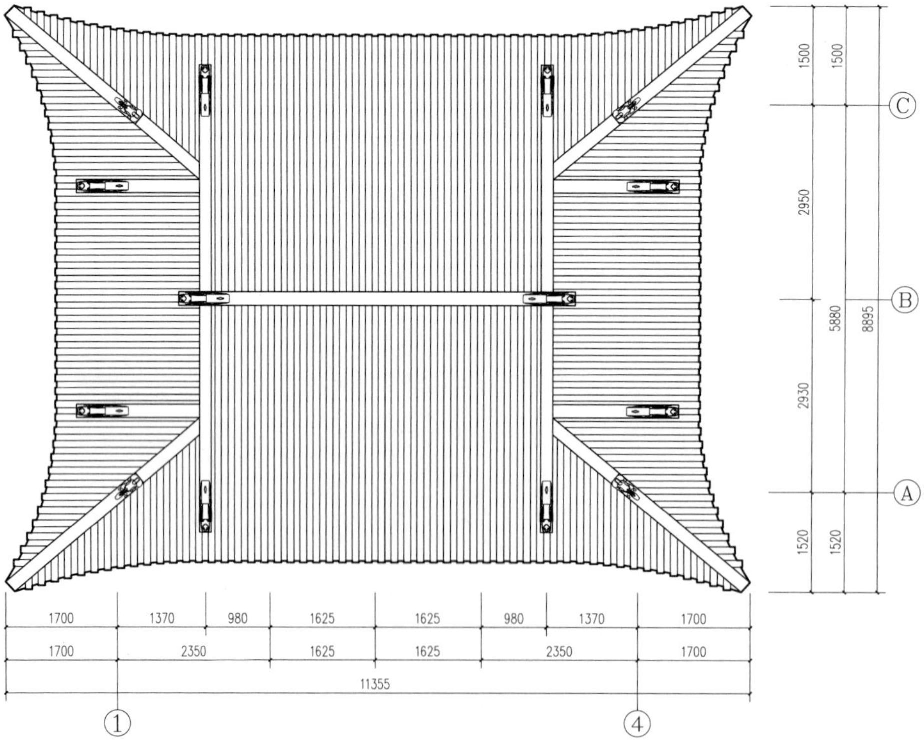

图 26　钟鼓楼屋顶平面图

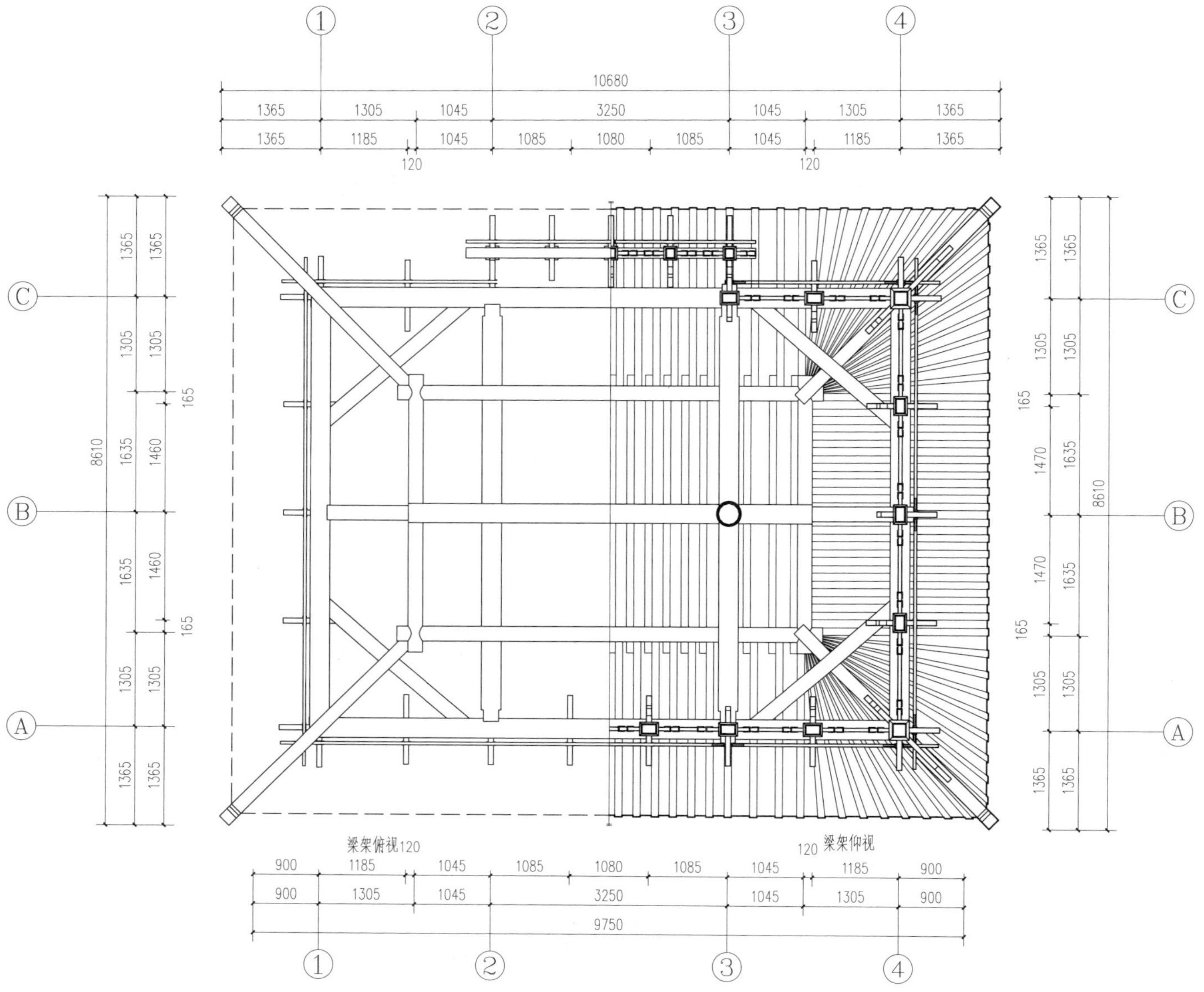

图 27　钟鼓楼梁架仰、俯视图

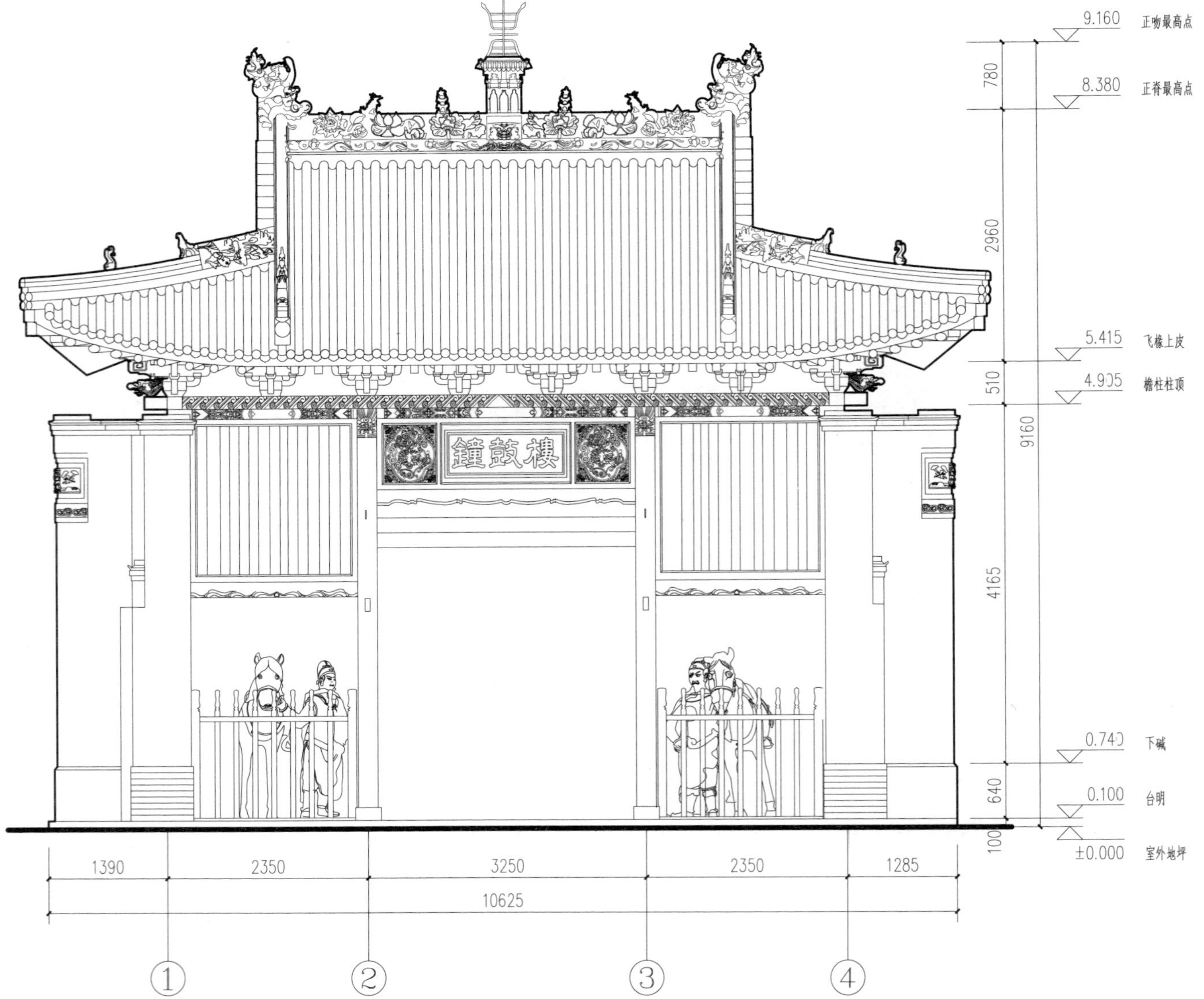
9.160
正吻最高点
8.380
正脊最高点
5.415
飞椽上皮
4.905
檐柱柱顶
0.740
下碱
0.100
台明
±0.000
室外地坪
780
2960
510
4165
640
100
9160
鐘鼓樓
1390
2350
3250
2350
1285
10625
1
2
3
4

图 28　钟鼓楼东立面图

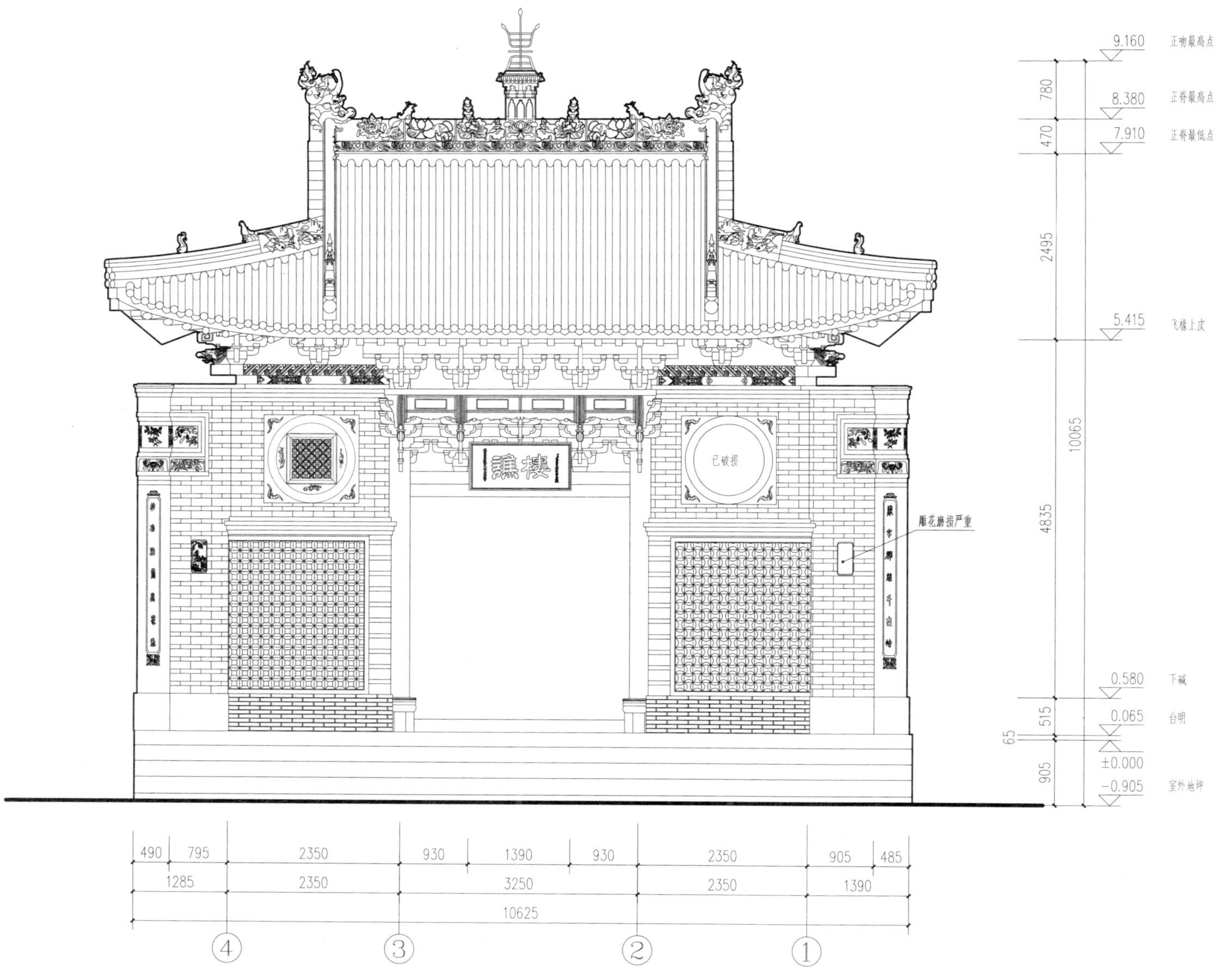

9.160 正吻最高点
8.380 正脊最高点
7.910 正脊最低点
5.415 飞椽上皮
0.580 下碱
0.065 台明
±0.000
-0.905 室外地坪
780
470
2495
4835
515
65
905
10065
雕花磨损严重
已破损
490
795
2350
930
1390
930
2350
905
485
1285
2350
3250
2350
1390
10625
④
③
②
①

图 29 钟鼓楼西立面图

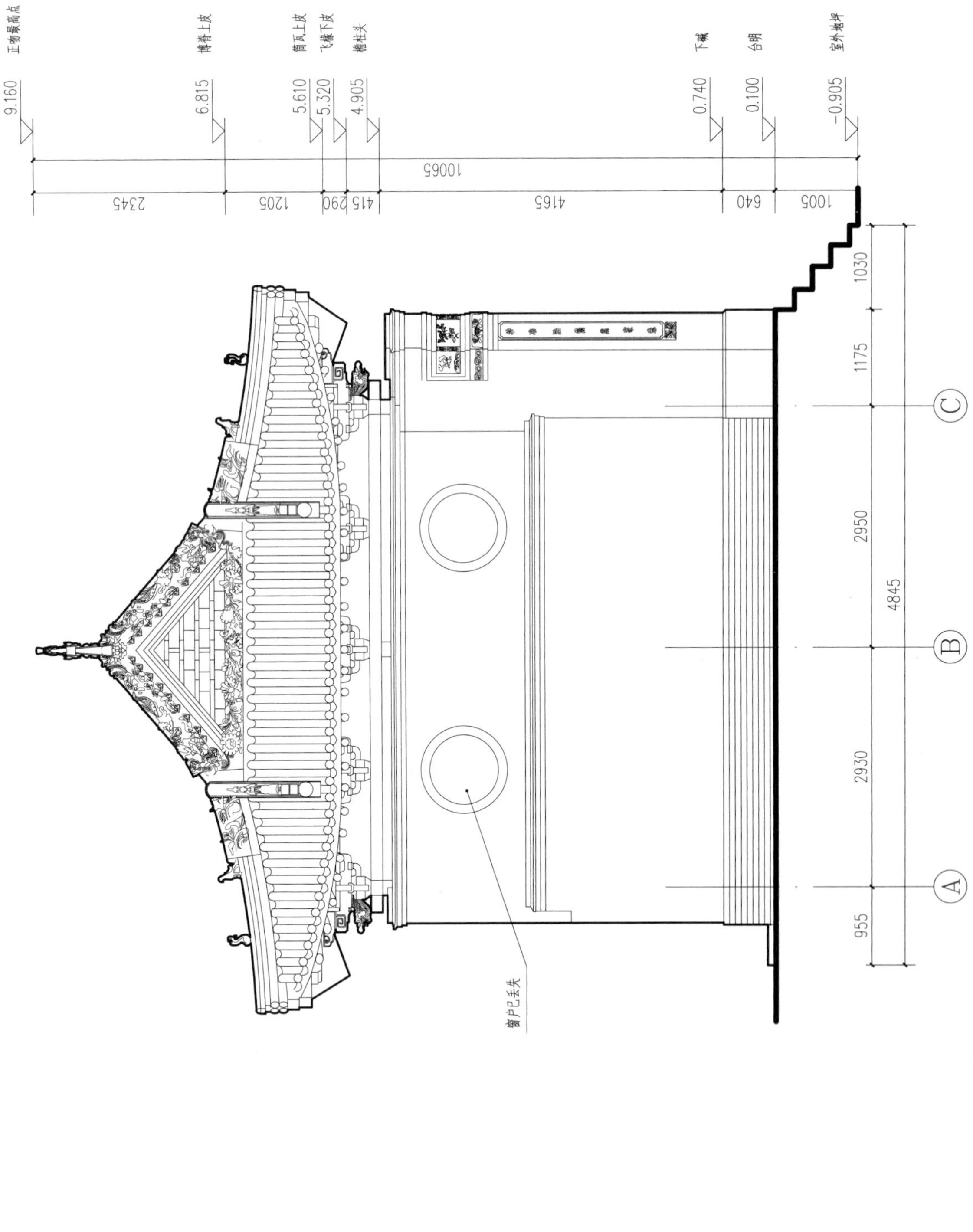
9.160
正吻最高点
6.815
博脊上皮
5.610
筒瓦上皮
5.320
飞椽下皮
4.905
檐柱头
0.740
下碱
0.100
台明
-0.905
室外地坪
2345
1205
290
415
4165
640
1005
10065
1030
1175
2950
2930
955
4845
A
B
C
窗户已丢失

图 30　钟鼓楼北立面图

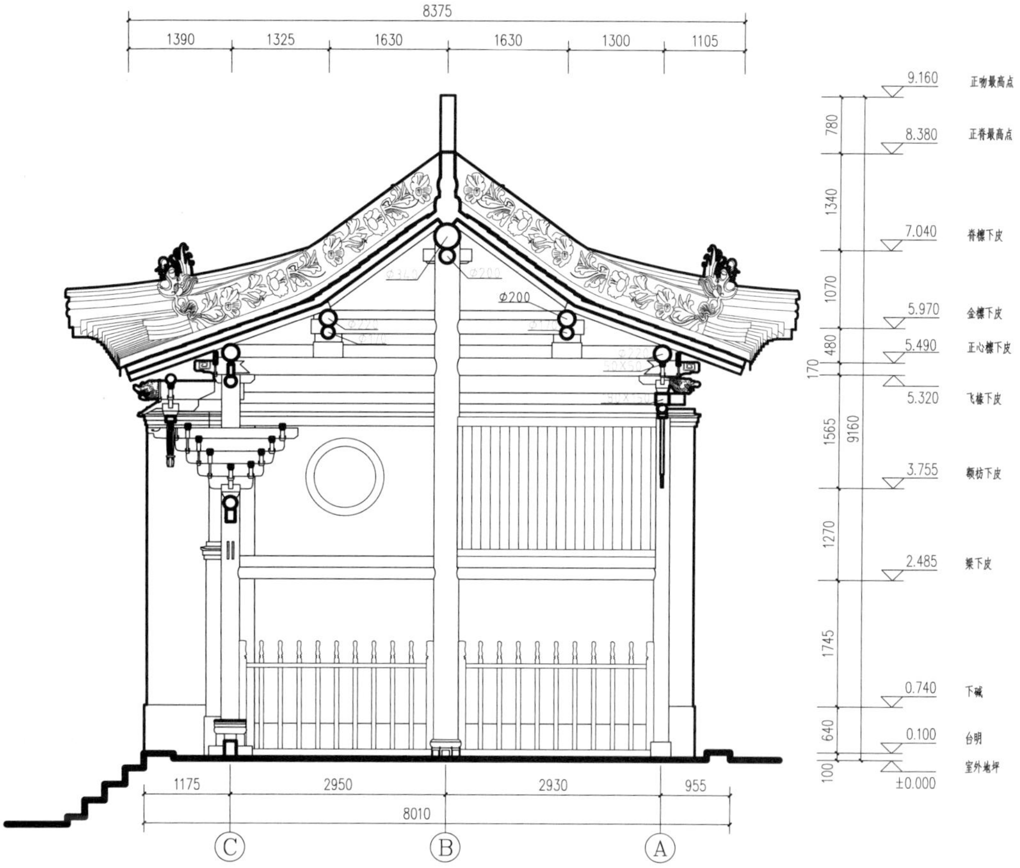

图 31　钟鼓楼 A-A 剖面图

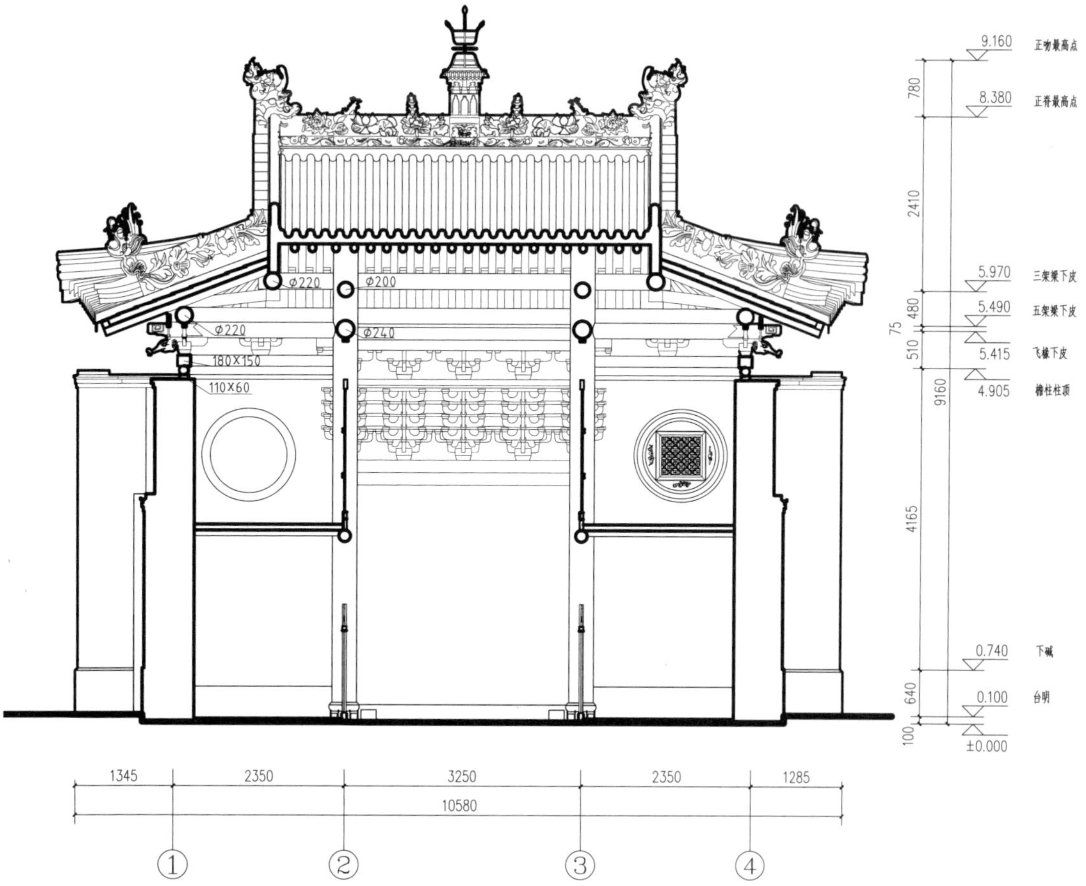

图 32　钟鼓楼 B-B 剖面图

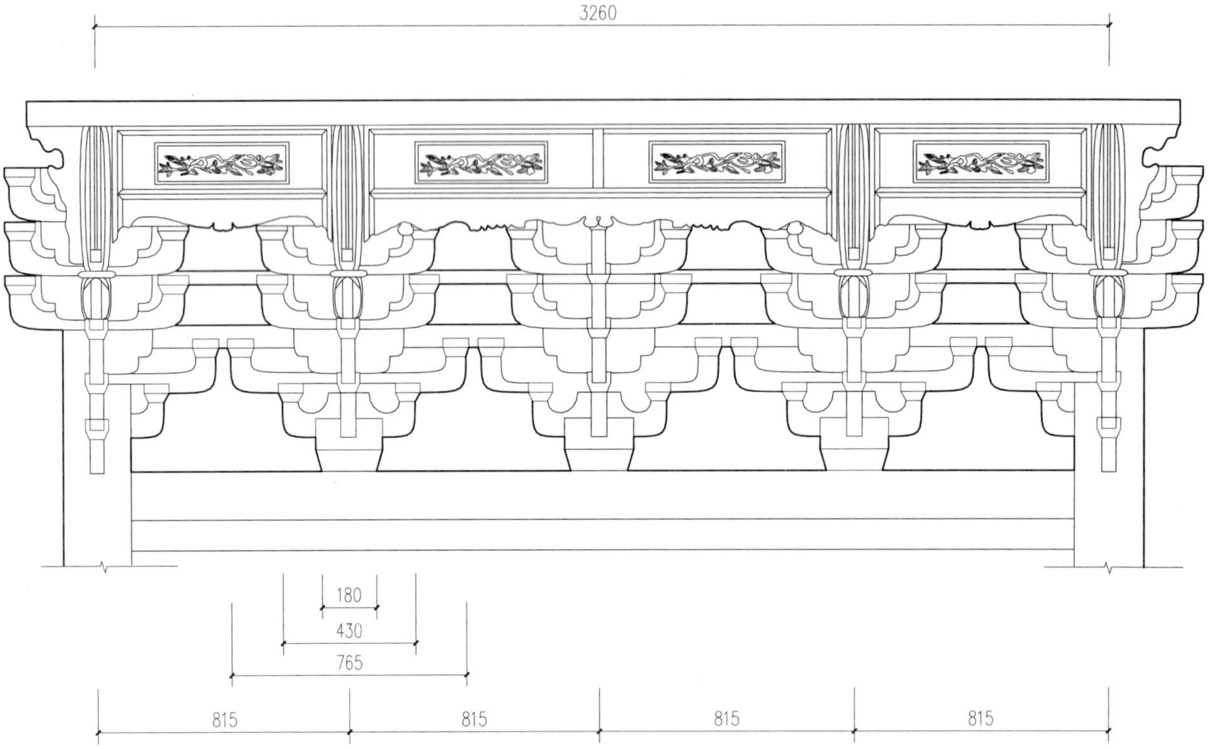

图 33　斗栱正立面图

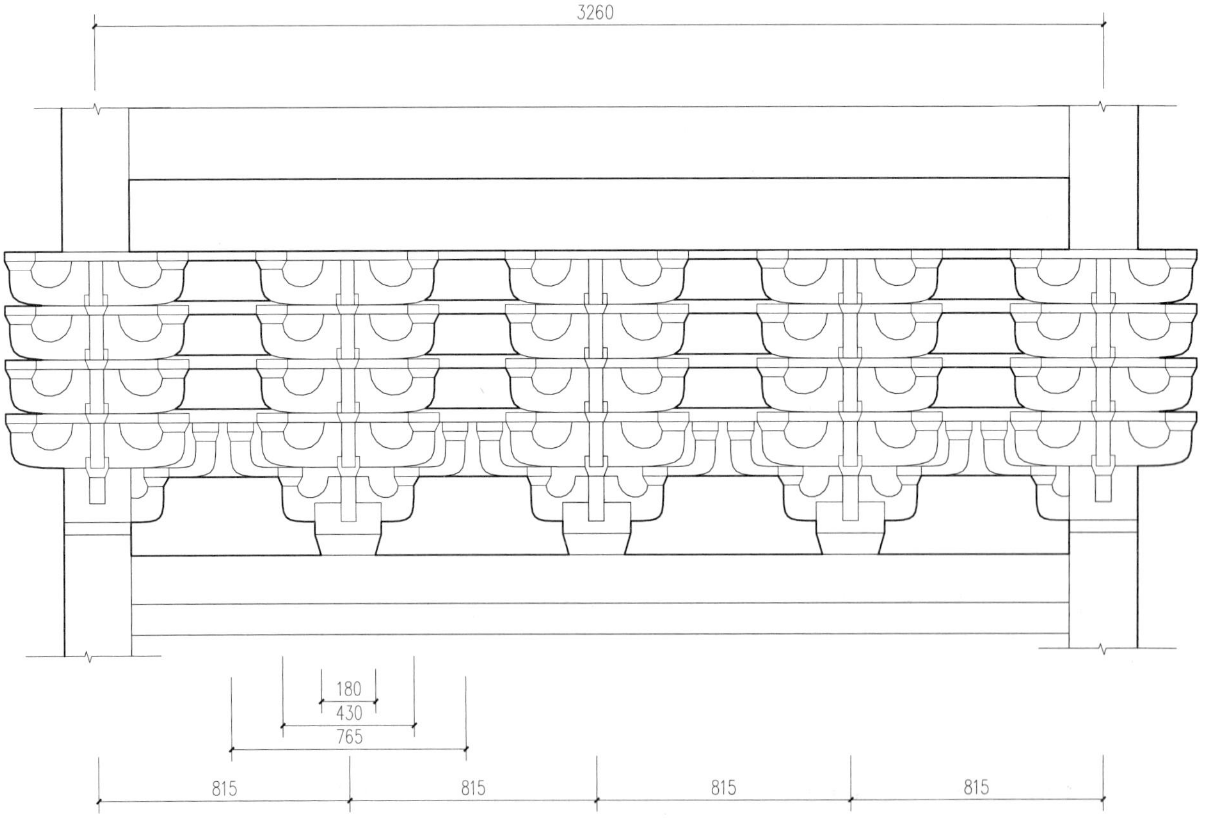

图 34　斗栱背立面图

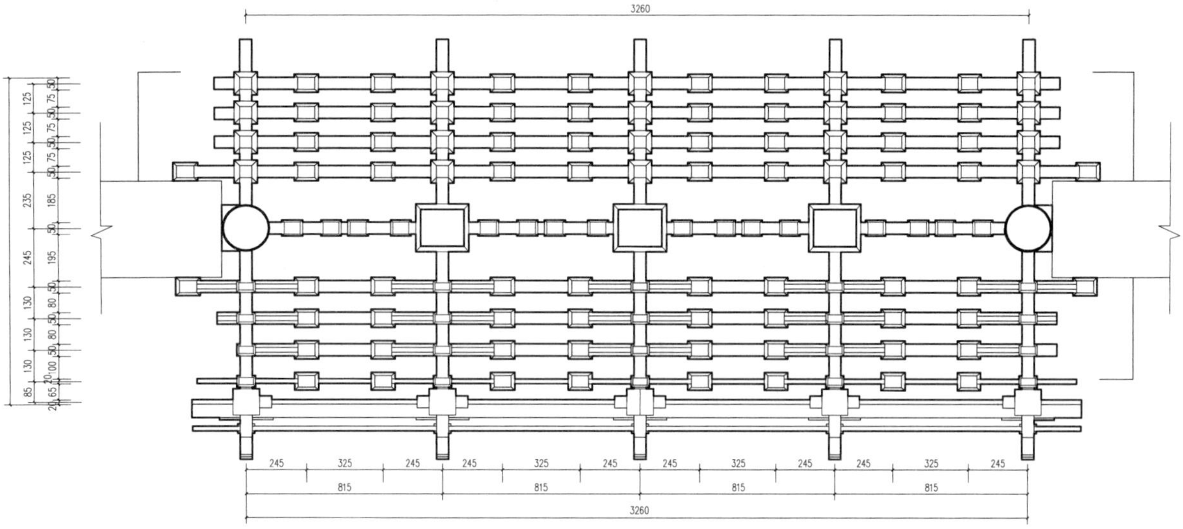

图 35　钟鼓楼斗栱仰视图

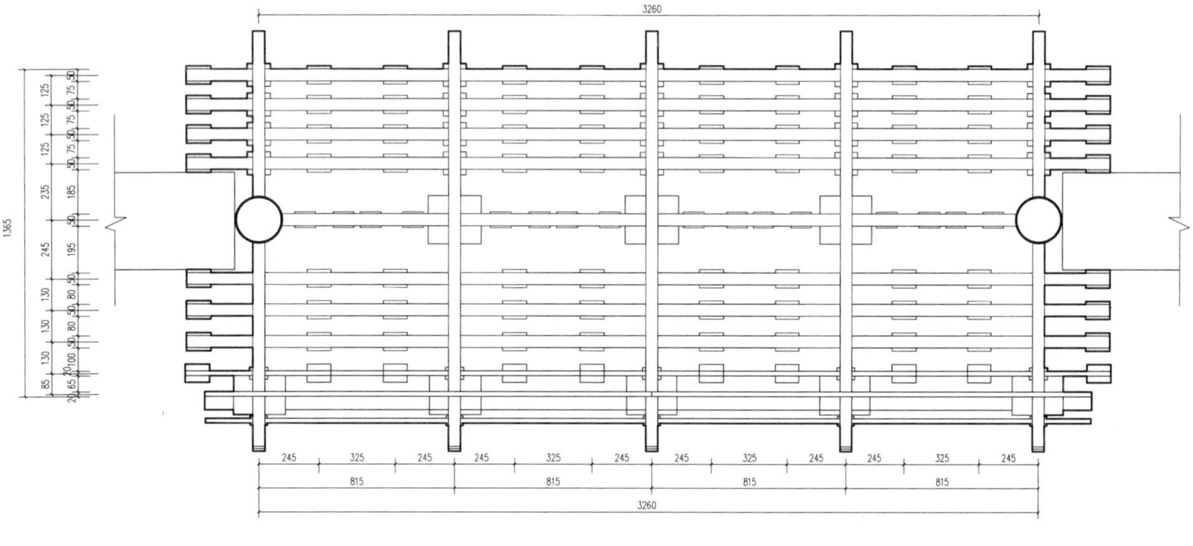

图 36　钟鼓楼斗栱俯视图

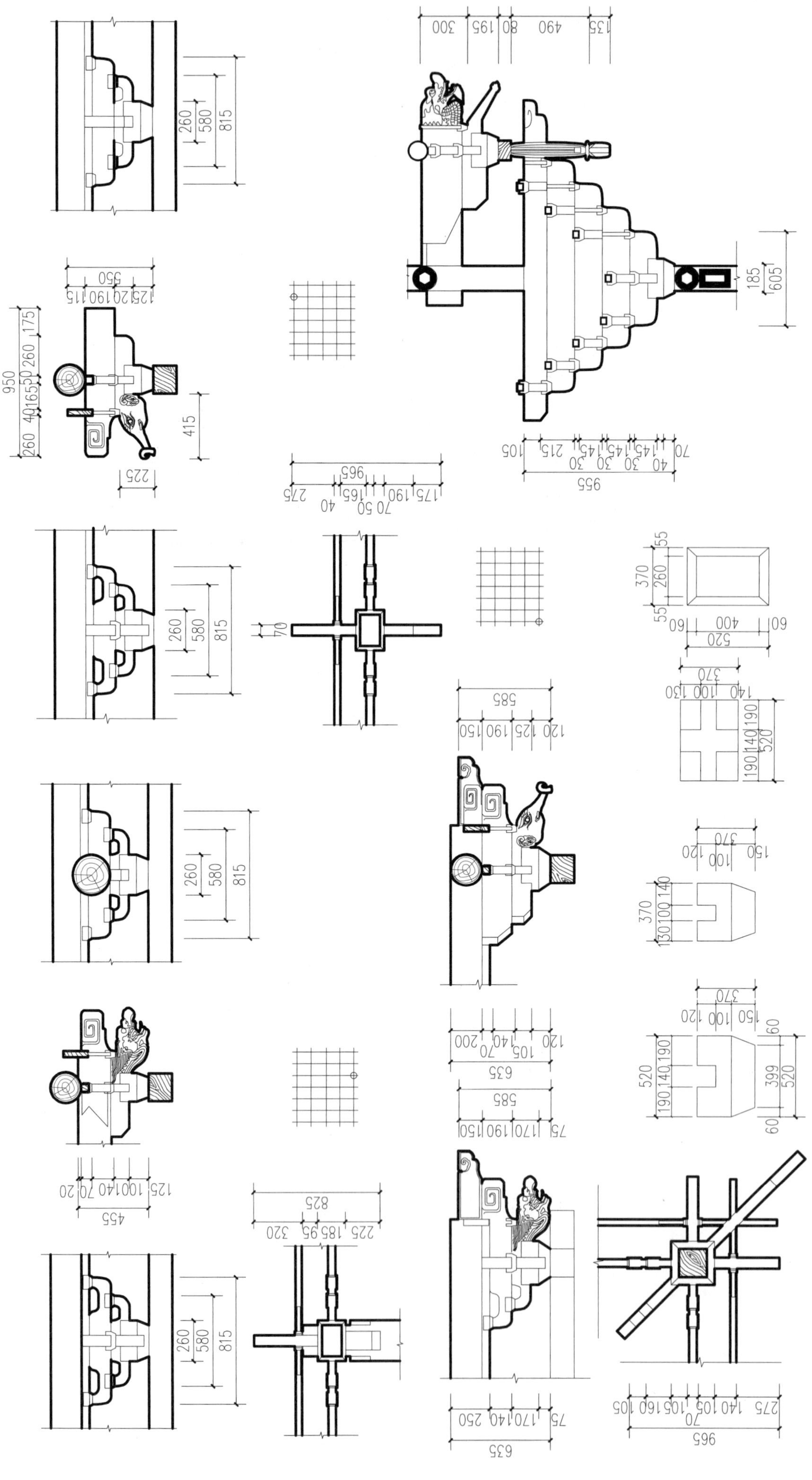

图 37　钟鼓楼斗栱大样图

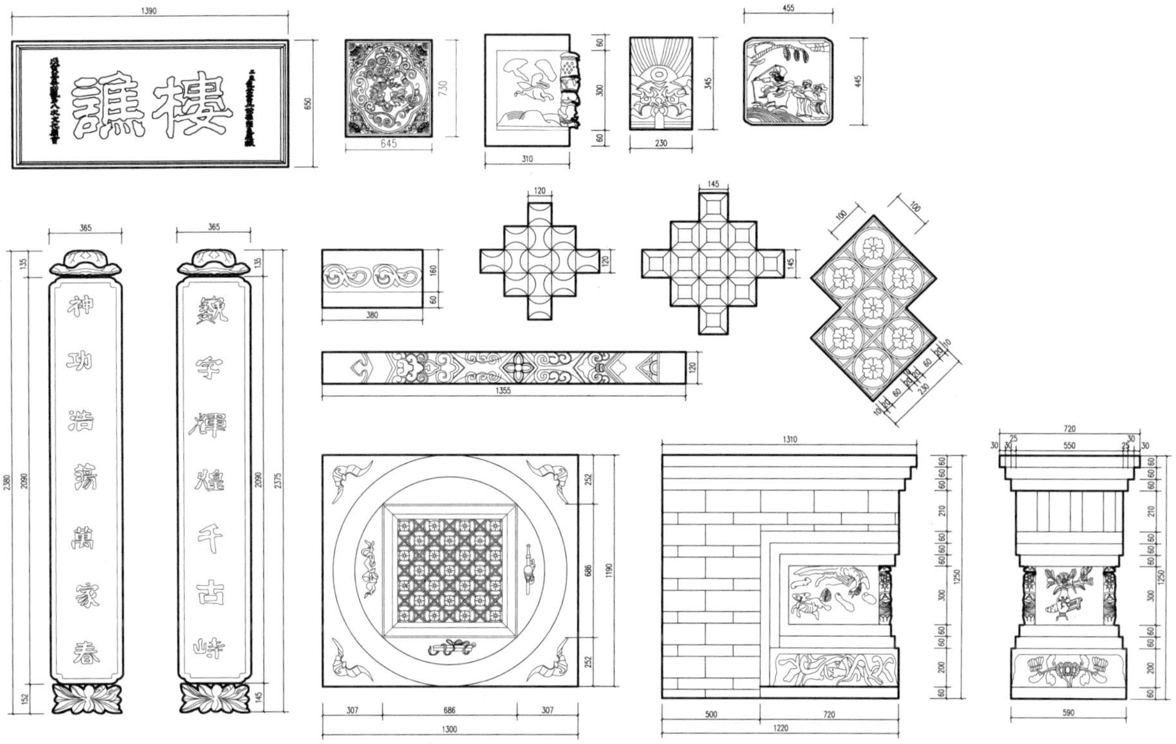

图 38　钟鼓楼墀头大样图

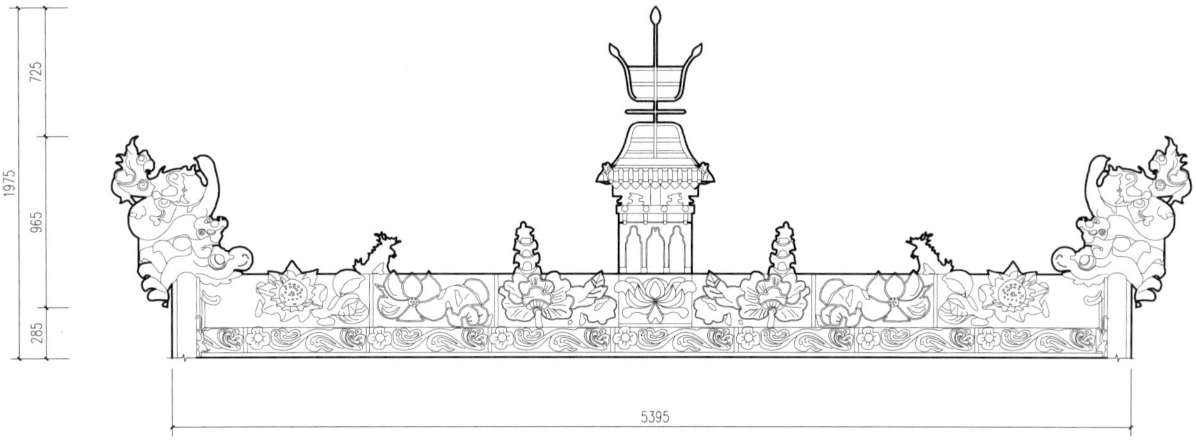

图 39　雕花大样图

文县李家大院

李家大院[1]位于陇南市文县天池乡白马村，始建于清代晚期，其建筑平面为典型的上下二层转角楼形式，但由于现在大部分的房子都已经处于空置状态，仅有一名老人居住在前院，因此对四合院的保护会有很多问题，导致进一步的毁坏。现属非文保单位。

李家大院为清代晚期建筑，该院深35.5m，宽19.9m，院落占地总面积700m^{2}有余，总建筑面积800m^{2}有余。李家大院坐北朝南，由前院、后院两组院落组成，较为完整，只是因为长期无人居住，后院地面已经杂草丛生，建筑开始逐渐损坏。前院属于典型的转角楼形式，而后院由正房和东、西厢房与过厅围合组成。前院与后院大小相仿，整体院落以正房为全院最高处，台明标高1.05m。东、西厢房很长，其由两组建筑组成，总共9开间，进深两开间，实为单坡建筑，为了有效排水，保护土墙，将后坡檐采用一步架挑檐承托。后院部分在正房屋檐处有高低之分，但是柱子与墙体共用，其余部分都连接在一起，倒座、过厅与正房构成了院落的主轴线，并且从屋顶部分体现出依次升高的序列。这是陇南文县地区现存院落进数最多、保存最为完整，且存在精美木雕的一处古民居院落。正房为单檐悬山顶，前后出檐。东、西厢房与倒座、过厅以及正房构架搭接在一起，但是在屋顶处有明显区分。屋面施以合瓦屋面、清水脊，正脊两端翘起似燕尾。

正房面阔五间，通面阔16.66m，进深四间，通进深6.4m。平面制式为锁子厅式、明三暗五，在两边耳房处设有楼梯。建筑整体为五架梁带前檐廊的抬梁式二层楼，一层为中堂，通敞空间，二层皆为杂物间。房前台基和踏步铺阶条石，内庭院四周铺阶条石，内部素土地面。楼前明间台基和踏步上由阶条石铺筑，这种建筑手法也是地方取材方便的一种表现。建筑外观部分土墙不直接到顶，应该是该地区雨水较多、夏季温度较高，房屋要重视通风效果所致。

倒座为院落主入口的第一处建筑，与正房相对，面阔五间，通面阔16.66m，进深两间，通进深5.1m。平面在开间与东西厢房第一间连接成多出两间的梁柱构架，因此平面制式为转

[1] 这座始建于清朝、兼容南北建筑风格、一门两进的四合院建筑，是当地地主李应升靠中药材发家后，为光大门庭所修建的宅院。

角楼式，楼梯位于西侧次间。整体为穿斗与抬梁混合式木屋架，在类似五架梁的构架部分采用的是穿梁的构造做法。

过厅为前院与后院的联系空间，面阔五间，通面阔 16.66m，进深三间，通进深 7.56m。平面制式为双向凹进式，前院部分为檐廊式，后院则为挑檐式。建筑整体为穿斗式木屋架二层楼，楼梯设置在东侧尽间处。屋顶与东西厢房屋脊处相平。檐下设置圆形过厅门通往后院。

东、西厢房在两院之中皆有分布，在前院有锁子厅式与挑檐式之分，在后院为锁子厅式建筑平面，后院厢房的通面阔较前院要长 1m 有余，因此，后院的院落空间较之前院的要更加开敞。厢房的建筑结构为前、后出檐的穿斗式木屋架，前檐长于后檐部分，后檐为短坡檐，虽然是双坡檐，但实际结构则是单坡构架，后坡的挑檐仅是为了便于后墙的防水而设置。

李家大院的堂屋厢房、楼上楼下、屋里屋外的木雕美轮美奂，具有做工精细、题材广泛、内容丰富、寓意深刻的特点[1]。主要体现在门窗、栏板、檐下，总体雕刻风格统一，技艺精湛，堪称精品。尤其是人物场景雕饰最为精巧，或耕读，或垂钓，或泅渡，或骑射，或嬉戏，构图饱满，层次分明，造型生动，值得一提的是人物场景雕饰中的人物、兽禽均一寸见方，动态优美、惟妙惟肖，花草树木、山水桥梁、城池楼阁都行云流水无不精到。

李家大院在门窗部分的雕刻可谓当地的艺术珍品，相比较而言，后院比前院更是雕梁画栋，尤其是后院的门窗雕花，刻画题材丰富，构图精美、笔法流畅，可谓精品。雕刻仍是以框架式母题为主，基本构图为灯笼式，有射猎图、男耕女织图、花鸟草虫图、积德行善图等，立体感较强。

正房四扇六抹槅扇门雕花格心扇是由棂格和雕花组合的，窃曲纹棂格间由石榴、佛手、寿桃、花卉等装饰图形镶嵌而成，寓意“健康长寿、子嗣延绵”。格心主图案表现题材为古代战争场景，具体内容来源于“三国演义”，寓意“守护平安”。虽人马不过三五，但却给人千军万马之感，充分展现独具匠心的艺术技巧。门扇雕花裙板为浅浮雕工艺，从左至右分别是仙鹤梅花、锦鸡芙蓉、雄鸡菊花、鸭子戏水。选用代表春夏秋冬四季的花鸟题材进行装饰，寓意屋主人一年四季出入平安。门扇的上、中、下绦环板皆有雕刻，以“渔樵耕读”题材为主，寓意李氏家族对这种田园生活的恣意和淡泊自如人生境界的向往。

窗的整体形制不一，有单窗、四扇槅扇窗，后院的窗体雕饰华丽，图案分别刻绘了亭台楼阁、石阶桥梁、城池山郭、人物鸟兽、花草树木等景观穿插重叠，展现了大好河山、欣欣向荣的景象。

雀替是在房屋外檐柱与梁枋交接处，李家大院的雀替整幅画面结构组织复杂、雕刻线条圆润，集艺术性、技巧性于一体。栏板雕饰集书法、雕饰于一体，令人耳目一新。雀替左右两角呈正方形，采用浮雕技法，物象造型拙雅，题材有老虎、花瓶、兰草、如意、祥云、牡丹、博古等。寓意“君子平安富贵、吉祥如意，并如同兽中之王狮虎一样雄霸一方”。雀替最中间部

[1] 石鼓，袁媛远，肖红，罗艳，冉创昌 . 穿越百年的李家大院 [EB/OL]. 每日甘肃网：http://lnb.gansudaily.com.cn/system/2017/04/16/016663971_01.shtml，2017 年 04 月 16 日。

位是云纹衬托的龙头，左右各有四只凤凰在缠枝花草纹饰间舞动，是吉祥喜庆的象征，寓意龙凤呈祥，蕴含了李氏家族崇龙尚凤、祈求吉祥的理想与追求。

两块镂空雕饰的栏板由棂格镶嵌成“万寿锦”，主图案是圆形“寿字纹”，中间套“万字纹”，四角雕刻蝙蝠，寓意“福寿万年”。中间一块栏板浮雕图案为圆形，枫树枝上悬挂一口钟铃，山坡上站立两只梅花鹿，一只鹿嘴衔如意草碰撞钟铃，一只鹿回首远望画外，寓意“终身享用俸禄”[1]。

[1] 杨广文，张永权．文县天池乡清代李家院木雕艺术与文化内涵 [J]. 艺术研究．2015(04)：36-39.

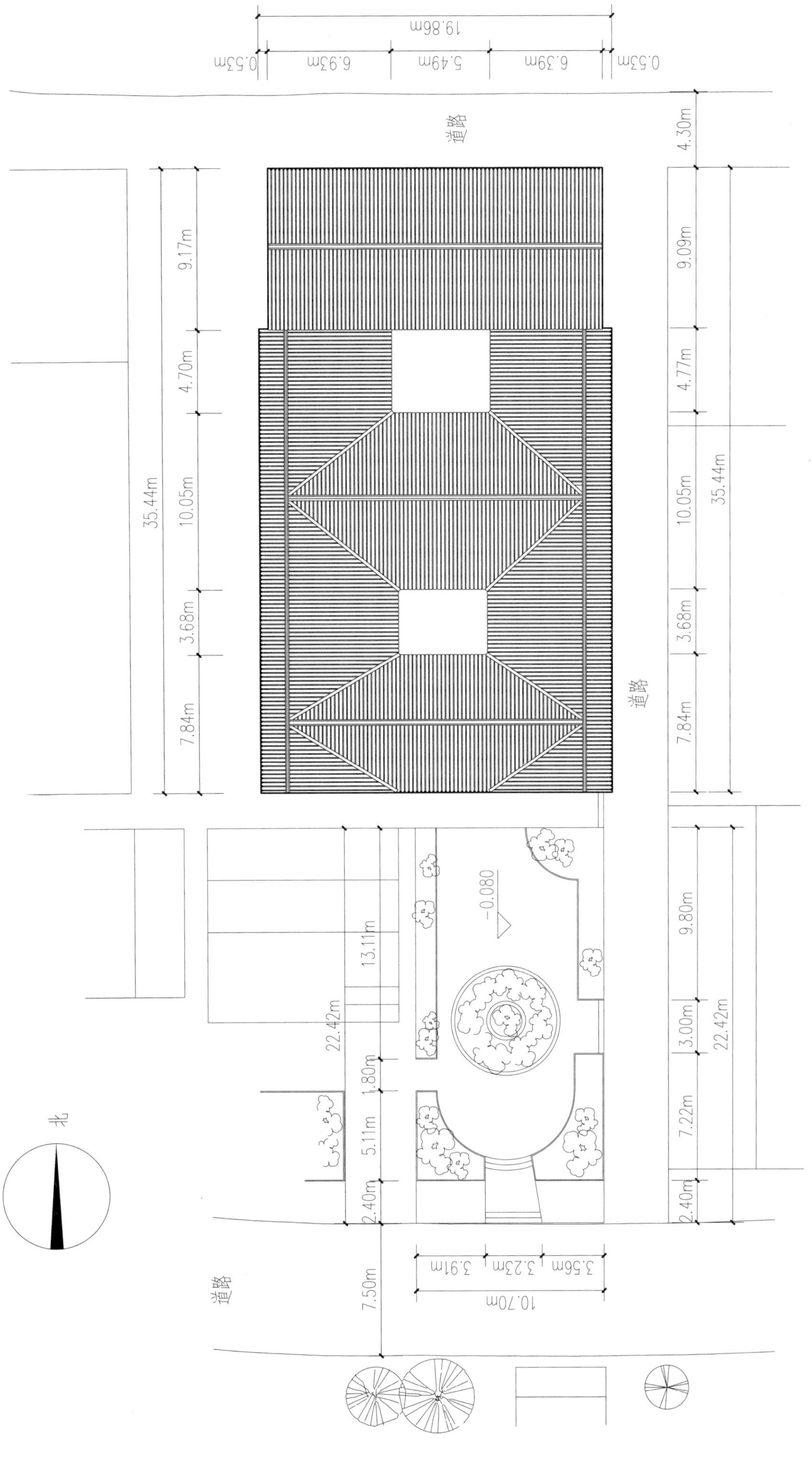
19.86m
0.53m
6.93m
5.49m
6.39m
0.53m
道路
4.30m
9.17m
4.70m
10.05m
3.68m
7.84m
35.44m
9.09m
4.77m
10.05m
3.68m
7.84m
35.44m
道路
-0.080
13.11m
22.42m
1.80m
5.11m
2.40m
9.80m
3.00m
7.22m
2.40m
22.42m
北
道路
7.50m
3.91m
3.23m
3.56m
10.70m

图1 总平面图

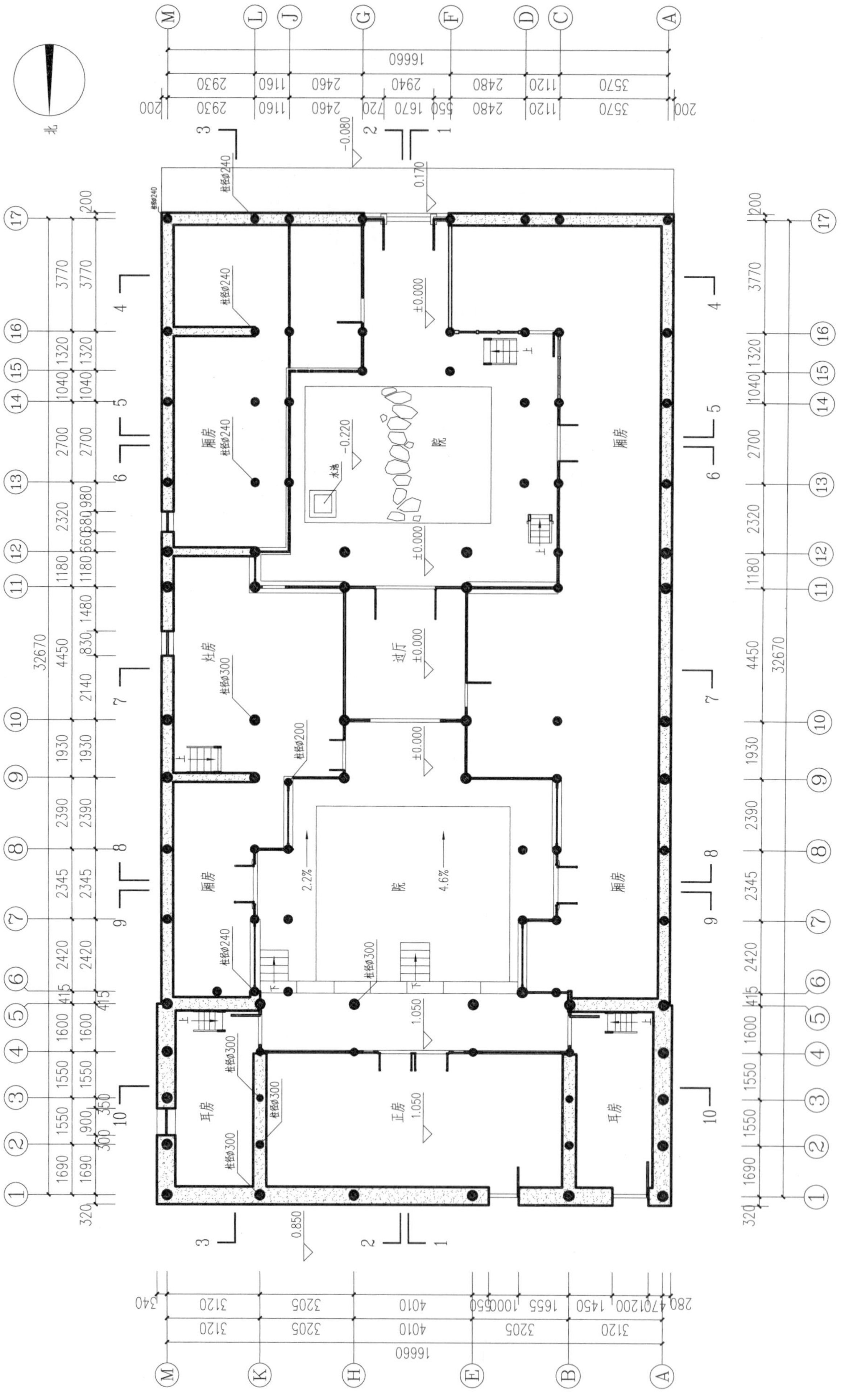

图2 一层平面图

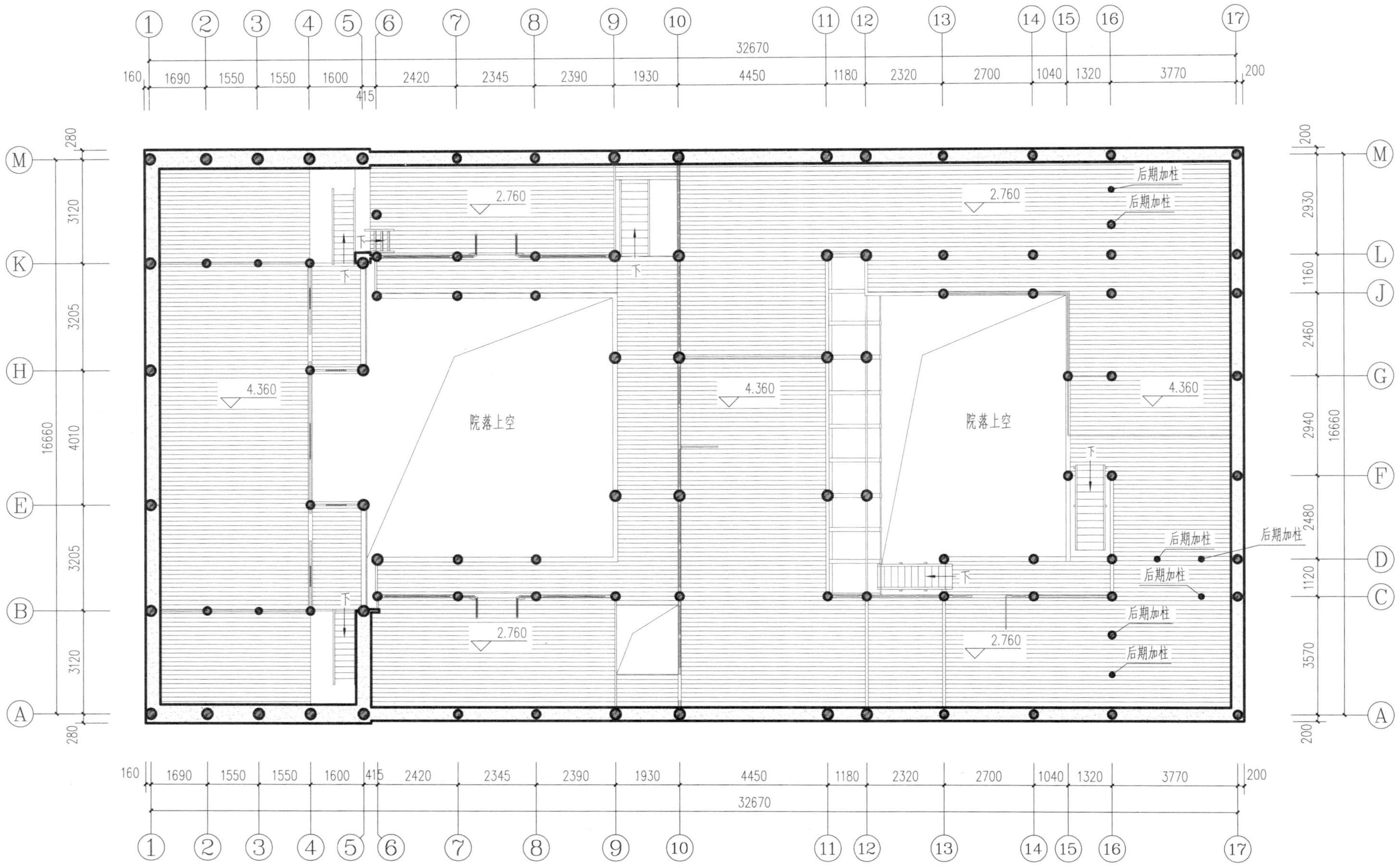

32670
160
1690
1550
1550
1600
415
2420
2345
2390
1930
4450
1180
2320
2700
1040
1320
3770
200
16660
280
3120
3205
4010
3205
3120
2930
1160
2460
2940
2480
1120
3570
院落上空
院落上空
4.360
2.760
后期加柱
下

图3 二层平面图

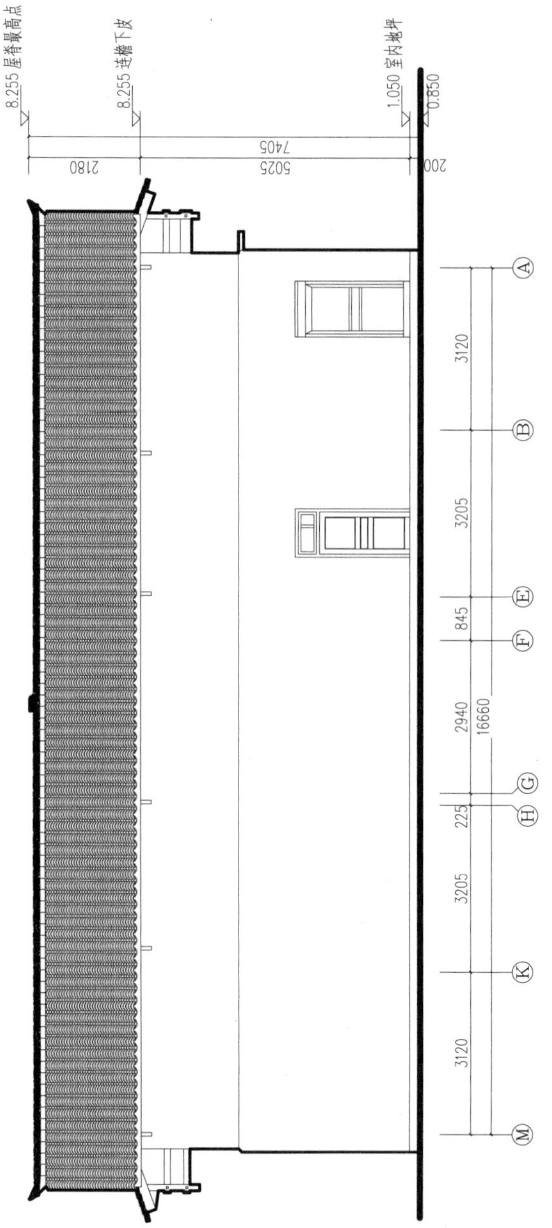

图 4　北立面图

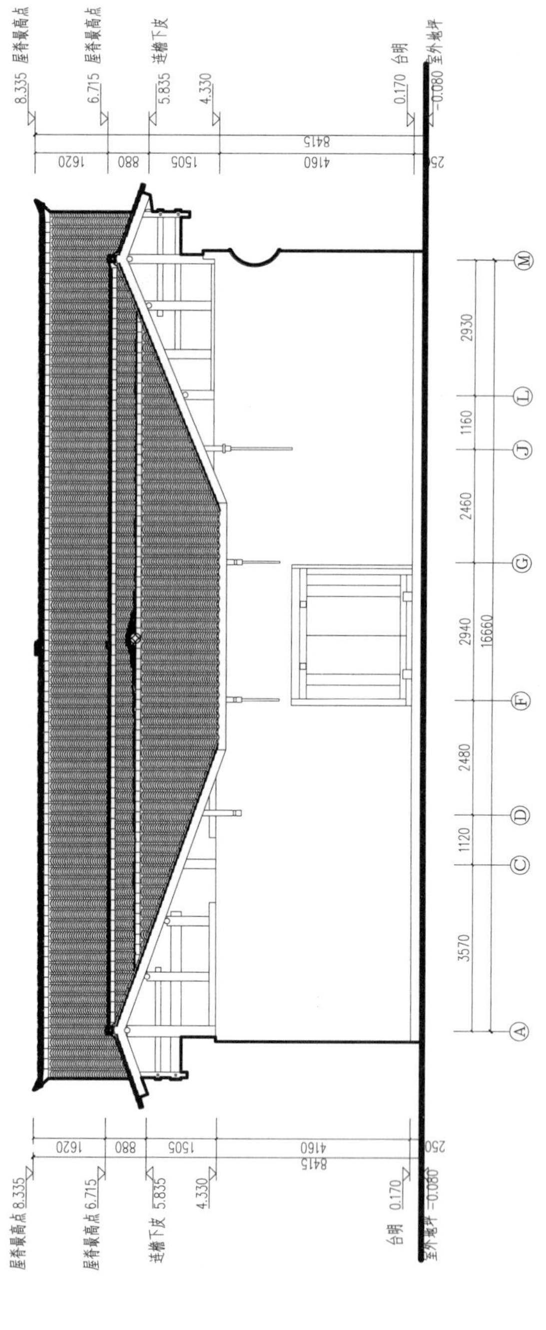

图 5　南立面图

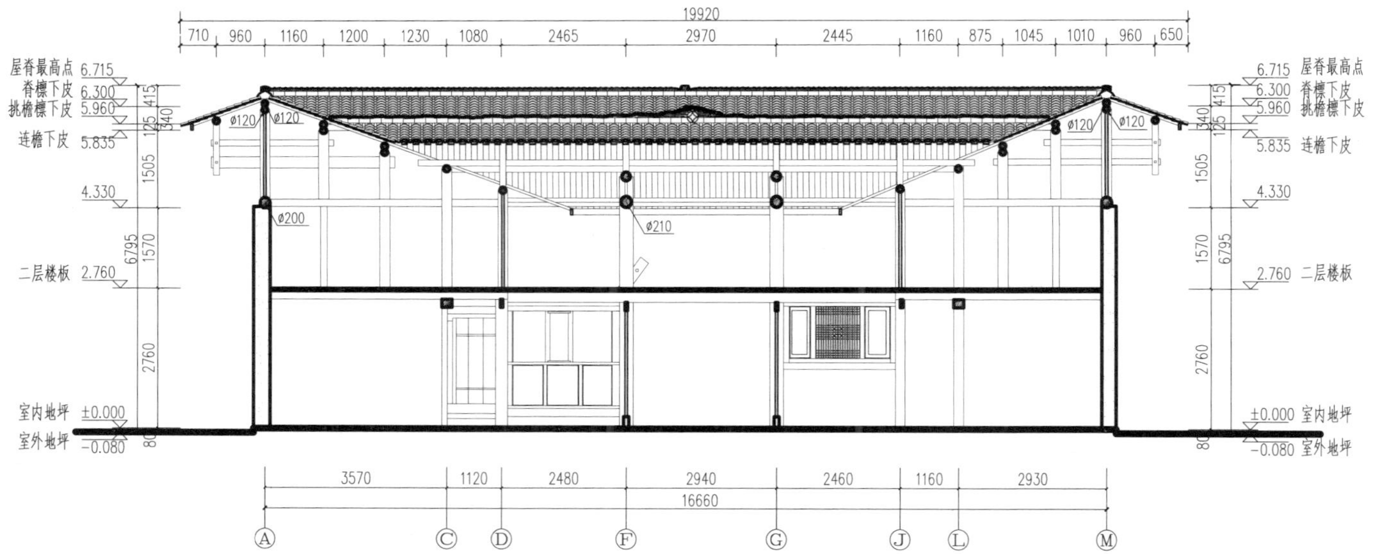

图 10　4-4 剖面图

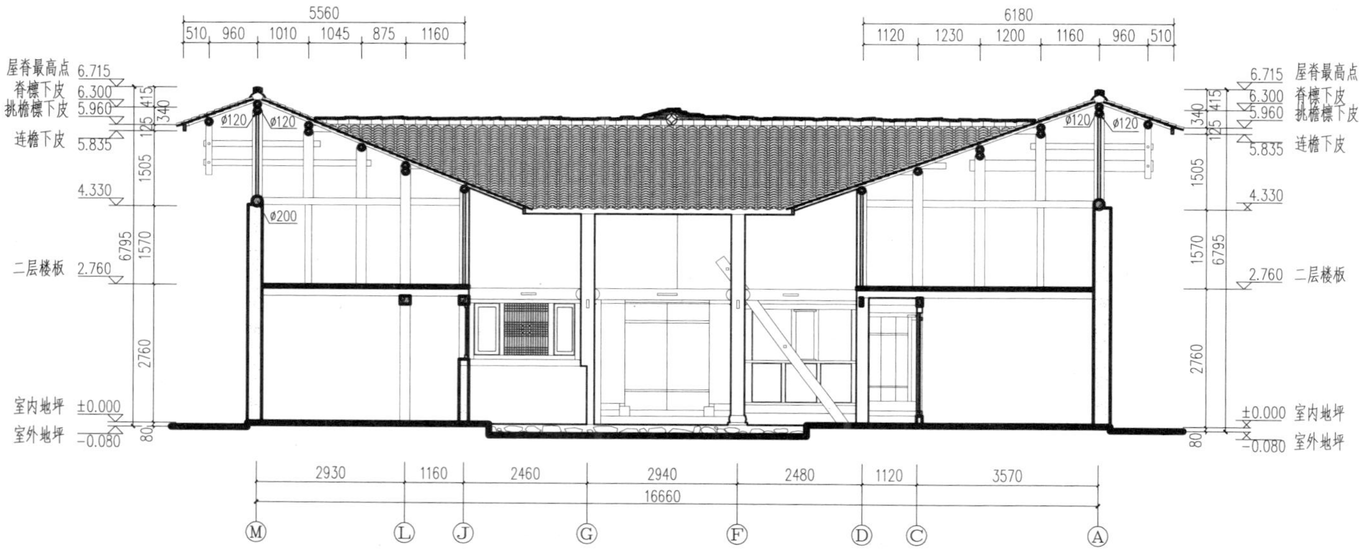

图 11　5-5 剖面图

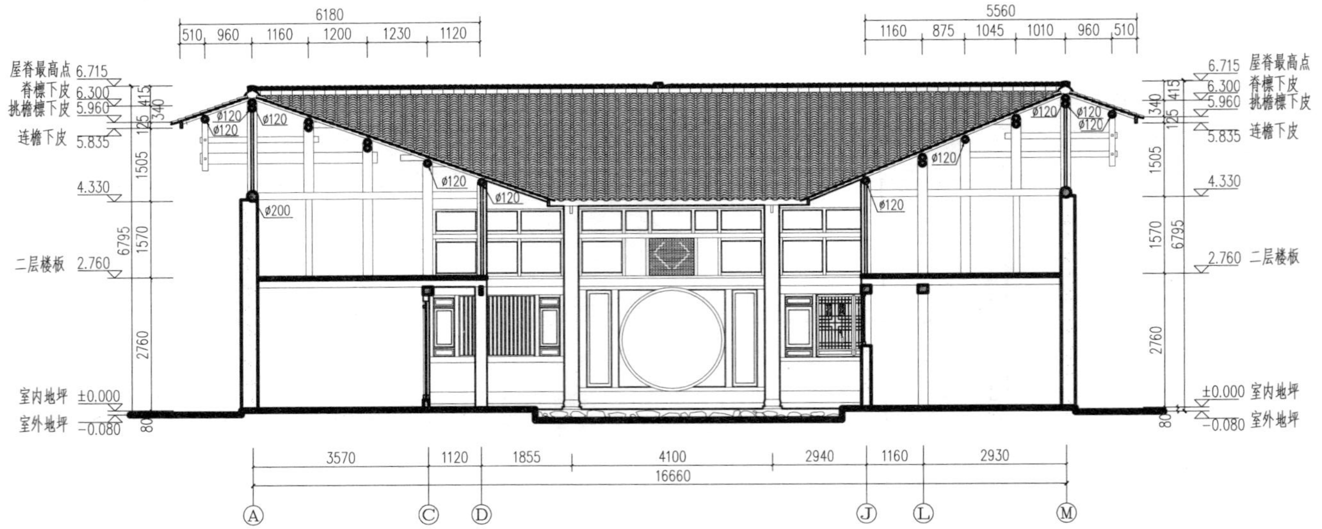

图 12　6-6 剖面图

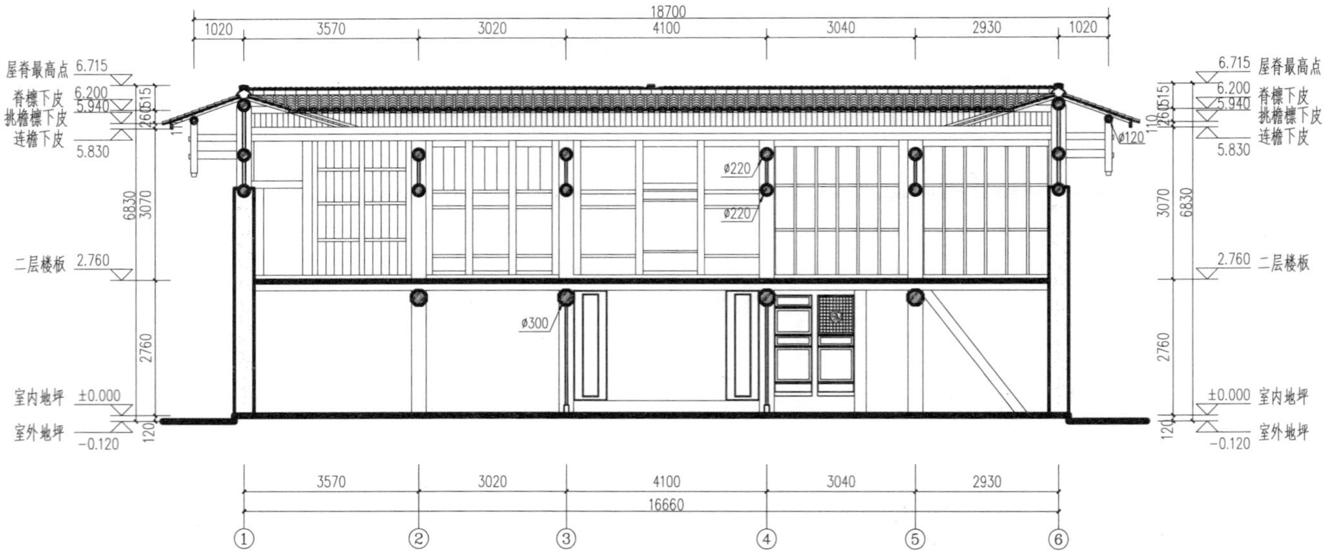

图 13　7-7 剖面图

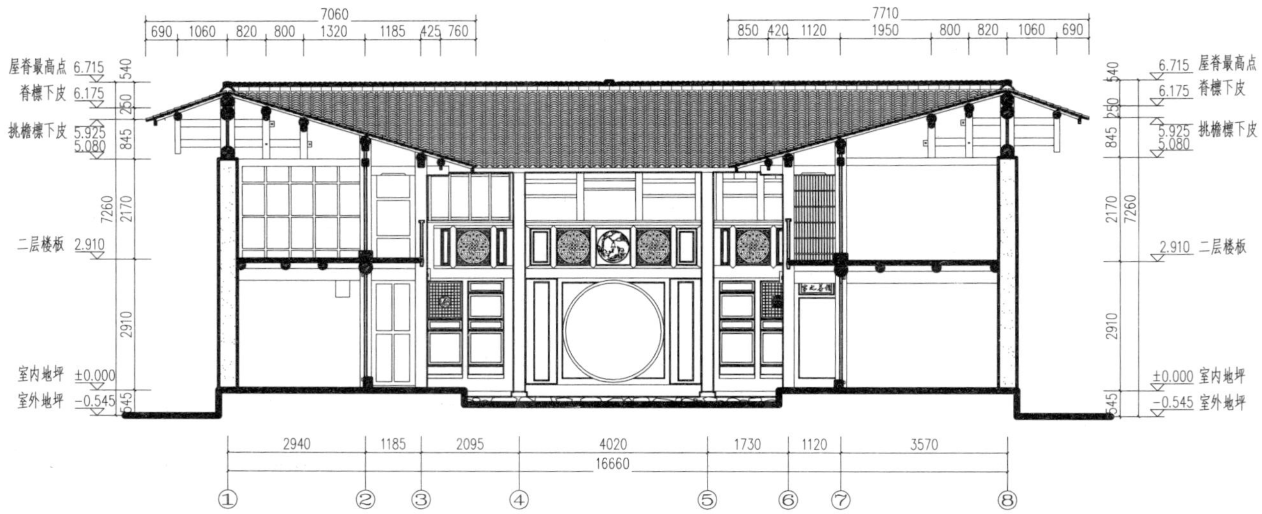

图 14　8-8 剖面图

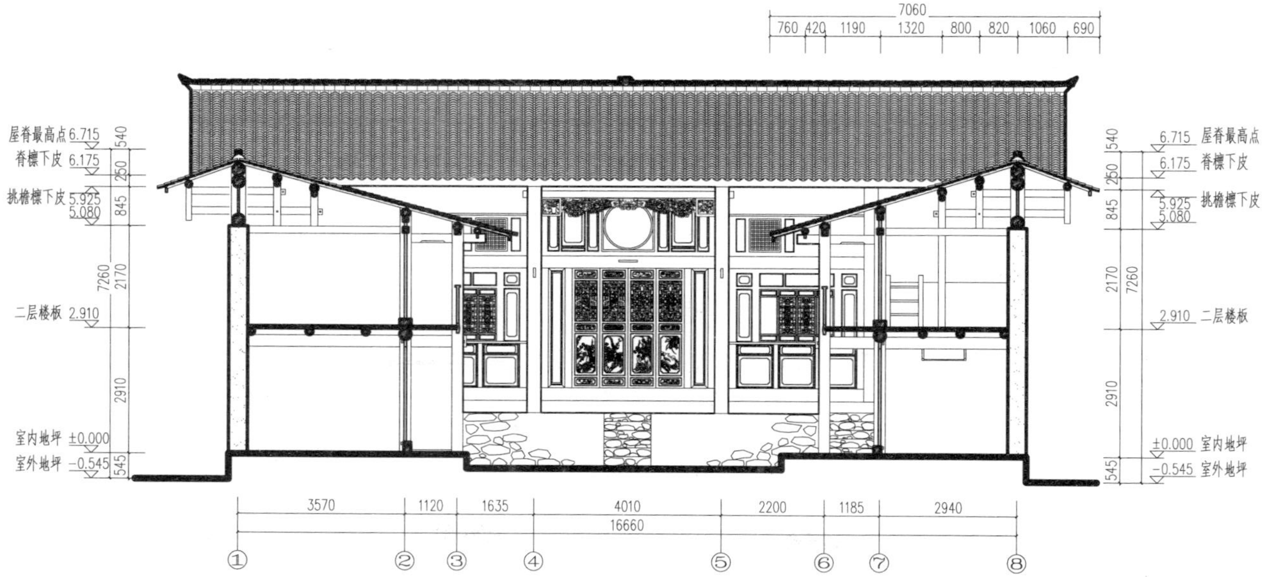

图 15　9-9 剖面图

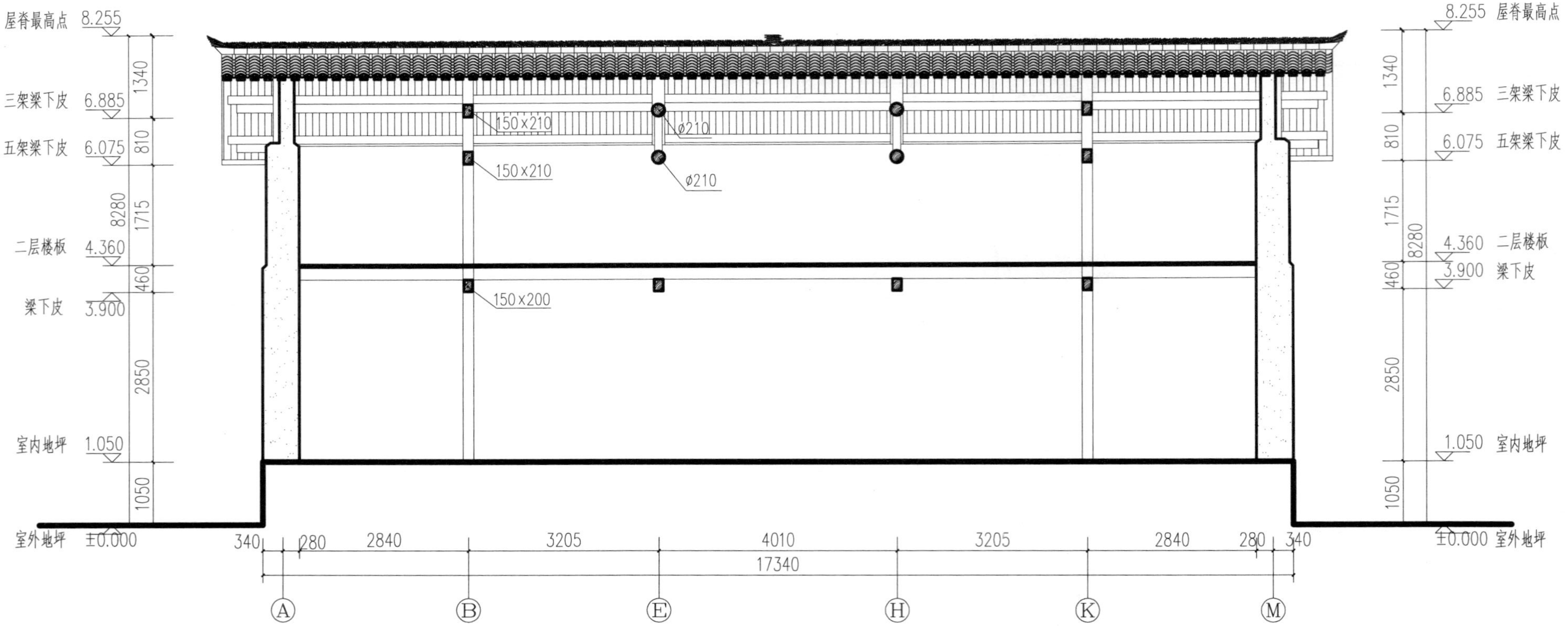
屋脊最高点 8.255
三架梁下皮 6.885
五架梁下皮 6.075
二层楼板 4.360
梁下皮 3.900
室内地坪 1.050
室外地坪 ±0.000
1340
810
1715
460
2850
1050
8280
150x210
150x210
150x200
ø210
ø210
340
280
2840
3205
4010
3205
2840
280
340
17340
A
B
E
H
K
M

图 16　10-10 剖面图

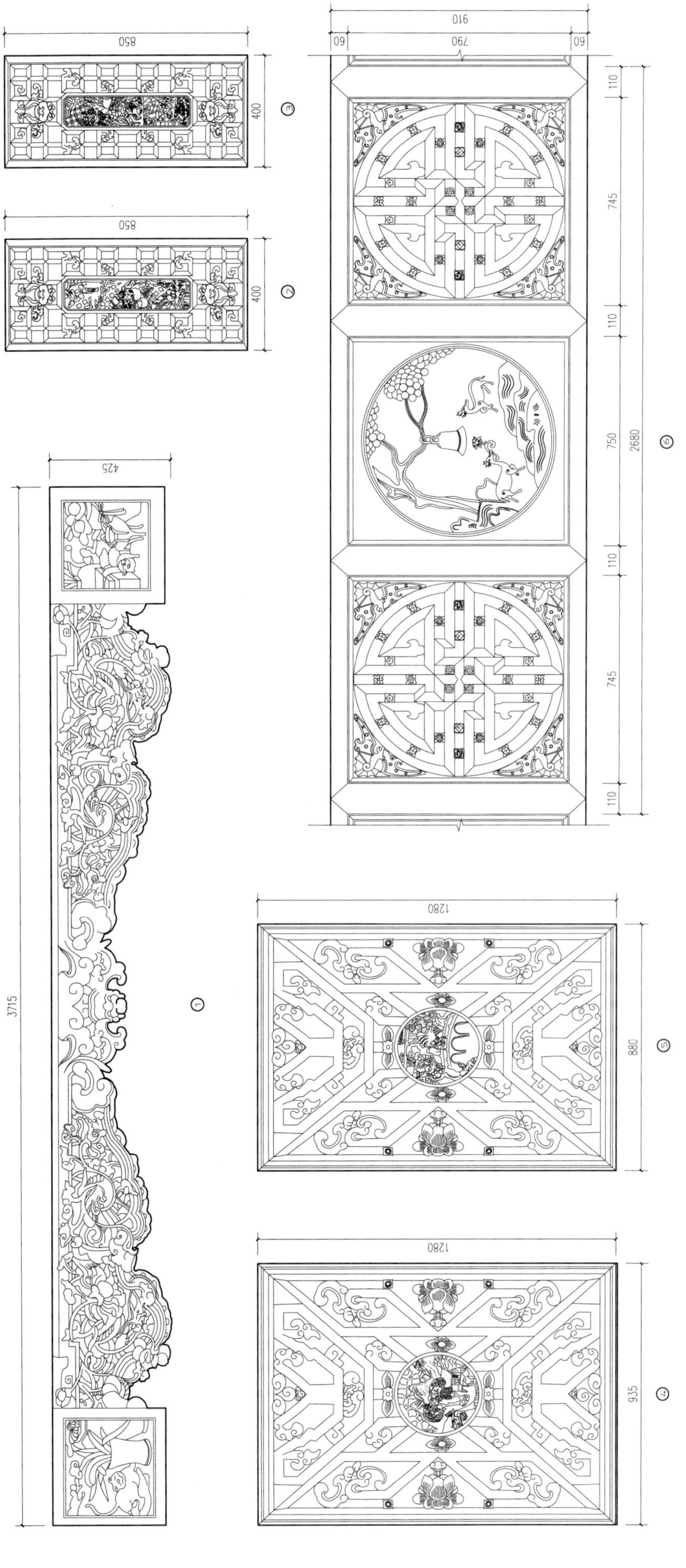
850
400
③
850
400
②
425
3715
①
910
60
790
60
110
745
110
750
2680
⑥
110
745
110
1280
880
⑤
1280
935
④

图 17　大样图

文县任家宅

任家宅位于陇南市文县尚德镇任家坝村，位于白龙江的沿岸，其建筑平面形式为典型的上下二层转角楼形式。建于清代晚期，县级文保单位。

据考证，该建筑始建于清光绪年间（1875 ～ 1908 年）。由倒座、正房及厢房组成四合院。倒座外还残留一部分照壁，大门已毁。任家宅整体为土木结构四合院建筑，院落东西最长处 20.4m，最短处 18.8m，南北宽 22.5m，正房位于正北高台基上，与院落高差 1.6m，整个院落总占地面积 548m^2，总建筑面积 930m^2。任家宅坐北朝南，院落呈梯形平面。任家宅不同于传统四合院的方方正正，而是因地制宜，西厢房从北至南逐步向内倾斜，最后院落呈现出梯形的整体形态。整体院落属于典型的转角楼形式，建筑院落布局十分紧凑，正房前台基和踏步铺阶条石，内庭院四周铺阶条石，内部青石地面。二层皆为杂物间。一层似传统四合院内部之“抄手游廊”贯通。

整体院落以正房处为全院最高处，台明高 1.6m，正中设通往院落的台阶，使用当地石块横砌而成。正房坐北朝南，为双坡檐悬山顶二层楼房。面阔五间，通面阔 20.35m，进深五间，通进深 6.57m。平面制式为锁子厅式、明三暗五，在西边次间处设楼梯。正房主体结构为穿斗式木构架，在挑檐檩下施垂花柱，柱两侧施花牙子。此类做法在倒座与厢房之处皆用，尤其在角部斜撑两侧也有。正房在一层楼板处向外施穿枋拉结檐柱，在穿枋下也施同样制式的花牙子。

倒座与正房相对，坐南朝北，与厢房连通形成三面围合，与正房形成“一”字形与“U”形相结合的平面布局形式。面阔五间，通面阔 18.8m，进深三间，通进深 3.48m。平面制式为檐廊式，与厢房转角处联合在一起，形成转角楼形式。为了增加角部的结构稳定性，在内角柱出斜撑支撑屋檐。

厢房为双坡檐硬山顶二层楼房，面阔三间，通面阔 10.94m，进深三间，东厢房通进深 4.56m，西厢房通进深 3.78m。西厢房随地形斜向延伸，使得尺度小于东厢房，从而形成梯形的院落平面。

倒座与正房构成了院落的主轴线，门窗正对，这也是院内风力导向的一种方法，可以使湿气尽快的散开。这也是在中国传统四合院的基础之上结合地区自然环境特性发展而来的地区特征。其建筑形制为土木混合结构二层转角楼式，正房与东、西厢房、倒座在屋顶处有明显区分，而厢房与倒座在屋脊处是相平的；正房通过台明的踏道进入到厢房的外廊。

任家宅的雕饰主要体现在门窗、栏板、檐下走马板，一二层皆有，总体雕刻风格统一，技艺精湛。正房当心间为八扇六抹槅扇门，中间两扇为开启扇，两侧各三扇为固定扇。开启扇为实心板门，固定扇则在格心与上绦环板处都是镂空雕刻，以四季花卉与器物题材为主，中绦环板则是以浮雕技法雕刻花卉进行装饰，裙板与下绦环板皆为素板。当心间门楣上饰“华宝并茂”浮雕匾额，走马板分饰两侧作为二层槛窗的下槛，槛窗则为龟背锦透雕花窗。正房两次间相对开门，一二层相对应，其余部分则为槛窗形式，不同之处在于二层下槛为木板，一层则为土墙。窗格仍然沿用“龟背锦”形式。

倒座及厢房门窗形式相较正房而言更为简洁，除倒座当心间开入口之外，其他开间开门皆是贴近内柱开边门，槛窗形式，不同之处这里的槛窗以“龟背”“直棂”形式出现。最为特色之处在于二层外廊的栏板透雕装饰，倒座次间是以“五福捧寿”为主题，两侧饰以直棂夹杂梅花、回纹等抽象图案。厢房围栏则统一以席纹为主。整体围栏在二层空间连通，使得整个院落的雕琢感极强。屋面为合瓦屋面，正脊和屋脊相交处均有吻兽。

任家宅的房屋为前后出檐的标准穿斗式土木混合二层结构，建筑外观部分土墙直接到顶，内部则以木质为主，整体有些“外不见木、内不见土”的味道。

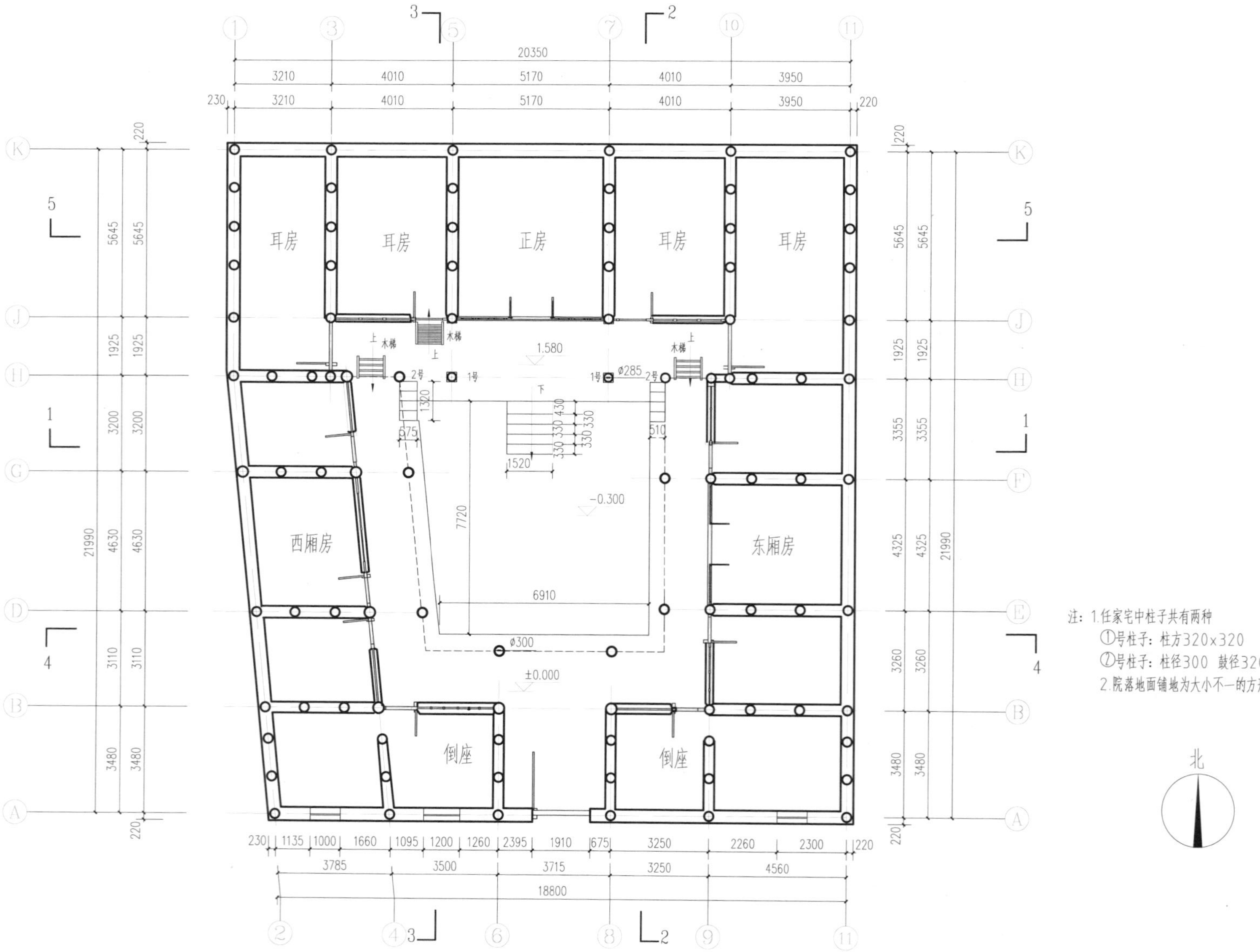

注：1.任家宅中柱子共有两种

①号柱子：柱方320x320　柱径285　鼓径320　柱高4600

②号柱子：柱径300　鼓径320　柱高4600

2.院落地面铺地为大小不一的方形石板，一层室内地面均为水泥地面

图1　一层平面图

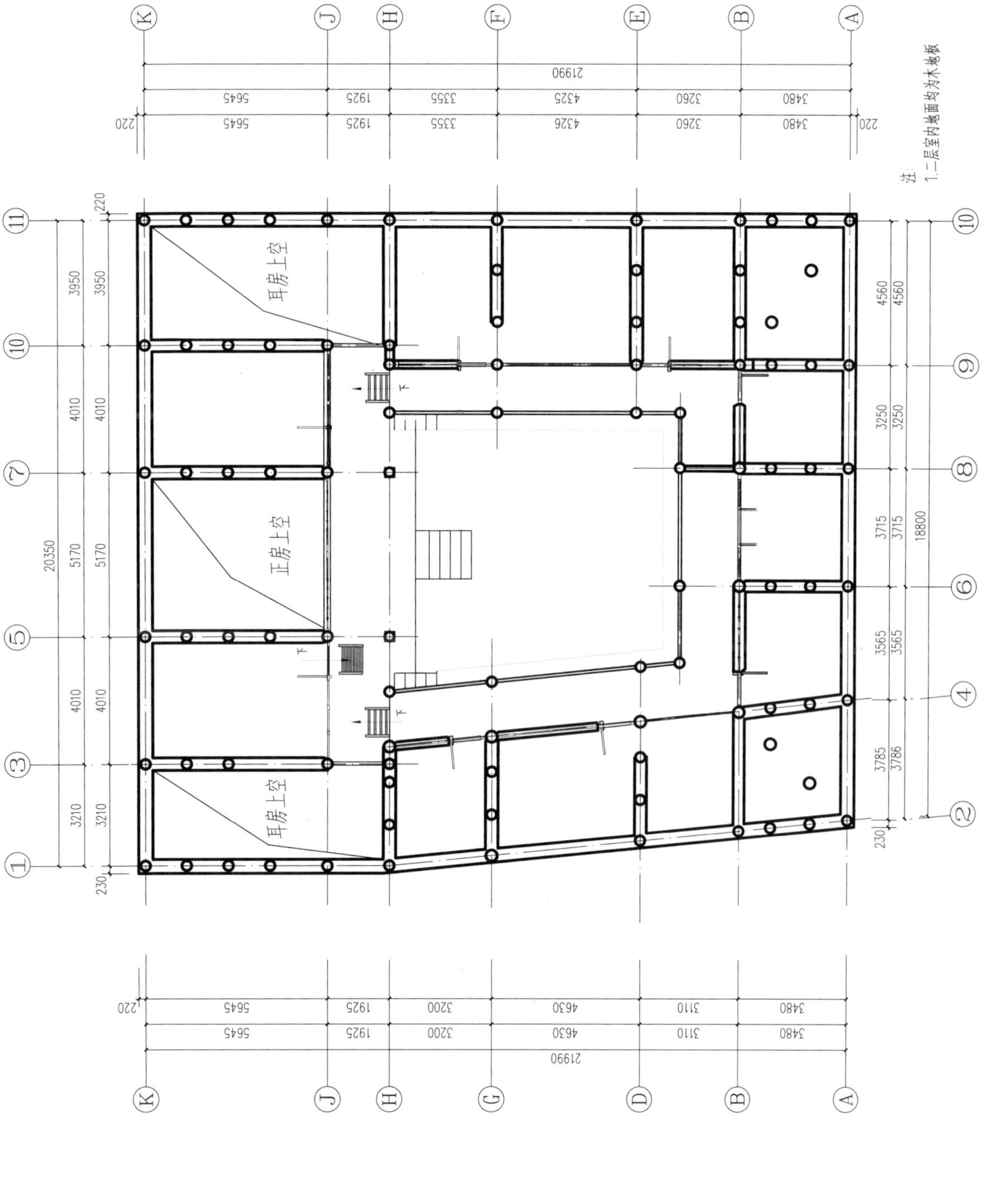

注：
1.二层室内地面均为木地板

图2 二层平面图

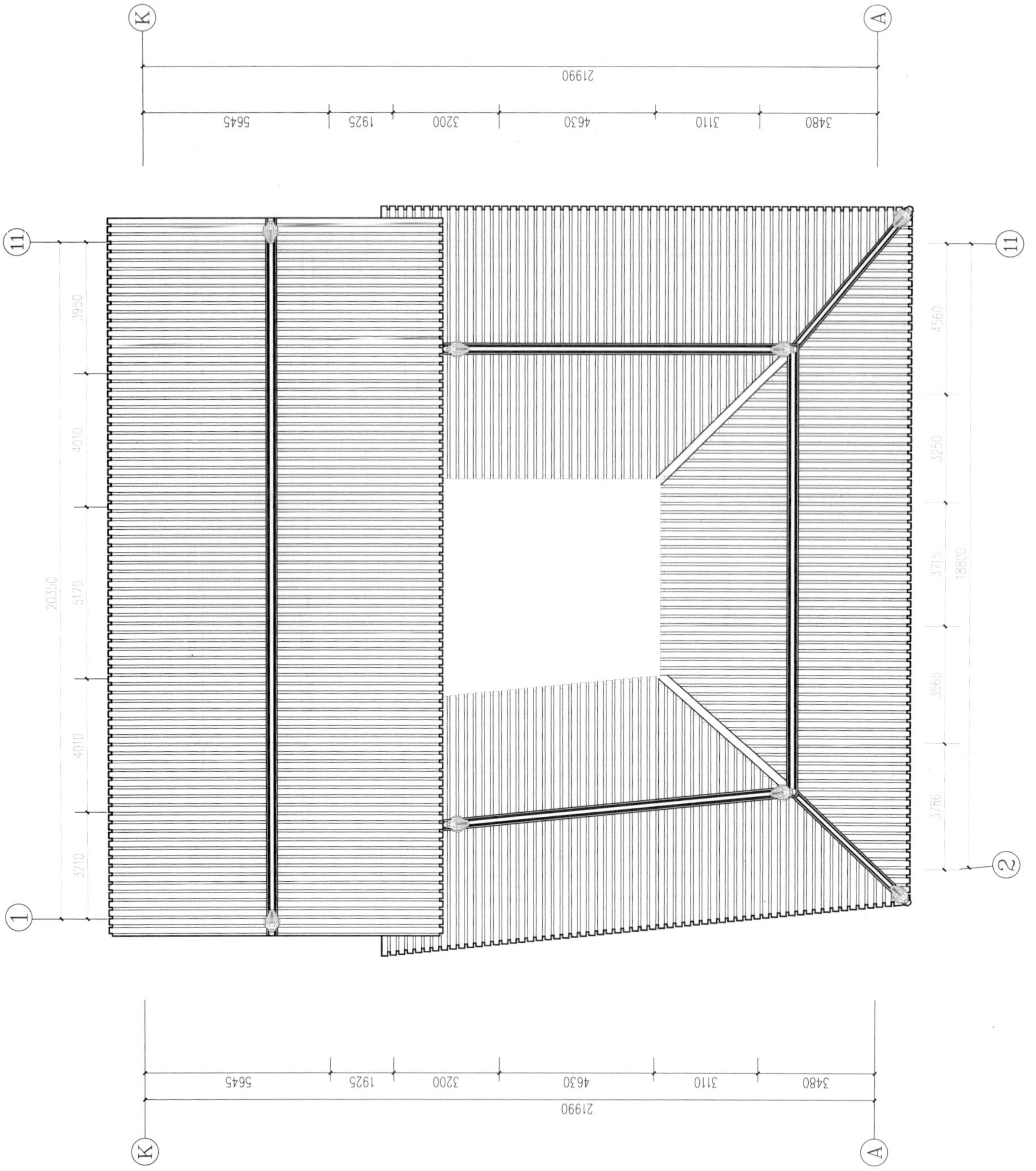
K
A
21990
5645
1925
3200
4630
3110
3480
11
1
2
3950
4010
5170
4010
3210
20350
4560
3250
3715
18800
3565
3786

图3 屋顶平面图

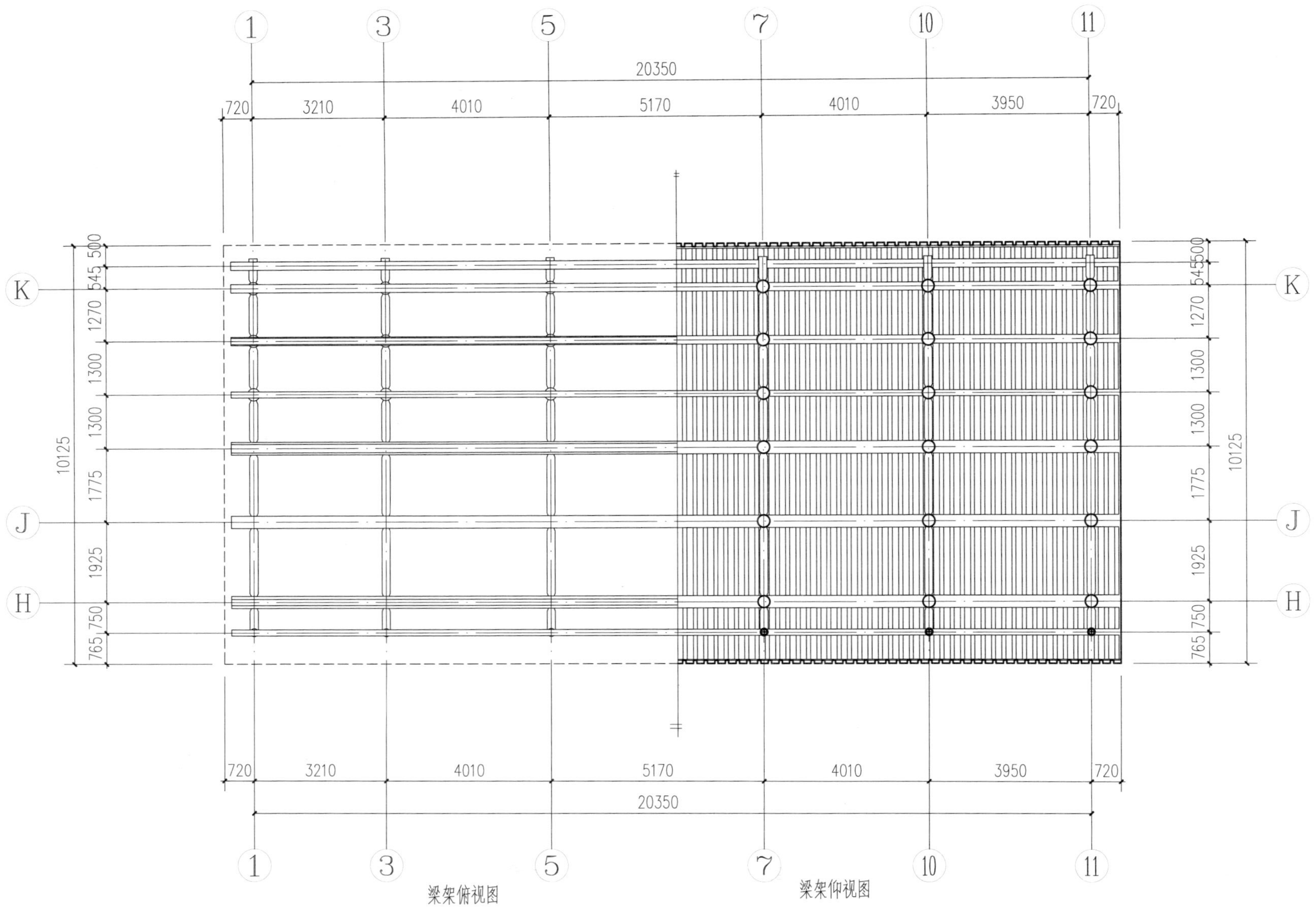

1
3
5
7
10
11
20350
720
3210
4010
5170
4010
3950
720
K
J
H
500
545
1270
1300
1300
1775
1925
750
765
10125
梁架俯视图
梁架仰视图

图 4　正房梁架仰、俯视图

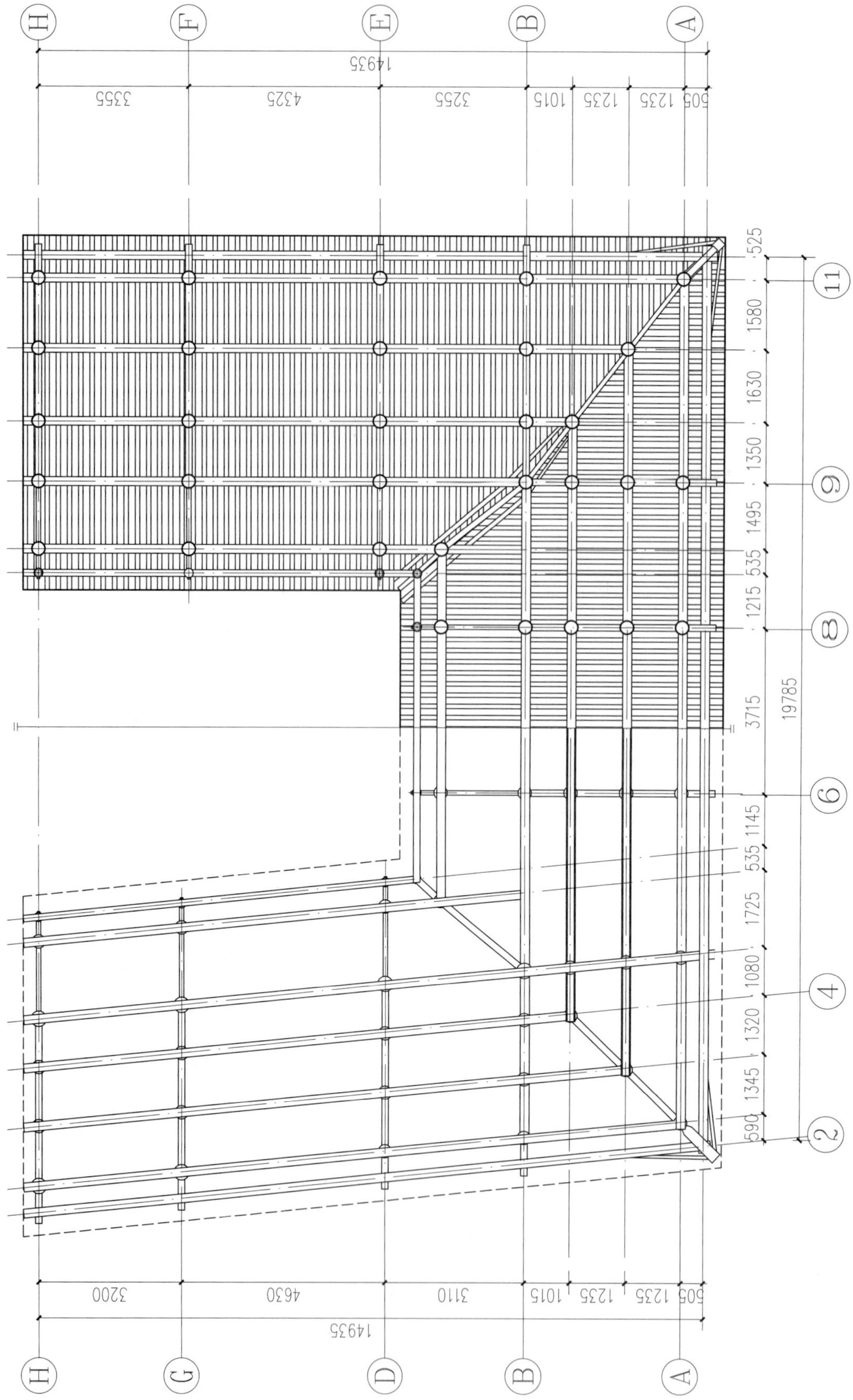
梁架仰视图
梁架俯视图
H
F
E
B
A
G
D
14935
3355
4325
3255
1015
1235
505
3200
4630
3110
19785
525
1580
1630
1350
1495
535
1215
3715
1145
1725
1080
1320
1345
590
11
9
8
6
4
2

图5 厢房梁架仰、俯视图

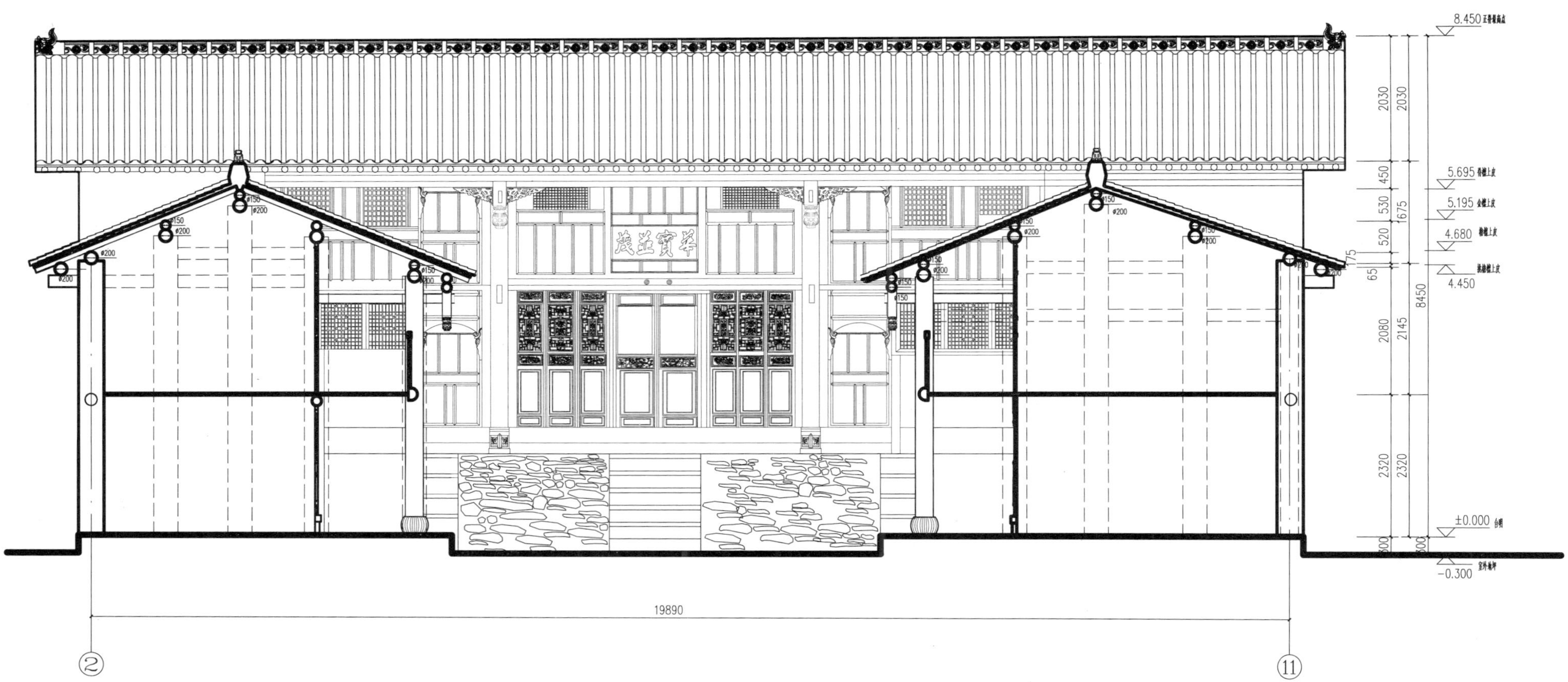

图 6　1-1 正房剖立面图

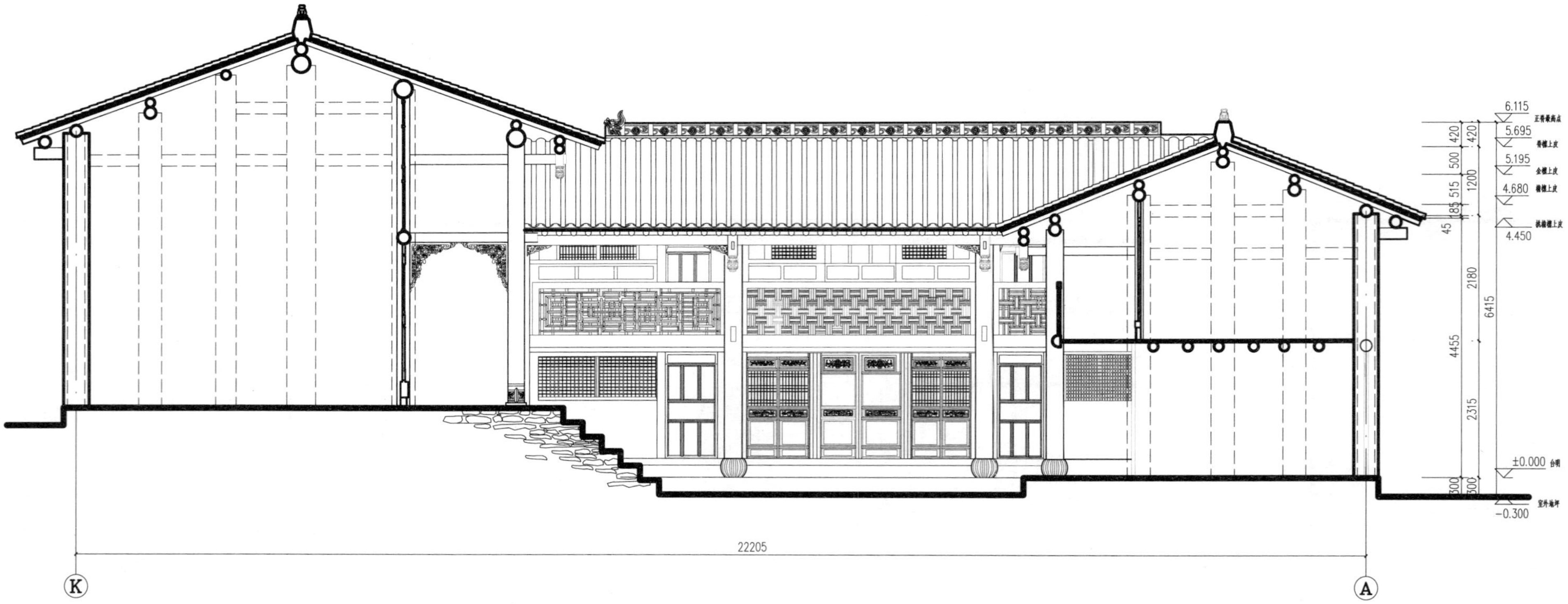
6.115
正脊最高点
5.695
脊檩上皮
5.195
金檩上皮
4.680
檐檩上皮
4.450
挑檐檩上皮
±0.000
台明
−0.300
室外地坪
420
500
515
185
45
4455
300
420
1200
2180
2315
300
6415
22205
K
A

图 7　2-2 厢房剖立面图

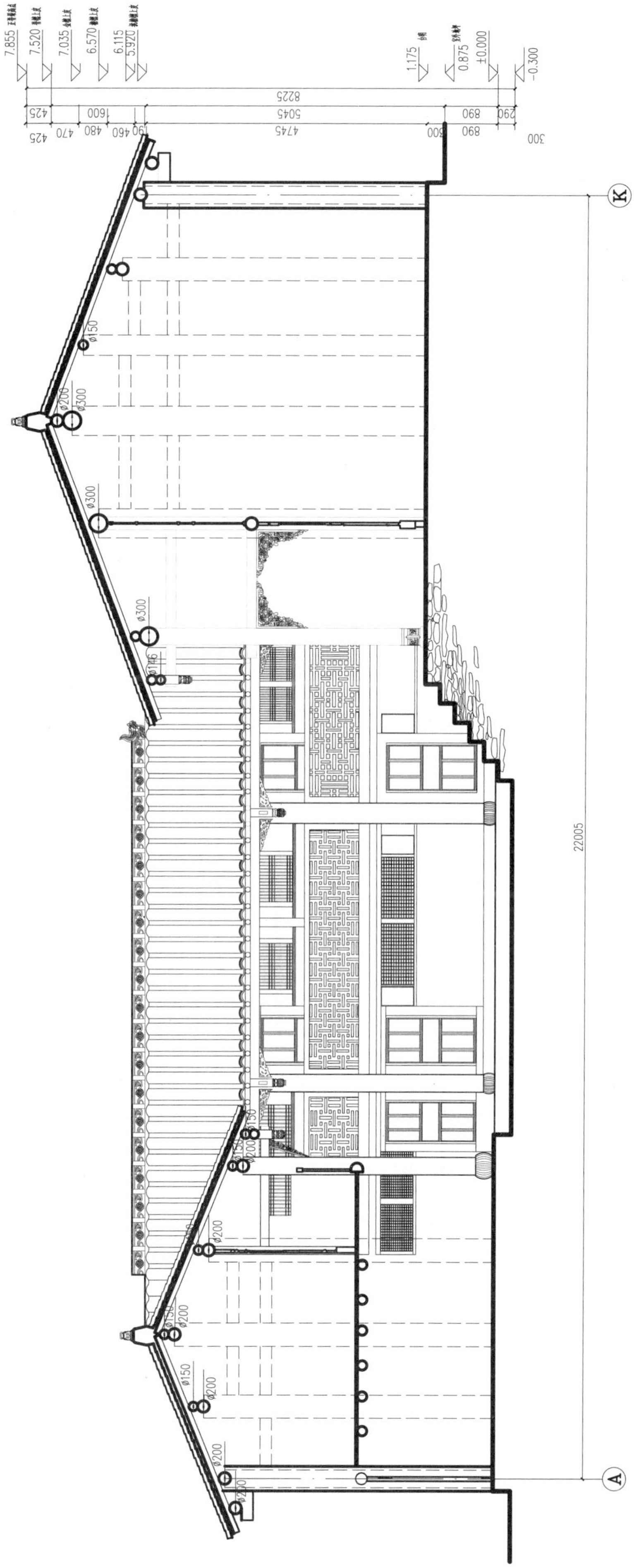
7.855
7.520
7.035
6.570
6.115
5.920
1.175
0.875
±0.000
-0.300
8225
5045
4745
22005
A
K

图 8　3-3 厢房剖立面图

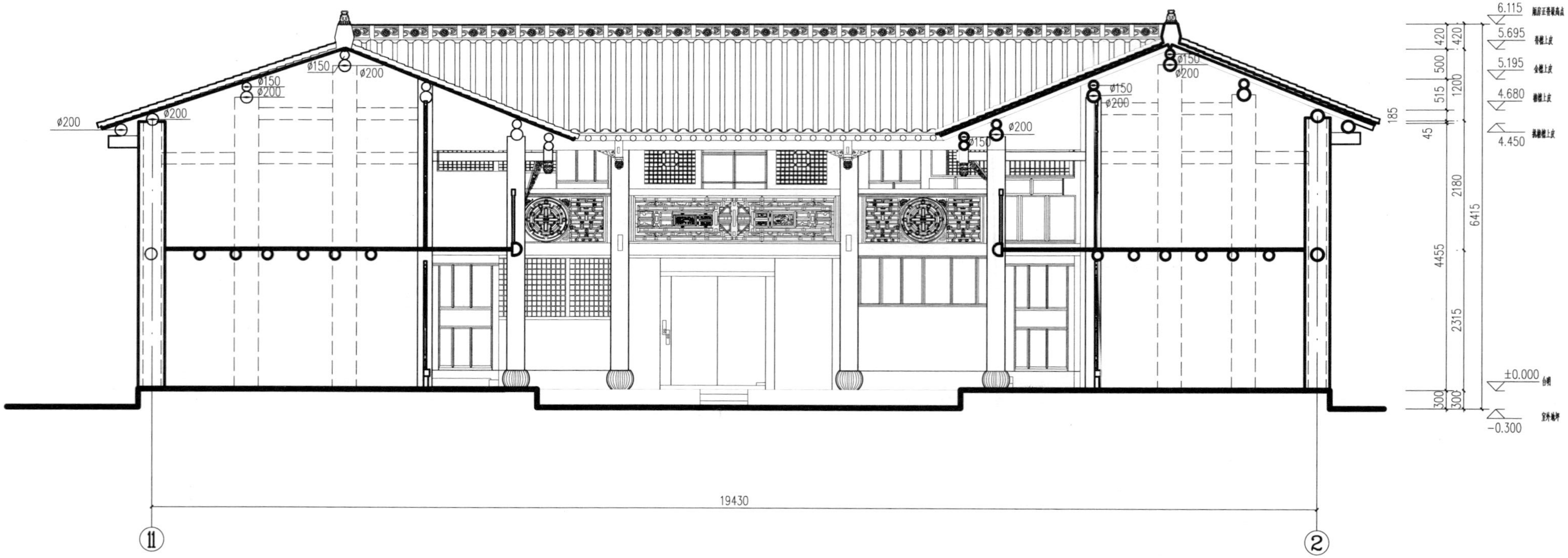
6.115
5.695
5.195
4.680
4.450
±0.000
-0.300
420
420
500
1200
515
45
185
2180
4455
6415
2315
300
300
ø200
ø150
19430
11
2

图9　4-4 院落剖立面图

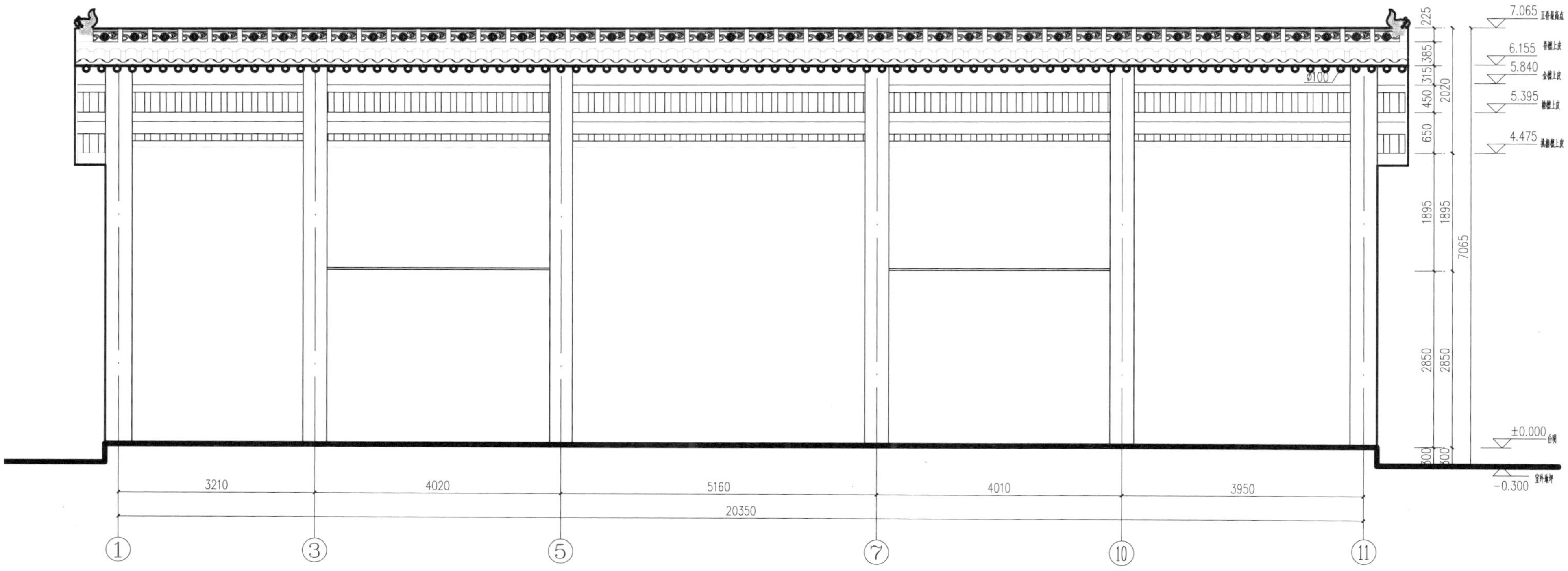

7.065
6.155
5.840
5.395
4.475
±0.000
-0.300
225
385
315
450
650
2020
1895
2850
300
7065
Ø100
3210
4020
5160
4010
3950
20350
1
3
5
7
10
11

图 10　5-5 剖面图

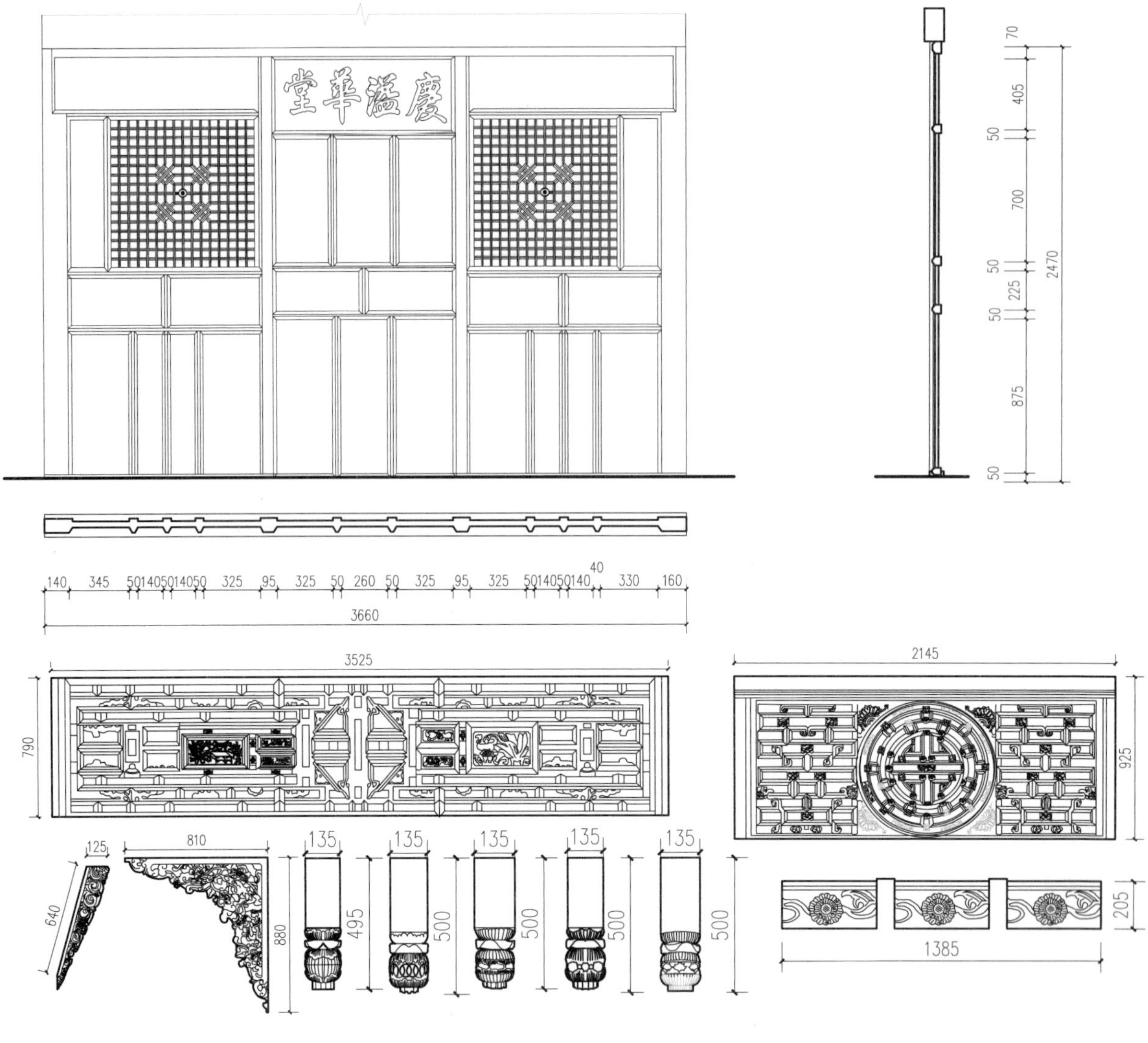

堂華溢慶
70
405
50
700
50
225
50
875
50
2470
140 345 50 140 50 140 50 325 95 325 50 260 50 325 95 325 50 140 50 140 40 330 160
3660
3525
790
2145
925
125
640
810
880
135
495
500
205
1385

图 11　正房构件大样图

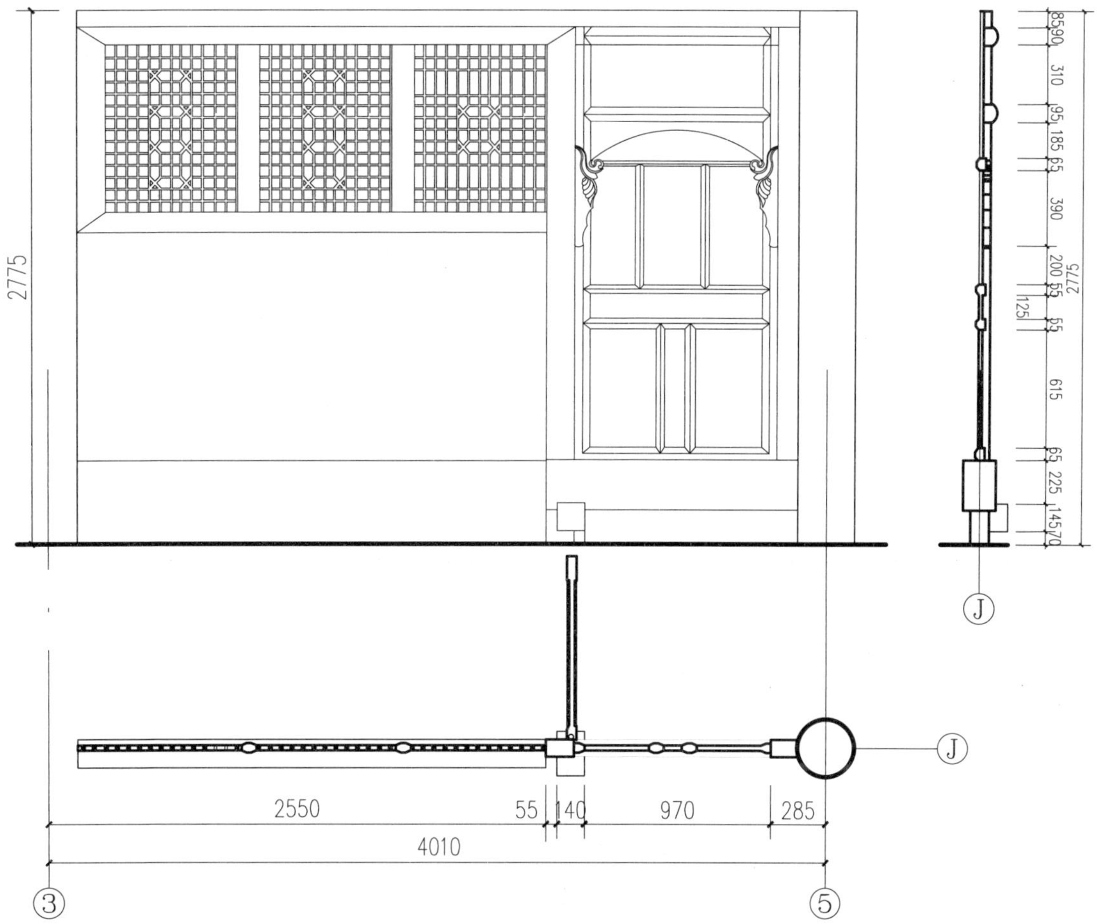

图 12　门窗大样图之一

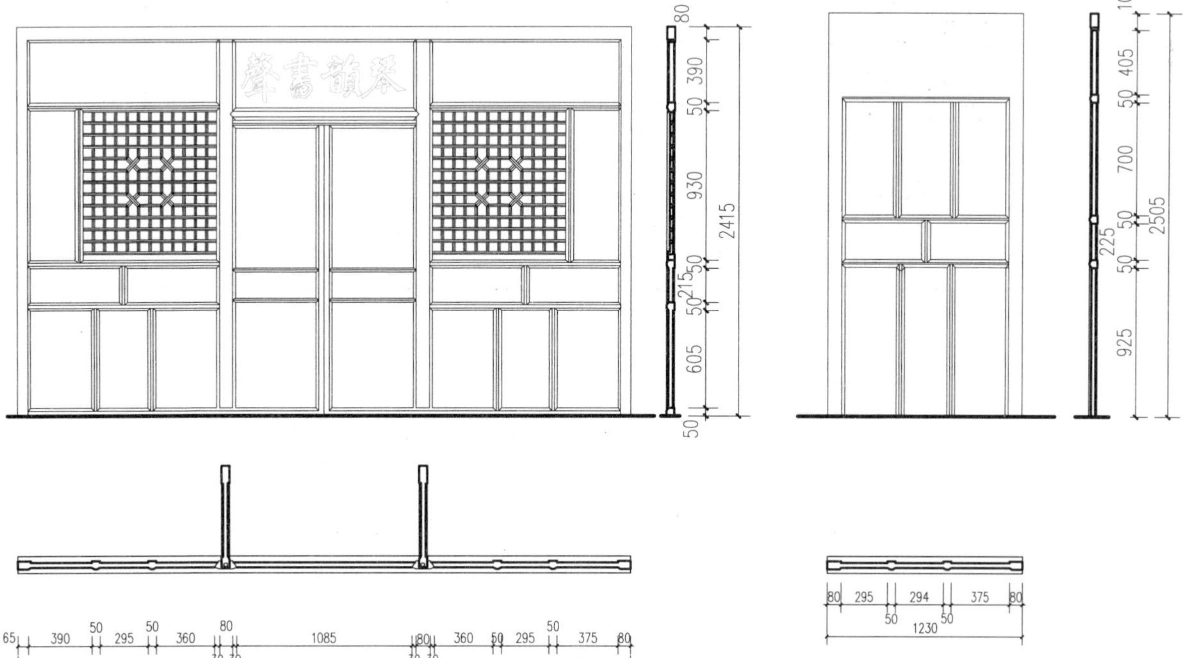

图 13　门窗大样图之二

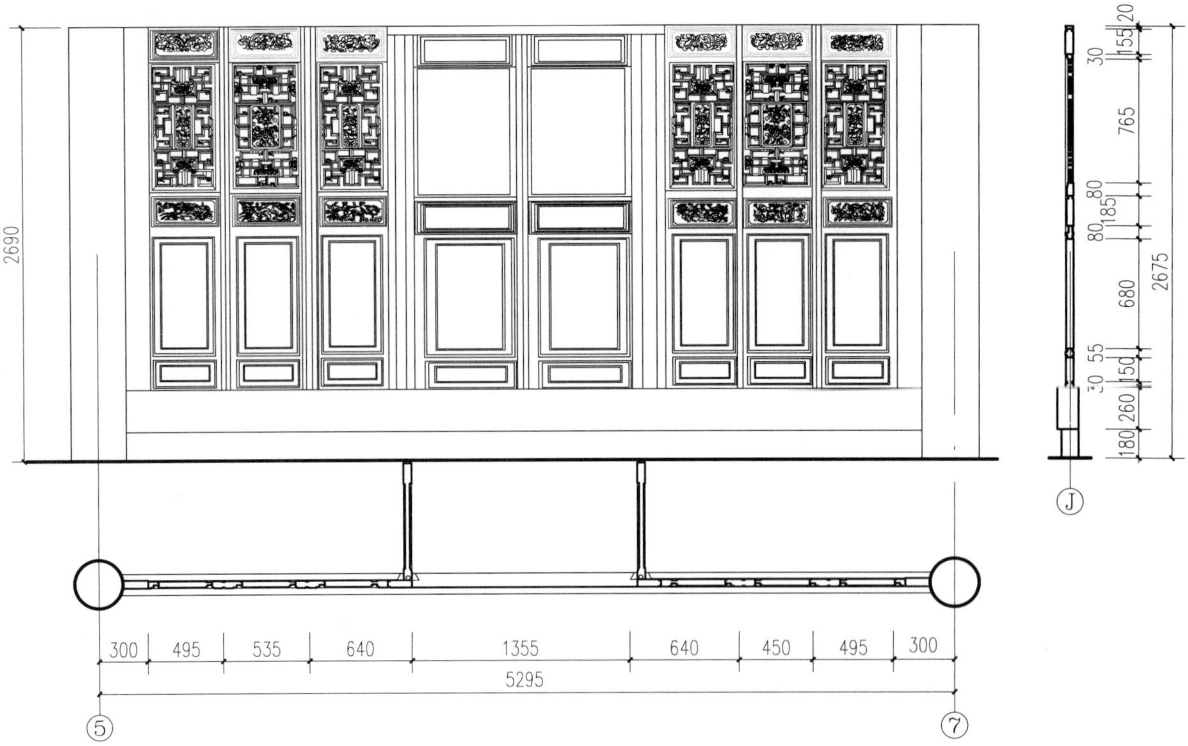

图 14　正房门大样图

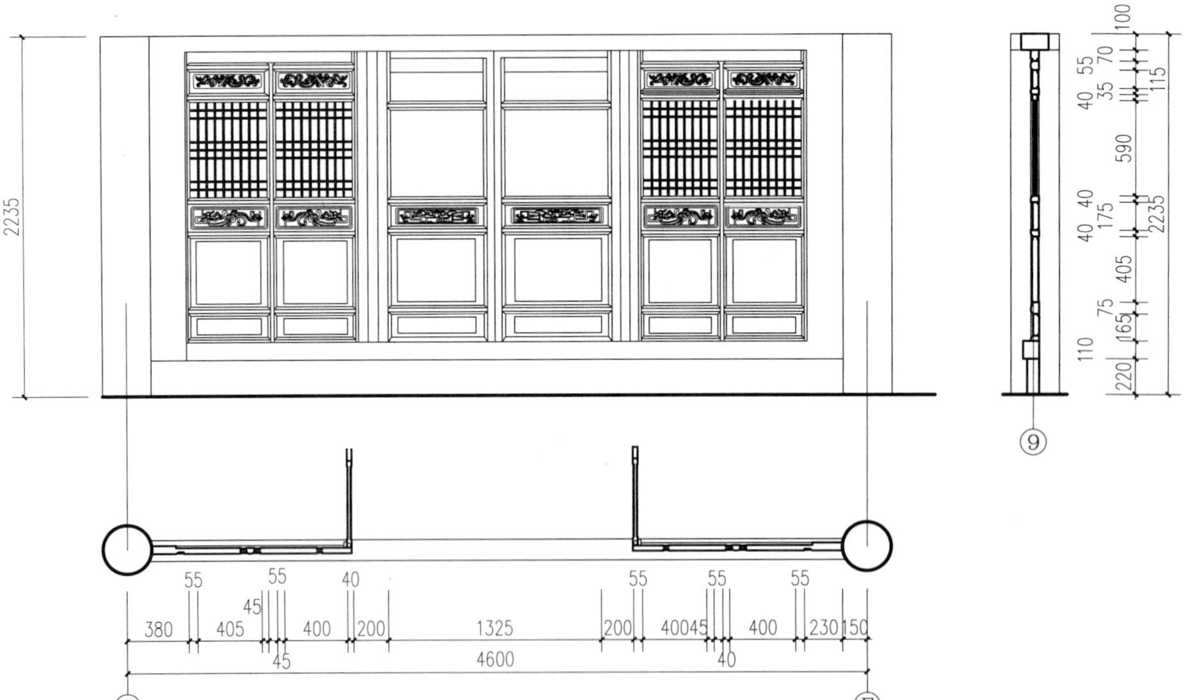

图 15　倒座门大样图

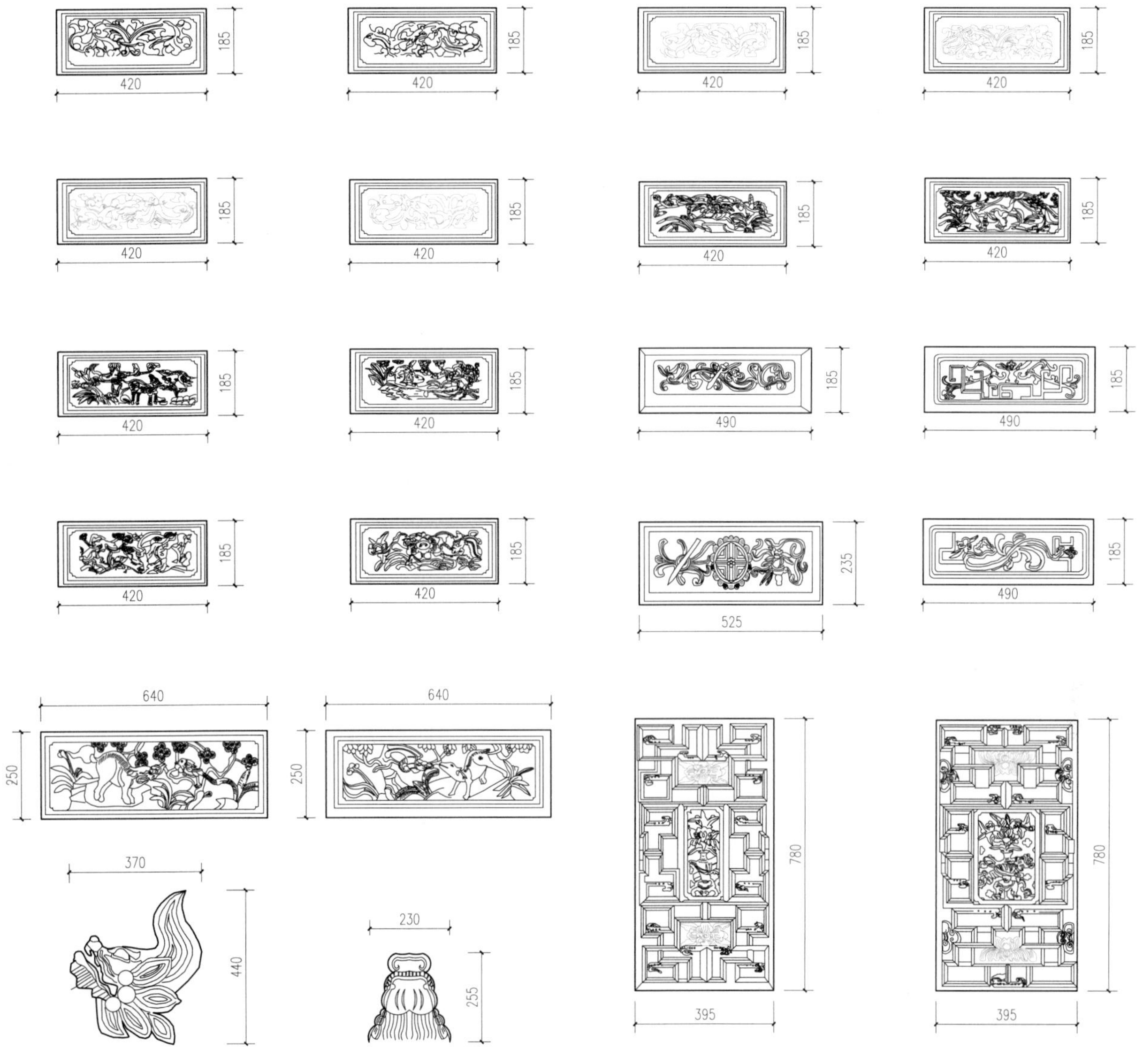

图 16　雕花大样图

文县田家宅

田家宅[1]位于陇南市文县丹堡乡杨杜沟村，是一处清代晚期传统民居合院式建筑，县级文保单位。村落位于丹堡镇东南约10km处，处于凤凰山与前山之间的山谷之中，背靠凤凰山，面向丹堡河。田家宅建筑选址于山谷之中一段缓坡之上的台地。建筑选址区域原为村中赶集之所。

据田尚勤老先生讲述：丹堡乡杨杜沟村的田家人原为田家坝的田家。其祖先为原陕西西安一名武官，名为田苗。因公至文县田家坝，见此地山水皆宜，兼具良田美景，便在此落户。家族后世历代经商，颇为富裕，成为当时村中大户。后其曾祖父在经商途中遇险情，虽逃脱，但身体抱恙。遂嘱咐其夫人周氏为儿孙建宅。周氏遵夫君遗嘱，于清光绪十九年（1893年）开始筹备修建田家宅，清光绪二十年（1894年）农历二月开工，农历十一月完工。后其祖父田祖培又于重庆、武汉寻得匠人，精心完成大宅石雕。大院修建过程也颇为曲折。最初只有屋外一小块地及如今院内土地之半数，经周氏斡旋，而后才慢慢扩建为如今大院之形。

田家宅为典型的一进四合院，由正房、厢房、倒座组成。院落坐北朝南，邻近田家宅正西方向有一门楼，名为“引凤楼”，因大院后凤凰山而得名。门楼破损较为严重，中途有过修缮，楼上之凤凰及狮子等雕像已遗失。田家宅东南角为主入口，大门朝东，大门东部有土质照壁，照壁东部置马厩。院落东西长20m，南北长25m，总占地面积为500m^{2}有余，总建筑面积约912m^2，整体呈“回”字形。一层和二层之间置木质楼板，上层主要用于存放粮食杂物，门窗基本为素板或直棂；下层主要用于居住。院内地面铺甬路直通正房，两侧种植些许花草，调节院落小气候。

田家宅参照了四川干栏式建筑的营造制式，结合当地的自然环境因素，形成了鲜明的地域特

[1] 据其祖宗牌位、家谱残存文字和现屋宅主人田尚勤老先生（已95岁高龄）回忆：杨杜沟村最开始主要是安氏一族在此居住，且安家人为氐族人。但由于民族隔阂等原因，于明朝末期，朱家人赶走安家人，并定居于此。后来逐步形成朱家、杨家、杜家、王家以及田家大院的田家在此居住。所以坊间流传着一句俗语“紧朱家，慢王家，后面来的死王家”。所以杨杜沟村没有以姓氏组团而居的风俗，而是多姓氏杂处聚居生活。至此，可以看出文县田家大院是众多姓氏杂居之中较有代表性的一族的建筑范型。因历史原因和个人原因，大多数文字记录都已丢失。其建筑历史沿革由其屋主人口述及少数文字记录所得。

色，既有北方民居的敦实厚重之感，又有南方民居的导风清爽之功。整体院落属于典型的穿斗式转角楼形制，由正房、厢房以及倒座房构成，内部一层似传统四合院内部之“抄手游廊”而贯通。在这里田家宅与文县其他乡镇的转角楼有不同之处，它是三处文县转角楼之中最为规矩的一处，方方正正。院落对外还有两个次入口位于西厢房处。在上正房的台阶处，厢房伸出到台阶的边缘。

整体院落以正房为全院最高处，台明与院落高差为 1.79m。台明高度约为 1.5m。院内通过三组台阶与正房相联系：首先，在正中通过 7 级台阶与正房一层地面相联系，台阶长度约为 1.5m。其次分别从东西厢房通过 5 级台阶与正房一层地面相联系，位于院内两侧，宽约为 0.8m，踏面宽度约为 0.35m，踏步高度约为 0.25m。这在建筑之间的交通联系上体现了文县地区特色。正房位于田家宅中轴线北端，隔墙均为夯土墙，五开间，通面阔约为 18.1m，主体木构架为五檩四步架出前廊式，双坡悬山屋顶，与厢房柱不对位。明间开间约为 5.1m，为挑高一层，次间则为两层，楼梯分设于两侧，对称分布。梢间为两层，廊柱至金柱柱距约 1.6m，正房进深约为 5.2m。正房明间为六抹八扇槅扇门，正中两扇格心为平板，其余为装饰精美的格心图案，多以梅花、莲花等植物花草为主题。

倒座位于田家宅中轴线南段，坐南朝北，与正房相对。明三暗五式，二层楼房，通面阔 15.4m，进深约为 4.1m，廊柱至金柱柱距约为 1.6m，出檐约为 0.9m。双坡合瓦屋面，与厢房台基相连，屋顶正接。台基为青石铺就，倒座正前方设有一条青石甬路，通向正房。除此之外，甬路两侧全是素土地面。倒座二层与厢房以木游廊连通。倒座一层明间辟为入口，外边悬挂“诗礼启明”匾额。次间与稍间都已经过后期改造，先前风格当与厢房风格相近。二层外围以席纹栏板装饰，正中悬“瑞映楼台”之匾额。因此，其做法与厢房相似，二层门窗皆以素板维护，或只进行简易的棂格装饰，形成内院较为统一之风格特征。

厢房位于正房东西两侧。三开间，两层。通面阔约为 10.5m，主体木构架为穿斗式二层木楼，屋顶为双坡式合瓦屋面。廊柱至金柱柱距约为 1.5m，厢房进深约为 3.9m，一层层高约为 2.5m。厢房地面二层与正房一层地面高差约为 1.3m，厢房二层地面通过 6 级木楼梯与正房一层地面相联系。厢房一层明间均为六抹六扇槅扇门，抱框厚重宽大，明间正中两扇格心为平板，其余为灯笼格心，多以梅花、莲花等植物花草为主题。次间已经改建，原状也应与明间相差不远。二层外围以席纹栏板装饰，正中悬“言忠信”“行笃敬”之匾额。因此，厢房二层门窗皆以素板，或只进行简易的棂格装饰。这种方法也充分显示地方的营造智慧。

木雕集中体现于门窗栅格、廊道栏板、柱上雀替等部位。正房最为精美，东厢房次之，西厢房和倒座最为简洁。

正房槅扇上层绦环板饰以“暗八仙”为主题的图案，构思十分巧妙。将“扇子、渔鼓、笛子、葫芦、花篮、荷花、玉板、宝剑”等八仙法器放置于潇洒飘逸的彩带装饰中。格心饰以拐子龙纹和“回”形纹，并在空格处点缀元宝花、荷花、桃子等花卉图案。格心中心图案为两圆四方，内容为“封侯挂印”“连升三级”“长春白头”花卉吉祥图案，以中心门扇为中轴线呈对称轴分布。中部绦环板与门扇格心技艺相似，所不同的是背景不再透光。绦环板“喜上梅魁”中，将喜鹊、梅花、葵花、美人蕉等不同时期的花卉放置在同一画面之上，显得高贵典雅、富丽堂皇。田家宅正房雕饰多为家喻户晓的吉祥图案，深入浅出地传达出大院主人儒雅随和的文化品行。

东西厢房的雕饰在格心技法之上不如正房华丽，但反倒显示出一种古朴、敦厚之感。两厢房二楼连廊栏板作席纹装饰，“亚”字纹寓意主人有着尊贵的地位。东厢房门窗雕饰在整体布局上与主厅基本一致，虽则架构庞大结实，但雕饰风格迥异。东厢房格心拐子龙纹龙头处饰以乳丁纹，龙身粗壮，显得粗犷、厚重，东厢房隔心中心仍以“一品清廉”“三友图”等为题材的吉祥图案为主。东厢房中心门扇格心和裙板作空白处理，绦环板图案一为“福禄寿”，一为“麒麟献瑞”，均为吉祥动物。西厢房雕饰比之于东厢房更加简洁，格心中心不再饰以吉祥图案，只留方格，整体结构缺少厚重、结实之感。如“国色天香”，整个画面仅塑造了假山边上一大一小、一正一侧盛开的牡丹。全画以流畅的刀法刻出横的枝条、弯曲的叶柄、含苞待放的花蕾。

正房明间檐下饰有一对雀替，采用透雕，雕刻手法细腻。内容则以莲花、牡丹、菊花为主题，取高贵、高逸等寓意，花卉的叶子采用了变形抽象处理，将不同类型的花卉通过相同的枝叶串联组织起来。正房明间挑檐檩下对应檐柱部分饰有垂花短柱，与次间二层挑出穿枋形成稳定梁架组合，同时其上下为莲瓣花纹，中心为瓜棱装饰，整体形似灯笼。不仅完成了结构上的实际需要，同时也增加了生活的情趣。

石雕主要体现在柱础。正房最为精美，为复合型柱础，东西厢房次之，倒座相比之下最为简洁。正房柱础分为上中下三层。上部为鼓状；中部为八边宫灯形状，每一面都雕刻有花草图案；下部为四边台基形状，每一面都刻有花卉图案。厢房柱础除正房台明之上的柱础都和正房大致一样。在台明之上的柱础分为两个部分，下半部分为素面基座，无任何雕饰。上半部分为莲瓣式。倒座因在当心间开了主要的入口，所以明间两根柱子的柱础和正房的大致一样。次间两根柱子整体为方凳式柱础，四面刻有花卉。

田家宅是一处匾额存在极多的传统四合院落。大门入口处悬挂“志操纯一”“淡泊明志”匾额，与倒座入口悬挂“诗礼启明”匾额形成入口小院。正房门厅之上悬挂田永锡题写的“明禧堂”匾额，字体憨厚遒劲，使得田氏民居有了属于自己的堂号。厢房栏板正中分别挂有两块匾额，一曰：言中信，一曰：行笃敬，三块匾额与倒座正中悬挂“瑞映楼台”匾额交相辉映，形成温馨、雅致、祥和的文化环境，同时体现出中国古代知识分子“知行合一”“德行兼备”“自强不息”的文人风骨，更加是对后代德行教化的充分体现。这也正是文字性装饰立竿见影的效果所在。

田家宅的房屋为前后出檐的标准穿斗式土木混合结构的“一颗印”住宅，房屋大多为二层。建筑带前檐廊，檐下挑檐檩下饰垂花柱，转角处有斜向牛腿支撑构件。整体结构较为简单，主要在转角部分构造较为复杂。房屋屋面皆有正脊，脊上覆以青瓦，正脊两端饰吻兽。建筑雕饰多在门窗部分，木雕图案尤为精美。楼前明间台基和踏步上为水泥抹面。建筑外观部分土墙直接到顶，建筑屋面处连接在一起。

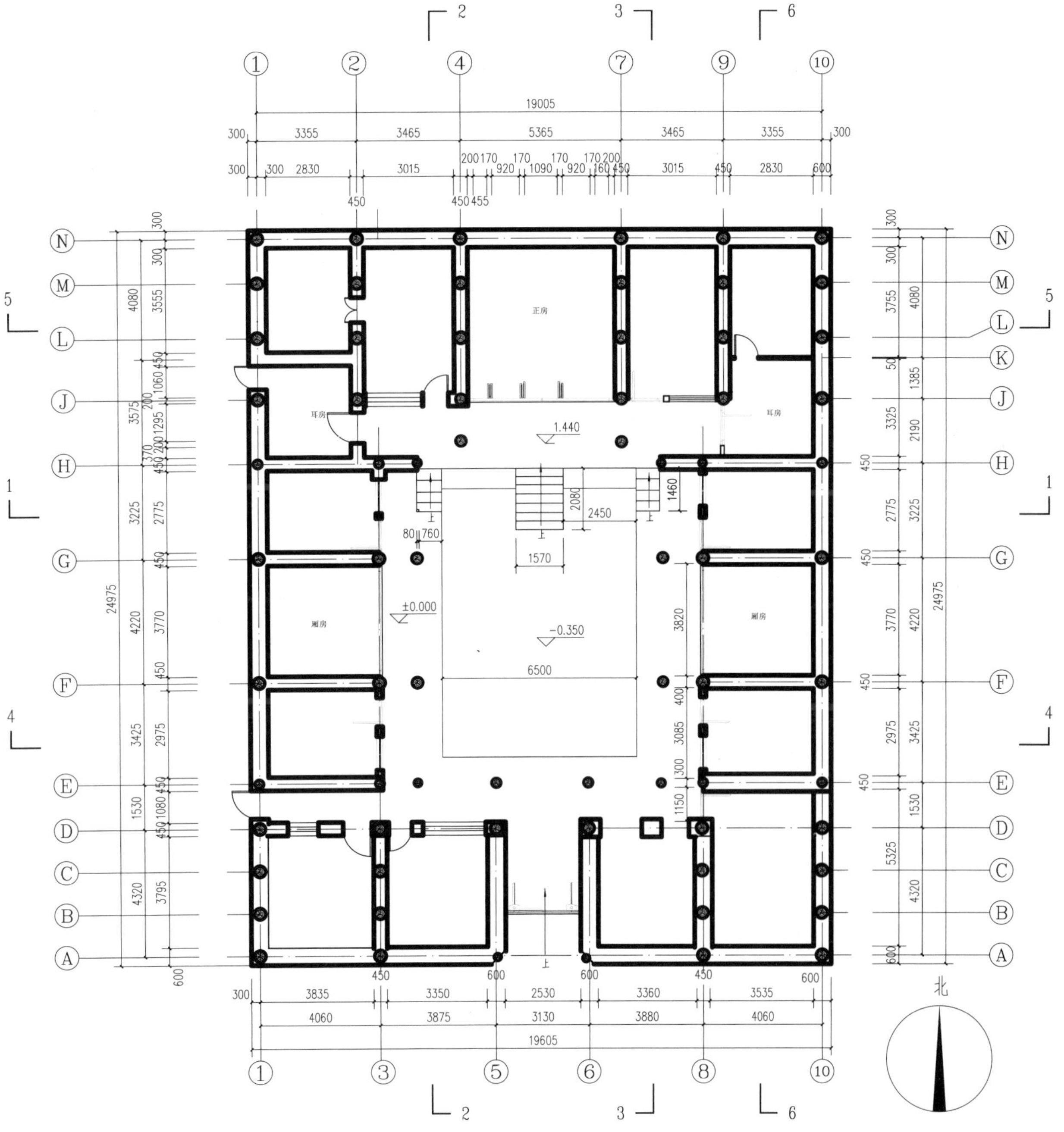

图 1　一层平面图

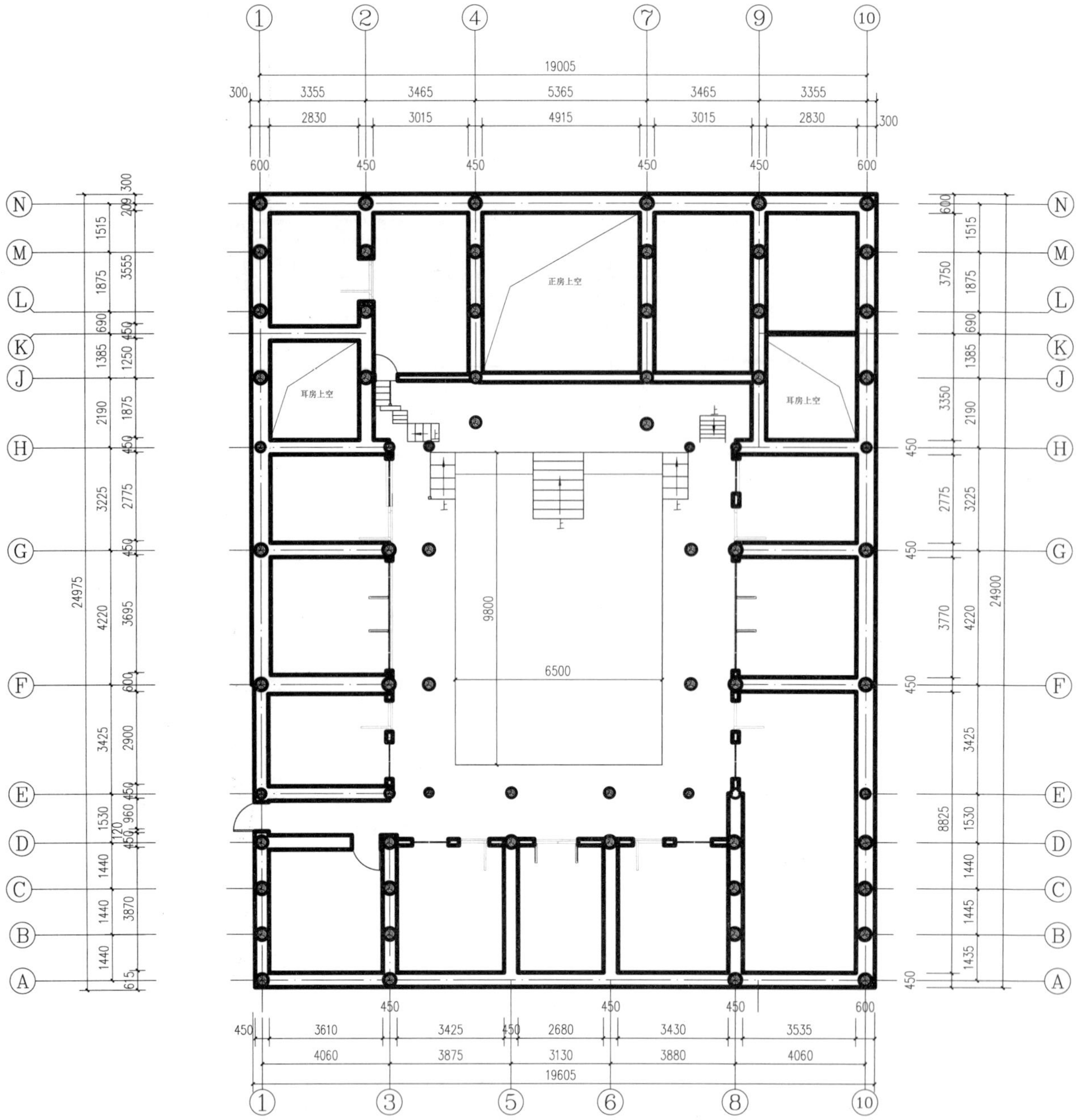

图 2　二层平面图

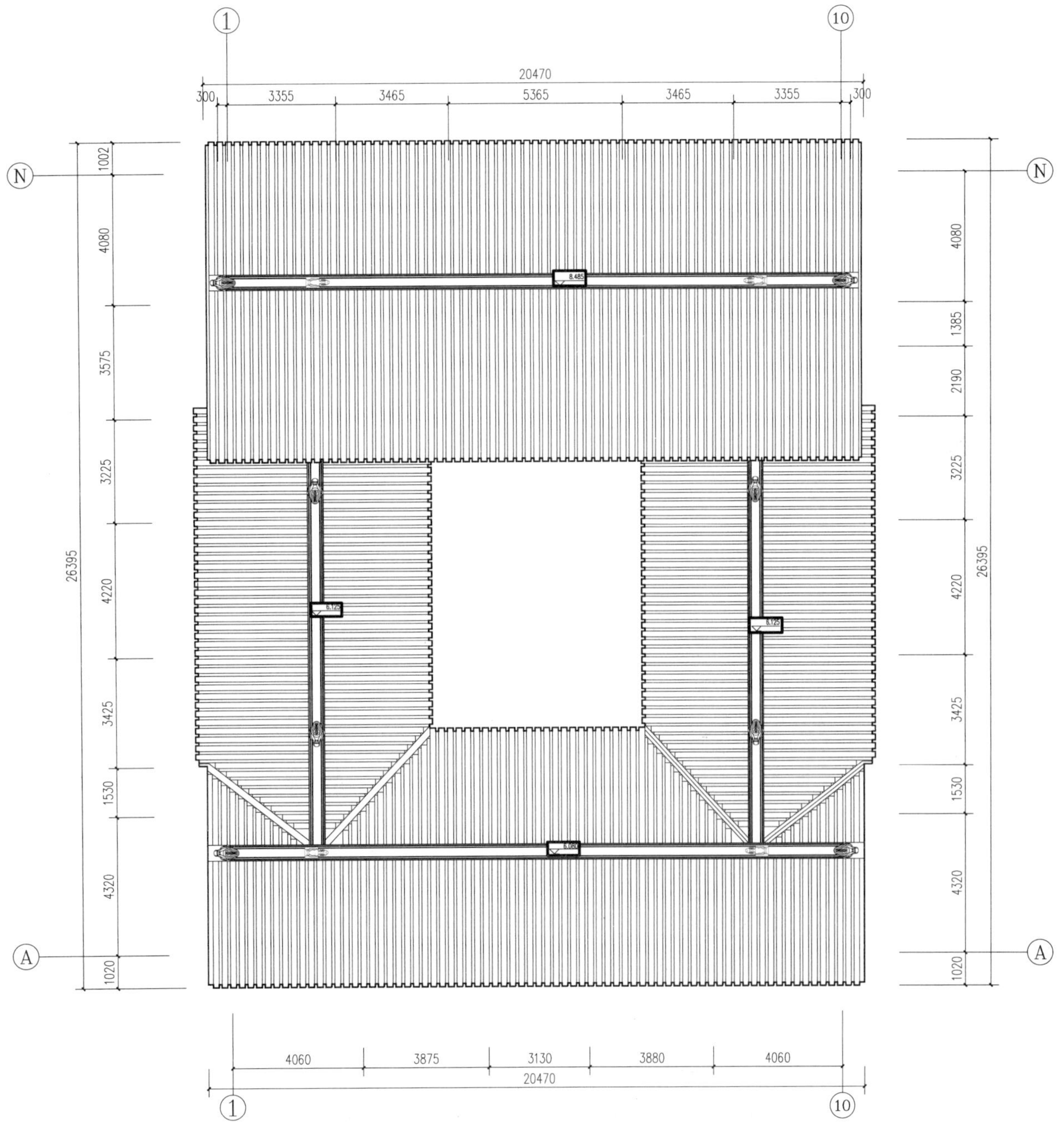

1
10
20470
300
3355
3465
5365
3465
3355
300
N
1002
4080
3575
3225
4220
3425
1530
4320
1020
26395
1385
2190
A
8.485
6.125
6.725
6.005
4060
3875
3130
3880
4060
20470

图3　屋顶平面图

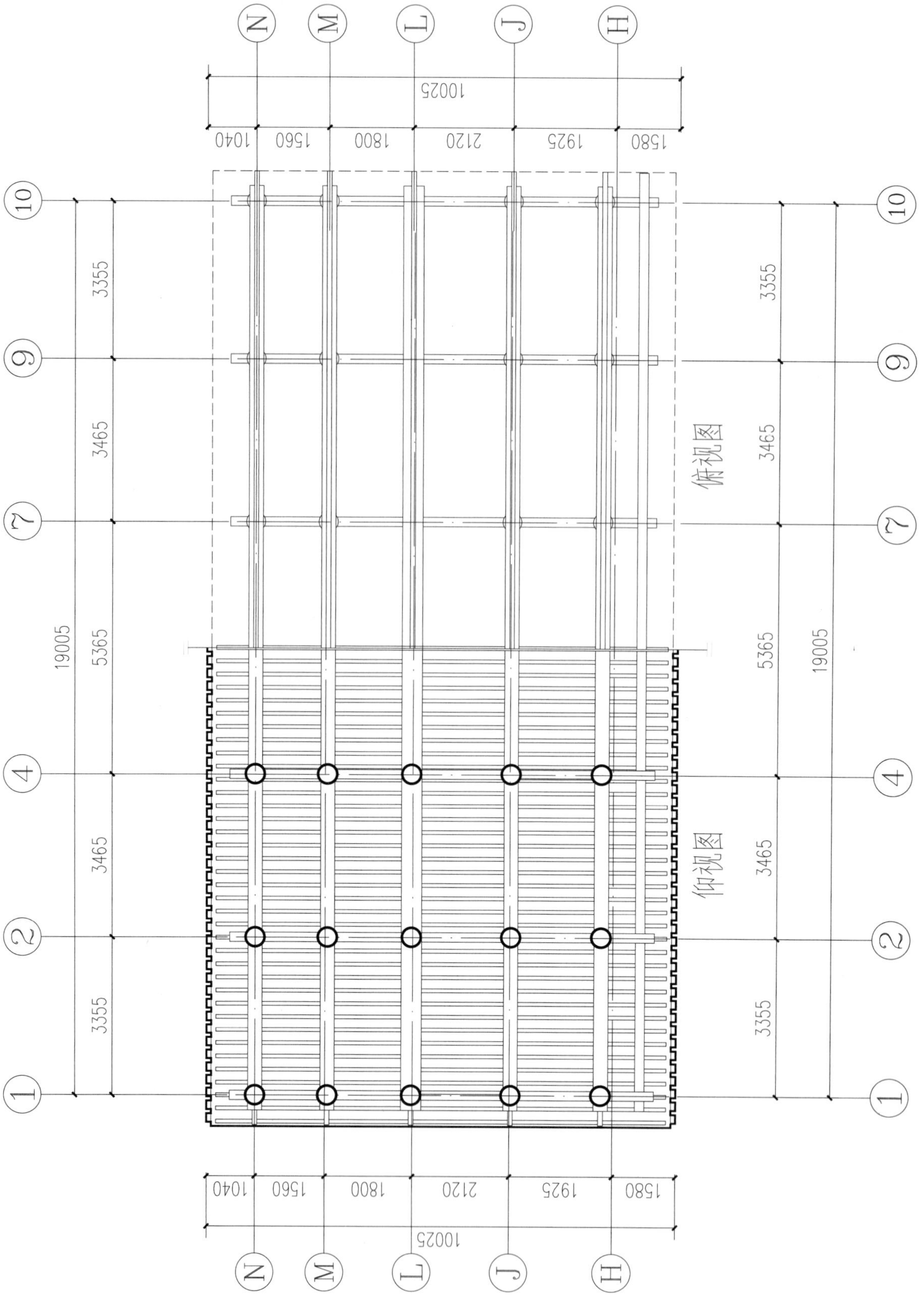
N
M
L
J
H
10025
1040
1560
1800
2120
1925
1580
1
2
4
7
9
10
3355
3465
5365
19005
俯视图
仰视图

图4　正房梁架仰、俯视图

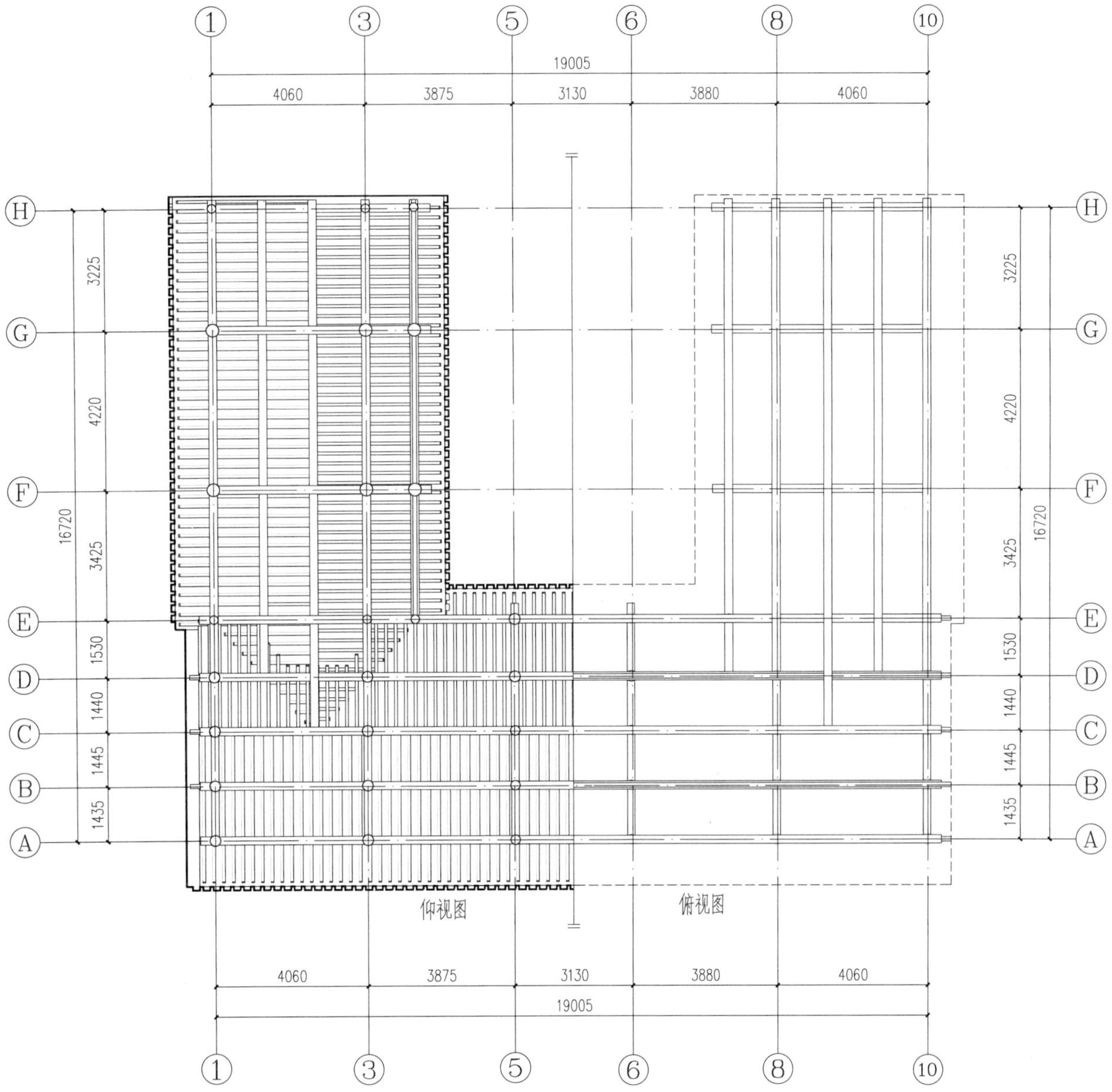

1
3
5
6
8
10
19005
4060
3875
3130
3880
4060
H
G
F
E
D
C
B
A
3225
4220
3425
1530
1440
1445
1435
16720
仰视图
俯视图

图 5　厢房梁架仰、俯视图

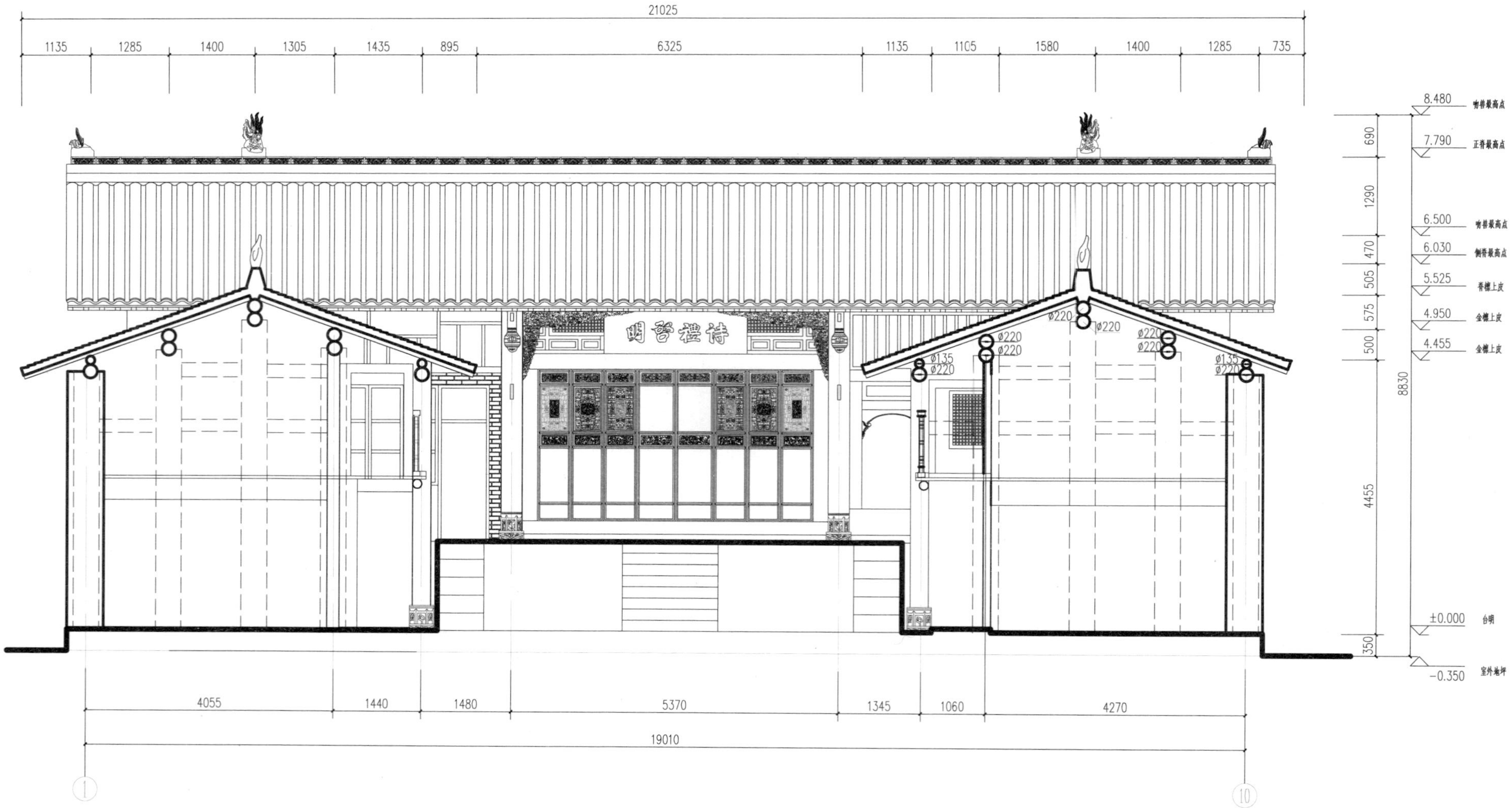
21025
1135
1285
1400
1305
1435
895
6325
1135
1105
1580
1400
1285
735
8.480
7.790 正脊最高点
6.500
6.030
5.525 脊檩上皮
4.950 金檩上皮
4.455 金檩上皮
±0.000 台明
-0.350 室外地坪
690
1290
470
505
575
500
4455
350
8830
ø220
ø135
4055
1440
1480
5370
1345
1060
4270
19010
1
10

图 6　1-1 正房剖立面图

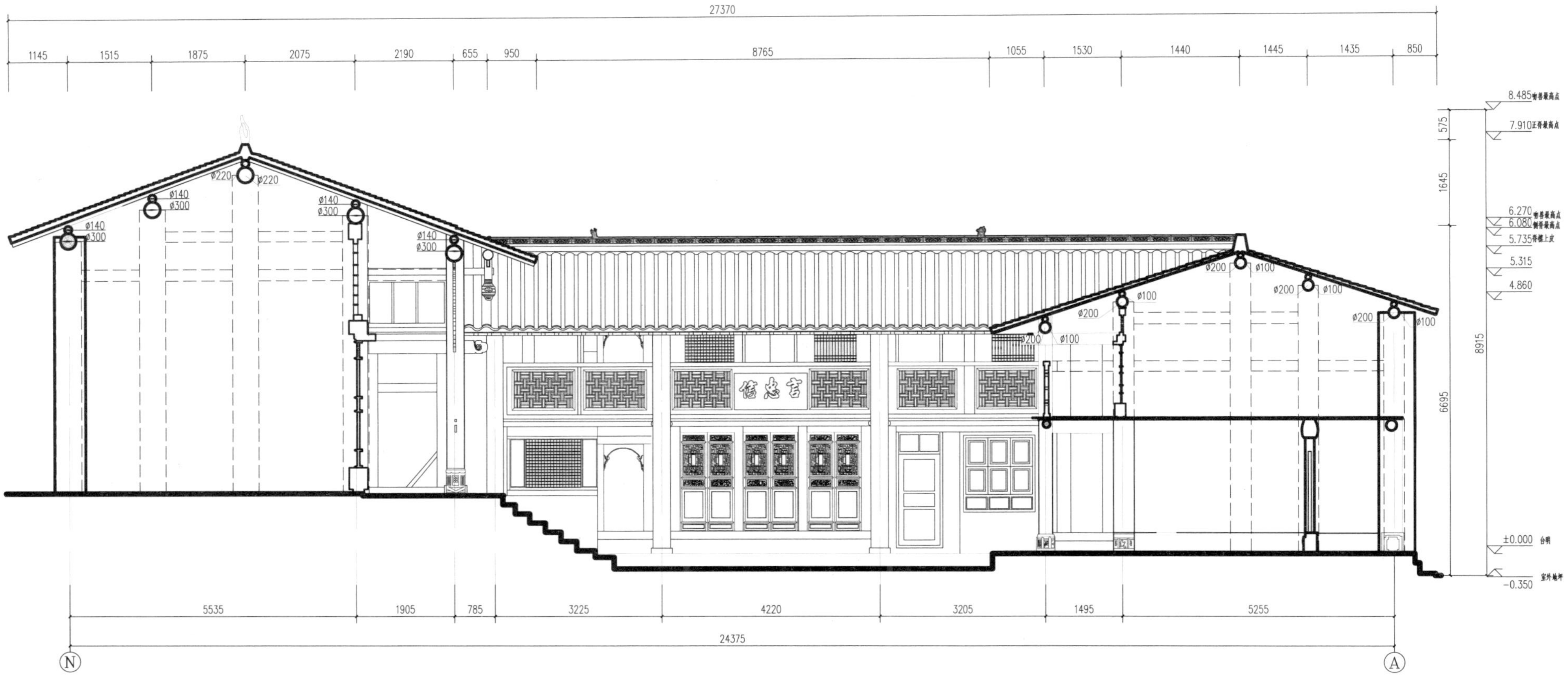
27370
1145
1515
1875
2075
2190
655
950
8765
1055
1530
1440
1445
1435
850
ø220
ø140
ø300
ø200
ø100
8.485
7.910
6.270
6.080
5.735
5.315
4.860
±0.000
-0.350
575
1645
6695
8915
5535
1905
785
3225
4220
3205
1495
5255
24375
N
A

图 7　2-2 院落剖立面图

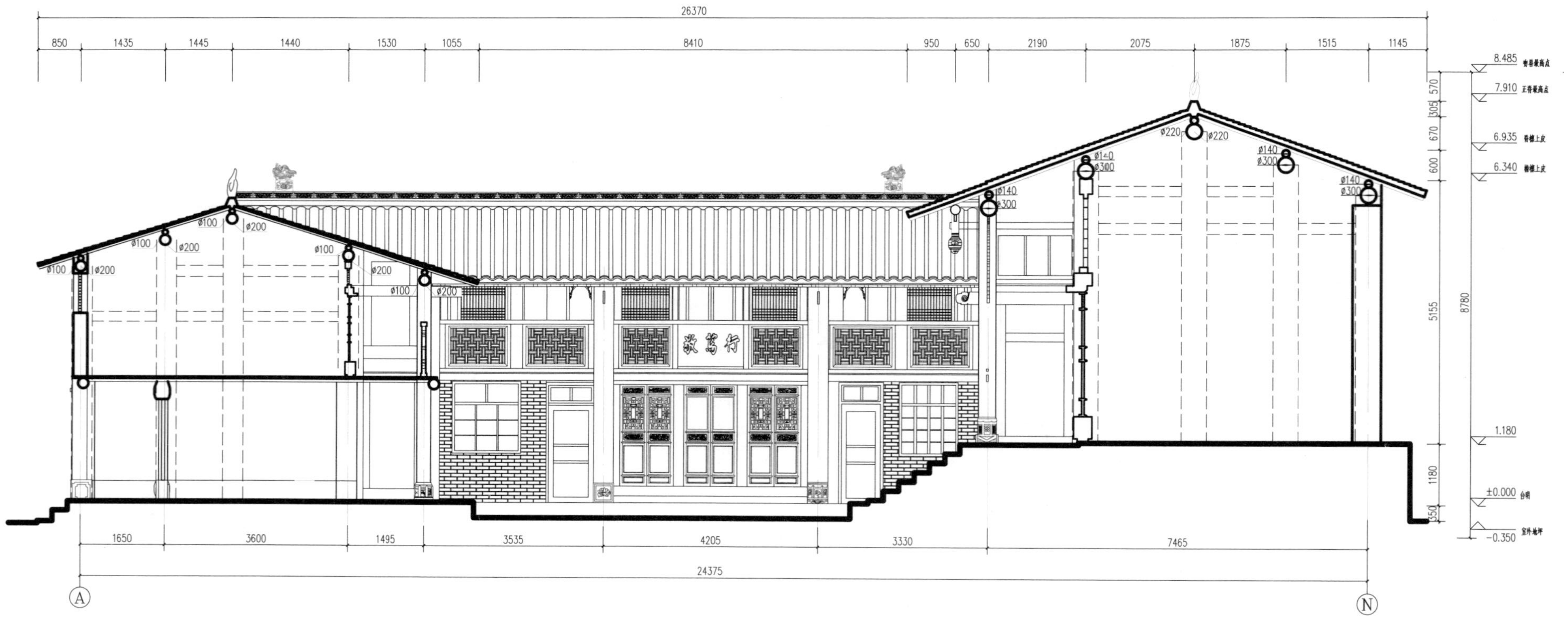

图 8　3-3 厢房剖立面图

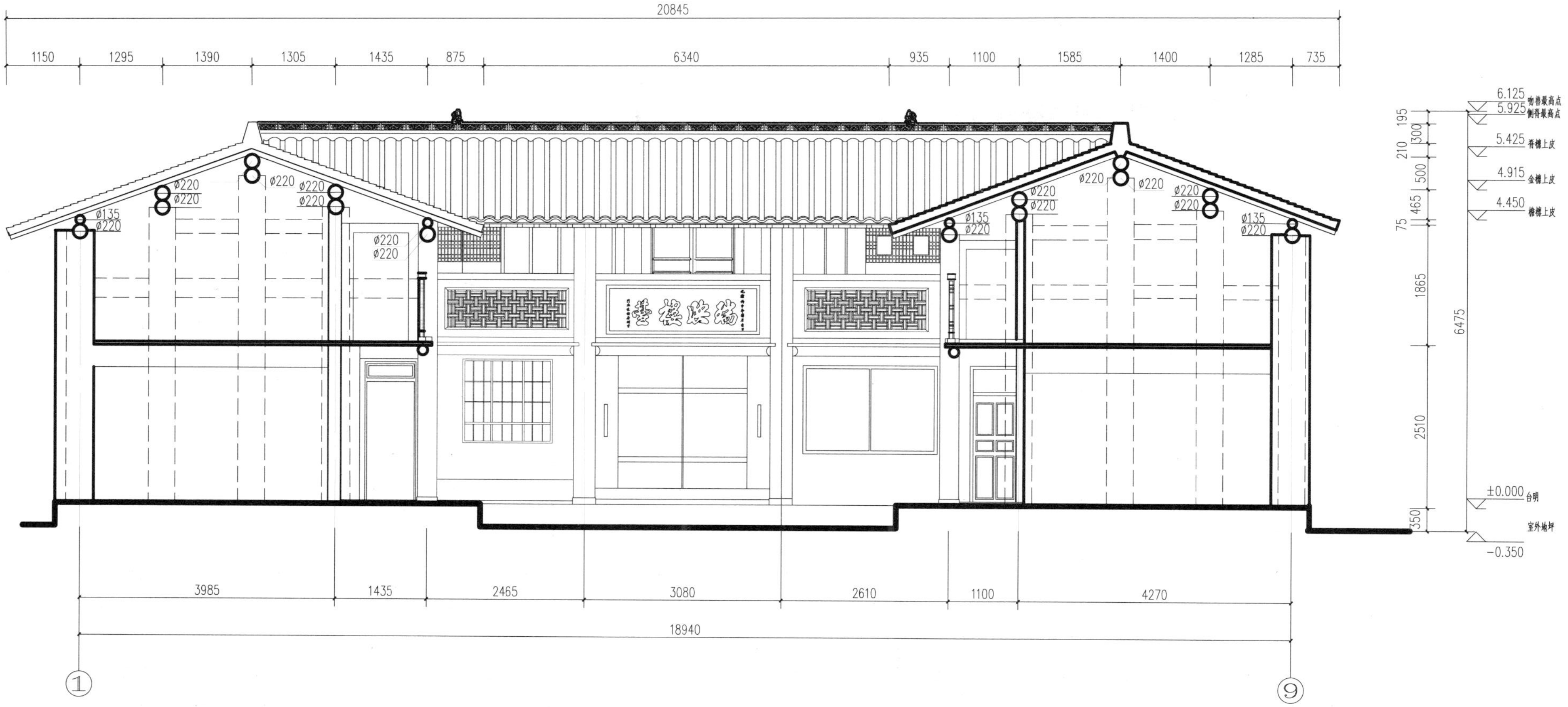
20845
1150
1295
1390
1305
1435
875
6340
935
1100
1585
1400
1285
735
ø135
ø220
ø220
ø220
ø220
ø220
ø220
ø220
ø220
ø220
ø220
ø220
ø135
ø220
6.125
5.925
5.425
4.915
4.450
±0.000
台明
-0.350
195
300
210
500
465
75
1865
2510
350
6475
3985
1435
2465
3080
2610
1100
4270
18940
①
⑨

图9　4-4院落剖面图

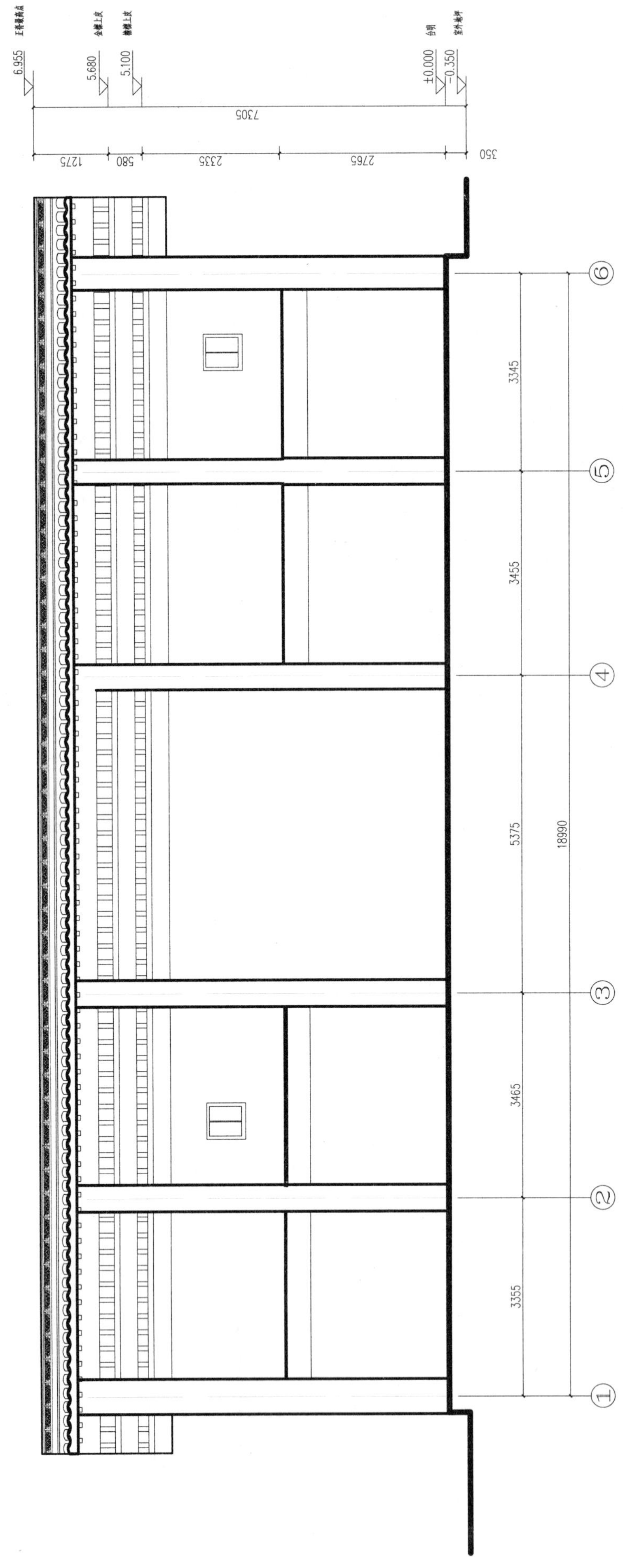
6.955
5.680
5.100
±0.000
−0.350
7305
1275
580
2335
2765
350
3345
3455
5375
18990
3465
3355
①
②
③
④
⑤
⑥

图 10　5-5 剖面图

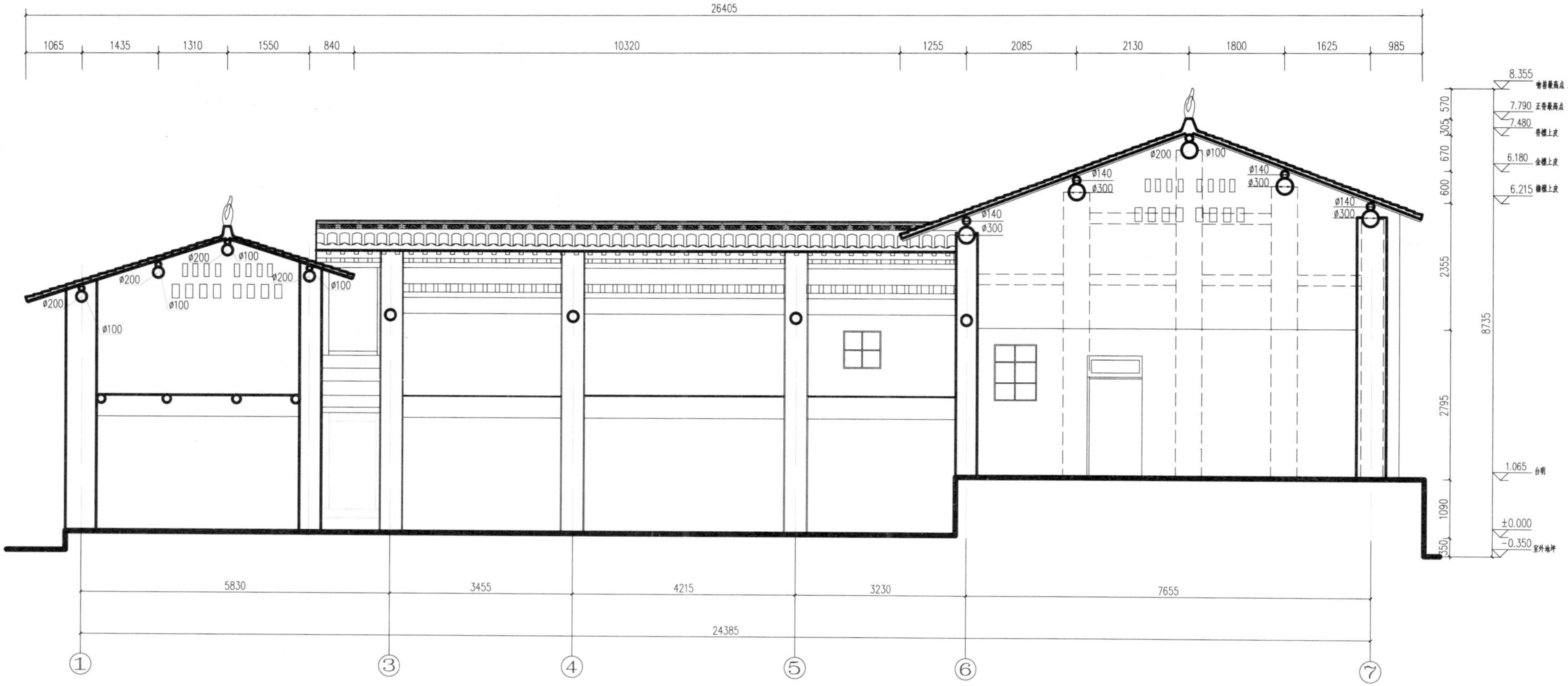
26405
1065
1435
1310
1550
840
10320
1255
2085
2130
1800
1625
985
ø200
ø100
ø140
ø300
8.355
7.790
7.480
6.180
6.215
1.065
±0.000
−0.350
570
305
670
600
2355
2795
1090
350
8735
5830
3455
4215
3230
7655
24385
①
③
④
⑤
⑥
⑦

图 11　6-6 剖面图

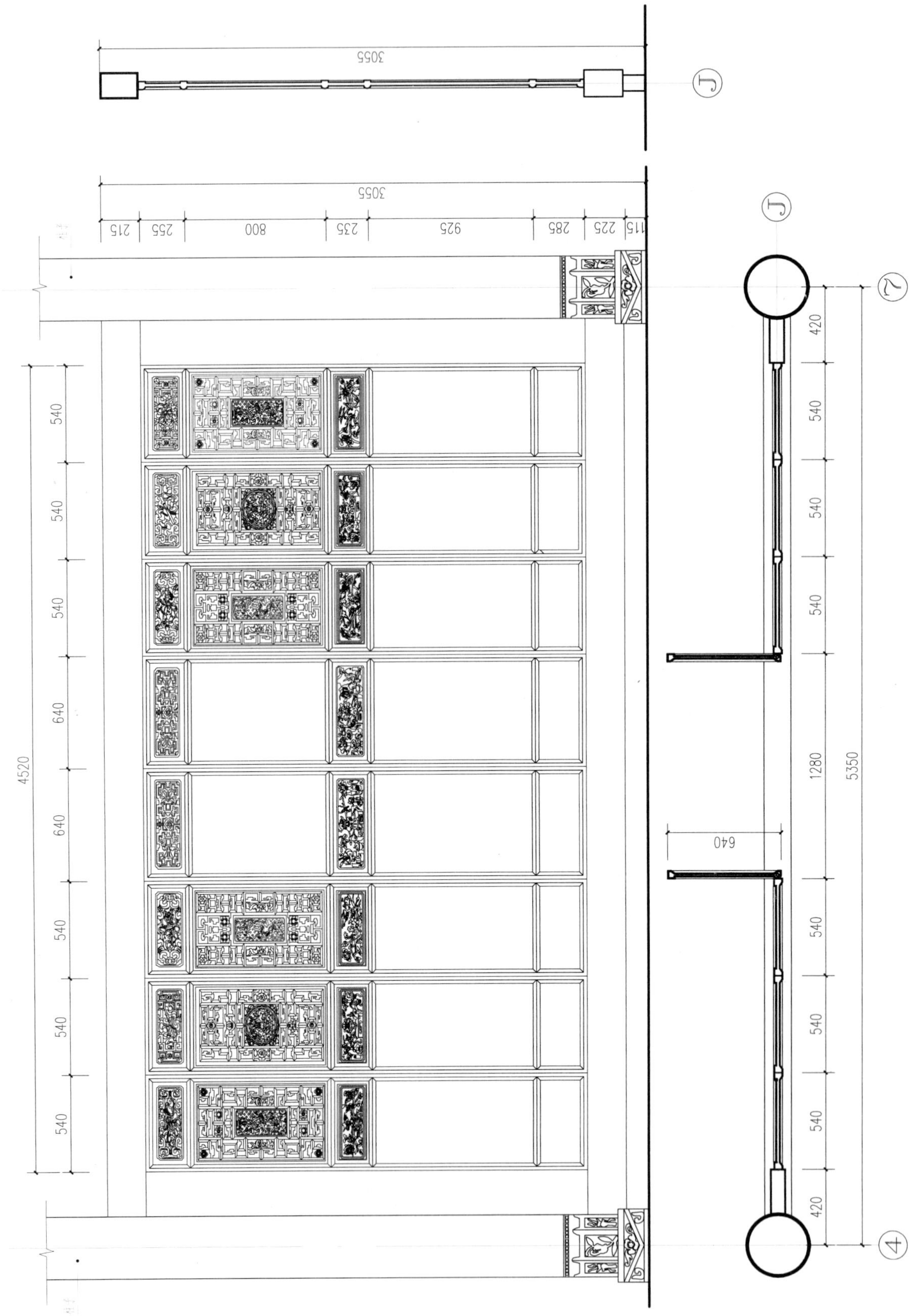
3055
J
3055
215
255
800
235
925
285
225
115
540
540
540
640
640
540
540
540
4520
J
7
420
540
540
540
1280
540
540
540
420
5350
640
4

图 12　正房门窗大样图

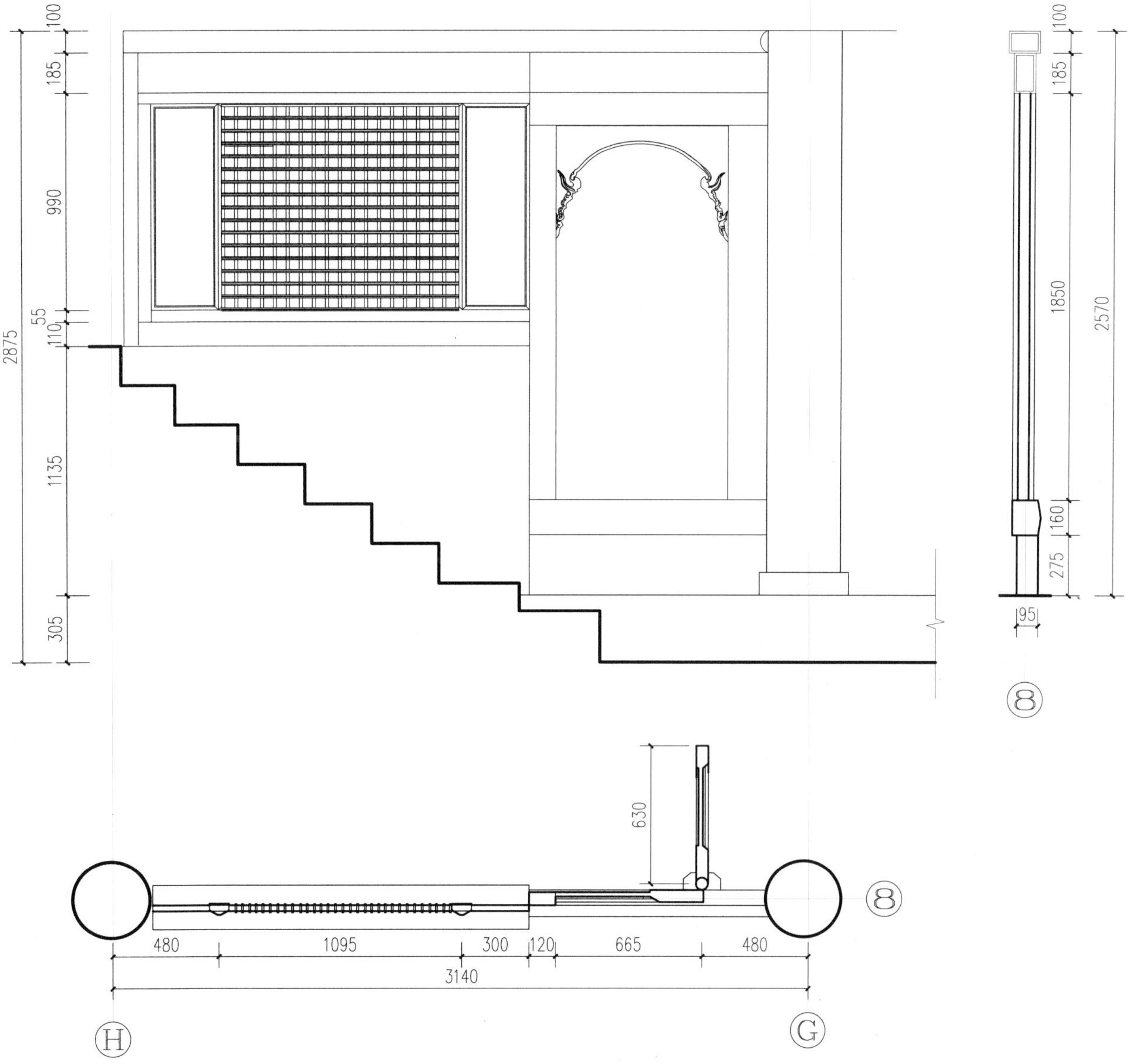

图 13　东厢房门大样图之一

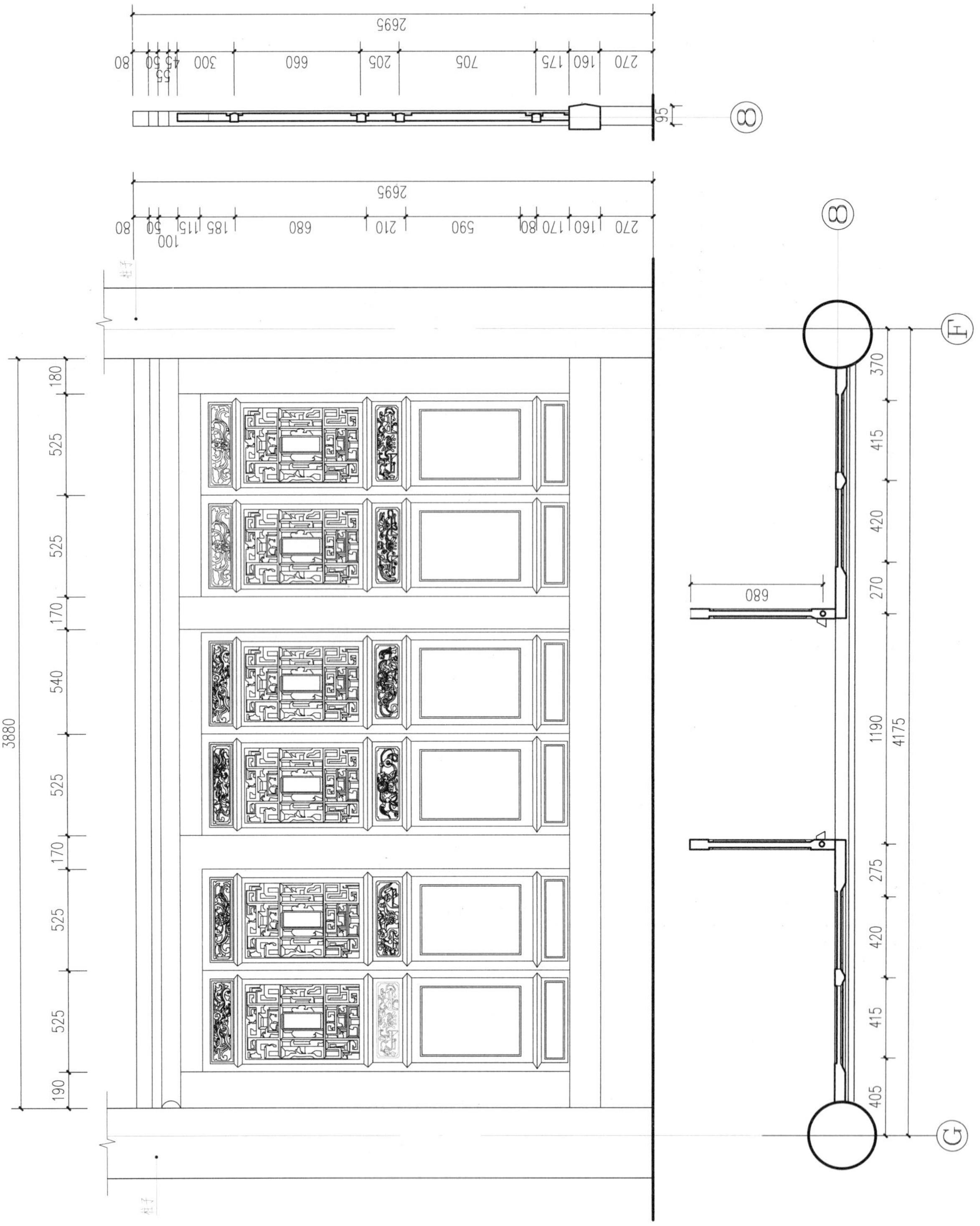

图14 东厢房门大样图之二

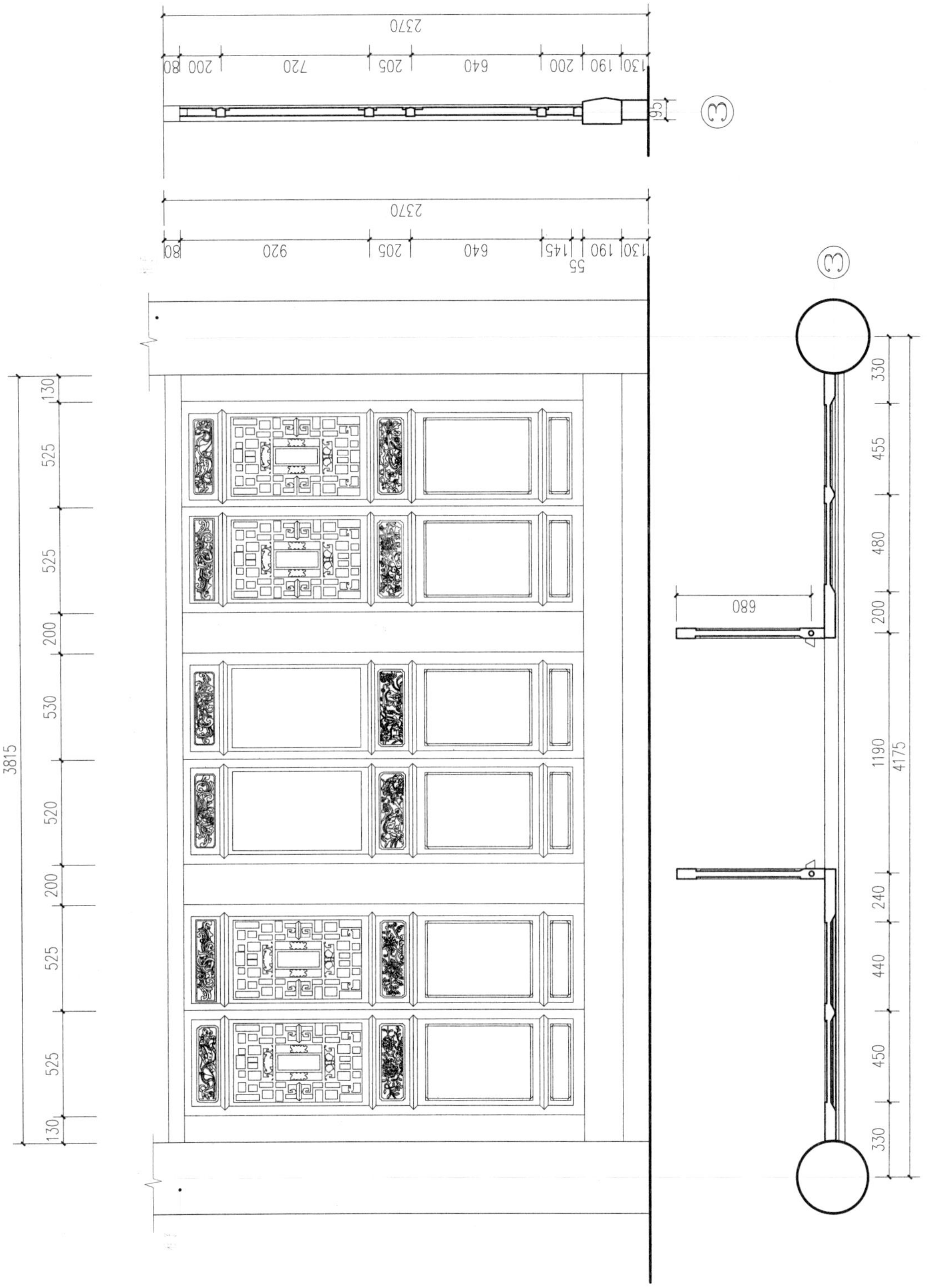
2370
80 200 720 205 640 200 190 130
95
③
920 205 640 145 55 190 130
3815
130 525 525 200 530 520 200 525 525 130
680
330 455 480 200 1190 240 440 450 330
4175
G
F

图 15 倒座门窗大样图

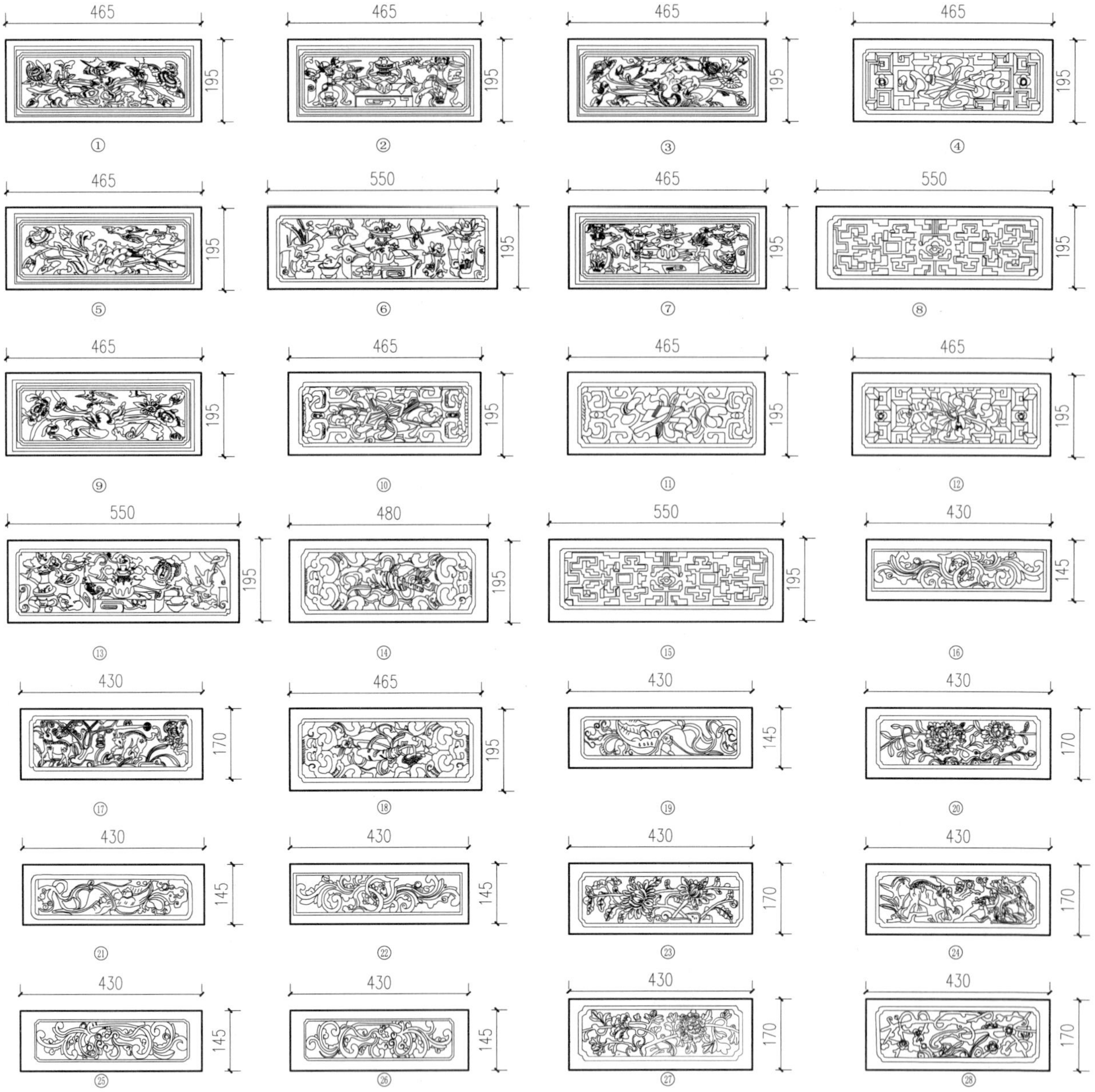
465
195
①
465
195
②
465
195
③
465
195
④
465
195
⑤
550
195
⑥
465
195
⑦
550
195
⑧
465
195
⑨
465
195
⑩
465
195
⑪
465
195
⑫
550
195
⑬
480
195
⑭
550
195
⑮
430
145
⑯
430
170
⑰
465
195
⑱
430
145
⑲
430
170
⑳
430
145
㉑
430
145
㉒
430
170
㉓
430
170
㉔
430
145
㉕
430
145
㉖
430
170
㉗
430
170
㉘

图 16　雕花大样图之一

420
110
①
②
③
④
⑤
⑥
440
160
⑦
⑧
⑨
⑩
⑪
⑫
350
480
305
175
⑯
400
410
⑰
125
820
⑱
485
375
⑬
490
370
⑭
590
145
380
⑮
330
560
230
345
⑲
600
745
145
400
⑳

图 17　雕花大样图之二

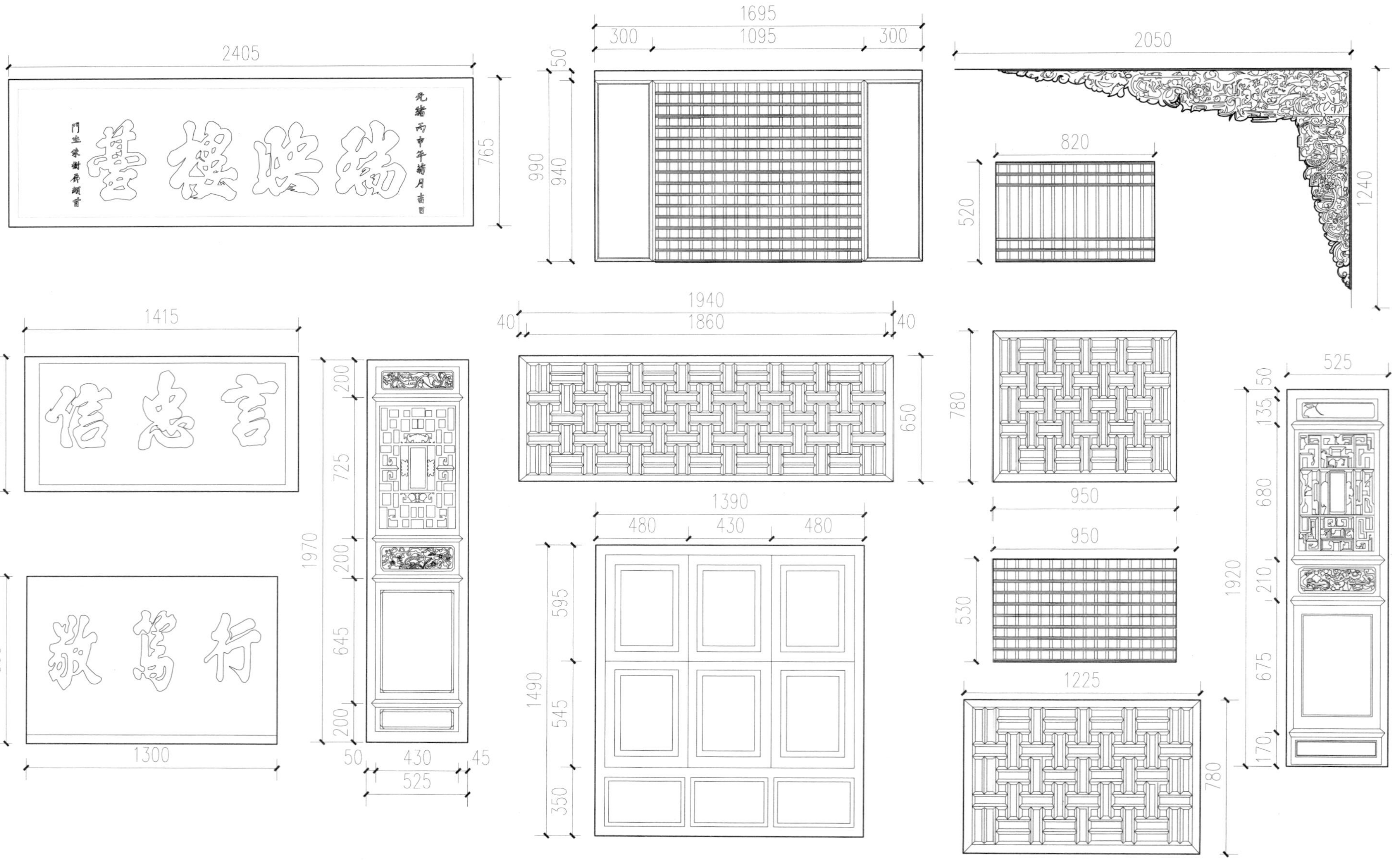

图 18　雕花大样图之三

文县张家宅

张家宅位于陇南市文县丹堡乡纸坊村，村落位于丹堡乡政府驻地以东 2km 处，处于凤凰山与前山之间的山谷之中，背靠凤凰山，面向丹堡河。田家宅建筑选址于山谷之中一段平台之上。始建于清道光二十八年(1849 年)，完工于清咸丰元年(1851 年)。现为县级文保单位。

张家宅为文县典型的四合院转角楼式建筑，由正房、倒座、东西两侧厢房组成。张家宅坐南朝北，院落呈矩形平面。东西长 22.5m，南北最长处 24.5m，最短处 21.7m。整个院落总占地面积 548m^2，总建筑面积 930m^2。土木混合穿斗式结构。张家宅倒座房的外边线呈斜线，但是内部院落仍然保持方正，这与任家宅有所不同。院落的入口位于东厢房处，内部一层似传统四合院内部之“抄手游廊”而贯通。二层皆为杂物间，局部为一层的挑空空间。

整体院落以正房为全院最高处，台明与院落高差为 0.88m。院内通过 5 级台阶与正房相联系：首先，在正中通过 5 级台阶与正房一层地面相联系，台阶长度约为 1.3m。其次分别从东西厢房通过 3 级台阶与正房一层地面相联系，分别位于院内东西厢房廊下外侧。正房位于田家宅中轴线南端，隔墙均为夯土墙，五开间，通面阔约为 20.14m，主体木构架为穿斗前出廊式，双坡悬山屋顶，与厢房柱不对位。明间开间约为 5.17m，为挑高一层，次间则为两层，耳房分设于两侧，也为挑高一层。正房进深四开间，约为 6.92m。平面整体为“锁子厅”式的“明三暗五”布局形式。正房明间为六抹八扇槅扇门，正中两扇格心为平板，其余为装饰精美的格心图案，多以梅花、莲花等植物花草以及麒麟、蝙蝠、喜鹊等祥禽瑞兽为主题。

倒座为五开间双坡檐硬山顶二层楼房，外边线为斜线。倒座位于院落中轴线北端，坐北朝南，与正房相对。明三暗五式，通面阔 20.14m，进深为 4.66 ~ 6.98m，廊柱至金柱柱距约为 1.2m。双坡合瓦屋面，与厢房台基相连，屋顶正接。倒座风格与正房风格极为相近。明间为六抹八扇槅扇门，正中两扇格心为平板，其余为装饰精美的格心图案，多以梅花、莲花等植物花草以及麒麟、蝙蝠、喜鹊等祥禽瑞兽为主题。二层明间无回廊，同为一层挑高，门窗皆以素板围护，或只进行简易的棂格装饰。这种做法在文县转角楼式房屋之中并不多见。

厢房为两开间双坡檐硬山顶二层楼房，面阔两间，并不完全一致：东厢房通面阔 6.71m，西厢房通面阔 7.77m，廊柱也并不对位，这与东厢房开入口有一定关系。进深皆三间，东厢房通进深 4.56m，西厢房通进深 3.78m。正房与东、西厢房、倒座在屋顶处稍有区分，正脊也基本平接。正厅及厢房门窗以及垂花柱雕有花卉、席纹以及龟背等图案，屋顶宺青瓦，正脊均有吻兽。建筑布局十分紧凑，内庭院皆为水泥地面。

张家宅的雕饰主要体现在门窗、栏板、檐下雀替与垂花柱，总体雕刻风格统一，技艺精湛。正房当心间为八扇六抹槅扇门，中间两扇为开启扇，两侧各三扇为固定扇。开启扇为实心板门，仅中绦环板饰以浮雕装饰，这是由于在格心位置一般有张贴门神的地方风俗习惯。两侧固定扇在格心与上绦环板处都是镂空雕刻，以四季花卉与器物博古题材为主，中心一扇格心则以松树、喜鹊与豹子为题构建“喜报连连”，松树的叶子雕成圆形似铜钱，喜鹊面前有古钱，“喜在眼前”。另外一扇则是松树、喜鹊与松树为题构建“抬头见喜”的吉祥寓意。这六扇门的装饰皆是以格心主体，其间装饰蝙蝠、四瓣菱花为衬托。中绦环板则是以浮雕技法雕刻花卉、器物博古以及麒麟瑞兽进行装饰，裙板与下绦环板皆为素板。当心间门楣上饰“福缘善庆”匾额，走马板分饰两侧作为二层槛窗的下槛，槛窗则为龟背锦透雕花窗。正房两次间相对开门，一二层相对应，其余部分则为槛窗形式，不同之处在于二层下槛为木板，一层则为土墙。窗格仍然沿用“龟背锦”“棋盘”以及“一马穿三箭”直棂窗形式。

张家宅的房屋为前后出檐的标准穿斗式土木混合结构的“一颗印”住宅，房屋大多为二层楼。建筑带前檐廊，檐下挑檐檩下饰垂花柱，转角处有斜向牛腿支撑构件。整体结构较为简单，主要在转角部分构造较为复杂。房屋屋面皆有正脊，脊上覆以青瓦，正脊两端饰吻兽。建筑雕饰多在门窗部分，木雕图案尤为精美。图案内容大多为故事题材图案为主，具有一些历史故事题材。楼前明间台基和踏步上为水泥抹面。建筑外观部分土墙直接到顶，建筑屋面处连接在一起，有较为粗糙天沟。

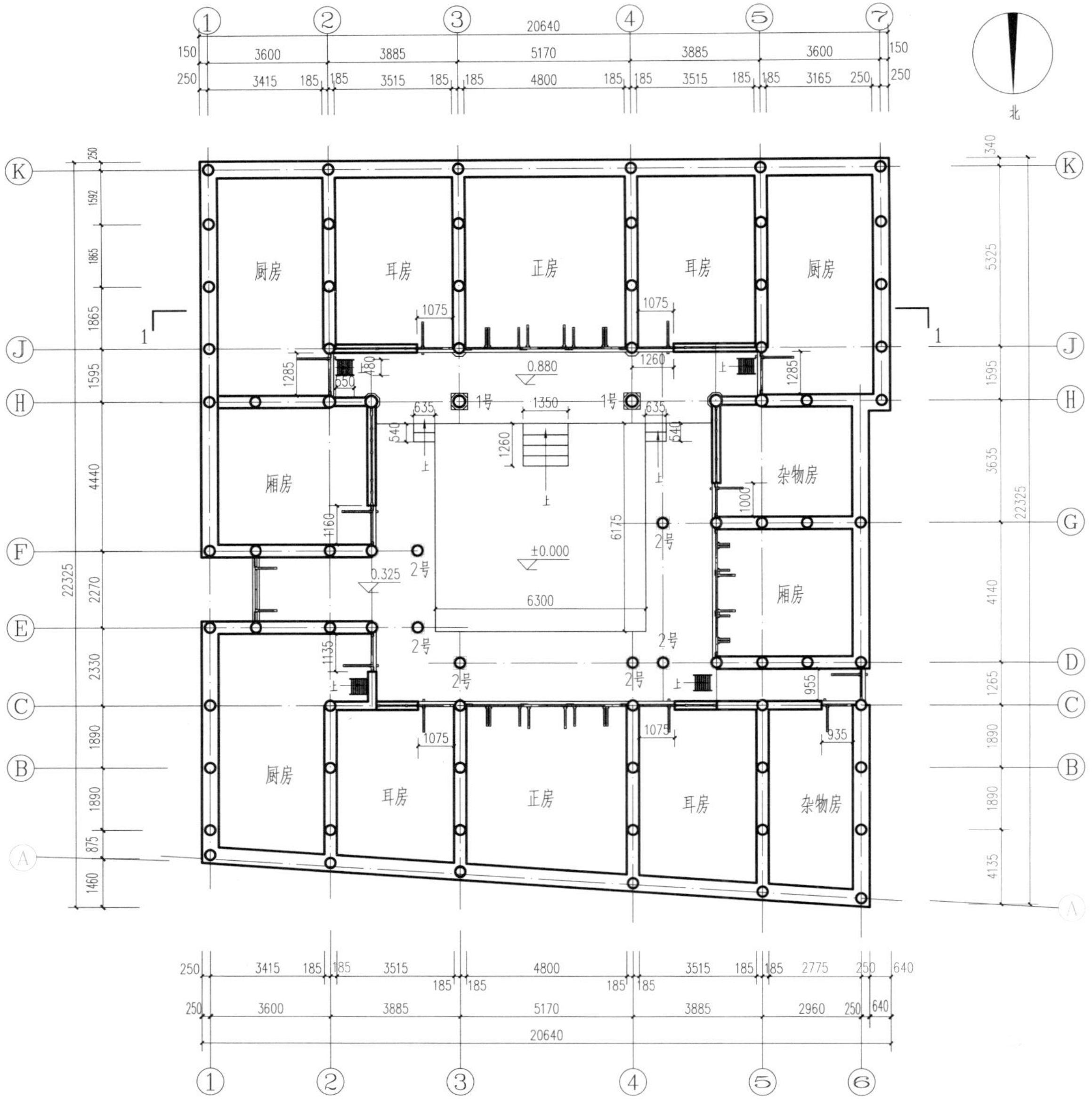

图 1　一层平面图

注：1. 两种柱子

1号：础方490X490，柱径350，柱高4100

2号：础方400X400，柱径300，柱高4100

2. 地面材料

庭院以及走廊室内地面为水泥地板

3. 垂直交通

均为木质爬梯，通向二层

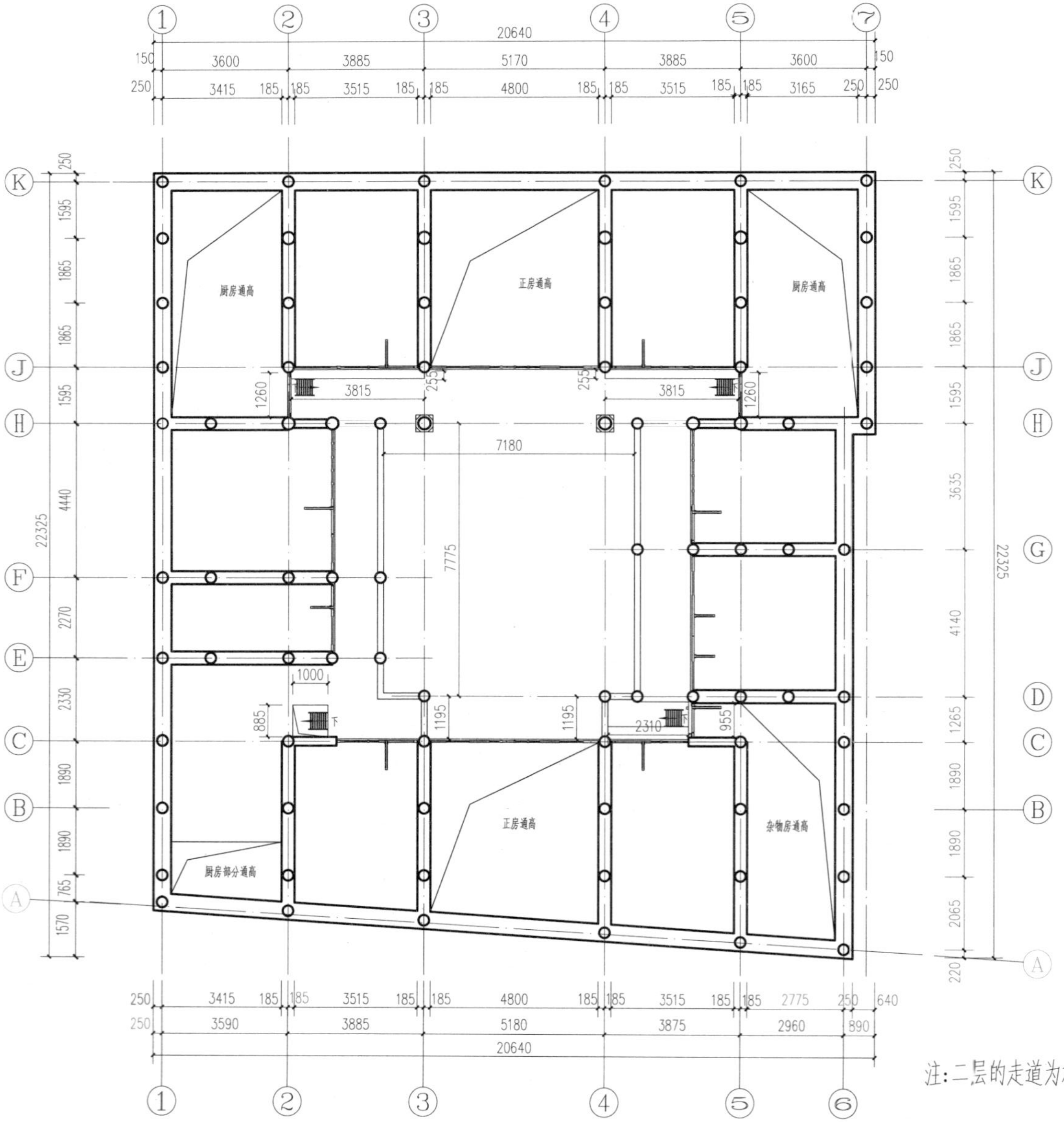

注:二层的走道为木板条铺制而成

图 2　二层平面图

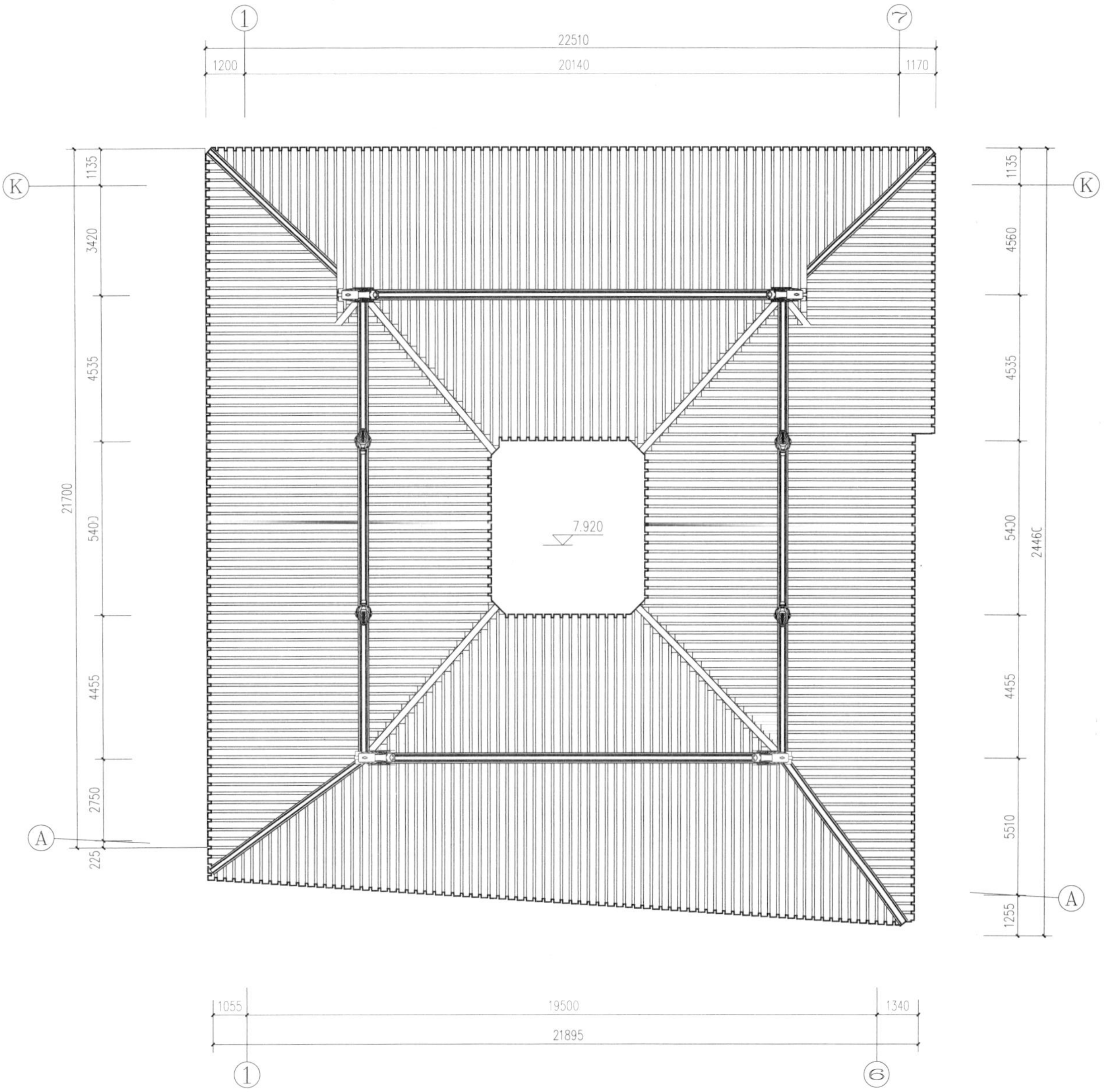
1
7
22510
1200
20140
1170
K
1135
3420
4535
21700
5400
4455
2750
A
225
7.920
1135
4560
4535
5430
24460
4455
5510
1255
1055
19500
1340
21895
6

图 3　屋顶平面图

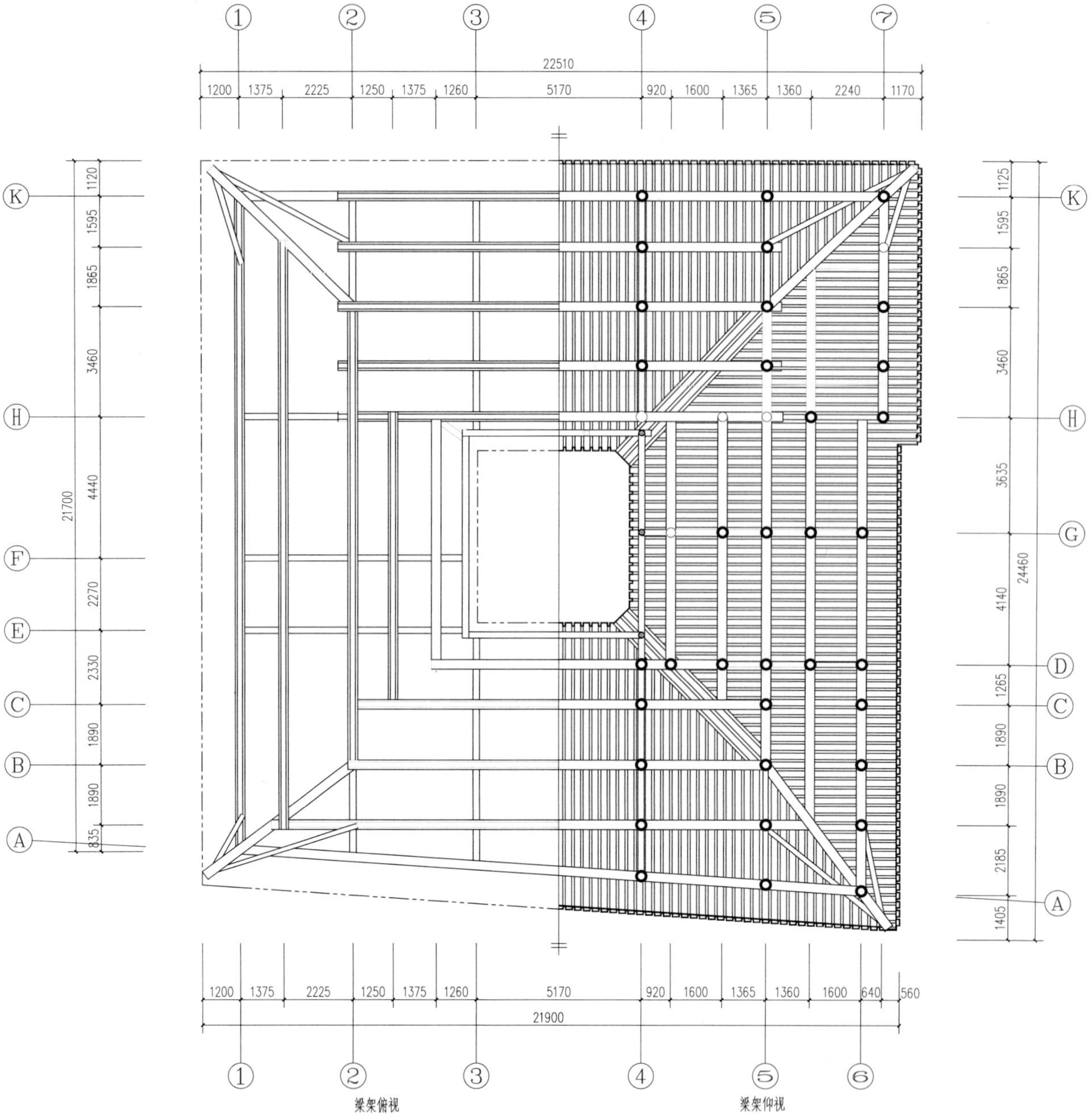

22510
1200
1375
2225
1250
1375
1260
5170
920
1600
1365
1360
2240
1170
21700
24460
21900
梁架俯视
梁架仰视

图 4　梁架仰、俯视图

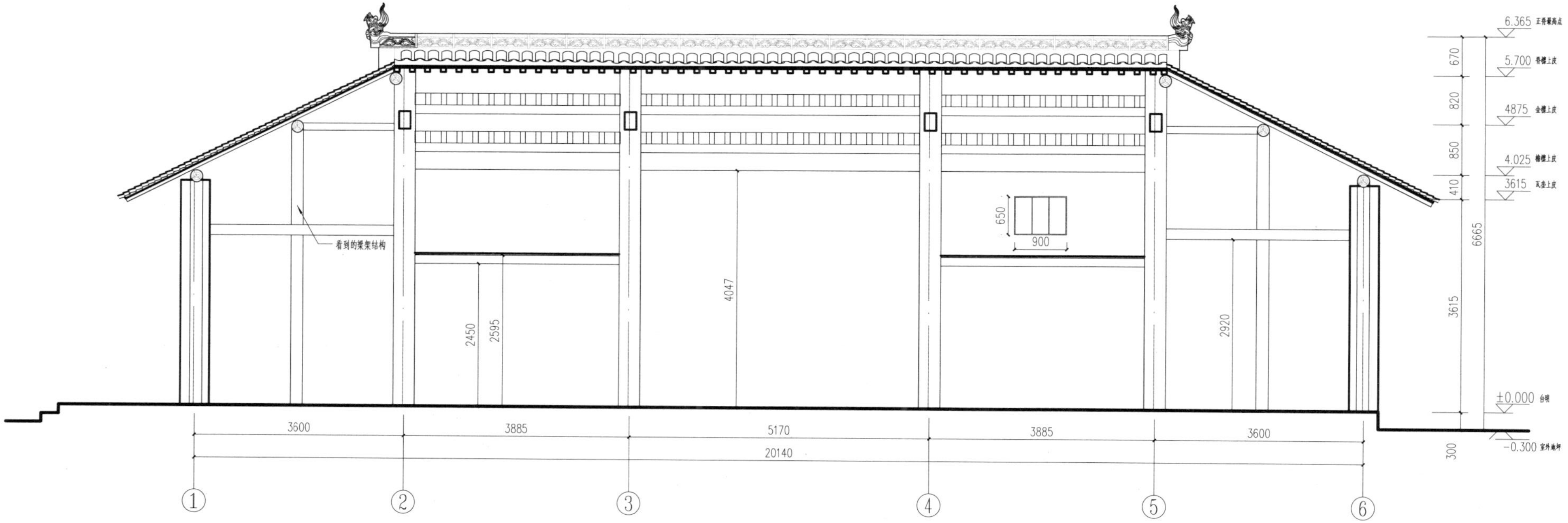

6.365 正脊最高点
5.700 脊檩上皮
4875 金檩上皮
4.025 檐檩上皮
3615 瓦垄上皮
±0.000 台明
-0.300 室外地坪
670
820
850
410
3615
6665
300
看到的梁架结构
650
900
2450
2595
4047
2920
3600
3885
5170
3885
3600
20140
1
2
3
4
5
6

图 5　1-1 院落剖面图

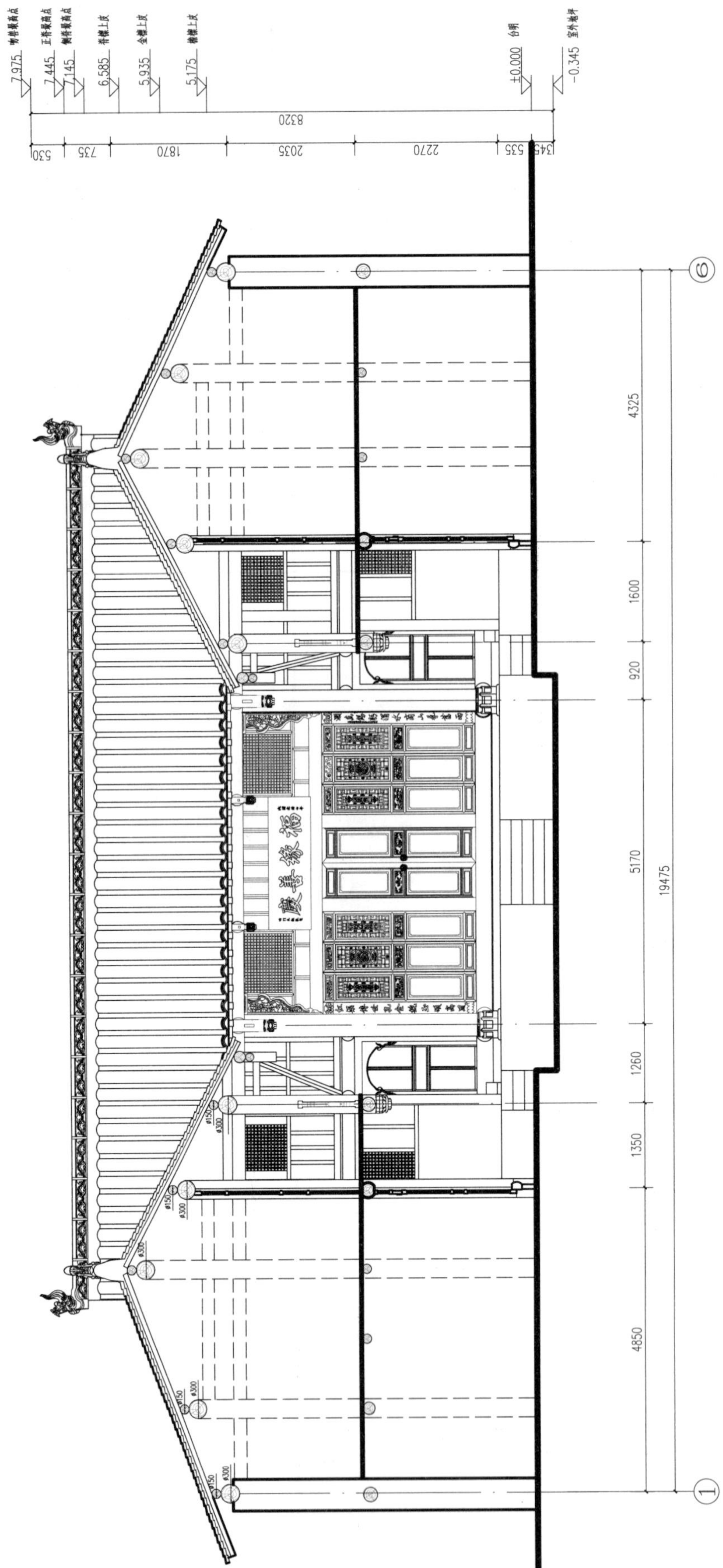
7.975
7.445
7.145
6.585
5.935
5.175
±0.000
-0.345
8320
530
735
1870
2035
2270
535
345
4325
1600
920
5170
1260
1350
4850
19475
⑥
①

图6　2-2院落剖面图

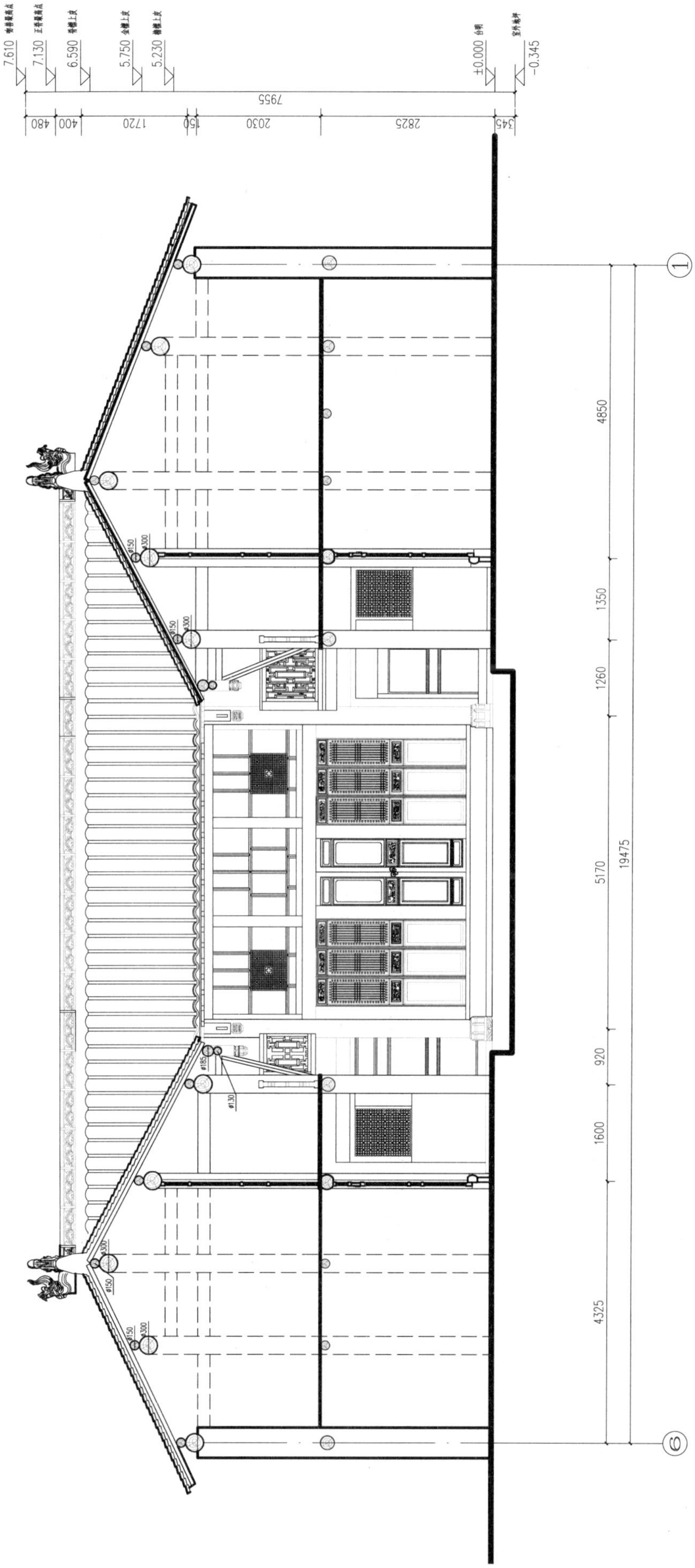
7.610
7.130
6.590
5.750
5.230
±0.000
-0.345
7955
480
400
1720
150
2030
2825
345
4850
1350
1260
5170
19475
920
1600
4325
1
6

图 7 3-3 院落剖面图

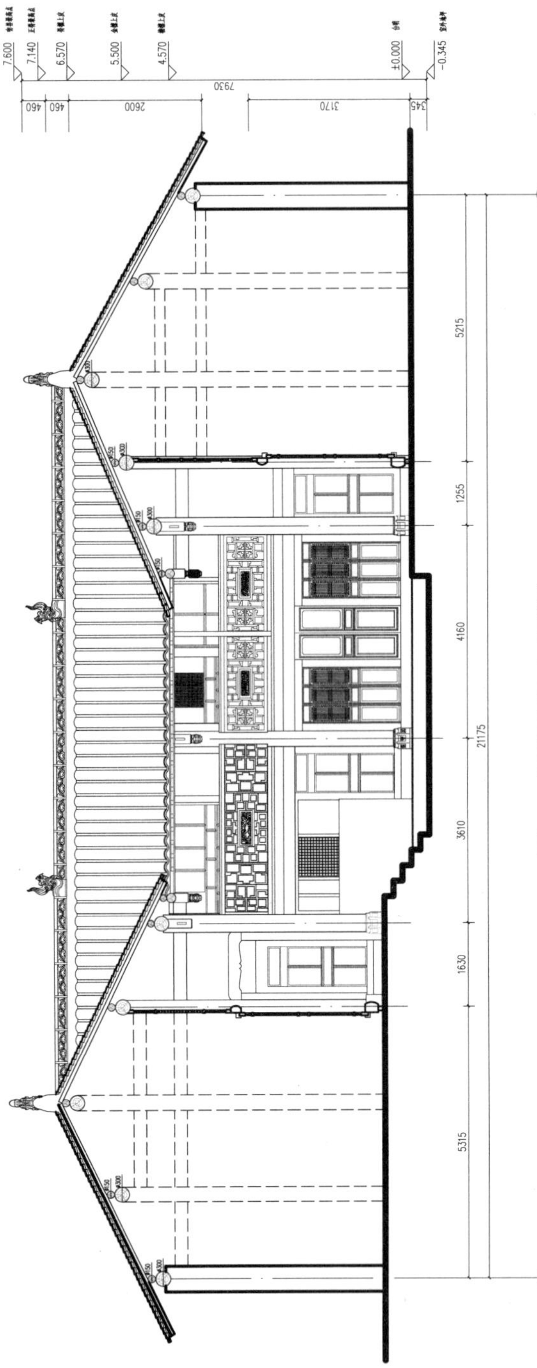

图 8 西厢房立面图

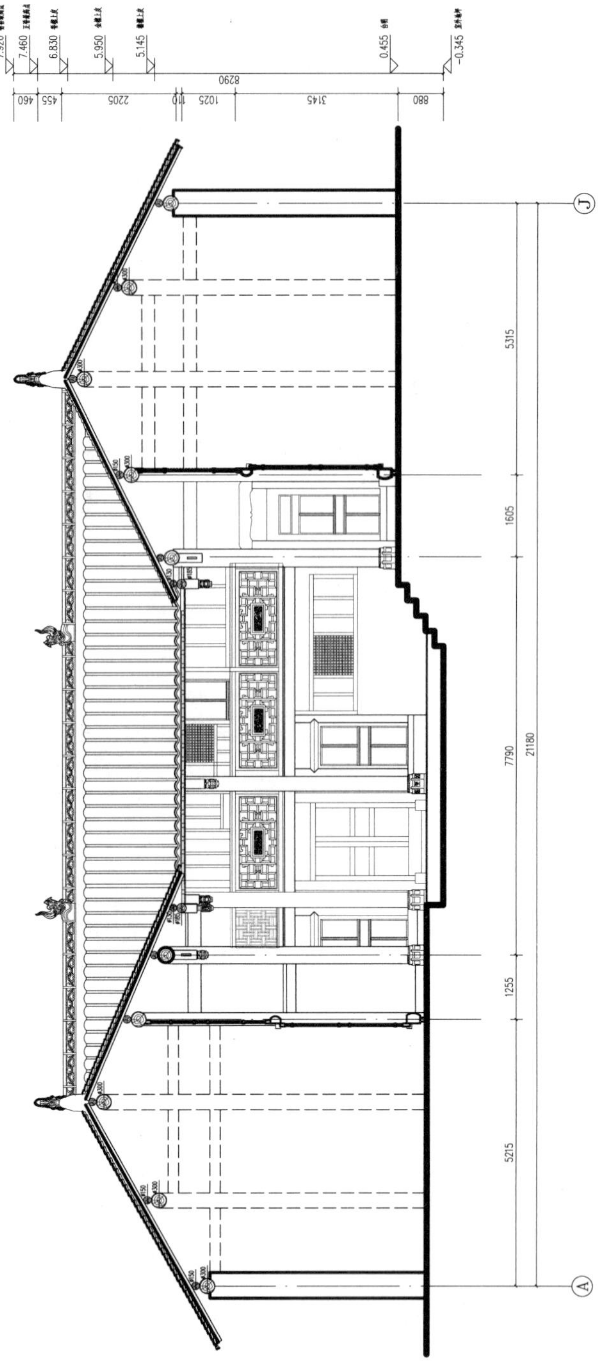

图 9 东厢房立面图

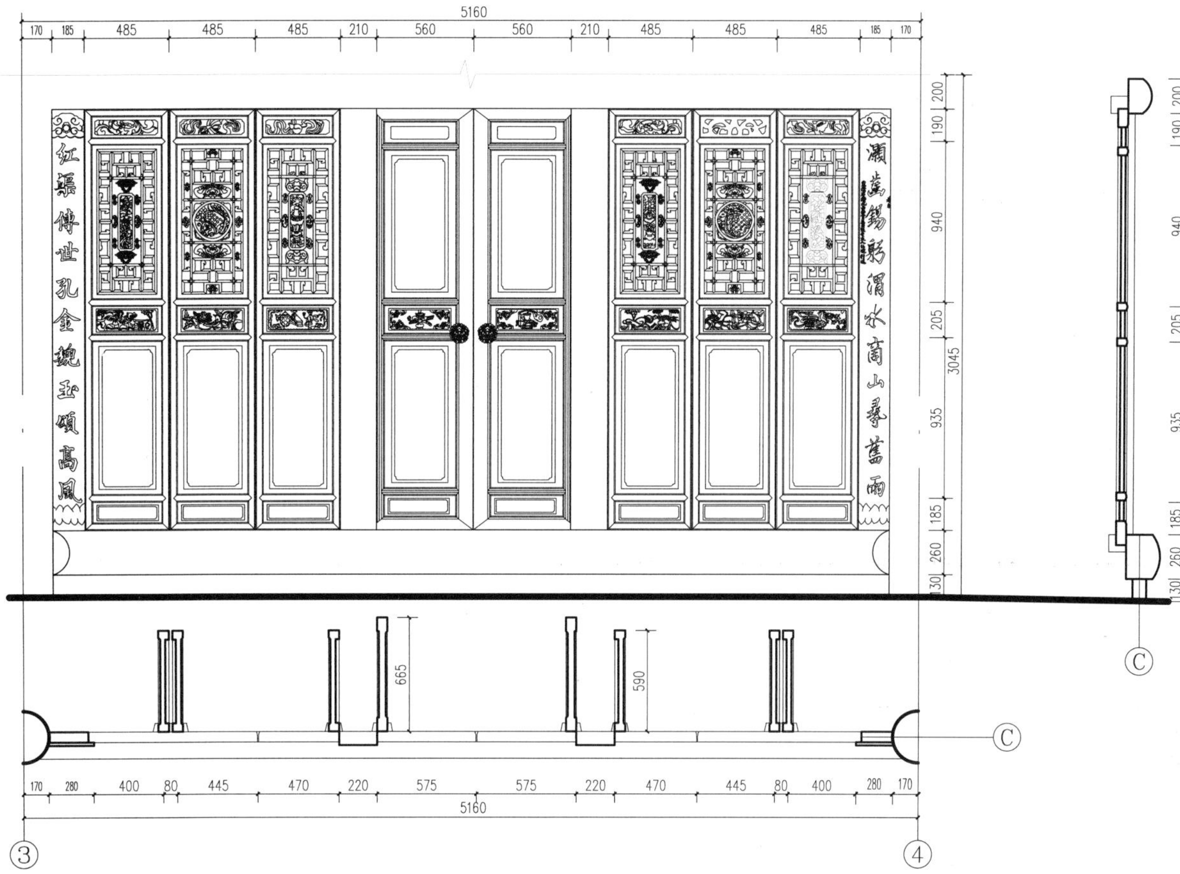

图 10　正房门大样图

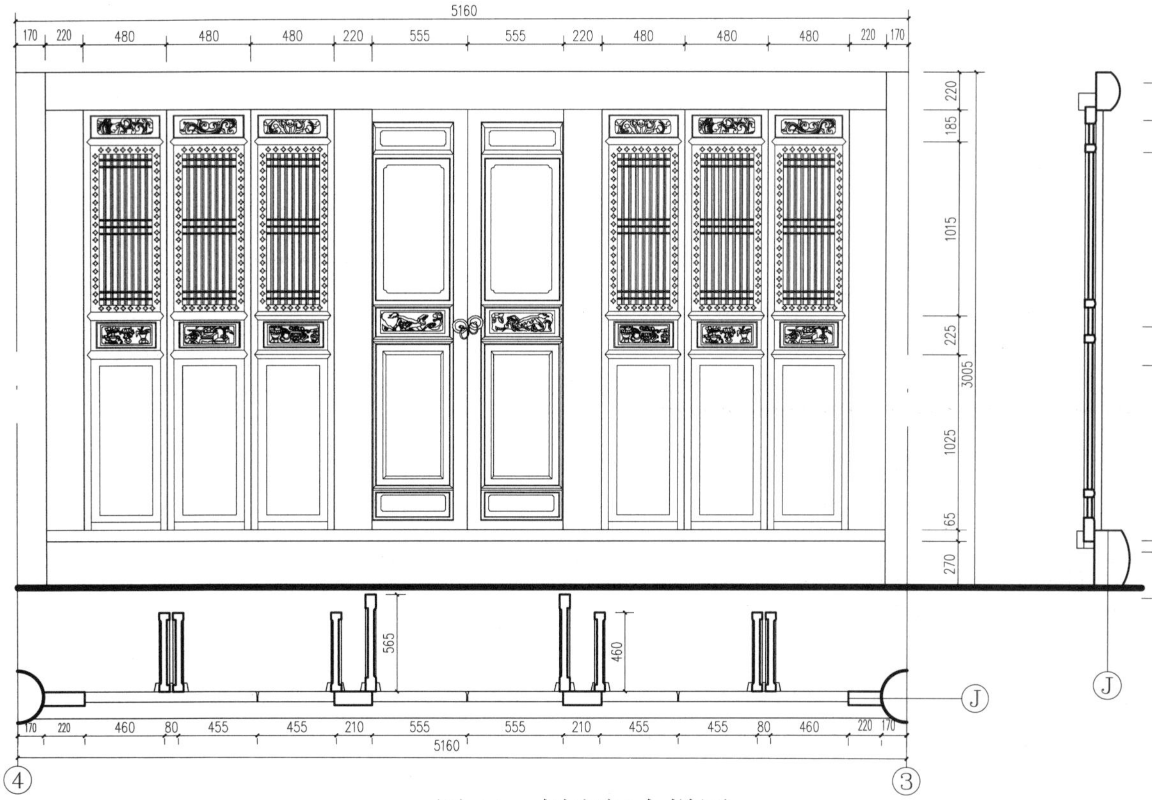

图 11　倒座门大样图

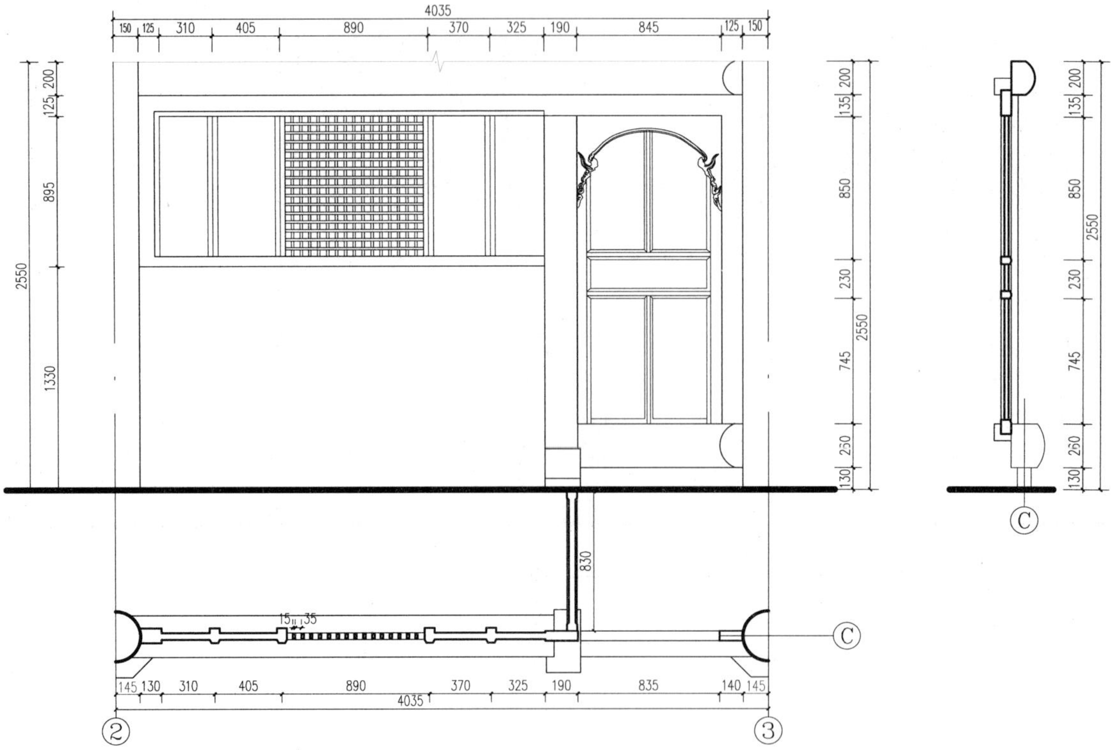

图 12　耳房门窗大样图

图 13　厢房门窗大样图

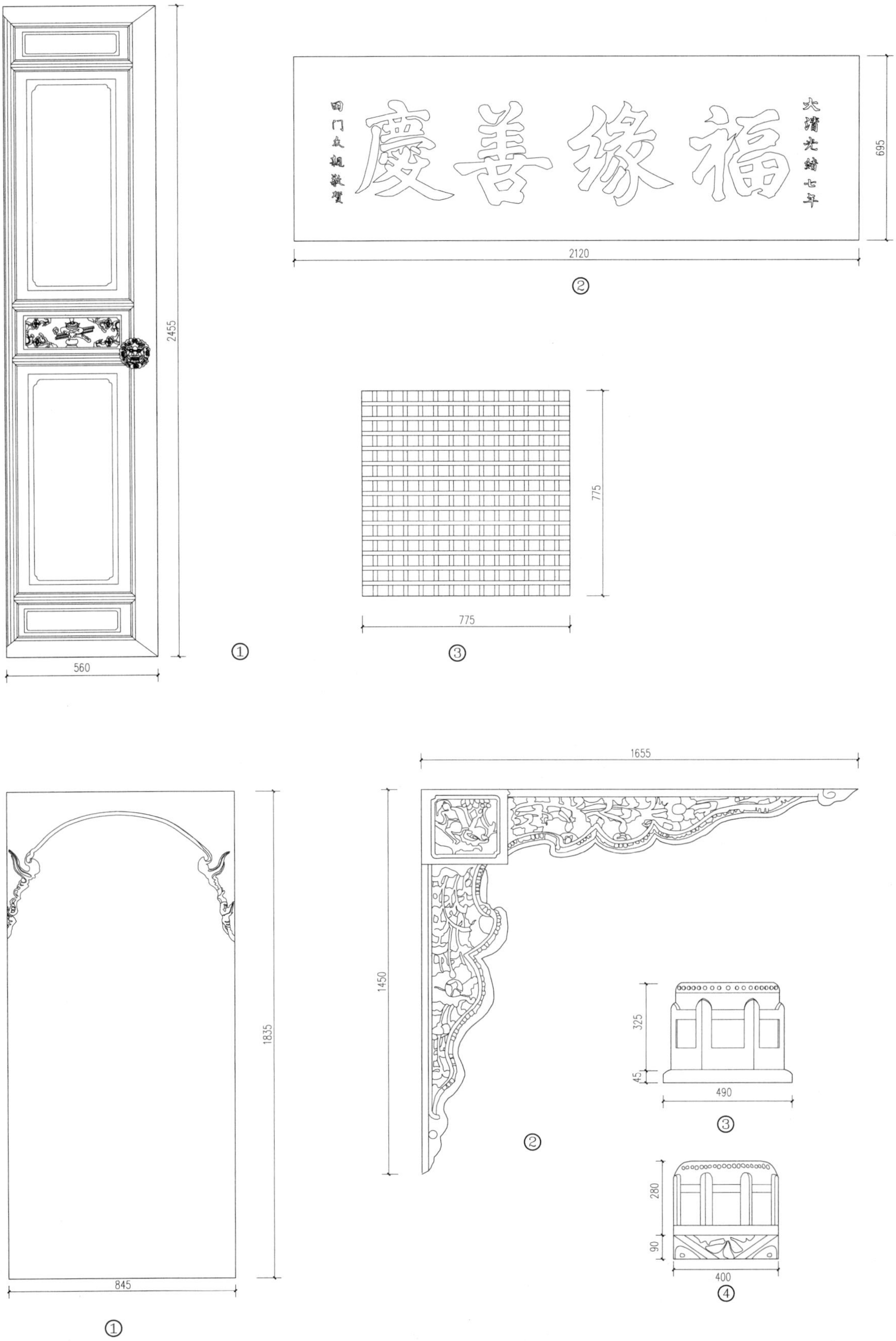
2455
560
①
福緣善慶
大清光緒七年
695
2120
②
775
775
③
1835
845
①
1655
1450
②
325
45
490
③
280
90
400
④

图 14　大样图之一

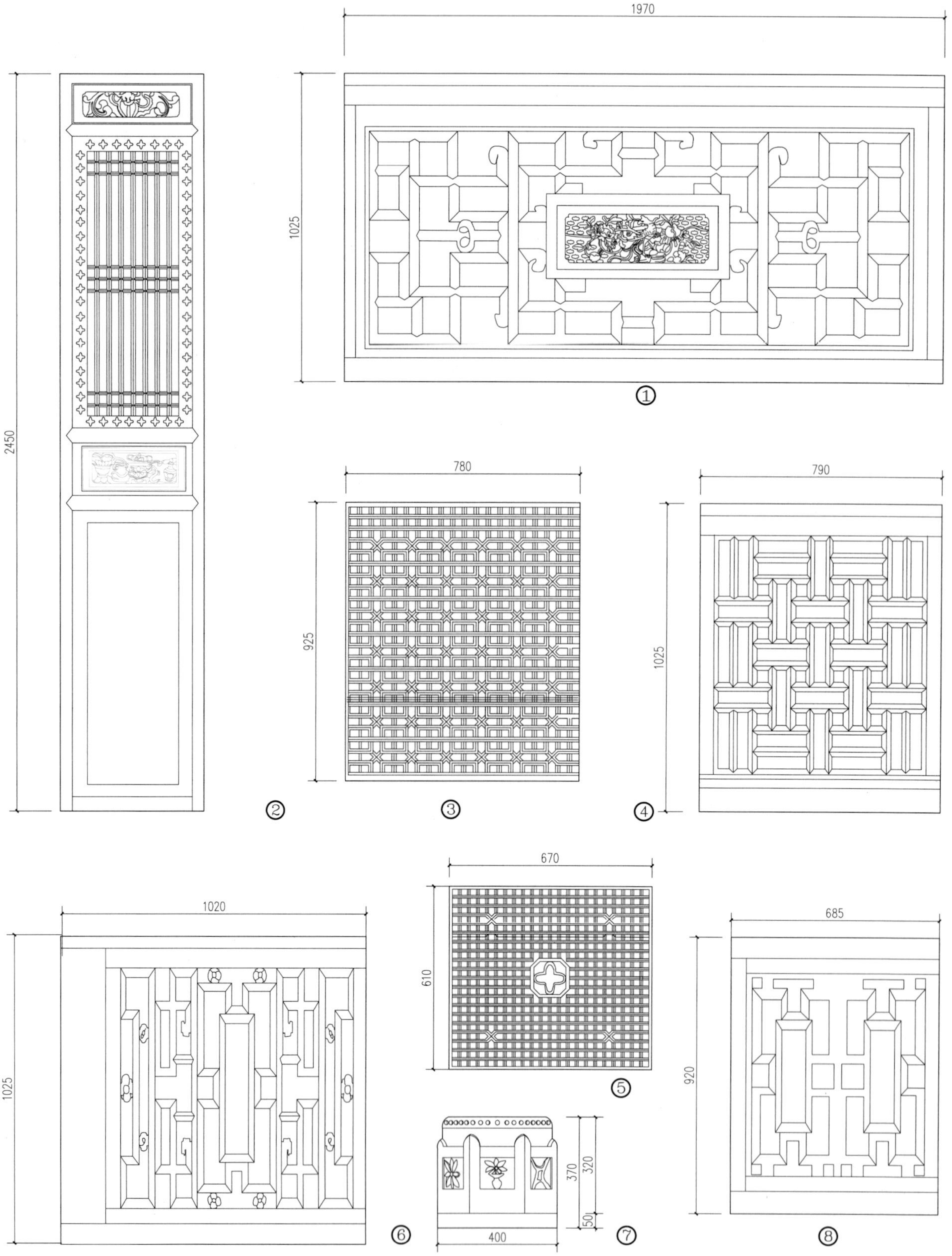
1970
1025
①
2450
②
780
925
③
790
1025
④
670
610
⑤
1020
1025
⑥
370
320
50
400
⑦
685
920
⑧

图 15　大样图之二

3285
840
①
1885
840
②
770
805
③
100
280
1810
1430
善于处世在人和
福
崇尚读书承礼
1595
①
780
335
②
250
680
③

图 16　大样图之三

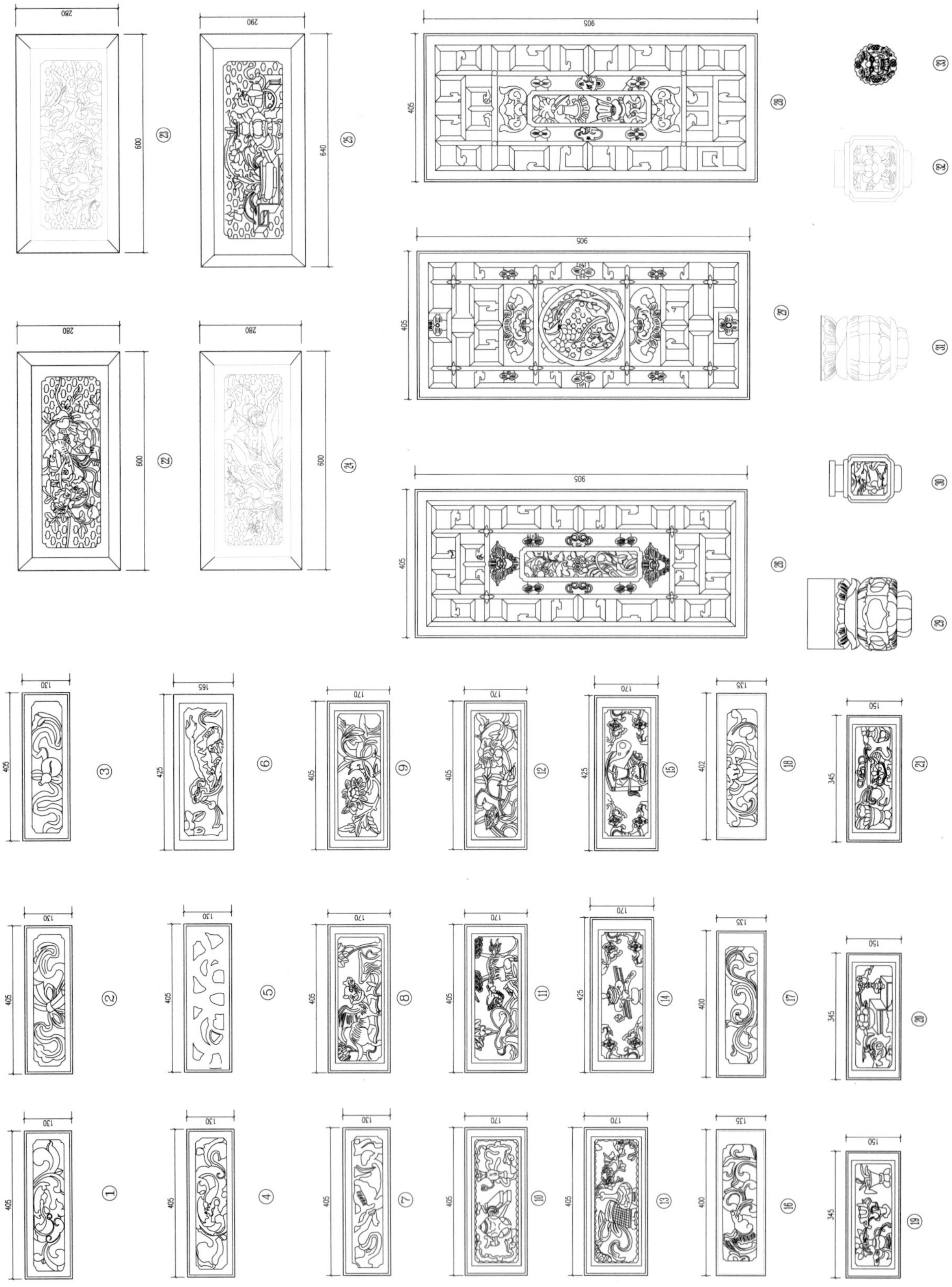

图17 雕花大样图

文县西京观

文县西京观位于陇南市文县石鸡坝乡哈南村内，该村位于文县县城 30km 有余的白水江上游南岸，紧邻九寨沟，是文县的四大边寨之一，所以也被称为“哈南寨”。哈南村距今有 4000 多年的历史，从新石器时期就留有人类繁衍生息的印迹。唐宋以来，官方在此设屯置寨，布兵戍守，是拒吐蕃入关的重要隘口。寨内尚留存有东南西北四座城门，以及西京观、南佛寺、紫云宫、文昌宫、三海龙王庙、青岩龙王庙、观音菩萨庙、白衣菩萨楼、玉皇大帝楼、关爷楼、风铃楼、郭家祠堂、米家祠堂等 10 多处古遗存，寨内还有局部残留的城墙和城壕依稀可见。2012 年 12 月，哈南村被国家住建部、文化部、财政部等部门评选列入中国首批传统村落名录。

西京观始建于宋末元初，后毁，明代按原貌重建，占地规模近千平方米，为文县现存唯一一座道教建筑。解放初期西京观曾经被作为教学场地，至今观内临街的玉皇大帝楼门楣上仍留有“哈南寨小学”的题匾。观内有石碑一面，但由于历史久远，碑文已模糊难辨。西京观整体坐北朝南，为典型单进四合院建筑群，院落方正，建筑由正殿、抱厦、偏厦、两厢和玉皇大帝楼阁组成。除正殿和其前出抱厦仍然保留有明代建筑的大木结构外，其他建筑都是中华人民共和国成立后建设的。

正殿、抱厦均为土木结构，外立面虽已破损倾斜，但大木主体结构仍然规整、稳定，用材硕大，足见其历史重要性。两个建筑虽然前后紧邻，但结构和屋顶形态上都各自独立，抱厦室内地坪与正殿台明有 0.6m 的高差，疑似为扩大室内空间，加建抱厦于正殿前，但为何没将二者的屋面勾连，致使抱厦后檐的雨水排到正殿台明上，侵蚀正殿的柱子和台明，实为困惑。

抱厦面阔三间，进深四檩，卷棚悬山顶。明间开门，两次间设槛墙、槛窗，门窗都较新，应为后换构件。整个建筑置于 0.7m 高的台基上，明间面阔小于次间面阔。八根柱子比例协调，落在圆形柱础上。前檐柱上连接额枋，其上置平板枋，形状扁宽，且大于额枋宽度，可见其明代建筑的特征［平板枋，宋代叫普拍枋，但较宽；宋以后至明代则与额枋同宽或稍宽；至清代平板枋（普拍枋）已窄于额枋］。平板枋上施大斗，柱头及各间各置一朵，麻叶云坐于其上，并正交实拍栱承托檐檩和挑檐檩。后檐檐下各间无坐斗。内部四架梁之上安放瓜柱直接支撑双脊檩，脊檩之下附脊檩垫枋，顶梁（月梁）插入两瓜柱之间，瓜柱另一侧又各插入单步梁，梁头仍做麻叶云状。后檐额枋下柱身上留有矩形槽口，应为垫枋位置，但均遗失。大木梁架最令人称奇的是四架梁下加有一道大梁，并插入柱身，其尺度较四架梁更为粗壮，下皮离地面仅2m，或许这也是建筑的梁架仍然屹立的原因，但同时也增加了柱身的压力。

正殿面阔三间（9.3m），进深七架前后廊（8m），单檐歇山屋顶。平面采用“减柱造”做法，将前后檐山墙金柱及中柱明间部分的两根中金柱减去，室内仅见后檐四根金柱和两根中金柱，扩大了室内空间；同时又减去前后檐次间部分的四根檐柱，由此外立面为三开间，前檐门窗立面却为五开间。正殿梁柱用材硕大规整，尤其前檐明间两柱柱径达0.52m，无收分，无侧脚。圆盘柱础，上下两层，下层方形面积稍大埋入地面，上层圆盘面凸出于地面露明以承接柱子。柱首间施额枋，上置平板枋（普拍方），形状扁宽，且大于额枋宽度，与前抱厦做法不同之处是平板枋上施一斗二升交麻叶，柱头及各间各置一朵。

正殿的内部梁架为厅堂式，彻上露明造。明间部分的横向梁架采用前后柱、抱头梁及穿插枋组合，次间由于减去了檐柱，金柱则直接与角柱通过三根上下水平排列的角梁和穿插梁联系，歇山山花则落在金柱与中金柱的连线上，柱首联系檩枋，檩上搭置山面檐椽，这种结构相较官式的歇山建筑构造简单，山面做法单一。正身部分明间的横向梁架与次间的横向梁架在结构上有很大差异，源于次间山面用中柱所致。明间的横向梁架是五架梁上置驼峰，其上施三架梁，再置脊瓜柱，两侧施驼峰，最上为脊枋和脊檩。五架梁和三架梁之间无瓜柱支撑，直接用驼峰替代，三架梁下驼峰上开槽口，与檩平行方向连接一穿枋。次间横向梁架两金柱间虽然仍用五架梁联系，但梁正中下又有中柱支撑，中柱与金柱间又有穿枋联系。五架梁上同时立金瓜柱和脊瓜柱，金、脊瓜柱间各施单步梁。瓜柱两侧无驼峰或角背等稳固构件。与抱厦做法相似的是明间五架梁下亦有一根粗壮的大梁并置，并插入柱身，是整体梁架看上去厚重不少。

抱厦与正殿的梁栿表面多数已呈炭黑，可能早期作为厨房使用的原因，但梁栿上依稀还可见彩画痕迹，端头也有斫截做回肩。

2015年测绘期间，由于西京观屋面破损严重，屋面全部瓦件拆除，仅用塑料布遮盖。2020年从网络图片上看到屋面已被整饬一新。

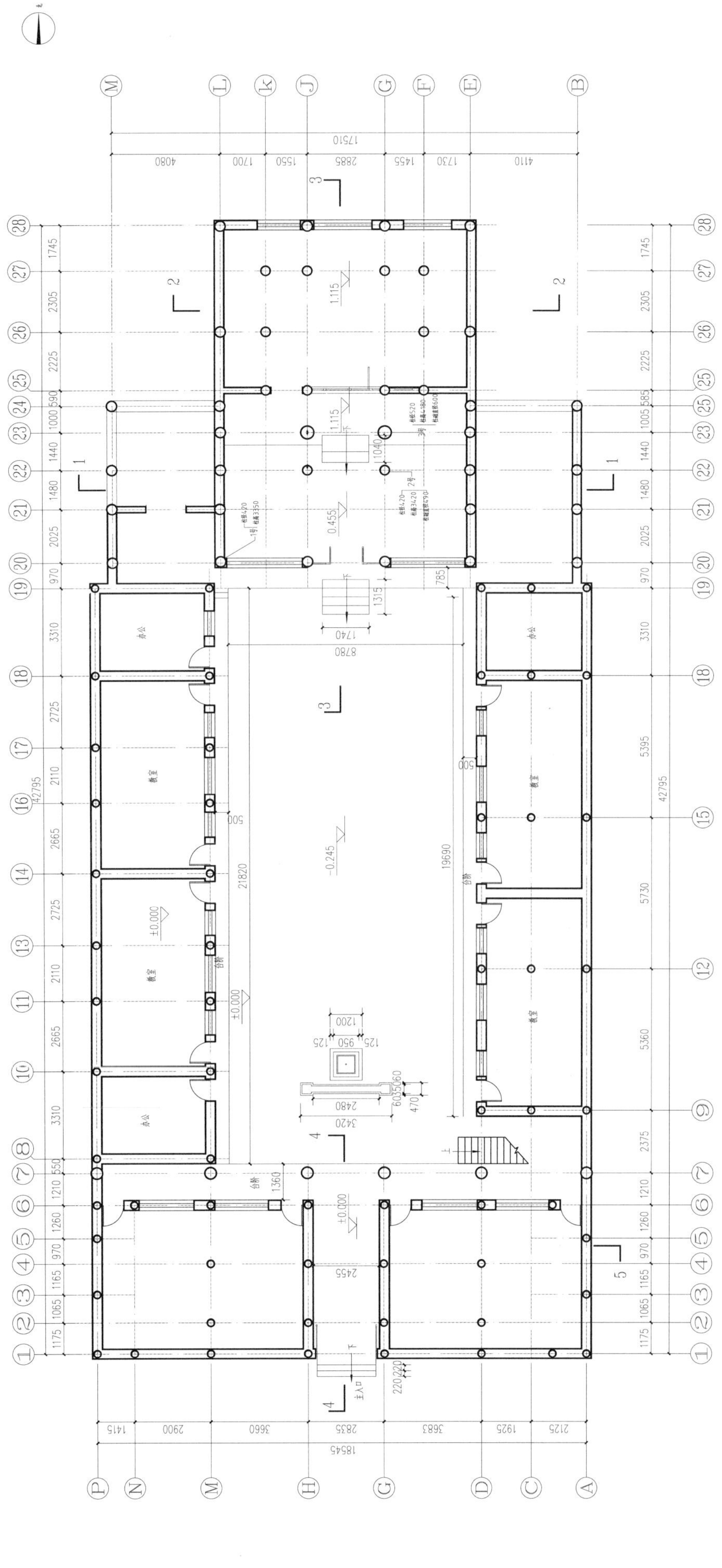

图1　一层平面图

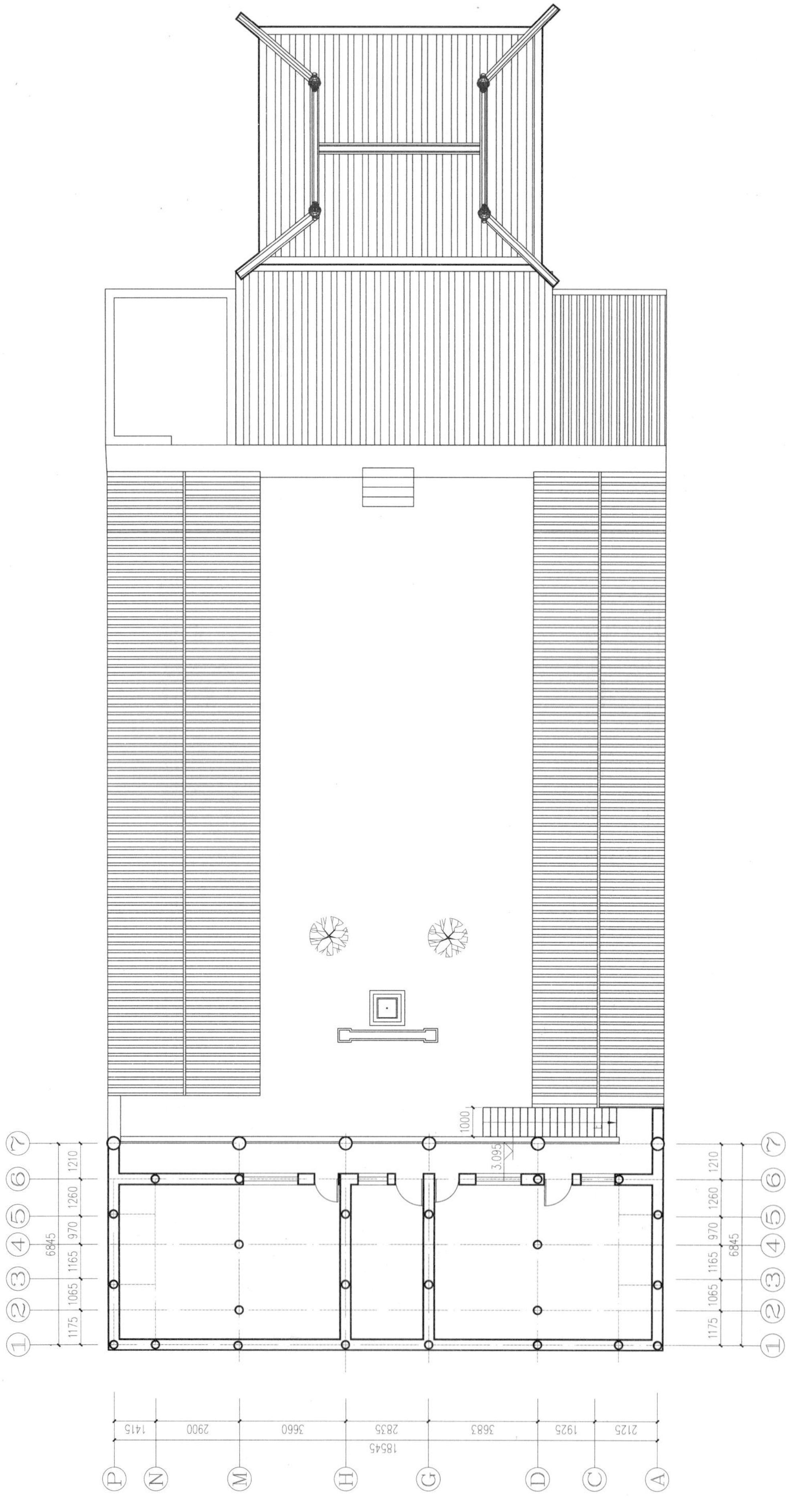
1000
3.095
6845
1175
1065
1165
970
1260
1210
1415
2900
3660
2835
3683
1925
2125
18545
P
N
M
H
G
D
C
A
1
2
3
4
5
6
7

图 2　二层平面图

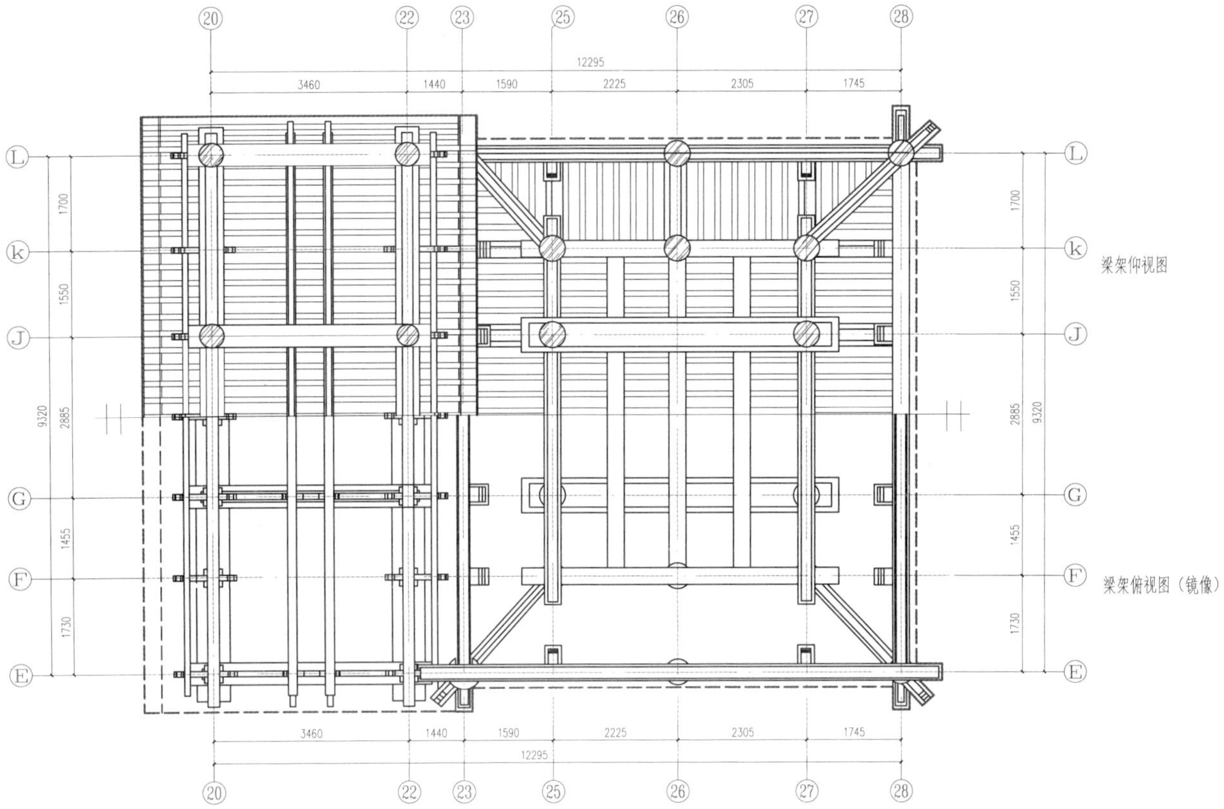

图 3　正殿梁架仰、俯视图

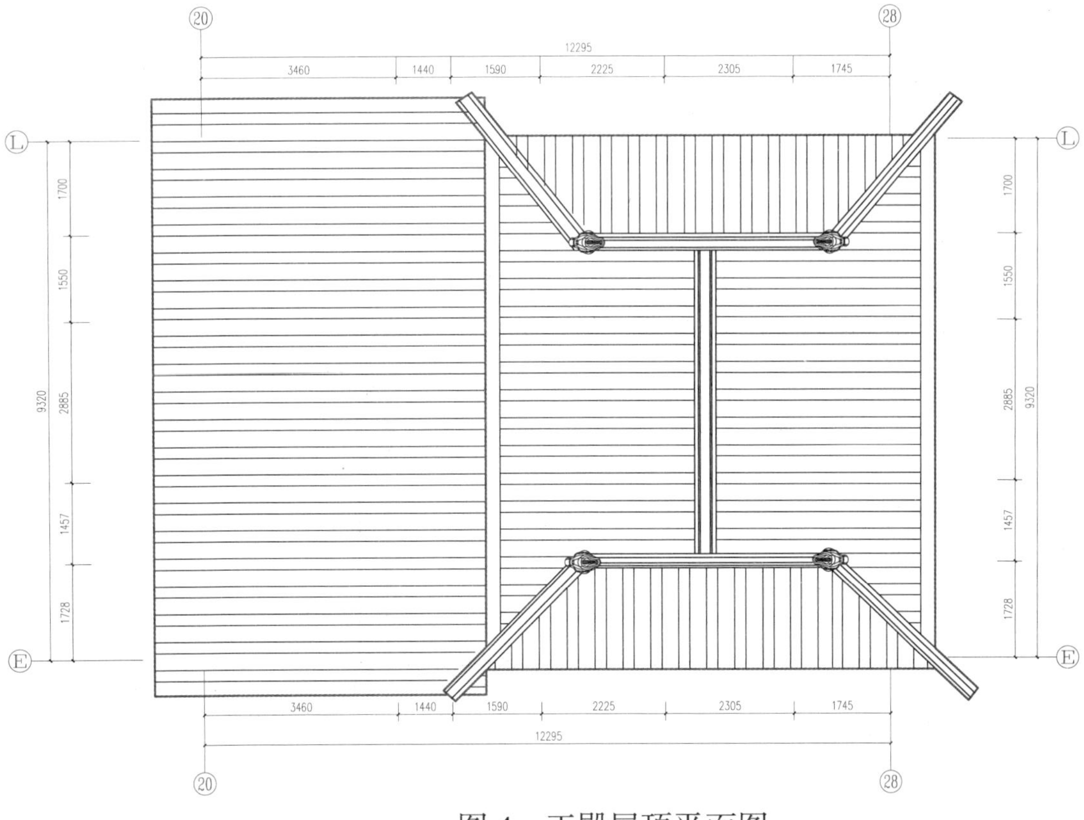

图 4　正殿屋顶平面图

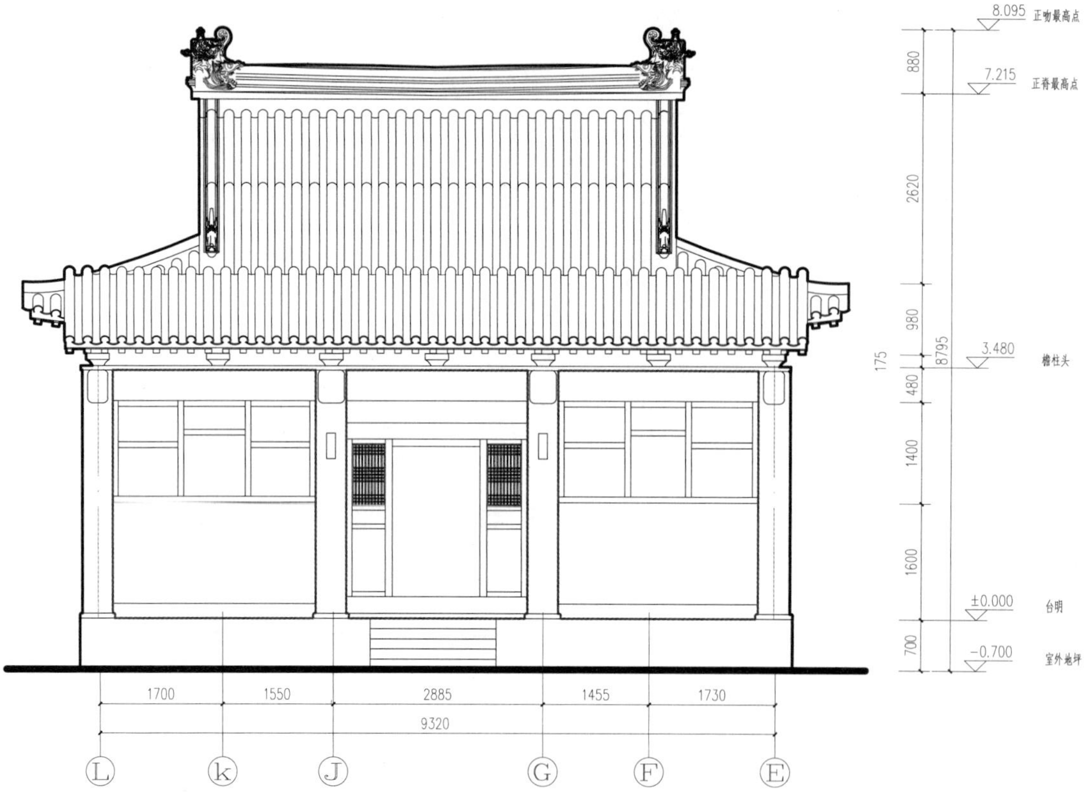

图 5　正殿立面图

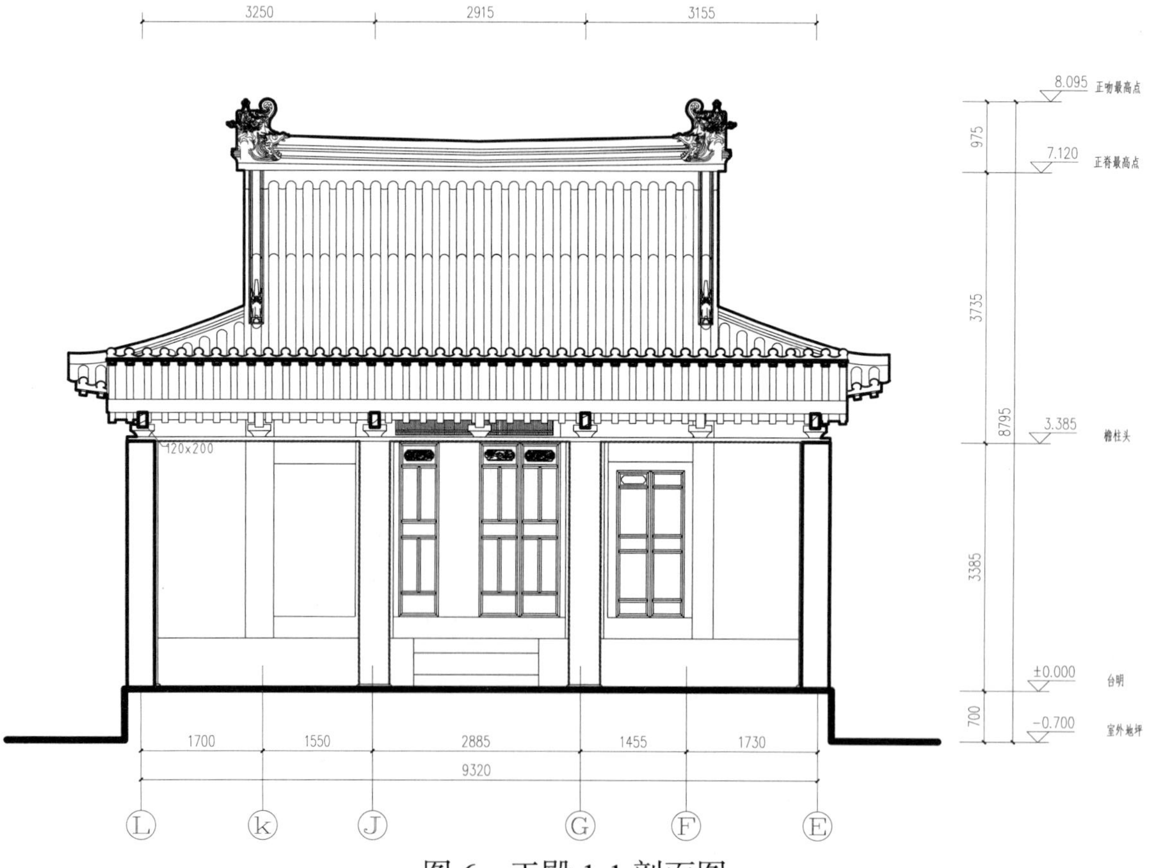

图 6　正殿 1-1 剖面图

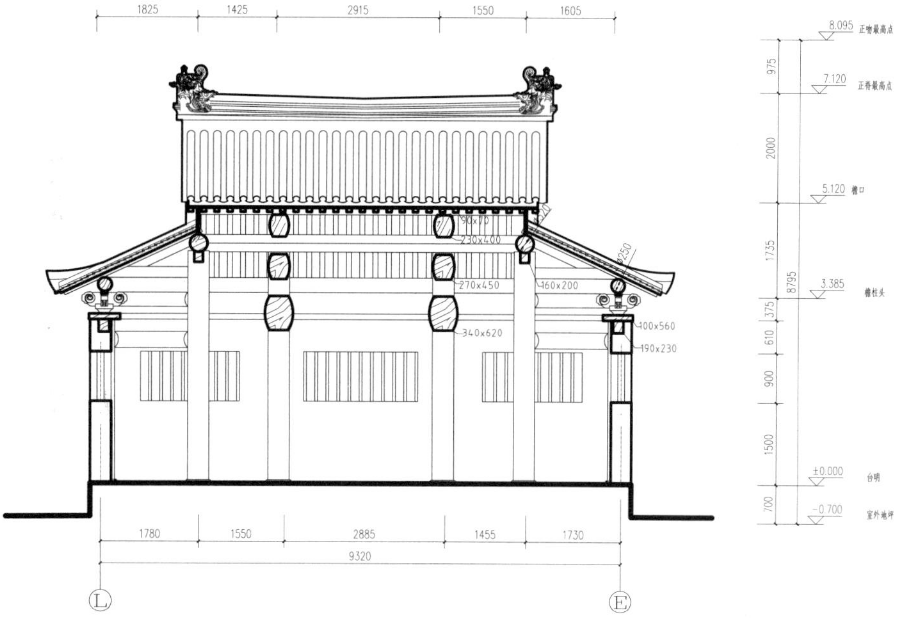

图 7　正殿 2-2 剖面图

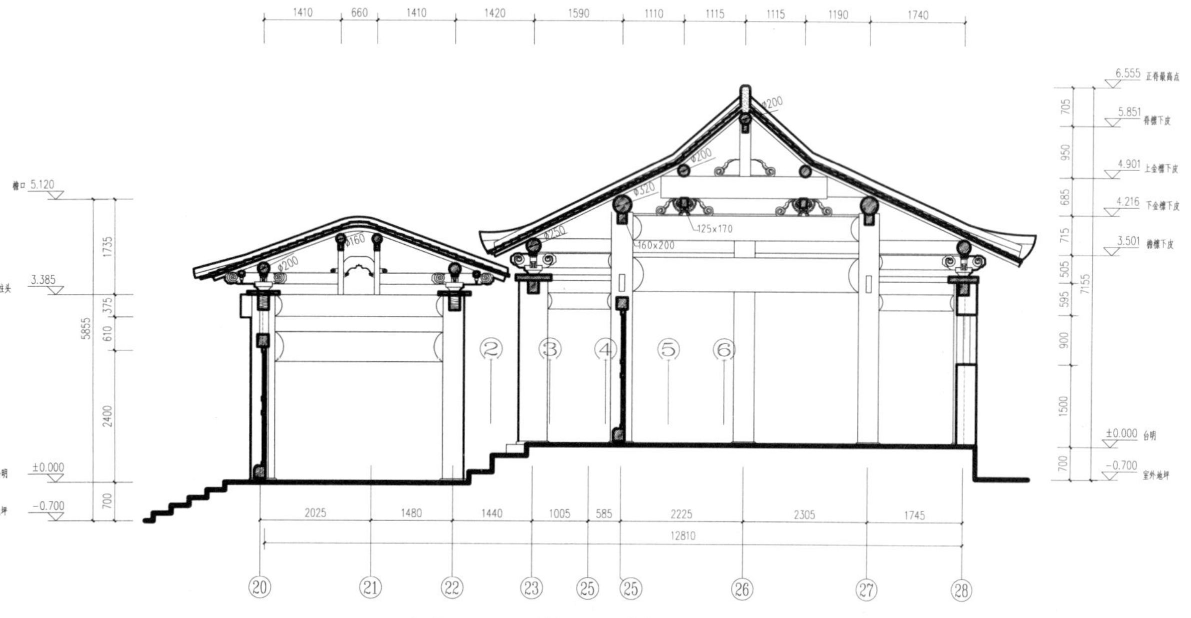

图 8　正殿 3-3 剖立面图

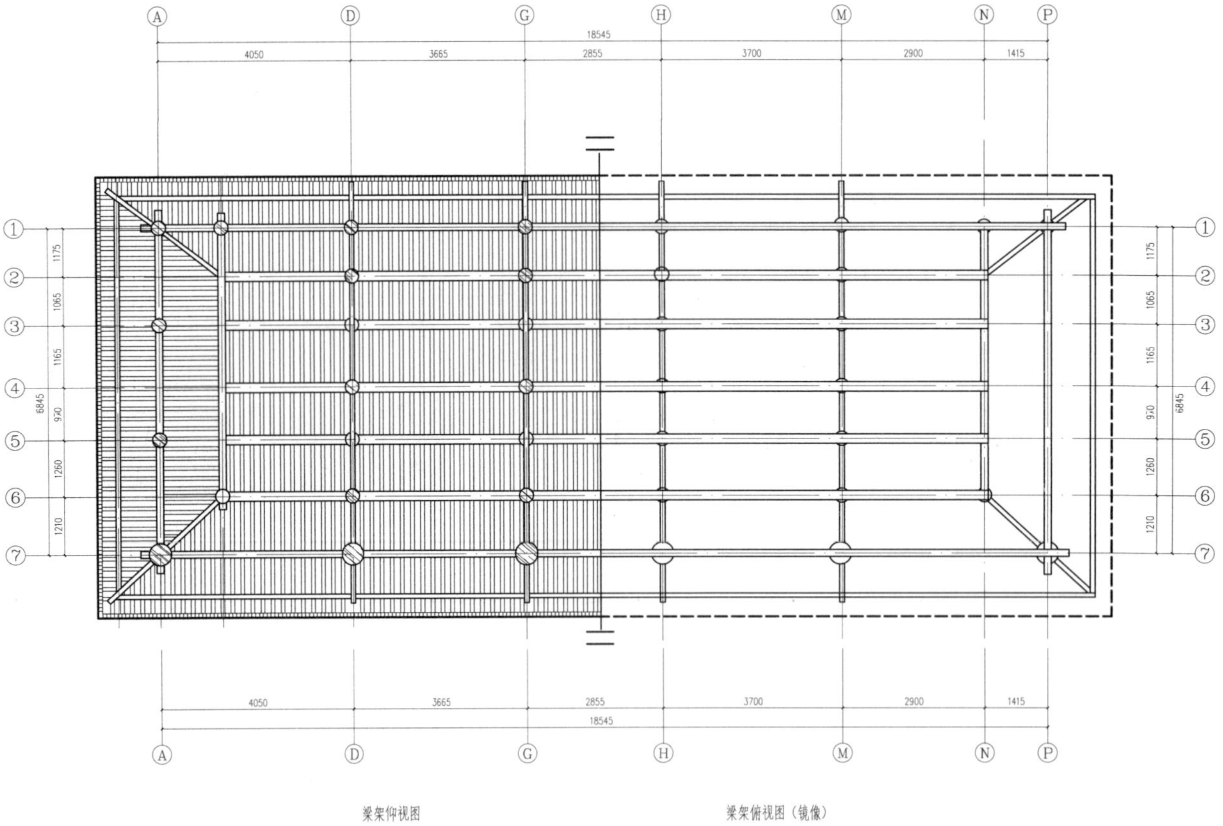

图 9　玉皇大帝楼阁梁架仰、俯视图

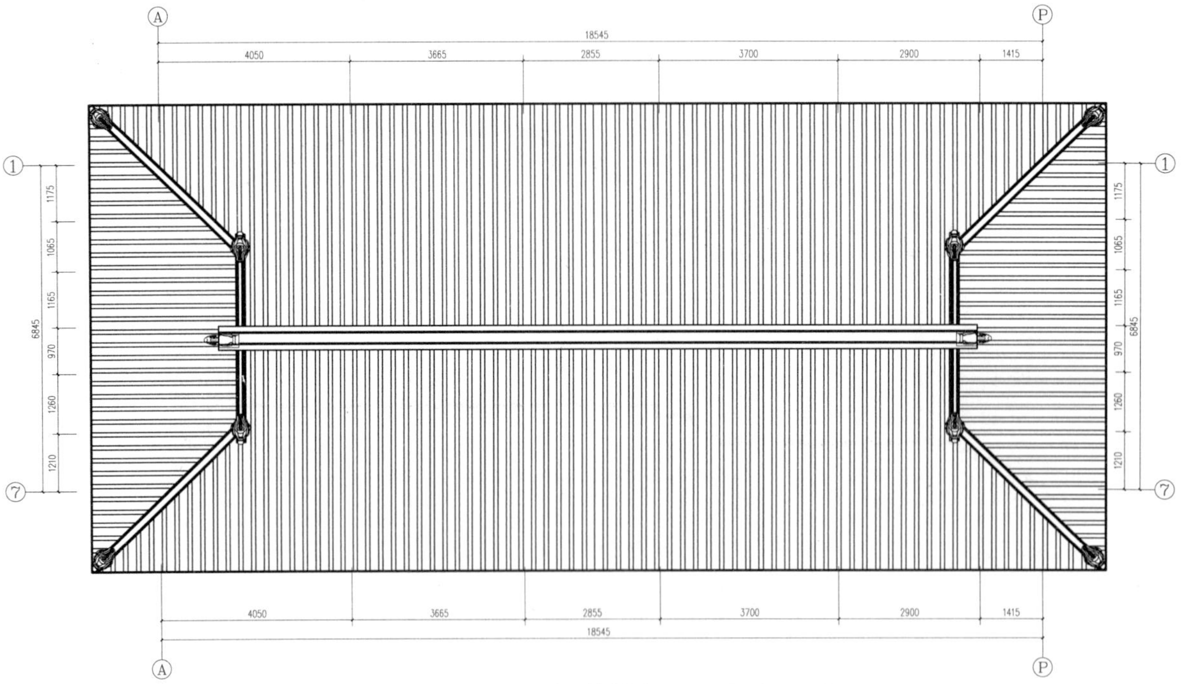

图 10　玉皇大帝楼阁屋顶平面图

图 11　玉皇大帝楼阁立面图

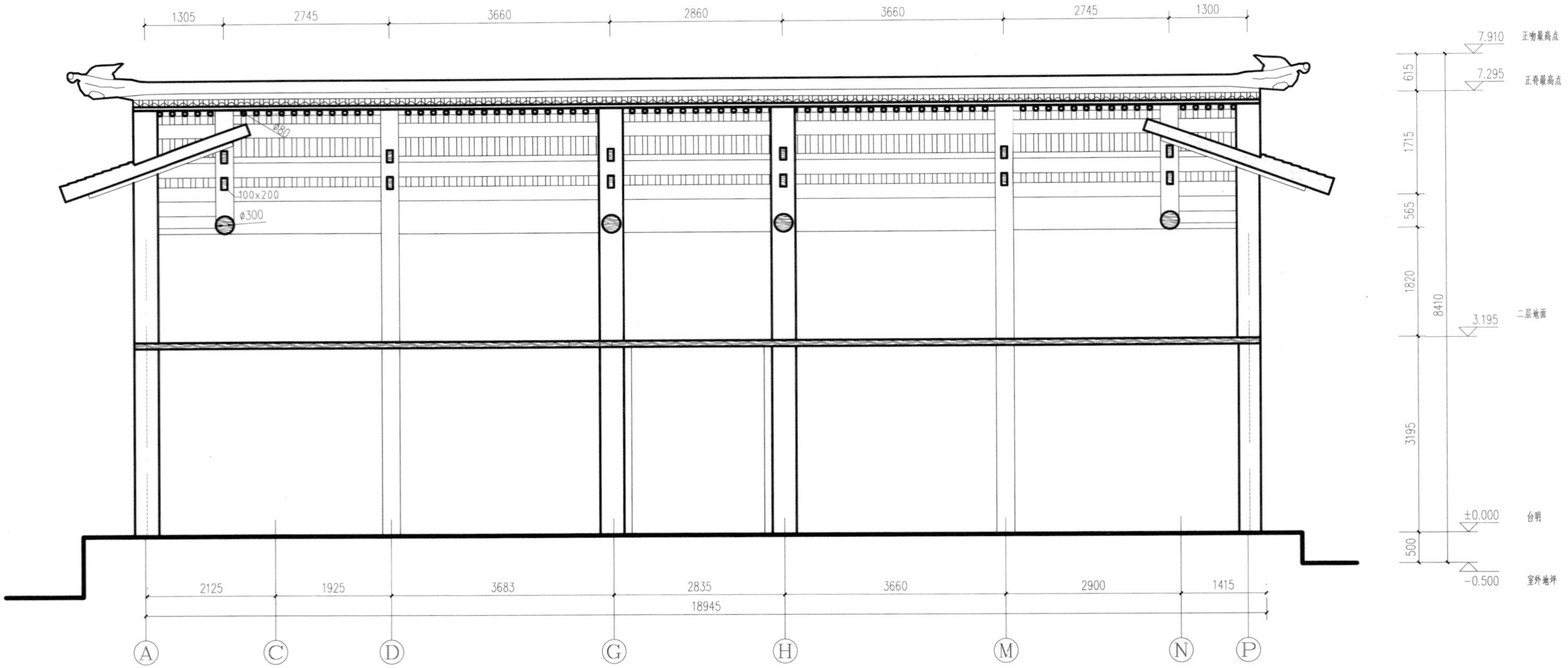
1305
2745
3660
2860
3660
2745
1300
ø80
100×200
ø300
7.910
正吻最高点
7.295
正脊最高点
3.195
二层地面
±0.000
台明
-0.500
室外地坪
615
1715
565
1820
3195
500
8410
2125
1925
3683
2835
3660
2900
1415
18945
A
C
D
G
H
M
N
P

图12　5-5剖面图

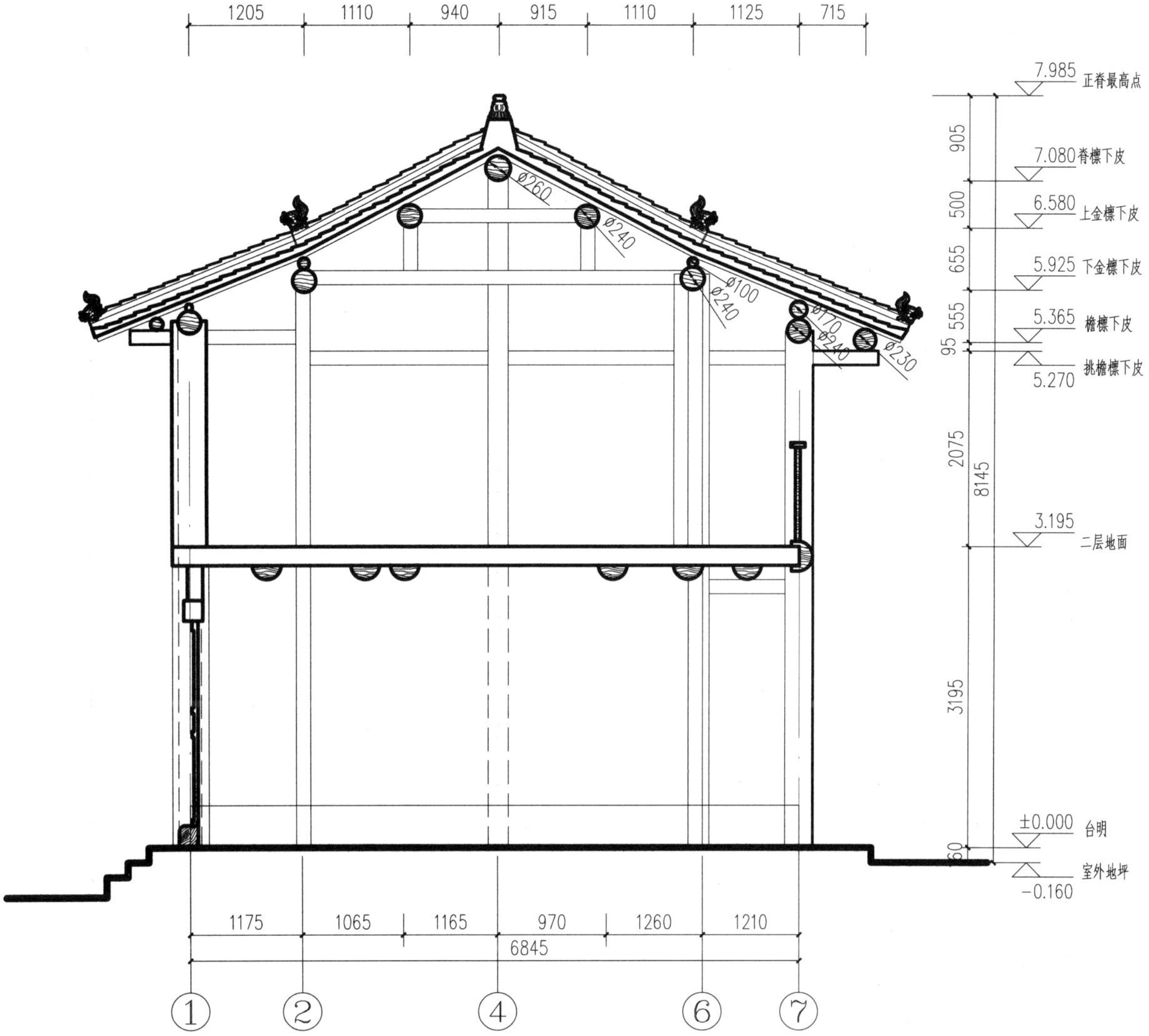

图 13　玉皇大帝楼阁 4-4 剖面图

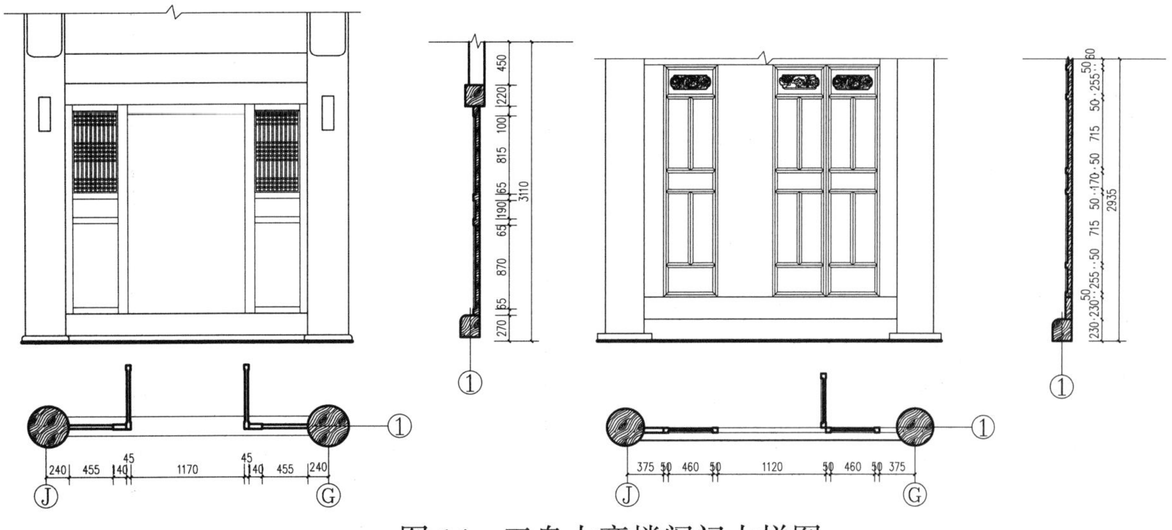

图 14　玉皇大帝楼阁门大样图

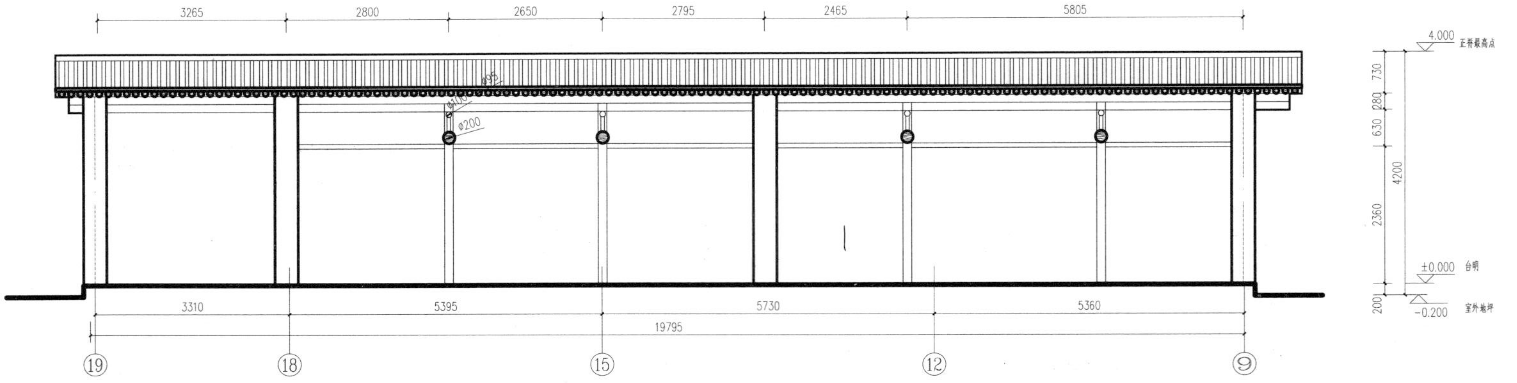

图 15　东厢房剖面图

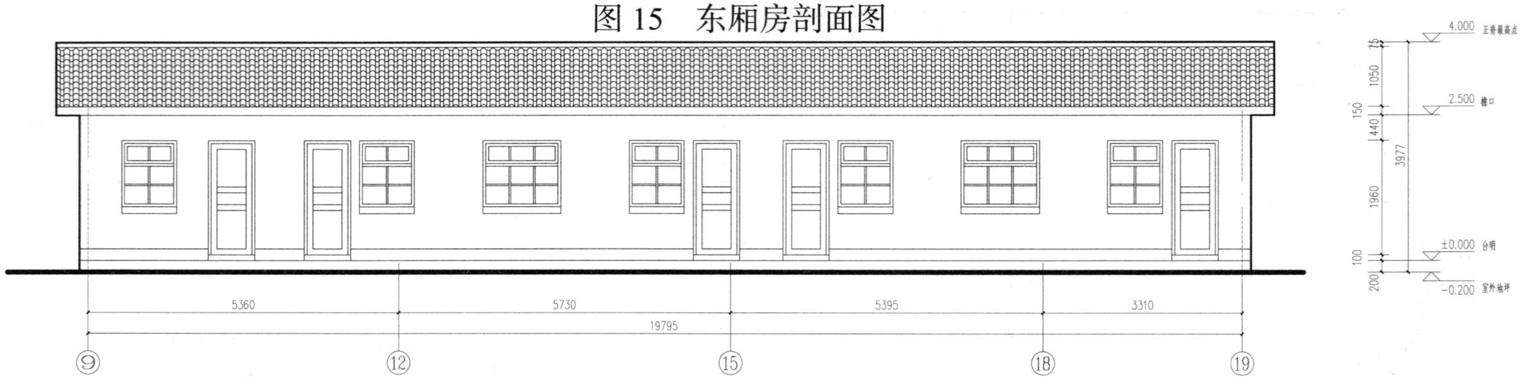

图 16　东厢房立面图

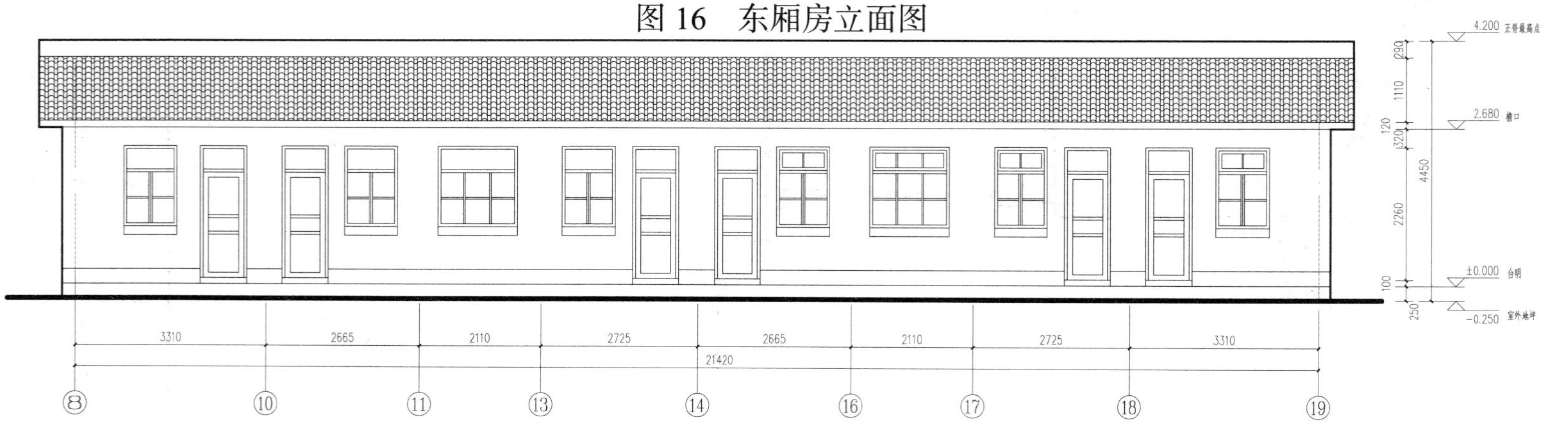

图 17　西厢房立面图

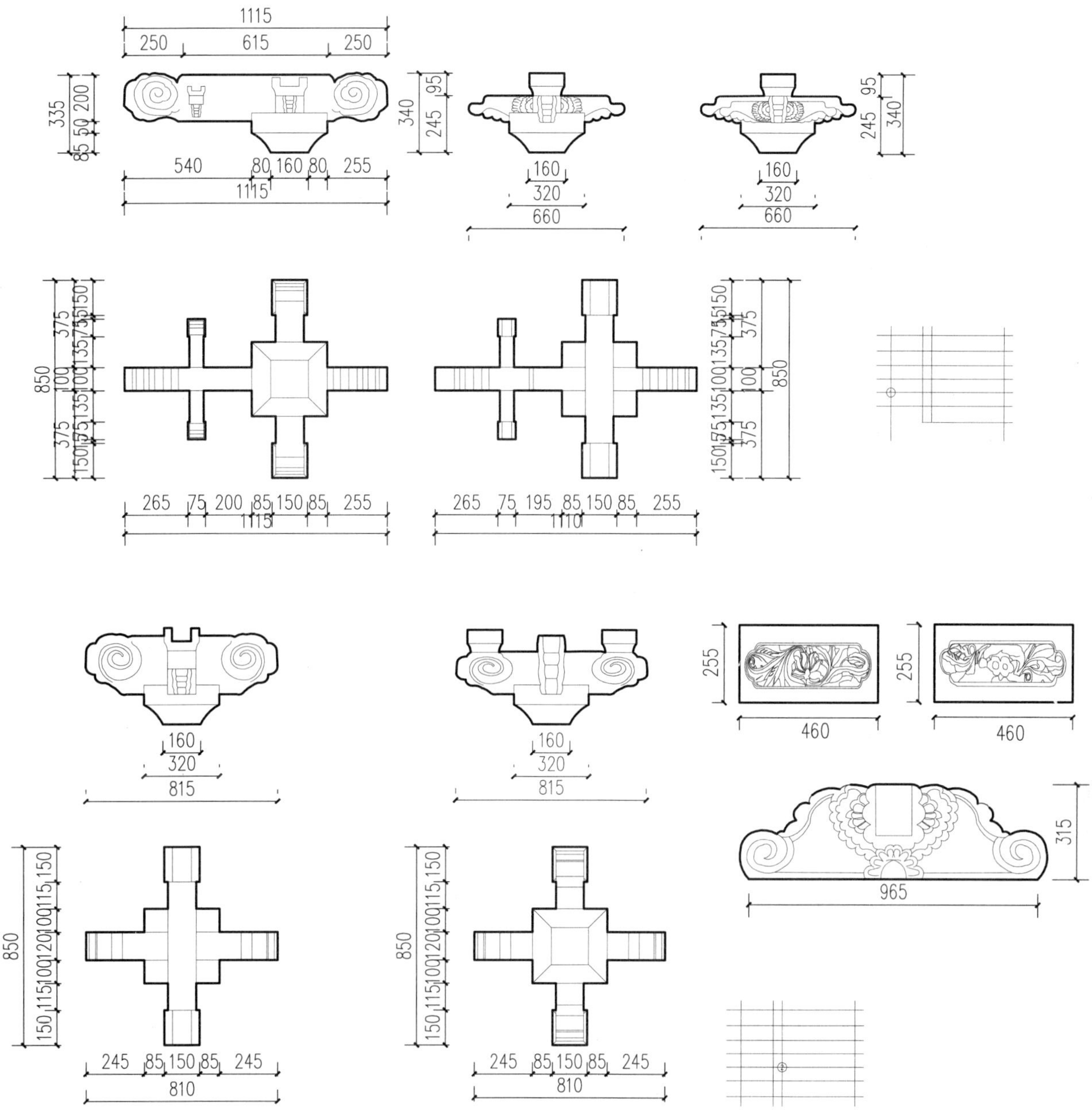
1115
250
615
250
335
200
340
95
245
540
80
160
80
255
1115
160
320
660
160
320
660
850
375
100
265
75
200
85
150
85
255
1115
265
75
195
85
150
85
255
1110
255
460
255
460
160
320
815
160
320
815
315
965
850
150
115
100
120
245
85
150
85
245
810
850
245
85
150
85
245
810

图 18　斗栱、雕花大样图

宕昌县王家大院

王家大院位于陇南市宕昌县两河口乡王院村，村落位于关庙山、立湾崖和阳安坡三山脚下，沿长江支流岷江而建，具有典型的依山傍水空间格局。关庙山上保留有关帝庙，关帝庙西侧为重要历史建筑“烽火台”，立湾崖南侧为三国时期古栈道遗址。

王家大院占地面积约为360m^2，建筑总面积约为450m^2。四合院平面呈转角楼形式，地方也称“一颗印”。院落坐北朝南，主入口做门楼，偏向一隅。建筑整体方正，内有窄天井，呈“回”字形，总长21.6m，总宽17.1m。王家大院建筑为土木混合结构，沿街外墙体下部为石块叠砌，上部为夯土版筑，白灰罩面，有收分。南侧堂屋标高较回廊高出0.3m，同时屋顶在南北房有差异，北侧基本为平屋顶，砂石覆顶，可上人，通常做晒台使用。南侧则双坡出檐，坡度较缓，从局部的营造来看是由于此地的降水量并不很多使然。南侧屋面与北侧屋面最高点有0.7m的高差，周圈檐口为朱漆板材。内院整体为二层木楼，底层或为杂物间，储存粮食，或圈养牲畜，二层一圈回廊贯通，多辟为堂屋和卧室。一、二层上下仅有一部木楼梯连接，较陡。这种转角楼建筑在功能使用上基本保持了最初建造的目的，住人、存货、圈畜多种功能于一体。

正房为双坡檐穿斗式木构架，檐下出斗口跳，用圆椽，较为稀疏，使用木踏条望板。当心间一层用四扇板门，无多余装饰；二层则是六抹槅扇门，绦环板镂空装饰；前檐廊下用雀替，以示强调。

东厢房是院落内部使用空间最大的部分，进深达到6.4m，屋顶为平屋顶，有挑檐，檐下做法与正房同。西厢房与倒座部分则是十分类似，进深约3m，与东厢房相去甚远，建筑一层用槛窗，二层则多用板墙。

王家大院整体建筑较为质朴，与云贵地区的土掌房也有几分相似，“外不见木、内不见土”。建筑装饰大多体现在木雕之上，主要集中在雀替、围栏之上，以花卉、卷草纹以及蝙蝠、草龙为主题，整体风格地方特色浓郁。

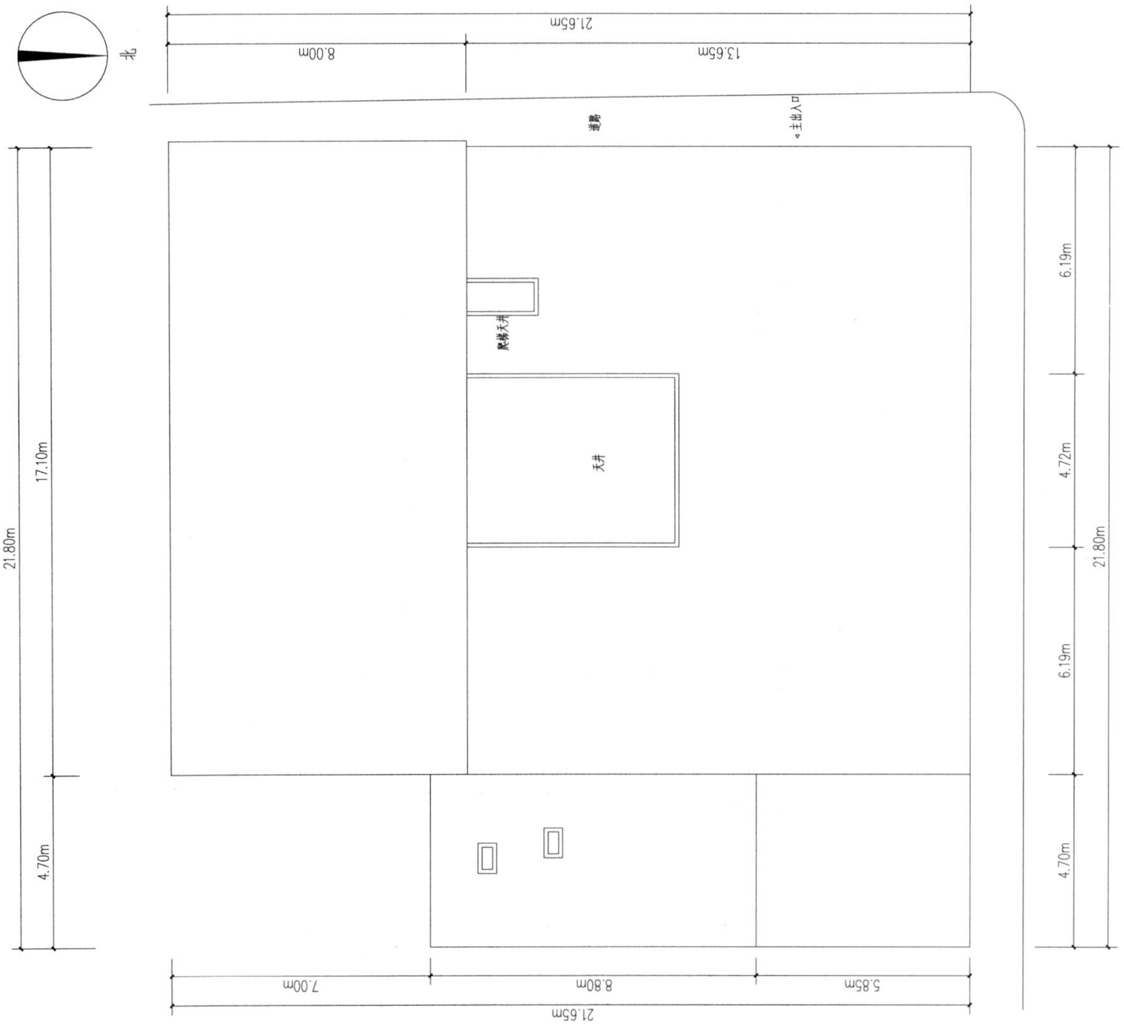
北
21.65m
8.00m
13.65m
21.80m
17.10m
4.70m
6.19m
4.72m
天井
7.00m
8.80m
5.85m

图1 院落总平面图

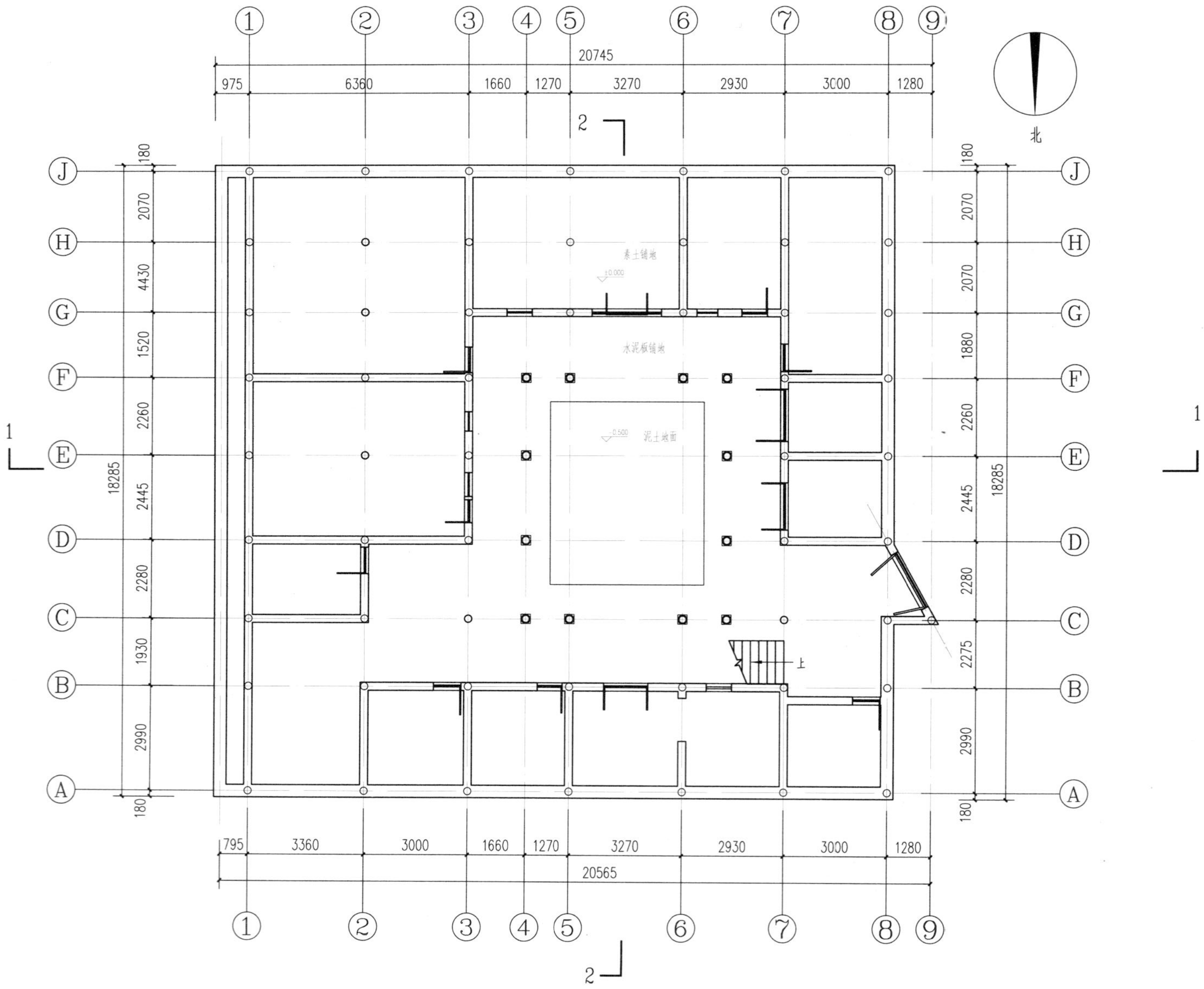
北
20745
975 6360 1660 1270 3270 2930 3000 1280
20565
795 3360 3000 1660 1270 3270 2930 3000 1280
18285
180 2070 4430 1520 2260 2445 2280 1930 2990 180
180 2070 2070 1880 2260 2445 2280 2275 2990 180
素土铺地
水泥板铺地
泥土地面
上

图2 一层平面图

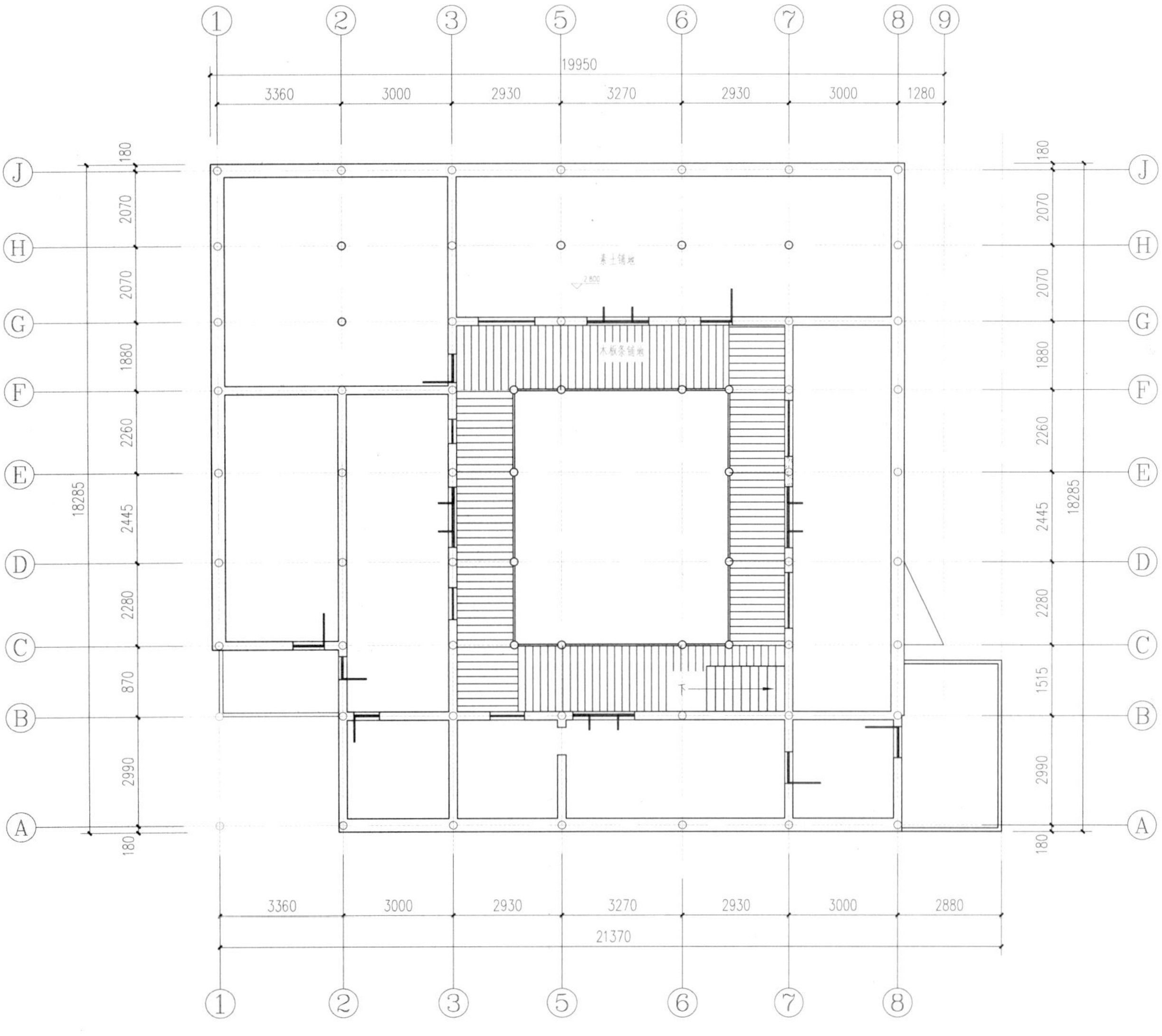
1 2 3 5 6 7 8 9
19950
3360 3000 2930 3270 2930 3000 1280
J H G F E D C B A
180 2070 2070 1880 2260 2445 2280 870 2990 180
18285
180 2070 2070 1880 2260 2445 2280 1515 2990 180
18285
下
3360 3000 2930 3270 2930 3000 2880
21370
1 2 3 5 6 7 8

图 3　二层平面图

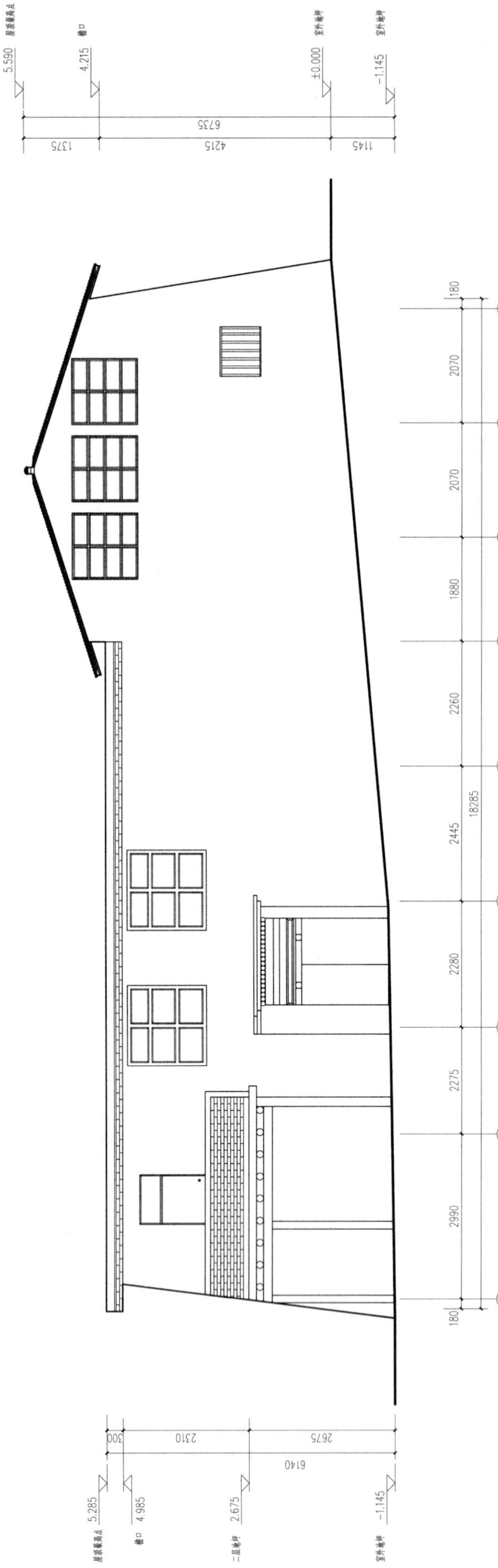

屋脊最高点
5.590
檐口
4.215
室内地坪
±0.000
室外地坪
-1.145
6735
1375
4215
1145
180
2070
2070
1880
2260
2445
18285
2280
2275
2990
180
A
B
C
D
E
F
G
H
J
300
2310
2675
6140
5.285
4.985
2.675
-1.145
屋脊最高点
檐口
二层地坪
室外地坪

图4 外立面图

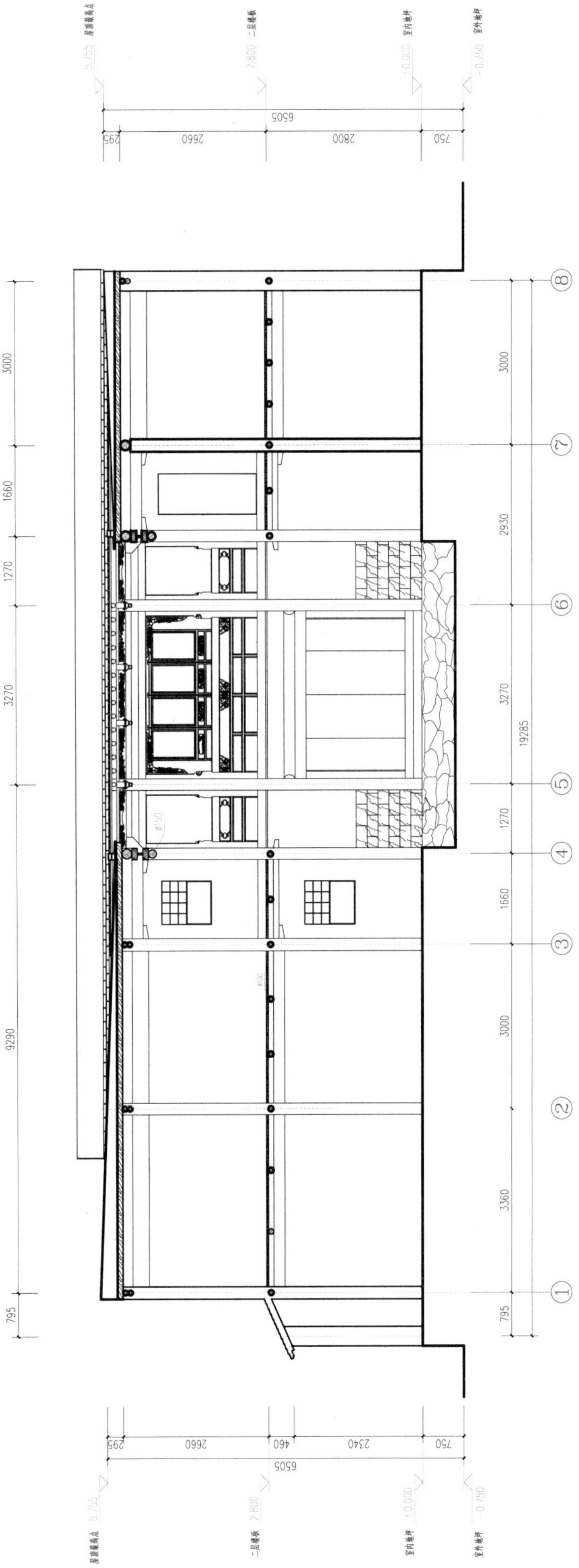
3000
1660
1270
3270
9290
795
2930
1270
3000
3360
19285
6505
295
2660
2800
750
460
2340

图 5 1-1 剖面图

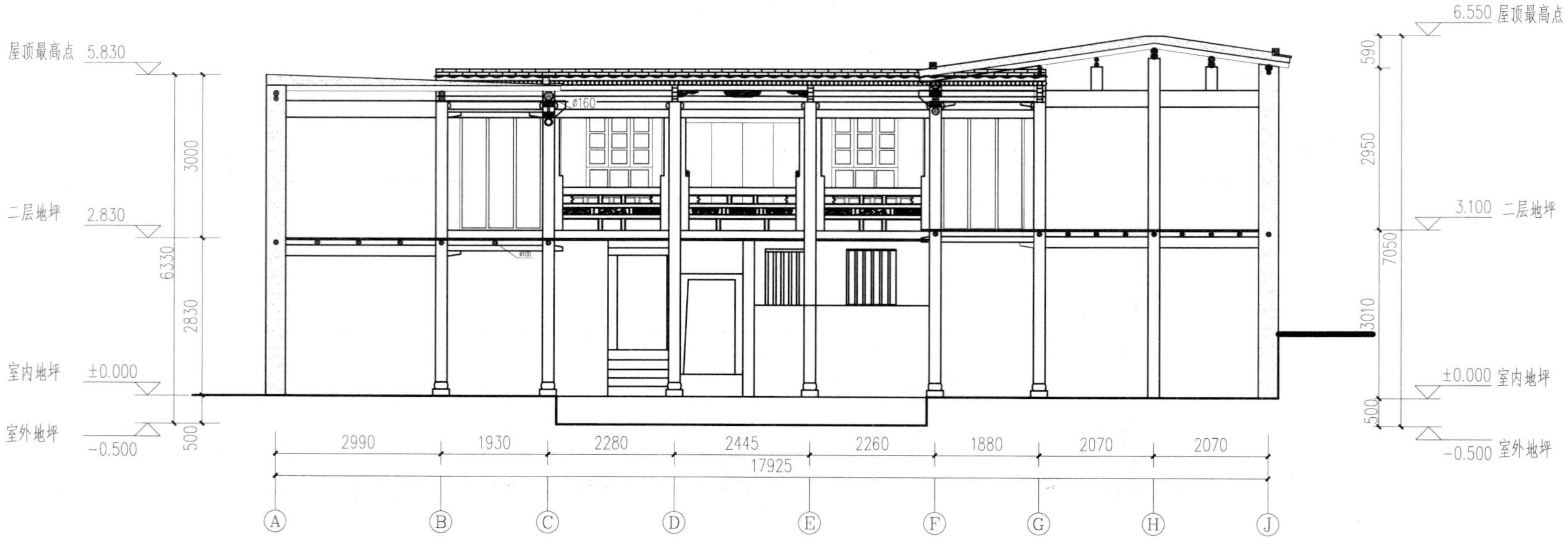
屋顶最高点 5.830
二层地坪 2.830
室内地坪 ±0.000
室外地坪 -0.500
3000
2830
6330
500
6.550 屋顶最高点
3.100 二层地坪
±0.000 室内地坪
-0.500 室外地坪
590
2950
3010
7050
500
ø160
2990
1930
2280
2445
2260
1880
2070
2070
17925
A
B
C
D
E
F
G
H
J

图6 2-2剖面图

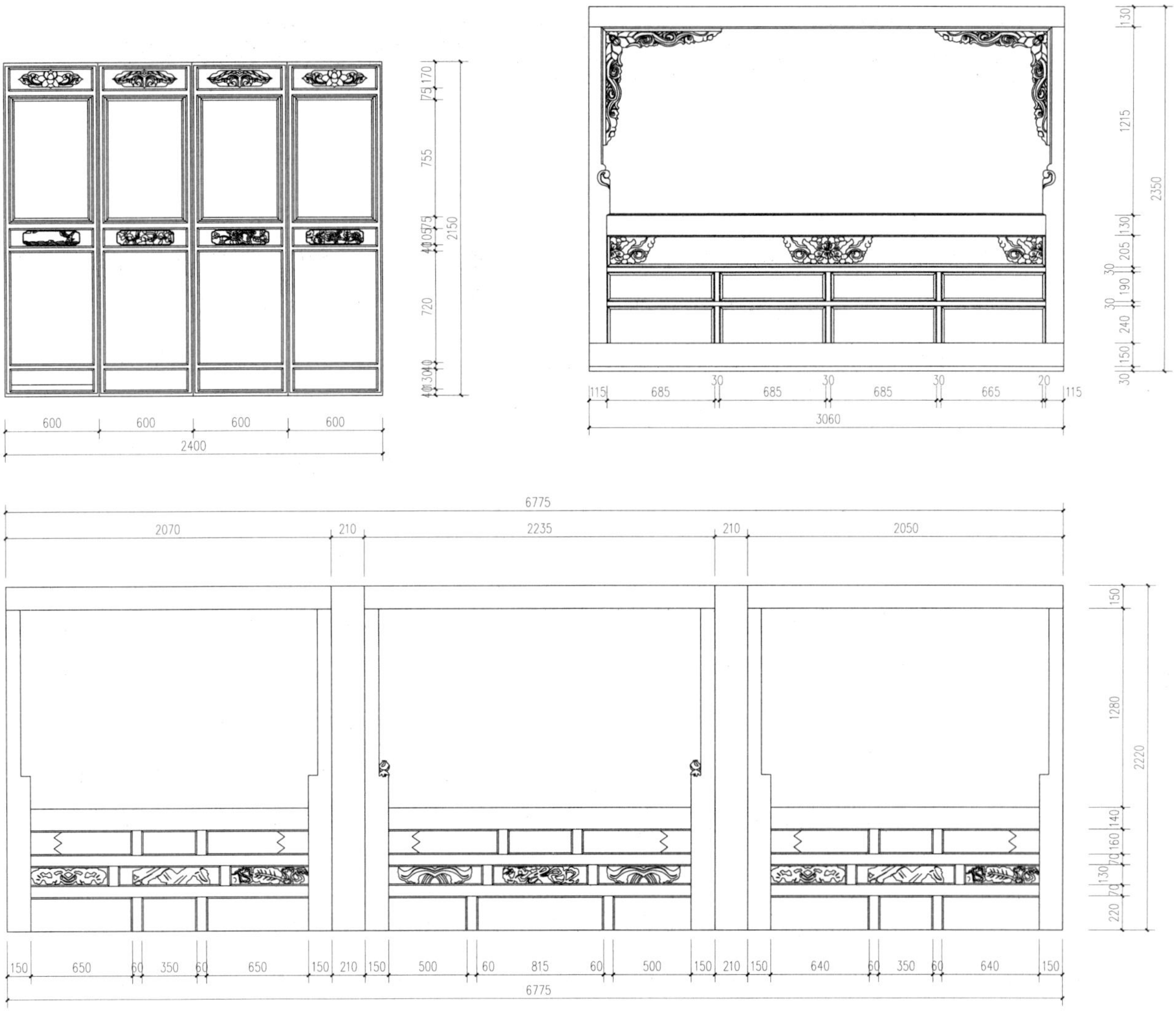

600
600
600
600
2400
170
755
2150
720
130
1215
2350
205
190
240
150
115
685
685
685
665
115
3060
6775
2070
210
2235
210
2050
150
1280
2220
140
160
130
220
150
650
60
350
60
650
150
210
150
500
60
815
60
500
150
210
150
640
60
350
60
640
150
6775

图7　门、栏杆大样图

宕昌县哈达铺上下街典型院落

哈达铺镇位于宕昌县西北部，国道212线纵贯全镇。原名哈塔川，明代设铺后更名叫哈达铺，上下街分上下两部分，是红军在长征途中走过的最长、保留当年原貌最完整的一条街，同时也是一处重要的商贸集镇[1]。2001年6月，国务院公布为全国重点文物保护单位。

哈达铺古街全长1000m有余，街两旁的房屋是明清时期的建筑，其中有382家店铺和842间房子，临街店铺为前店后院或下店上居的格局，建筑多为土木结构或砖木结构，灰瓦单、双坡屋顶，朱红色墙面，整体与红色革命主题交相辉映。

大部分民居建筑为300～400mm高的夯土台基，台阶、台帮和台明多采用当地河道、沟坎中较大块的卵石码砌，条件好的也有从外地运来的毛石，均以白灰勾缝；室内地面用灰土（黄土：石灰=8：2）夯打而成。木构架基本上包括穿斗式、抬梁式和斜梁式三种，通常情况，高大体量和重要的铺采用当地称作“两檐水”的双坡顶，构架采用当地称作“四柱落脚”和“三柱落脚”两种形式的穿斗式以及三架梁和五架梁的抬梁式；而矮小体量和次要的铺则采用当地称作“一檐水”或“一顺厦”的单坡顶，构架只是“二柱落脚”的斜梁式。

穿斗式和抬梁式大多不做飞椽；而斜梁式的铺不设檩子，在斜梁上固定一枋，枋上锯出槽口承托椽子，斜梁头做“飞梁头”——断面比斜梁断面略小的楔形木段，用于出挑檐口，从而满足屋檐高度和室内采光的需要。穿斗式和抬梁式檐部椽档一般不用木板或灰泥封堵，目的是在室内熏药加工时烟气能够从此散出。同理，二层楼的地板、阁楼的楼板都留有较大缝隙，一层铺的天棚常在梁上铺设间距较大的细长松木杆，都是便于上面放置的药材熏制。无论是土坯还是表面的灰泥，都要加入一定量的麦秸以增加强度。青砖因为属于较高级的建材，在墙体墙面部位，一般仅点缀式地用于墙腿、墀头、槛墙、屋顶边垄瓦底部以及屋脊，均用白灰勾缝。墙下勒脚砖垛的高度、宽度和深度大约都是360mm，以防止土坯碎裂脱落。挑檐木里端深压

[1] 哈达铺是中国工农红军长征途中唯一一处一、二、四三个方面军都经过之地，并在此进行重大活动的决策地，是一处包括保存较为完整的五处纪念性革命旧址和一条近千米的清末民初历史街道的重要文物遗存。哈达铺自古盛产药材，这条老街是清末以来，陕西、上海、湖南、山西、天津等十一省客商来此开设经营药材生意的商贸集散之地（付清远.点评——哈达铺镇、里耶镇、麻扎村[J].小城镇建设.2006(09)：29-30）。

于山墙土坯间，外端挑出山墙距离不等，但通常不超过 1m，外侧面与山墙面平齐或稍低；挑檐木上的砖都按照一定的程式磨制，力求构造上的美感。槛墙类似海棠池形式，圈边做两皮砖，池子的灰泥表面再使用从当地土山深处挖掘的比较贵重的砖红色土和成的灰泥抹上薄层饰面[1]。

哈达铺古街的典型建筑概述如下：

毛泽东旧居是一处前殿后宅的四合院，现存沿街店面与正房两处建筑。正房为斜梁式夹层楼房，三开间双坡顶建筑，通面阔 10.7m，通进深 5.11m。明间面阔稍大于次间，檐下四扇六抹槅扇门，采用龟背锦的镂空雕刻；次间用槛窗，为支摘窗形式，同为龟背锦的纹饰。沿街店面则为抬梁式木构架，十一开间，通面阔 32.59m，通进深 6.51m。明间为院落的出入口，中间七开间为主体，两侧附有两开间耳房，在屋面上形成高低错落的三段式，从而避免了过长的单调感。

铁匠铺是一处沿街的铺面，局部二层单坡顶，建筑采用斜梁式木结构，因此进深比较小，常在 2.7m 左右，面阔则在 3 ~ 4.2m 不等。由于是沿街设置铺面，建筑以基地实际情况为主，也多有偶数开间。檐下多采用铺面门板进行安装，素朴而又有地方建筑特色。

红一方面军旧址“同善社”占地面积 374m^2，建筑面积 381.91m^2。整座四合院临街而立，但较街面低 1m 左右，方形的院落，适宜的尺度，显得比较紧凑。正房为三间两坡二层带前廊的硬山土木混合结构。左、右各一处耳房，左耳房为一间单坡两层土木楼，也是二层楼梯的地方。右耳房为两间临街单坡铺面，东、西厢房各为三间单坡建筑，下房为三间砖房，与大门相连，大门是一座两坡顶建筑，成 45° 开向街道。主房梁架结构为穿斗式，用材较小，四柱三进带前廊，前檐两段椽，后檐一段，后夯土墙体厚重，二层层高较低。

红二方面军旧址（又称“张家大院”）占地面积 478m^2，建筑面积 691.51m^2。院落通过一条 20m 长的小道与主街道相连，比较僻静，内院较宽敞，东厢房左、右及后面还有较大一块空地。院中树荫环绕，石台土地，很有生活气息。完全用于居住，格局与红一方面军旧址相似，不同的是红二方面军旧址的正房没有耳房，楼梯设于前廊右侧处，东西厢房为三间两坡顶土木结构，与西厢房连接有一座三间的单坡顶建筑，进深较小，常年锁闭，据当地老人讲是灶房。正房主楼是 1989 年按原貌复原，目前保存完好，二层未开放参观。厢房也是土木结构，屋顶有过整修，穿斗梁架，三柱两进，后墙为夯土墙。

[1] 肖东 . 哈达铺的铺 [J]. 古建园林技术 . 2004（09）：59-62.

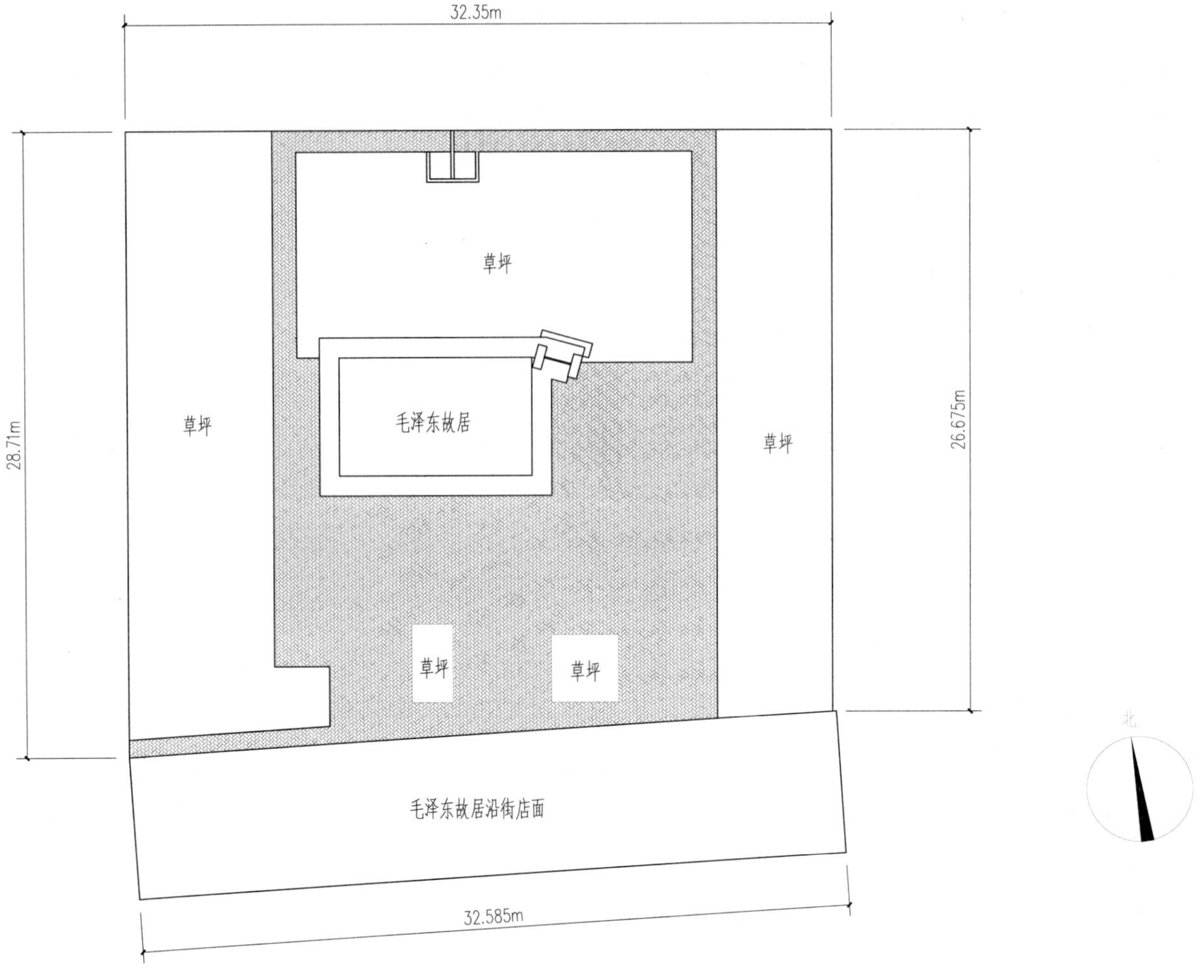

图 1　毛泽东故居总平面图

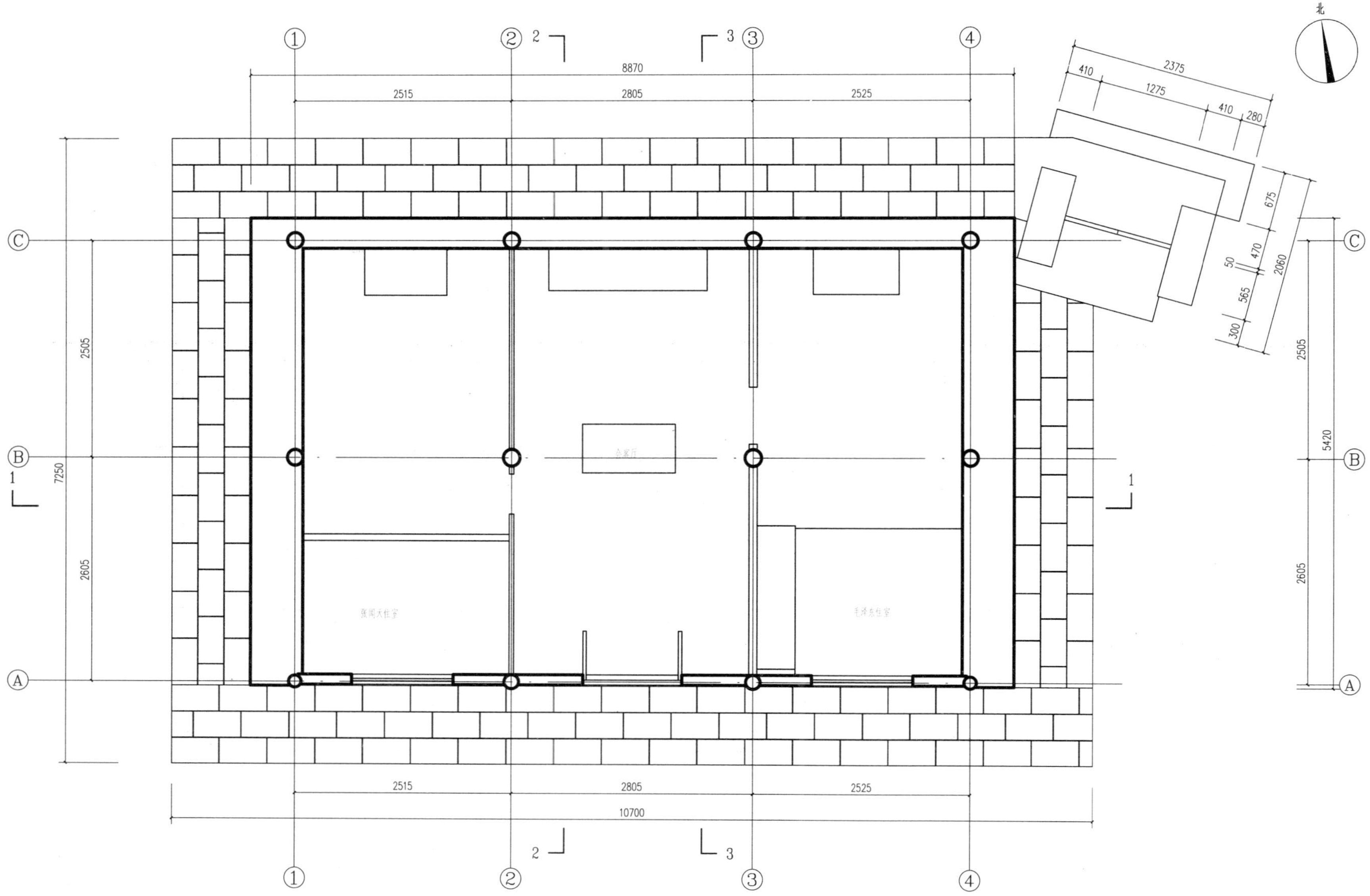
北
8870
2515
2805
2525
10700
7250
2505
2605
5420
2375
410
1275
280
2060
675
470
50
565
300
①
②
③
④
Ⓐ
Ⓑ
Ⓒ
1
2
3

图 2　毛泽东故居平面图

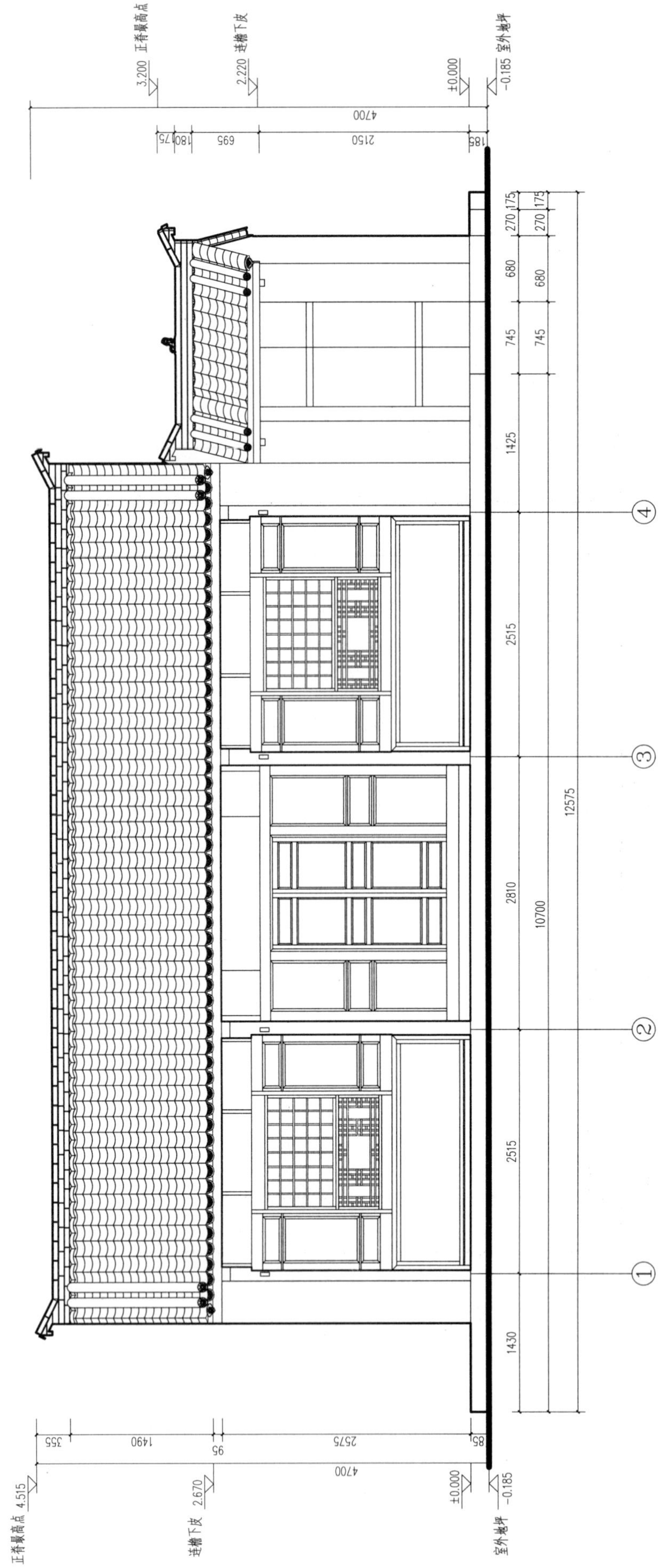

图 3　毛泽东故居正立面图

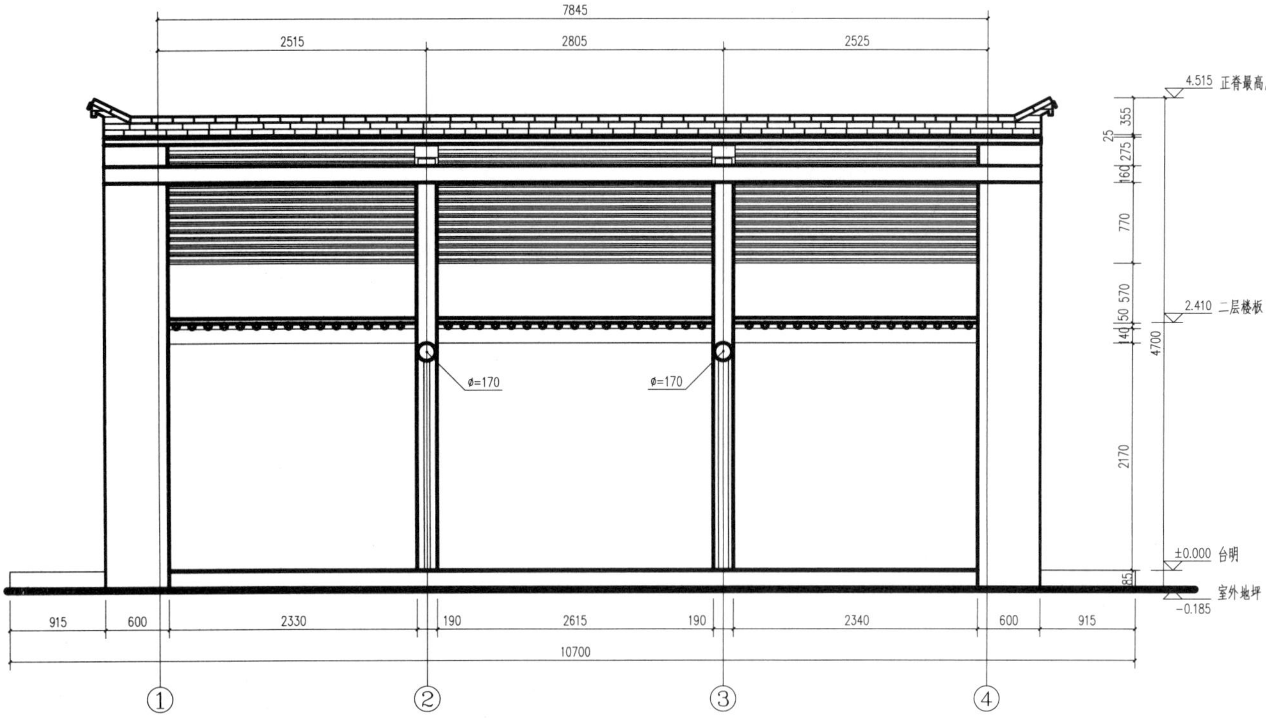

图 4　毛泽东故居 1-1 剖面图

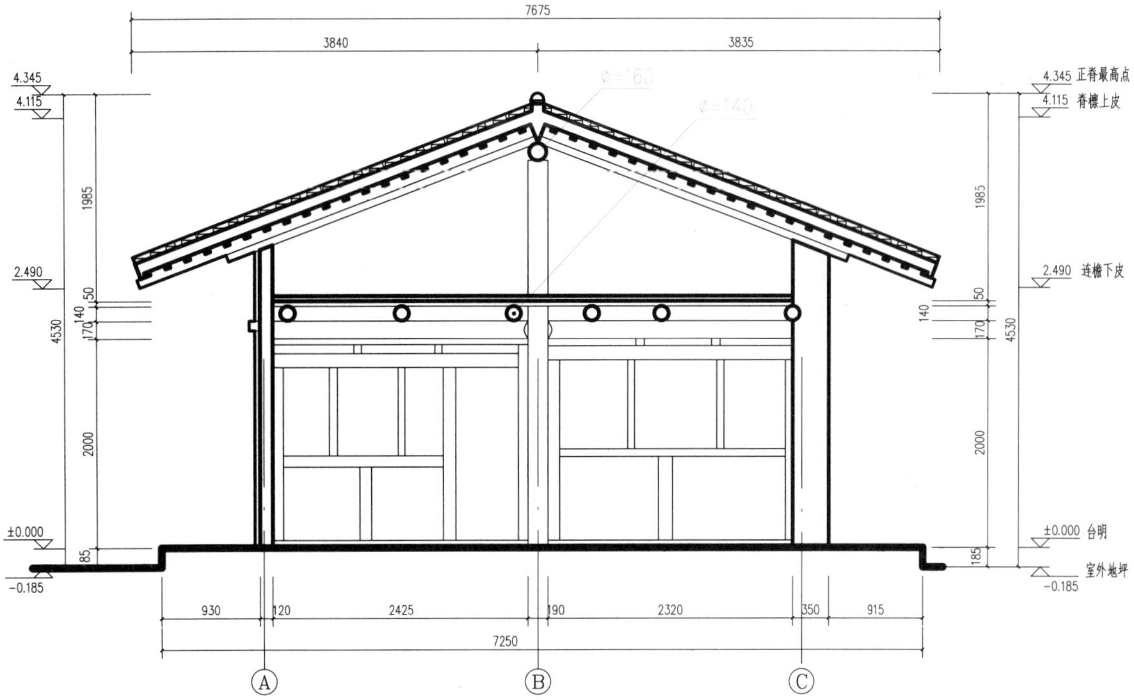

图 5　毛泽东故居 2-2 剖面图

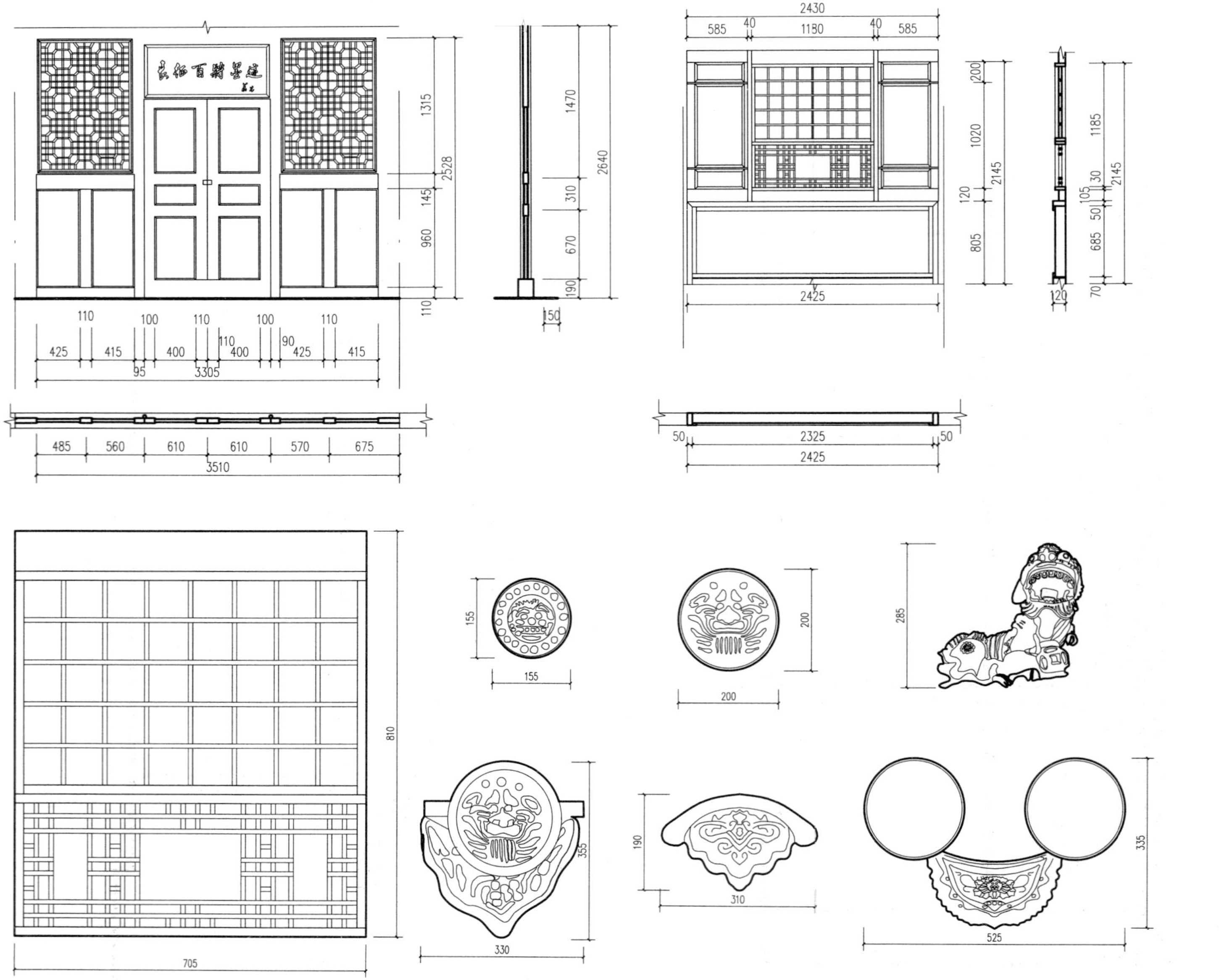

图 6　毛泽东故居门窗大样图之一

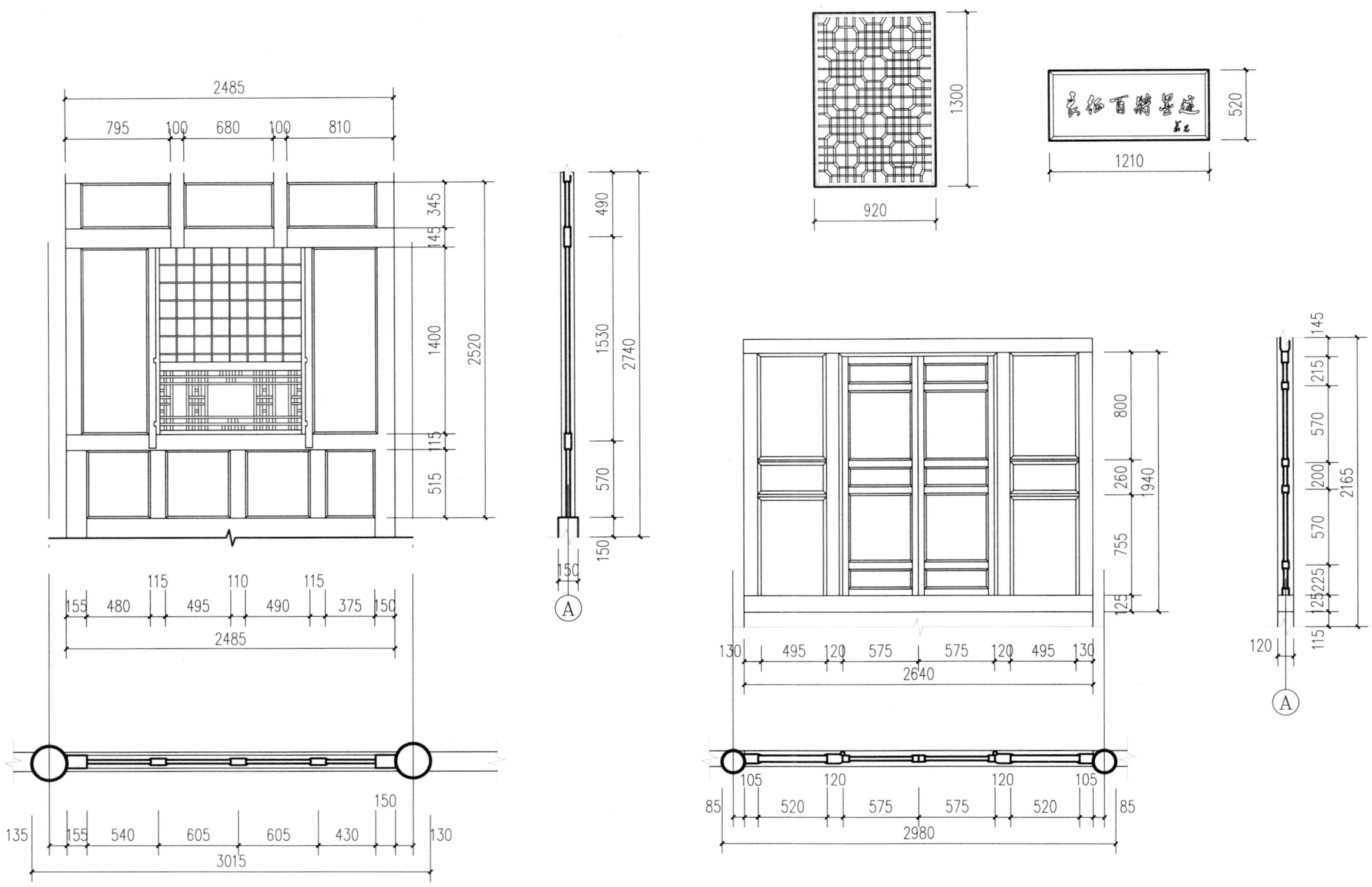

图 7　毛泽东故居门窗大样图之二

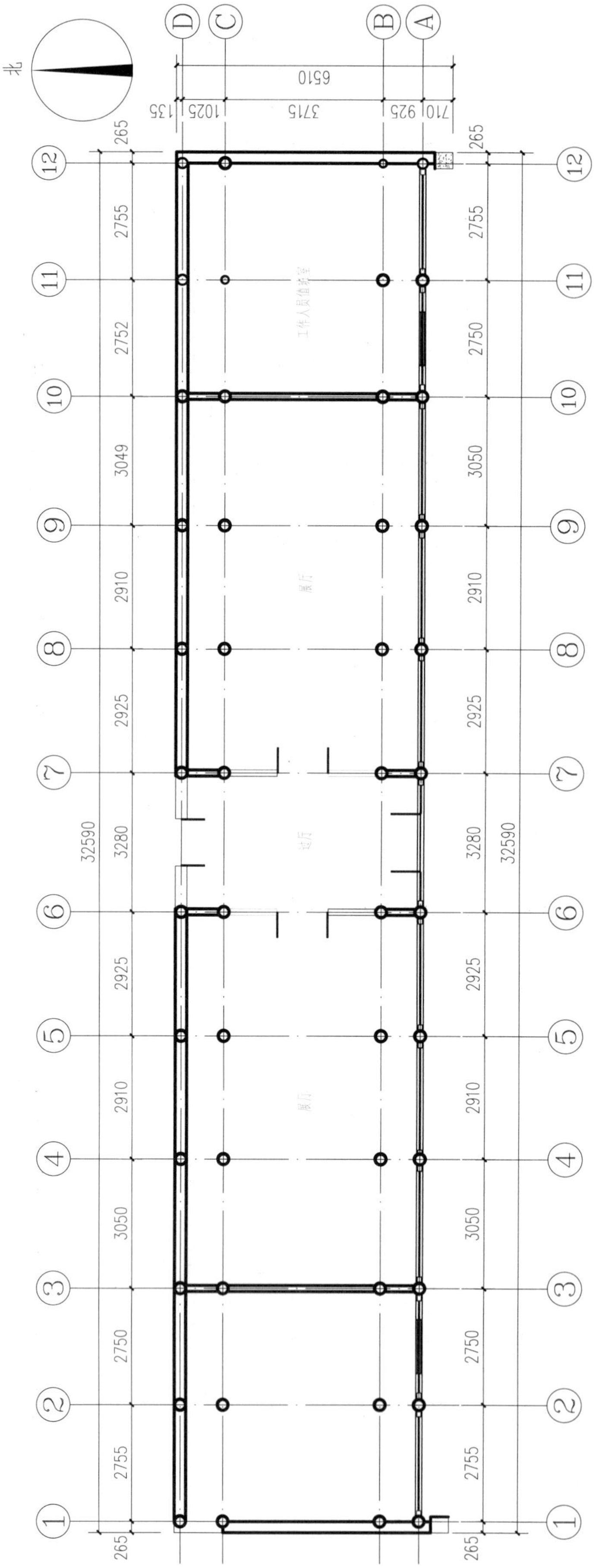
北
D
C
B
A
6510
135
1025
3715
925
710
1
2
3
4
5
6
7
8
9
10
11
12
265
2755
2750
3050
2910
2925
3280
3049
2752
32590

图 8 沿街店面平面图

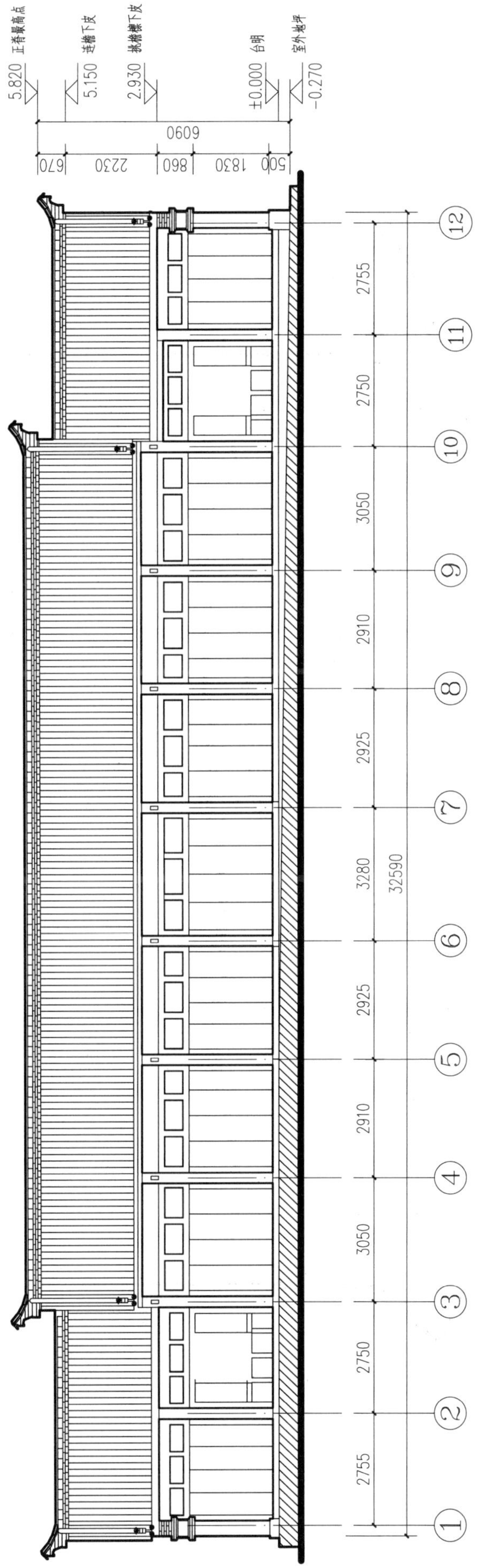
5.820 正脊最高点
5.150 连檐下皮
2.930 挑檐檩下皮
±0.000 台明
-0.270 室外地坪
6090
670
2230
860
1830
500
2755
2750
3050
2910
2925
3280
2925
2910
3050
2750
2755
32590
1
2
3
4
5
6
7
8
9
10
11
12

图 9 沿街店面南立面图

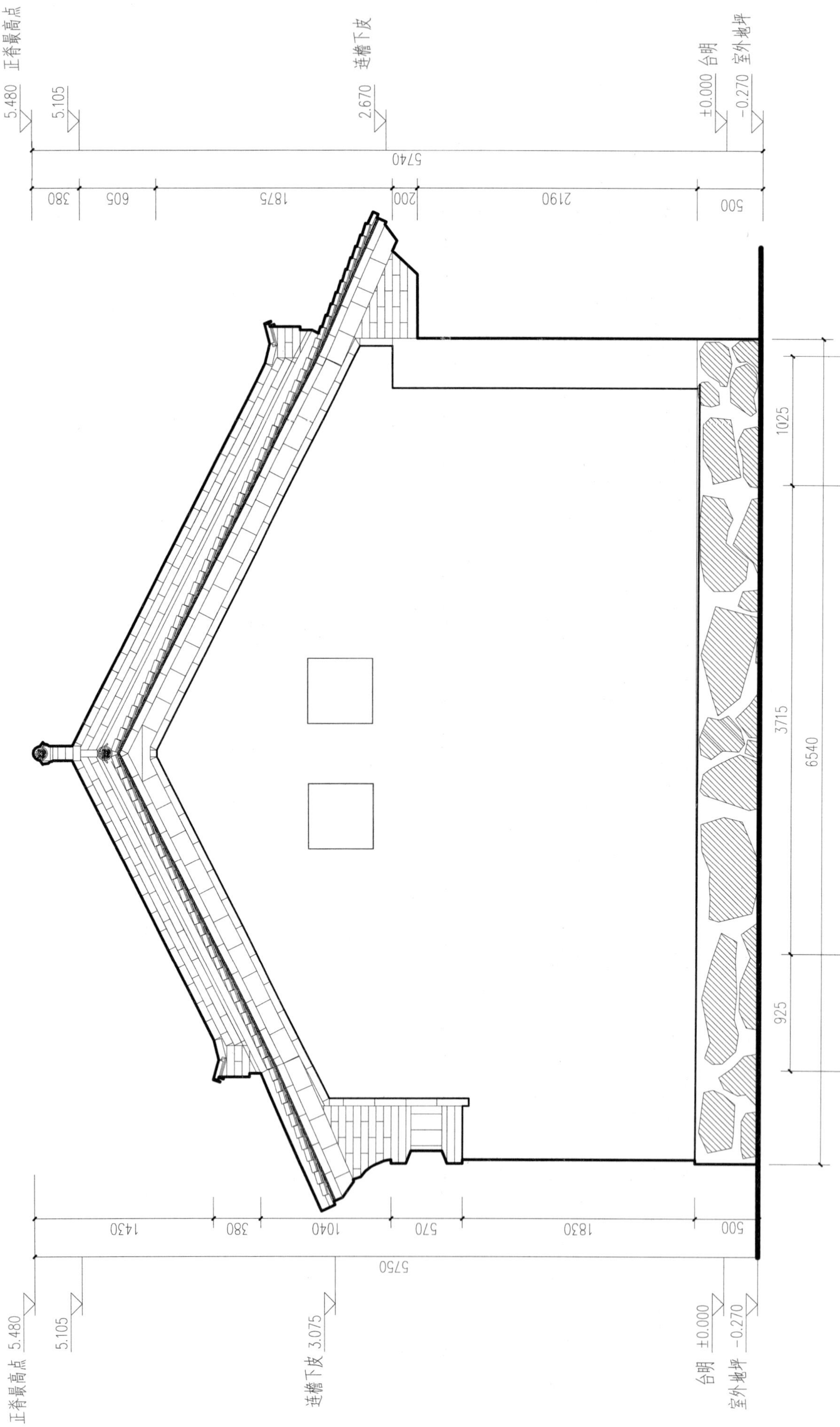

图 10　沿街店面东立面图

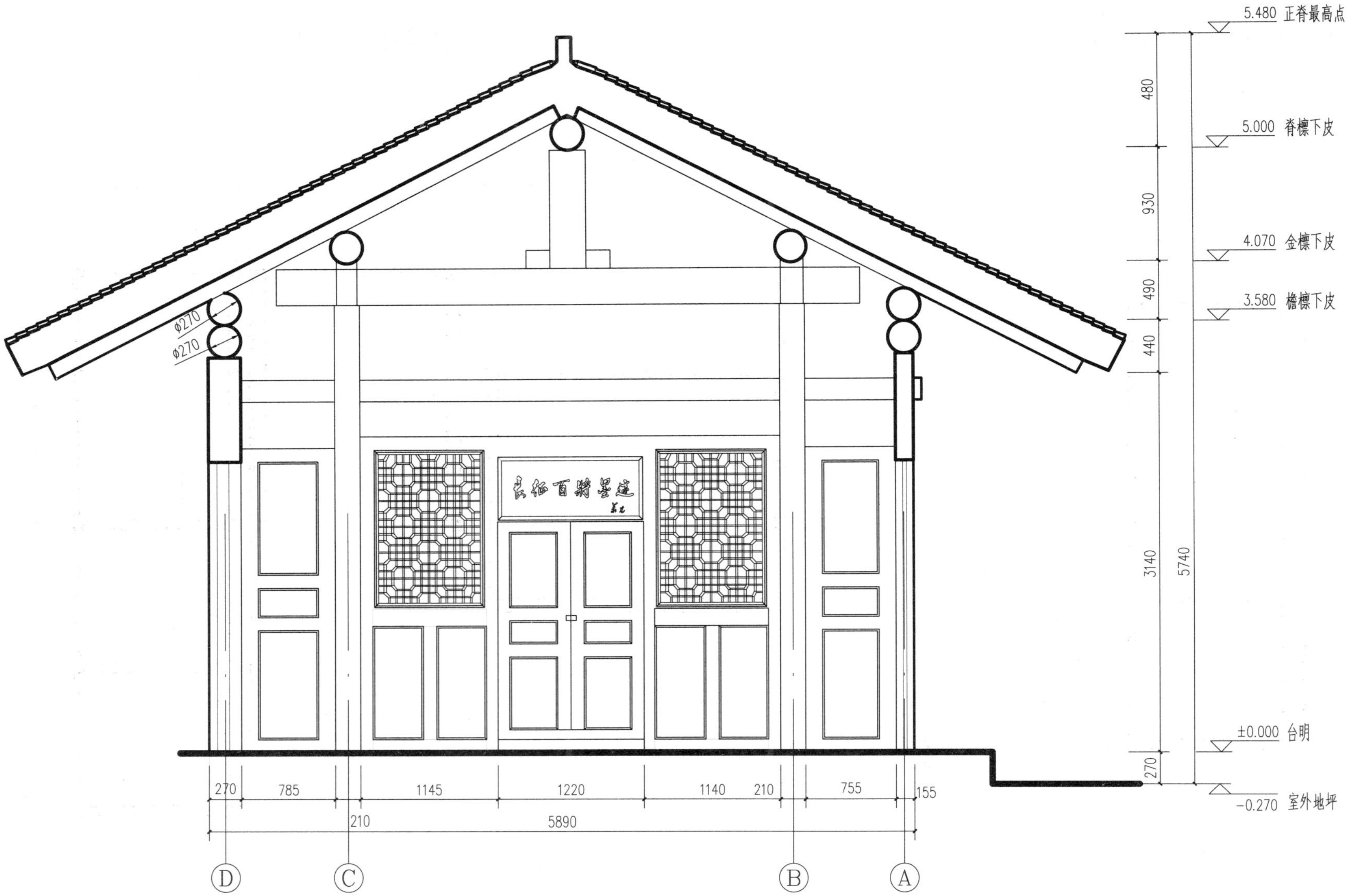

图 11　沿街店面 1-1 剖面图

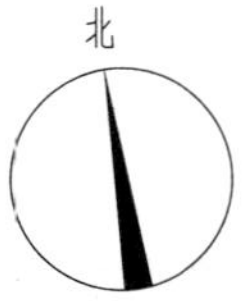

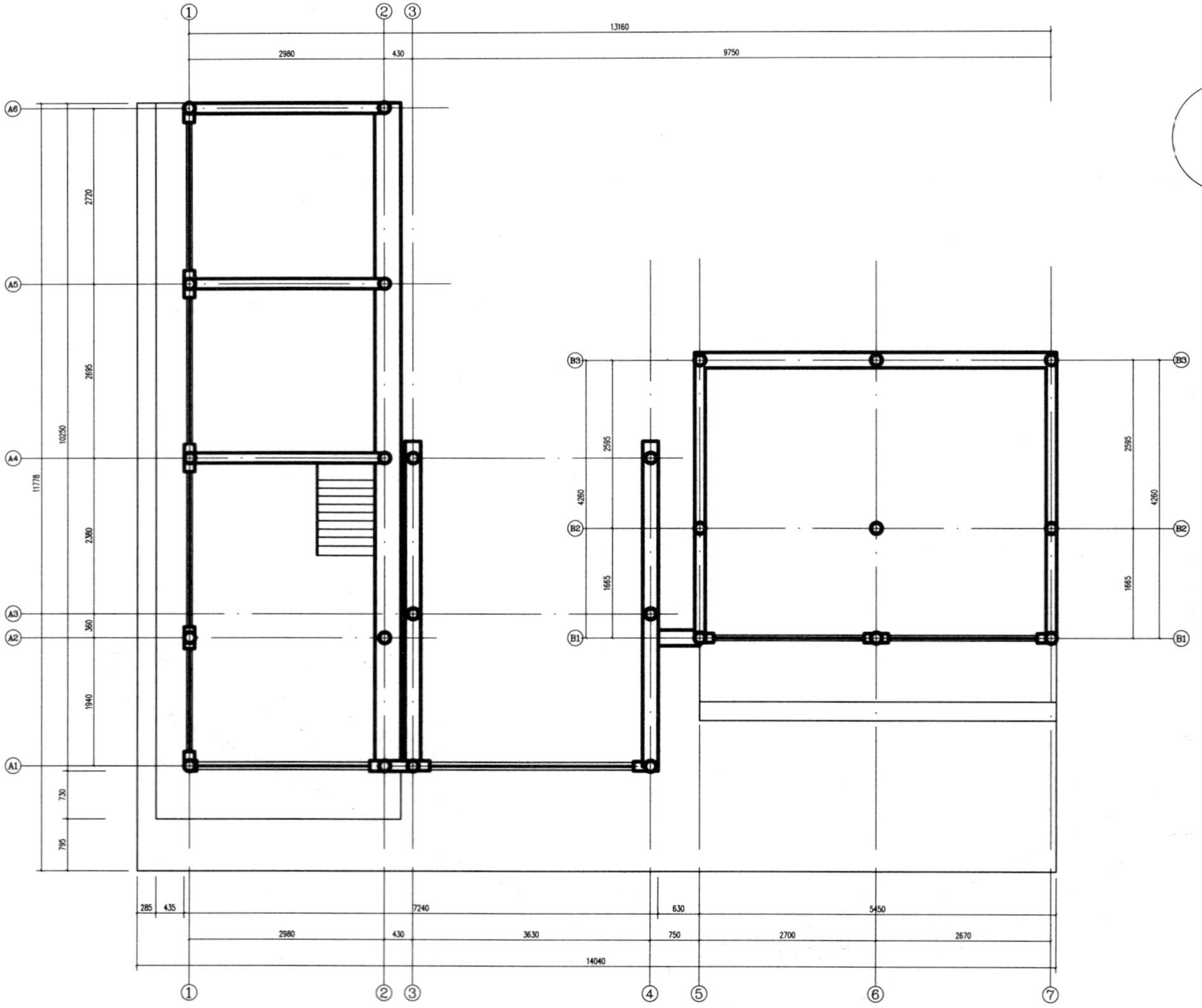

图 12　铁匠铺一层平面图

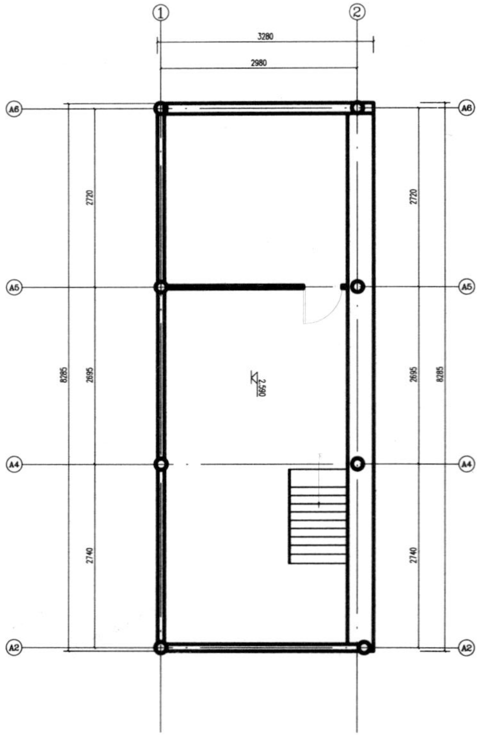

图 13　铁匠铺二层平面图

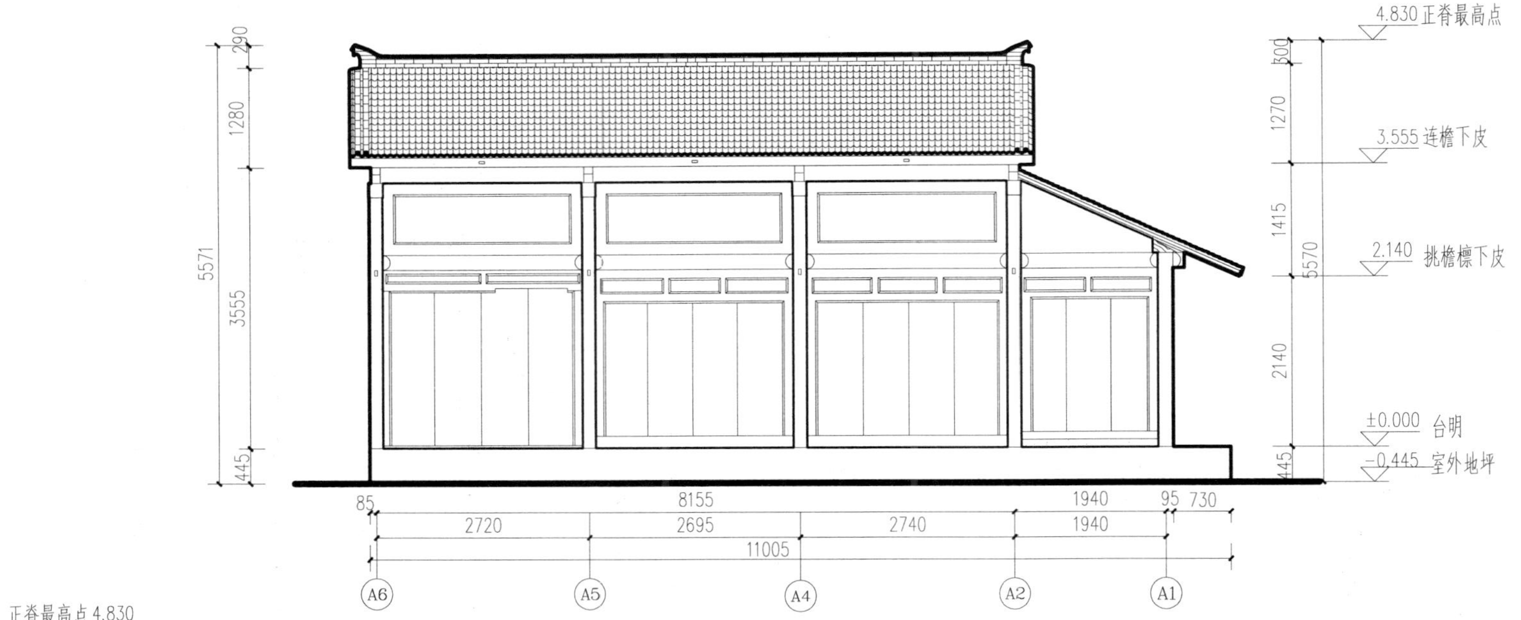

图 14　铁匠铺西立面图

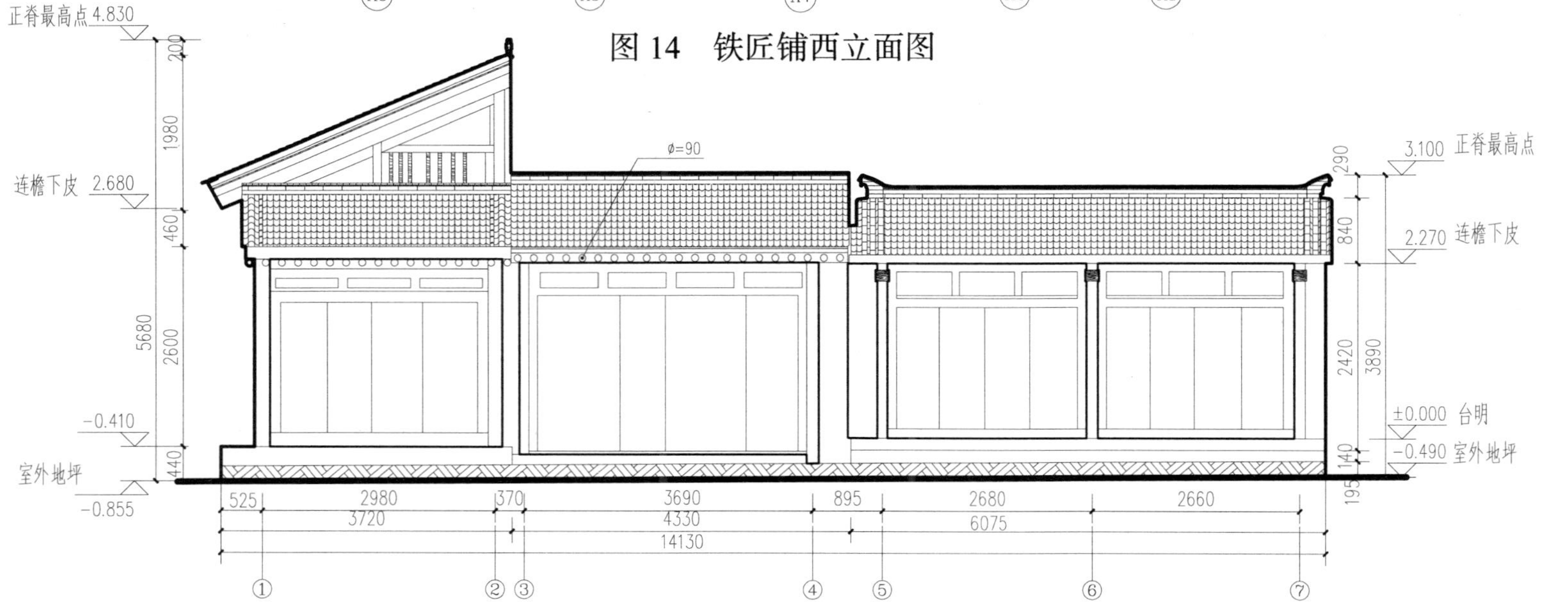

图 15　铁匠铺南立面图

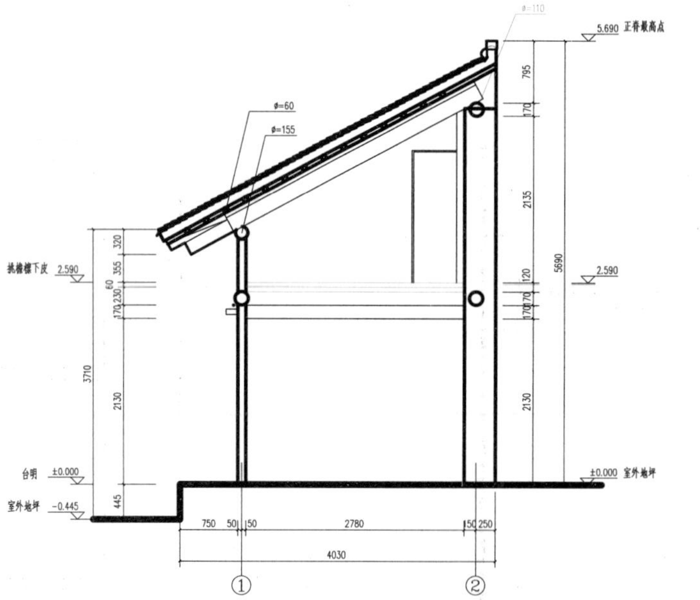

图 16 铁匠铺 1-1 剖面图

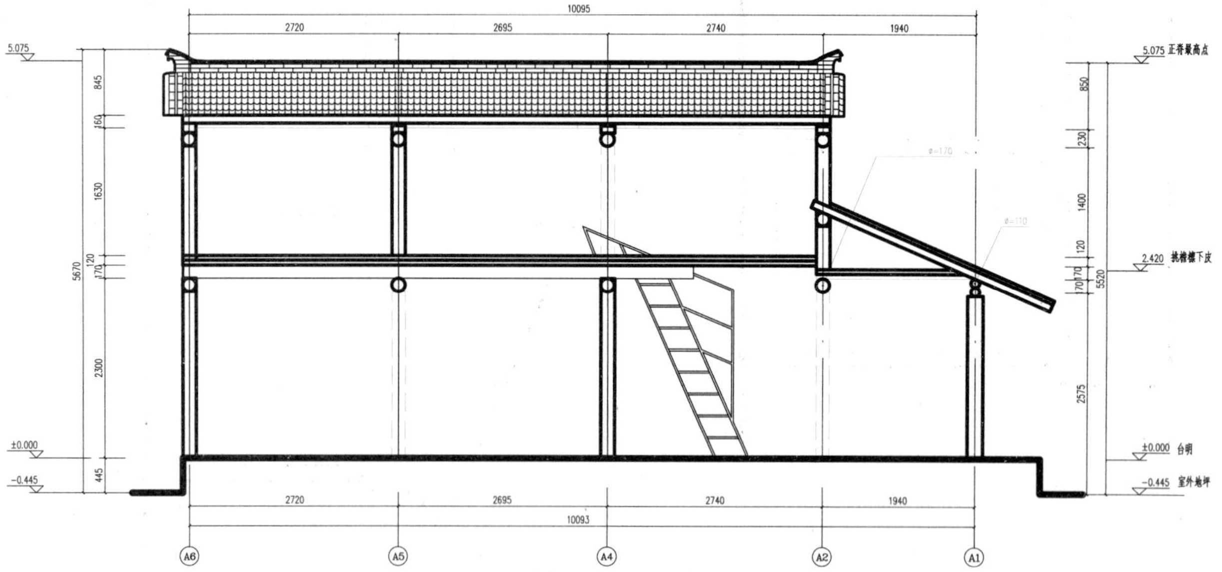

图 17 铁匠铺 2-2 剖面图

图 18　红一方面军旧址院落平面图

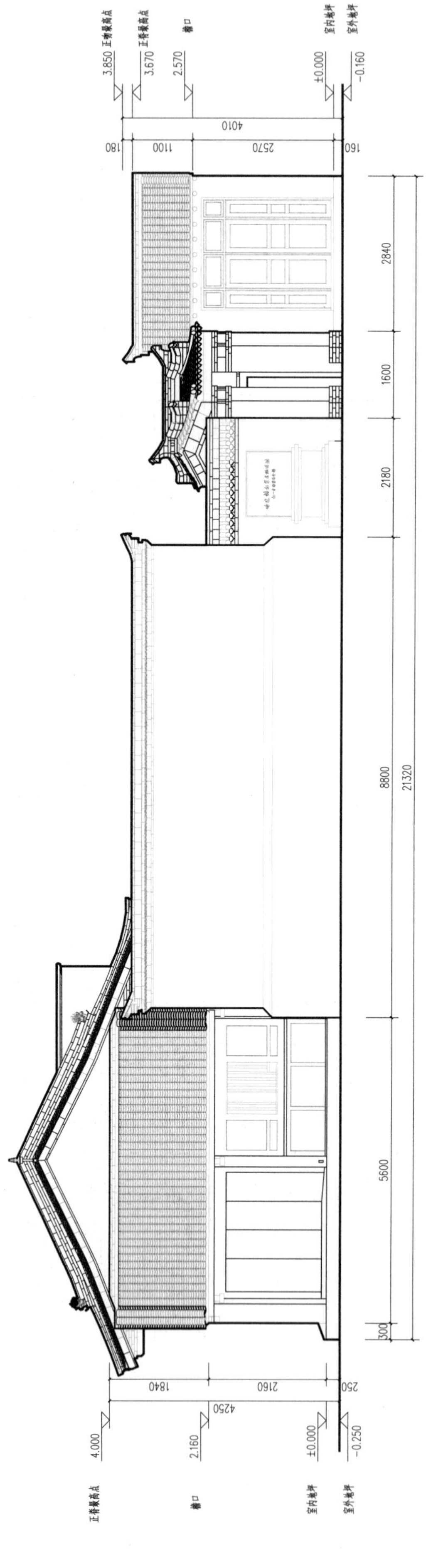

图 19　红一方面军旧址沿街立面图

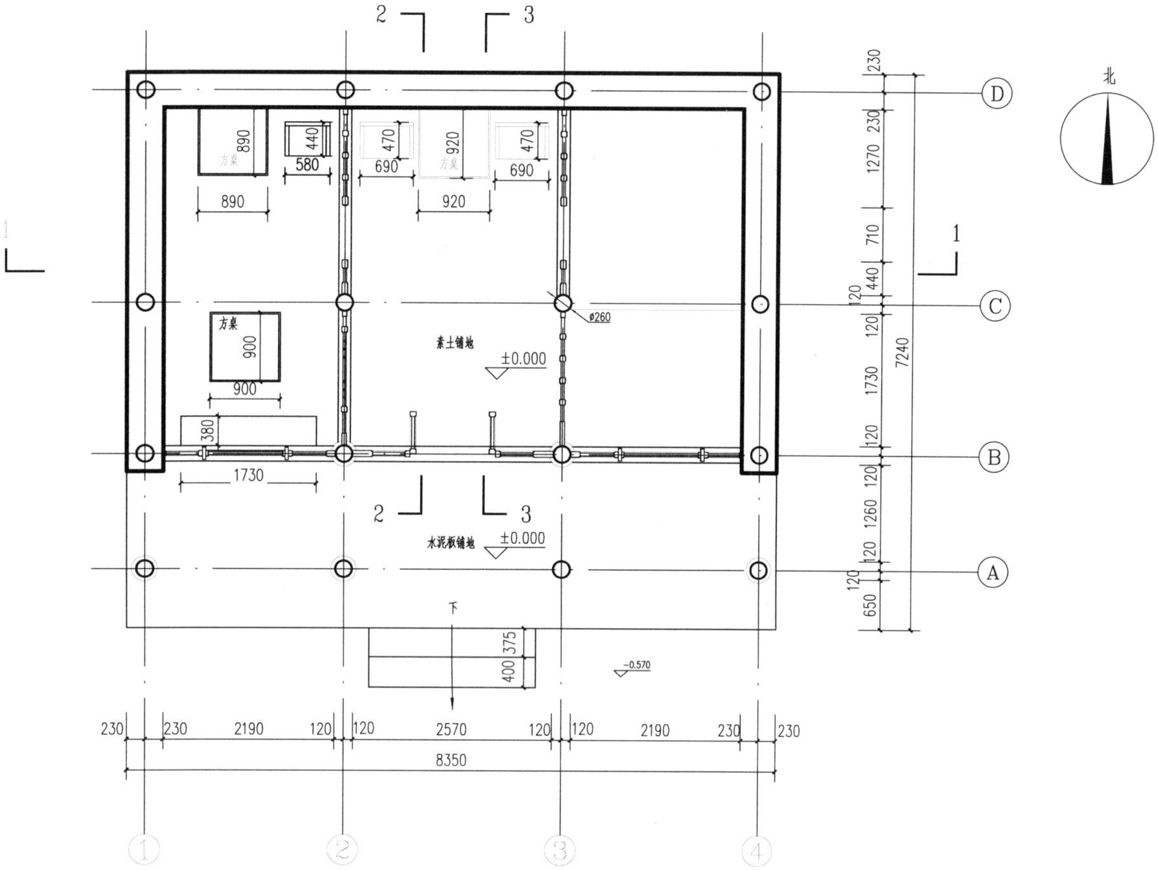

图 20　红一方面军旧址正房一层平面图

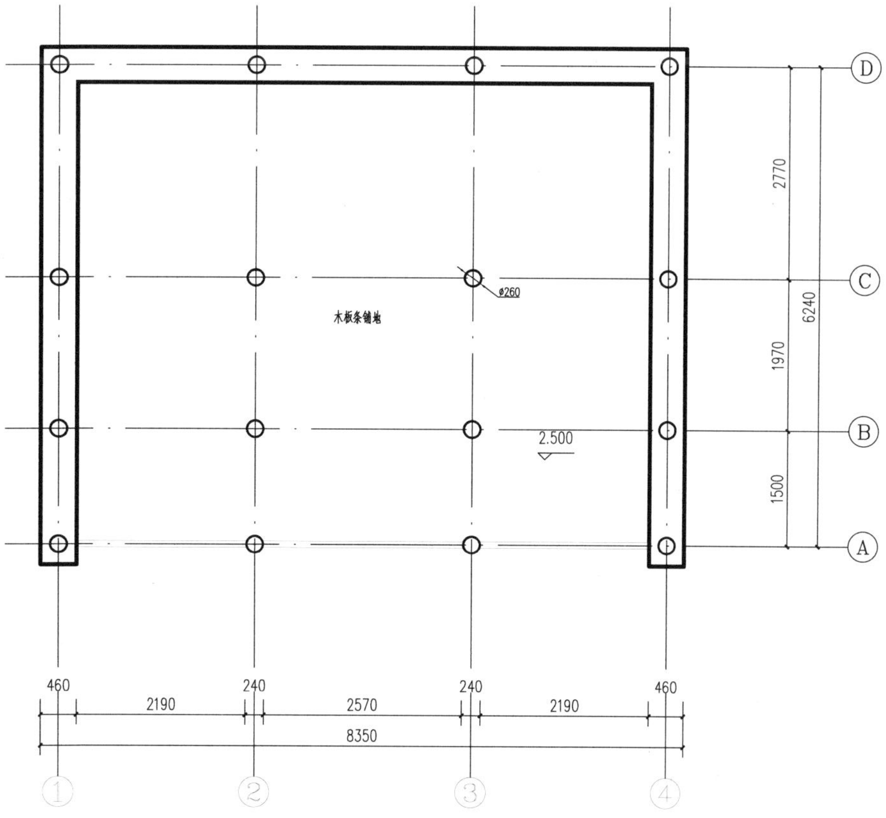

图 21　红一方面军旧址正房二层平面图

图 22　红一方面军旧址正房正立面图

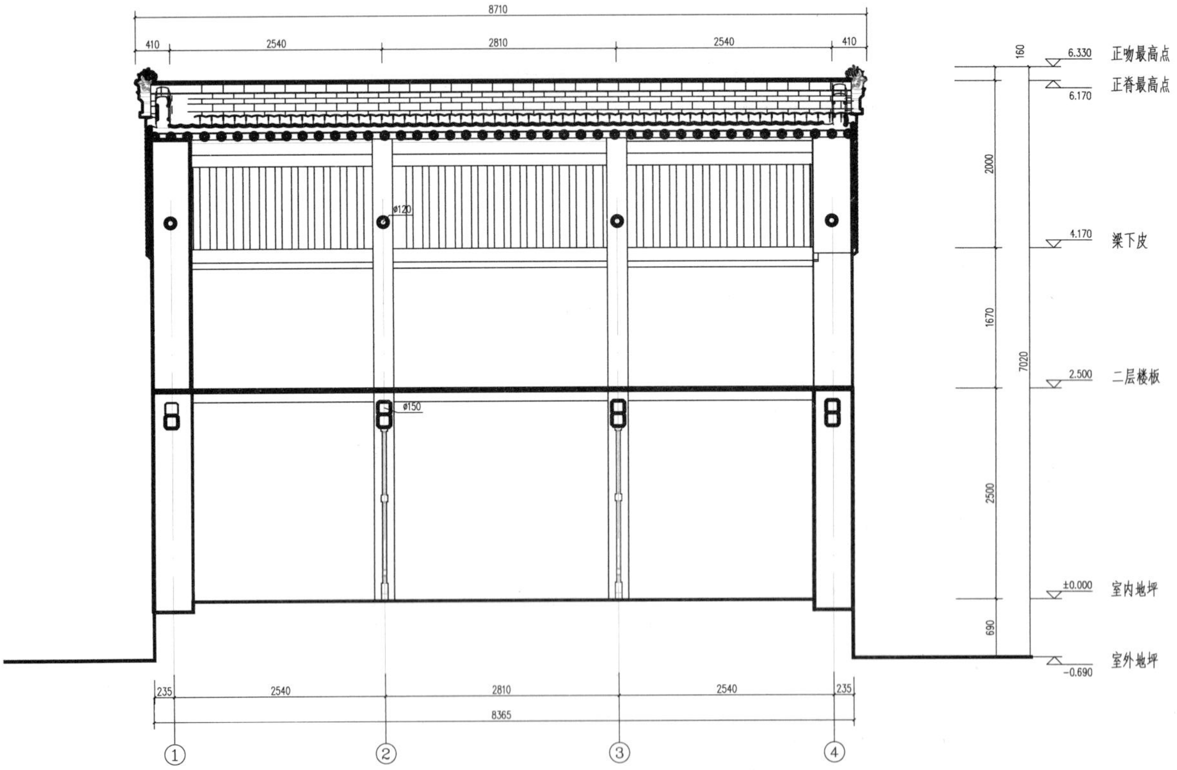

图 23　红一方面军旧址正房 1-1 剖面图

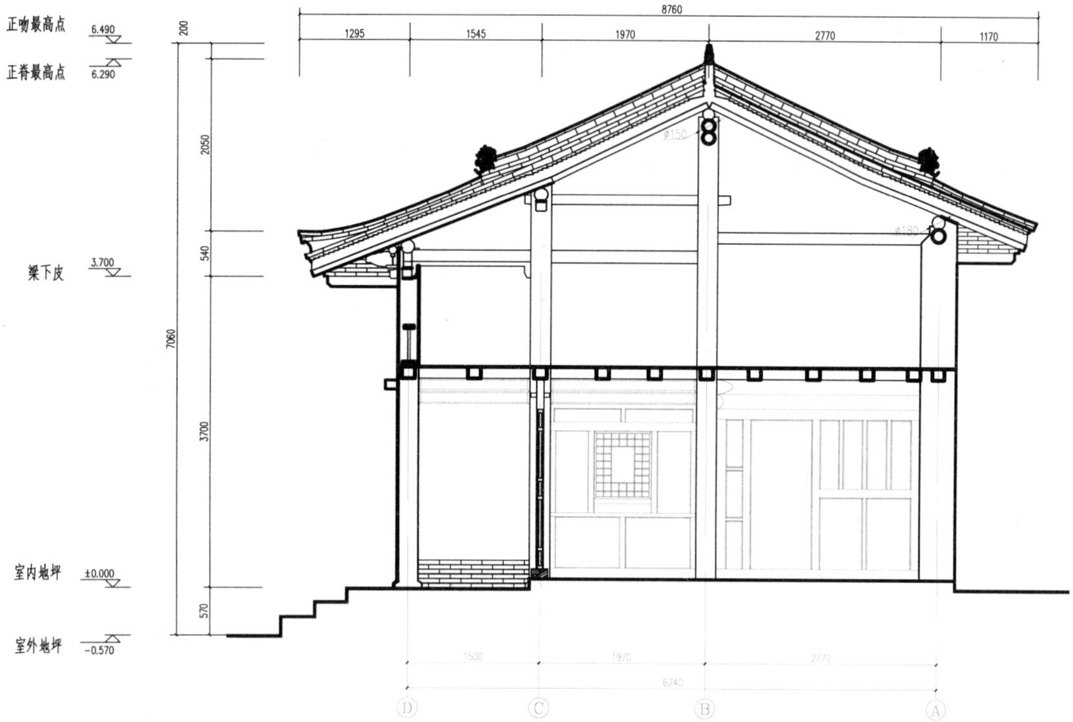

图 24　红一方面军旧址正房 2-2 剖面图

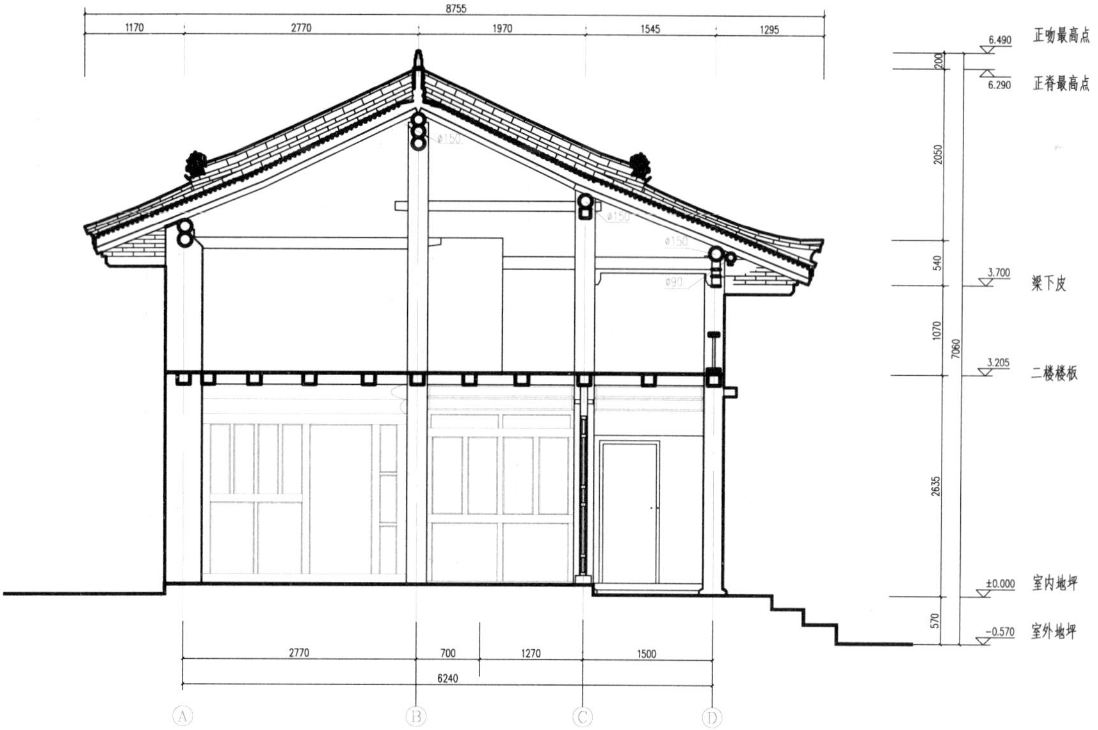

图 25　红一方面军旧址正房 3-3 剖面图

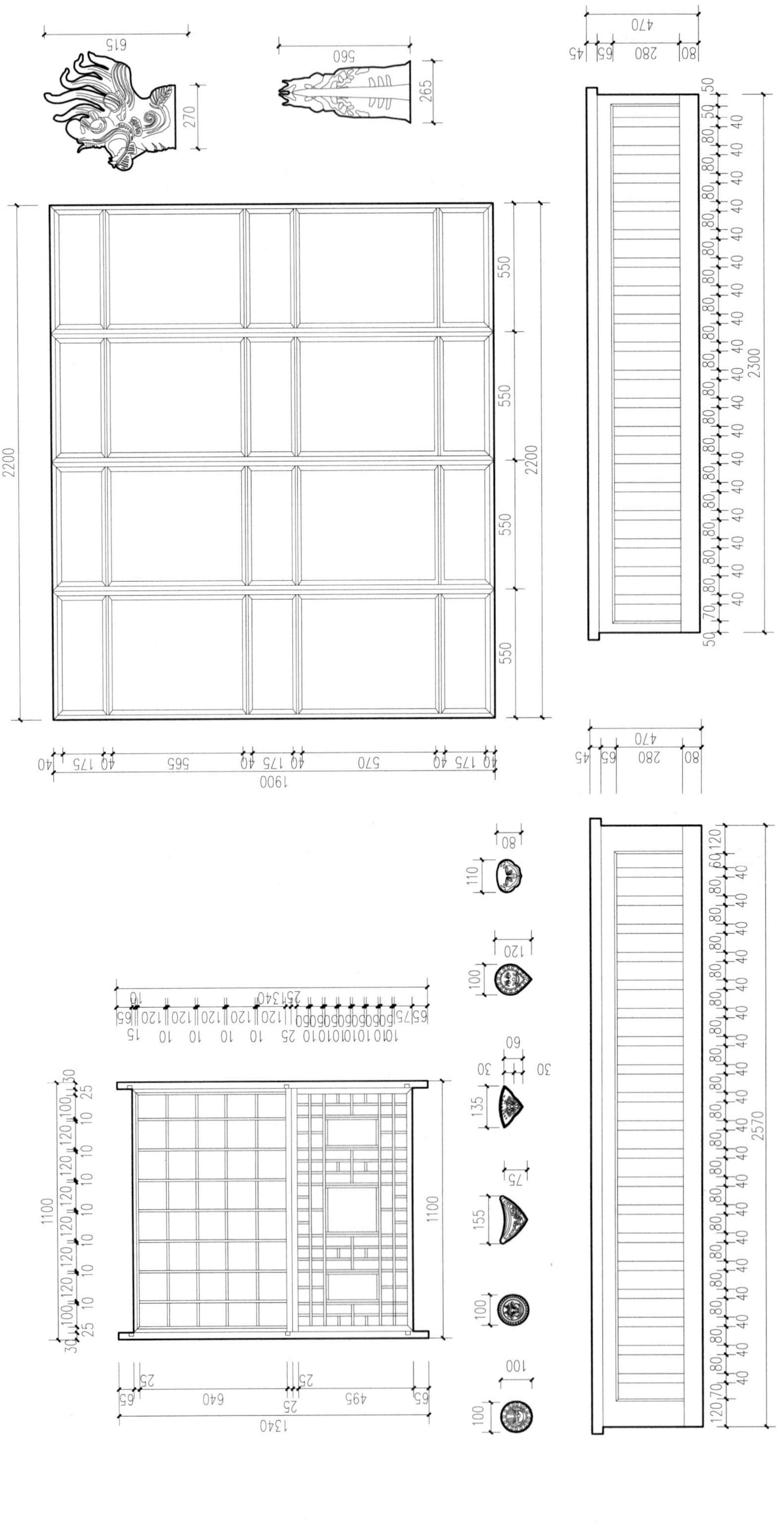

图 26 正房大样图

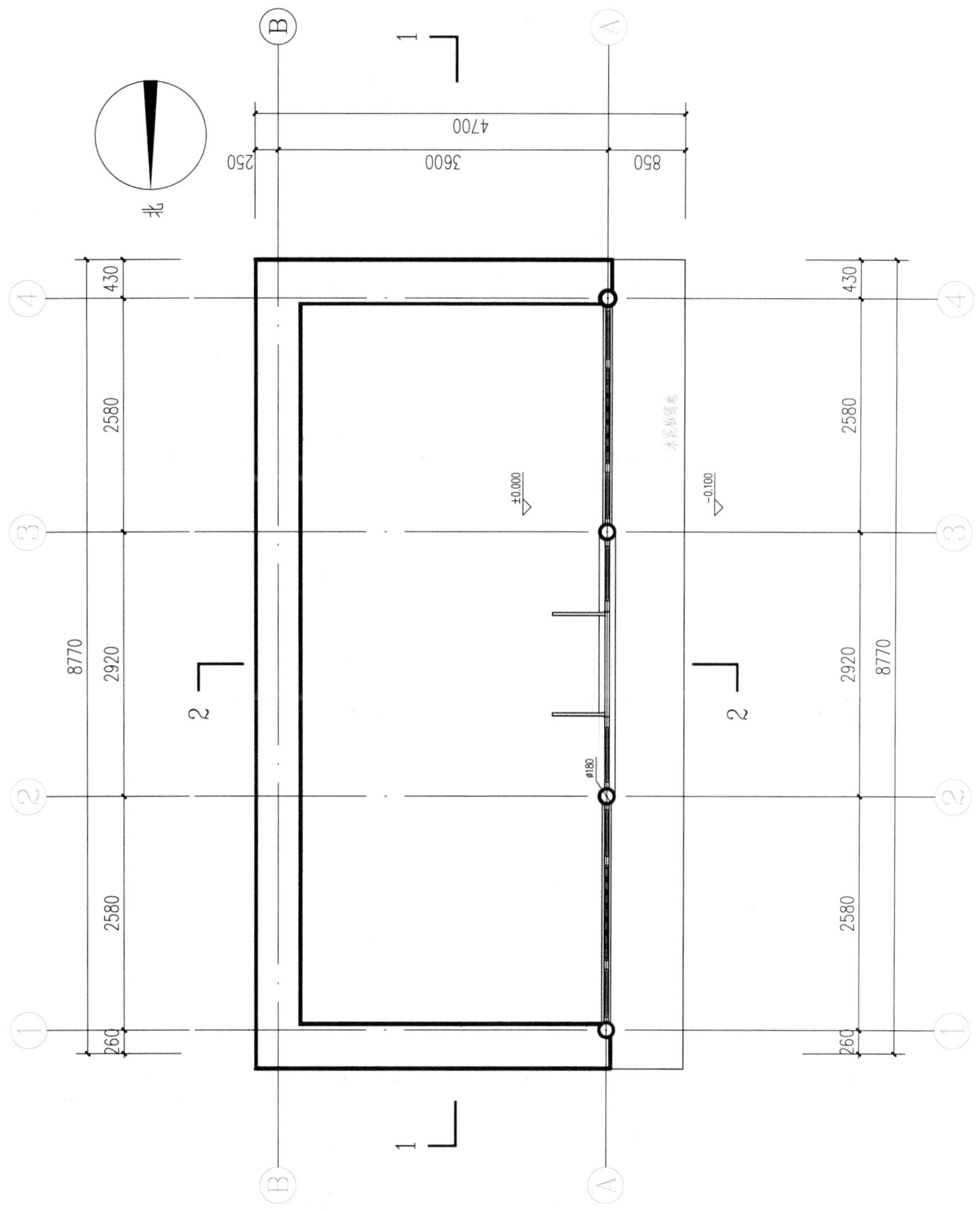
北
4700
250
3600
850
8770
430
2580
2920
260
±0.000
-0.100
ø180
1
2
A
B
1
2
3
4

图 27　东厢房平面图

图 28　红一方面军旧址东厢房正立面图

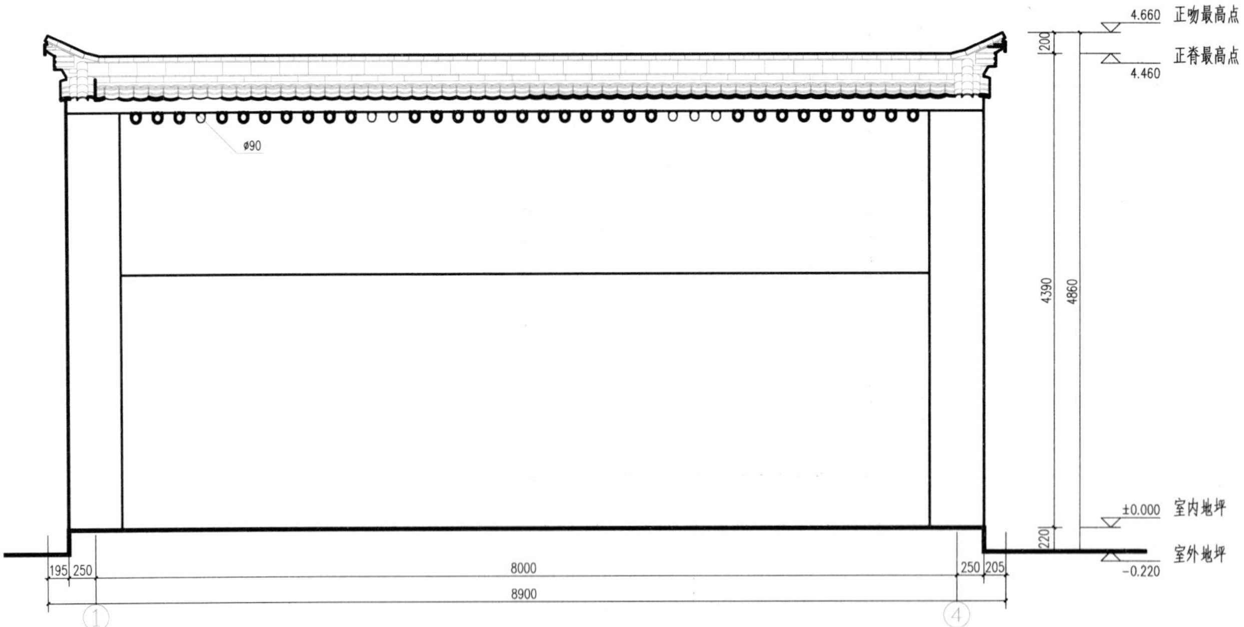

图 29　红一方面军旧址东厢房 1-1 剖面图

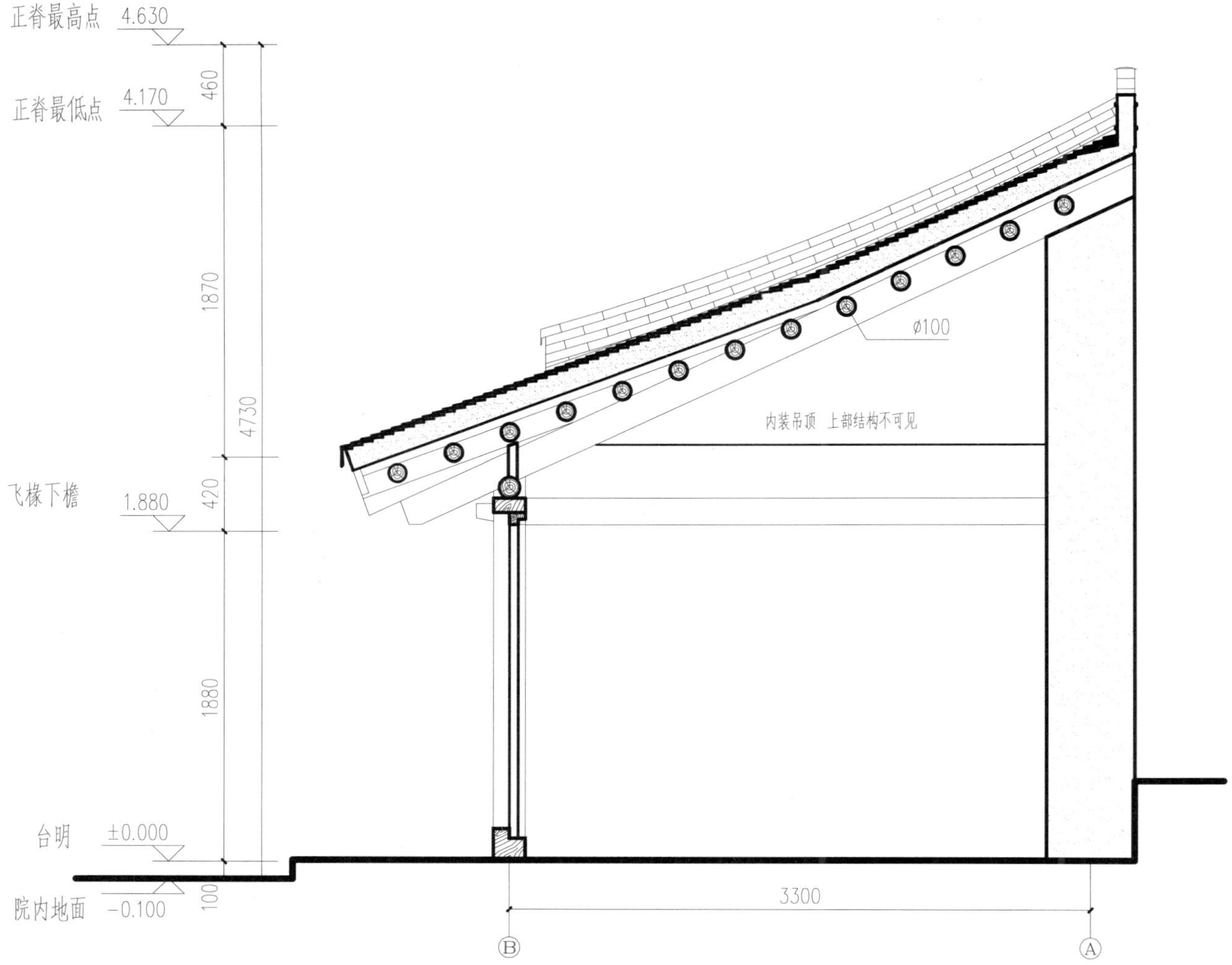

图 30 红一方面军旧址东厢房 2-2 剖面图

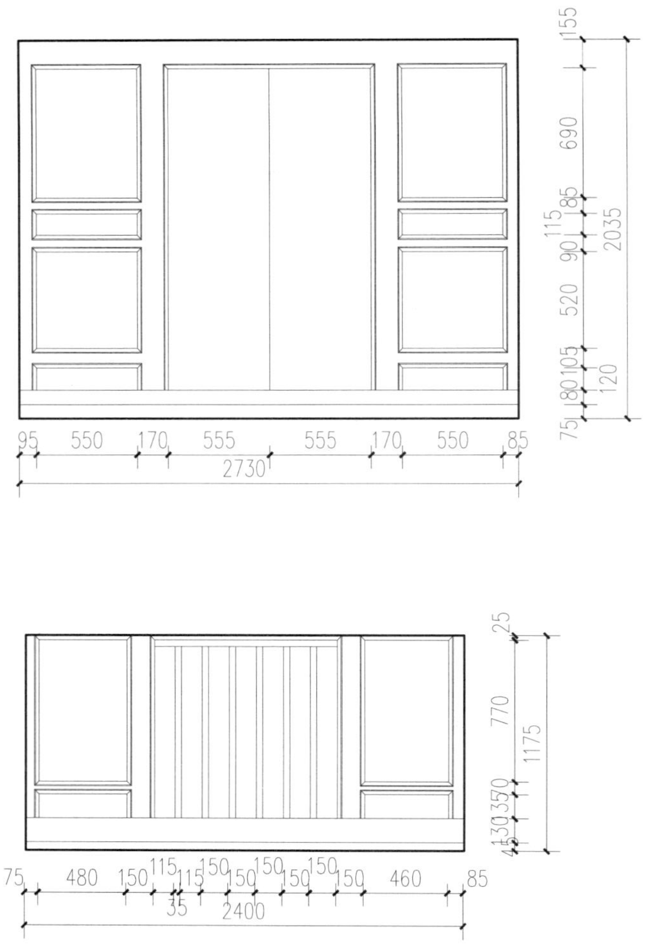

图 31 红一方面军旧址东厢房门窗大样图

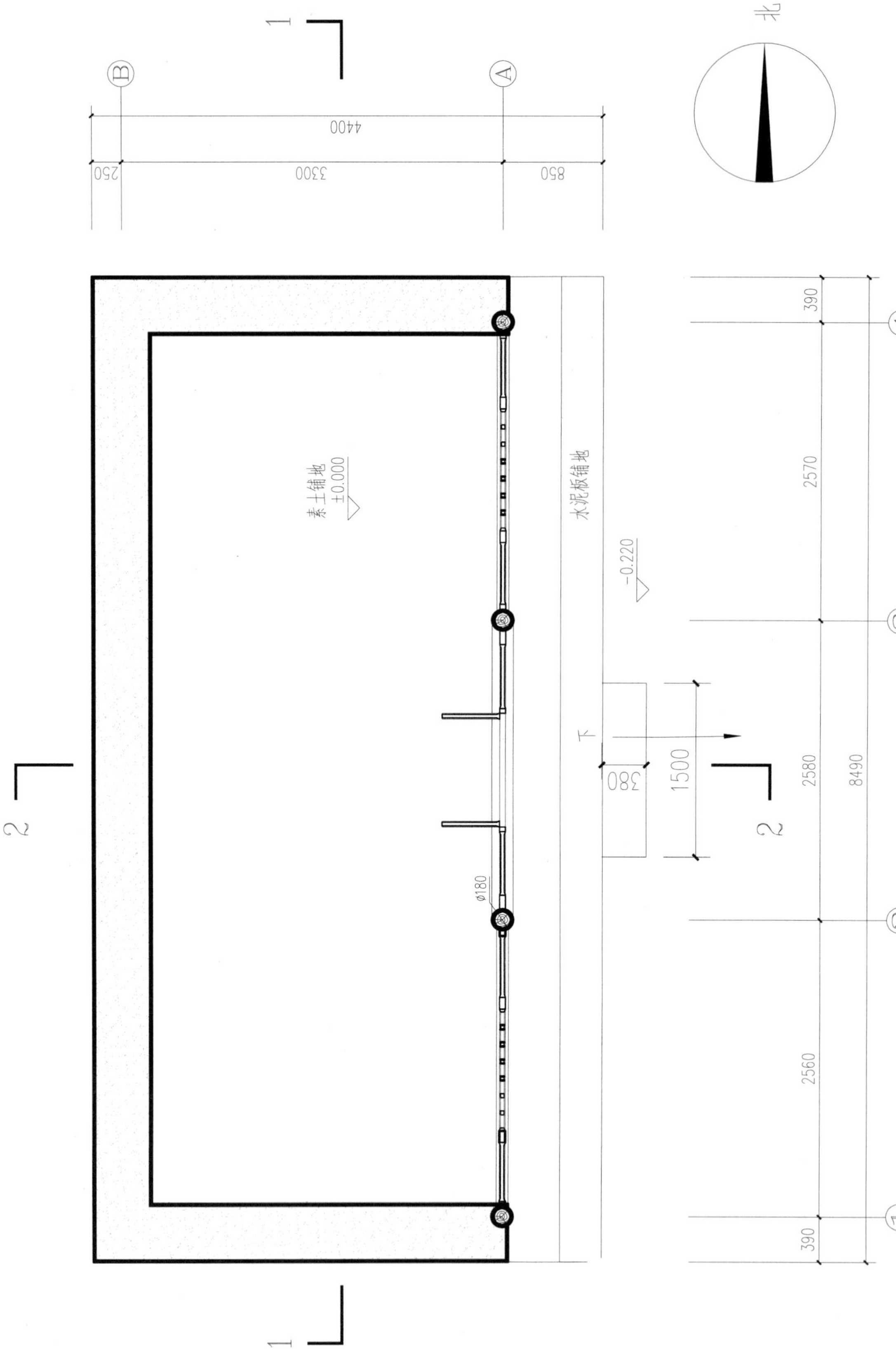

图 32　红一方面军旧址西厢房平面图

图 33　红一方面军旧址西厢房正立面图

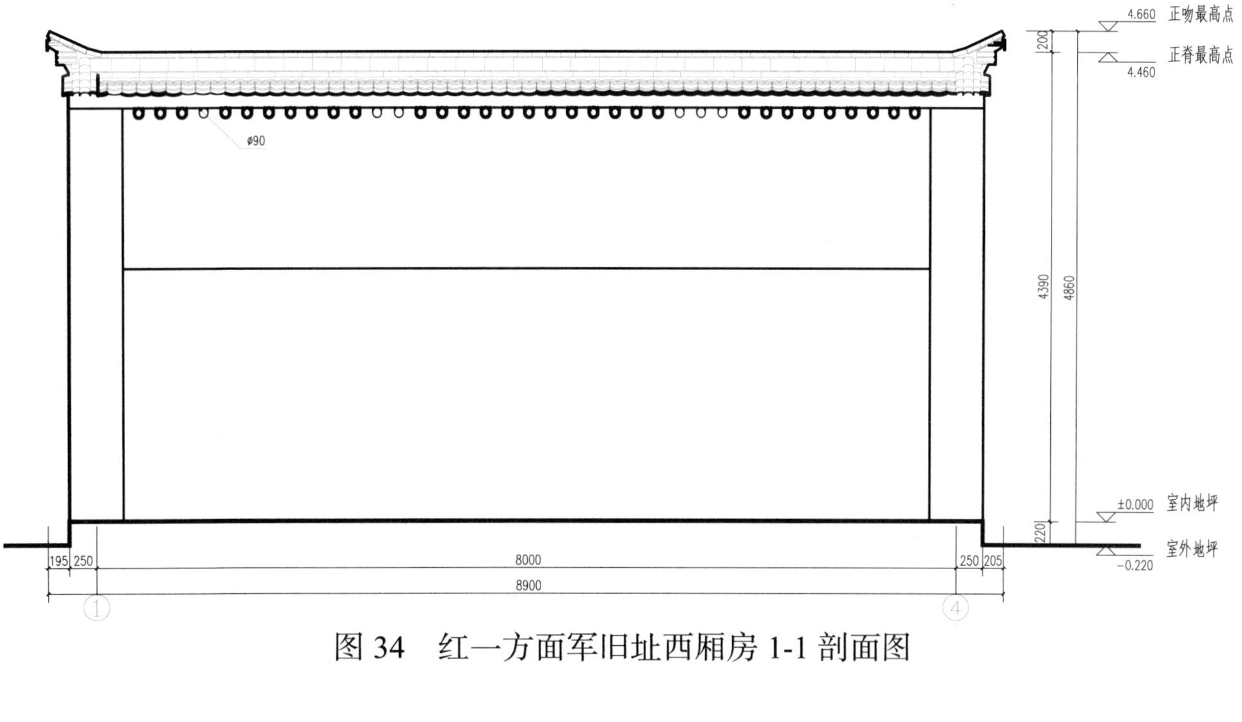

图 34　红一方面军旧址西厢房 1-1 剖面图

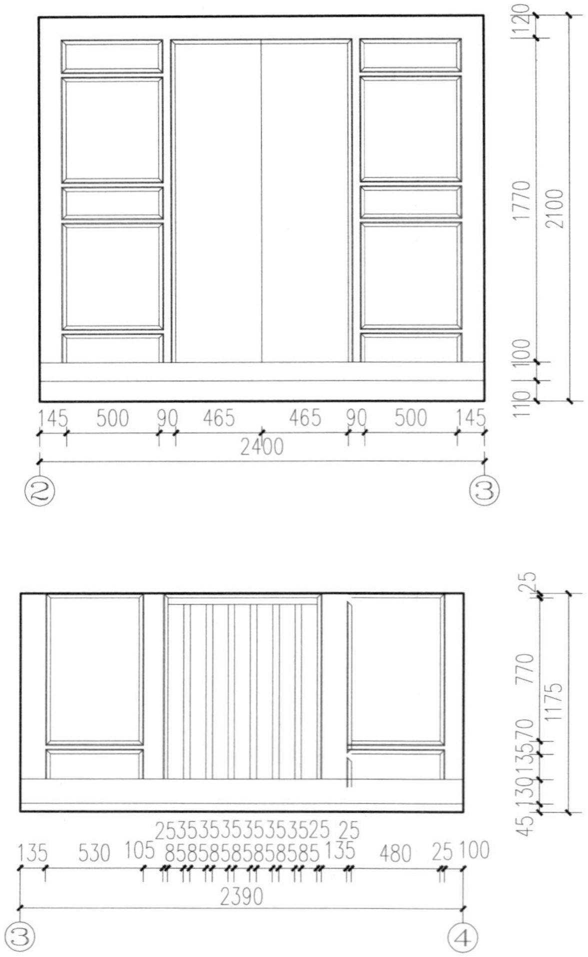

图 35　红一方面军旧址西厢房门窗大样图

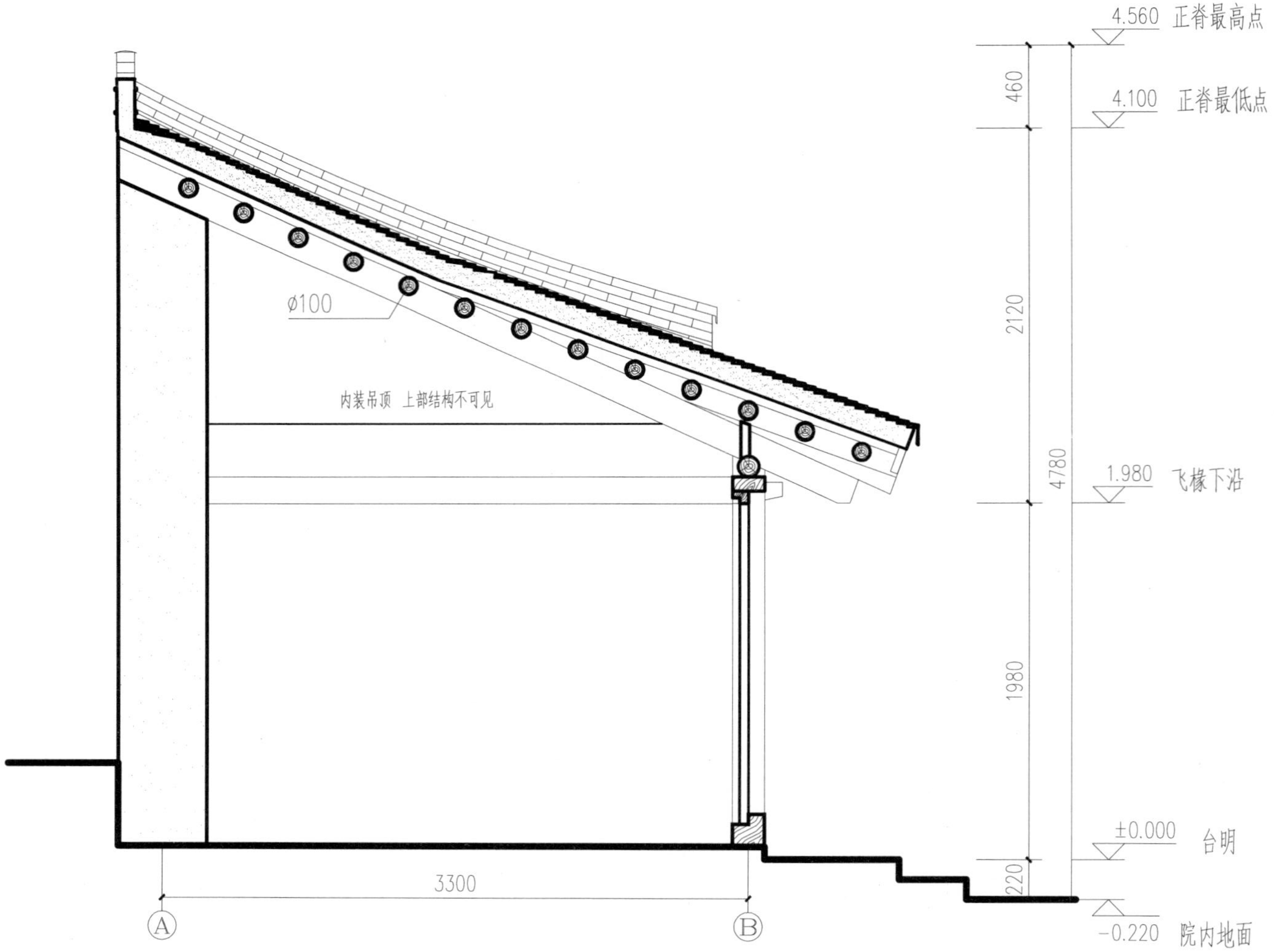

图 36　红一方面军旧址西厢房 2-2 剖面图

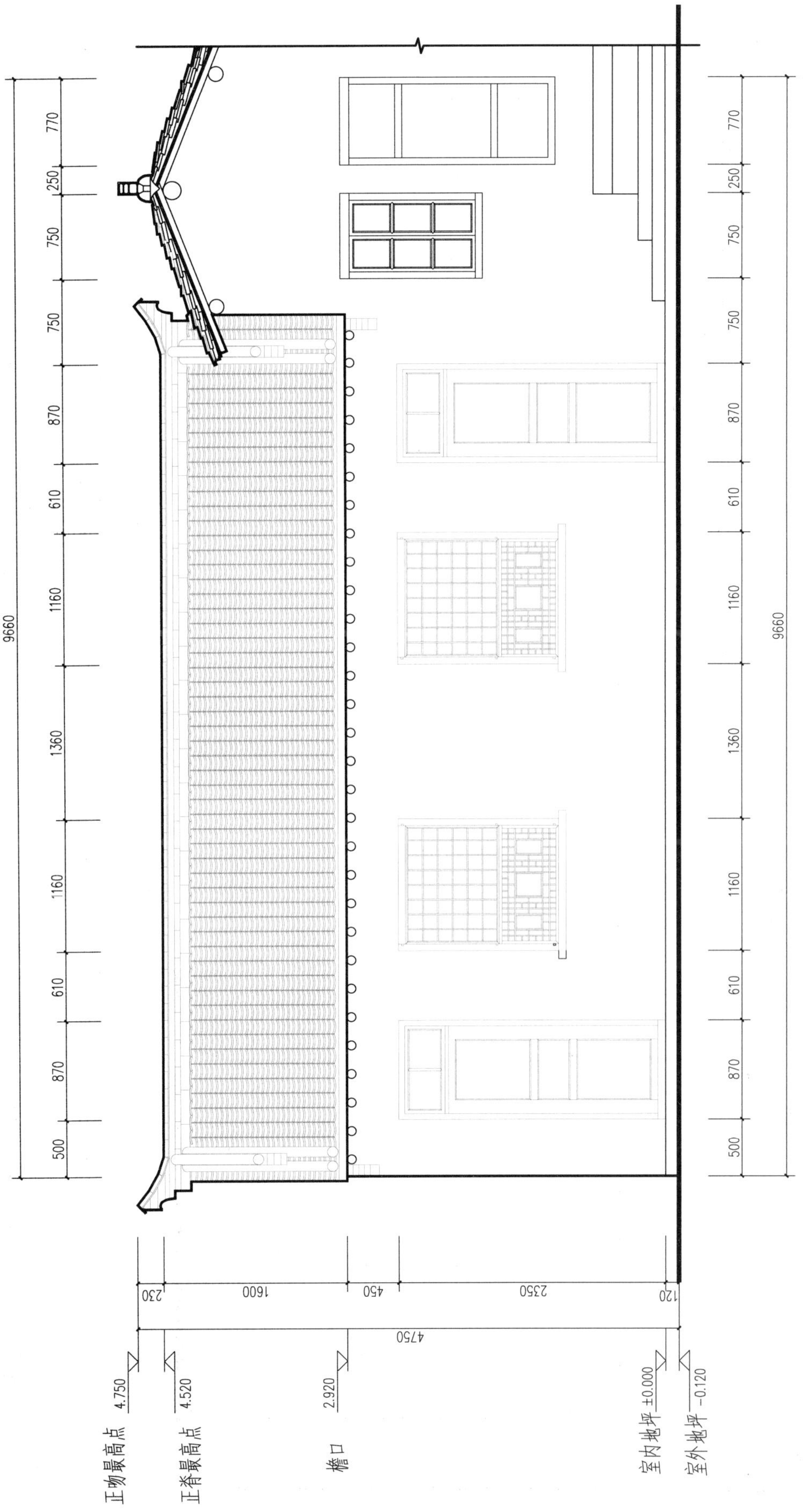

图 37 红一方面军旧址倒座正立面图

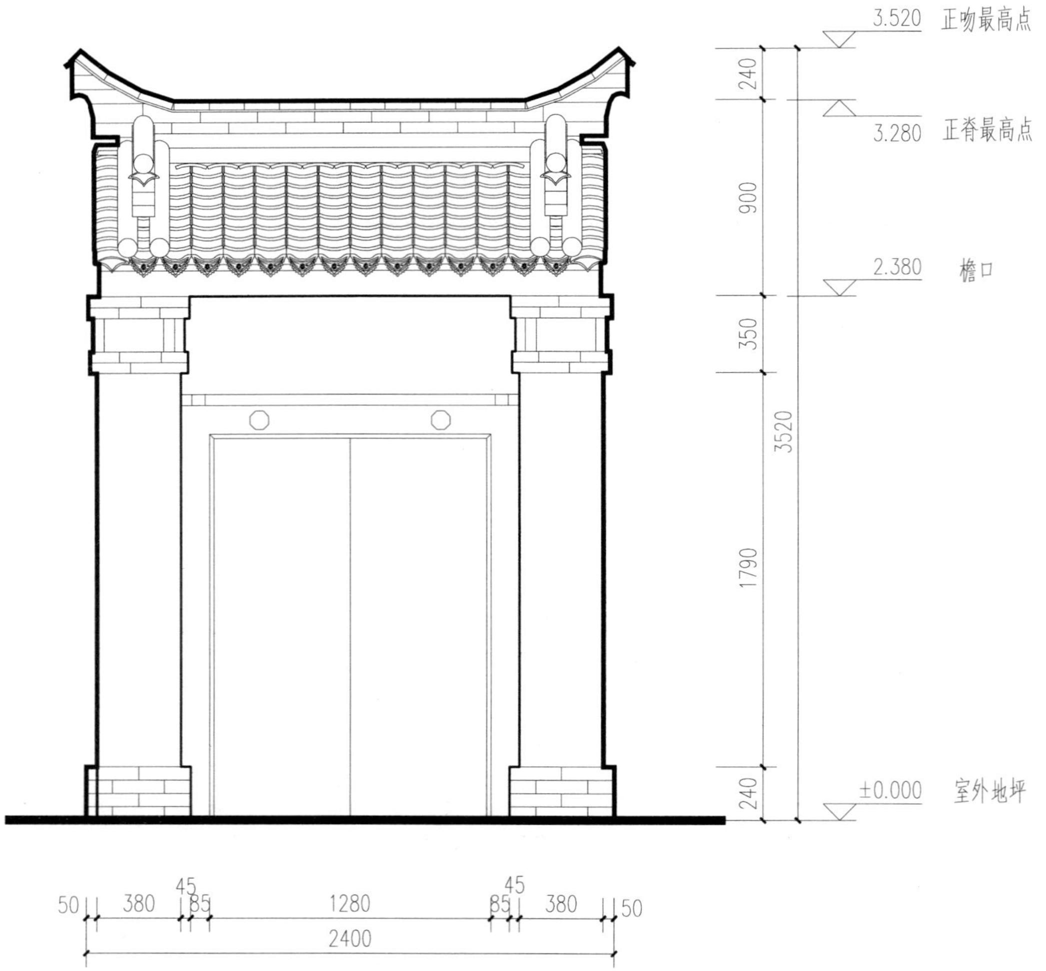

图 38 红一方面军旧址倒座大门立面图

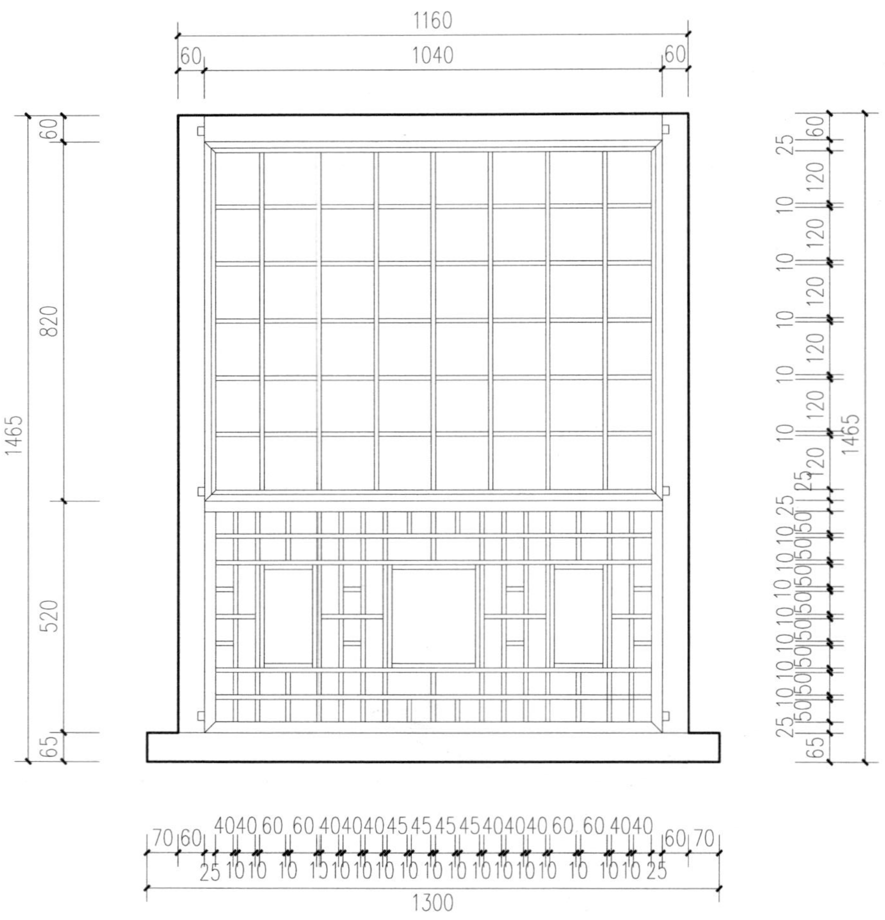

图 39 红一方面军旧址倒座窗大样图

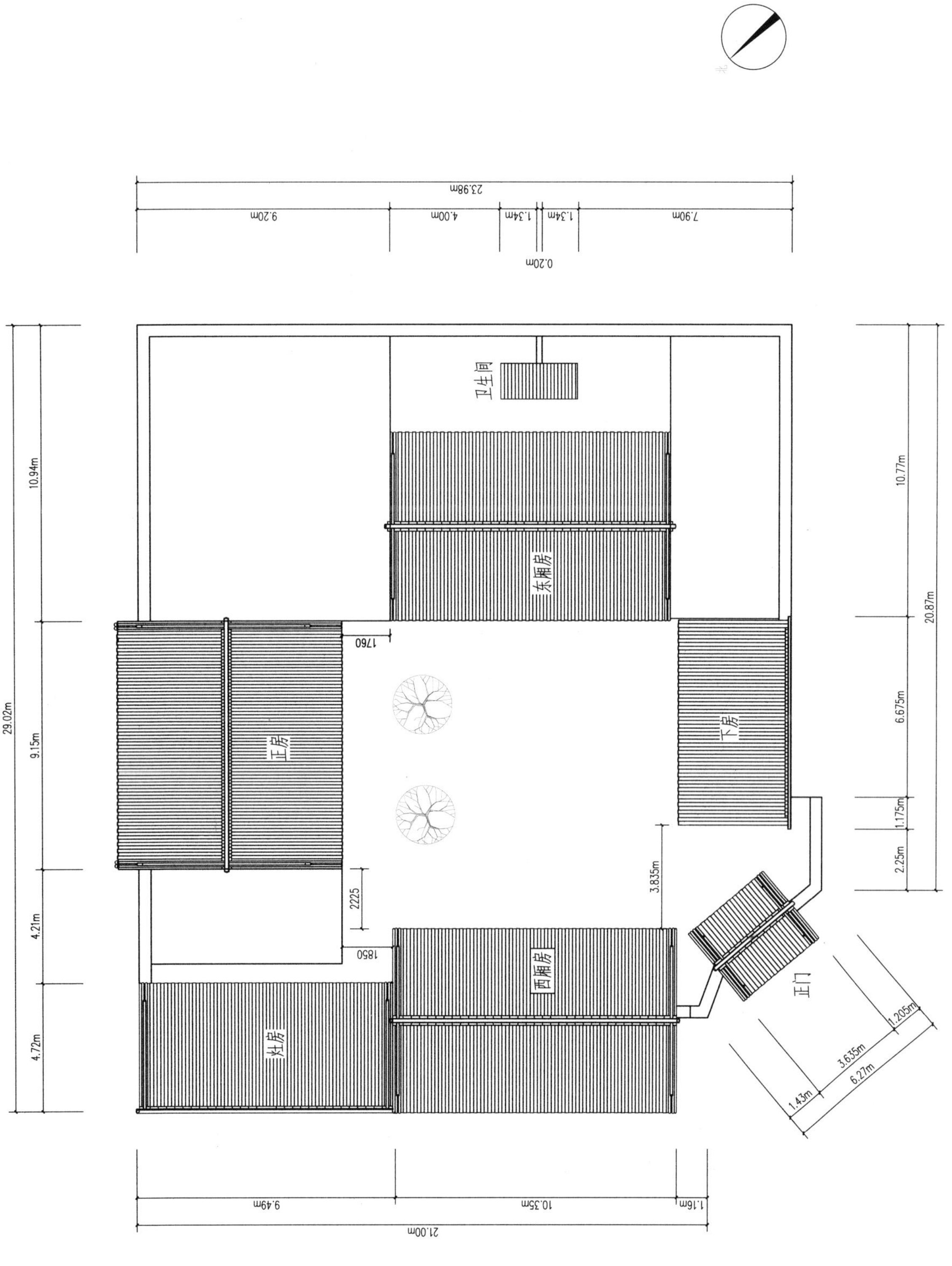

图 40　红二方面军旧址院落总平面图

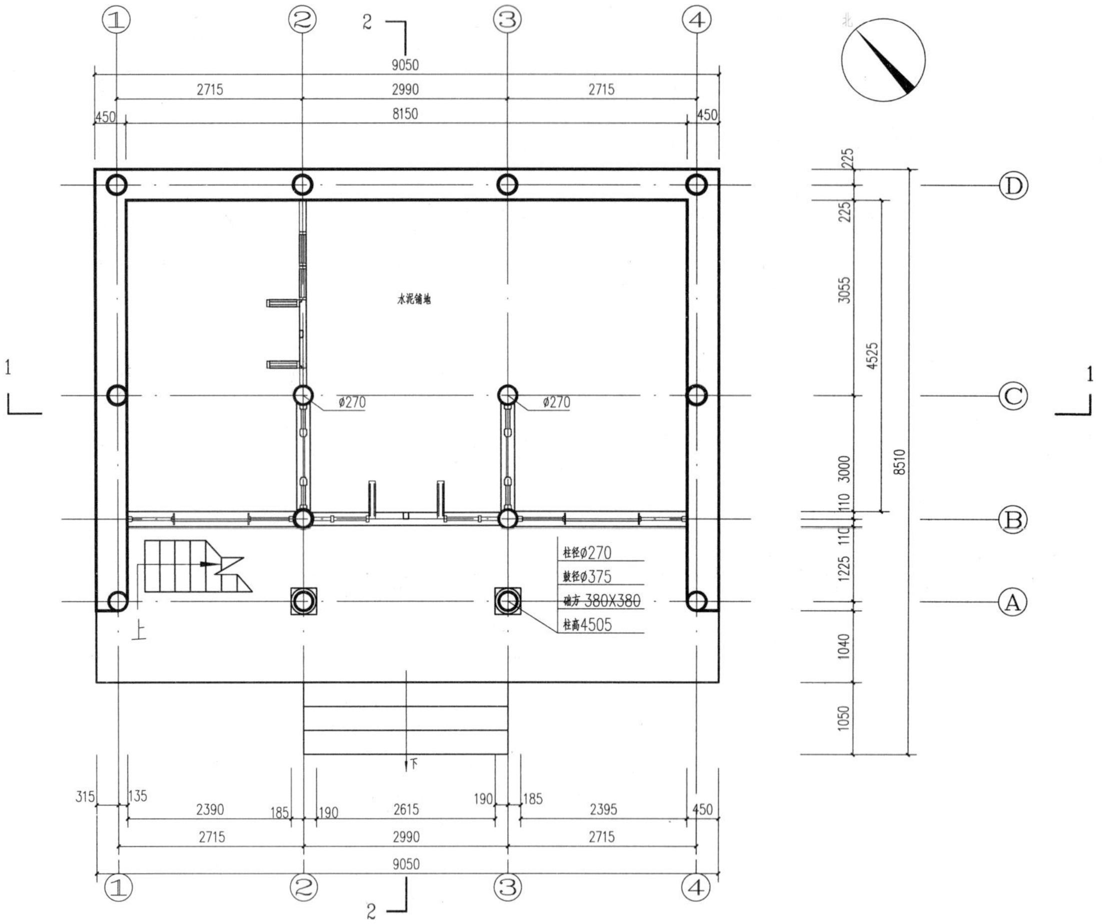

图 41　红二方面军旧址正房一层平面图

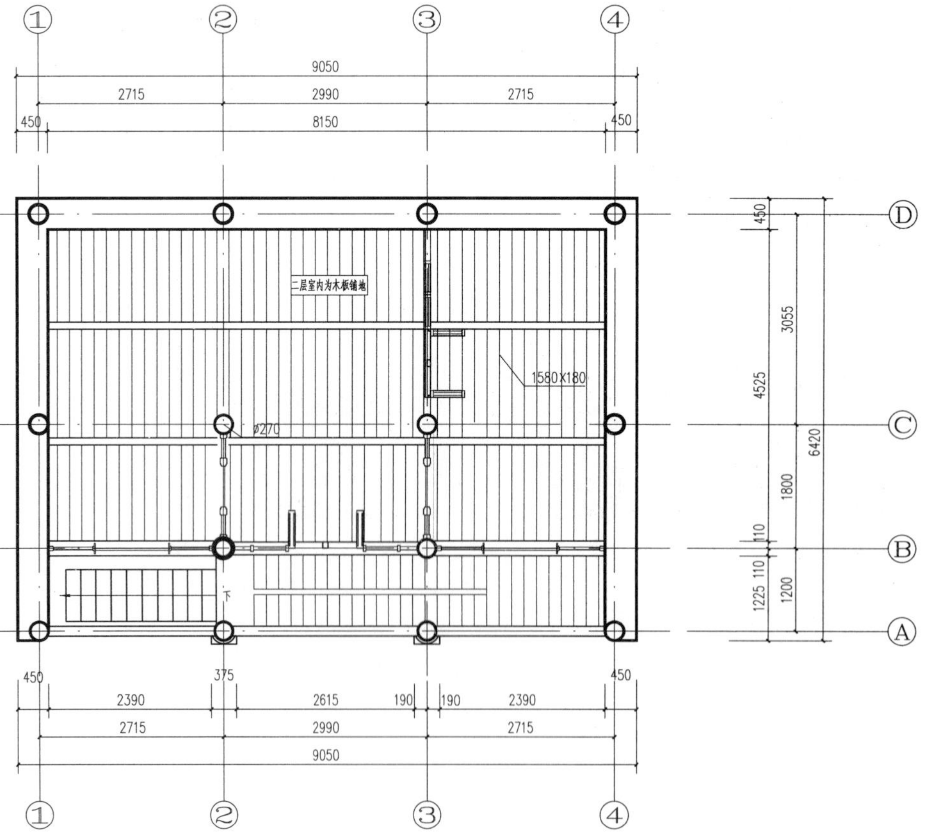

图 42　红二方面军旧址正房二层平面图

图 43　红二方面军旧址正房正立面图

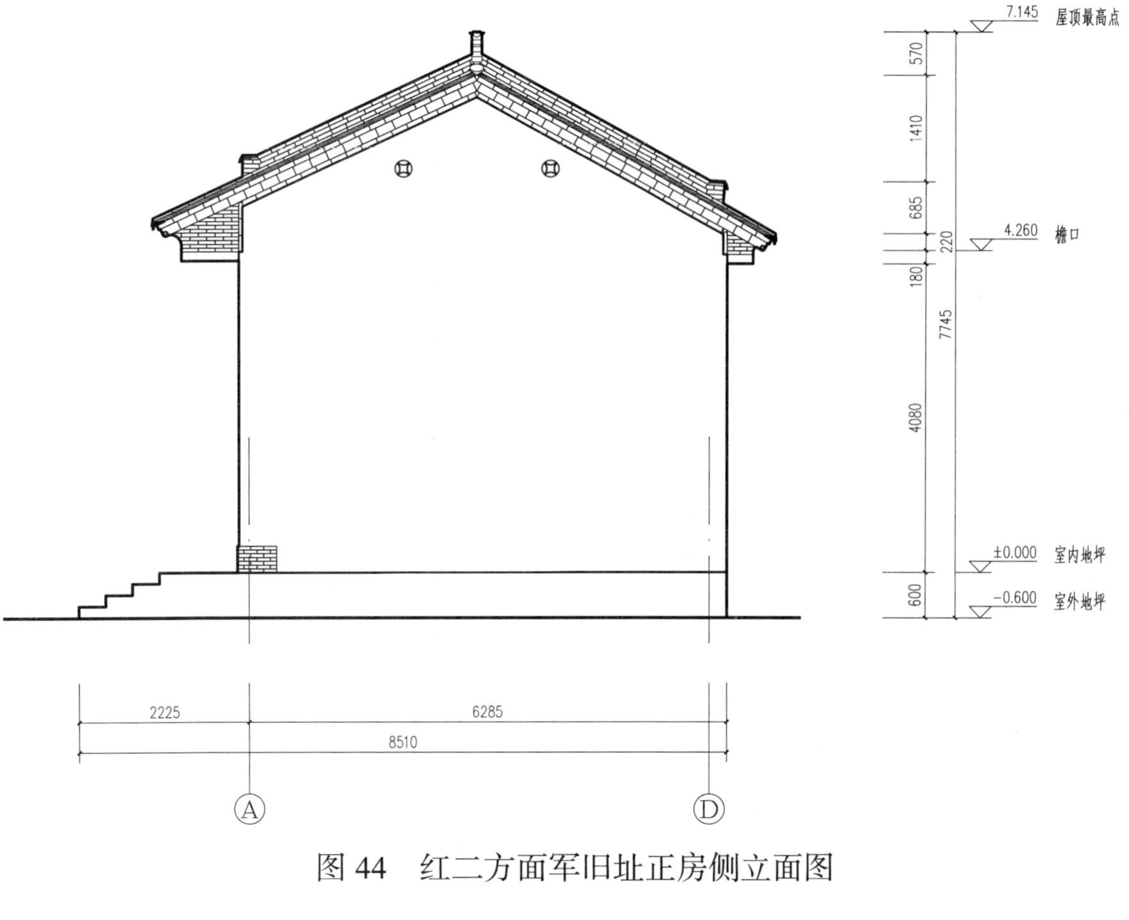

图 44　红二方面军旧址正房侧立面图

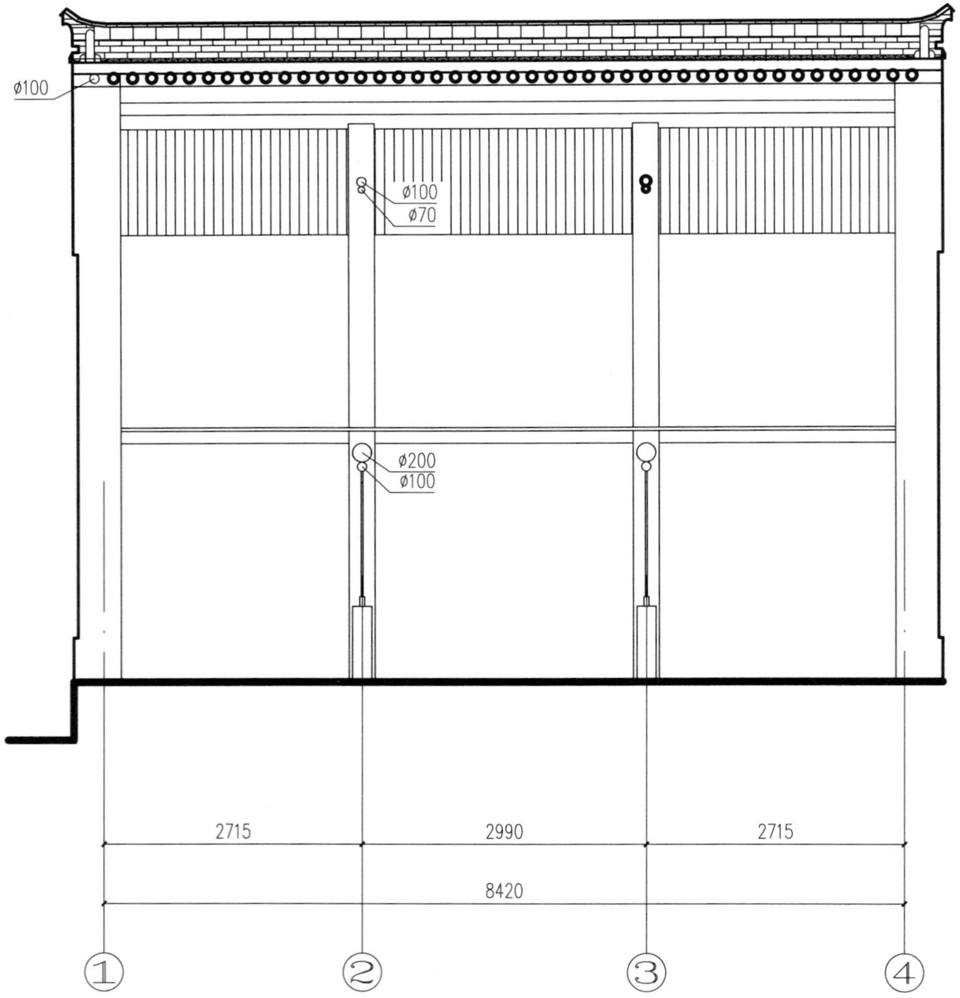

图 45　红二方面军旧址正房 1-1 剖面图

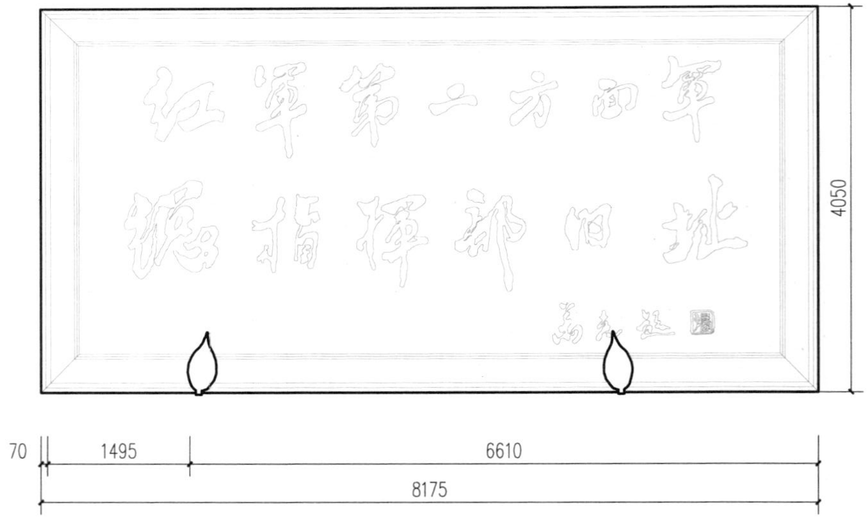

图 46　红二方面军旧址正房牌匾大样图

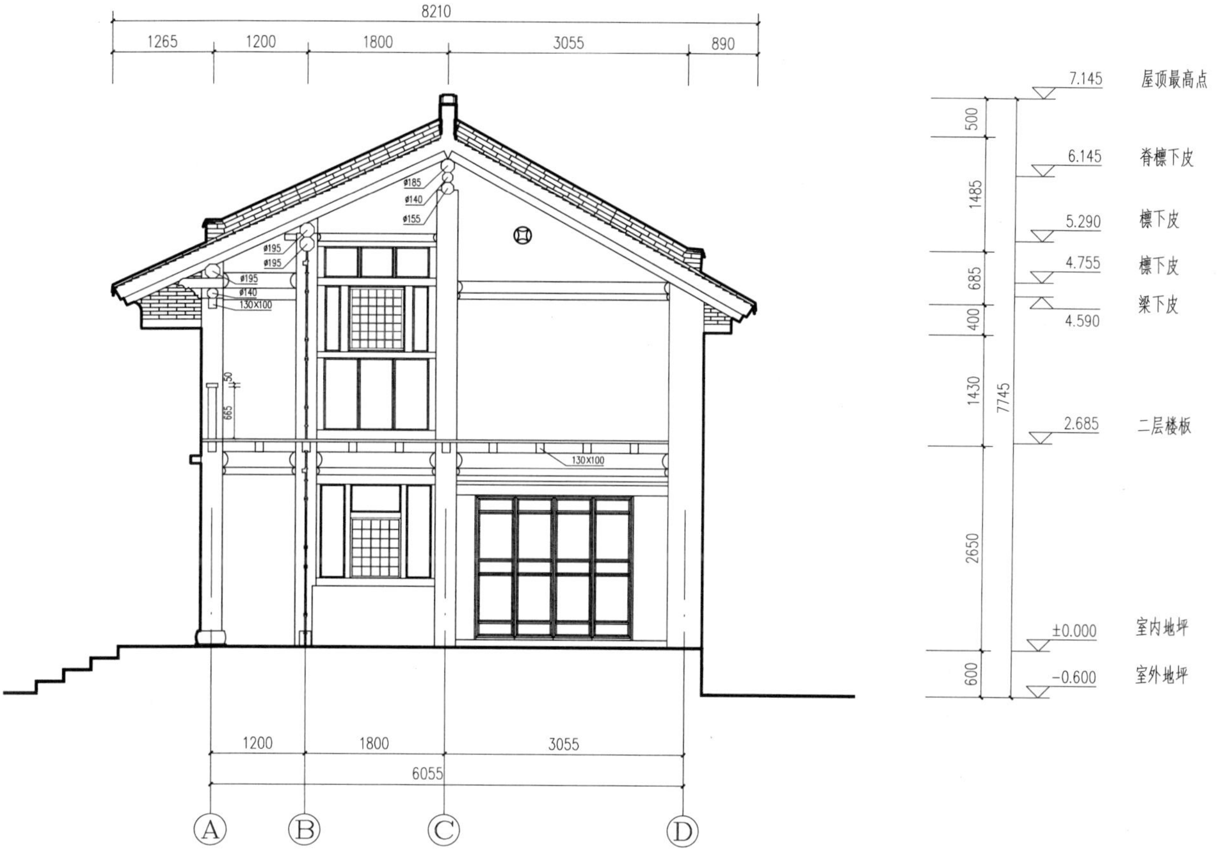

图 47　红二方面军旧址正房 2-2 剖面图

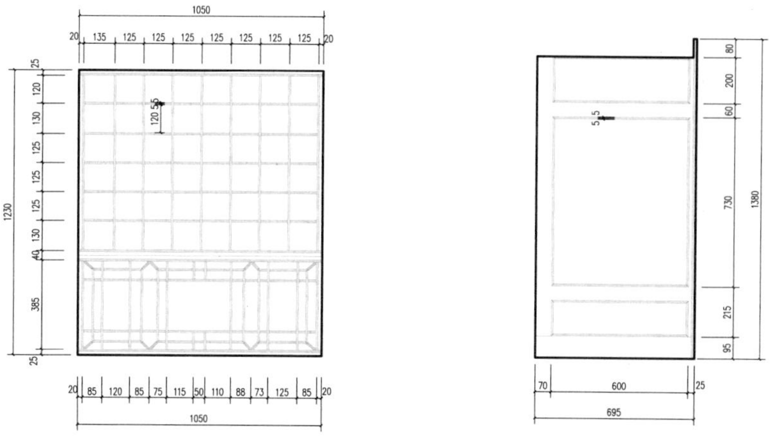

图 48　红二方面军旧址正房门窗大样图

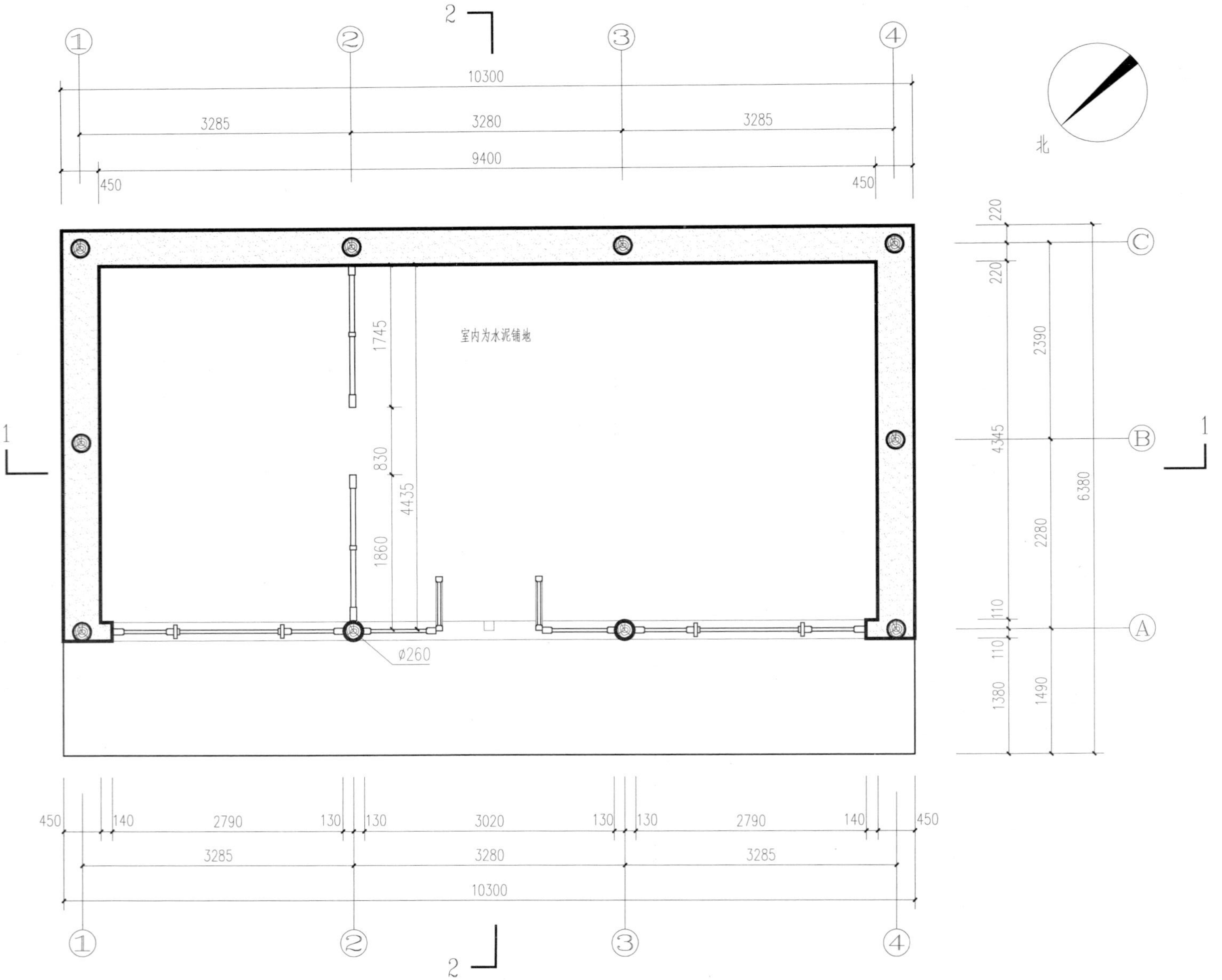

图 49　红二方面军旧址东厢房平面图

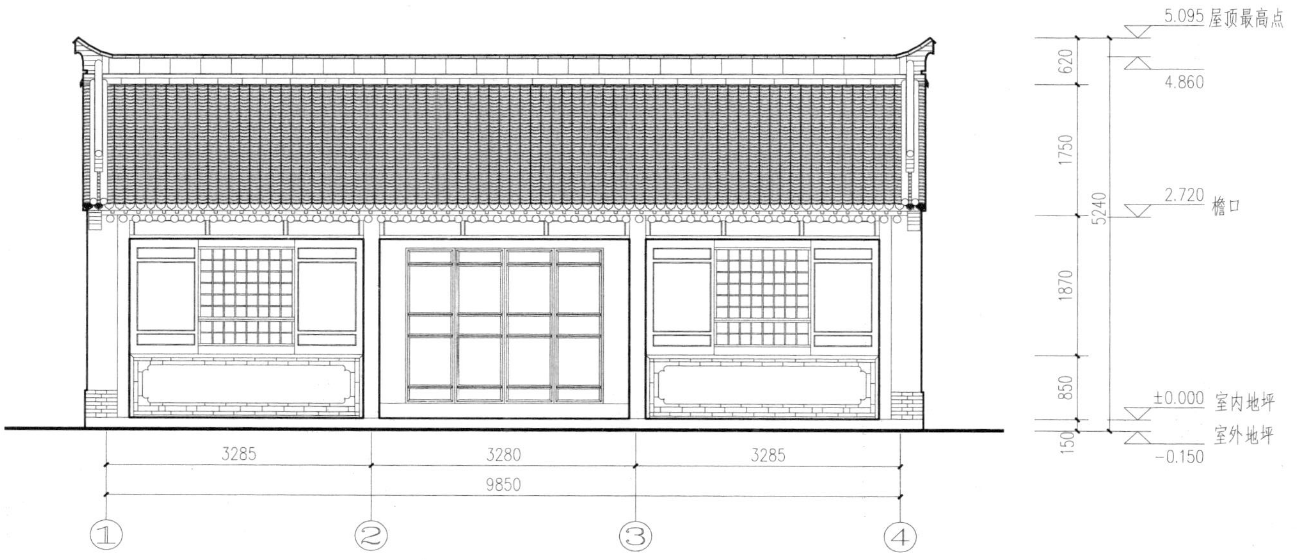

图 50　红二方面军旧址东厢房正立面图

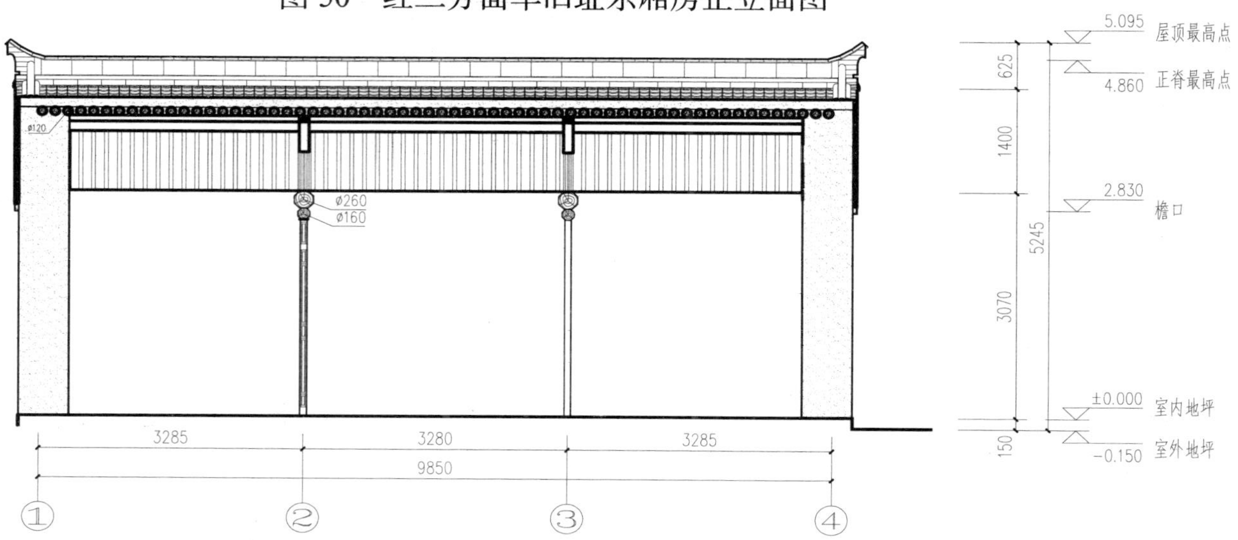

图 51　红二方面军旧址东厢房 1-1 剖面图

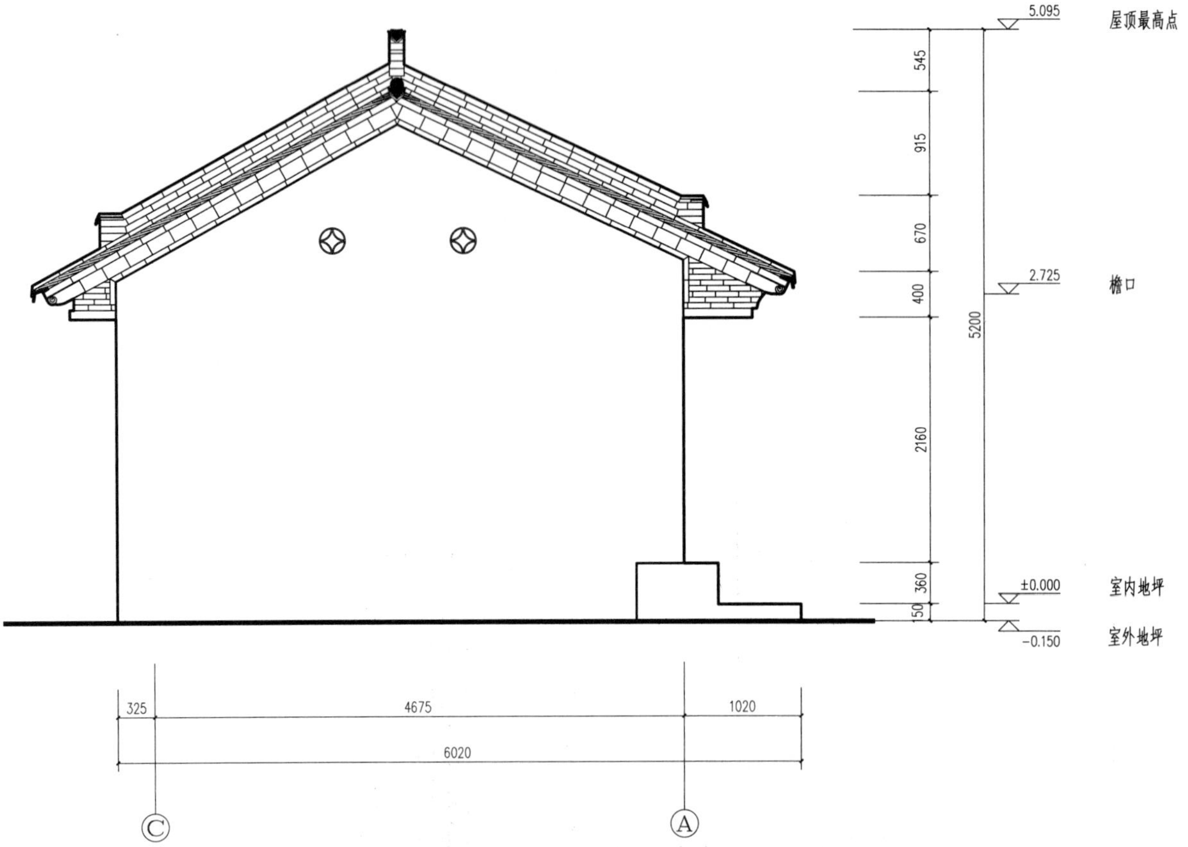

图 52　红二方面军旧址东厢房侧立面图

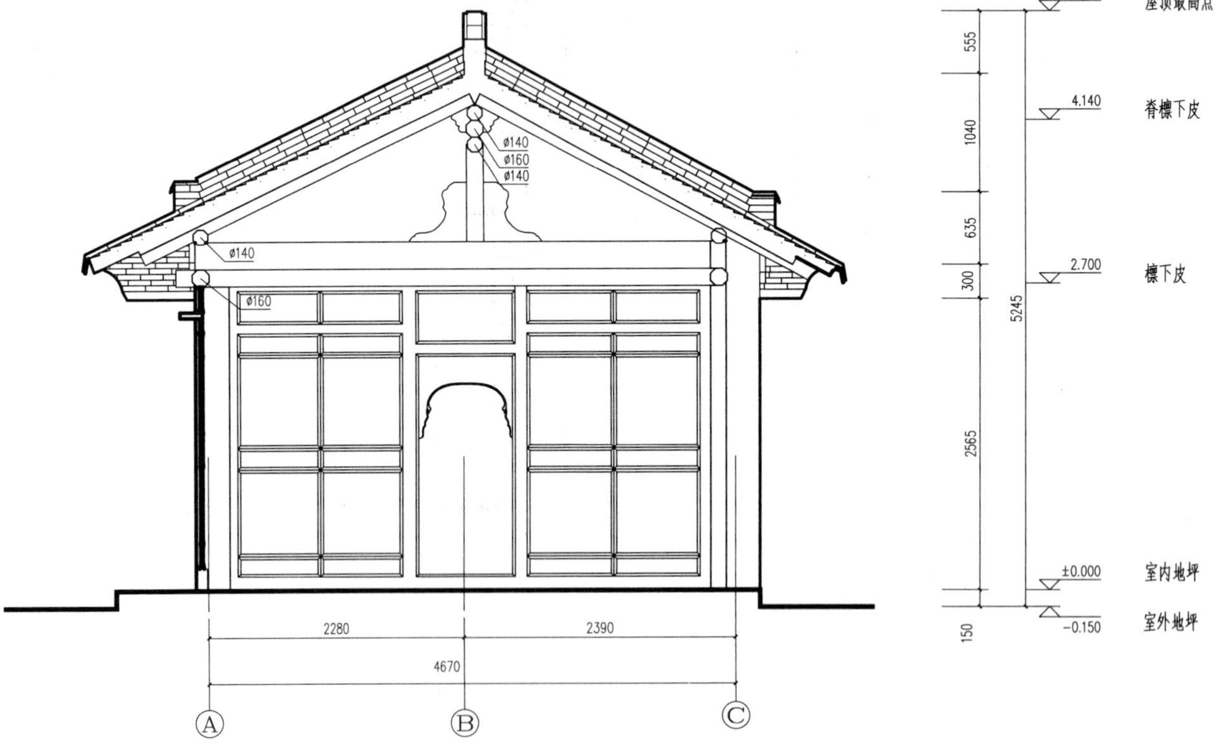

图 53　红二方面军旧址东厢房 2-2 剖面图

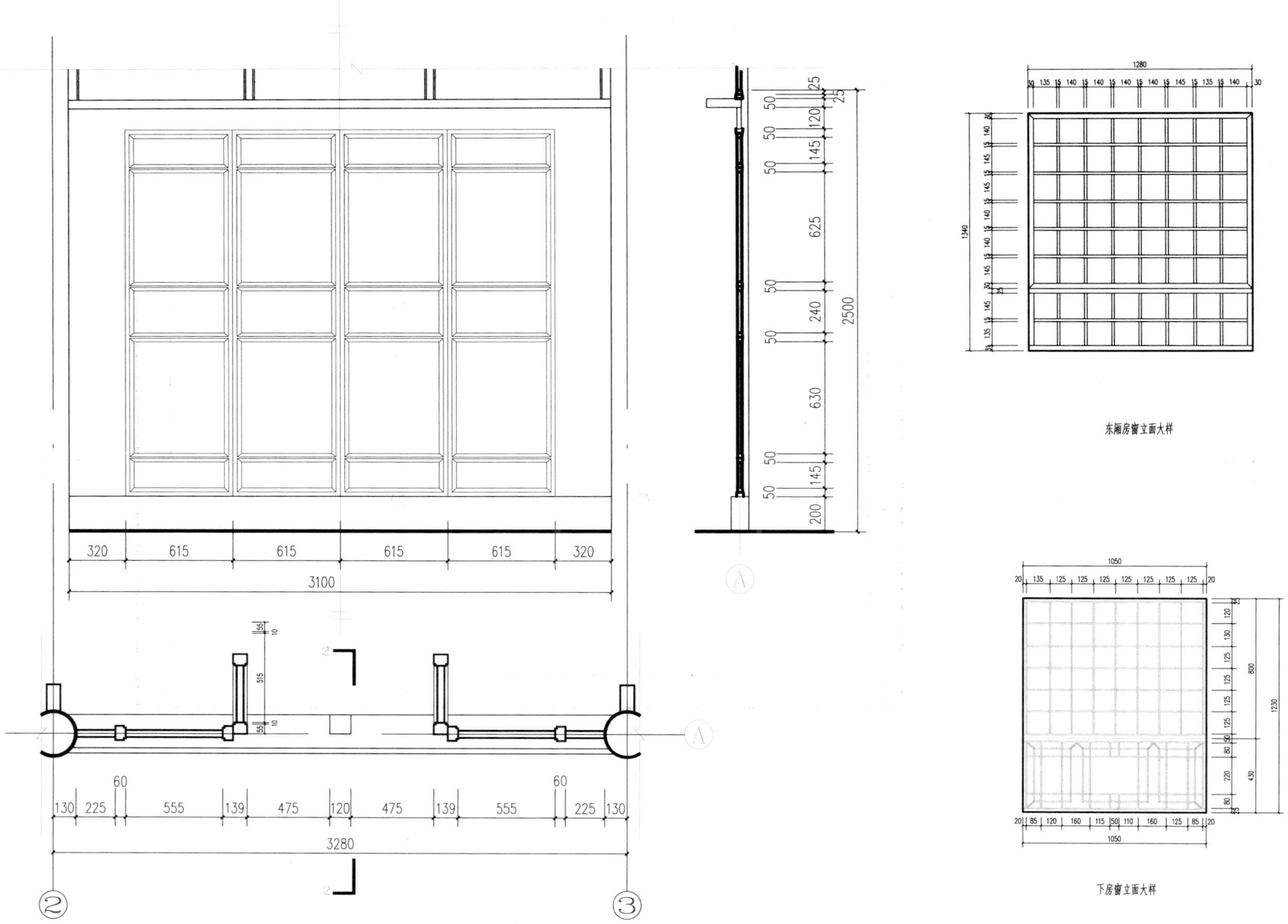

图 54　红二方面军旧址东厢房门窗大样图

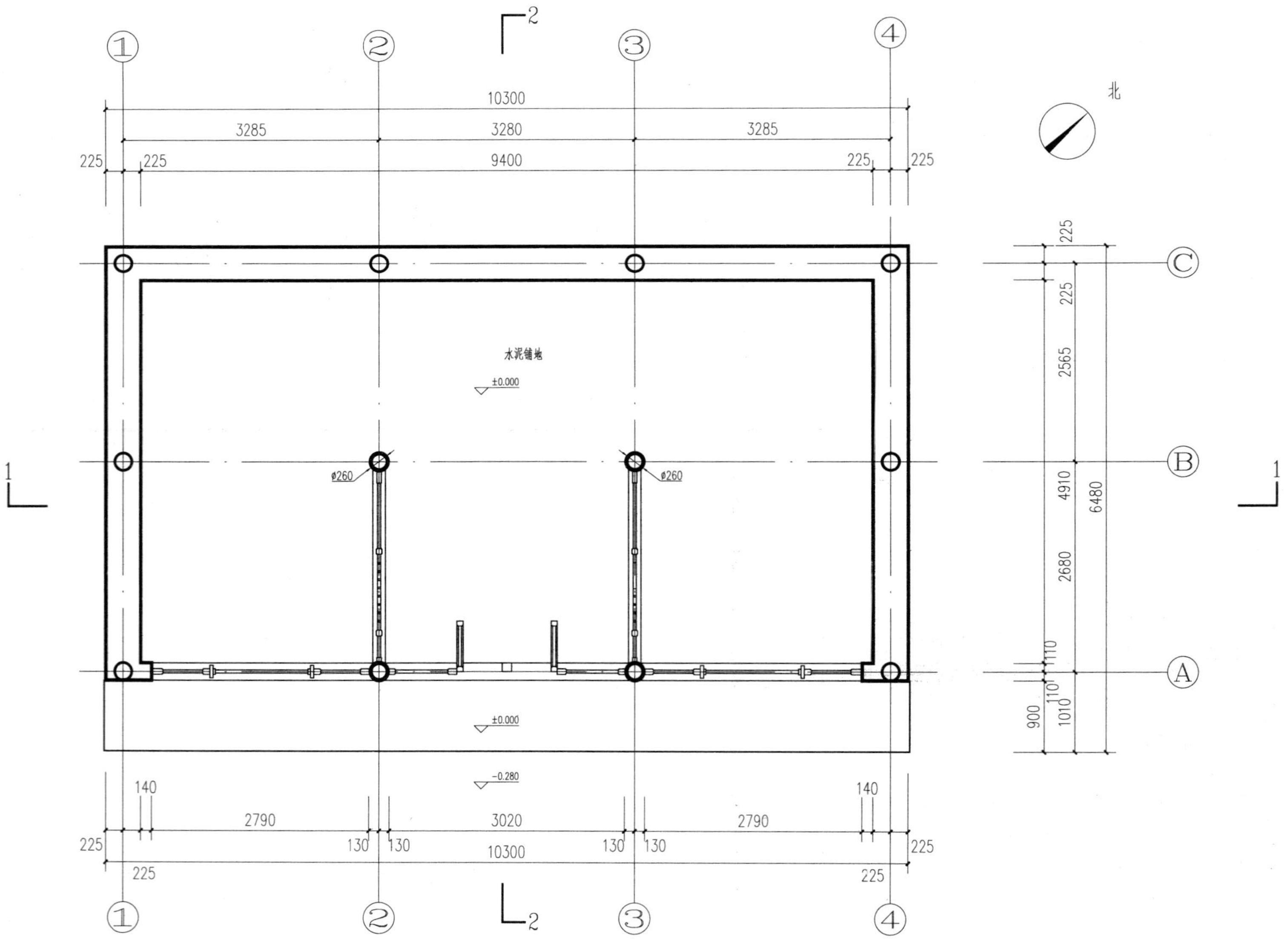

图 55　红二方面军旧址西厢房平面图

图 56　红二方面军旧址西厢房灶房立面图

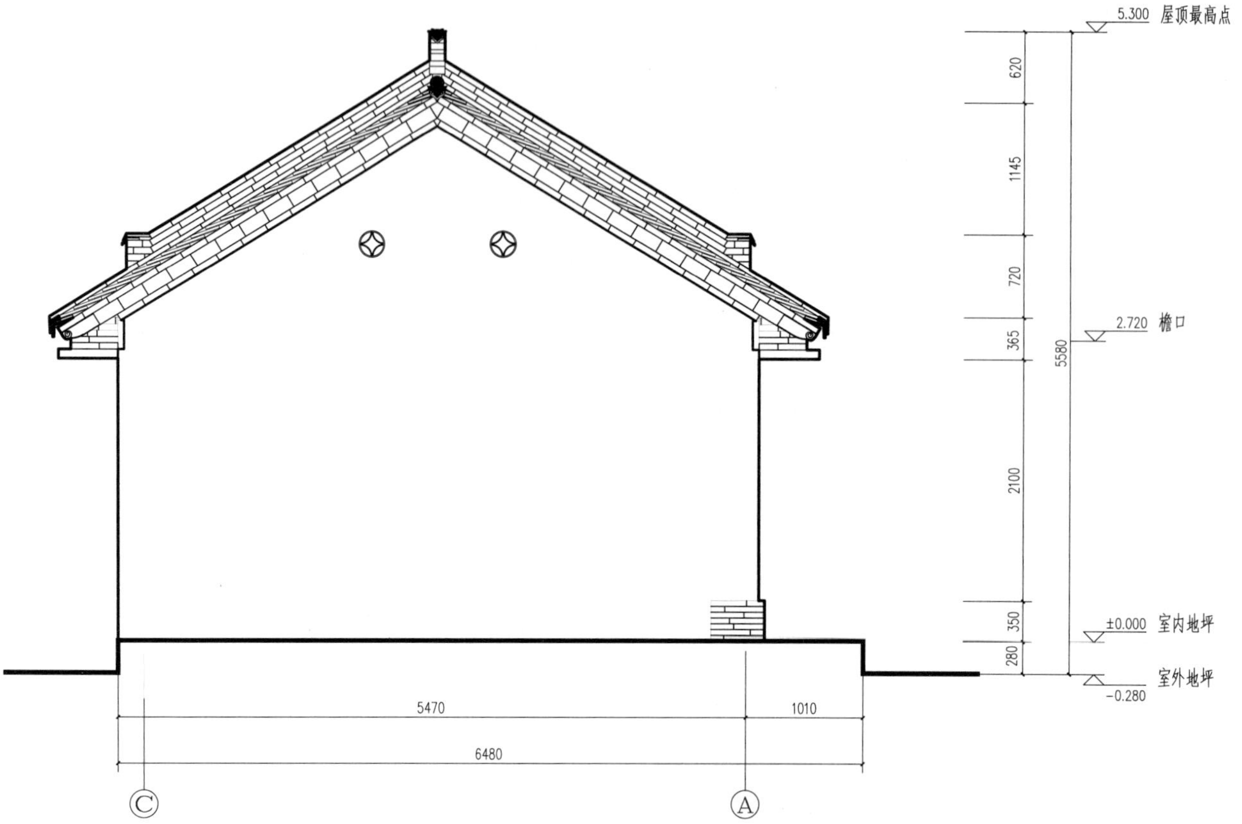

图 57　红二方面军旧址西厢房侧立面图

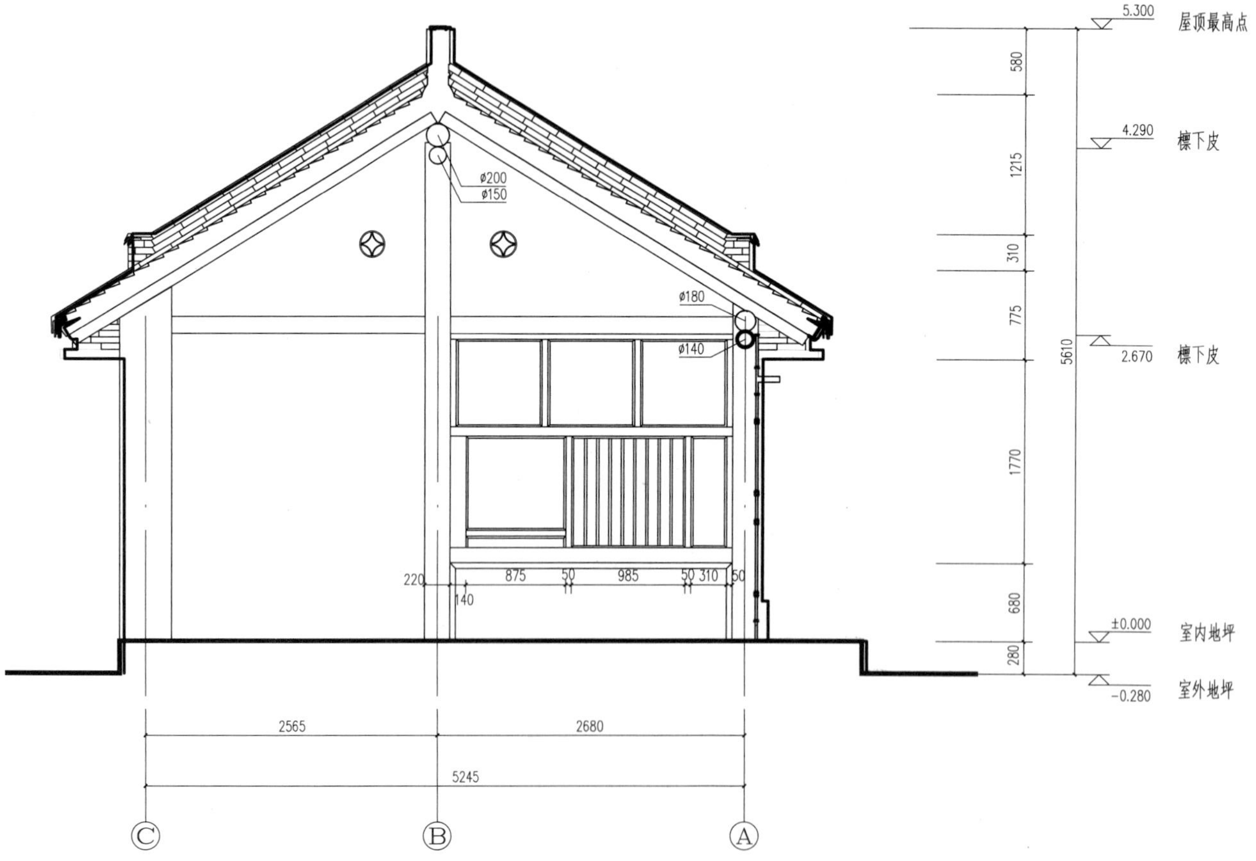

图 58　红二方面军旧址西厢房 2-2 剖面图

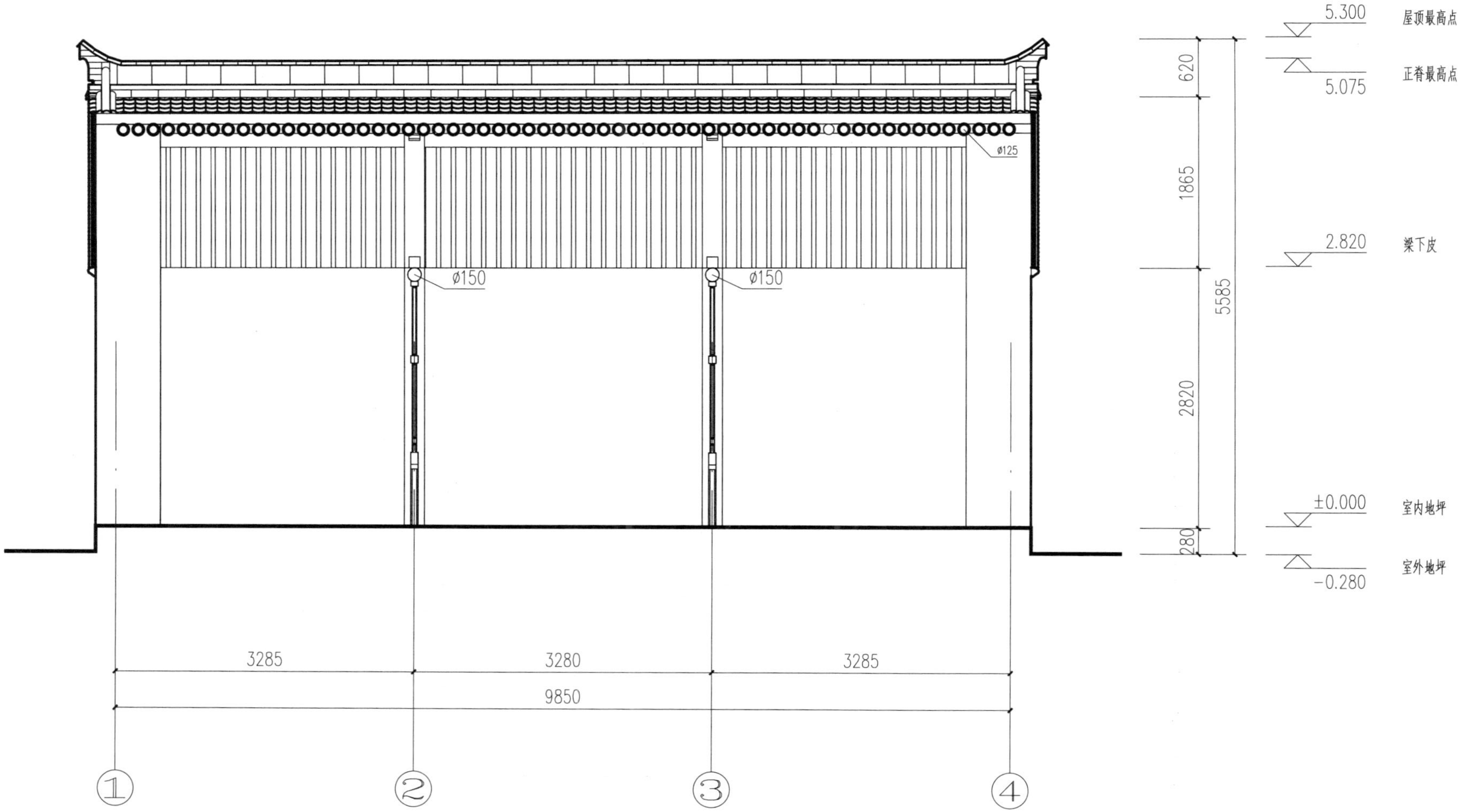

图 59　红二方面军旧址西厢房 1-1 剖面图

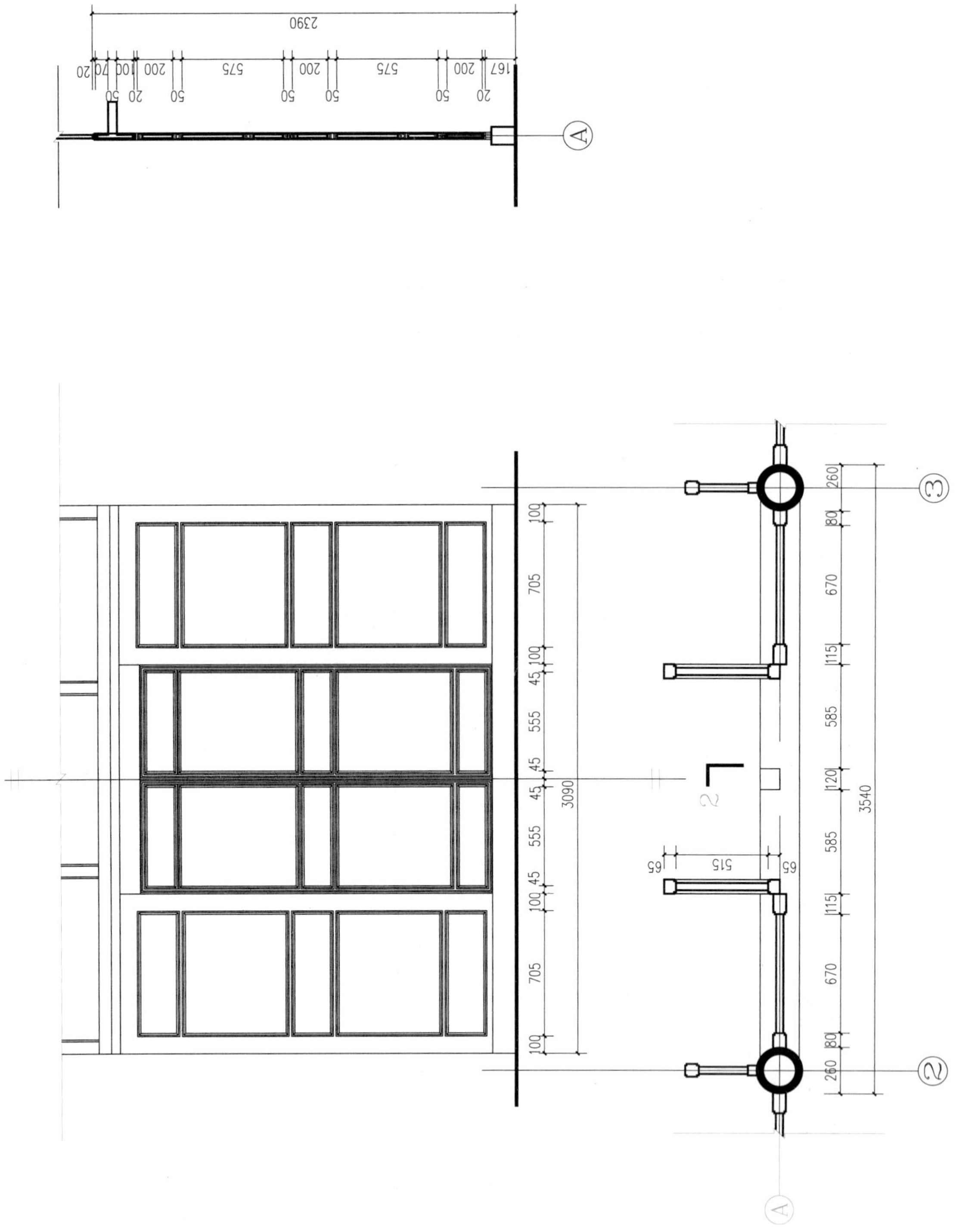

图60 红二方面军旧址西厢房门窗大样图

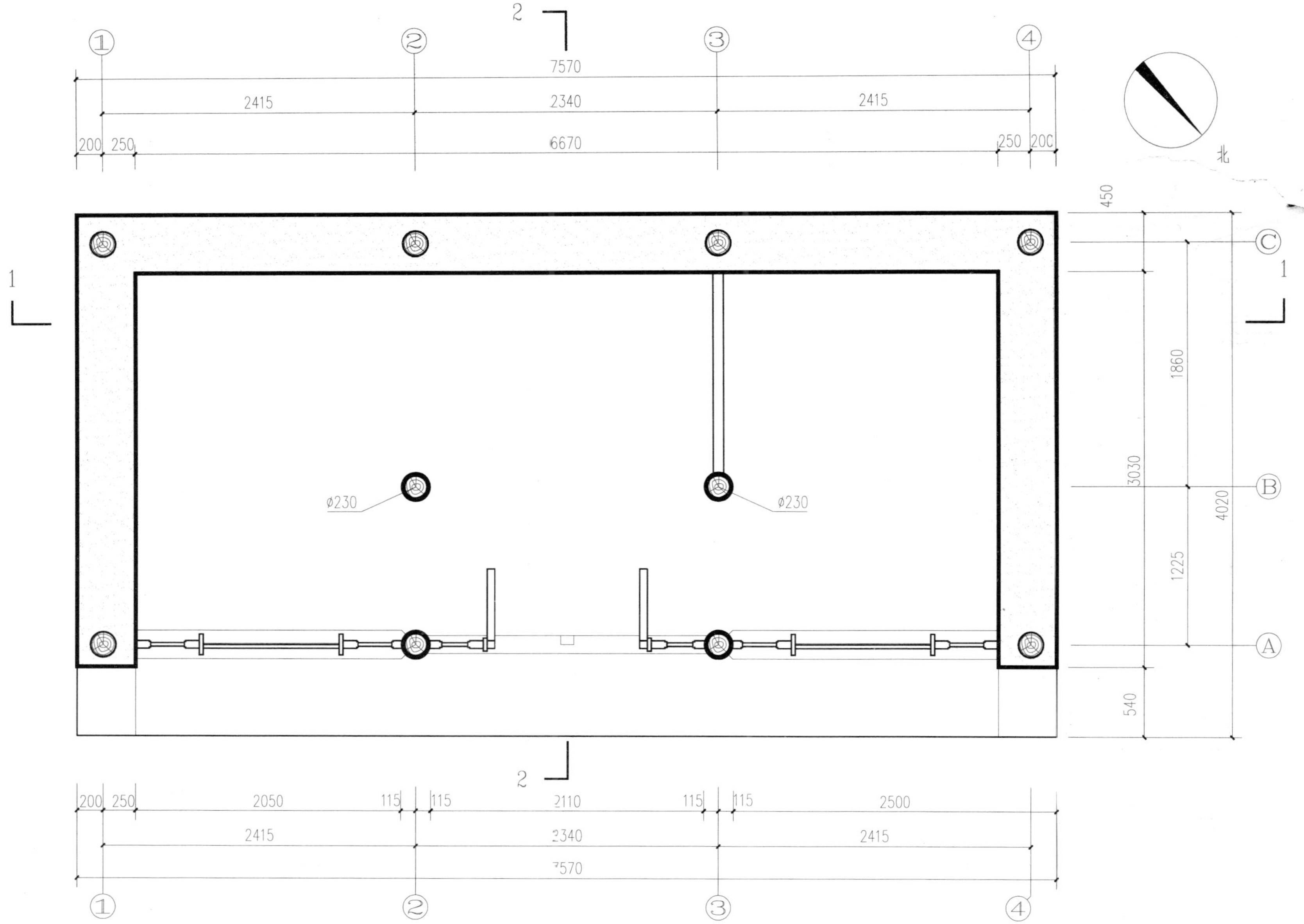

图 61　红二方面军旧址下房平面图

图 62　红二方面军下房旧址正立面图

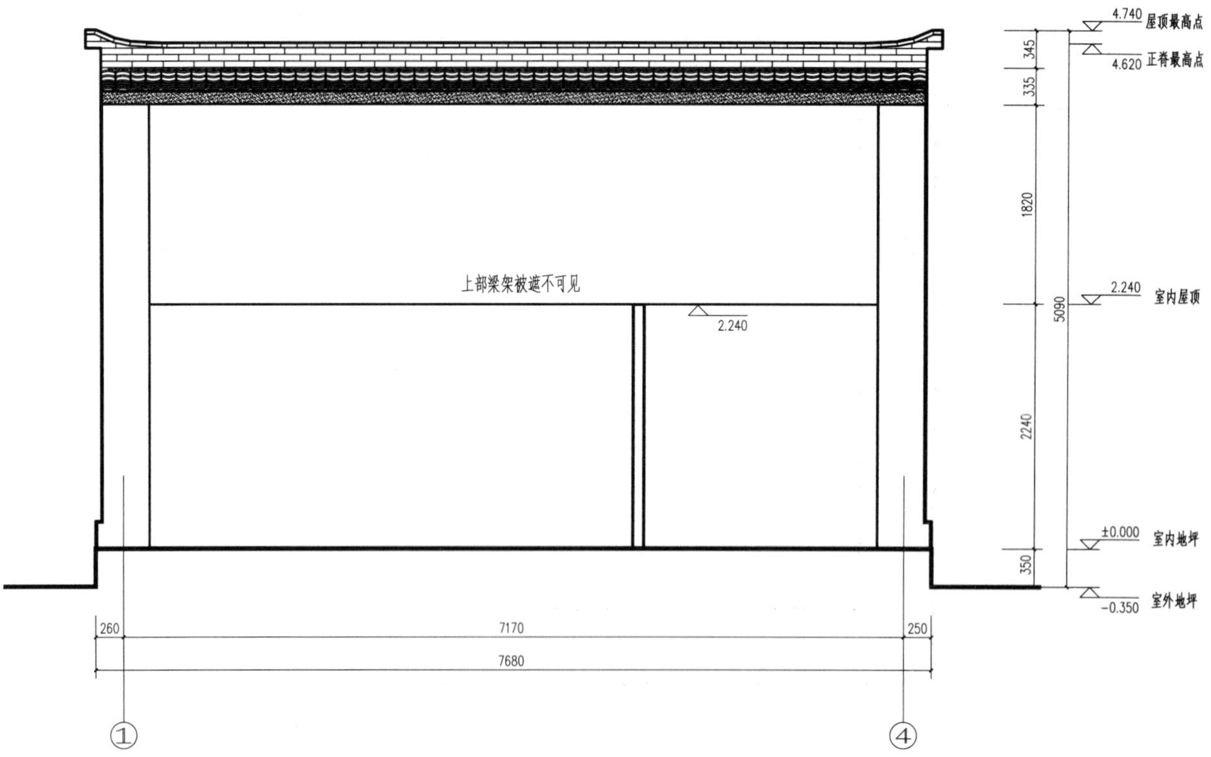

图 63　红二方面军旧址下房 1-1 剖面图

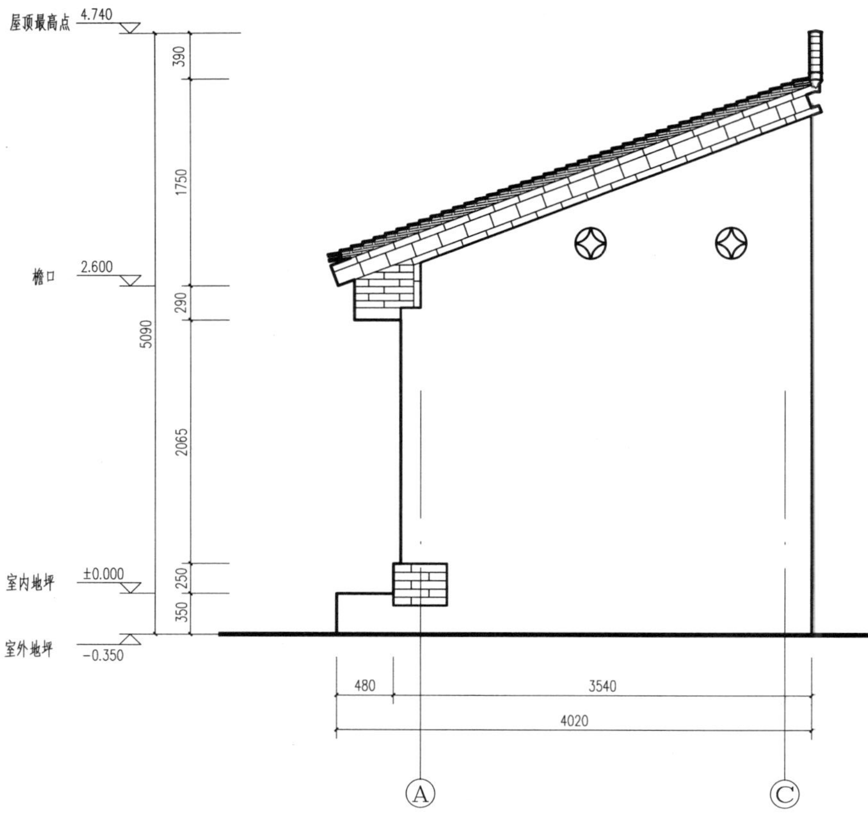

图 64　红二方面军旧址下房侧立面图

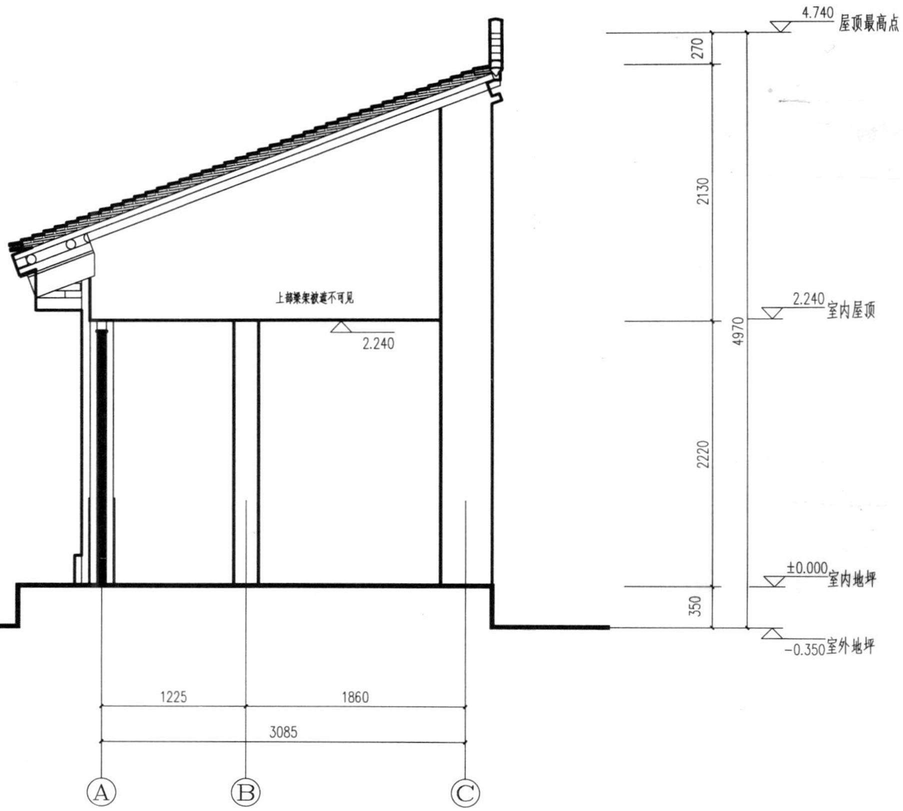

图 65　红二方面军旧址下房 2-2 剖面图

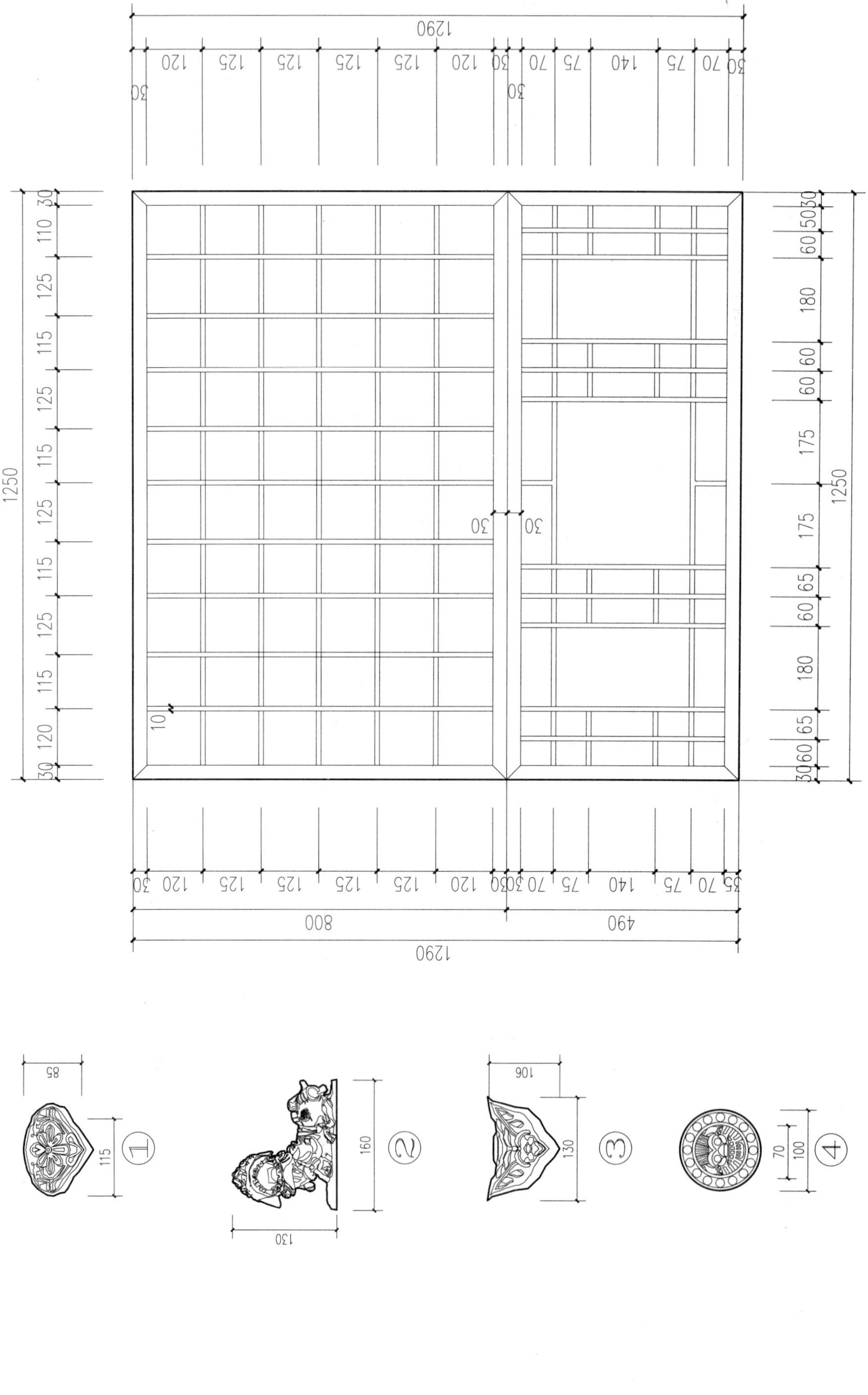

图 66　红二方面军旧址下房雕花及西厢房窗花大样图

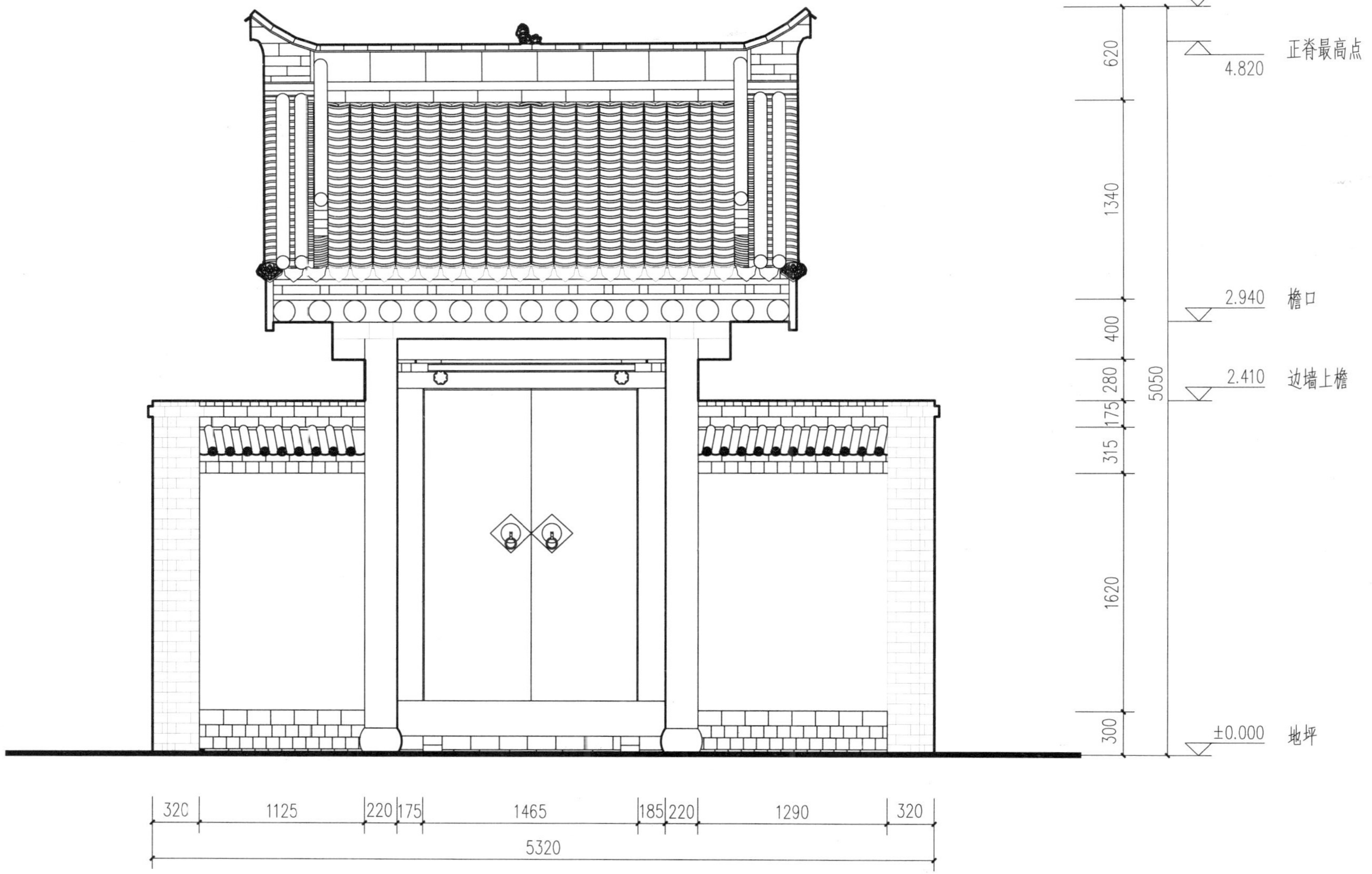

图 67　红二方面军旧址大门立面图

礼县刘氏宅院

刘氏宅院[1]位于陇南市礼县城关镇潘家街，始建于清同治年间（1861~1875年），是礼县现存最为完整的古民居建筑，县级文物保护单位，2017年入选甘肃省历史建筑名录。据悉，当时建造宅院所采用的木材、青石板等材料均来自四川。建设过程选料精细、施工严谨，因此，宅院建设至今一百多年历经数次地震、水灾与战乱，仍能较为完整的保留下来，营造水准可见一斑。

刘氏宅院建筑选址依潘家街道布置，现今虽然高楼林立，但当时则是与众多的民居院落濒临而建。依街道走向确定了建筑整体布局及大门朝向。院落整体坐东朝西，院门为两道，主入口位于西南向。

刘氏宅院总占地面积430m^2，建筑总面积250m^2。东西长17.2m，南北深25.3m，为一进四合院。建筑形制与天水传统民居极为相似，有主门、次门（当地称垂花角门）之分。院落由正房和东、西厢房与倒座部分围合组成，建筑在屋顶部分厢房与倒座各自独立，与正房相交有天沟。厢房与正房、倒座的耳房部分共用墙体，是北方地区较为普遍的大院形式。整个院落以正房为全院最高处，但不像山区坡地民居那样高差悬殊，与院落高差约为0.3m。从主入口进入狭长的门道空间，来到院落的二道次门，在正对面南厢房山墙处无照壁（天水地区传统民居在此处多有厢房山墙处的骑马照壁）。

正房位于刘氏宅院中轴线东端，坐落于0.3m台明之上，坐东朝西。五开间，通面阔17.2m，进深两间，通进深6.8m，前出廊，出檐1m。整体为明三暗五的“锁子厅”式平面布局。木构架为三架梁带前檐廊，金柱与檐柱之间以穿插枋连接，檐下施重跳五踩交麻叶斗栱，上承挑尖梁头。双坡悬山顶：正房为筒瓦屋面，勾头滴水；耳房则为干槎瓦屋面。屋面正脊为通脊，以莲花、牡丹为主题，在耳房交接处坐有五把鬃吻兽，以形成屋脊的三段式。正房台明为素土地面，青石包砌，石柱础。明间用六抹四门、有门罩，次间则为青砖槛墙，装设支摘

[1] 刘家大院的第一任主人为清宣统（1909年）乙酉科拔贡生刘宝钧。曾参与地方县志的编撰，是当时颇有声望的文人，后被任命为知县，在赴任途中不幸病逝。此后院落由刘宝钧嫡孙刘定远、刘定东居住。如今是由他的一位50多岁的后代同一户租客共同居住。

窗。耳房则从檐廊部分进入，用板门。山墙下碱为青砖砌筑，上身为夯土墙。

厢房位于院内南、北两侧，坐落于 0.2m 的台明之上。面阔五间，通面阔 12m，进深两间，通进深 3.9m，出前廊，出檐 0.8m。木构架为抬梁式带前檐廊，金柱与檐柱之间以穿插枋连接，檐下施单跳三踩斗栱，上承挑尖梁头。每开间用平身科斗栱一攒。屋面为板瓦单坡屋顶（俗称一坡水），有正脊无雕饰，高度及形制比正房及倒座低。屋顶与倒座脊断开，与正房脊正接齐平，形成了传统民居“U”+“—”字形的平面组合。厢房外墙为夯土墙，内院墙为砖石墙。室内地面为素土地面，廊下台明为素土地面，青石包砌，前廊柱础为石柱础。房前开四门八窗，窗为支摘窗，内有窗扇，设置方式与正房基本相同。

倒座位于院落西端，坐落于 0.2m 台明之上（与厢房同），面阔三间带耳房一间，通面阔 12.8m。进深两间，通进深 6.7m，前出廊，出檐 1m。三架梁带前檐廊，金柱与檐柱之间以穿插枋连接，檐下施单跳三踩内交麻叶斗栱，上承挑尖梁头，挑檐檩下用花板。双坡悬山顶，其与厢房台明相连，屋顶为筒瓦屋面，勾头滴水皆全。正脊以莲花、牡丹为主题，在两端坐有五把鬃吻兽。外墙及侧墙为土墙，内院墙为板门。前檐廊下地面为硬质铺地。后檐墙及山墙勒脚为青砖砌筑，各开间均由四扇六抹槅扇门组成。明间入口用门罩，建筑单间面阔均为 3m，每开间用平身科斗栱两攒。檐柱在当地称作“明柱”，其间用骑马雀替。院落西北角有一耳房，现为卫生间。

刘氏宅院的建筑雕饰多集中在门窗、檐下斗栱以及栱垫板，尤其精美的是垂花角门（次门），角门宽 2m，深 0.7m，高 3.2m，角门檐下用垂花柱，端头似一垂珠，两侧嵌以木雕，其中木雕为戟、喜鹊、莲花、花瓶、丝带等图案，门基底座刻“海上日出”图案，寓意深远。

木雕集中体现于门窗格栅、绦环板、柱头等部位。

（1）门窗：门窗格栅以几何纹样与梅花纹的组合来凸显窗心的棋盘方格，细致之中又显大气。槅扇门的格心采用“套方”的纹饰，绦环板上饰以长矛兵器、卷草纹等雕刻花饰，具有驱邪、逢凶化吉以及祥和的文化内涵。

（2）垂花门：垂花门基底的“壶瓶牙子”刻有“海上日出”图案，立柱饰有草龙的侧板纹饰。穿枋上镂刻“鹭鸶戏莲”和“喜鹊闹梅”等形象。鹭鸶戏莲谐音“一路联科”，寓意应试成功、仕途顺利。“喜鹊闹梅”寓意“喜上眉梢”，代表吉祥、喜庆和好运的到来。 垂柱下有垂珠、饰有斗栱交麻叶图案，形成多个层次，整体形象刻画得栩栩如生，镂雕技艺娴熟精湛且寓意深远。

（3）斗栱：正房与倒座斗栱用麻叶头，内外位置不一。不仅起到稳固作用，装饰亦十分精美。正房斗栱的栱垫板雕刻极富韵味，为民间常用的“暗八仙”，寓意福寿安康、长寿吉祥。挑檐檩下所施花板则雕刻有“锦鸡牡丹”“喜鹊梅花”“荷花鹭鸶”图案，寓意“锦上添花”“喜上眉梢”“一路清廉”等美好寓意。

（4）山墙：北屋西面的山墙，位于大门和二门的过道，土坯垒砌的山尖处挂着一个如意头形状的木制悬鱼，中间刻着一个太极图，为防外部山水对自家不利，寓意吉祥如意。

砖雕：主要体现在屋顶、正房与厢房的槛墙上。

（1）屋顶：屋顶的正脊两端各自坐有五把鬃吻兽装饰，这种形式称为合角吻，具有保护角柱外皮及装饰的作用。体现了当时的房屋主人等级之高。另外，龙是正义的象征，寓意平安，且屋脊放两条龙，有保护土木结构防火灾的寓意。脊花，以莲花为主题，寓意高洁清廉之意，体现了主人作为读书人家对后代的殷切希望。瓦当上是狮子勾头形象，寓意好事不断，子嗣昌盛。

（2）槛墙：为铜钱图案纹饰，铜钱外圆内方，古人认为圆为天之形，方为地之态，天地产生了万物自然也产生了人类。圆象征平等、包容、和谐的道，方象征着尊卑有序、松紧有度、远近有别的理。铜钱本身也寓意户主荣华富贵的美好向往。

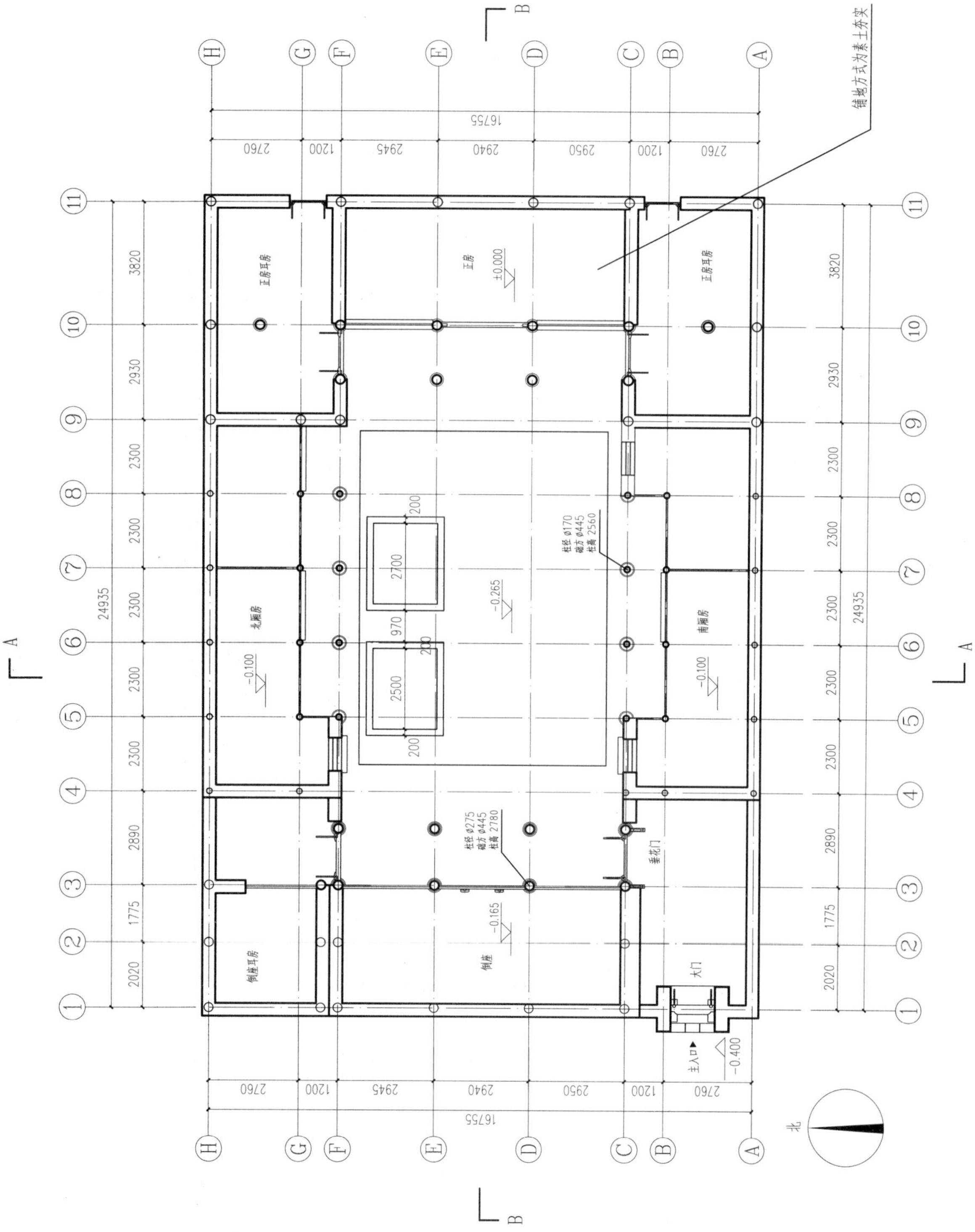
铺地方式为素土夯实
正房
正房耳房
北厢房
南厢房
倒座
倒座耳房
垂花门
大门
主入口
±0.000
-0.265
-0.100
-0.165
-0.400
北

图1 总平面图

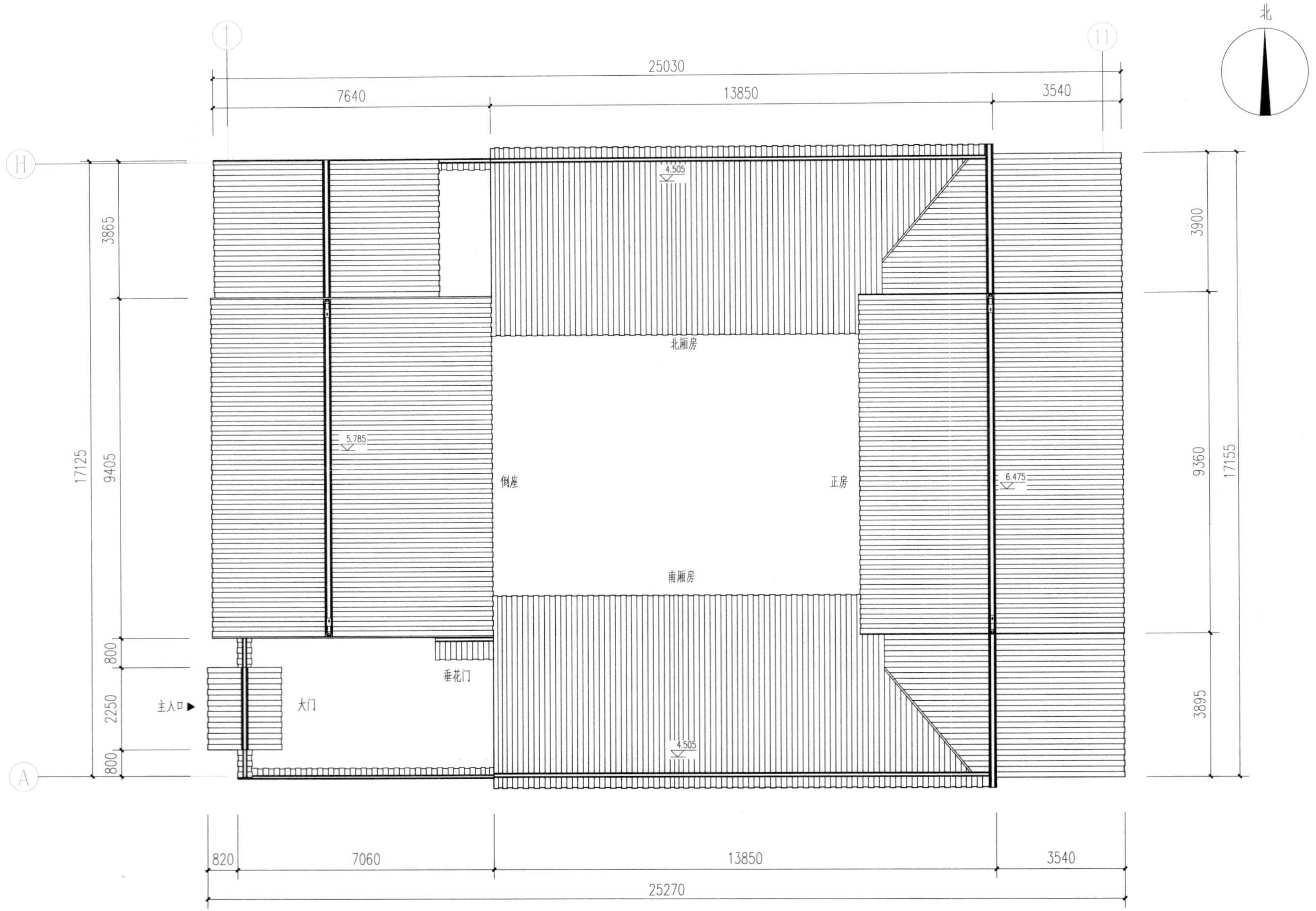

北
25030
7640
13850
3540
3865
9405
17125
800
2250
3900
9360
17155
3895
4.505
5.785
6.475
北厢房
倒座
正房
南厢房
垂花门
大门
主入口
820
7060
25270

图 2 屋顶总平面图

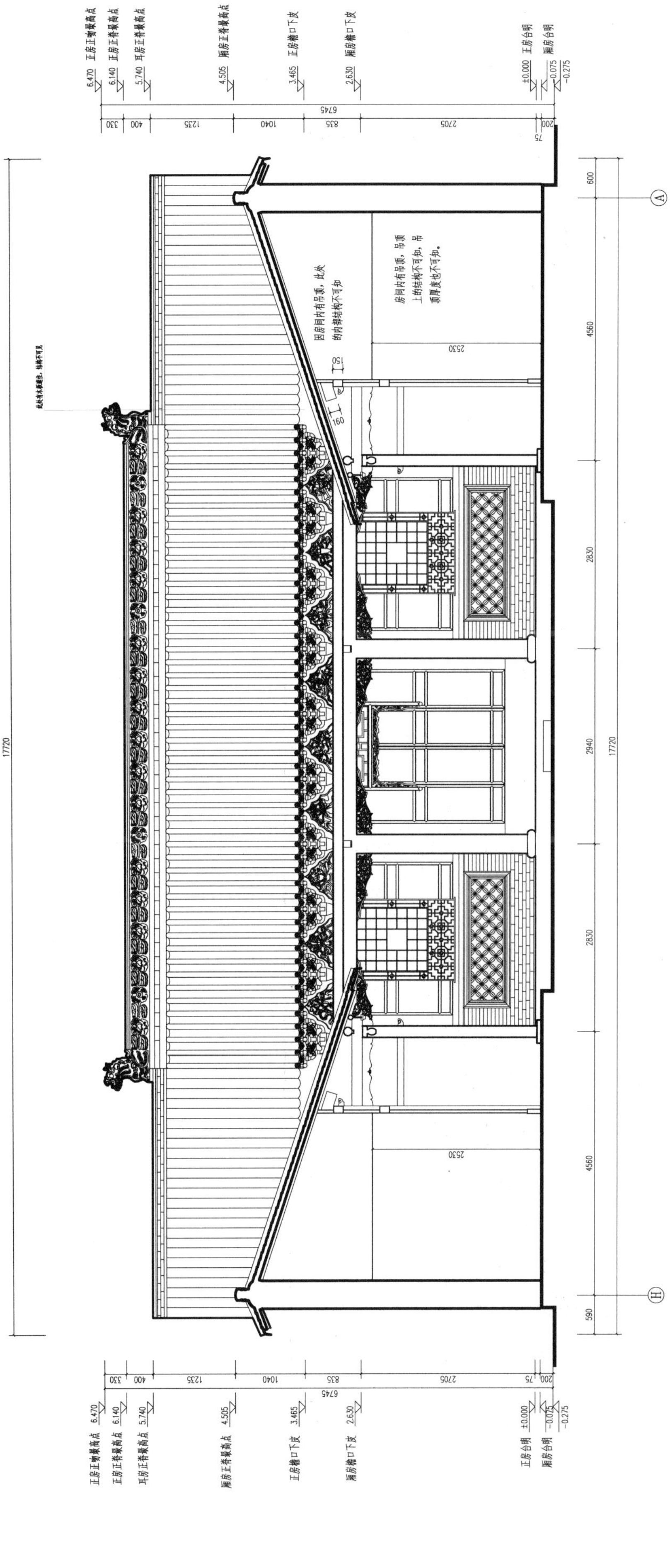

6.470 正房正吻最高点
6.140 正房正脊最高点
5.740 耳房正脊最高点
4.505 厢房正脊最高点
3.465 正房檐口下皮
2.630 厢房檐口下皮
±0.000 正房台明
-0.075 厢房台明
-0.275
6745
330
400
1235
1040
835
2705
75
200
因房间内有吊顶，此处的内部结构不可知
房间内有吊顶，吊顶上的结构不可知，吊顶厚度也不可知。
2530
150
160
600
4560
2830
2940
17720
590

图 3 院落 A-A 剖面图

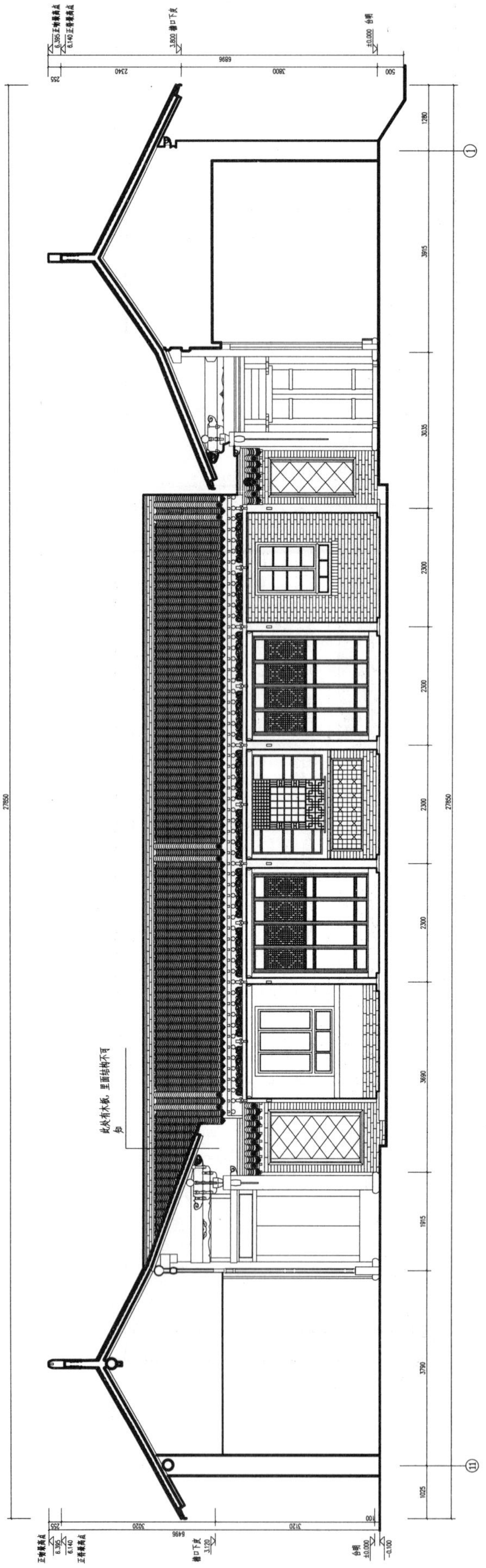

图 4　院落 B-B 剖面图

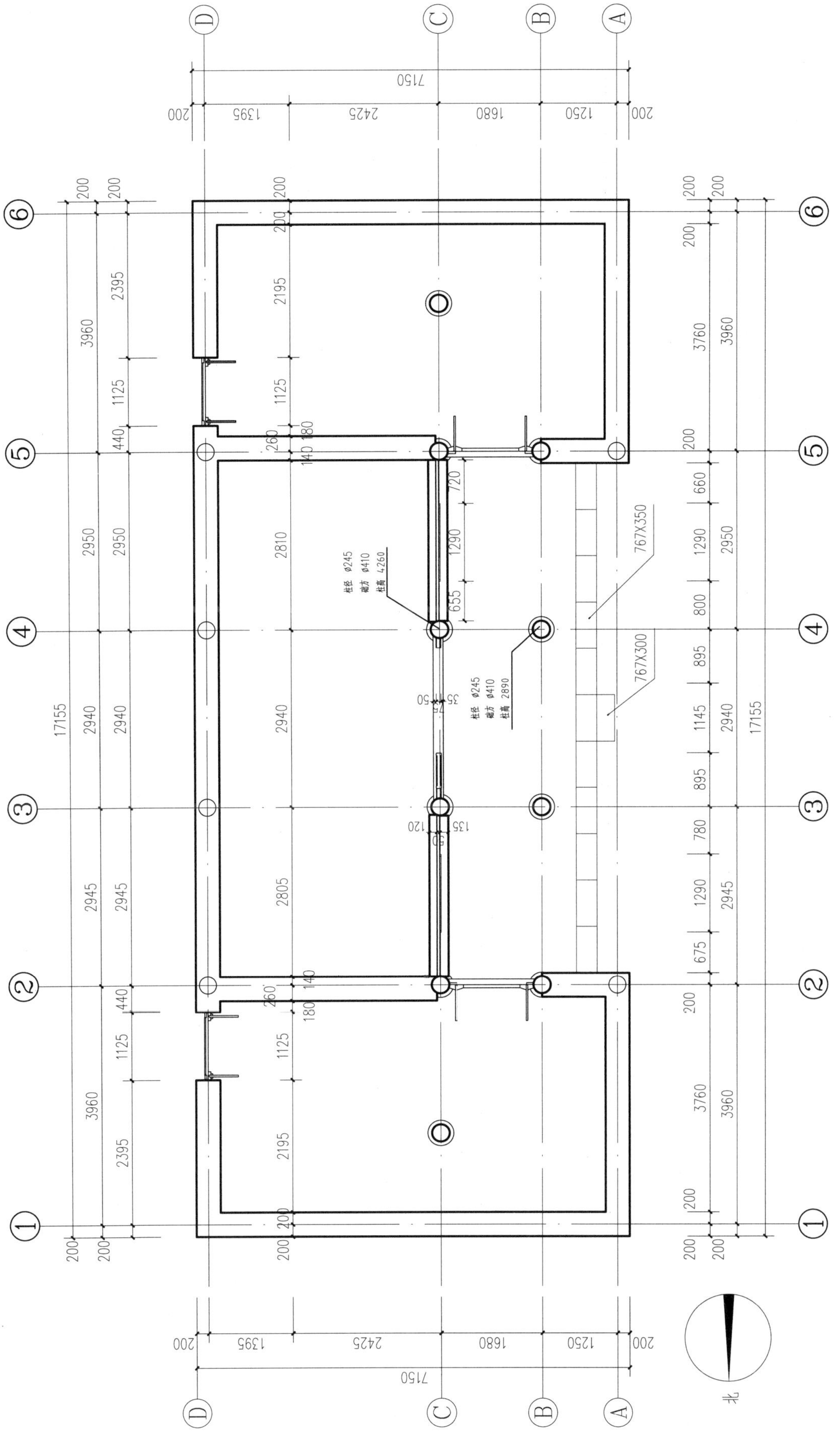

图 5 正房平面图

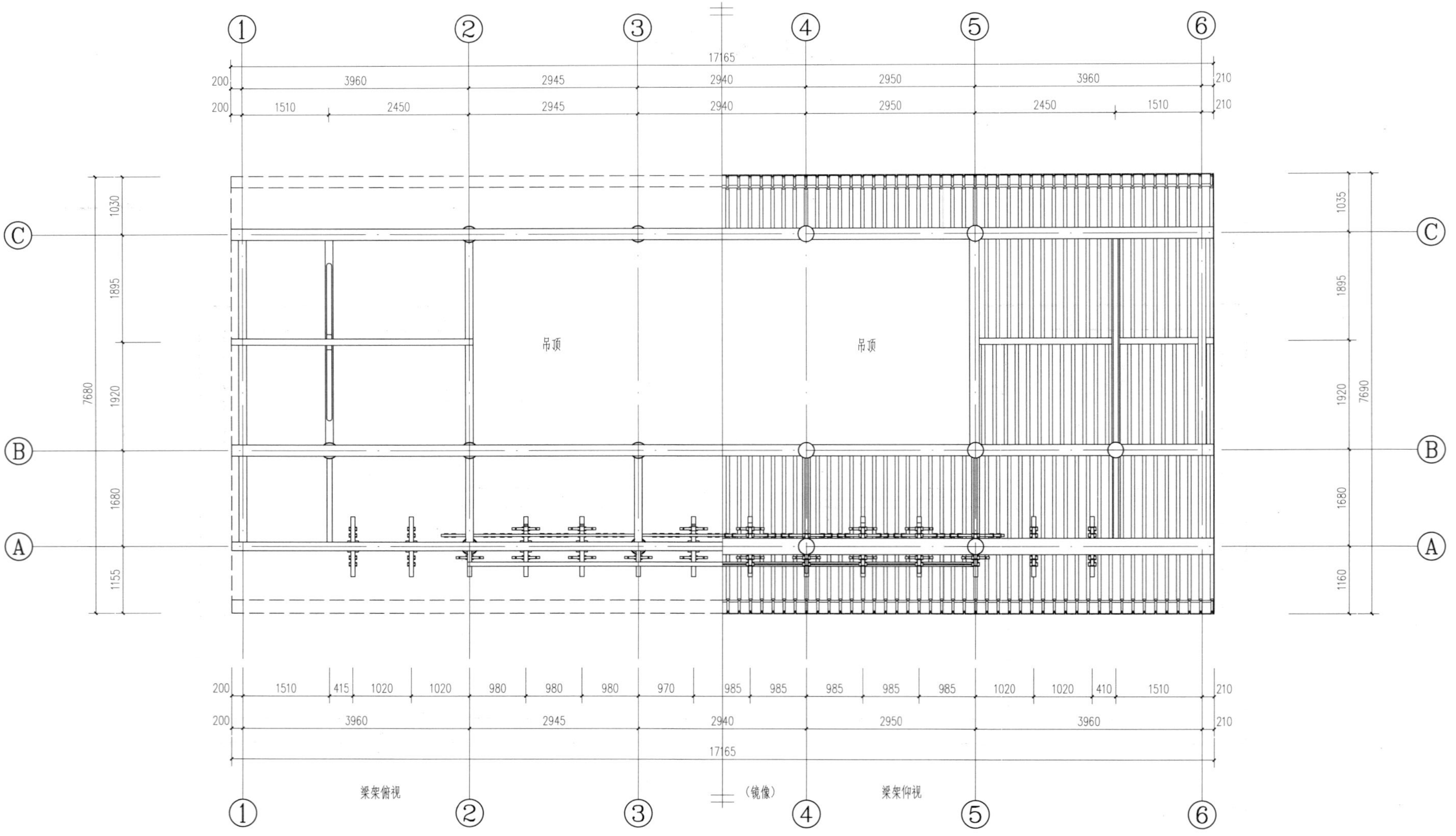
17165
200 3960 2945 2940 2950 3960 210
200 1510 2450 2945 2940 2950 2450 1510 210
1030 1895 1920 1680 1155
7680
1035 1895 1920 1680 1160
7690
吊顶
吊顶
200 1510 415 1020 1020 980 980 980 970 985 985 985 985 985 1020 1020 410 1510 210
200 3960 2945 2940 2950 3960 210
17165
梁架俯视
（镜像）
梁架仰视

图6 正房梁架仰、俯视图

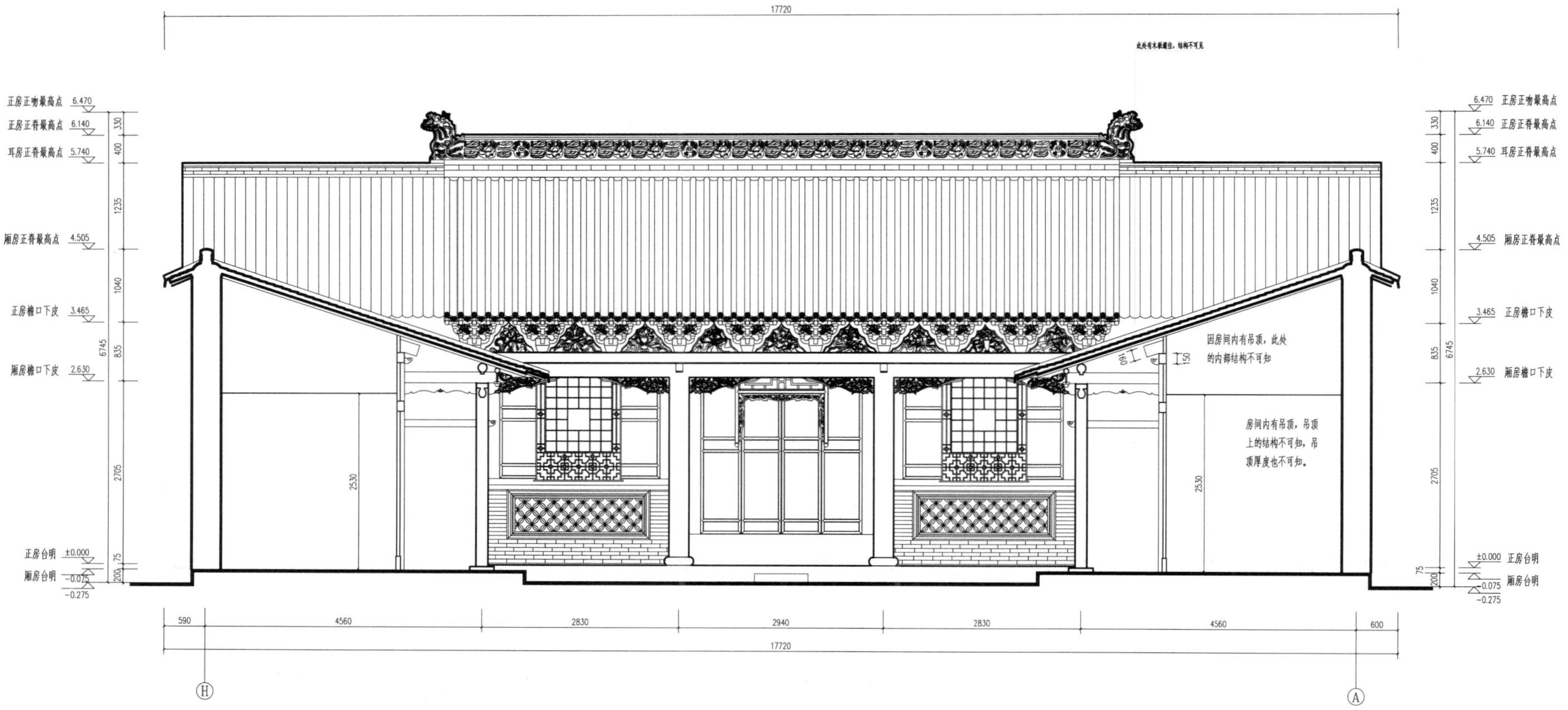
17720
此处有木板遮住，结构不可见
正房正吻最高点 6.470
正房正脊最高点 6.140
耳房正脊最高点 5.740
厢房正脊最高点 4.505
正房檐口下皮 3.465
厢房檐口下皮 2.630
正房台明 ±0.000
厢房台明 −0.075
−0.275
330
400
1235
1040
835
2705
75
200
6745
因房间内有吊顶，此处的内部结构不可知
房间内有吊顶，吊顶上的结构不可知，吊顶厚度也不可知。
160
150
2530
590
4560
2830
2940
600
H
A

图 7　正房正立面图

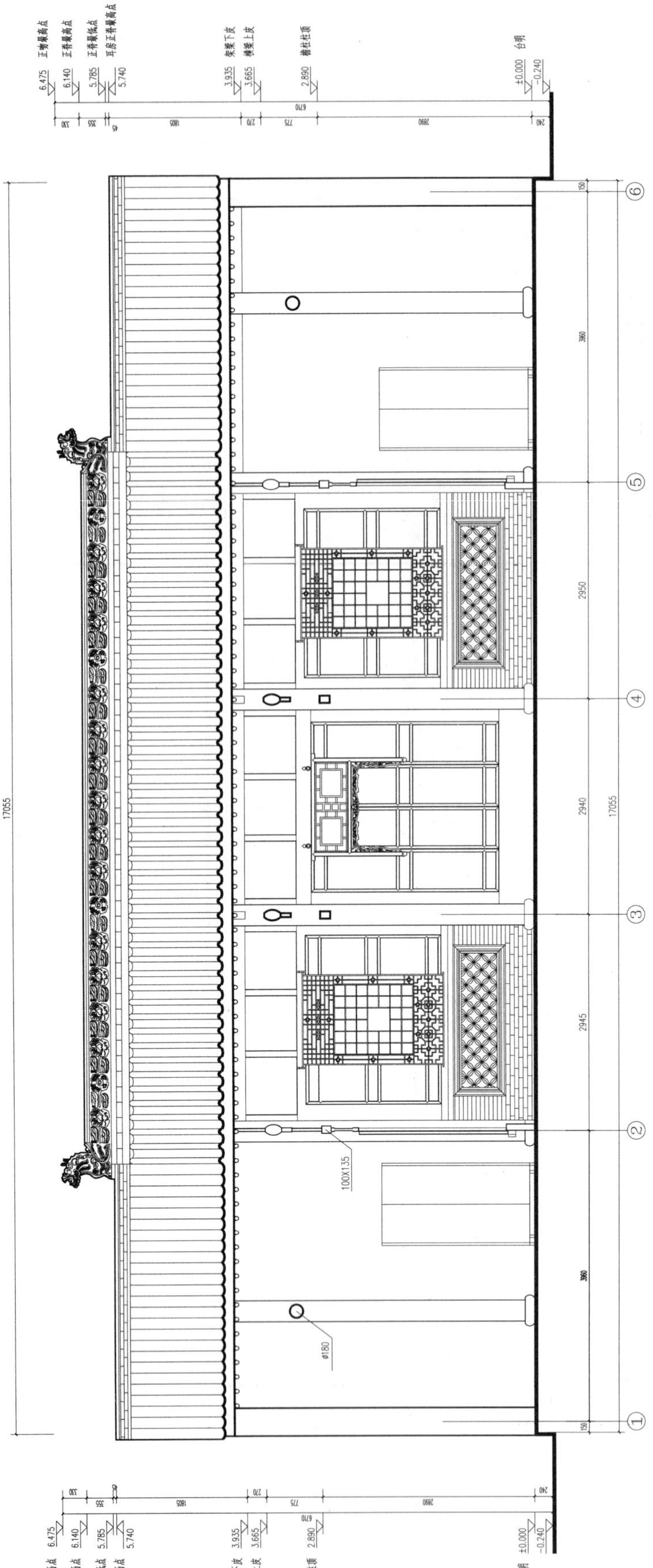
6.475
6.140
5.785
5.740
3.935
3.665
2.890
±0.000
-0.240
6710
17055
3960
2950
2940
2945
150
100X135
φ180
①
②
③
④
⑤
⑥

图 8　正房 1-1 剖面图

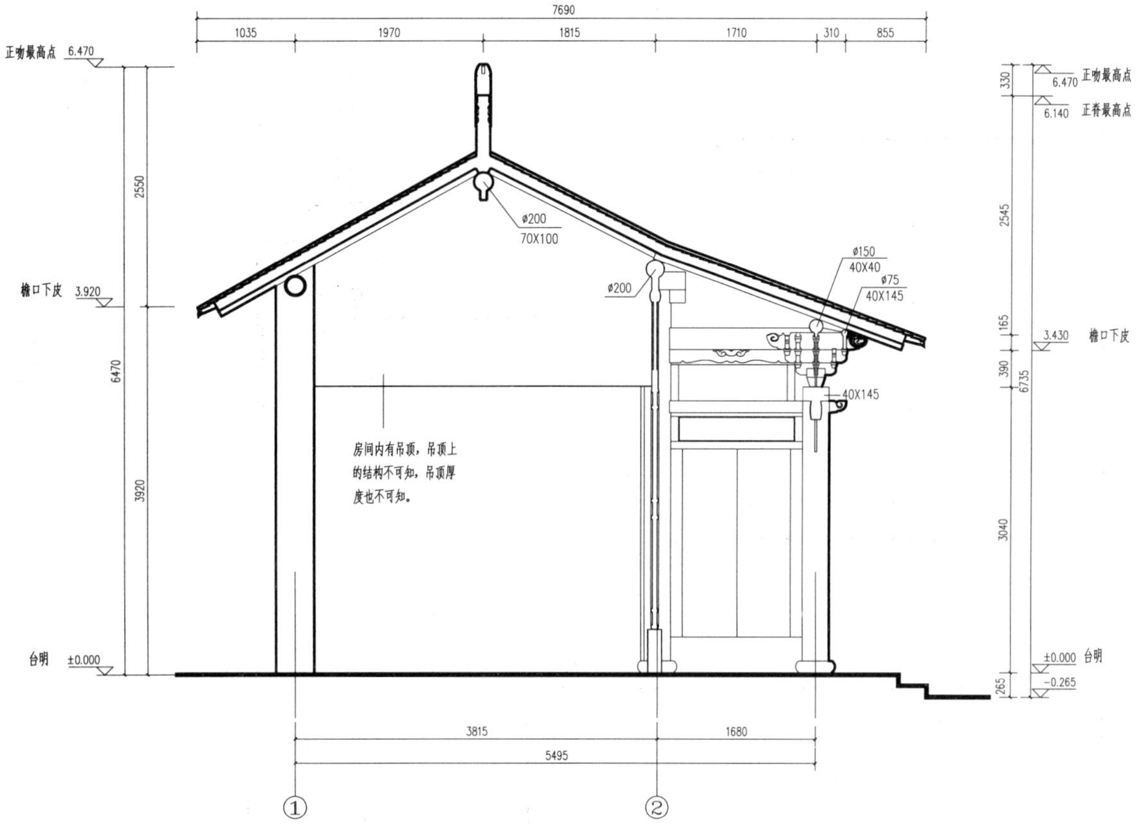

图 9　正房 2-2 剖面图

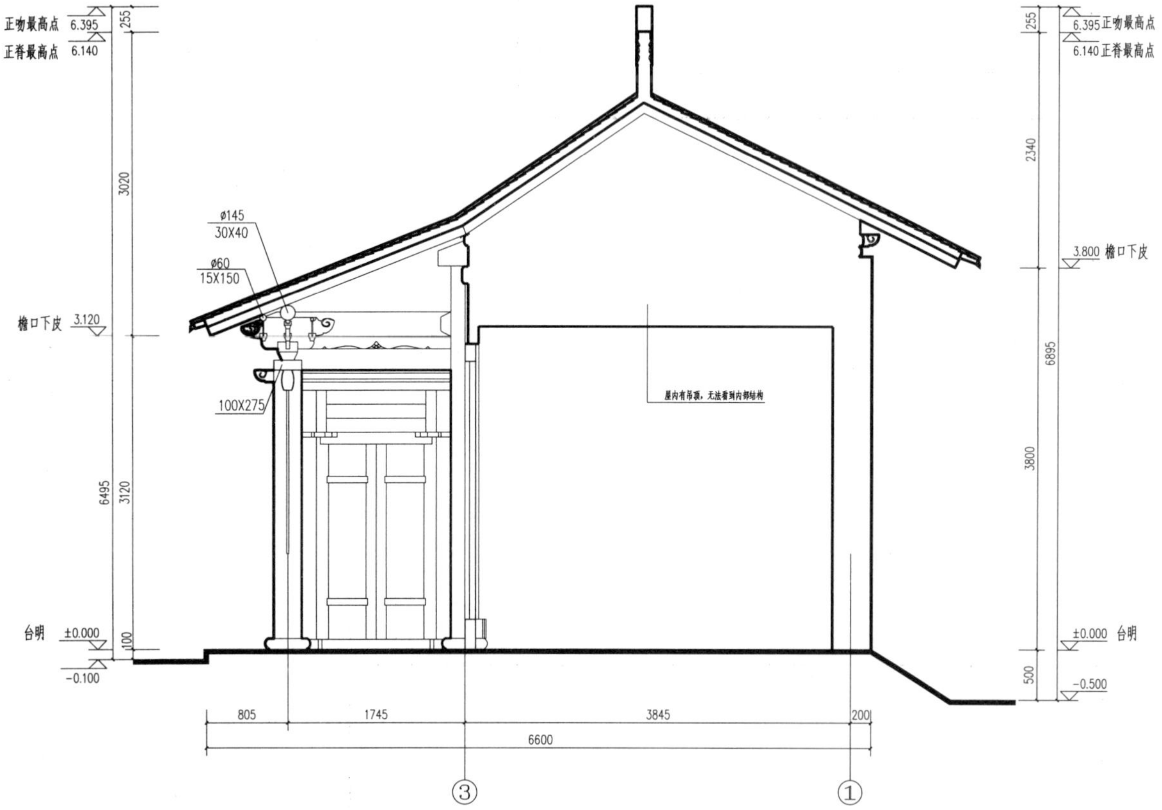

图 10　倒座剖面图

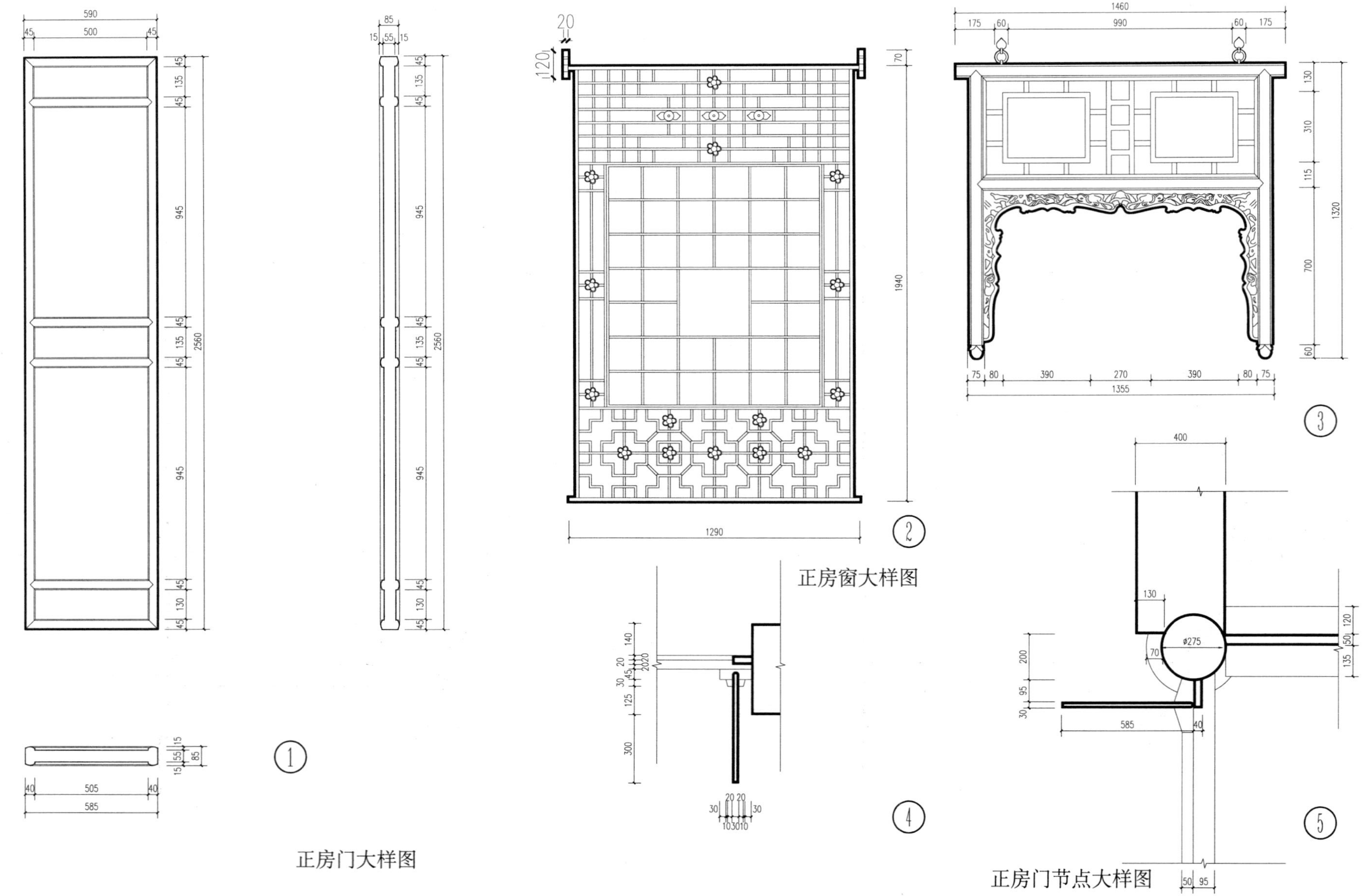

图 11　正房门窗大样图

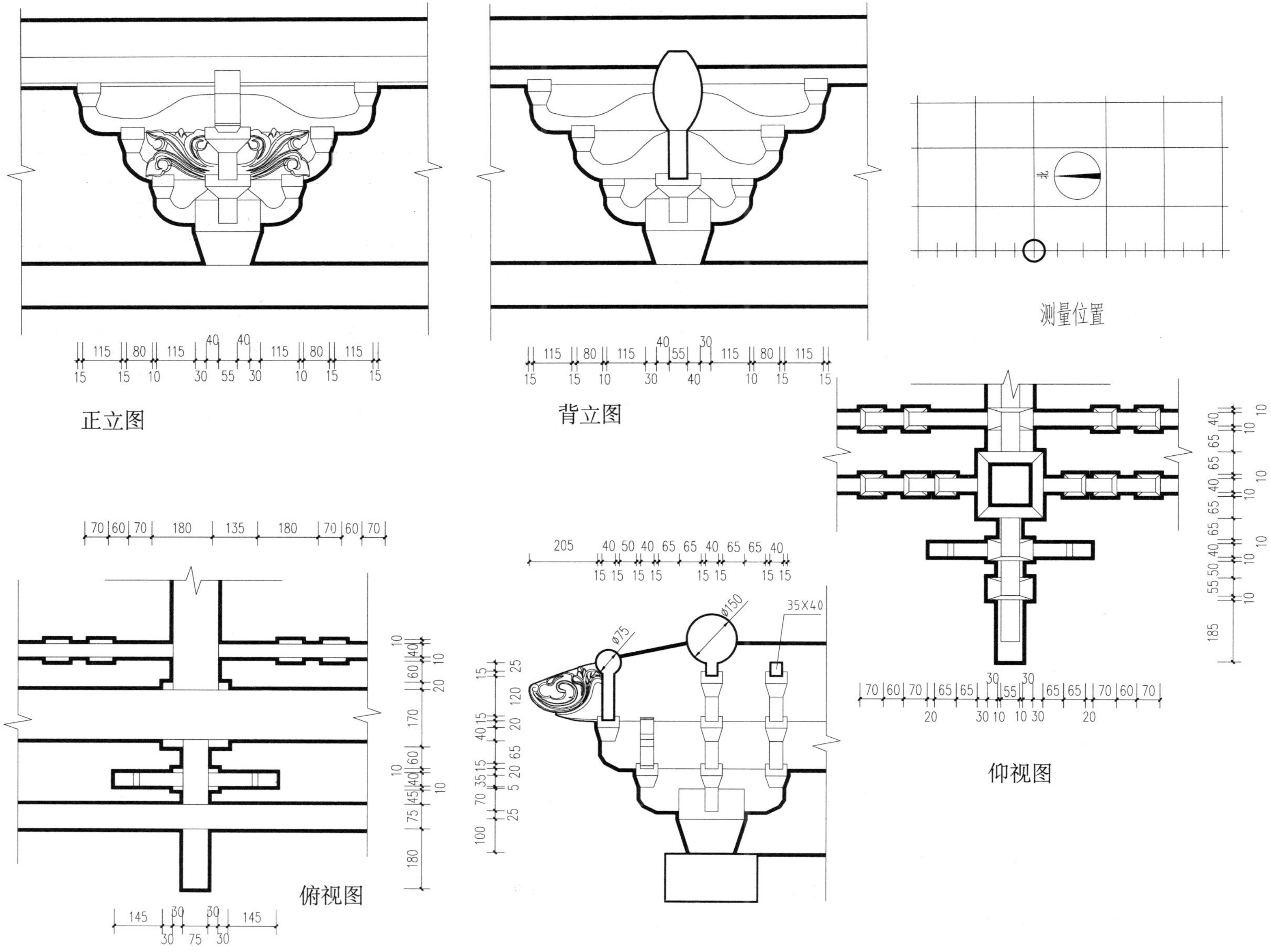

图 12　正房柱头科斗栱大样图

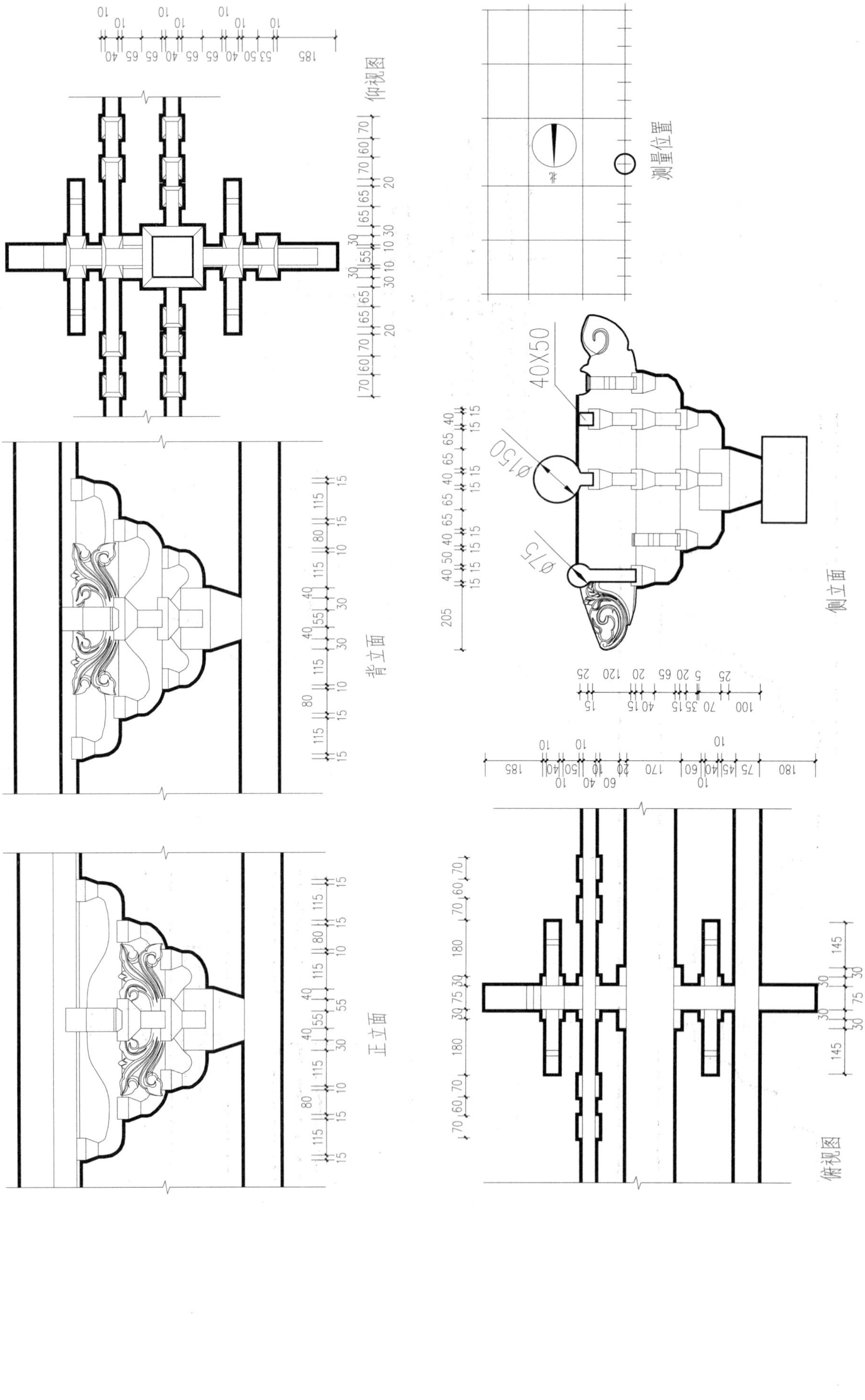

图13 正房平身科斗栱大样图

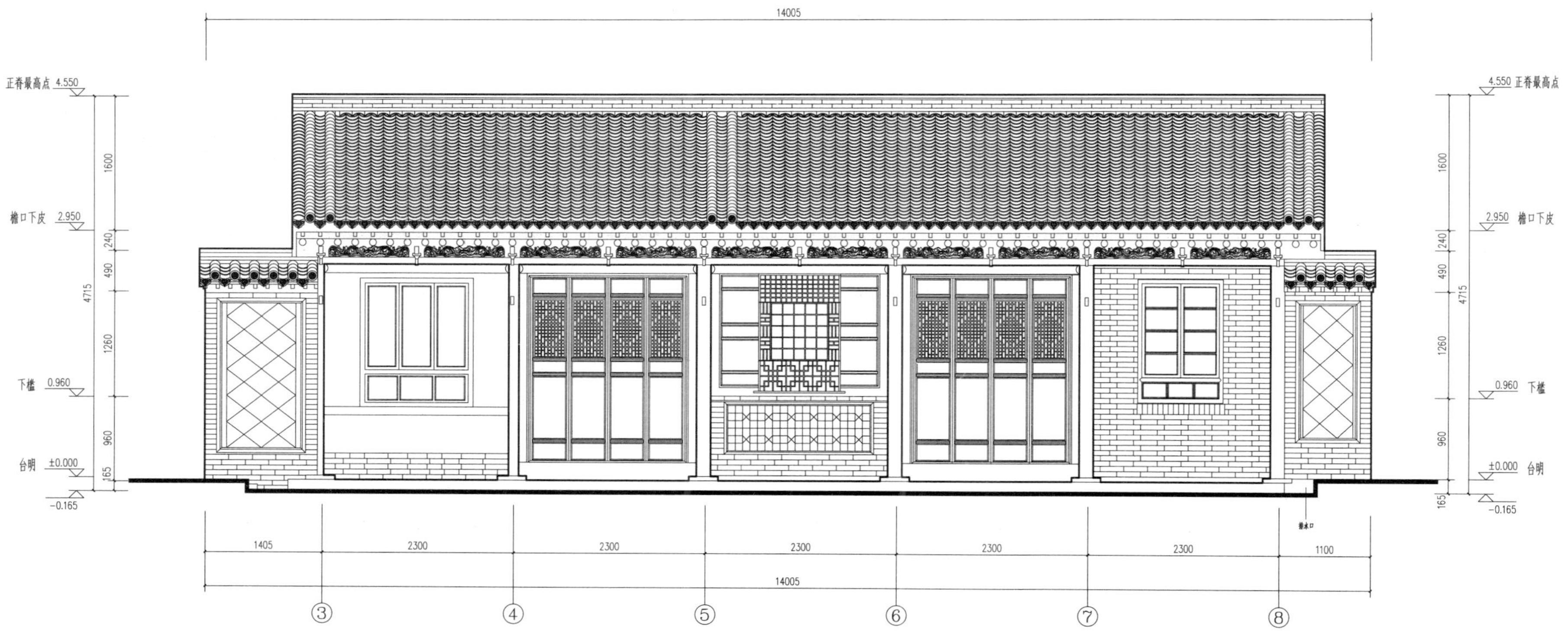
14005
正脊最高点 4.550
檐口下皮 2.950
下槛 0.960
台明 ±0.000
-0.165
1600
240
490
1260
960
165
4715
1405
2300
1100
③
④
⑤
⑥
⑦
⑧

图 14　南厢房立面图

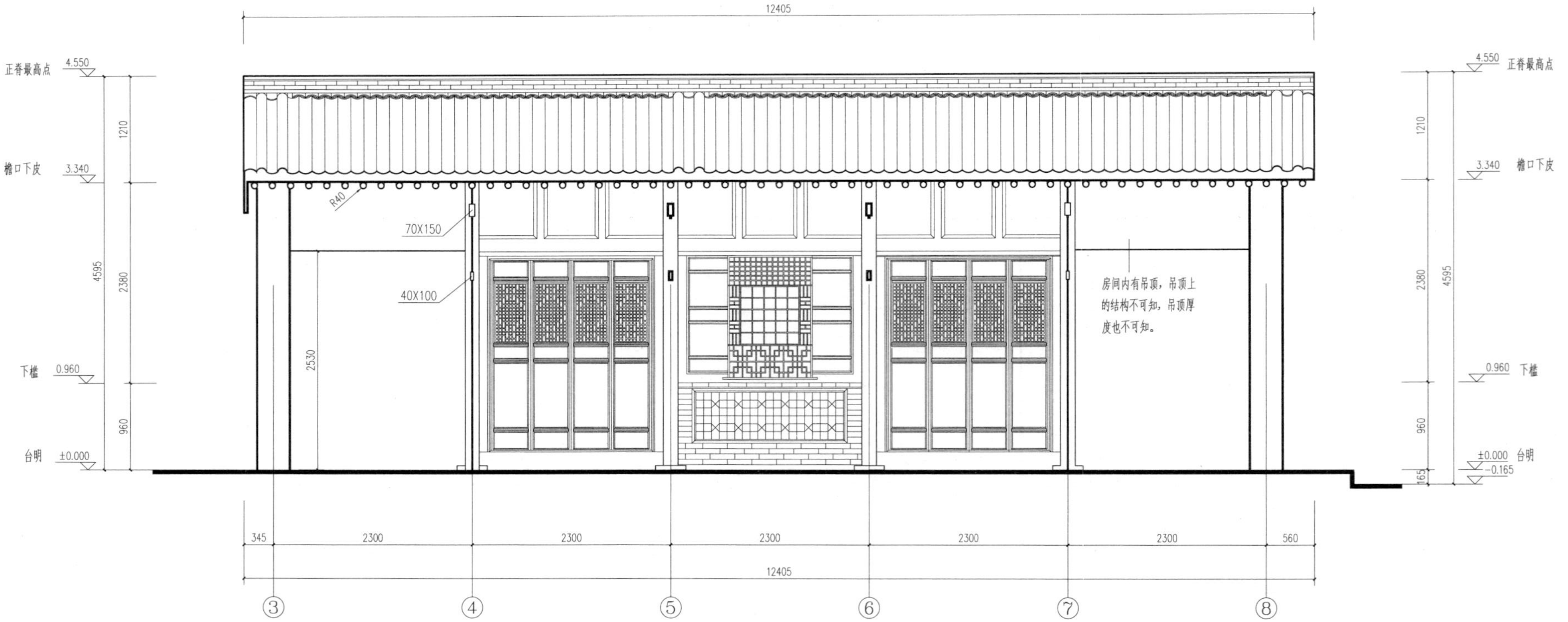
12405
正脊最高点 4.550
檐口下皮 3.340
下槛 0.960
台明 ±0.000
-0.165
1210
2380
960
165
4595
R40
70X150
40X100
2530
房间内有吊顶，吊顶上
的结构不可知，吊顶厚
度也不可知。
345
2300
560
③
④
⑤
⑥
⑦
⑧

图 15　南厢房纵剖面图

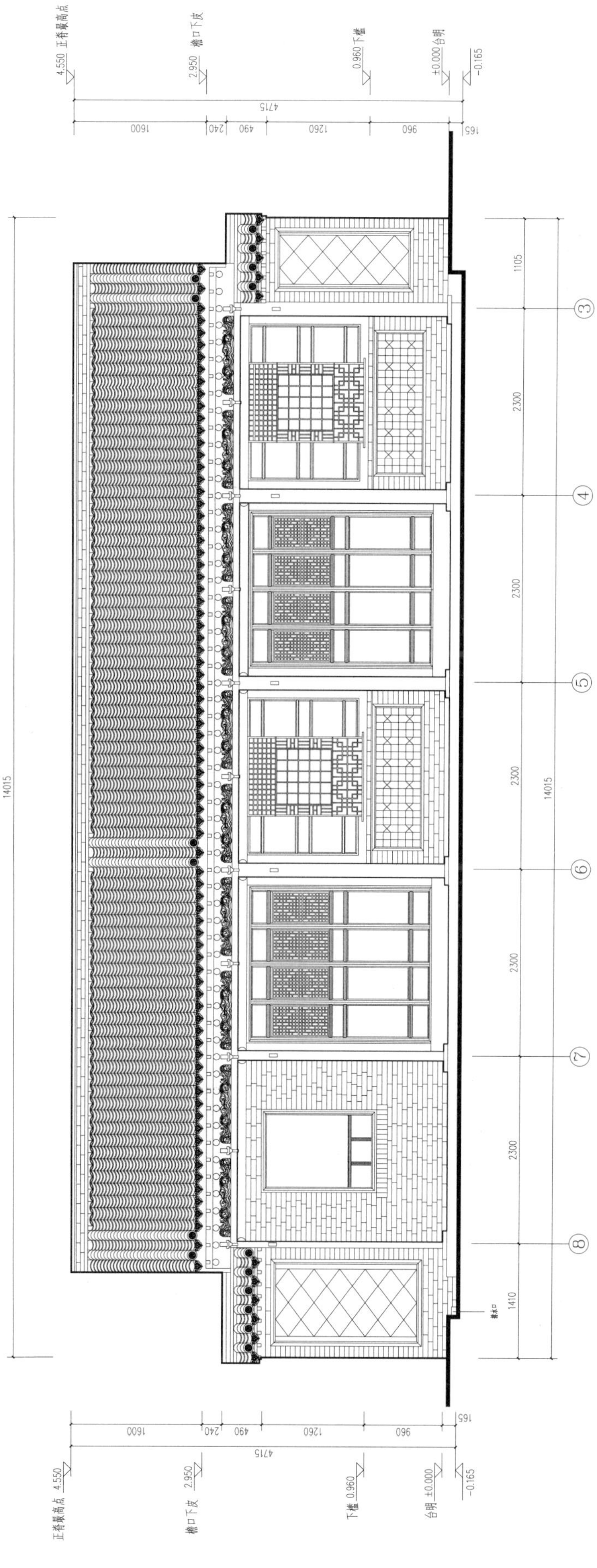

4.550 正脊最高点
2.950 檐口下皮
0.960 下槛
±0.000 台明
−0.165
4715
1600
240
490
1260
960
165
14015
1105
2300
1410
③
④
⑤
⑥
⑦
⑧

图 16 北厢房立面图

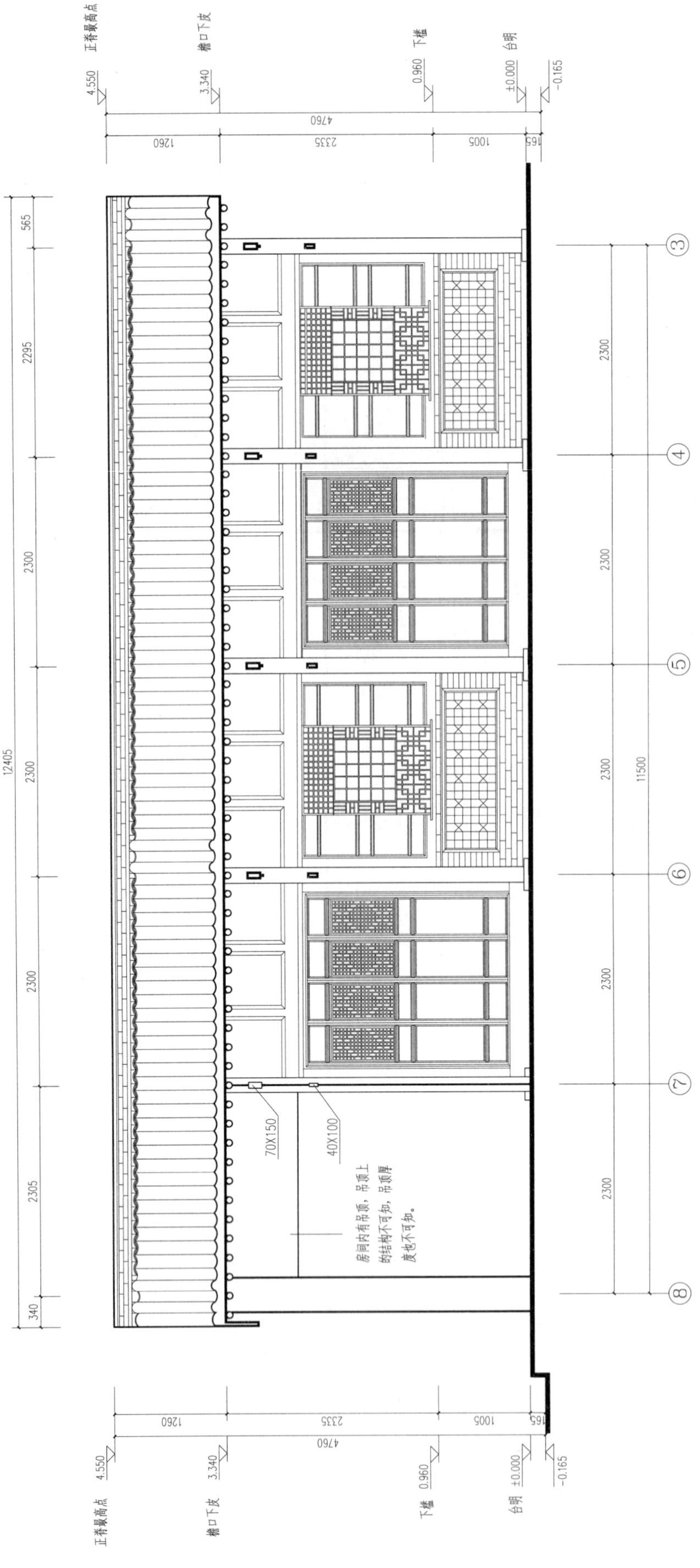

正脊最高点
檐口下皮
下槛
台明
4.550
3.340
0.960
±0.000
-0.165
4760
1260
2335
1005
165
12405
565
2295
2300
2300
2300
2305
340
11500
70X150
40X100
房间内有吊顶，吊顶上的结构不可知，吊顶厚度也不可知。
③
④
⑤
⑥
⑦
⑧

图 17　北厢房纵剖面图

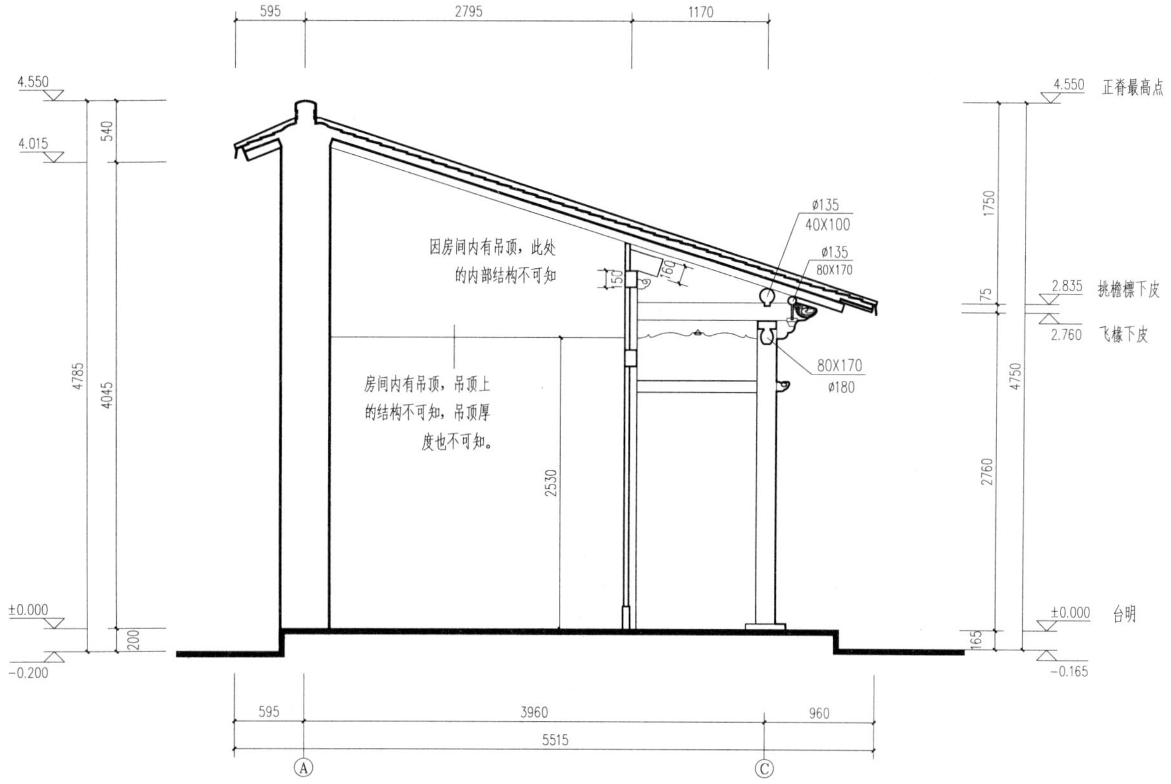

图 18　北厢房剖面图

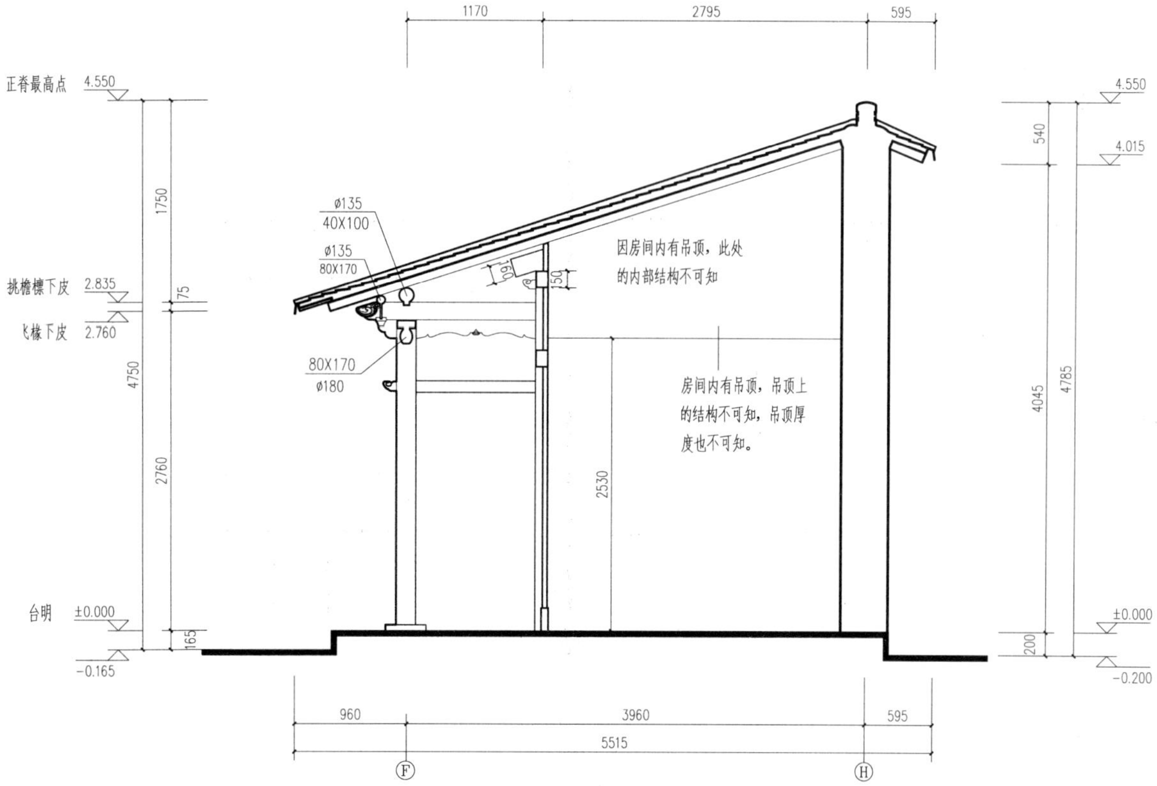

图 19　南厢房剖面图

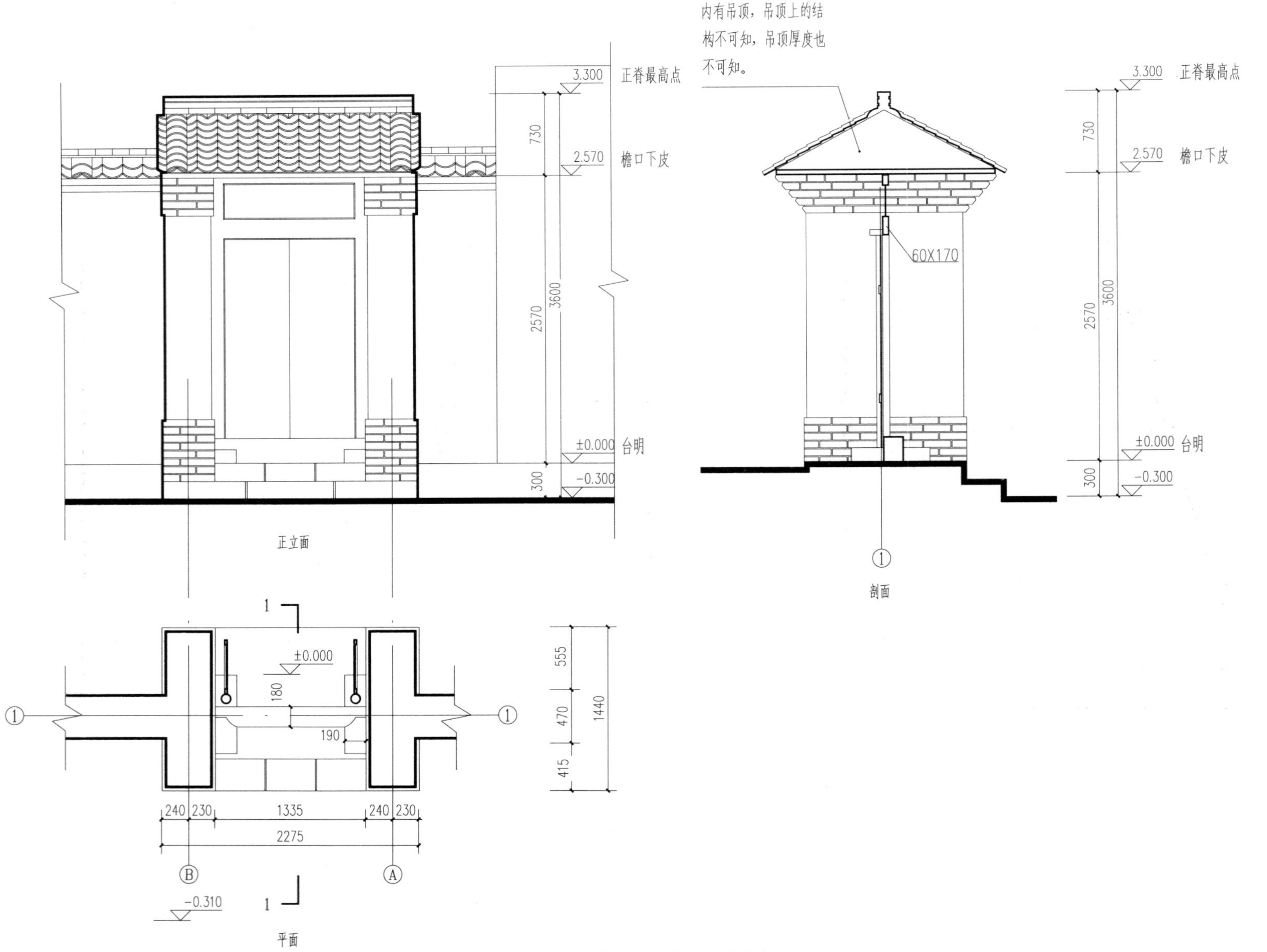
3.300 正脊最高点
2.570 檐口下皮
±0.000 台明
-0.300
730
2570
3600
300
正立面
内有吊顶，吊顶上的结
构不可知，吊顶厚度也
不可知。
60X170
1
剖面
±0.000
180
190
1
555
470
415
1440
240 230
1335
240 230
2275
B
A
-0.310
平面

图 20 大门大样图

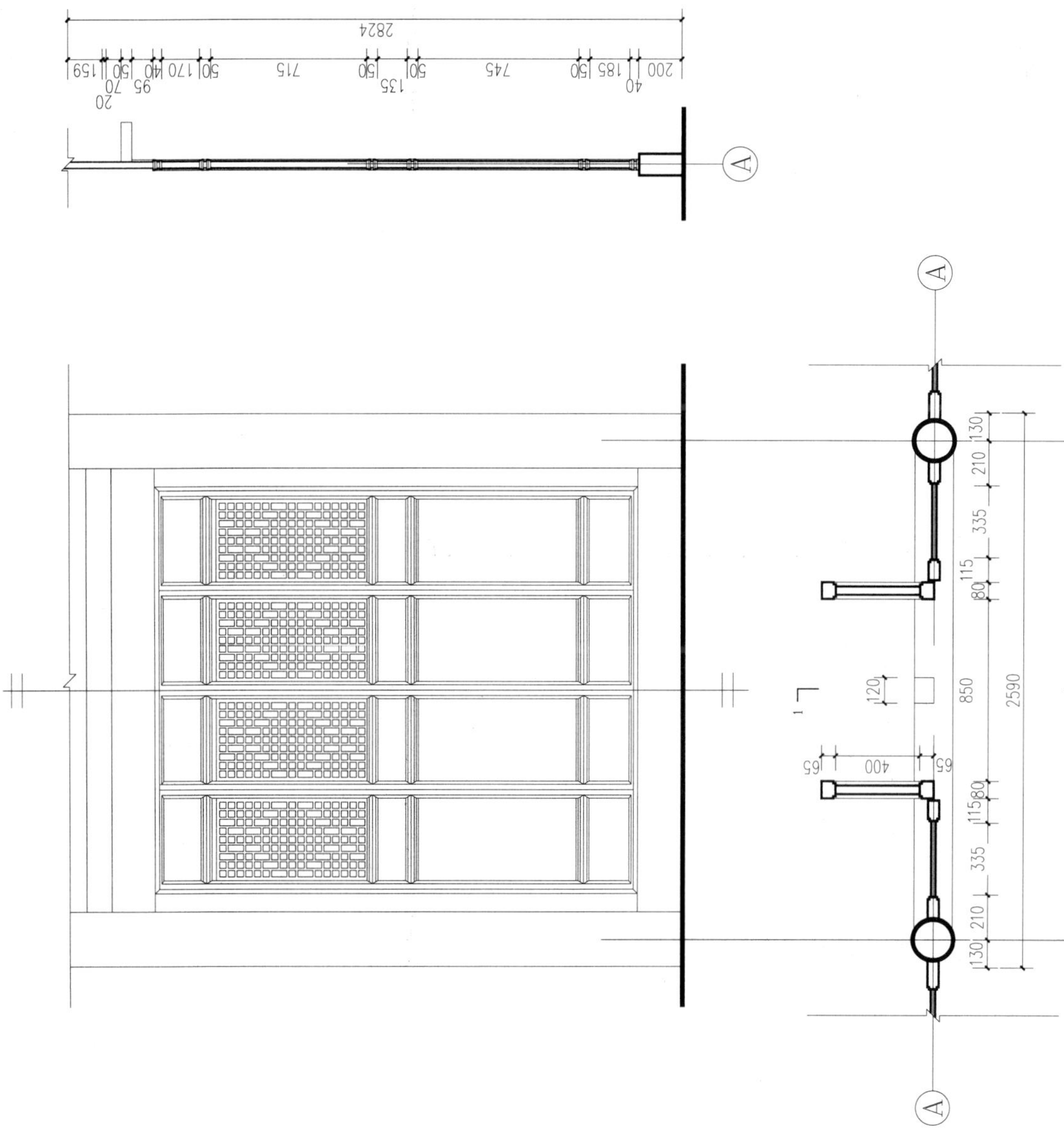
A
②
③
2824
200
40
185
50
745
50
135
50
715
50
170
40
95
50
70
20
159
130
210
335
115
80
850
2590
120
65
400
1
1

图 21 南厢房门大样图

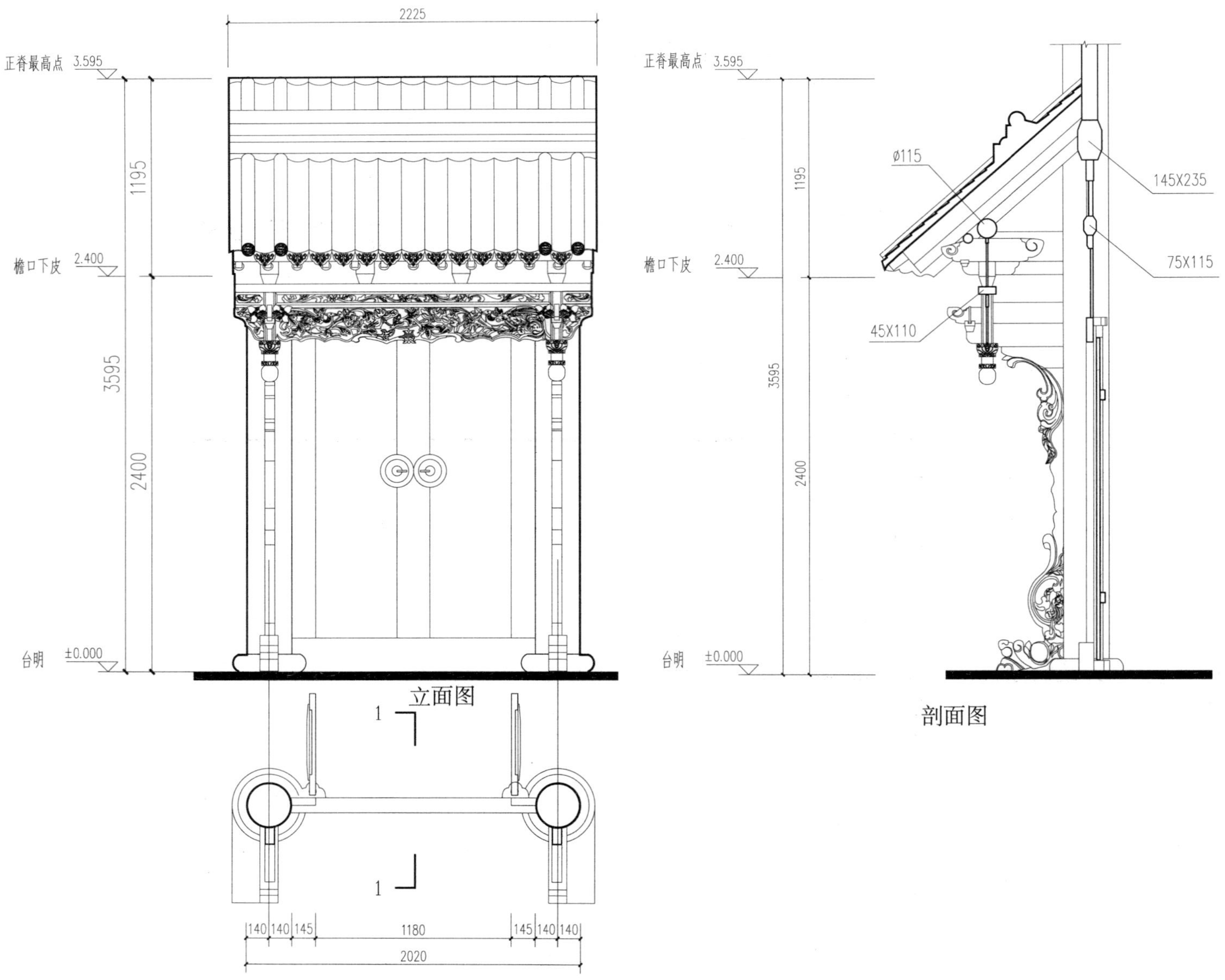
2225
正脊最高点 3.595
檐口下皮 2.400
台明 ±0.000
1195
3595
2400
立面图
1
1
140 140 145 1180 145 140 140
2020
平面图
Ø115
145X235
75X115
45X110
剖面图

图 22 垂花门大样图

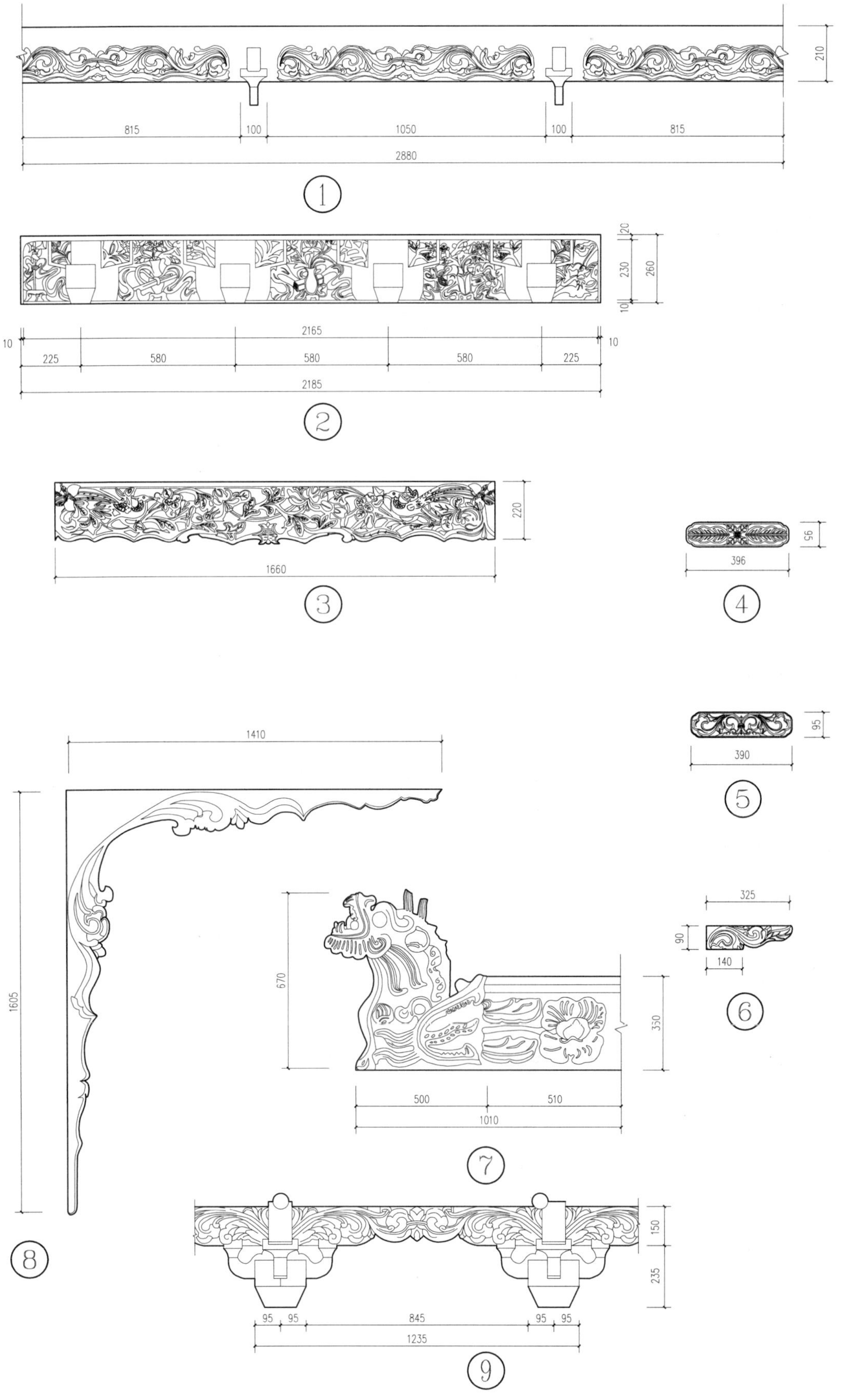
210
815
100
1050
100
815
2880
①
20
230
260
10
2165
10
225
580
580
580
225
2185
②
220
1660
③
56
396
④
95
390
⑤
1410
1605
325
90
140
⑥
670
350
500
510
1010
⑦
⑧
150
235
95
95
845
95
95
1235
⑨

图 23　雕花大样图

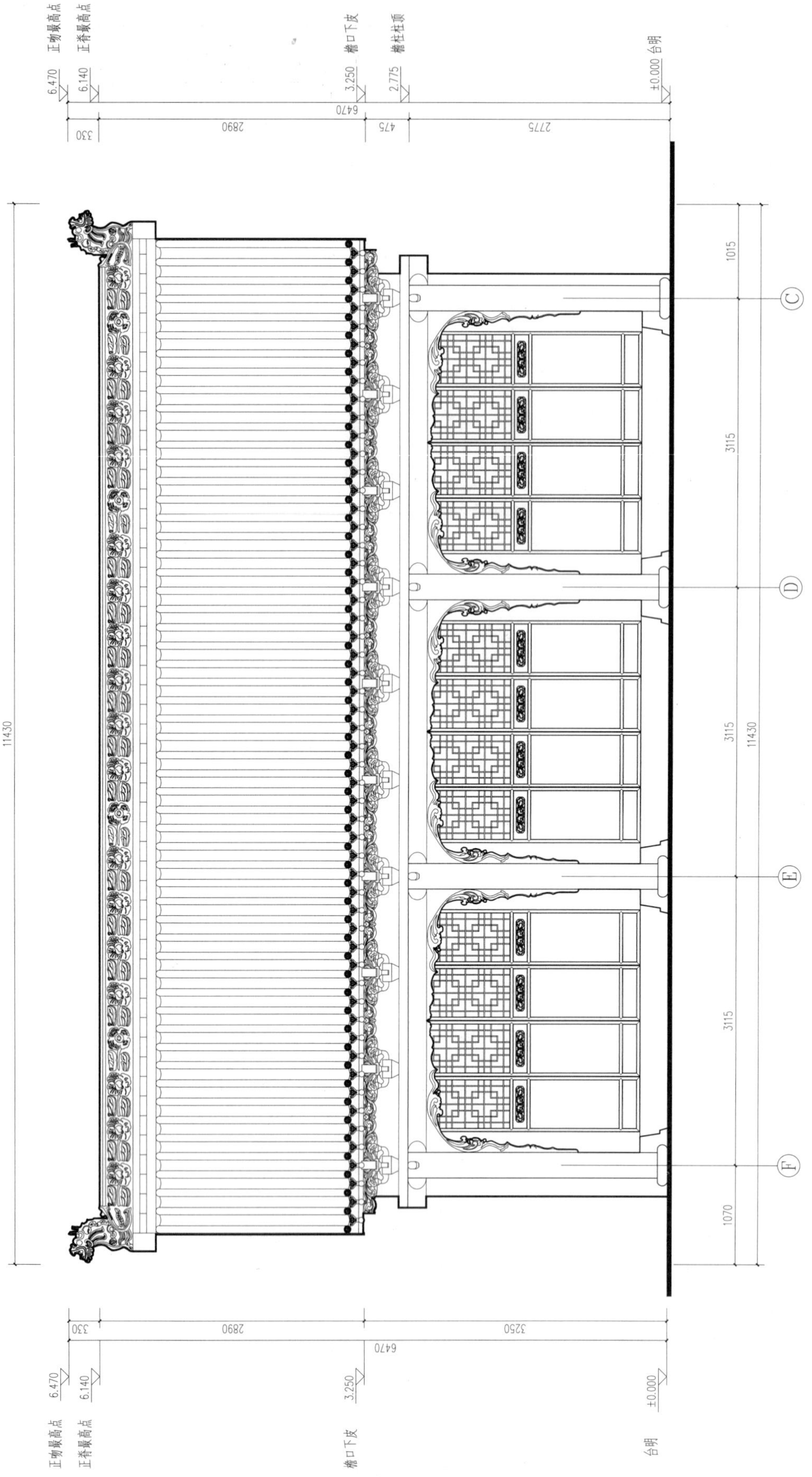

6.470 正吻最高点
6.140 正脊最高点
3.250 檐口下皮
2.775 檐柱柱顶
±0.000 台明
330
2890
475
2775
6470
3250
11430
1015
3115
3115
3115
1070
C
D
E
F

图 24 倒座正立面图

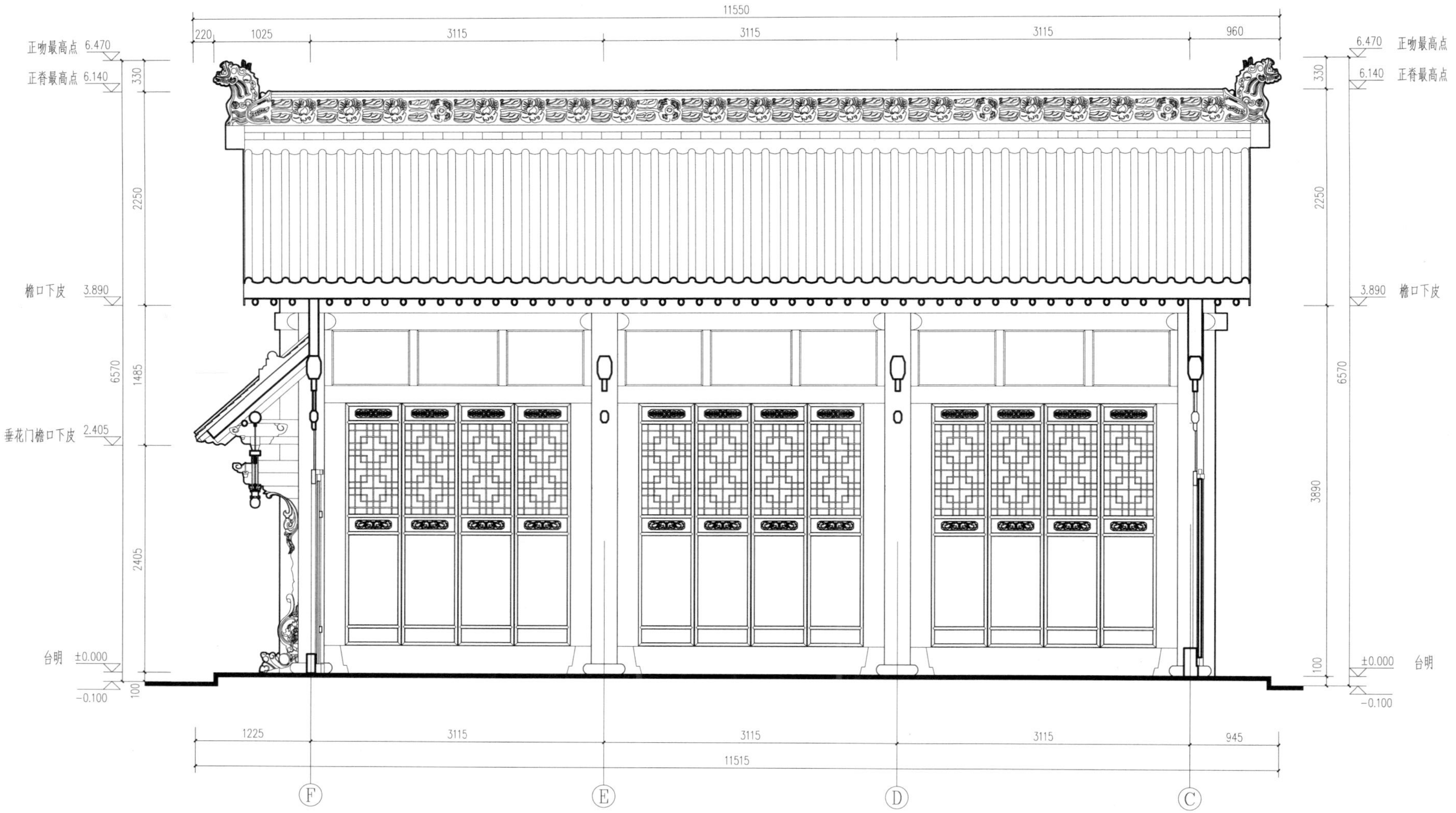
11550
220
1025
3115
3115
3115
960
正吻最高点 6.470
正脊最高点 6.140
檐口下皮 3.890
垂花门檐口下皮 2.405
台明 ±0.000
-0.100
330
2250
1485
2405
6570
100
3890
1225
945
11515
F
E
D
C

图 25　倒座纵剖面图

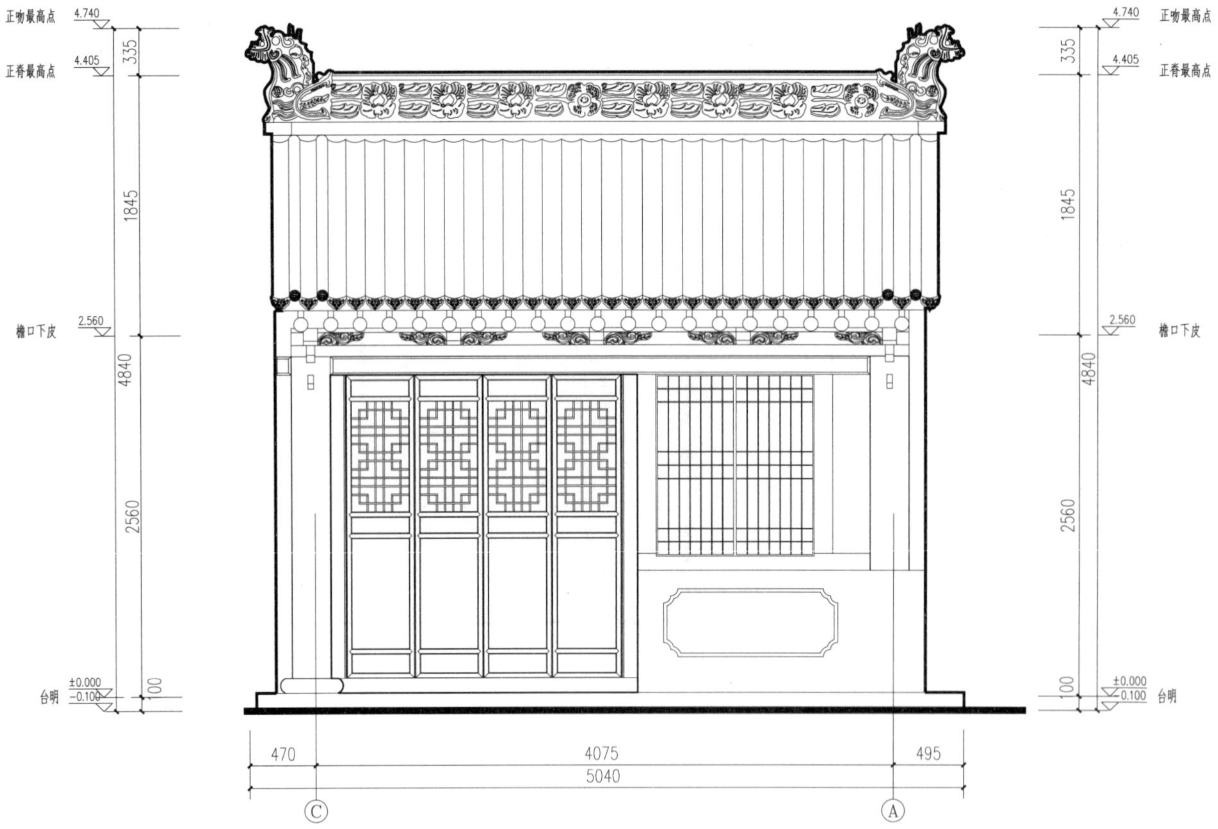

图 26　倒座耳房正立面图

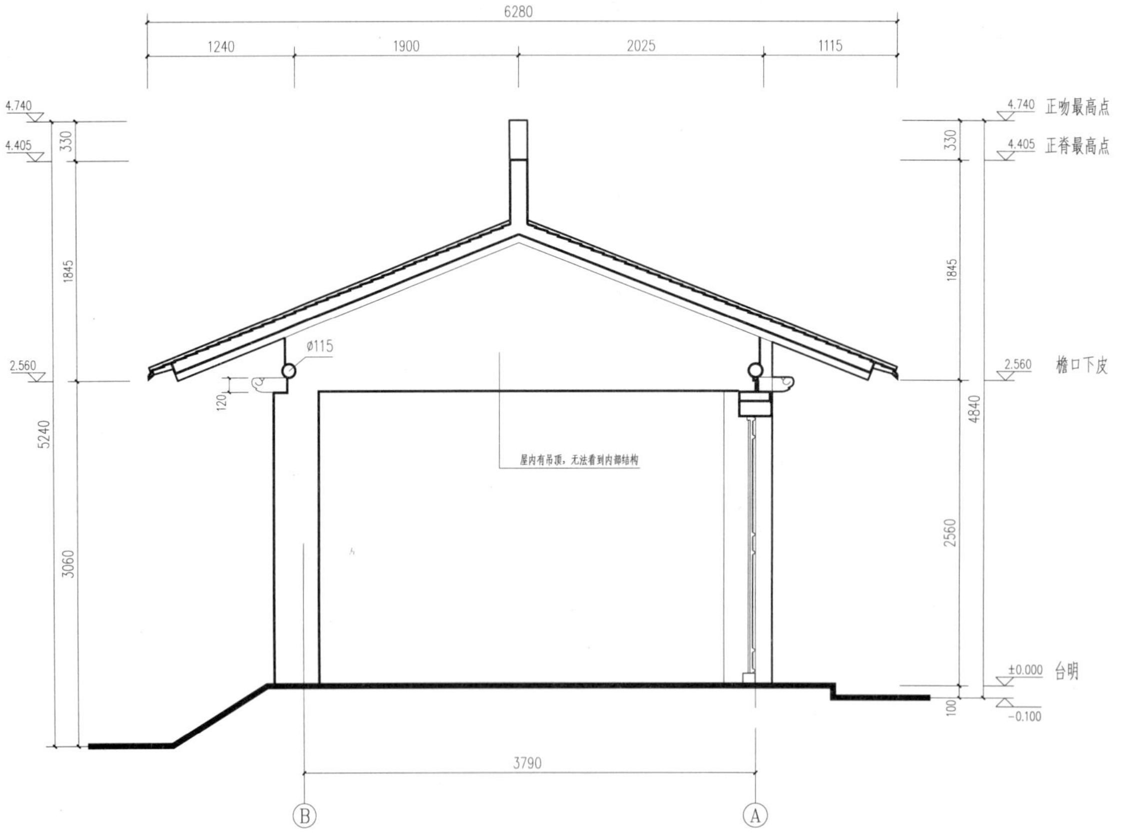

图 27　倒座耳房剖面图

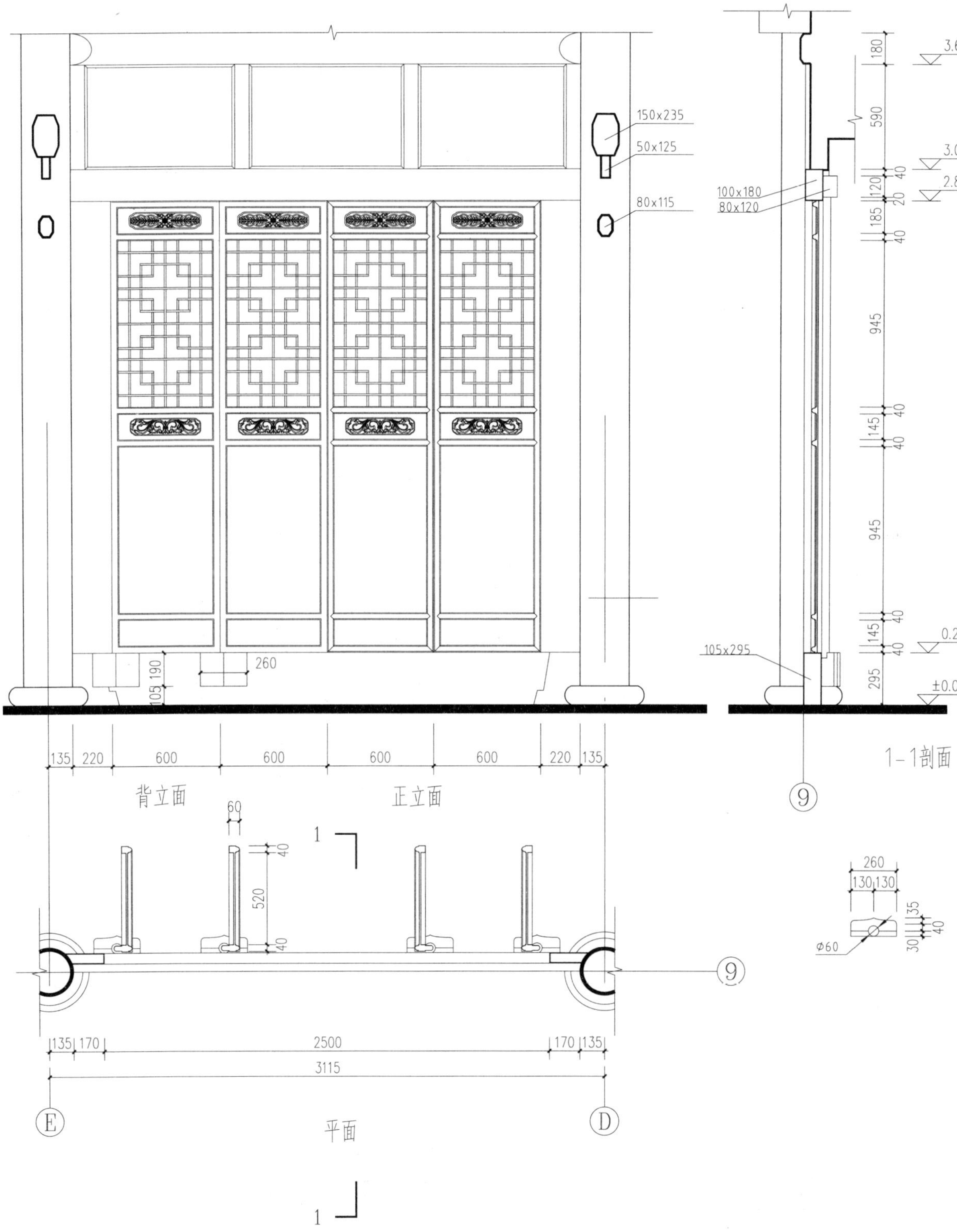
150x235
50x125
80x115
260
105
190
135
220
600
600
600
600
220
135
背立面
正立面
100x180
80x120
105x295
180
590
40
120
20
185
40
945
40
145
40
945
40
145
40
295
3.630
3.035
2.855
0.295
±0.000
1-1剖面
9
60
40
520
40
1
1
135
170
2500
170
135
3115
E
D
平面
260
130
130
35
40
30
φ60

图 28　倒座门大样图

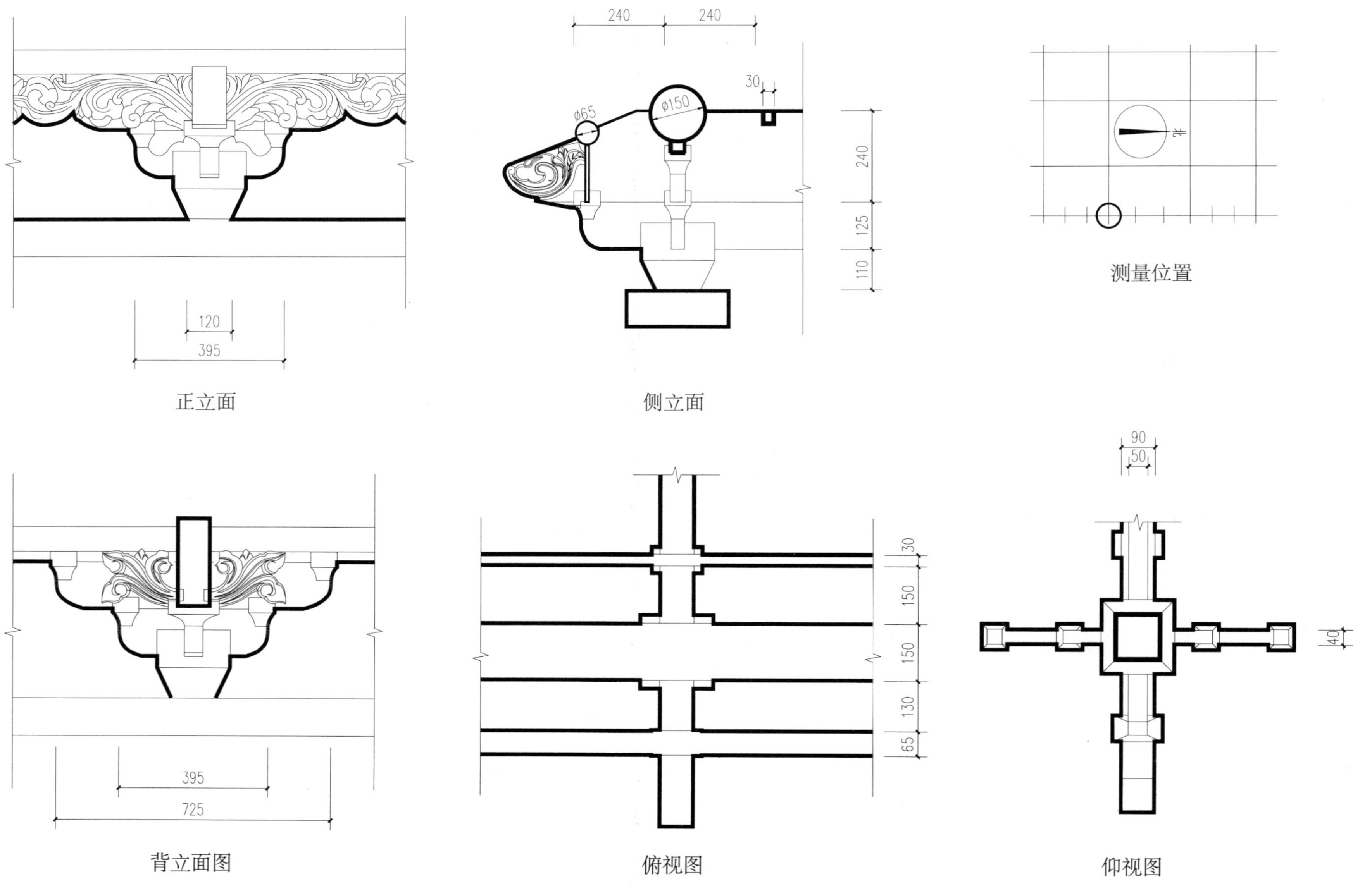

图 29　倒座柱头科斗栱大样图

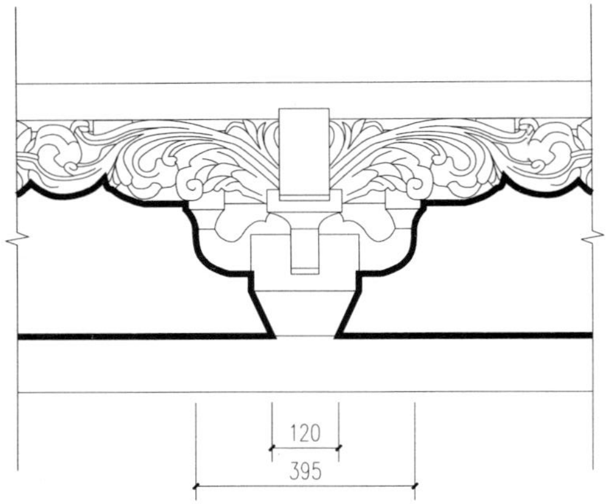

正立面

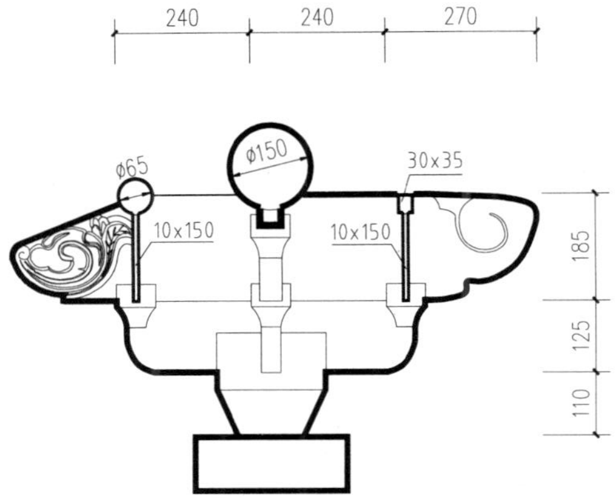

侧立面

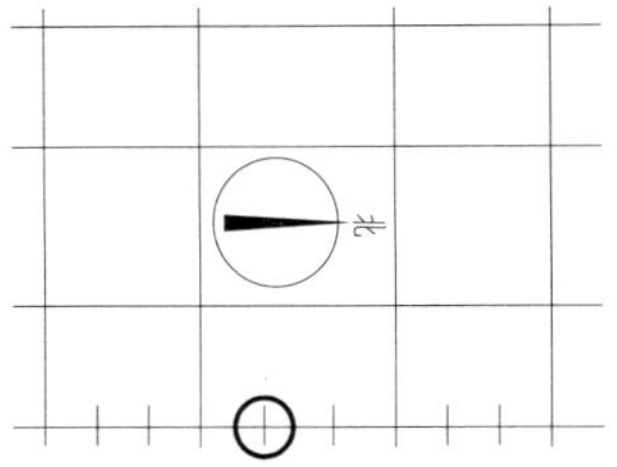

测量位置

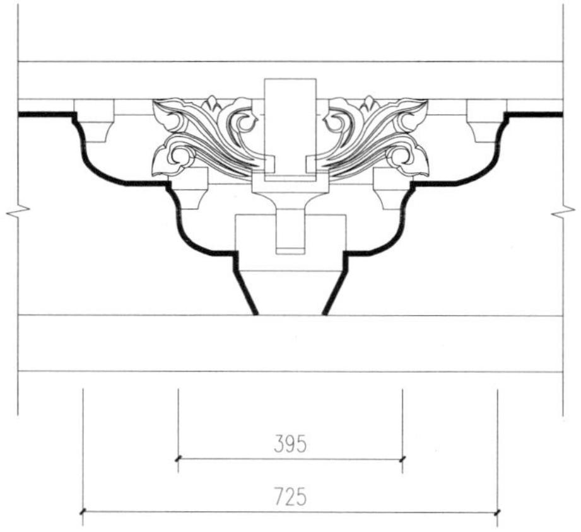

背立面图

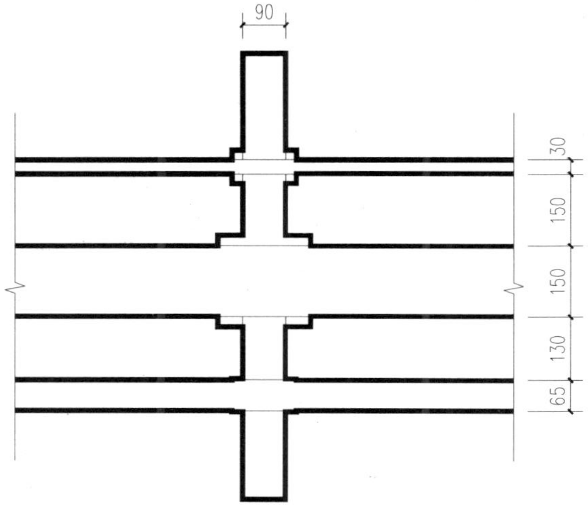

俯视图

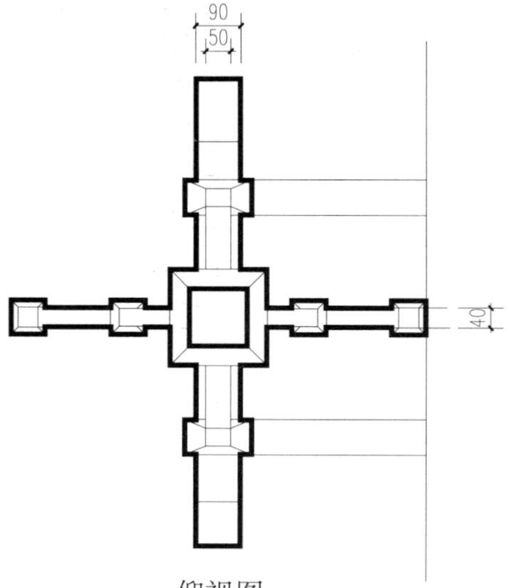

仰视图

图 30　倒座平身科斗栱大样图

西和县孔氏宅院

孔氏宅院位于陇南市西和县城关镇，修建于清代光绪年间。孔氏宅院占地面积 500m^2，建筑总面积 438m^2。孔氏宅院坐西朝东，为单进四合院。建筑形制与天水秦州区传统民居有相似之处，有主门与次门之分。整体院落呈矩形平面，由正房和东西厢房与倒座围合组成，建筑各自独立，是北方地区较为普遍的四合院形式。整个院落以正房为全院最高处，台明与院落高差为 0.5m。从主入口进入，前门并不对正开门，而是北偏东 45°，进入 7m 长的狭长门道空间，之后是院落的二道门，在北厢房山墙处设有照壁，称为“骑马照壁”。这一特征与天水秦州区四合院也是十分相似，在进入正院的时候有一处过渡空间。但是，孔氏宅院大门的朝向有所偏离与天水秦州区四合院是不太一样的，并且在院落南厢房与倒座之间存在院落的次入口。孔氏宅院整体为土、木与砖的混合结构建筑。

正房为双坡檐硬山顶，平面为“锁子厅”形式，五开间带一耳房，通面阔 16.6m，通进深 5.1m。木构架为三架梁带前檐廊，金柱与檐柱之间以穿插枋连接。双坡硬山顶，干槎瓦屋面。屋脊为雕花通脊，以尽间进行区分，形成屋脊的三段式。正房台明为方砖墁地，毛石包砌，石柱础。明间用六抹四扇板门，次间则为青砖槛墙，装设支摘窗。耳房则从正房前檐部分进入，山墙下碱为青砖砌筑，上身为夯土墙。

倒座位于院落东端，坐落于 0.25m 台明之上（与厢房同），三架梁带前檐廊，金柱与檐柱之间以穿插枋连接，与正房相对，入口开在前檐廊部分，形成三开间带一耳房的平面布局，通面阔 11.3m，通进深 5.1m。倒座也为双坡檐硬山顶，干槎瓦屋面，屋脊为雕花通脊。台明为方砖墁地，毛石包砌，石柱础。明间用六抹四扇板门，次间则为青砖槛墙，装设支摘窗。耳房则从正房前檐部分进入，山墙下碱为青砖砌筑，上身为夯土墙。

东、西厢房为单坡硬山顶，三开间，挑檐式平面形式，东西厢房正对，通面阔 7. 9m，通进深 2.8m，建筑室内做吊顶，因此结构不可见。院内建筑台明和踏步铺阶条石，内庭院铺碎石。干槎瓦屋面，正脊为平脊。

孔氏宅院的雕饰多集中在门楼、宅院门窗及建筑墀头上，雕刻图案多样，图案内容大多为卐、寿、福云、龟背等纹样，芙蓉花等花卉，以及蝙蝠等祈福图案为主，极具观赏性。

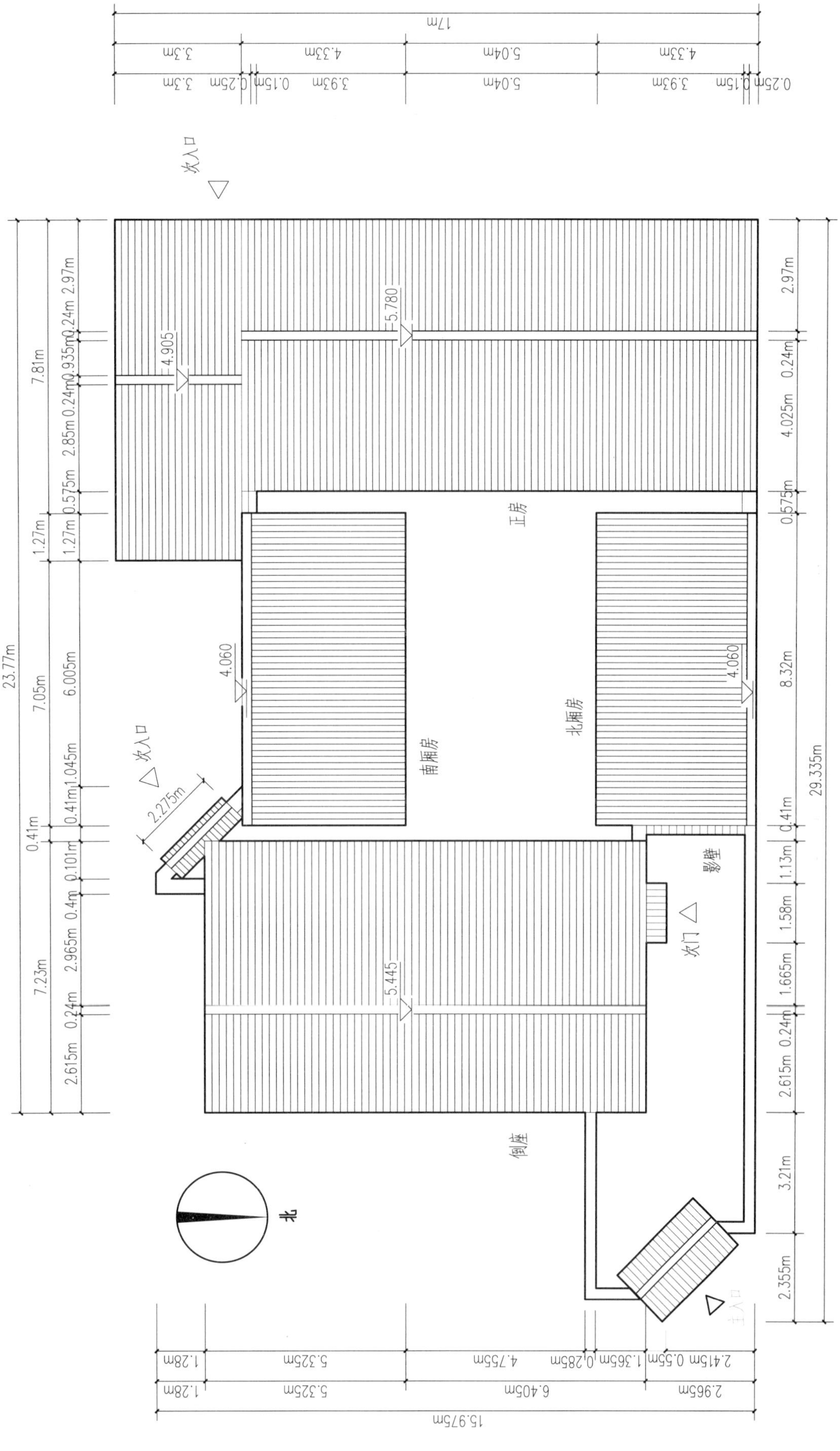

图1　院落总平面图

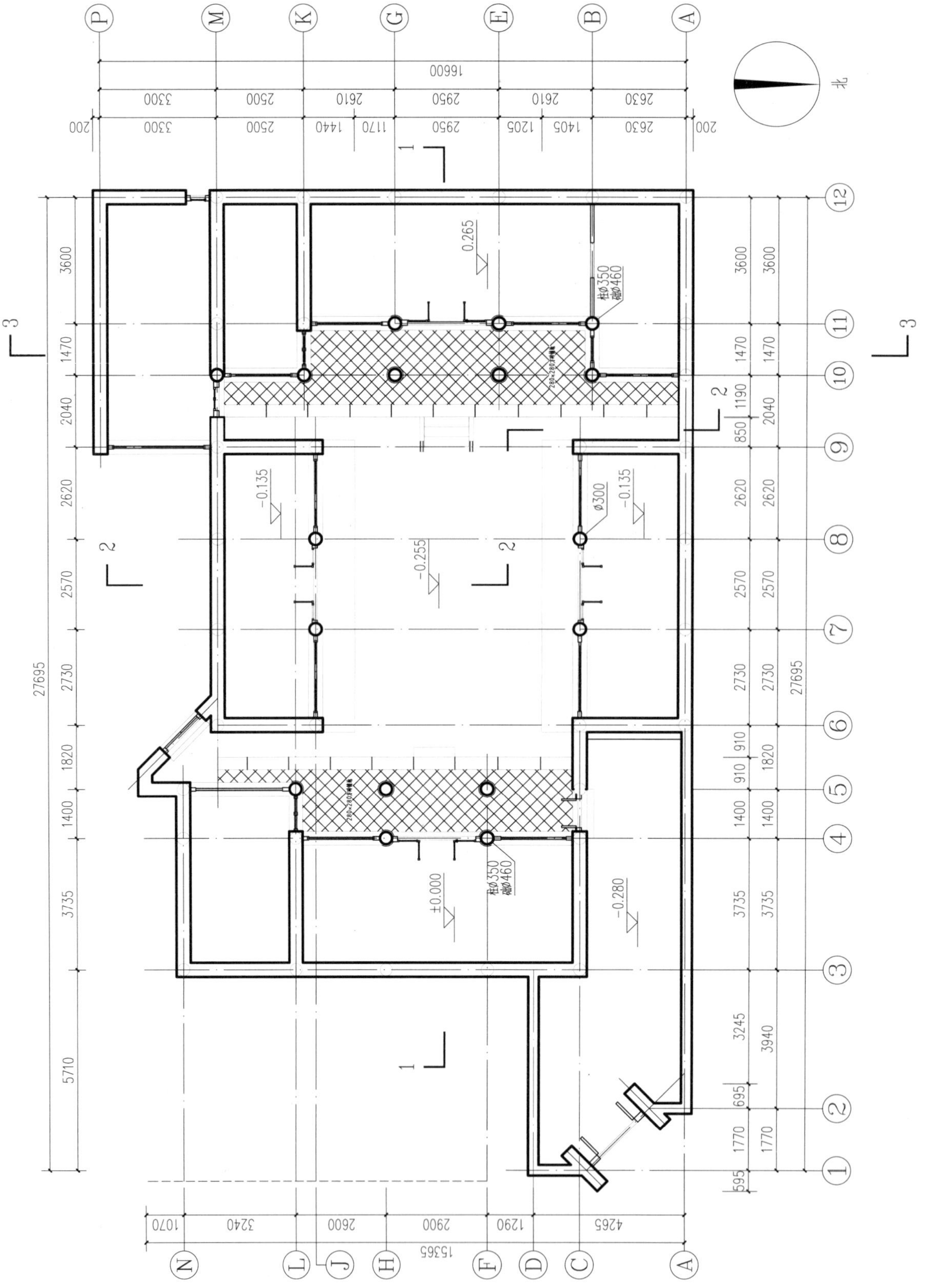

P
M
K
G
E
B
A
16600
3300
2500
2610
2950
2610
2630
200
1440
1170
1205
1405
北
12
11
10
9
8
7
6
5
4
3
2
1
3600
1470
1190
2040
850
2620
2570
2730
910
1820
1400
3735
3245
3940
695
1770
595
5710
27695
0.265
柱Ø350
础Ø460
-0.135
Ø300
-0.255
-0.280
±0.000
N
L
J
H
F
D
C
1070
3240
2600
2900
1290
4265
15365

图 2 一层平面图

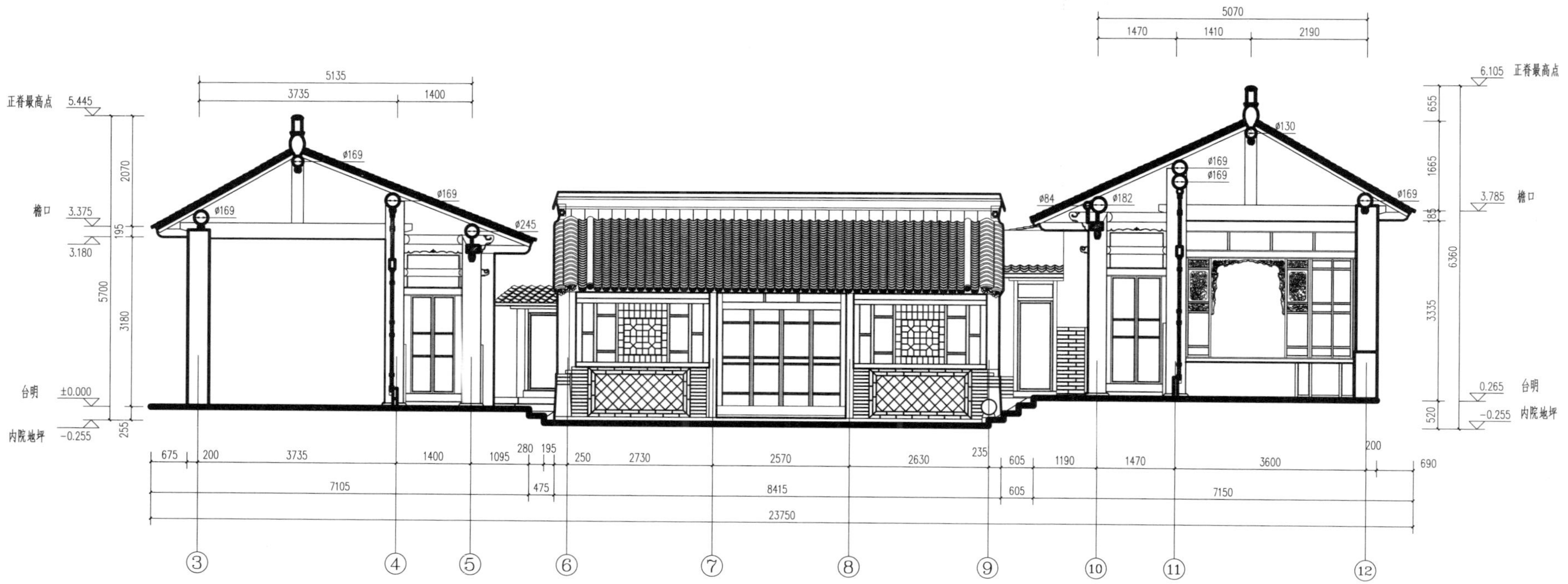
正脊最高点
5.445
檐口
3.375
3.180
台明
±0.000
内院地坪
−0.255
5135
3735
1400
ø169
ø245
5070
1470
1410
2190
6.105
3.785
0.265
ø130
ø182
ø84
23750
7105
8415
7150
6360

图 3　1-1 院落剖立面图

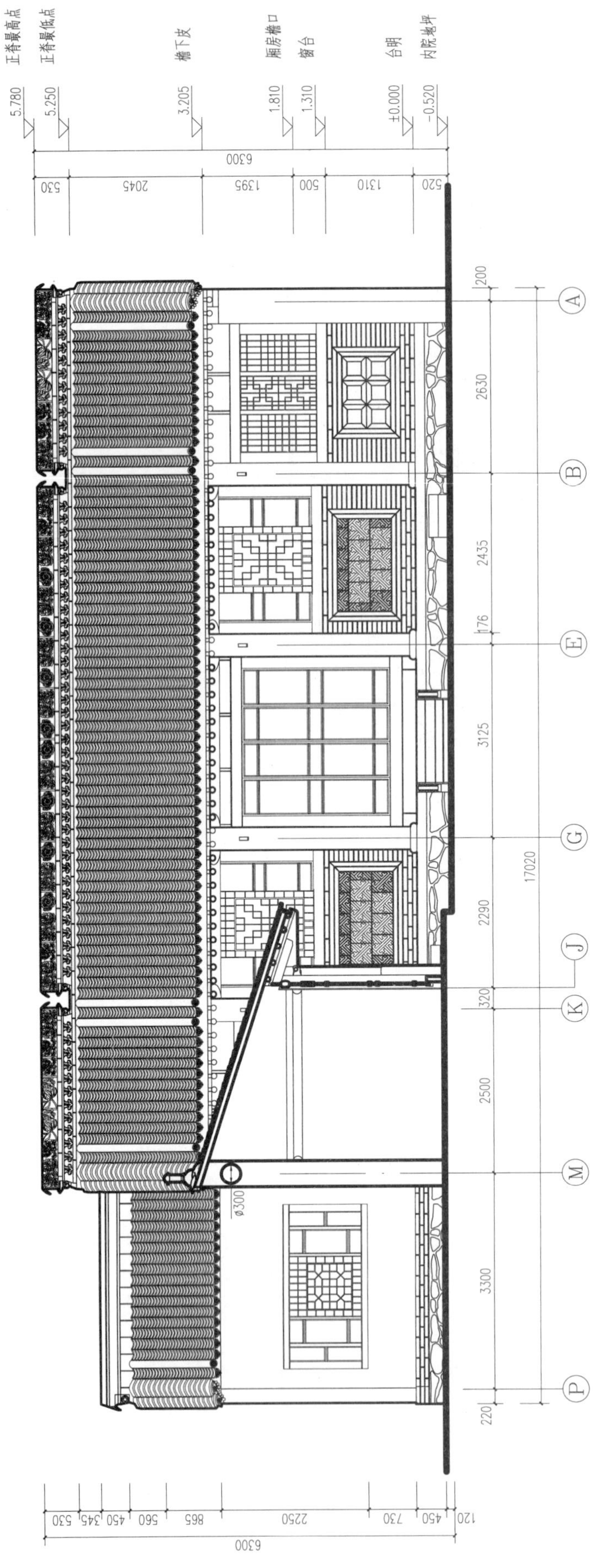
正脊最高点
5.780
正脊最低点
5.250
檐下皮
3.205
厢房檐口
1.810
窗台
1.310
台明
±0.000
内院地坪
-0.520
6300
A
B
E
G
J
K
M
P
17020

图4　2-2院落剖立面图

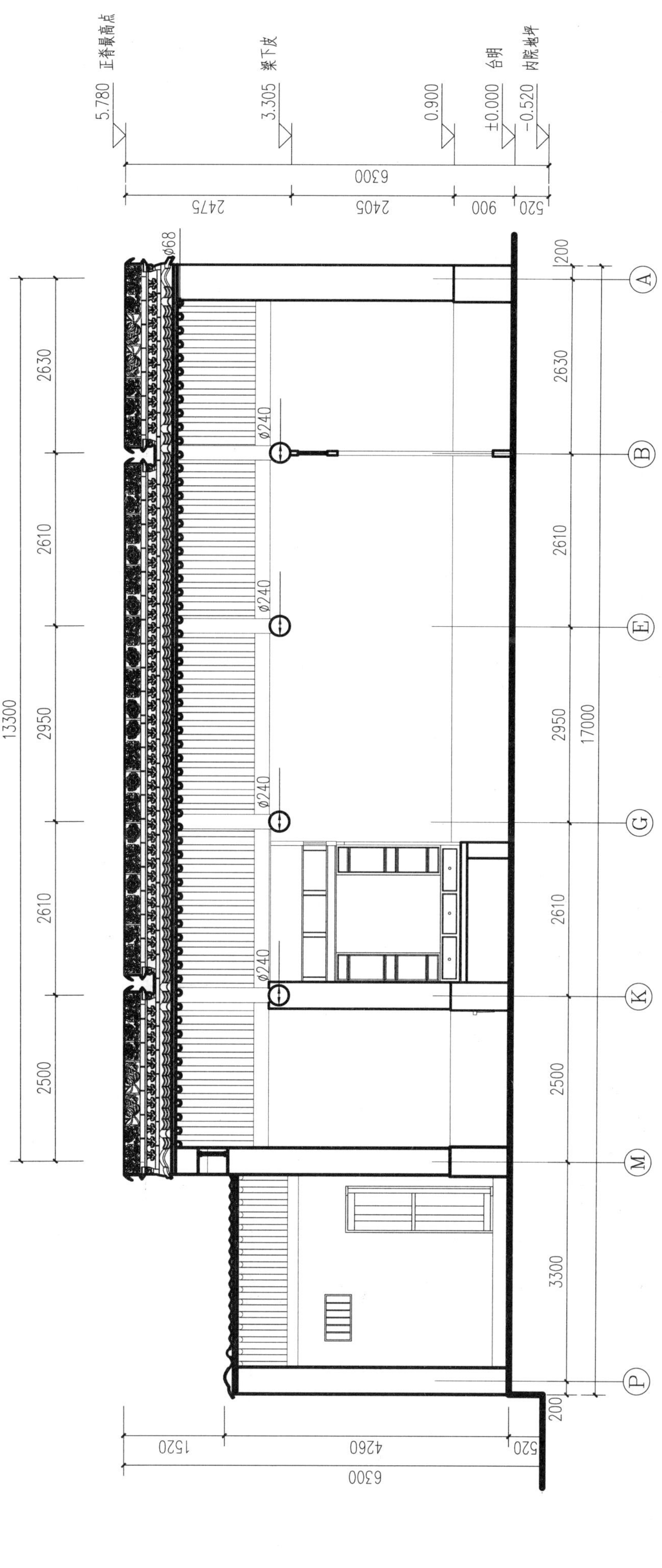
5.780 正脊最高点
3.305 梁下皮
0.900
±0.000 台明
-0.520 内院地坪
6300
2475
2405
900
520
13300
2630
2610
2950
2610
2500
3300
17000
200
ϕ68
ϕ240
A
B
E
G
K
M
P
1520
4260

图 5 3-3 院落剖立面图

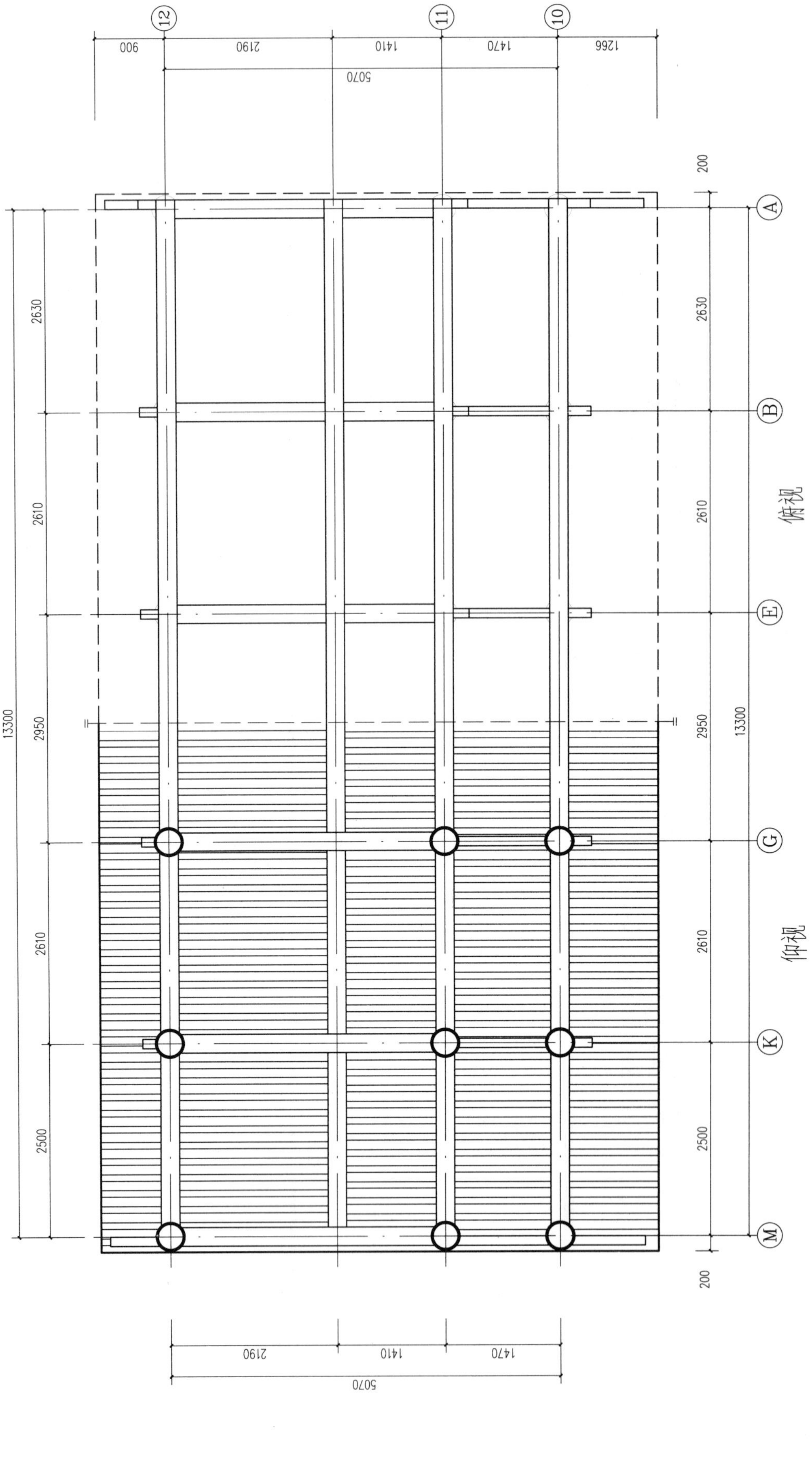
12
11
10
900
2190
1410
1470
1266
5070
200
2630
2610
2950
2610
2500
13300
A
B
E
G
K
M
俯视
仰视

图 6　正房梁架仰、俯视图

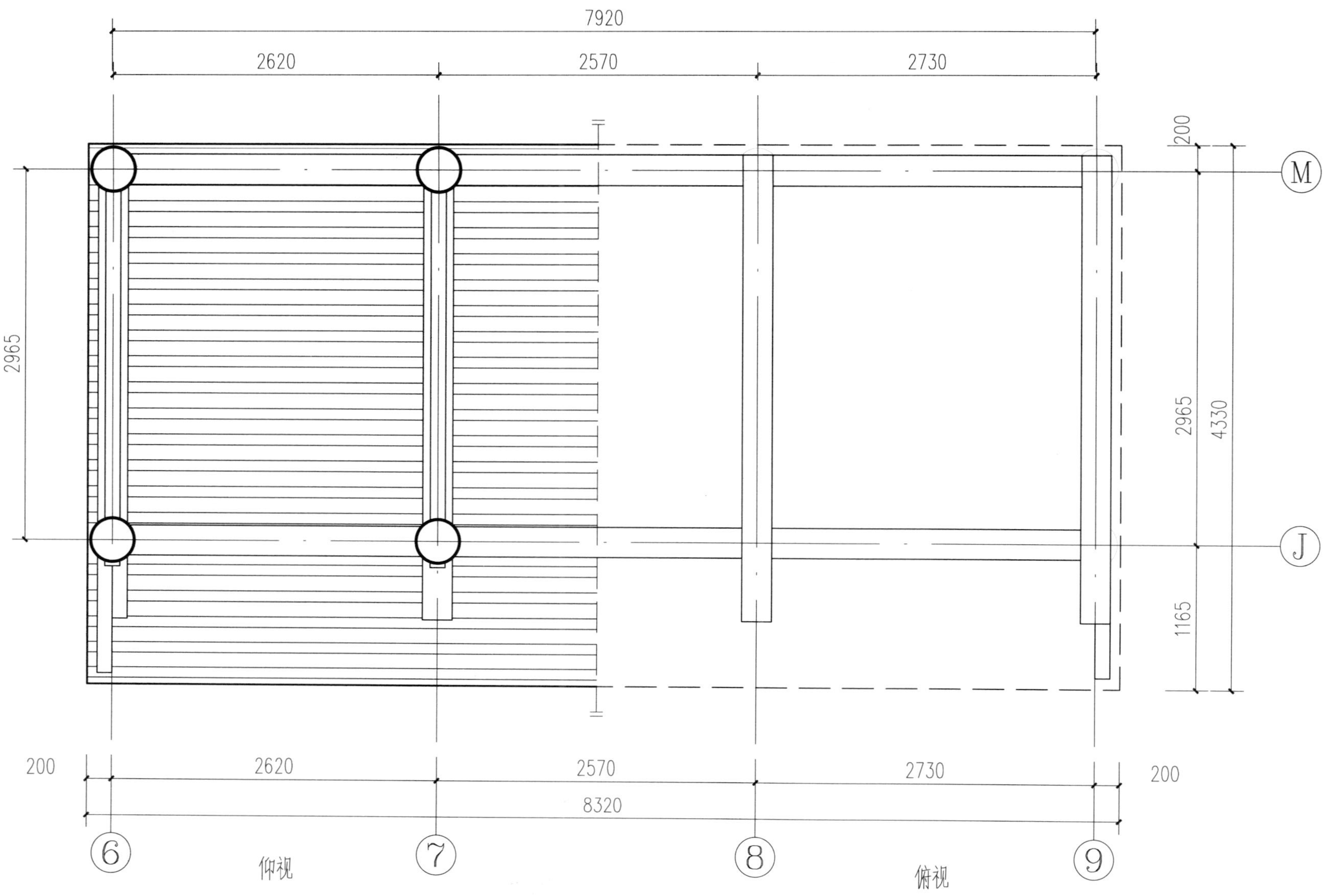
7920
2620
2570
2730
2965
200
2965
4330
1165
M
J
200
2620
2570
2730
200
8320
6
7
8
9
仰视
俯视

图 7　厢房梁架仰、俯视图

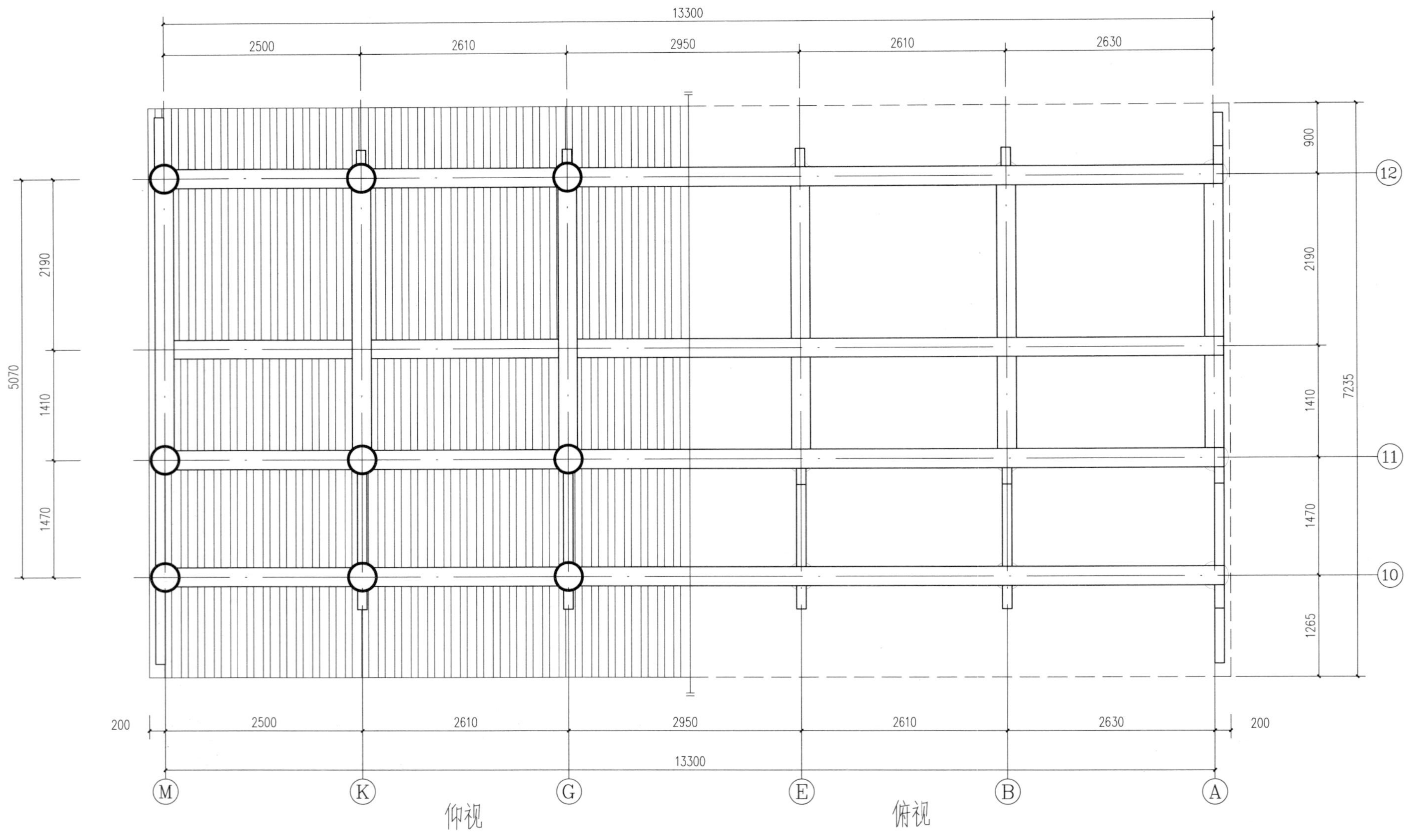
13300
2500
2610
2950
2610
2630
900
2190
1410
1470
1265
7235
5070
200
12
11
10
M
K
G
E
B
A
仰视
俯视

图 8　倒座梁架仰、俯视图

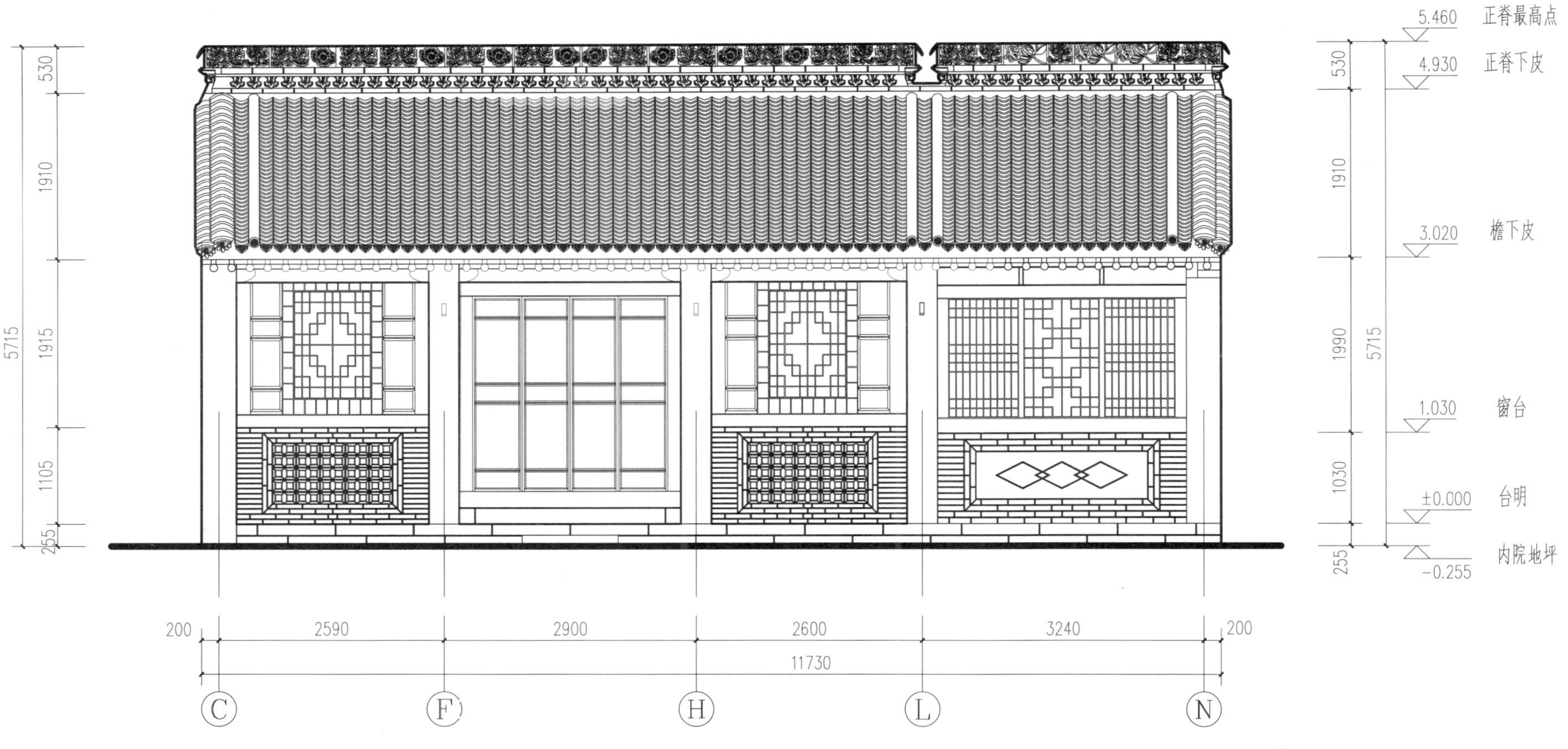

5.460 正脊最高点
4.930 正脊下皮
3.020 檐下皮
1.030 窗台
±0.000 台明
-0.255 内院地坪
530
1910
1915
1105
255
5715
1990
1030
200
2590
2900
2600
3240
11730
C
F
H
L
N

图9 倒座立面图

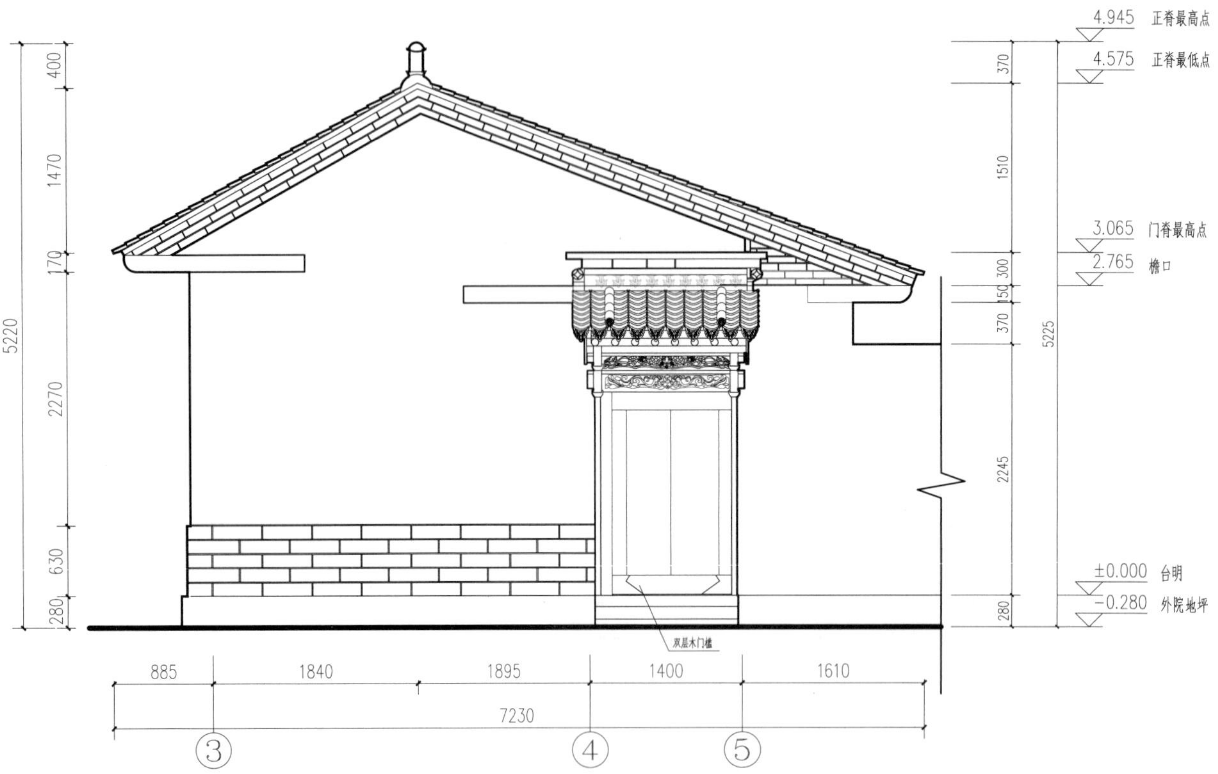

图 10　倒座侧立面图

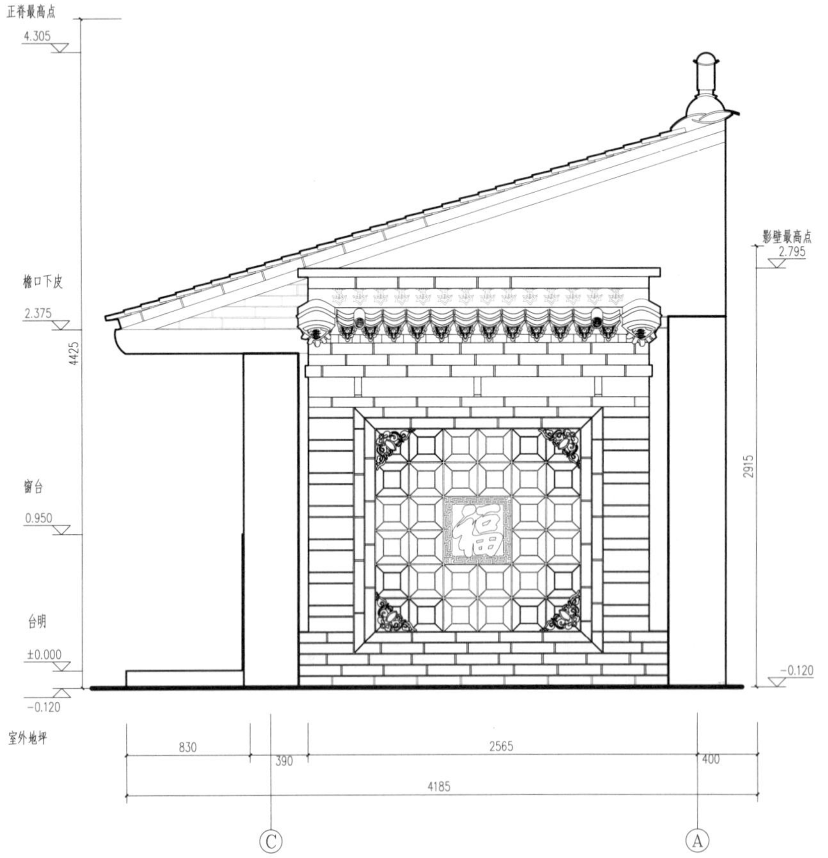

图 11　北厢房影壁立面图

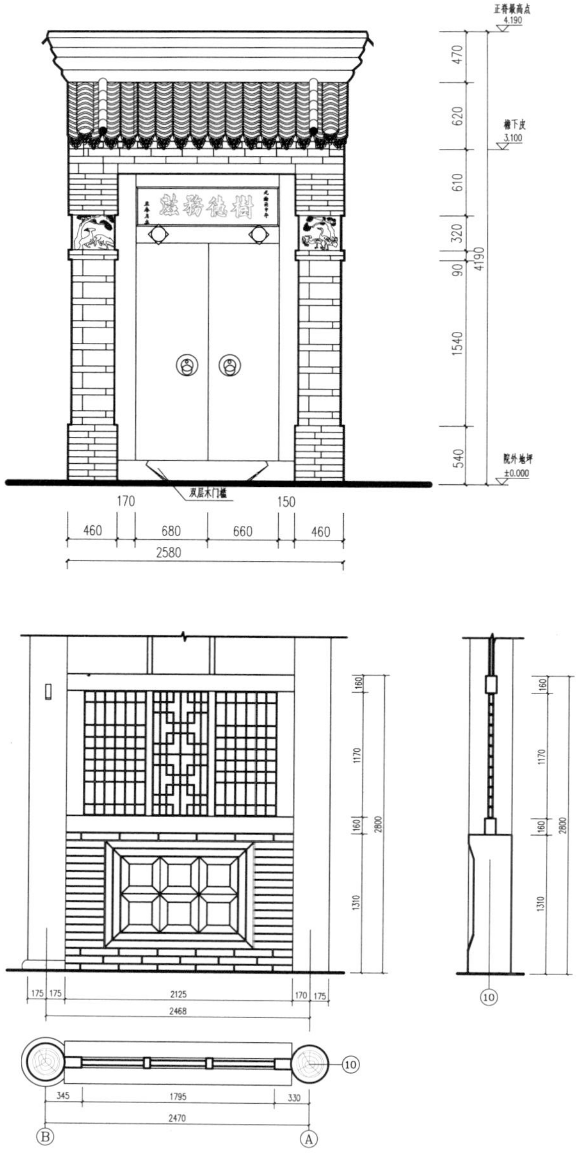

图 12　大门立面图

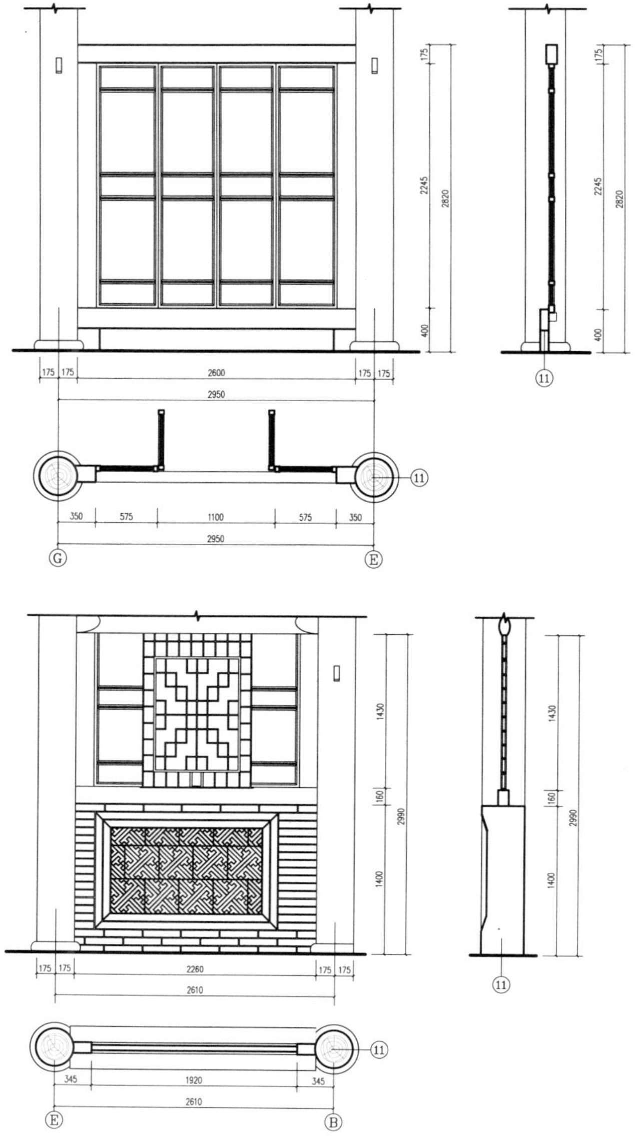

图 13　门窗大样图之一

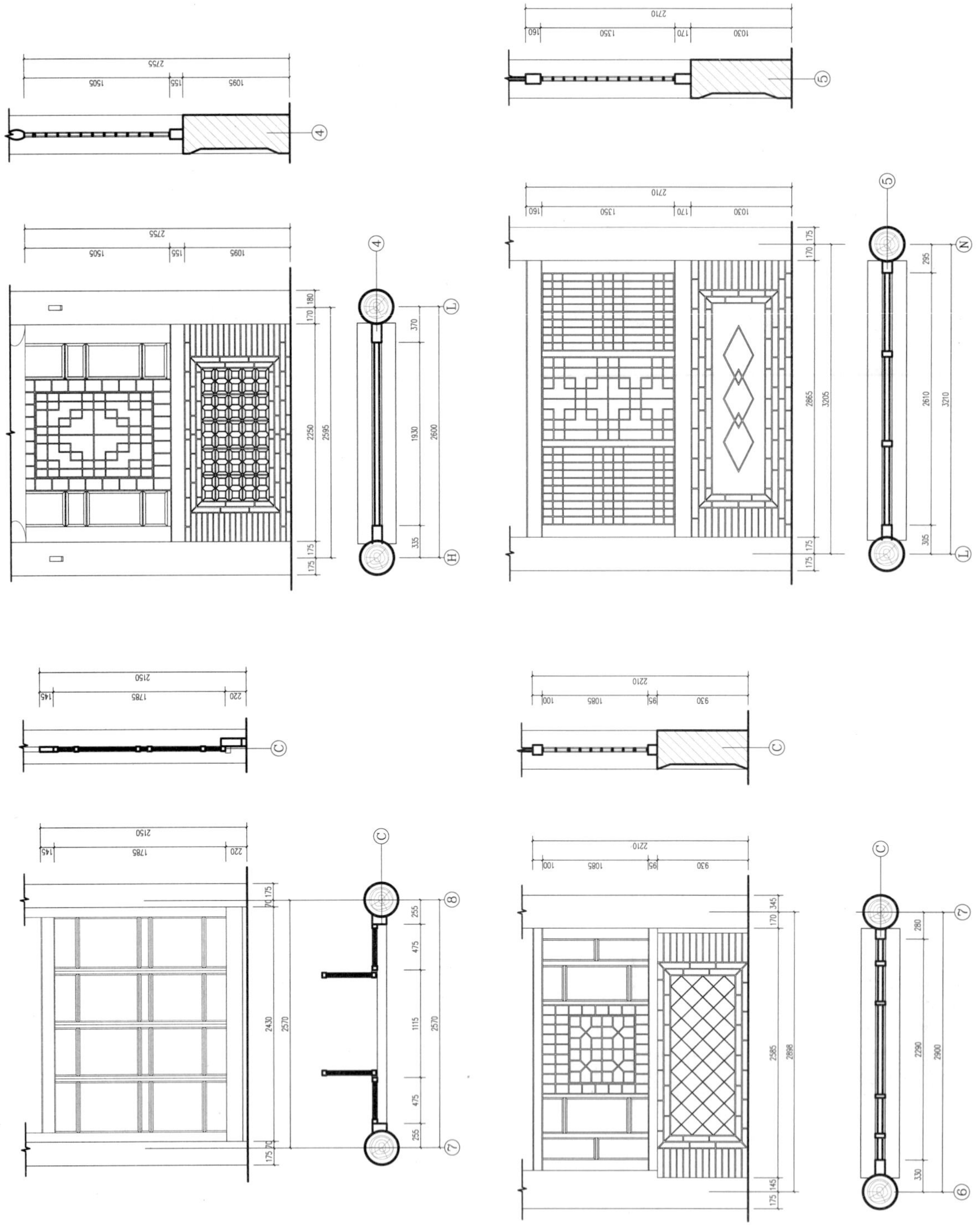

图14　门窗大样图之二

470
240
715
240
745
240
315
315
380
595
380
595
380
130
165
135
265
130
95
85
125
125
1390
1040
380
125
380
130
1975
535
250
25
25
300
260
40
45
150
495
15
20
55
20
15
125
260
40
45
150
495

图 15　雕花大样图之一

福
480
465
480
1425
290
850
285
1425
①
400
320
②
400
320
③
樹德務滋
光緒丙申年
孟春月立
360
1340
④
110
1105
⑤
145
1130
⑥
115
105
⑦
100
100
⑧
80
80
⑨
145
165
⑩

图 16　雕花大样图之二

成县李明武民居

李明武民居位于陇南市成县黄陈乡石榴湾村，濒临西汉水。自然环境优美，但是交通状况较差，十分偏远。该民居建于清代晚期，现在已经被村民自行拆除。[1]

原有民居建筑占地面积 200m^2，建筑总面积 150m^2，为开敞式三合院落，并没有设置围墙以及大门。倒座房为新建，正房与厢房整体呈“L”形平面布局形式，厢房部分毁坏严重，已经废弃，正房仍然处于使用之中。

正房处在整个院落的最高处，坐西朝东，台明与院落高差为 1.2m。建筑为土、木与砖的混合结构，正房为双坡檐硬山顶，抬梁式木构架。檐下用斗栱，柱间各一攒，坐斗承随檩枋，出跳基本为装饰性构件，承挑梁头及花板。平面为锁子厅形式，五开间，通面阔 18.2m，通进深 5.95m。院内建筑台明和踏步铺阶条石，内庭院为素土地面，下雨之后多泥泞。屋顶为合瓦屋面，以竹编席作为望板层，用滴水（与南方建筑更为相似，勾头部位也是滴水瓦头），正脊为清水脊，有吻兽，均已损毁。

李明武民居的建筑雕饰多集中在门窗、斗栱以及角背之上，且图案多以花卉图案为主。尤其是在正房的明间与次间上各有四扇六抹槅扇门，格心以四季花卉为主题，包括太阳花、荷花与菊花等；上绦环板为卷草纹，中绦环板则饰以“琴棋书画”等题材，裙板与下绦环板皆为素板。

[1] 2017 年 12 月，李明武私自将其拆除，黄陈镇人民政府于 2018 年 1 月 10 日下达了关于对石榴村村民李明武私自拆除古民居的处理意见。链接网址：http://www.gscx.gov.cn/govopen/department/view/720.html.

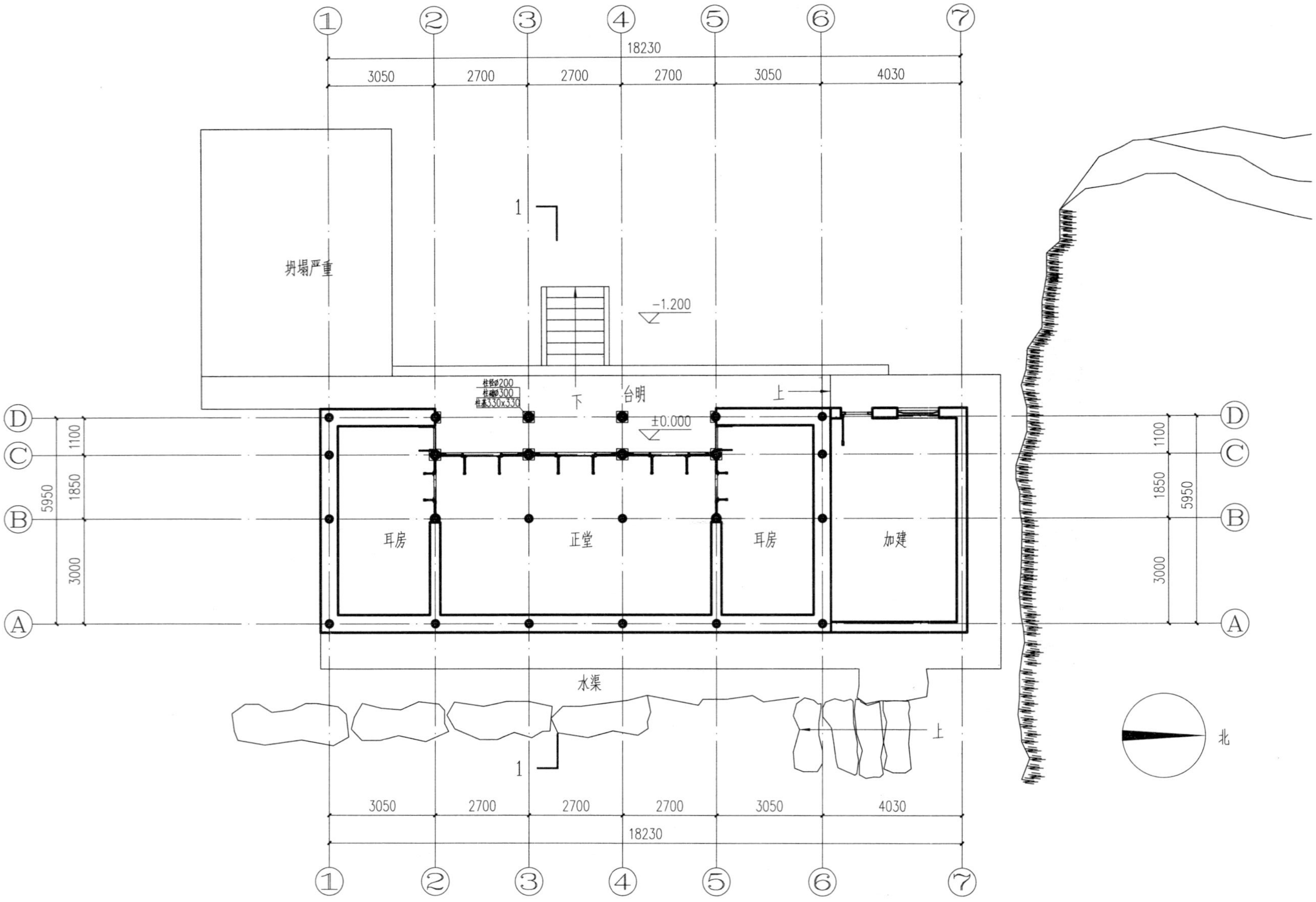
18230
3050
2700
2700
2700
3050
4030
坍塌严重
1
−1.200
台明
下
上
±0.000
耳房
正堂
耳房
加建
水渠
上
北
1100
1850
3000
5950

图1　一层平面图

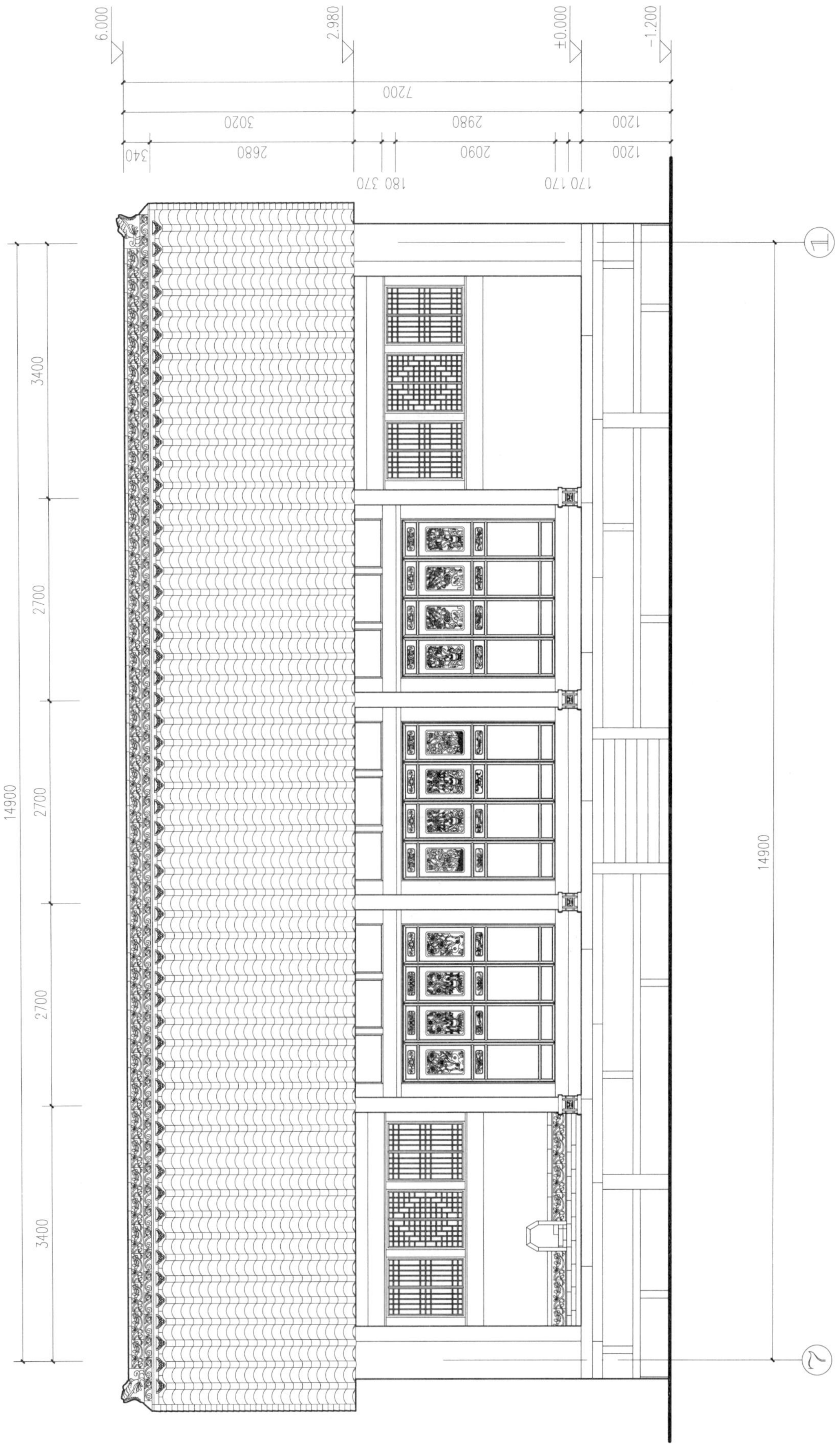
6.000
2.980
±0.000
-1.200
7200
3020
2980
1200
340
2680
2090
1200
180 370
170 170
14900
3400
2700
2700
2700
3400
14900

图 2　西立面图

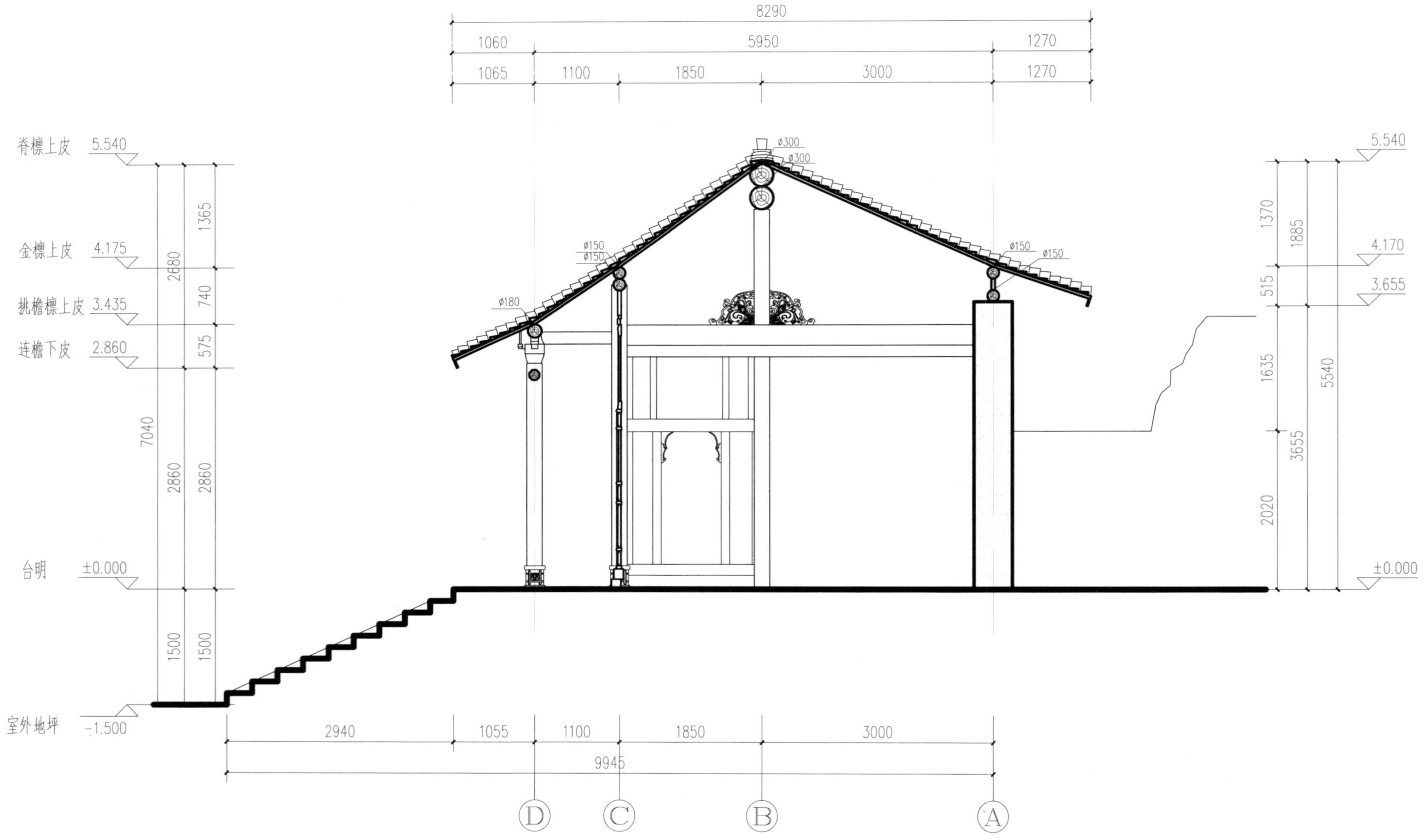
8290
1060
5950
1270
1065
1100
1850
3000
1270
脊檩上皮 5.540
金檩上皮 4.175
挑檐檩上皮 3.435
连檐下皮 2.860
台明 ±0.000
室外地坪 -1.500
1365
2680
740
575
7040
2860
2860
1500
1500
ø300
ø300
ø150
ø150
ø180
ø150
ø150
5.540
4.170
3.655
±0.000
1370
1885
515
1635
5540
3655
2020
2940
1055
1100
1850
3000
9945
D
C
B
A

图 3　1-1 剖面图

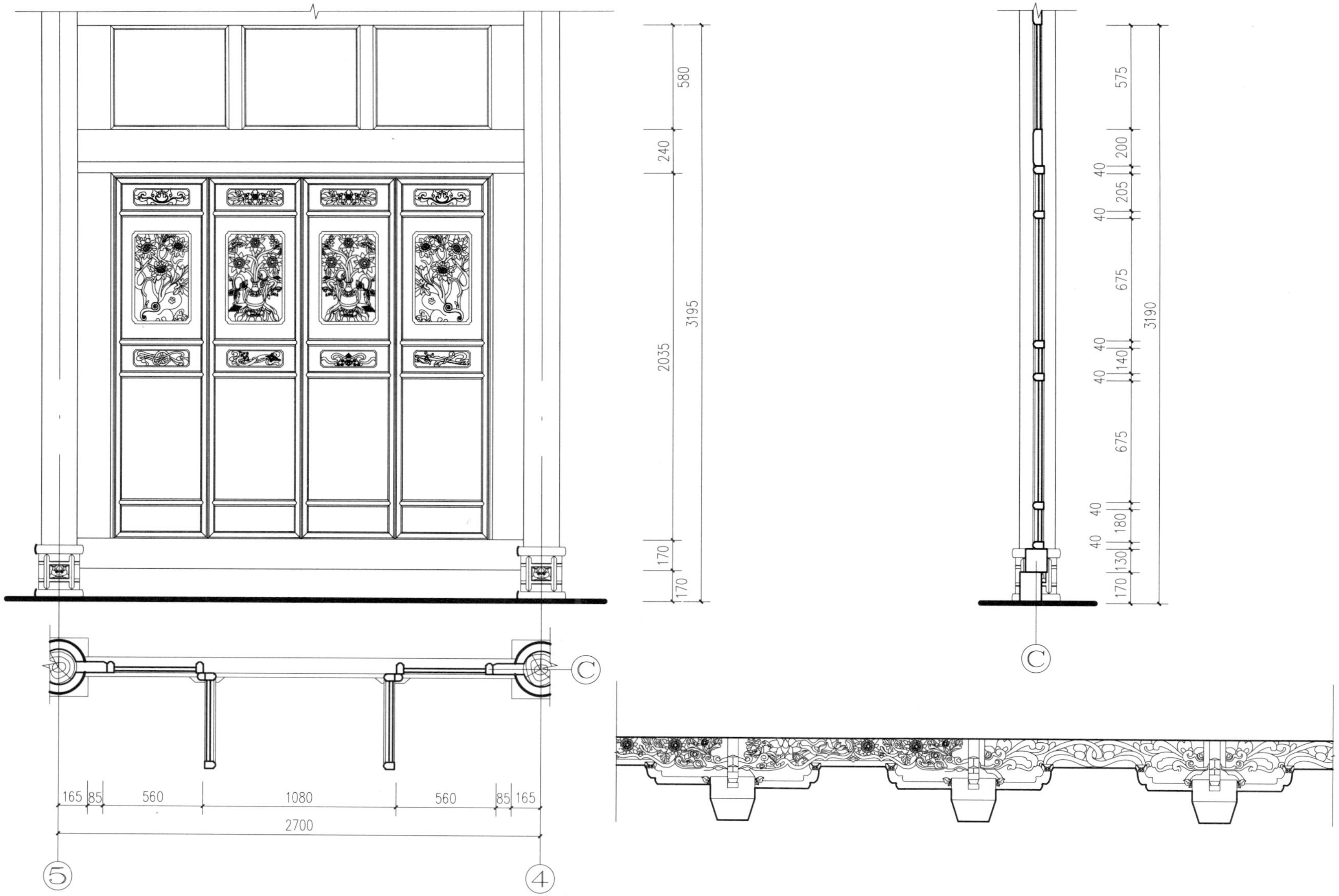
580
240
2035
3195
170
170
575
200
40
205
40
675
3190
40
140
40
675
40
180
40
130
170
C
165
85
560
1080
560
85
165
2700
5
4

图 4　门窗斗栱大样图

图5 门雕花大样图

图 6　门扇格心以及绦环板雕花大样图

徽县清真寺姆拉楼

陇南徽县清真寺姆拉楼位于徽县东关回族乡东关行政村清真寺内，距离县城中心 500m。现存“姆拉楼”为民国三年（1914 年）所建，占地面积约 230m^2。姆拉楼西侧立有明代万历年间徽州进士马负图撰刻《重修礼拜寺碑记》碑 1 通，清道光四年《清真寺建修庙房碑记》1 通。2008 年，对清真寺“姆拉楼”进行了加固维修。1990 年定为县级文物保护单位。

姆拉楼虽为清真寺，但其建筑形制是受传统建筑影响下的汉式木构建筑特征。

2017 年 11 月 8 日，入选甘肃省第八批省级文物保护单位。保护范围：东至姆拉楼东门外侧以东 3m，南至姆拉楼南墙外侧以南 3m，西至姆拉楼西门外侧以西 3m，北至姆拉楼北墙外侧以北 6m。

姆拉楼主体建筑由三重檐歇山顶（重檐三滴水）主楼及左右两卷棚歇山建筑组成，坐北朝南，其中两侧建筑为砖木结构、主楼为木结构。

抱厦面阔两间，进深四檩四步架，卷棚歇山顶。北立面次间开门，两明间设槛墙、槛窗，门窗都较新，应为后换构件，两侧山墙镶嵌雕花青砖，整个建筑置于 0.6m 高的台基上。八根柱子比例匀称，落在圆形柱础上。檐柱上连接额枋，其上置平板枋，并于平板枋上施大斗，柱头及各间各置一朵，麻叶云坐于其上，并正交实拍栱承托檐檩。内部四架梁之上安放瓜柱直接支撑双脊檩，脊檩之下附脊檩垫枋，平梁插入两瓜柱之间，前后檐柱与金柱间插有抱头梁，整体结构保存良好。

主楼建筑为三滴水歇山顶楼阁式建筑，分上中下三层。面阔三间，进深三间，并逐层内收，整座建筑置于砖石垒砌的台基上，当心间面阔大于次间面阔。北立面一层檐柱间设六抹槅扇门窗，横披两侧有镂空雕花，南立面一层檐柱间不设门窗，于金柱间立砖墙并于明间设门，门前立有两抱鼓石。主楼的柱础为“鼓式＋基座式”的复合型柱础，檐柱上连接额枋，其上置平板枋，并与平板枋上施大斗，一层檐下施五踩斗拱，昂用凤头昂和龙头昂，二、三层檐下均施透雕挂落及花牙子板等，刻工精细，具有浓郁的地方特色及南方建筑元素。

主楼的内部梁架为厅堂式，彻上露明造。梁架前后出头部分采用前后柱、抱头梁及穿插枋组合。底层柱网由内外两圈柱子组成，檐柱与金柱之间形成一周外槽空间，底层金柱由于遮挡不确定是否为通柱。二层角檐柱内移立于老角梁上，其余檐柱收进后立于挑尖梁上，柱头外悬梁接吊柱并承接二层檐，柱上另起撑栱承接吊柱，吊柱与吊柱之间由花板相连，结构类似斗栱，用以平衡梁架及丰富立面造型。各檐柱以枋与对位金柱拉结，内槽金柱四根，为通柱造。三层通柱上连接额枋，其上置平板枋，枋上承接七架梁，并接吊柱（悬梁吊柱）[1]，七架梁上置瓜柱，其上施三架梁，再置脊瓜柱，两侧施角背，脊檩的大斗前后出丁华抹颏栱[2]，槽檩[3]向内移，整体抬高屋架。

屋面上覆筒瓦和火珠脊兽等饰物，正脊均施相向龙吻吞脊，当心置琉璃宝刹，形制奇特，左右两侧卷草扶宝瓶，美观别致。垂脊为甘青地区常见“五把鬃”兽，戗脊用卷云状兽形，显示较大差异。檐椽断面方形，椽头垂直斫截。山面出际简单，脊榑、上平榑出际，有搏风板及悬鱼。

[1] 临夏及兰州清真寺普遍的做法，又叫“悬梁吊柱”。

[2] 宋时，支撑脊榑的大斗前后出的栱，因与固定脊榑的叉手相撞而被斜着砍去，与叉手榫卯固定的栱。

[3] 地方叫法，檩落于短柱之上，而不是梁头上。

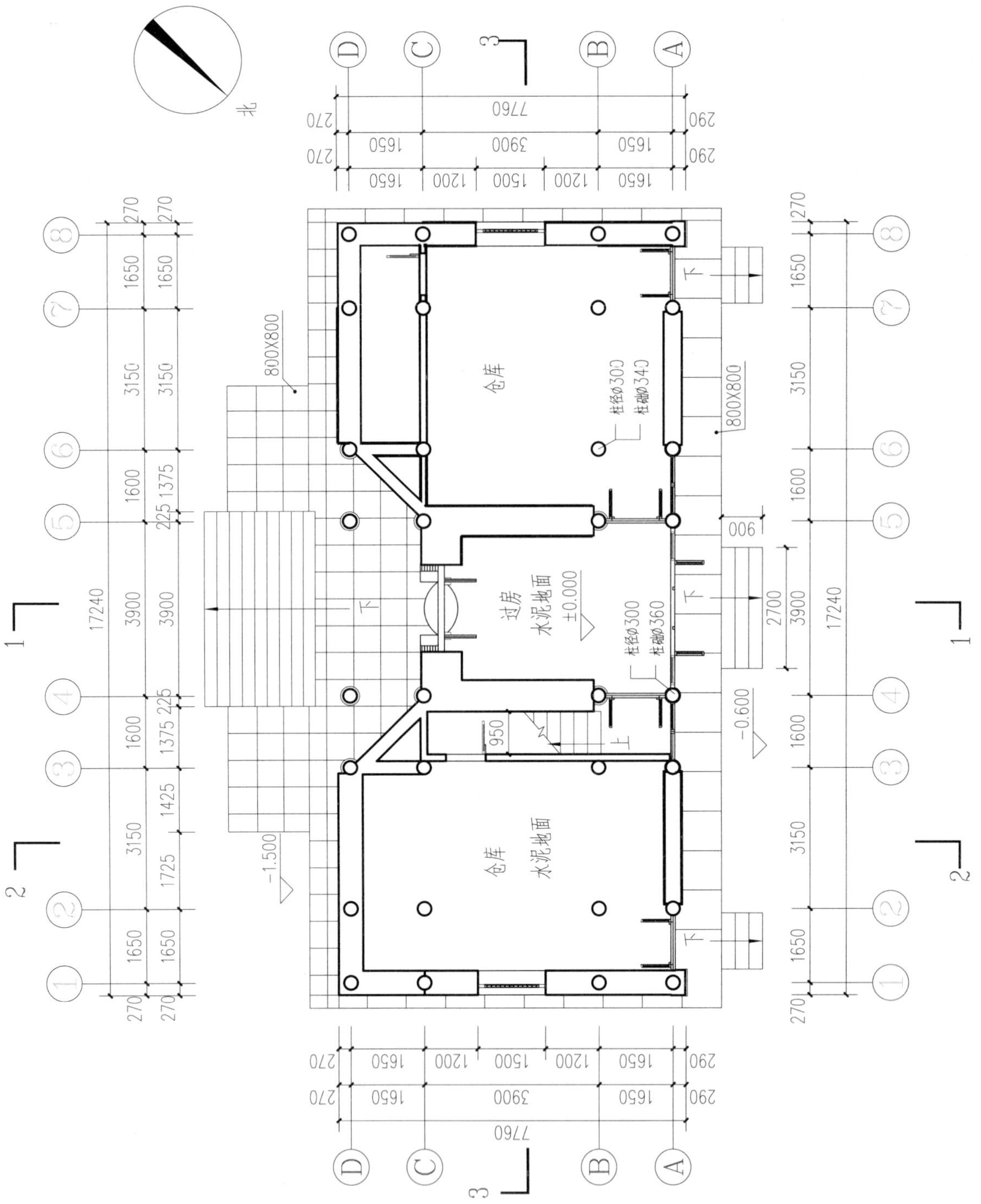
北
仓库
柱径Φ300
柱础Φ340
800X800
过房
水泥地面
±0.000
柱径Φ300
柱础Φ360
仓库
水泥地面
-0.600
-1.500
下
上
17240
7760

图1 一层平面图

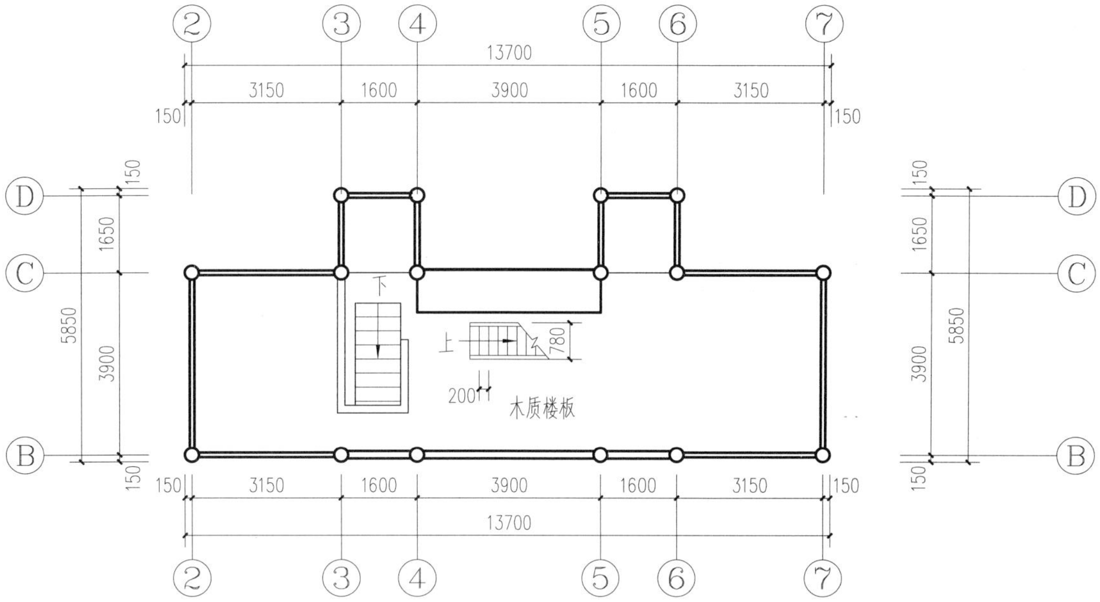

图 2　夹层平面图

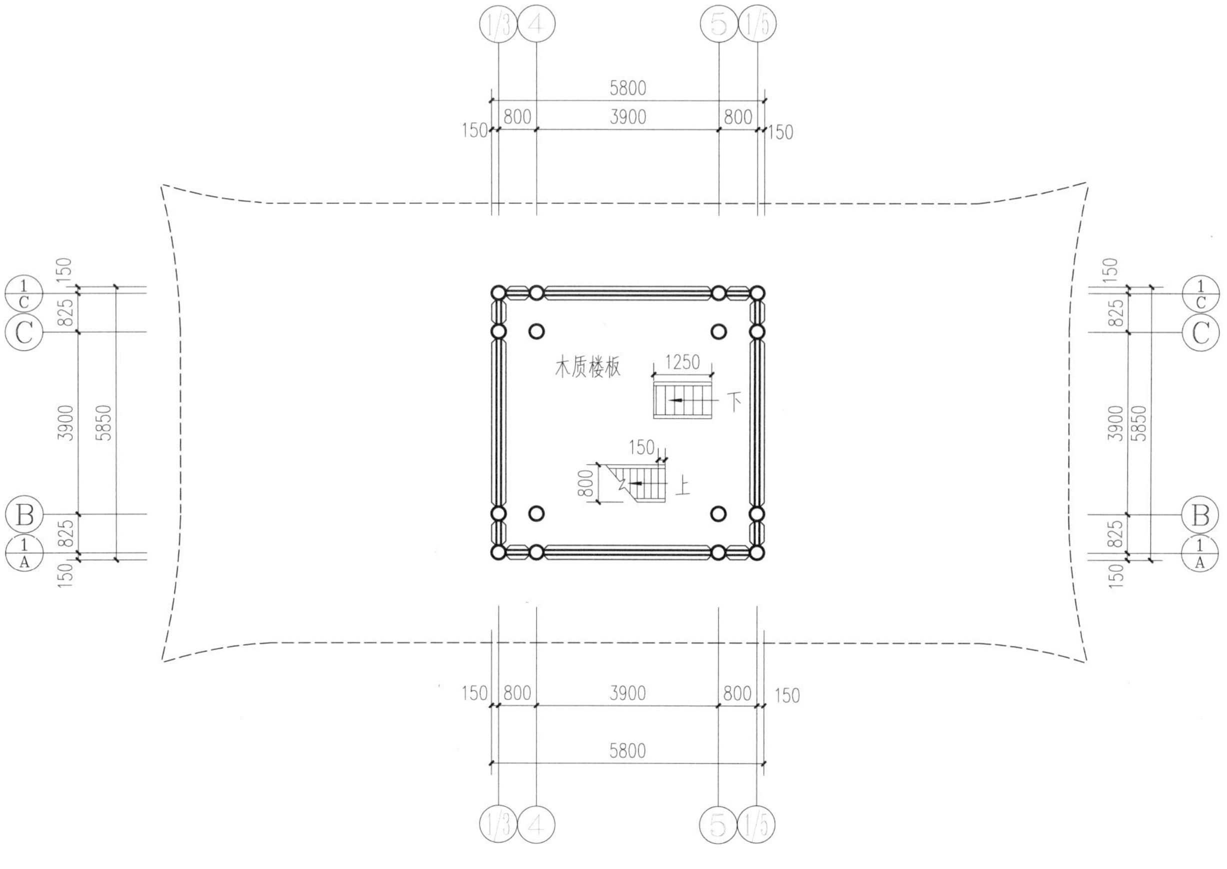

图 3　二层平面图

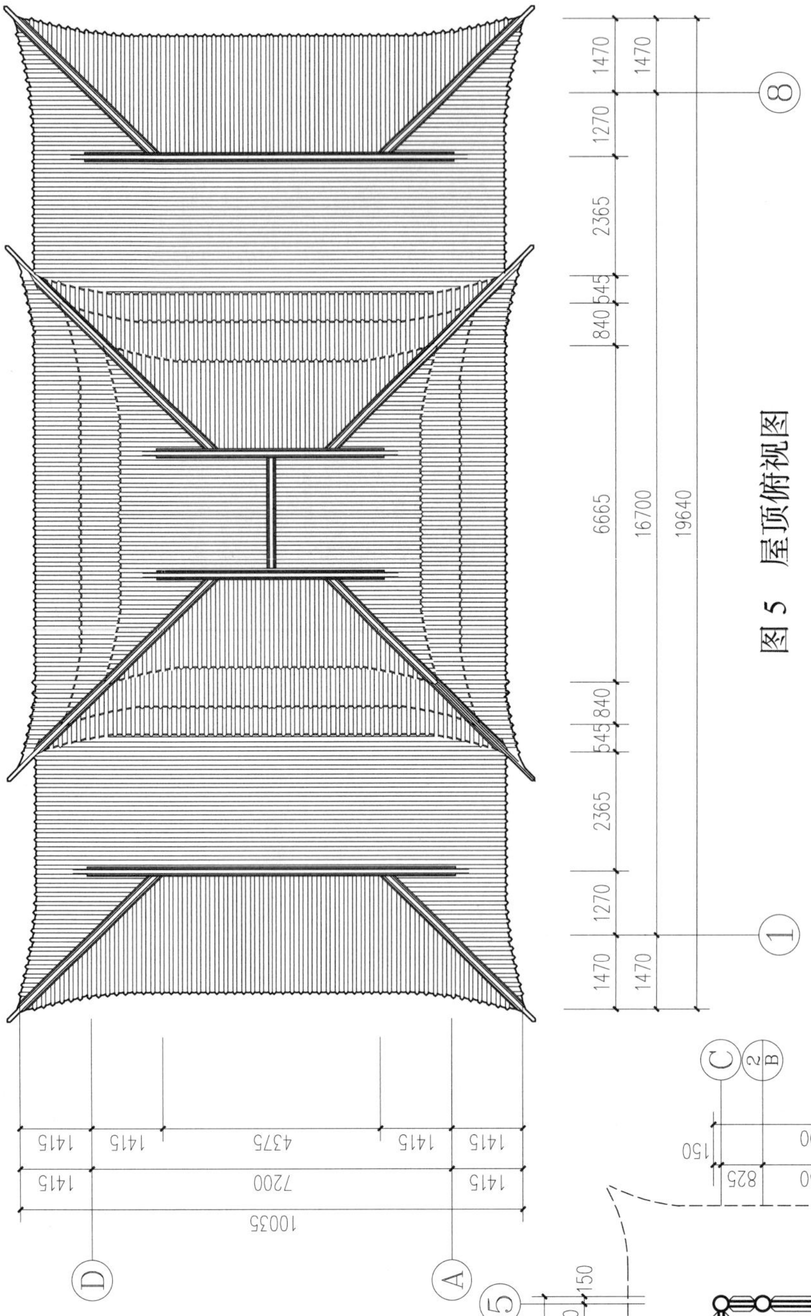

图 5 屋顶俯视图

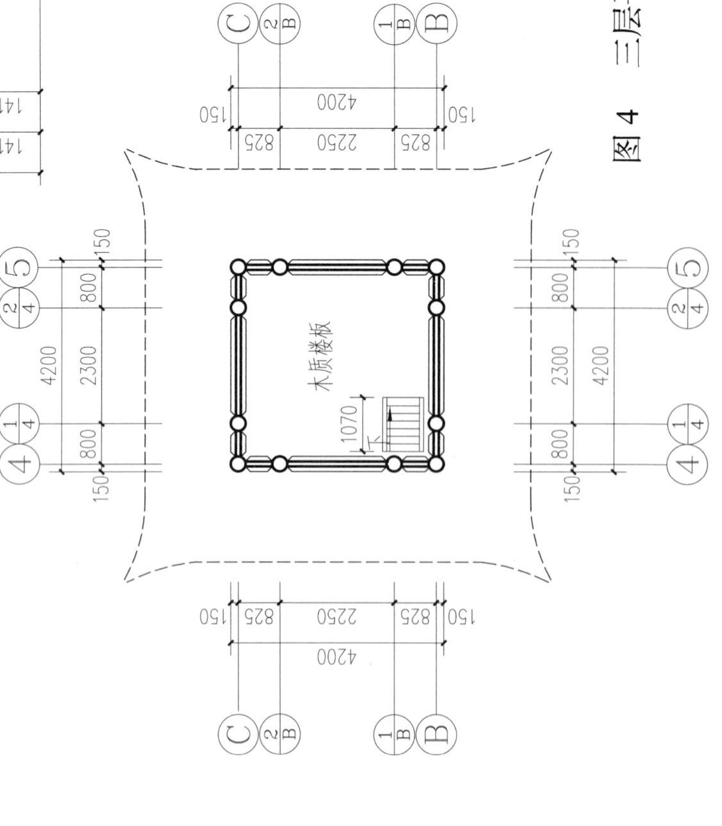

图 4 三层平面图

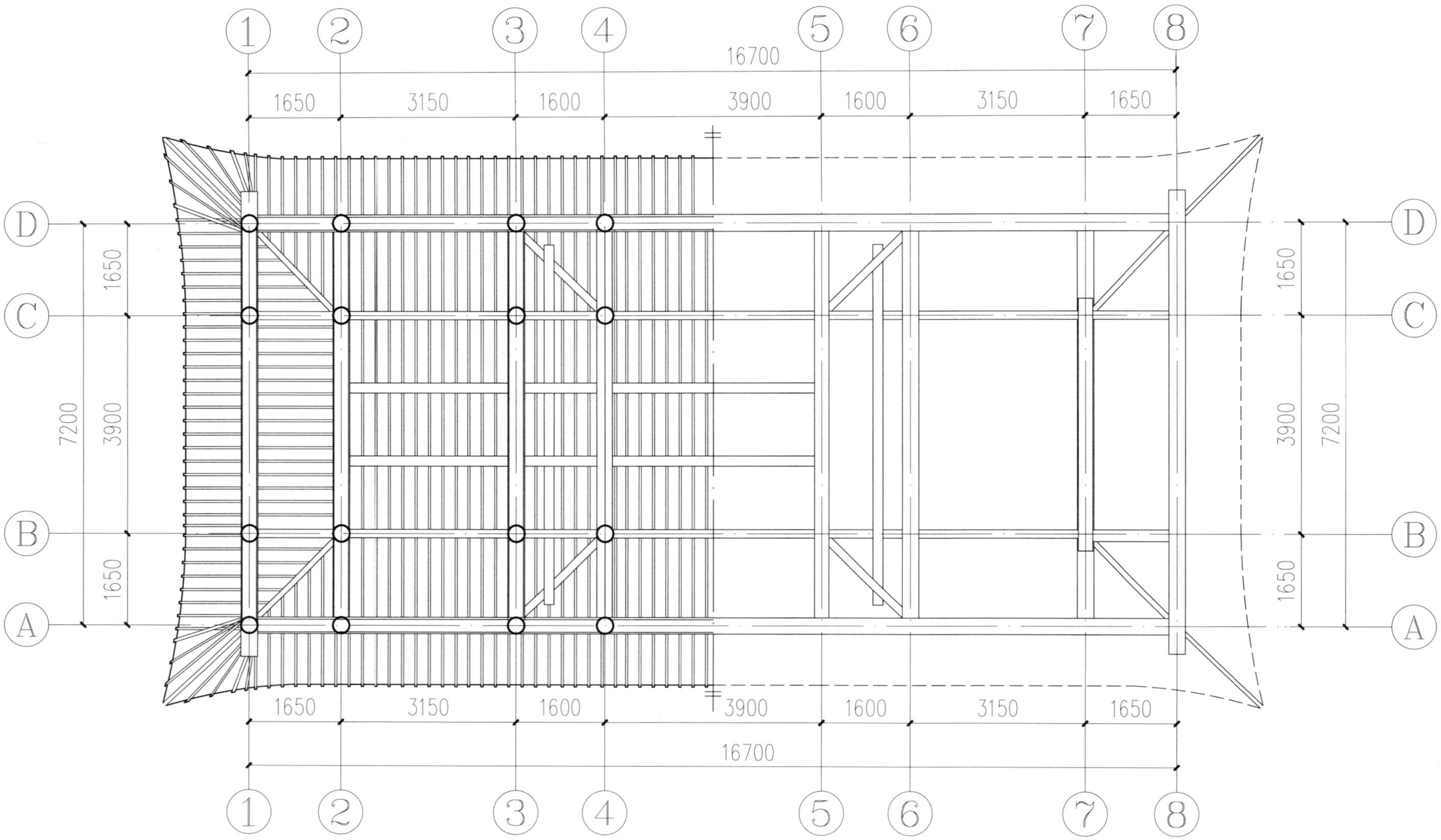
1 2 3 4 5 6 7 8
16700
1650 3150 1600 3900 1600 3150 1650
A B C D
1650 3900 1650
7200

图 6　一层梁架仰、俯视图

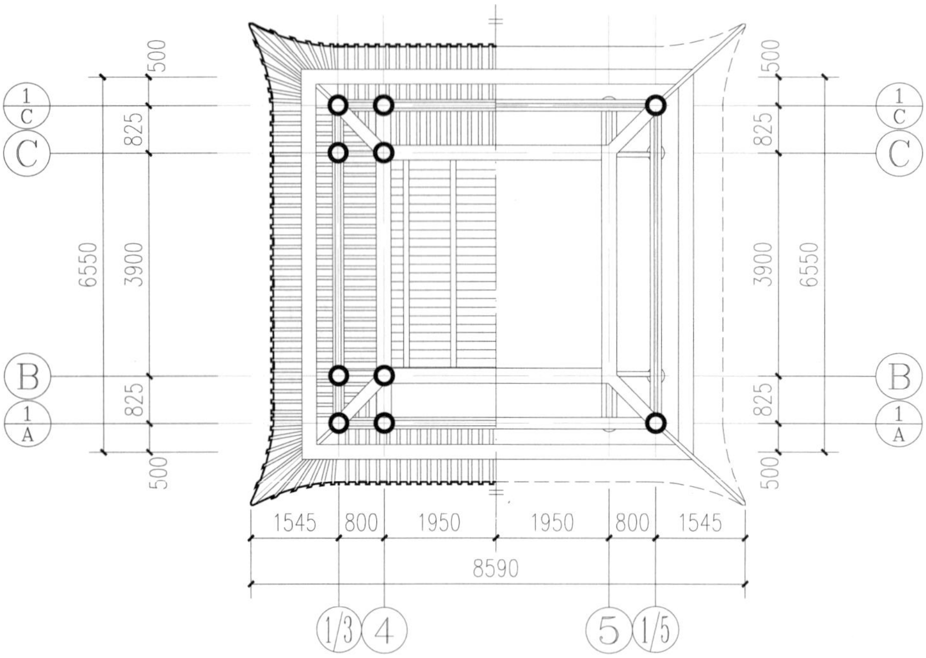

图 7　二层梁架仰、俯视图

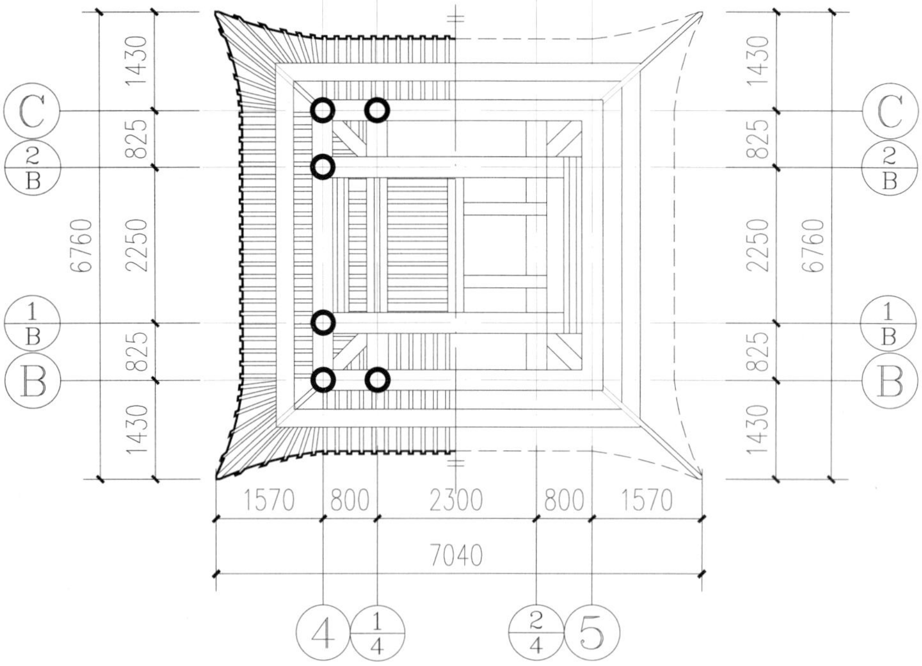

图 8　三层梁架仰、俯视图

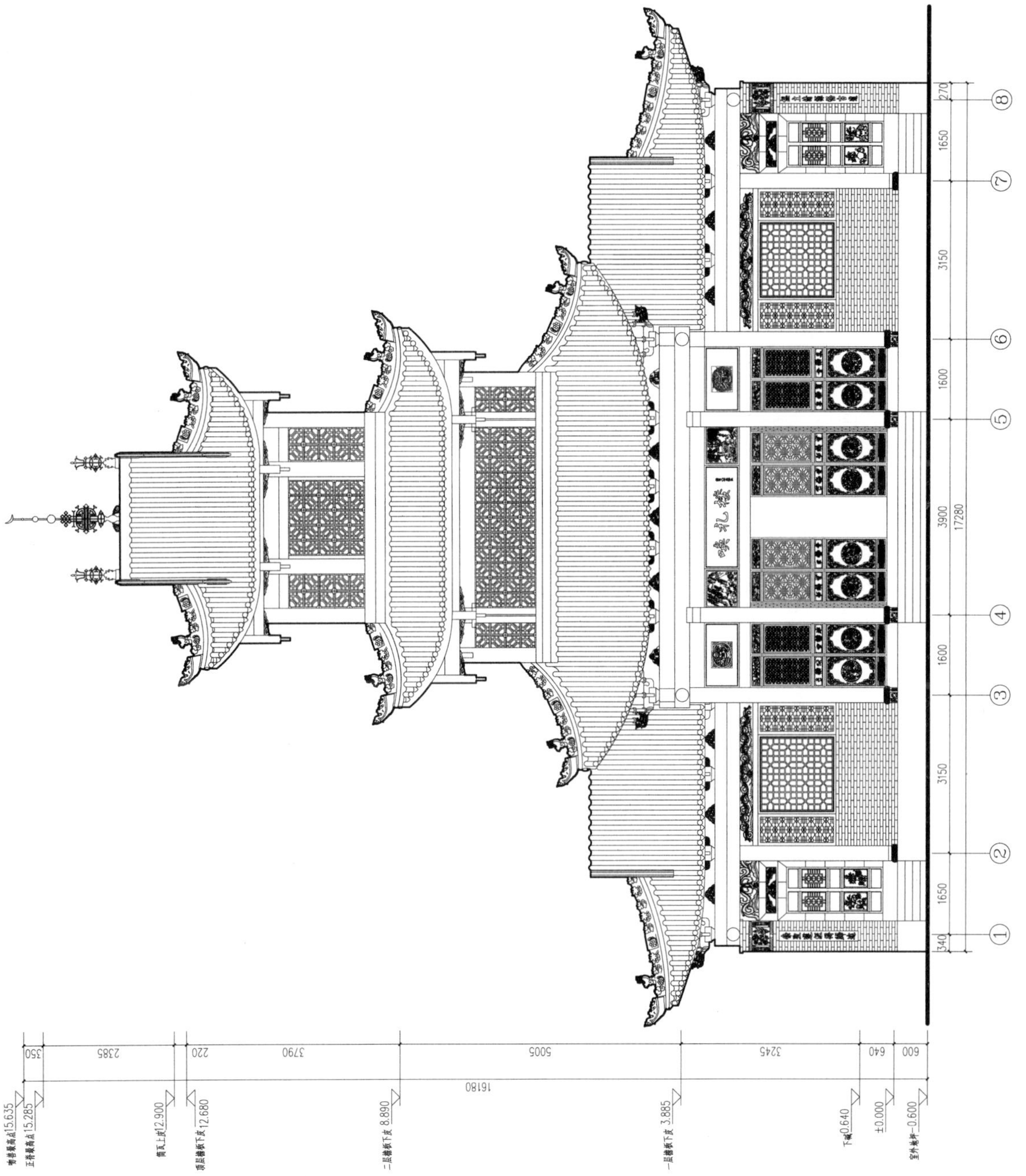

图9 正立面图

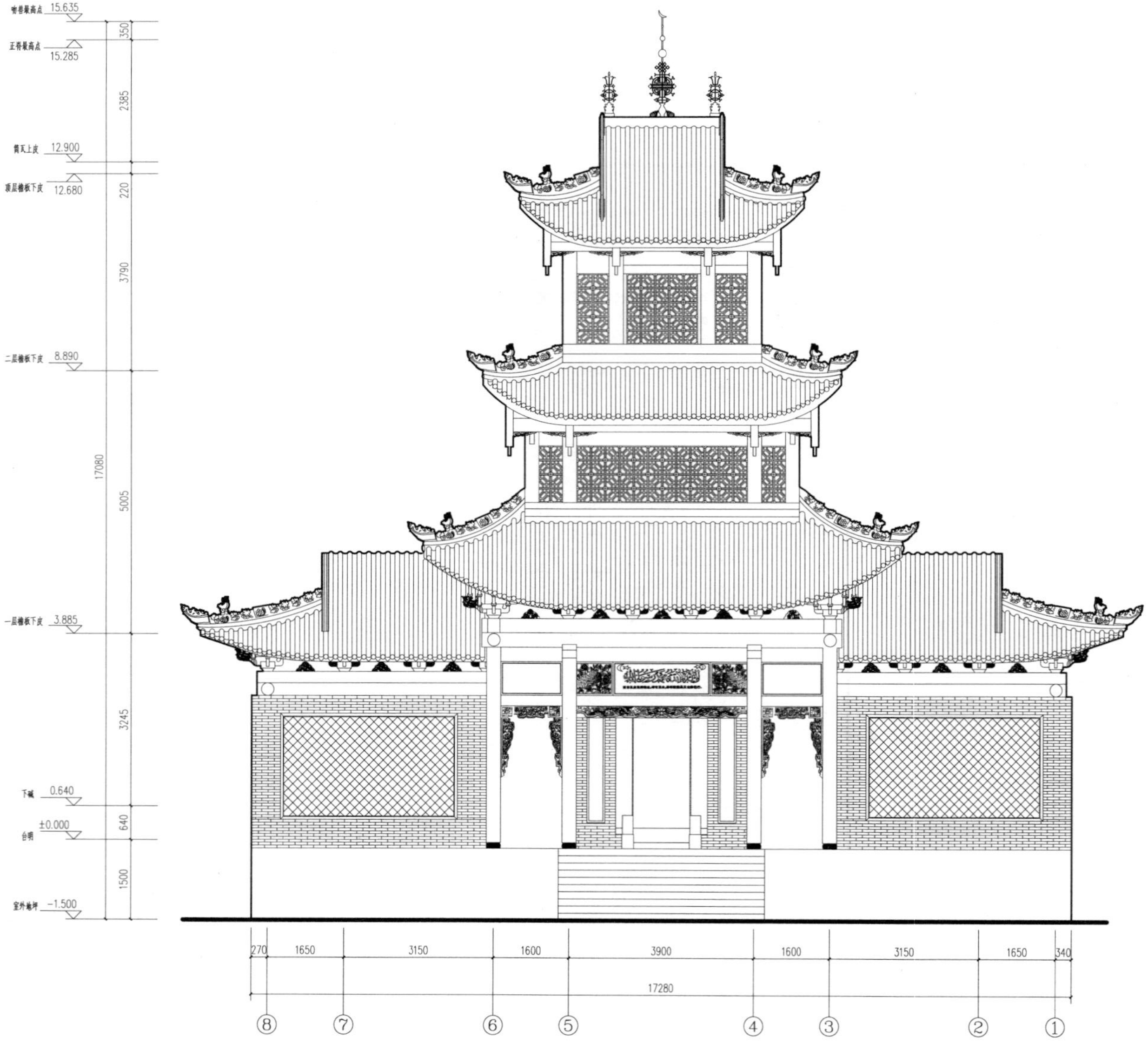
15.635
正脊最高点 15.285
筒瓦上皮 12.900
顶层楼板下皮 12.680
二层楼板下皮 8.890
一层楼板下皮 3.885
下碱 0.640
台明 ±0.000
室外地坪 −1.500
350
2385
220
3790
5005
3245
640
1500
17080
270
1650
3150
1600
3900
1600
3150
1650
340
17280
⑧
⑦
⑥
⑤
④
③
②
①

图 10　背立面图

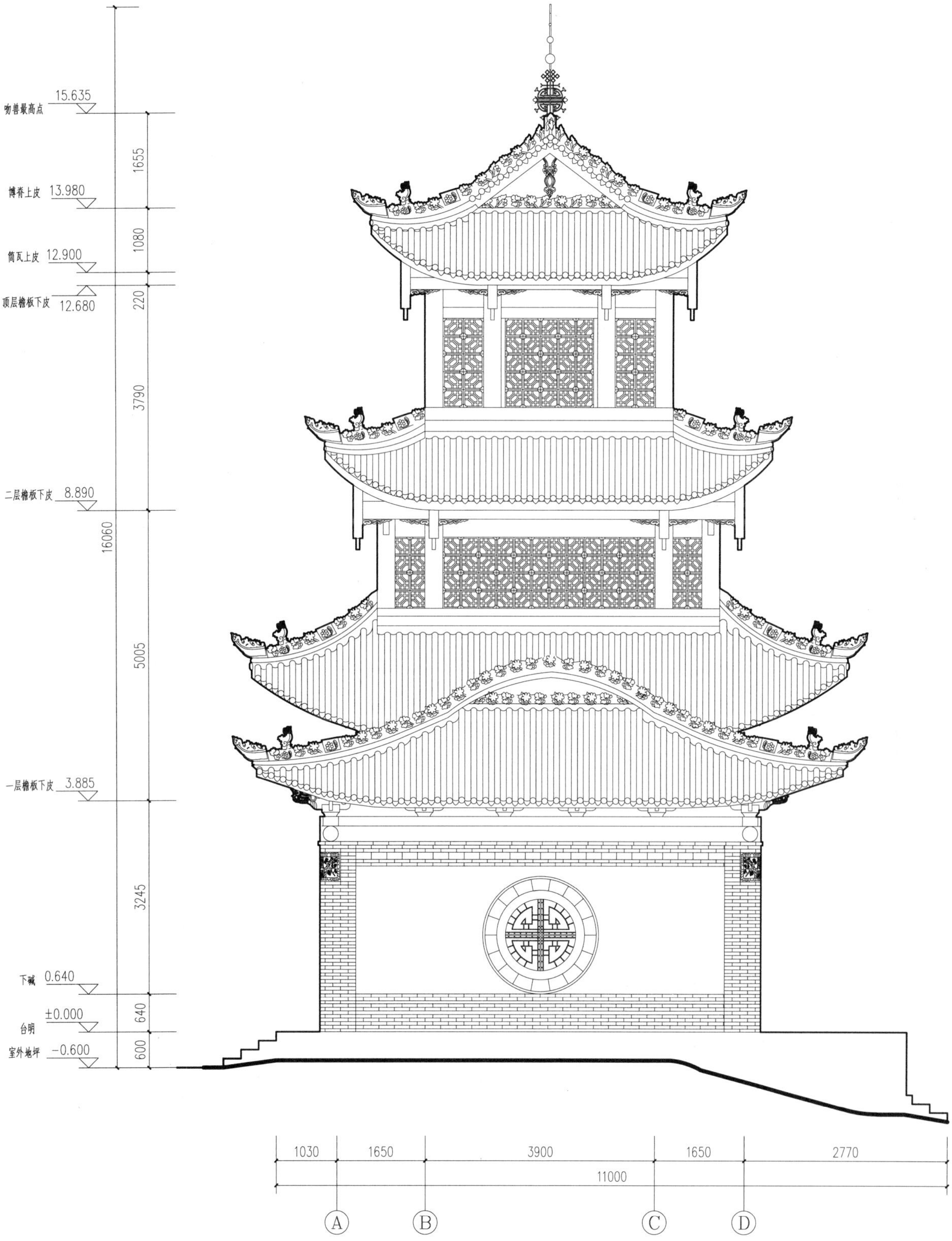
吻兽最高点 15.635
博脊上皮 13.980
筒瓦上皮 12.900
顶层檐板下皮 12.680
二层檐板下皮 8.890
一层檐板下皮 3.885
下碱 0.640
±0.000
台明
室外地坪 −0.600
1655
1080
220
3790
5005
3245
640
600
16060
1030
1650
3900
1650
2770
11000
A
B
C
D

图 11　侧立面图

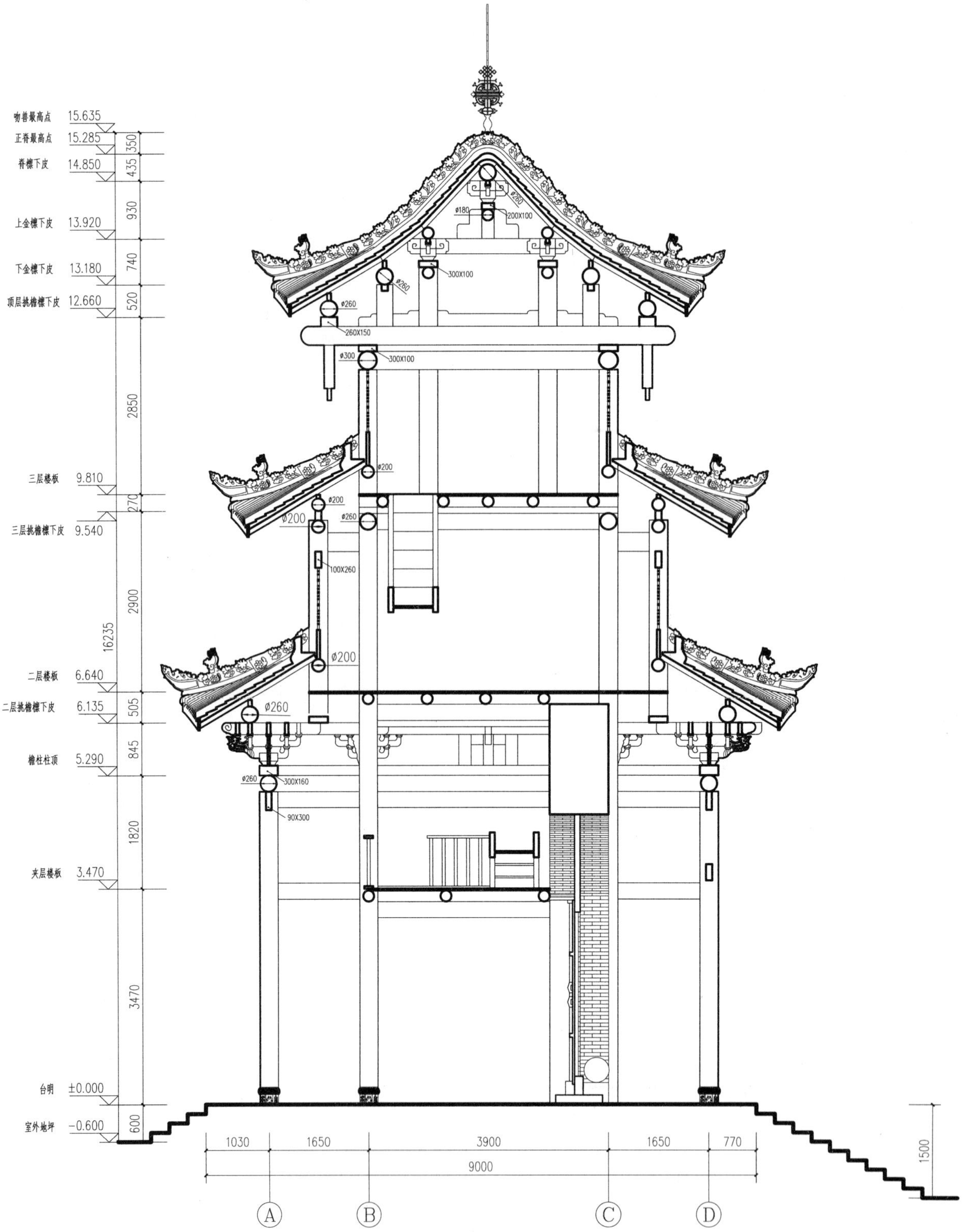
吻兽最高点 15.635
正脊最高点 15.285
脊檩下皮 14.850
上金檩下皮 13.920
下金檩下皮 13.180
顶层挑檐檩下皮 12.660
三层楼板 9.810
三层挑檐檩下皮 9.540
二层楼板 6.640
二层挑檐檩下皮 6.135
檐柱柱顶 5.290
夹层楼板 3.470
台明 ±0.000
室外地坪 −0.600
350
435
930
740
520
2850
270
2900
16235
505
845
1820
3470
600
1500
1030
1650
3900
1650
770
9000
A
B
C
D

图 12　1-1 剖面图

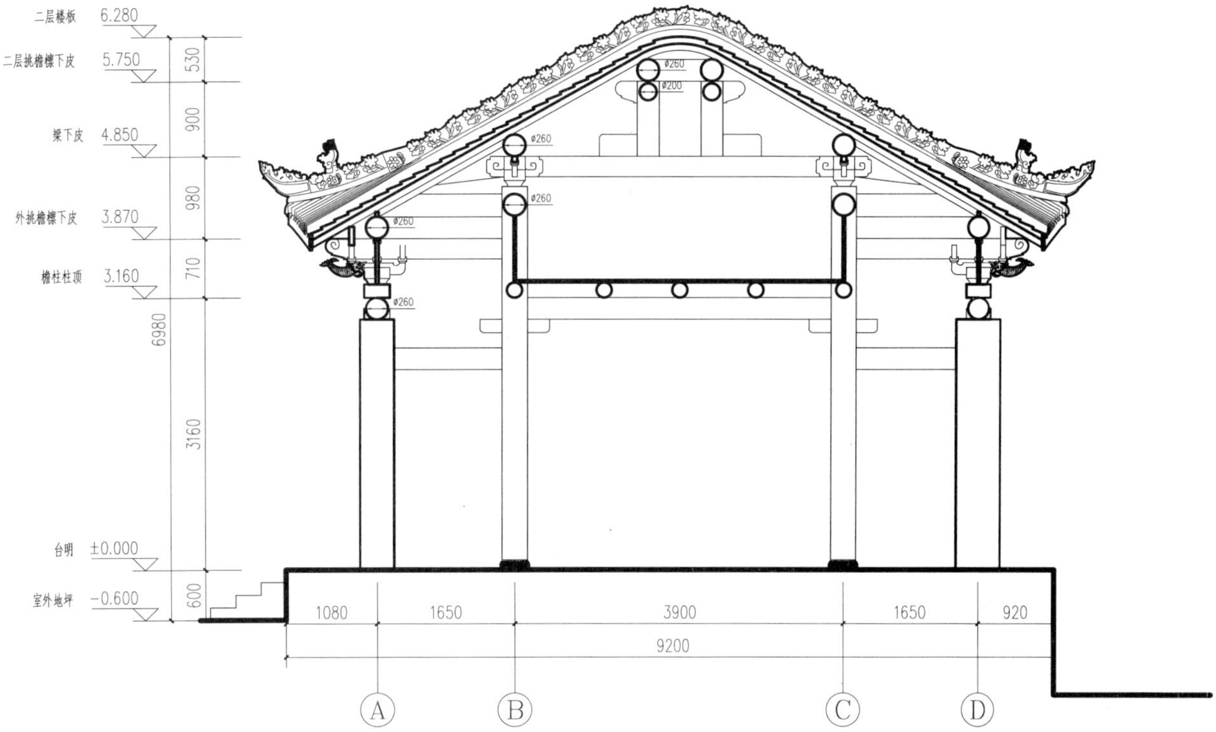

图 13　2-2 剖面图

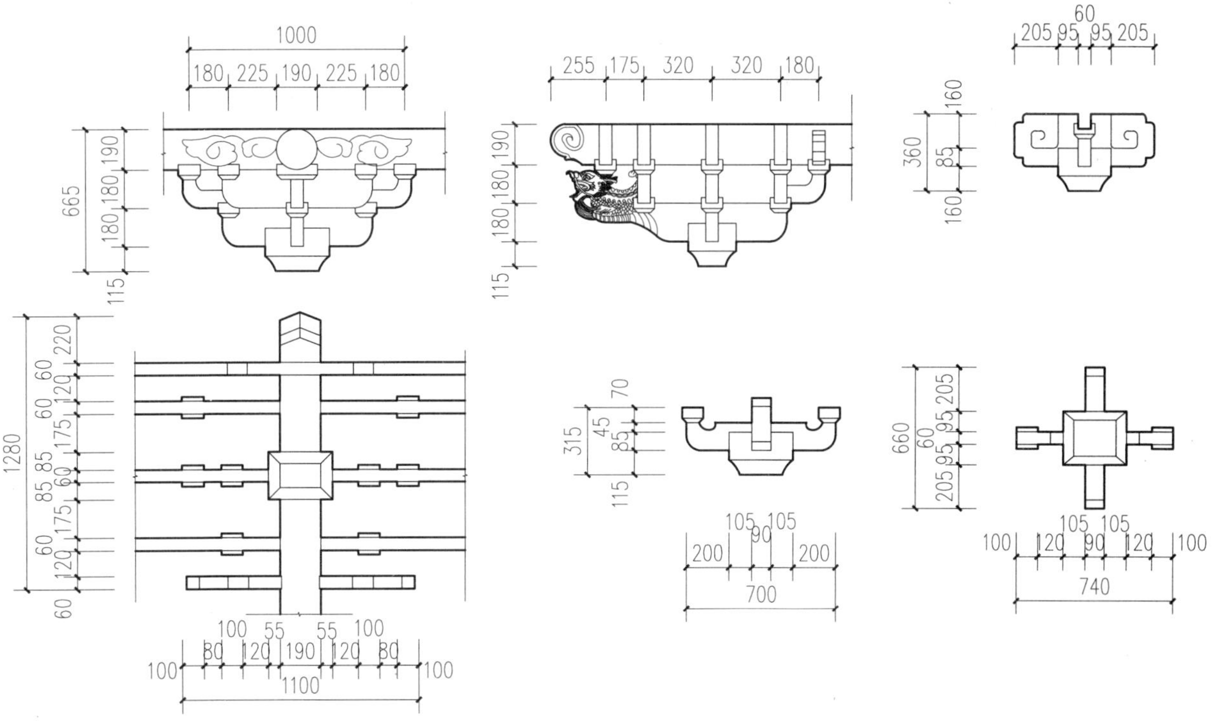

图 14　斗栱大样图

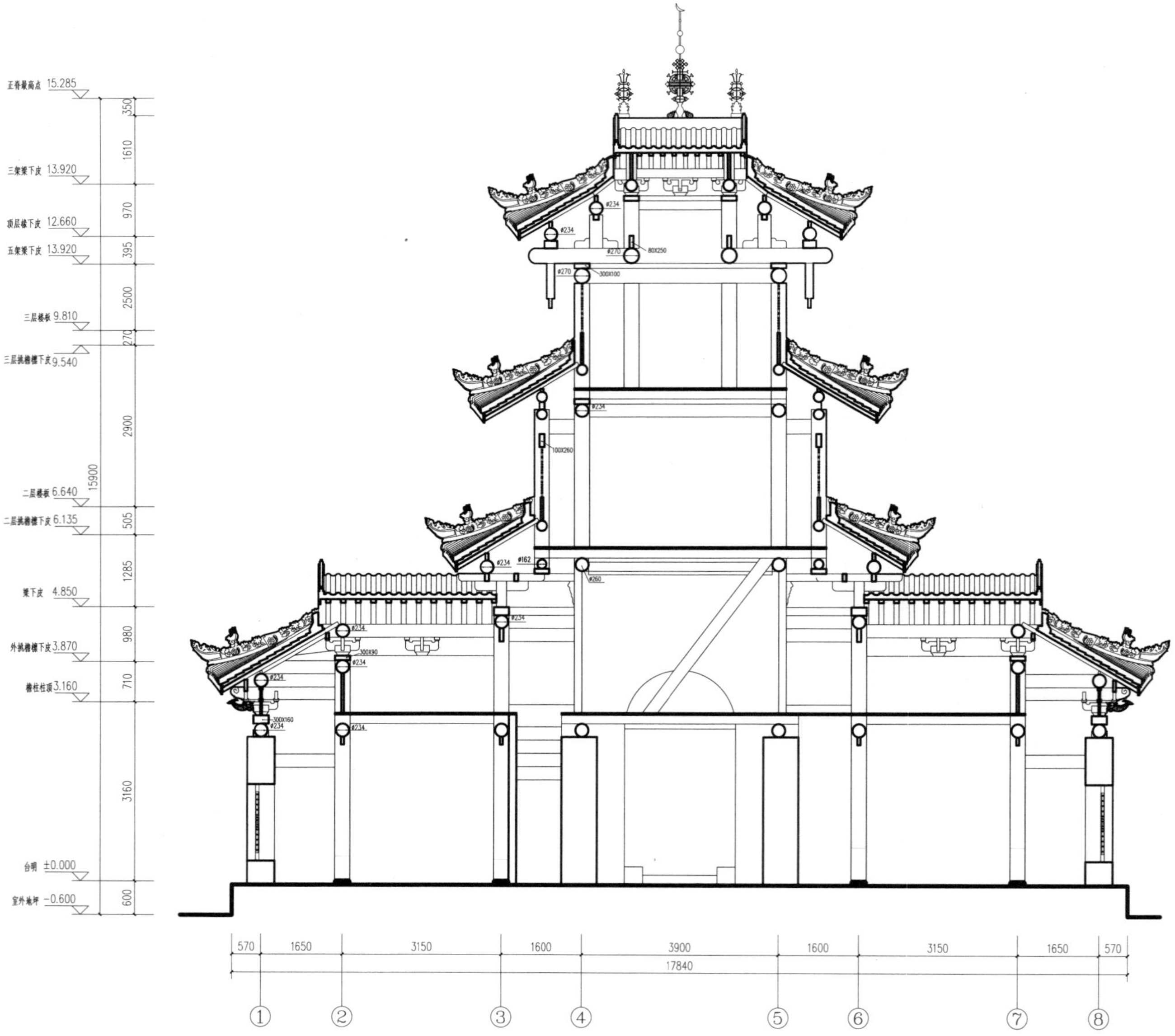
15.285
13.920
12.660
13.920
9.810
9.540
6.640
6.135
4.850
3.870
3.160
±0.000
−0.600
350
1610
970
395
2500
270
2900
505
1285
980
710
3160
600
15900
570
1650
3150
1600
3900
1600
3150
1650
570
17840
①
②
③
④
⑤
⑥
⑦
⑧

图 15　3-3 剖面图

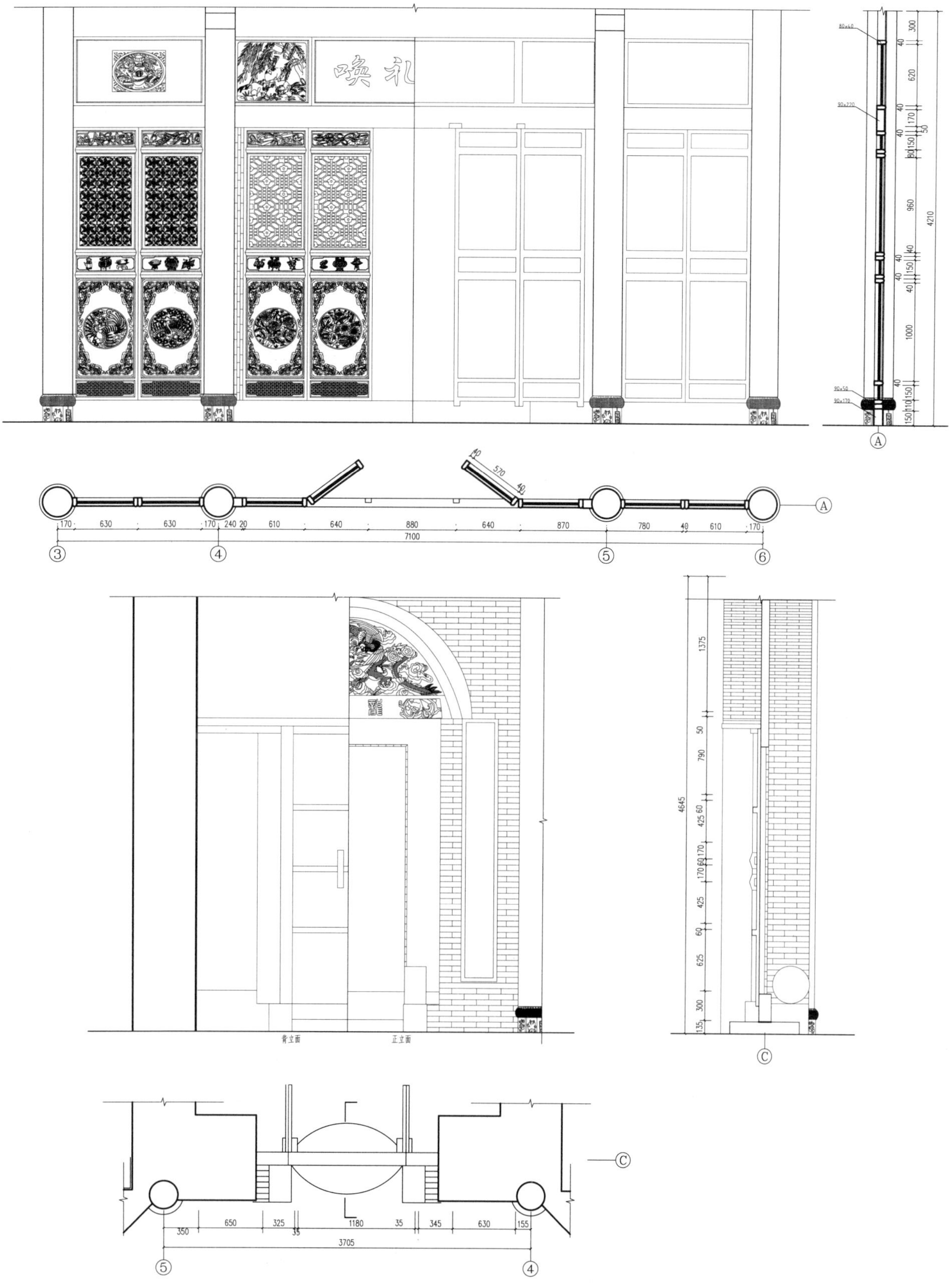

170 630 630 170 240 20 610 640 880 640 870 780 40 610 170
7100
③ ④ ⑤ ⑥
A
300 620 40 170 40 80 150 960 40 150 40 40 1000 40 150 110 150
4210
1375 50 790 60 425 170 60 170 425 60 625 300 135
4645
背立面
正立面
C
350 650 325 35 1180 35 345 630 155
3705
⑤ ④

图 16 门窗大样图

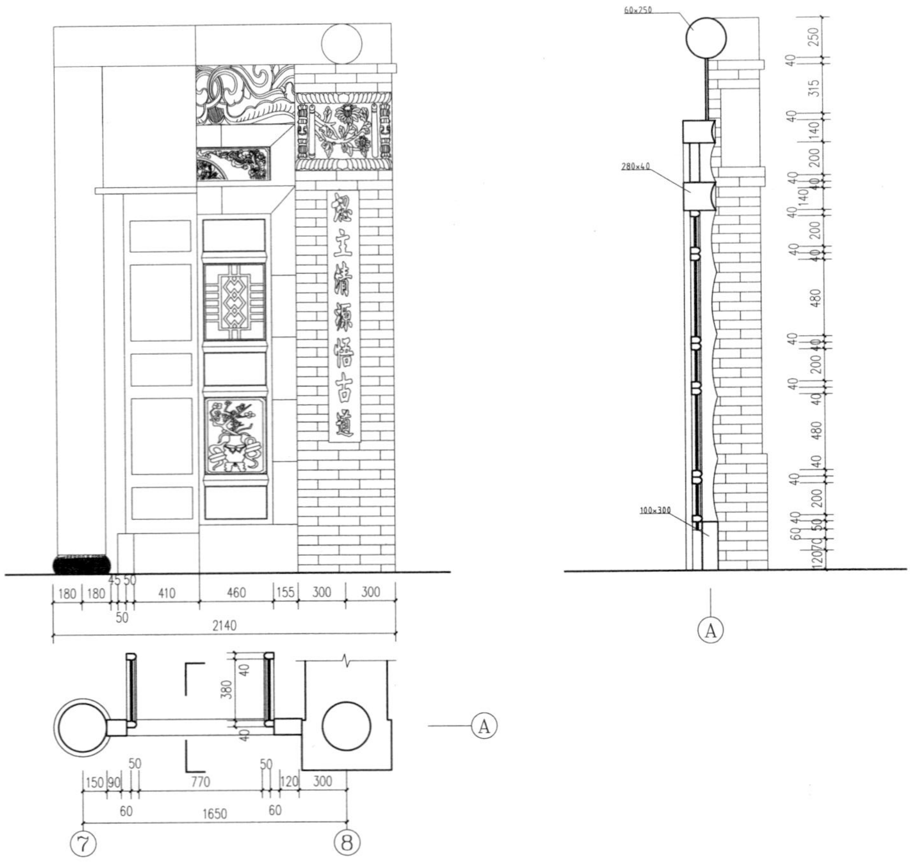

图 17　仓库门大样图

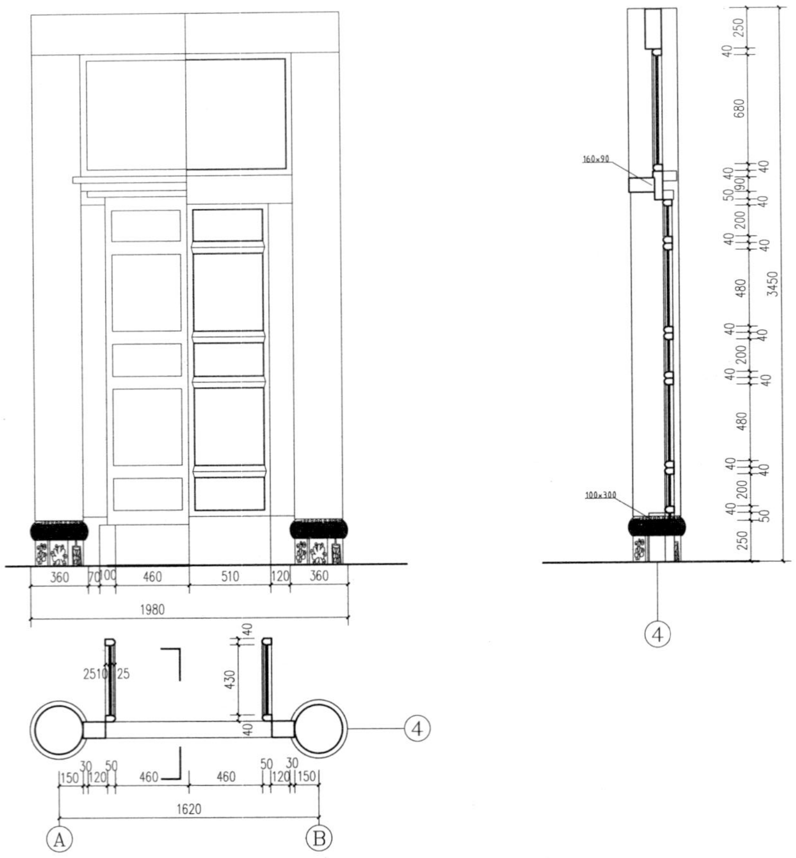

图 18　一层过房内侧门大样图

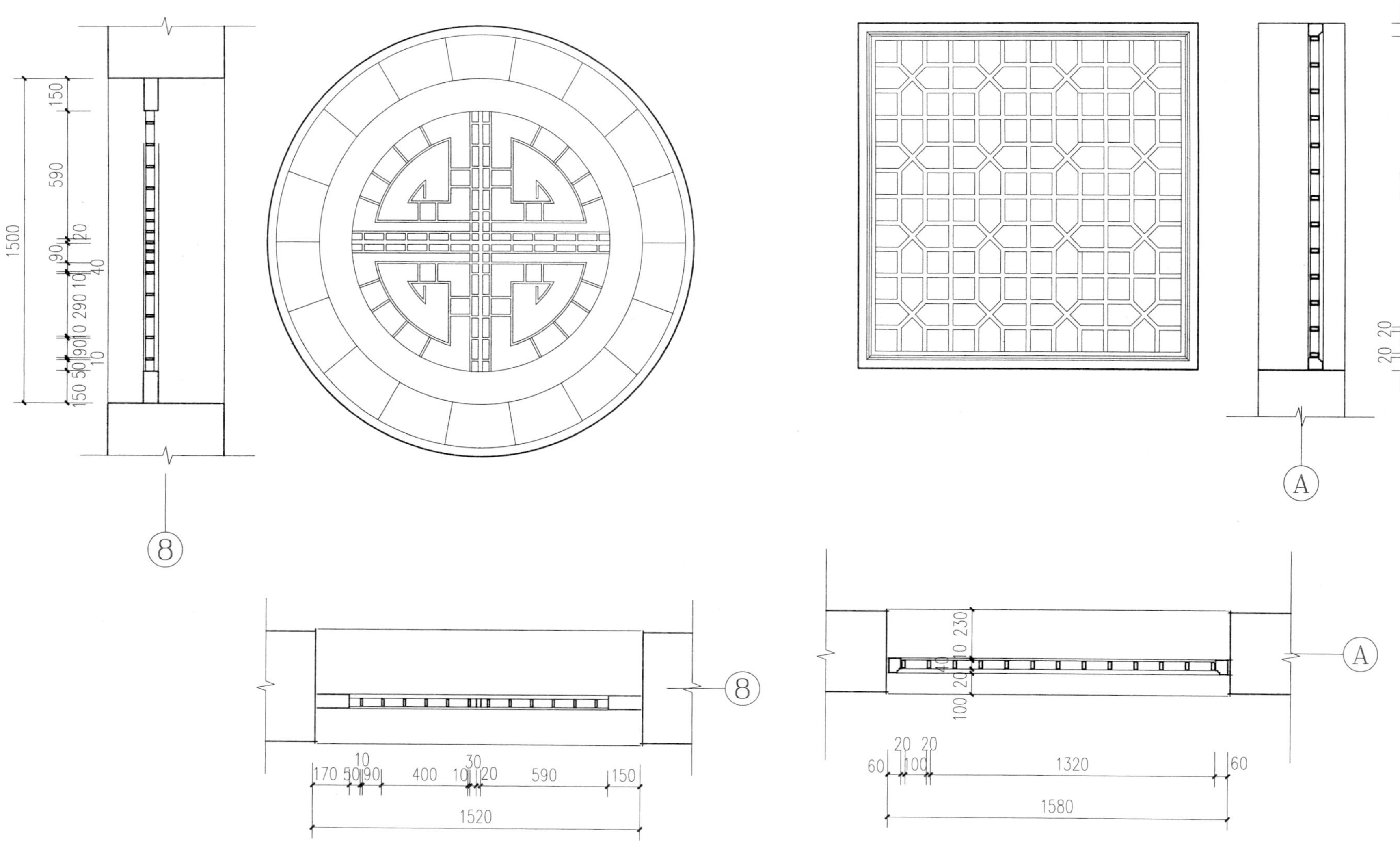

图 19　仓库窗大样图

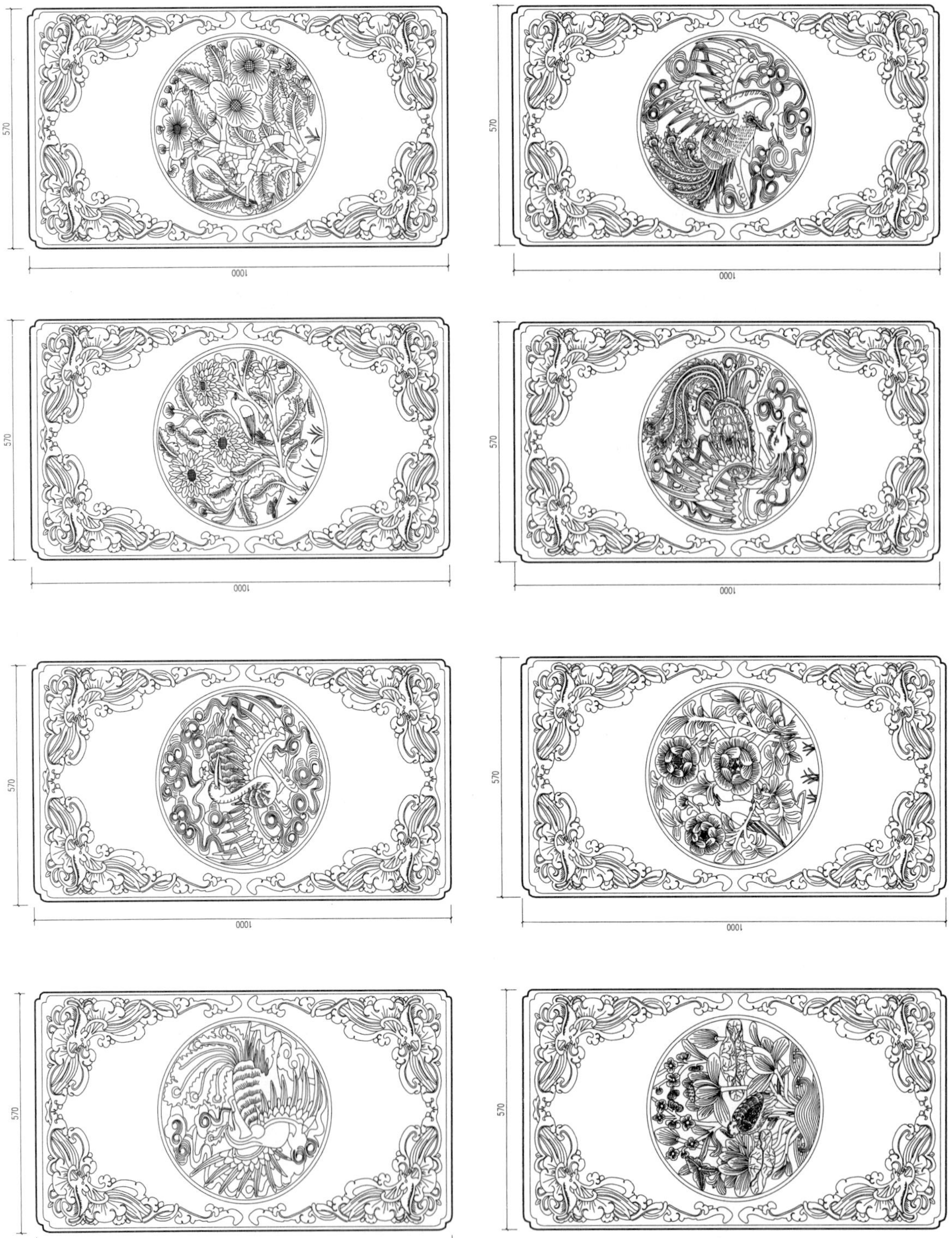

图 20　雕花大样图之一

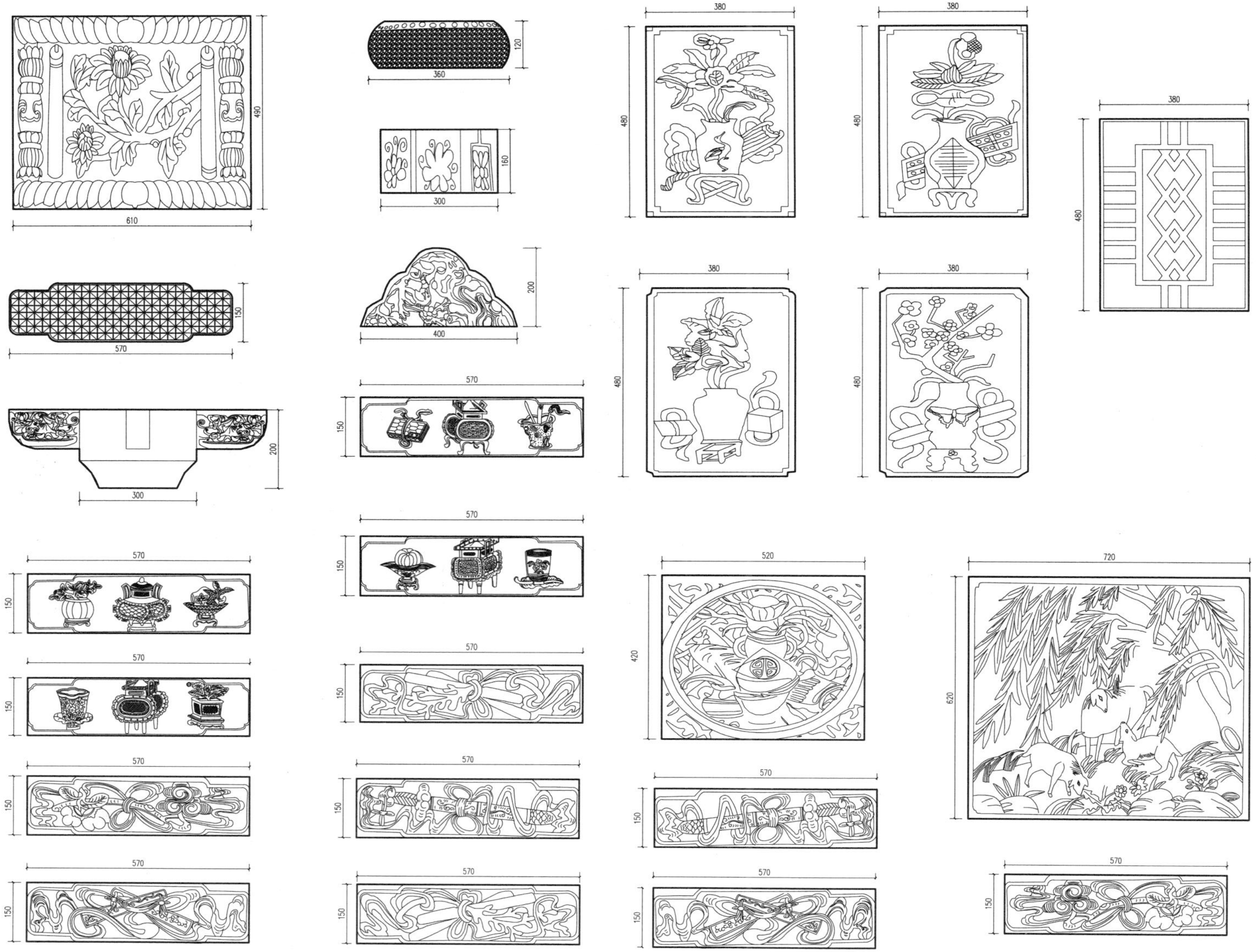
490
610
120
360
160
300
200
400
150
570
200
300
380
480
520
420
720
620
570
150

图 21　雕花大样图之二

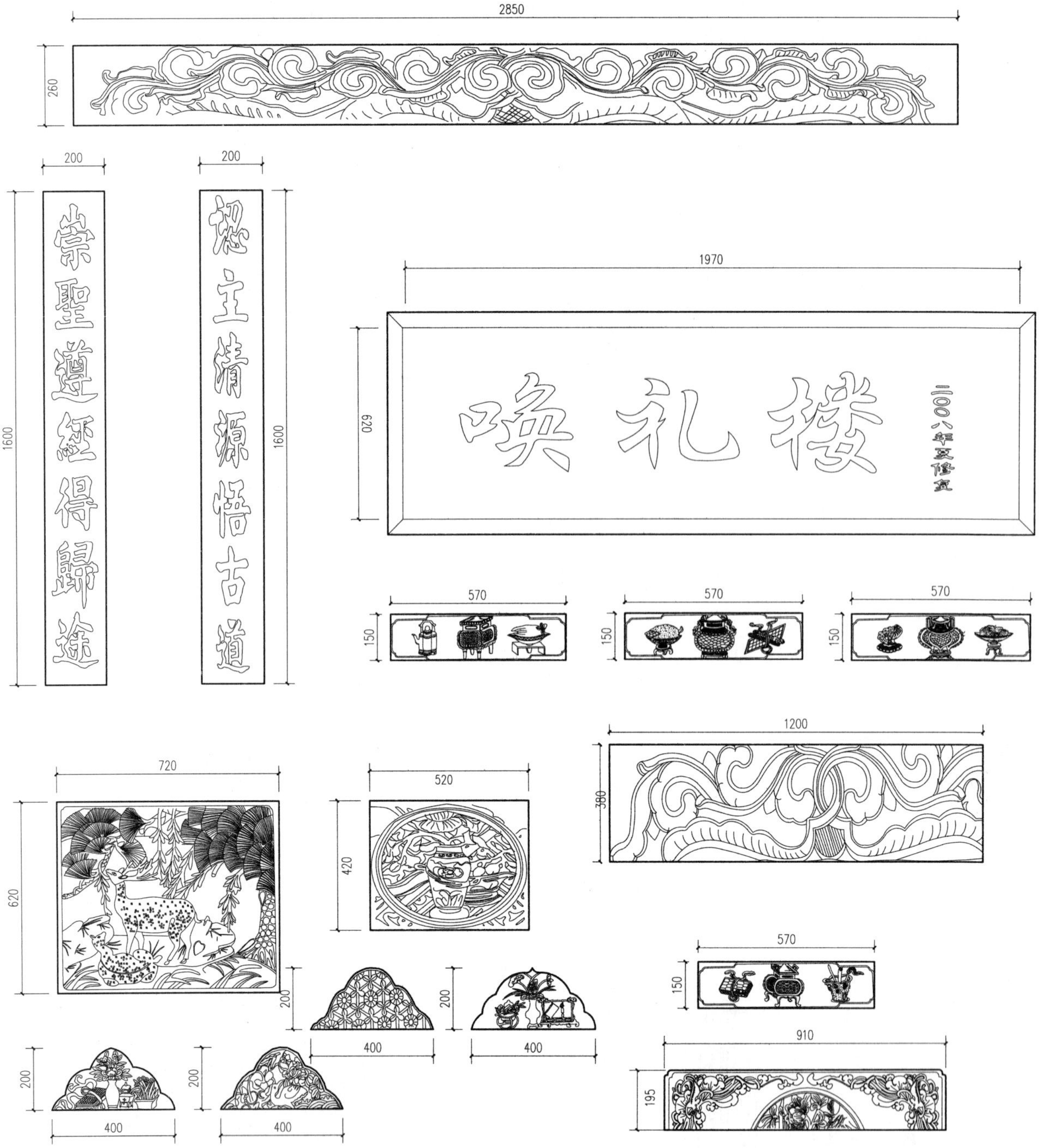

2850
260
200
200
崇聖遵經得歸途
認主清源悟古道
1600
1600
1970
620
唤礼楼
570
570
570
150
150
150
1200
380
720
620
520
420
570
150
200
400
200
400
910
195
200
400
200
400

图 22　雕花大样图之三

图 23　雕花大样图之四

徽县缙绅宅院

缙绅宅院[1]位于陇南市徽县泥阳镇柳巷村，自然环境优美，交通道路状况较差，比较偏远。缙绅宅院分为老院和新院两部分，老院部分修建于清代咸丰年间，新院部分修建于光绪年间，砖木混合结构，2014年定为县级文物保护单位。

缙绅宅院共占地2100m^2。整体院落为纵向扩展的两进院落，整体格局依然保留，倒座新建，厢房部分毁坏严重，已经倒塌。老院建筑面积为120m^2。新院建筑风格与老院基本相同，由于历史原因，大院原貌损坏较为严重，墙体、砖雕、木雕及其他建筑部分脱落。老院新院相连，在土改过程中，将房屋改给群众居住，致使房屋维修难度大，历史建筑主体完好程度占60%，毁坏较为严重。房屋屋面皆有正脊，脊上覆以青瓦，平脊有雕饰，但屋脊已有多处坍塌。

缙绅宅院的老院建筑整体为抬梁、穿斗混合式，土、木与砖的混合结构。一号房为一层三架梁带前檐廊建筑，平面为锁子厅式。抬梁式结构，脊瓜柱用角背。门窗雕饰精美，当心间用四扇六抹槅扇门，格心采用透雕花格，上、中绦环板也有雕饰，但有些已经损坏。二号房与一号房形制相似，在门窗雕饰上略有不同，槛窗雕刻为“龟背锦”式，而门则为四扇六抹槅扇的素门。

[1] 泥阳镇张家晋绅，驰名西北五省，明清时期家大业大，第四代人的老三张新铭任过陕西宁强太守、武都太守，并调兰州民国参议，后任民国众议院议员。同治大婚时，老三张新铭和老四张鸣珂参加了婚典，同治皇帝为张家缙绅亲书匾额，以示亲善，并有员外之称。

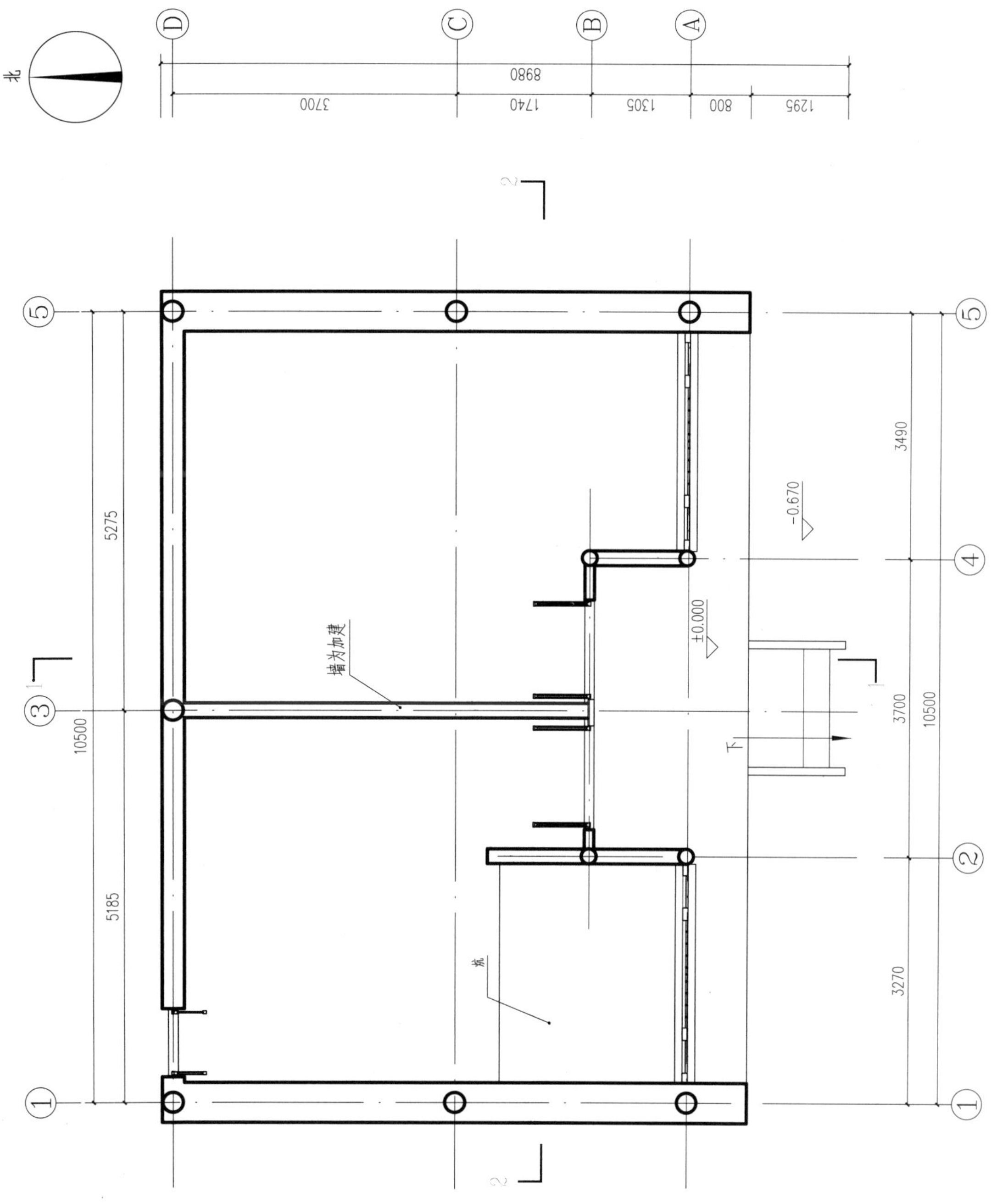
北
D
C
B
A
8980
3700
1740
1305
800
1295
1
2
3
4
5
5275
5185
10500
3490
3700
3270
-0.670
±0.000
墙为加建
下

图1　一号房平面图

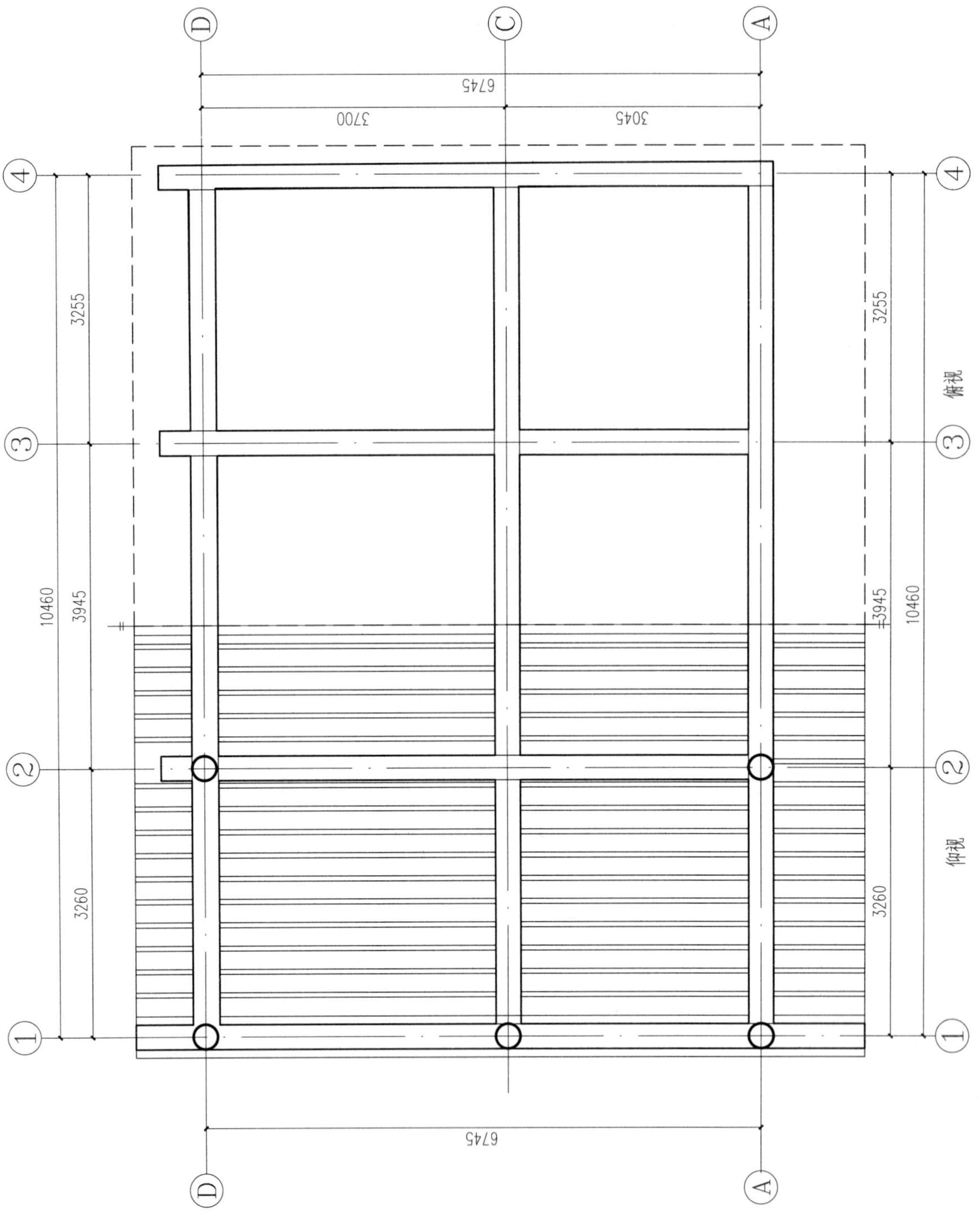

图2 一号房梁架仰、俯视图

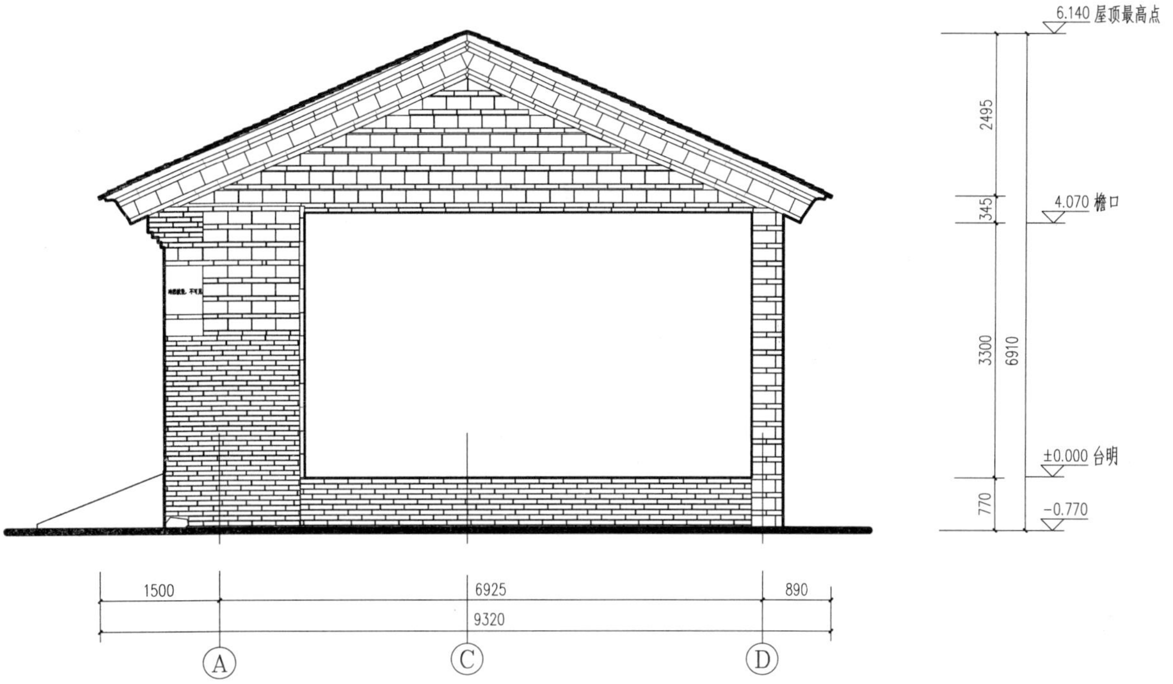

图 3　一号房东立面图

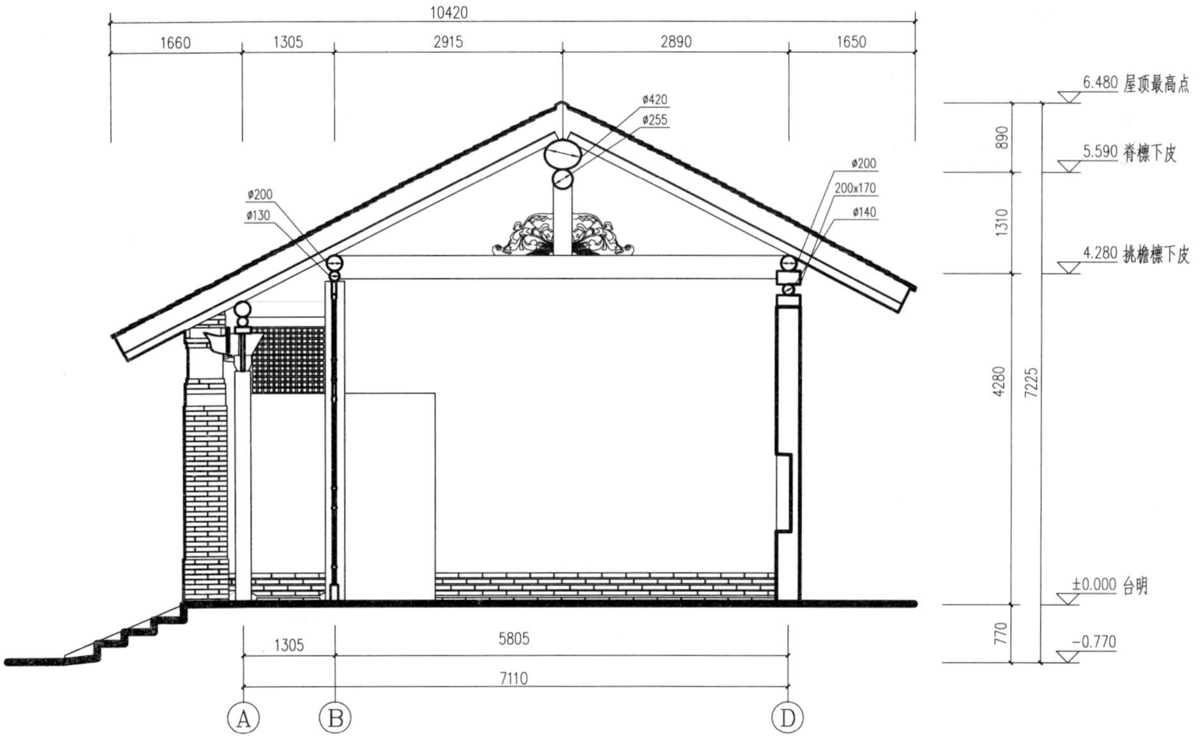

图 4　一号房 1-1 剖面图

图 5　一号房南立面图

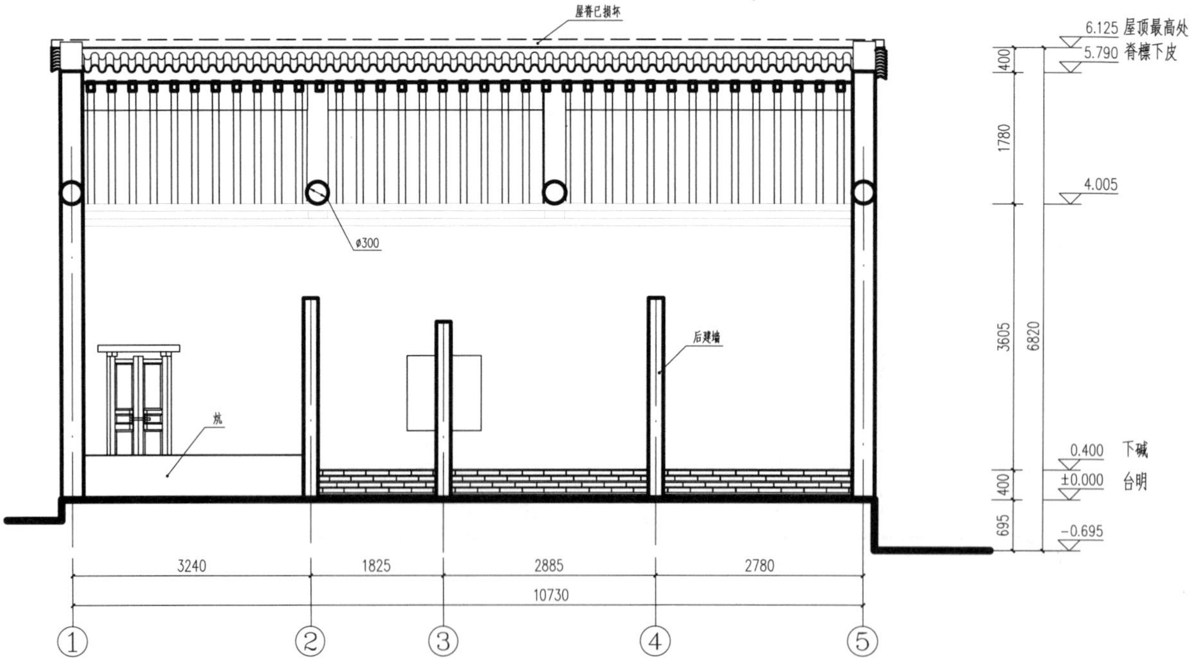

图 6　一号房 2-2 剖面图

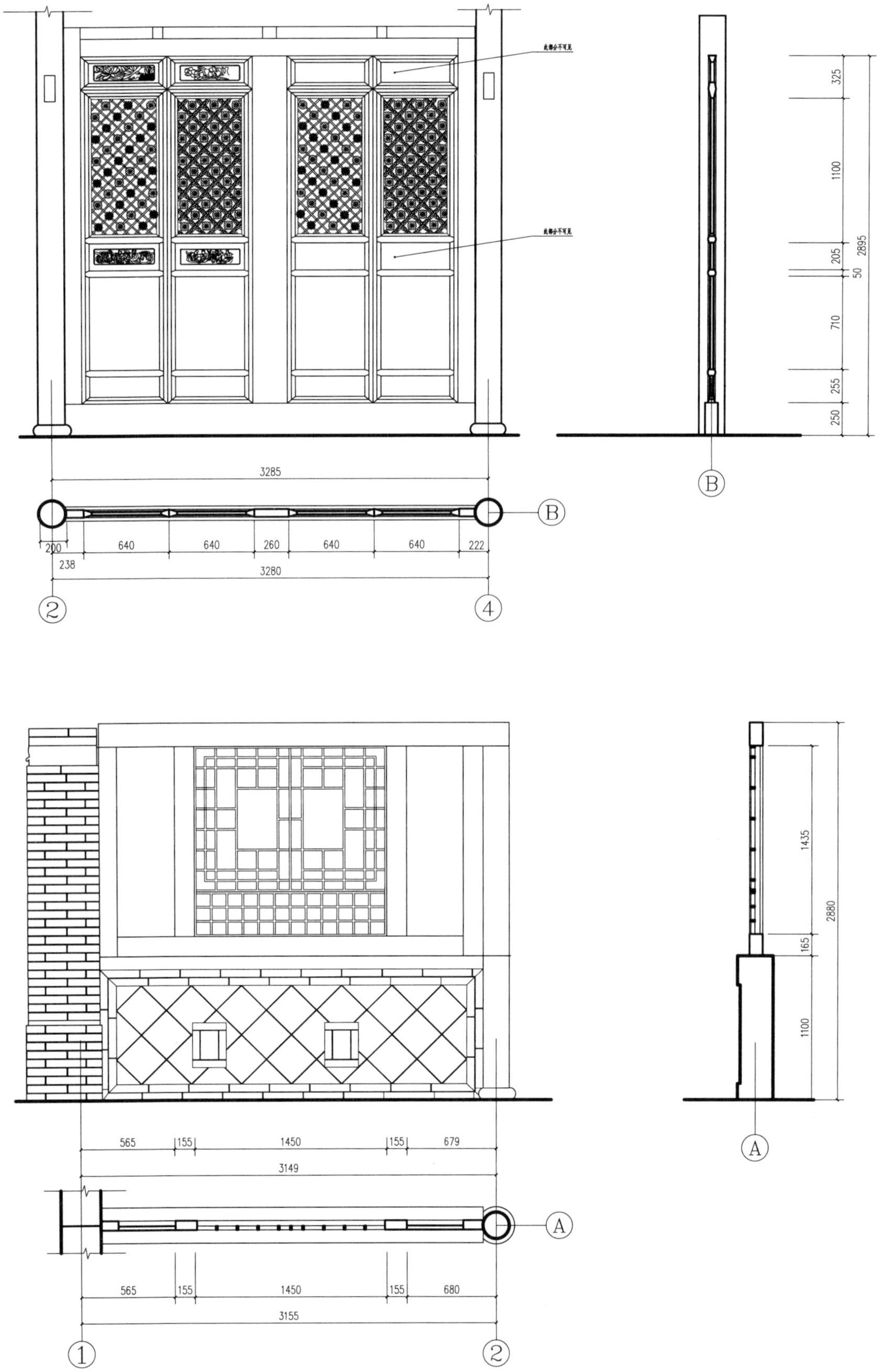

325
1100
205
50
2895
710
255
250
3285
200
640
640
260
640
640
222
238
3280
B
2
4
1435
165
2880
1100
565
155
1450
155
679
3149
680
3155
A
1

图 7　一号房门窗大样图

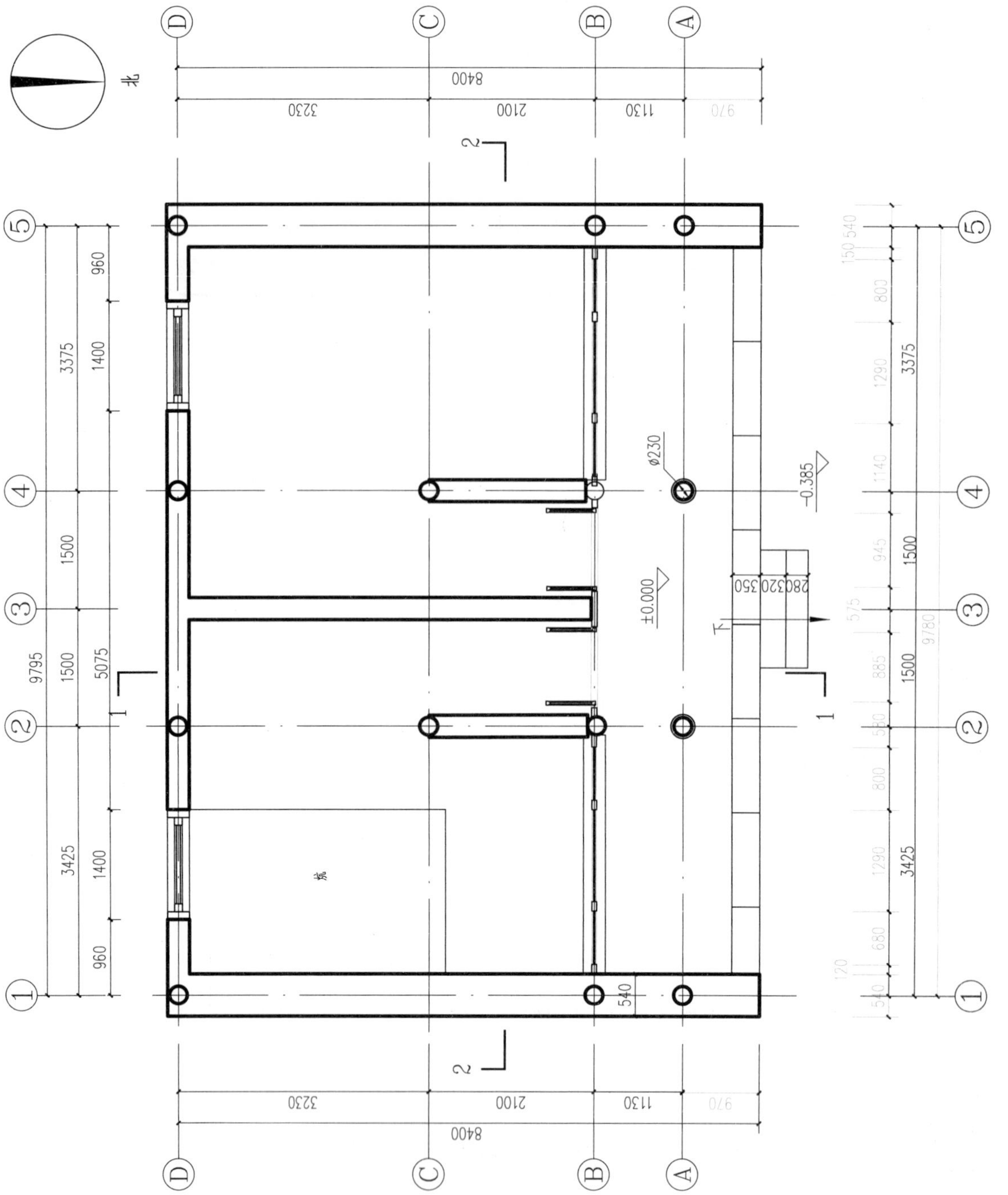
北
D
C
B
A
1
2
3
4
5
8400
3230
2100
1130
970
3375
3425
1400
960
1500
9795
5075
9780
1290
800
1140
945
885
575
560
650
540
120
150
280
320
350
ø230
±0.000
-0.385
下
炕

图 8　二号房平面图

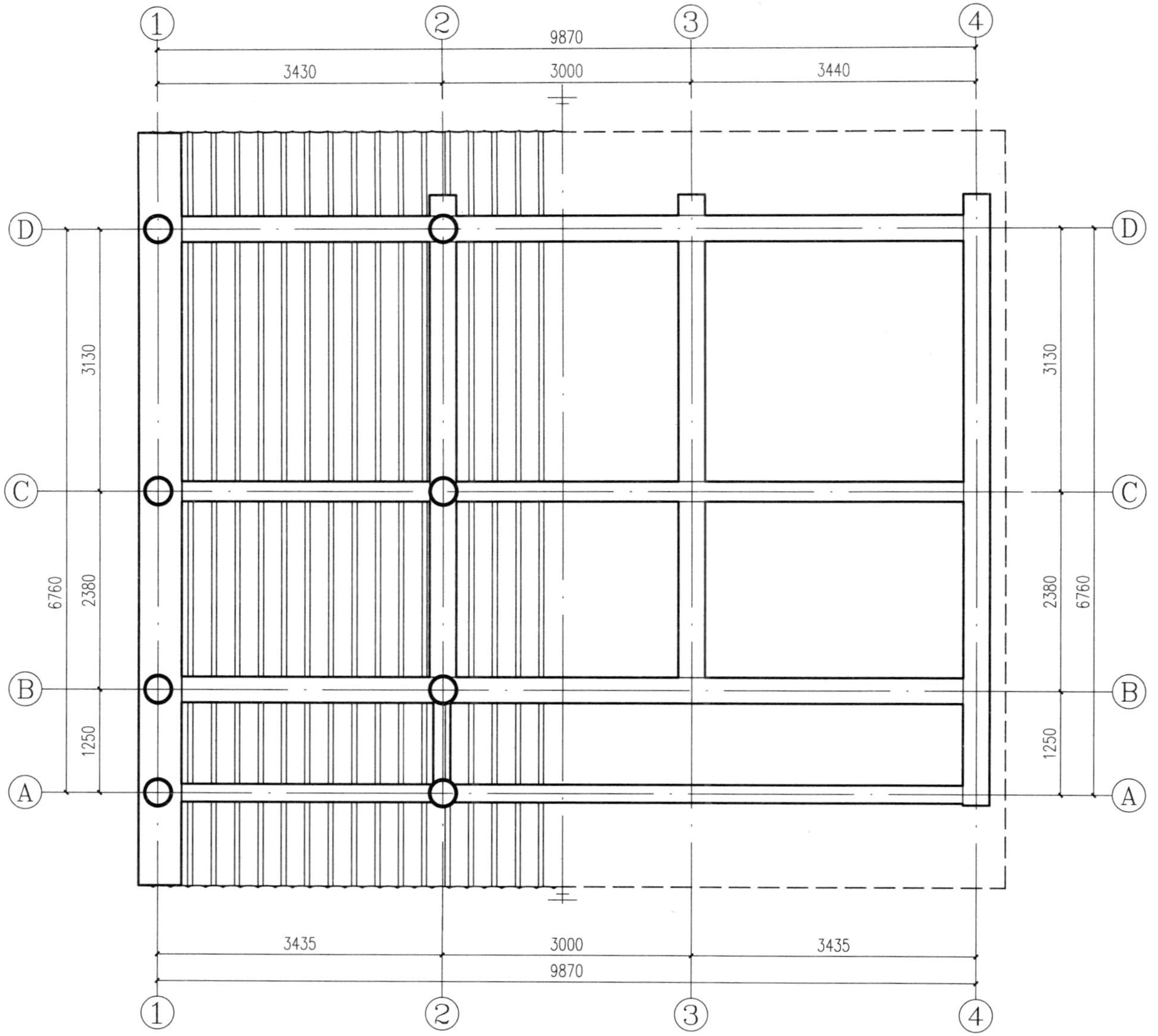

图9　二号房梁架仰、俯视图

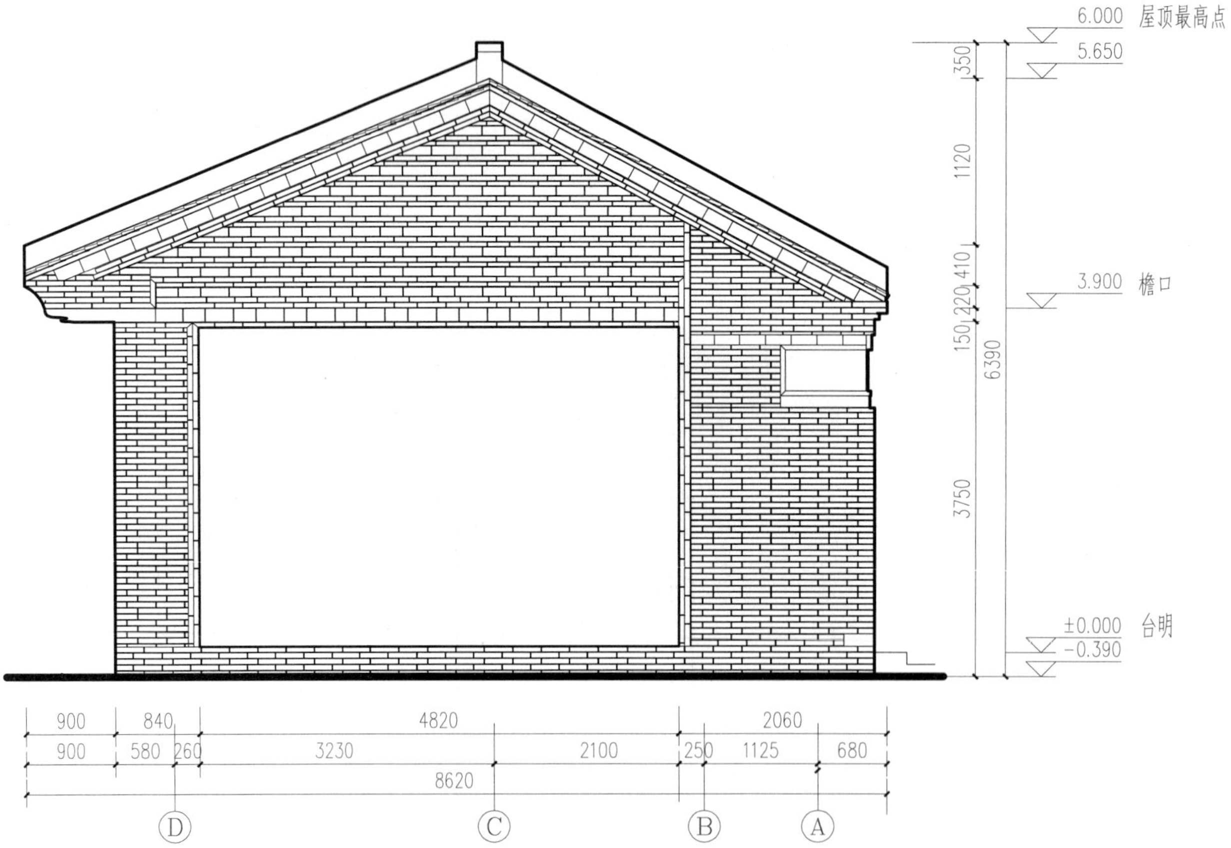

图 10　二号房东立面图

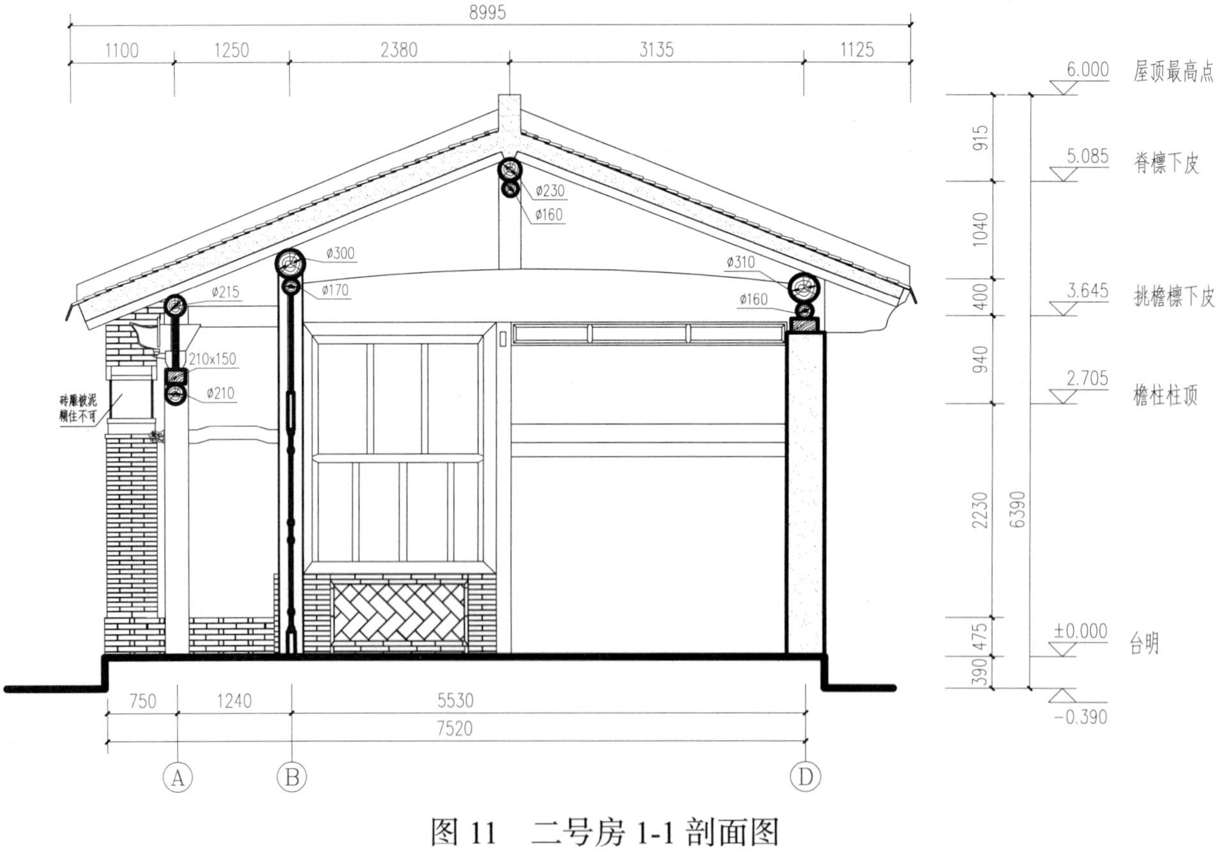

图 11　二号房 1-1 剖面图

图 12 二号房北立面图

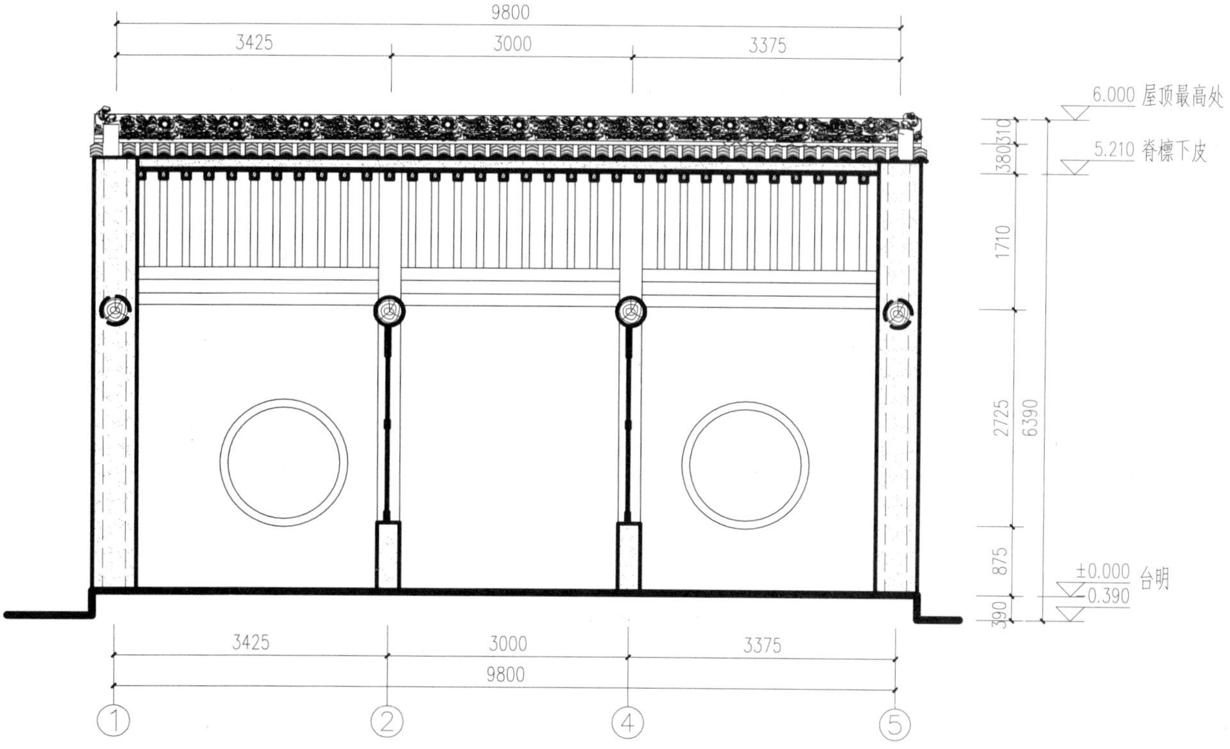

图 13 二号房 2-2 剖面图

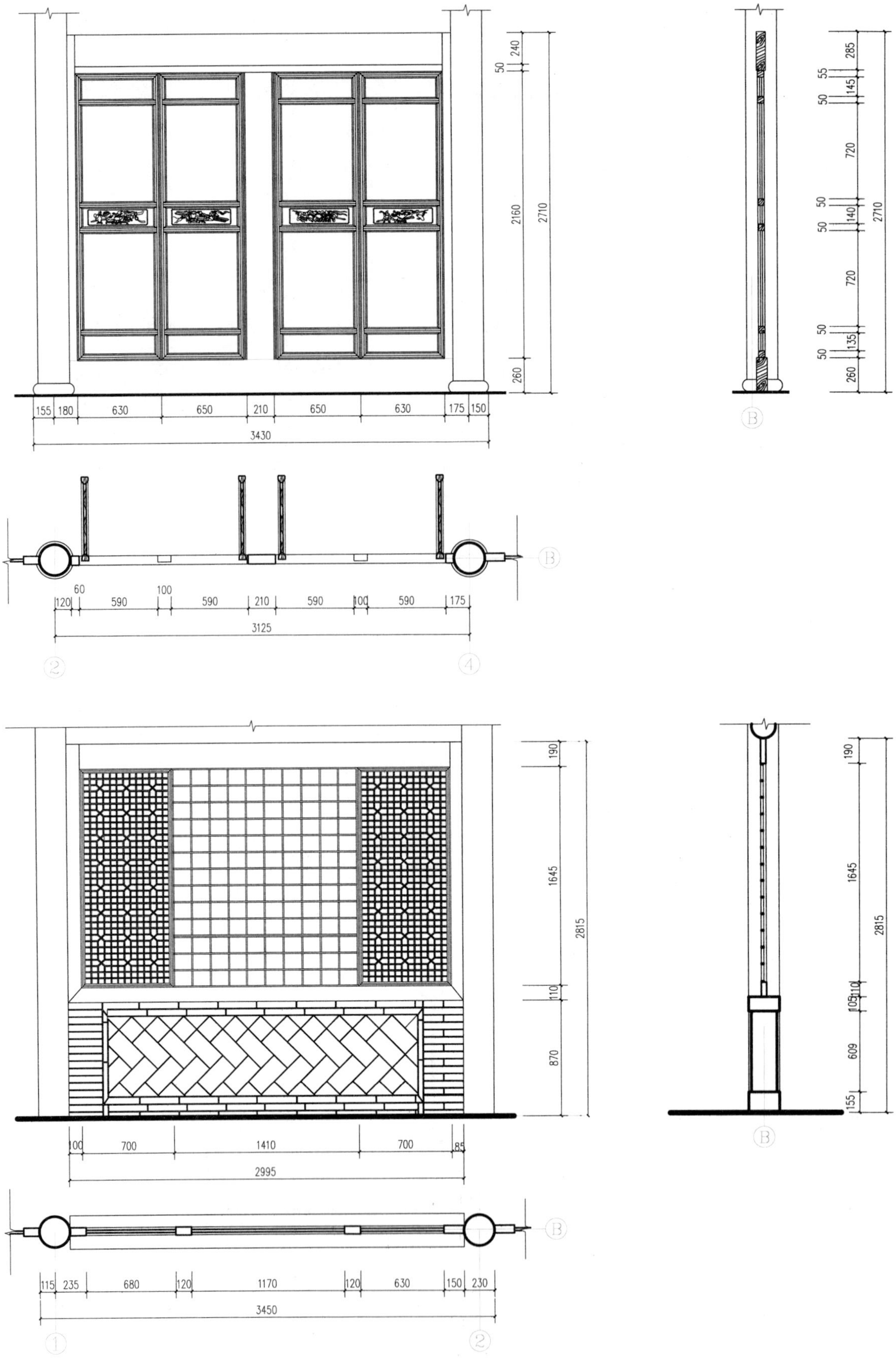

图 14　二号房门窗大样图

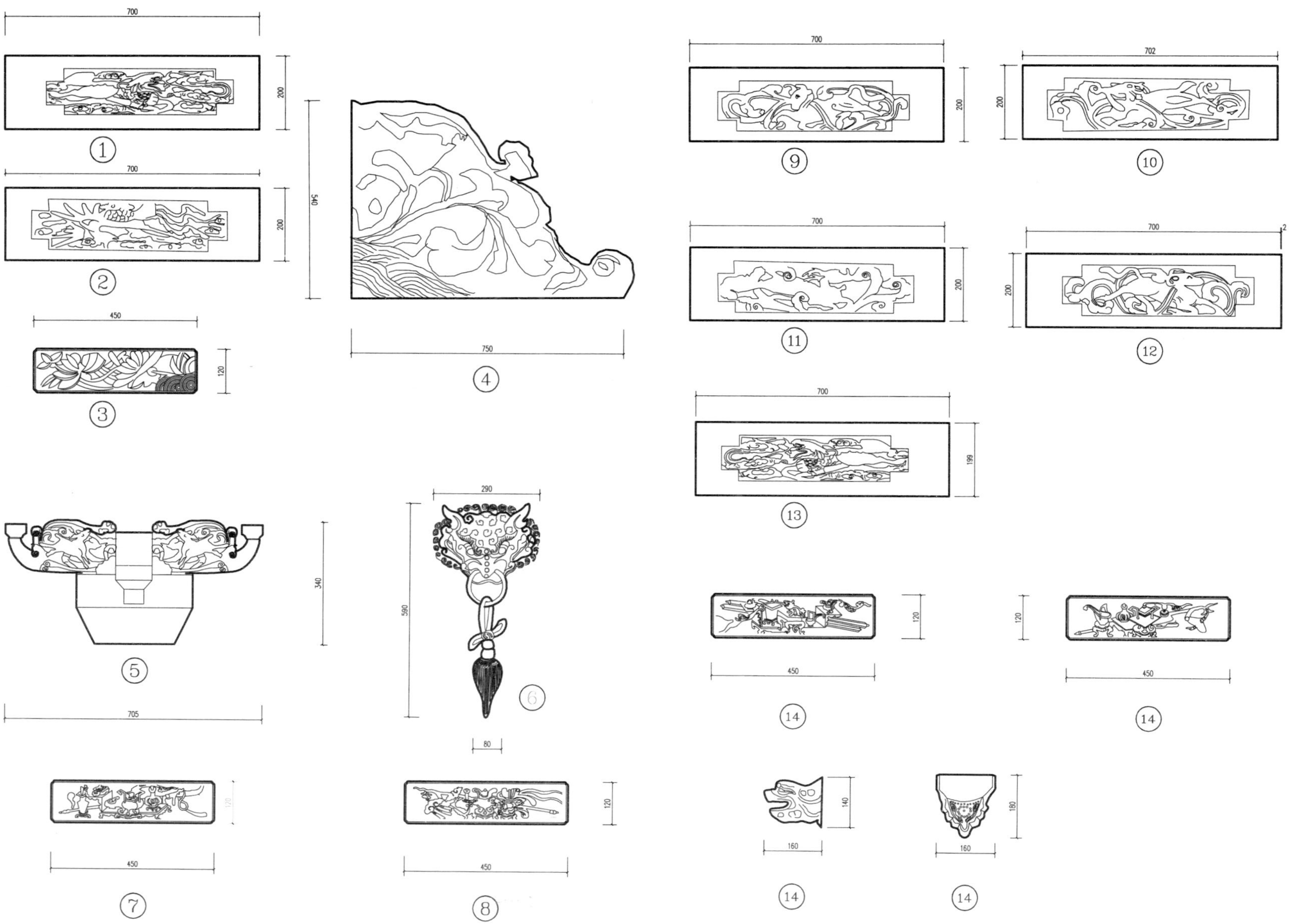
700
200
1
700
200
2
540
450
120
3
750
4
700
200
9
702
200
10
700
200
11
700
200
2
12
700
199
13
290
590
6
80
340
5
705
120
450
14
120
450
14
120
450
7
120
450
8
140
160
14
180
160
14

图 15　雕花大样图之一

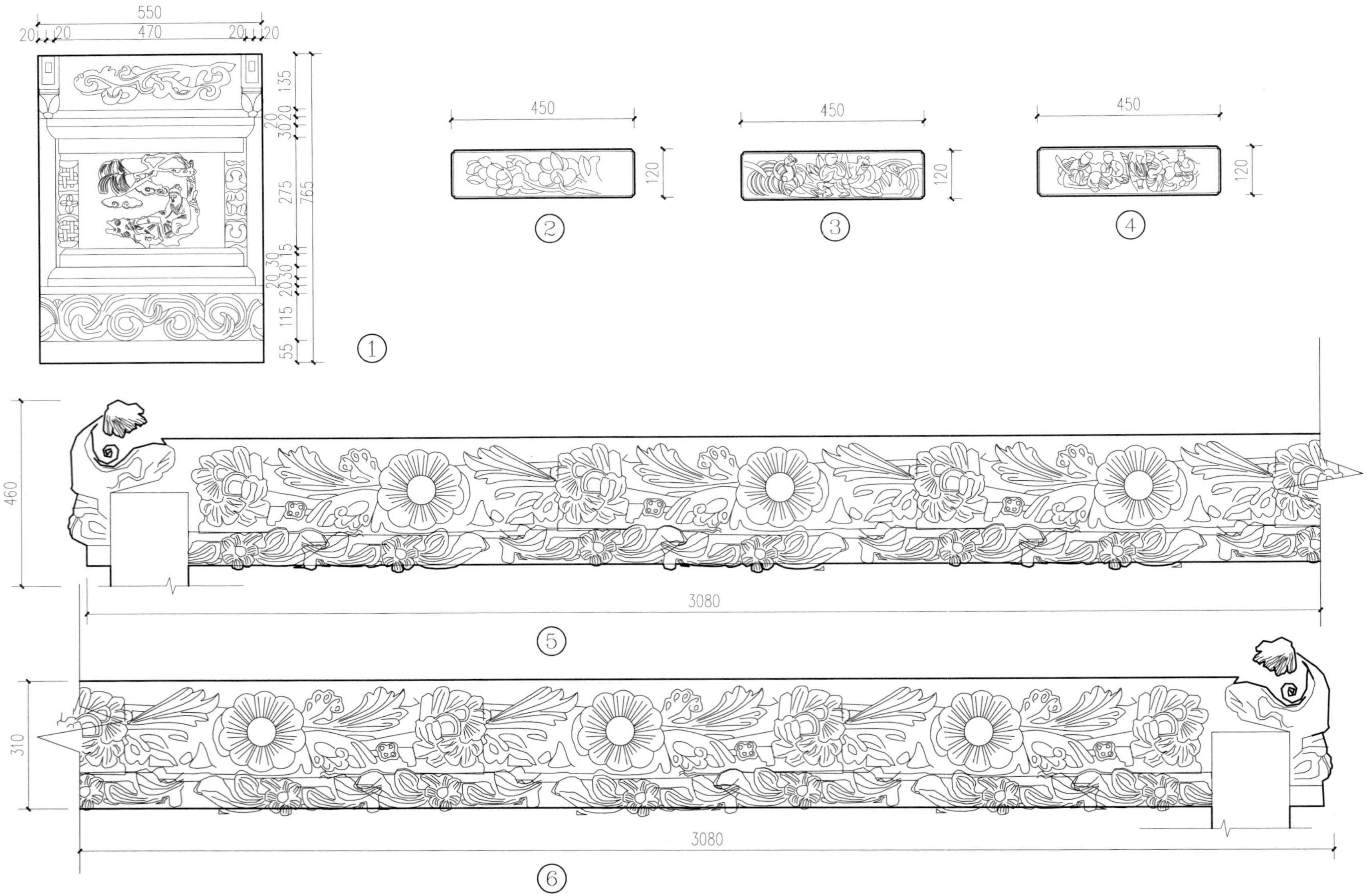
550
20
20
470
20
20
135
20
30
20
275
765
15
20
30
20
30
115
55
450
120
450
120
450
120
①
②
③
④
460
3080
⑤
310
3080
⑥

图 16　雕花大样图之二

徽县尹家大院

尹家大院位于陇南市徽县嘉陵镇稻坪村尹家坪社，2014年被徽县人民政府公布为县级文物保护单位，2017年稻坪村被列为国家级历史文化名村。

尹家大院整体建筑形制为砖木混合结构，双坡硬山顶，合瓦屋面，马鞍脊，两端坐脊兽，抬梁式木构架。占地面积约700m^2，建筑总面积约650 m^2。传统四合院形式，由正房、厢房、倒座组成，平面基本呈“回”字形，坐北朝南。尹家大院入口有五处，西厢房为院落的主入口，倒座及主房的东面为两处次入口，还有两处次入口开在东西厢房的侧面与后面，院子之间前后相通。尹家大院建筑外墙为砖土混合，下碱为青砖砌筑，墙身为夯土墙，两侧山墙镶嵌雕花青砖。院落整体布局方整，长宽比近似于1∶1，总长27.3m，总宽26.8m，院内地面整体以石块铺砌，就地取材，质朴、古拙而又自然。

正房坐落于高1.05m的台明上，坐北朝南。面阔三开间，通面阔10.2m，进深两间，通进深6.75m。屋面为一仰一覆板瓦铺就，通脊两端坐以五把鬃脊兽。山墙下碱为青砖砌筑，墙身为夯土墙，墀头镶嵌雕花青砖。正房带飞椽，单檩双枕，脊檩附叉手，石条砌檐，前檐明间为四扇六抹槅扇木门，次间为四抹槛窗，当地称为“四门八窗”。台基则为青石砌筑，青石板压边。

厢房位于院落的东、西两侧，坐落于0.6m的台明上。

东厢房面阔五间，通面阔17.05m，进深两间，通进深6.95m，靠北两间由隔墙分为厨房所用，其余三间为日常起居所用。檐下方椽带飞椽，三架梁带随檩枋，地方称为“单檩双枕”，脊檩与三架梁间用叉手。厨房前檐下不开窗，在后檐开一小门，直通院外。其余三开间的前檐部分，明间为四扇六抹槅扇门，次间为四抹槛窗，立面形象表现为一层，其明间为通高的堂屋，左右两侧为卧室，其上有夹层，夹层空间多为储物空间，用以置放杂物或晾粮食之用。

西厢房面阔八间（由靠南北两侧的四开间、三开间的居室及位于中间一开间的过厅等三部分组成），通面阔25.5m，进深两间，通进深6.70m，靠北的两间由隔墙划分为厨房所用，其余三间为日常起居所用。房屋为抬梁式木构架。干槎瓦屋面，正脊无脊兽。山墙下碱为青砖砌筑，墙身为夯土墙，墀头镶嵌雕花青砖。檐下方椽带飞椽，单檩双枕，脊檩附叉手。靠北的四开间为一层建筑，前檐部分的明间为四扇六抹槅扇门，次间为木格窗，梢间前檐不开窗在侧面开一小门，直通院外。过厅部分为院落的主入口，为屋宇式大门，在屋脊上有垂脊进行分隔与强调。大门两侧安放抱鼓石一对，门枋上正中饰匾额“敦仁厚礼”四个字，靠南的三开间居室为两层建筑，靠过厅一间为楼梯间，其余两开间在一层 0.55m 厚的夯土墙上开一小窗和门，在二层木板墙上开两扇格子木窗。

倒座坐落于高 0.2m 的台明上，坐南朝北。面阔三开间，通面阔 10.2m，进深两间，通进深 6.75m。倒座与正房相似，屋面为板瓦一仰一覆铺就，正脊用砖雕，连砖成脊，并在两端坐以五把鬃脊兽。山墙下碱为青砖砌筑，墙身为夯土墙，两侧山墙镶嵌雕花青砖。檐下圆椽无飞椽，单檩双栿，脊檩附叉手。台明阶条石砌筑，内檐四门两窗，明间为四扇六抹格扇木门，次间为槛窗，无过多修饰，形成标准的三开间传统民居建筑平面形式。

木雕集中体现于门窗的格心、绦环板、横披及梁枋、斗栱、匾额等部位。

（1）门窗：正房采用六抹四扇槅扇门，格心为阴刻席纹，十分细腻。厢房窗格的雕刻样式为一马三箭式。门窗的绦环板上大多雕刻“梅兰竹菊”四君子以及博古器物等图案，表达了主人追求高风亮节的品性以及富有诗书气质的雅兴；横披两侧有圆形和方形两种镂空或实心雕花，一方面便于透光通风，另一方面避免了横披部分的过于呆板。

（2）枋木及花板：在大门枋上有雕刻精美的植物花叶，枝叶相连如流云，也称卷草纹。斗栱的横栱部分对称雕有不同的花式，平稳而又生动。

砖雕集中体现在建筑的墀头、屋脊以及滴水之中。

（1）墀头：下碱部分为山墙的基座，用质量较好的细砖砌筑，上身部分全用青砖砌造，盘头部分用砖叠涩出挑，在其上雕以农蔬、松、竹、桃等主题花式，表达了主人追求高风亮节的品性以及期盼“五谷丰登”“松鹤延年”的美好愿望。并于 45° 角处雕两个叠在一起的莲花柱图案，具有化生、生育等寓意。

（2）屋脊：正脊用连砖雕饰，每块砖上都有花纹，镂空雕刻，它们相连成脊，组成一条雕花长脊，在主入口处断开，用脊兽，以示强调。花饰多用植物花叶，有枝叶相连如流云者，有花朵紧密并列者，远观整齐划一，细看各不相同。正脊两端也坐有脊兽，有一把鬃、五把鬃的吻兽，也有变异的宝相花。屋面使用滴水瓦，基本采用兽头的装饰题材。

尹家大院的院落现存有四块匾额，分别位于大门、内院正房、东厢房、倒座门上的横披正中位置。

大门上的为“敦仁厚礼”，体现出本家的修养以及家训。

正房上为“翁归旧家”，相传为尹家先祖参加过皇家的“千叟宴”，归来时营建，以彰荣耀。

其余的两块“善有余庆”“三声永绪”则表示对于美好生活期许的吉语。

这些匾额文字精美细腻、保存完好，透漏出尹家对于社会时事的态度以及对于后代乃至整个宗族的教化与庇护之心。

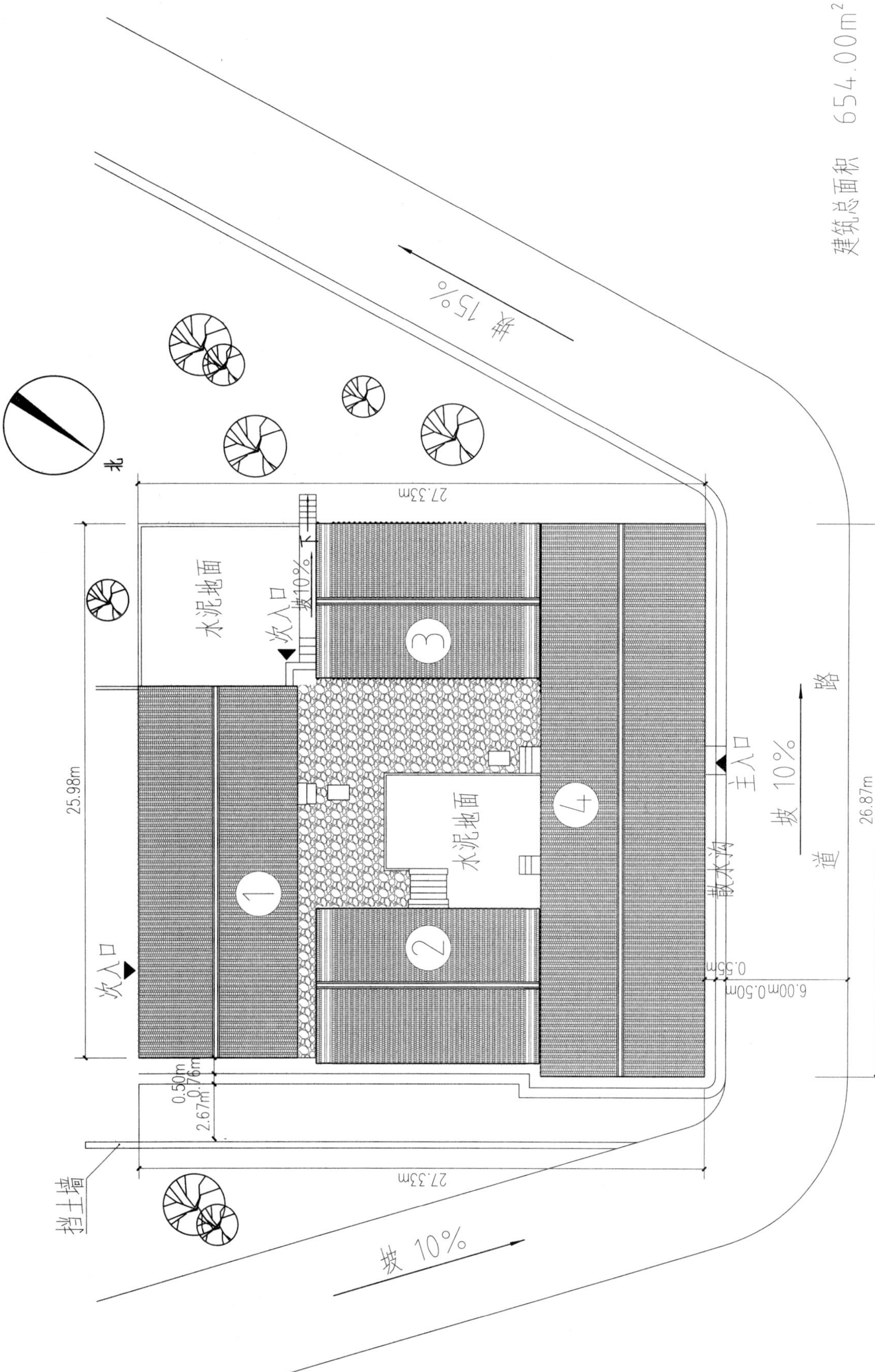

建筑总面积 654.00m²
坡 15%
北
27.33m
25.98m
水泥地面
次入口
坡10%
3
水泥地面
4
1
2
次入口
主入口
坡 10%
道 路
散水沟
26.87m
0.55m
6.00m 0.50m
0.50m
0.76m
2.67m
27.33m
挡土墙
坡 10%

图 1 总平面图

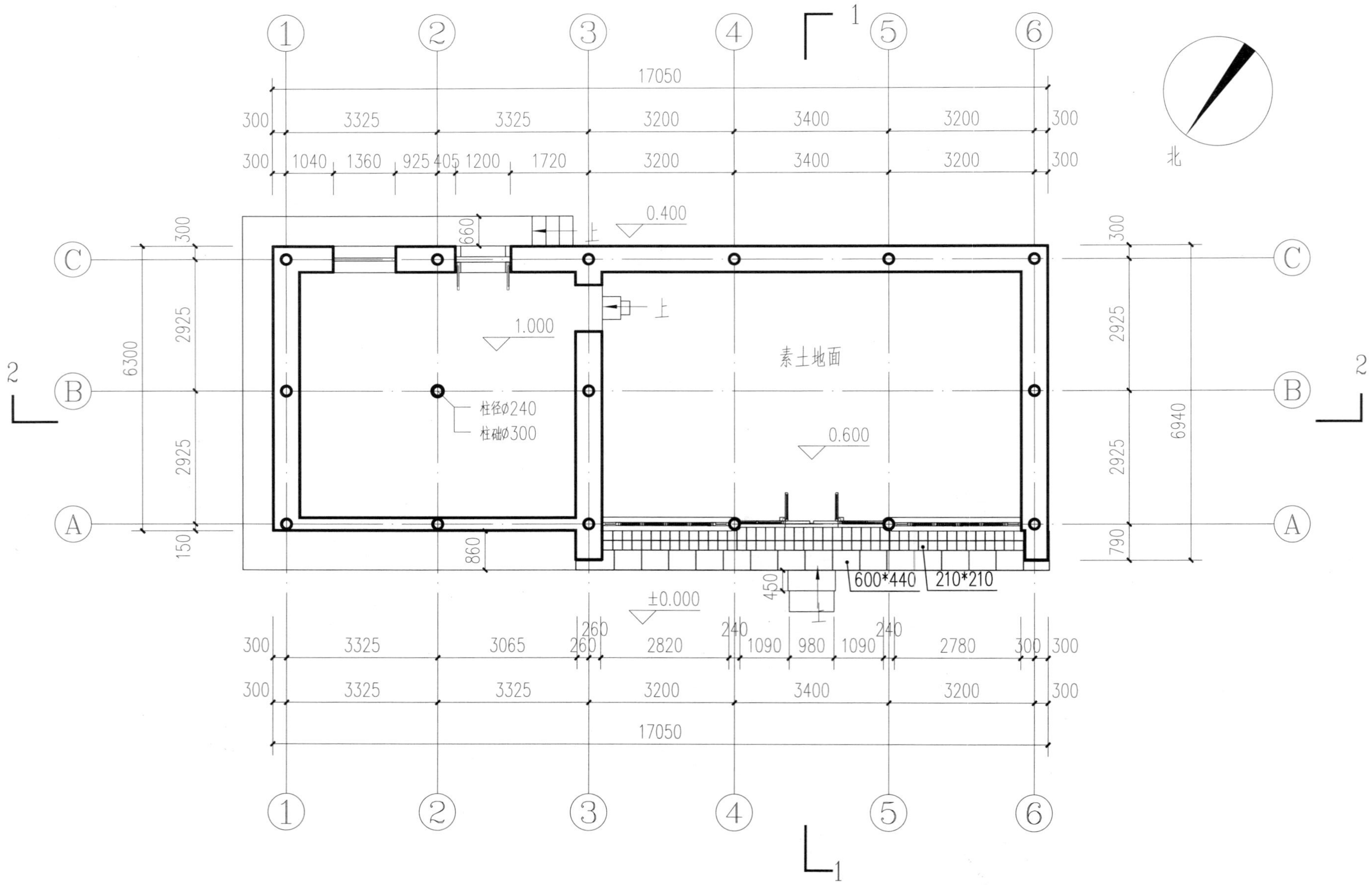
素土地面
0.400
1.000
0.600
±0.000
柱径ø240
柱础ø300
600*440
210*210
上
北
17050
6300
6940

图 2　一号房平面图

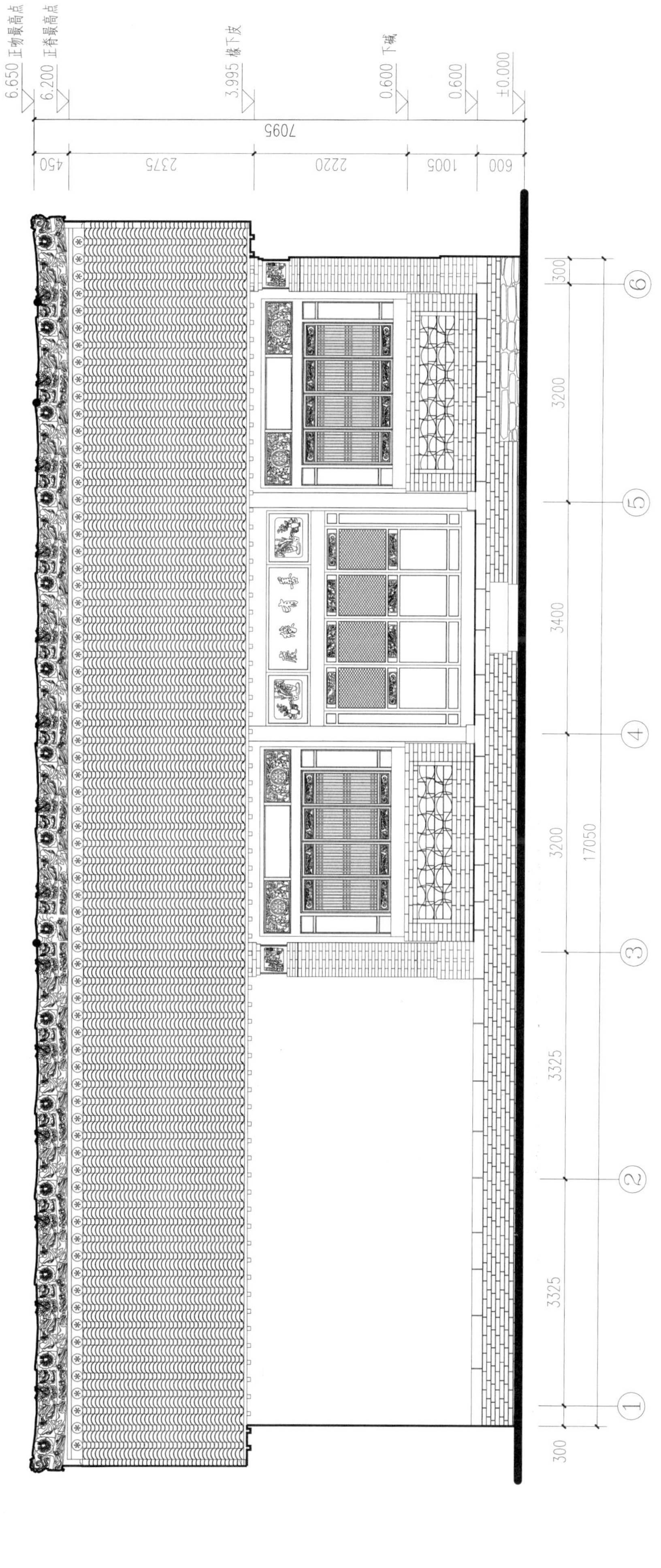

6.650 正吻最高点
6.200 正脊最高点
3.995 椽下皮
0.600 下碱
0.600
±0.000
7095
450
2375
2220
1005
600
300
3200
3400
3200
17050
3325
3325
300

图 3 一号房①～⑥立面图

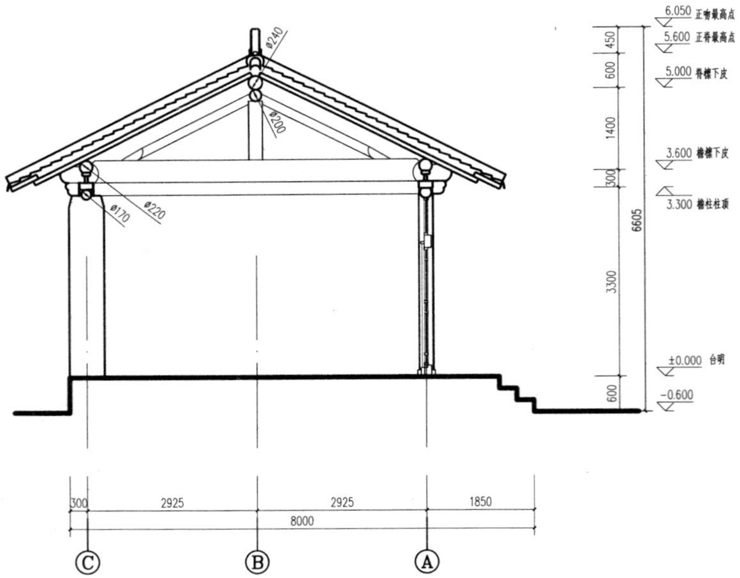

图 4 一号房 1-1 剖面图

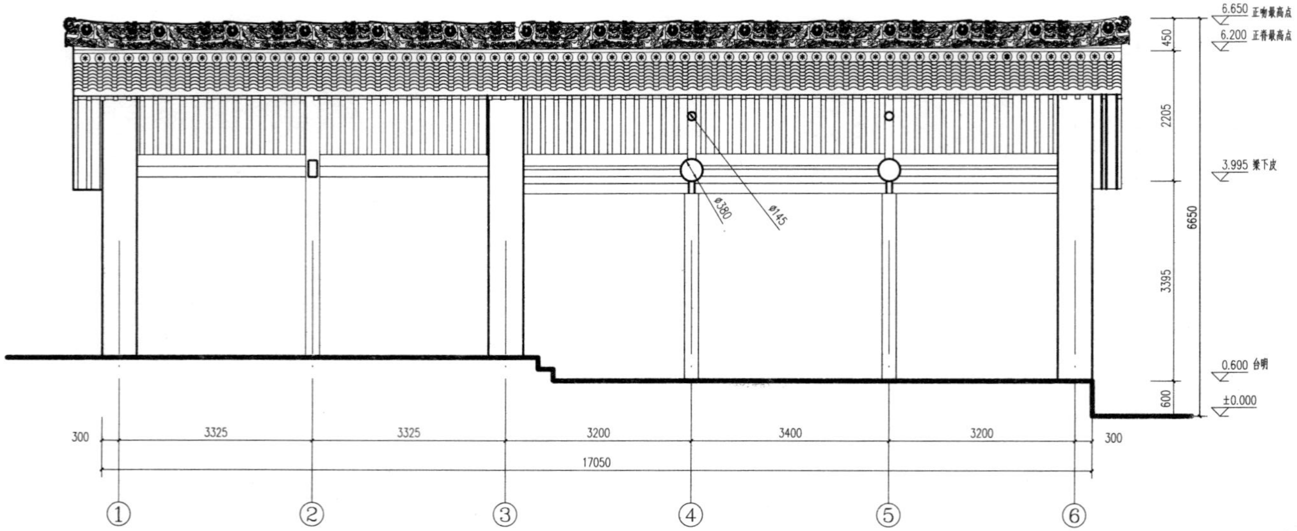

图 5 一号房 2-2 剖面图

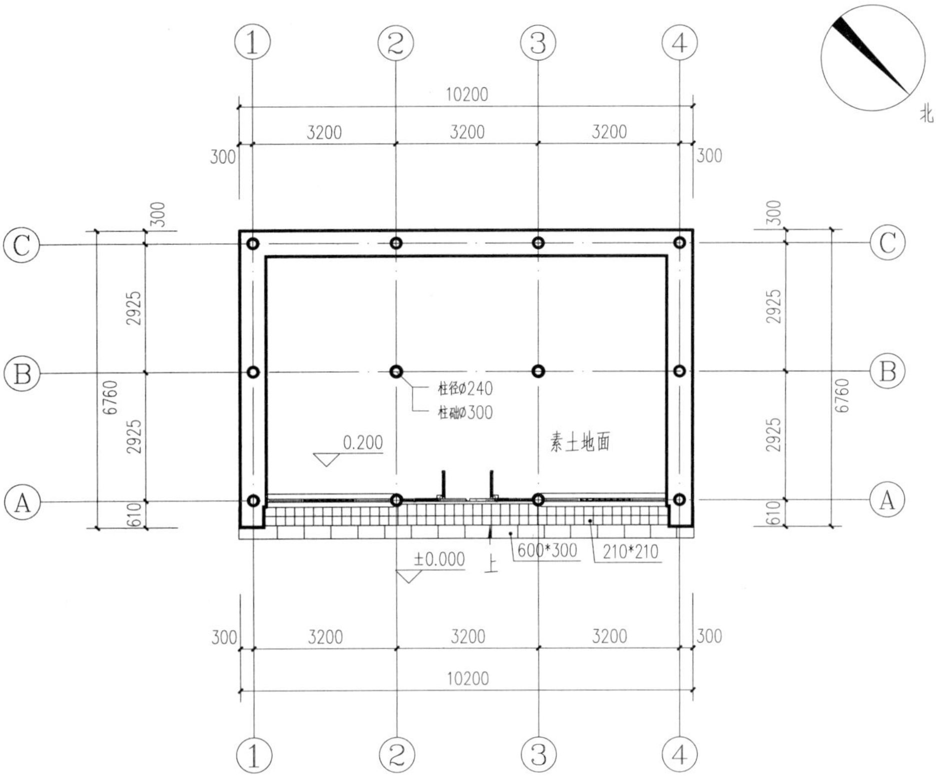

图 6　二号房平面图

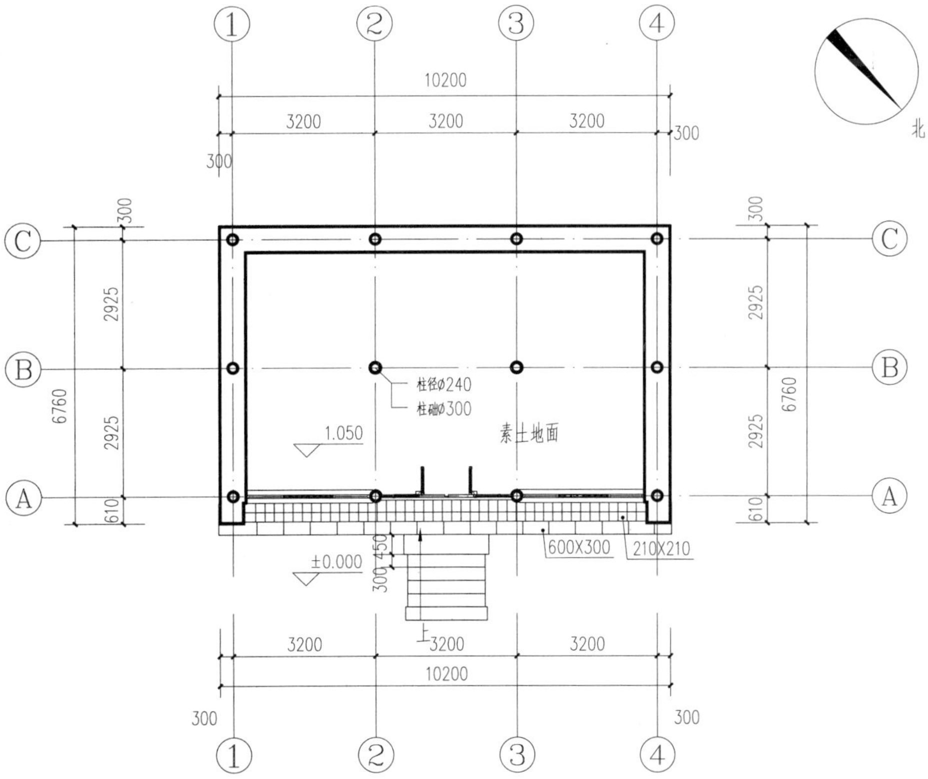

图 7　三号房平面图

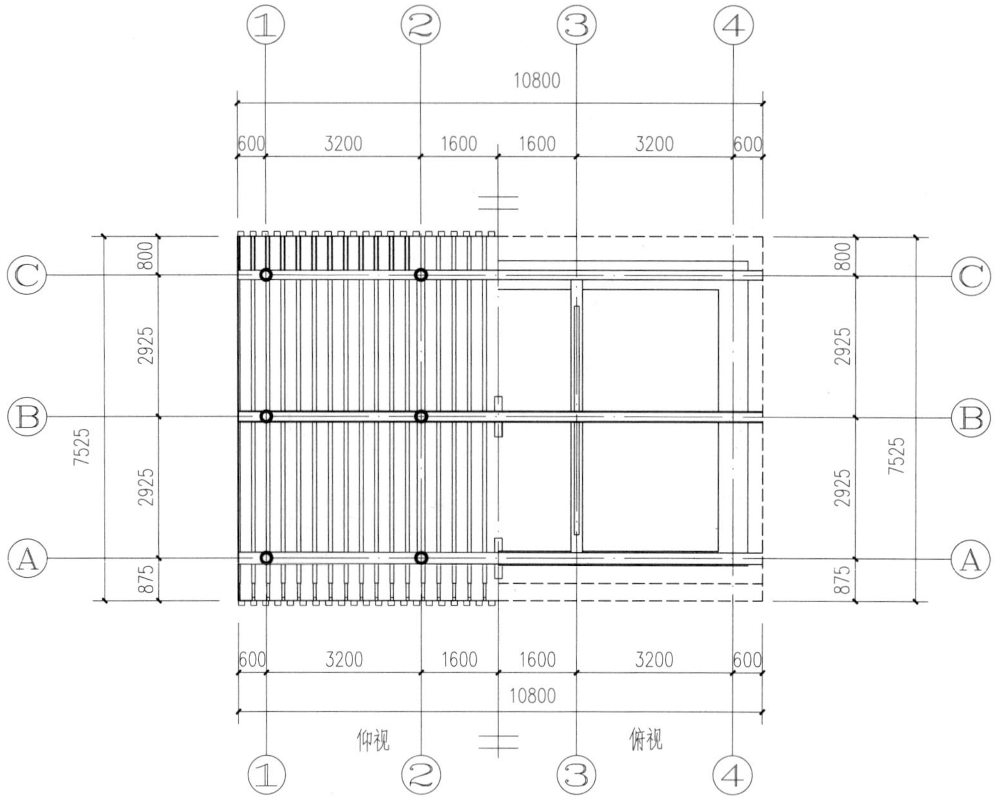

图 8　二号房梁架仰、俯视图

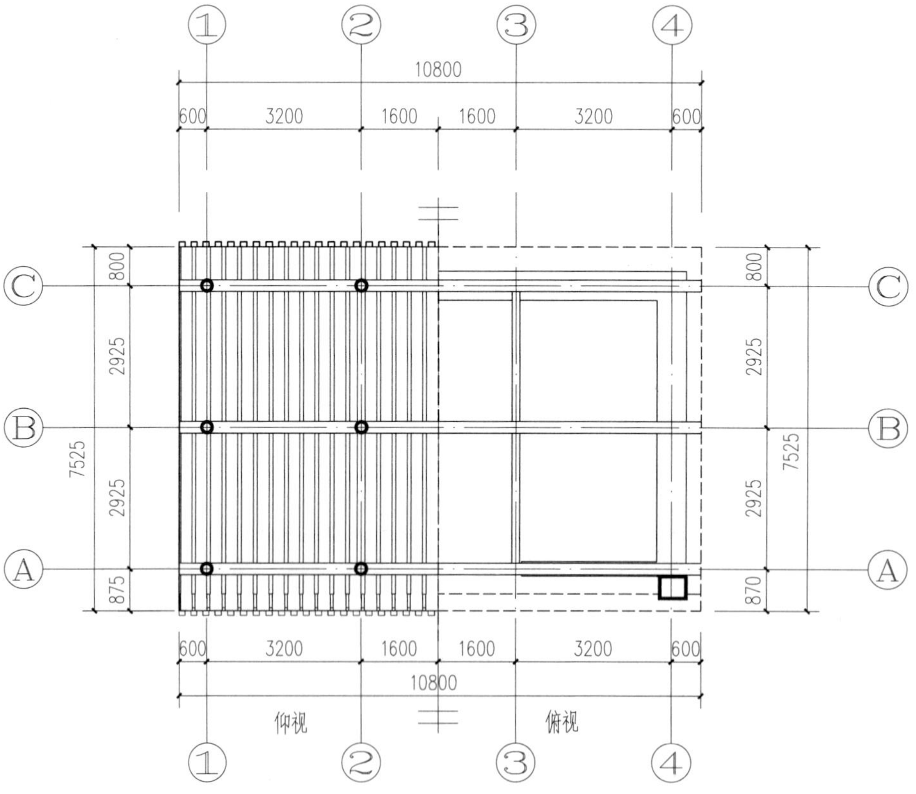

图 9　三号房梁架仰、俯视图

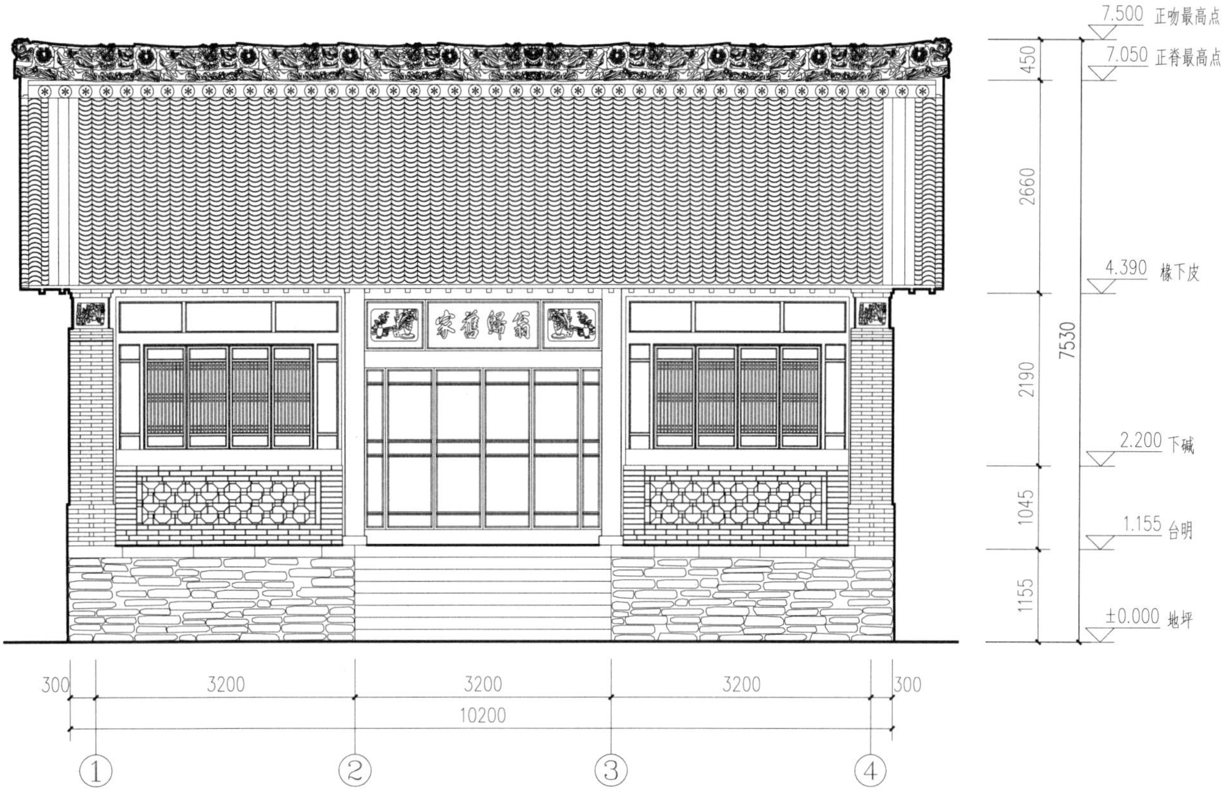

图 10 ①～④立面图

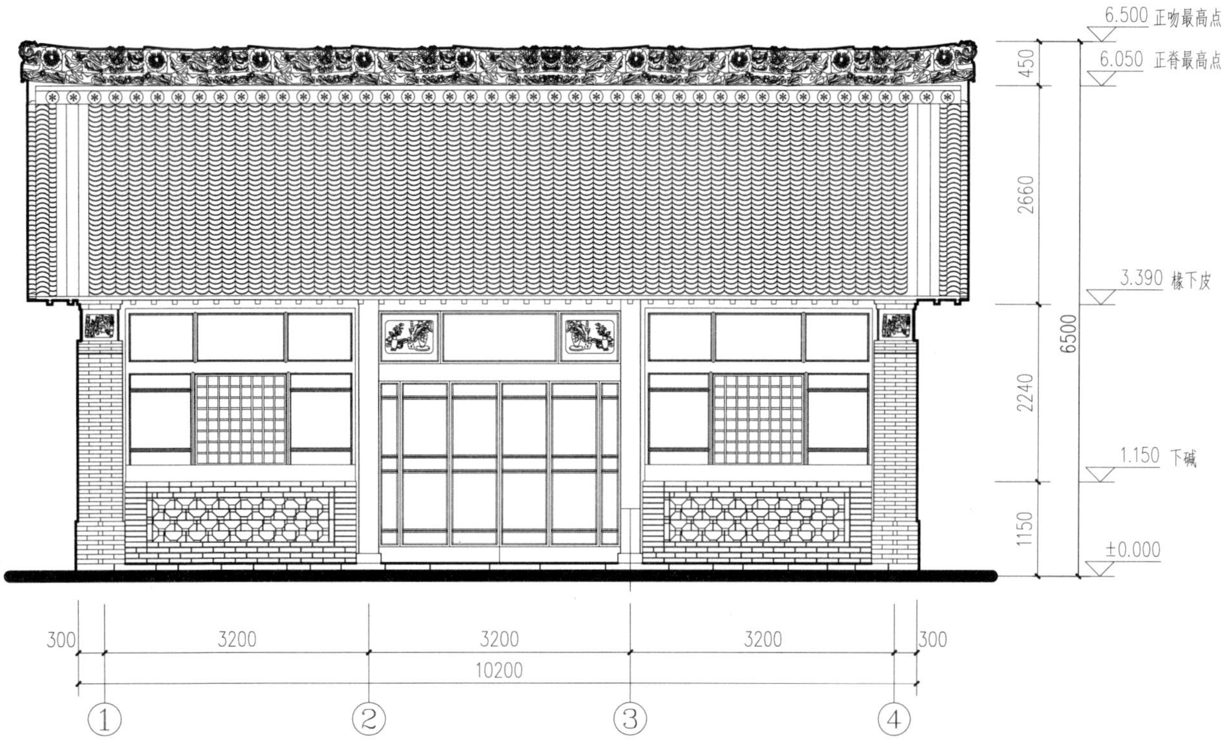

图 11 ④～①立面图

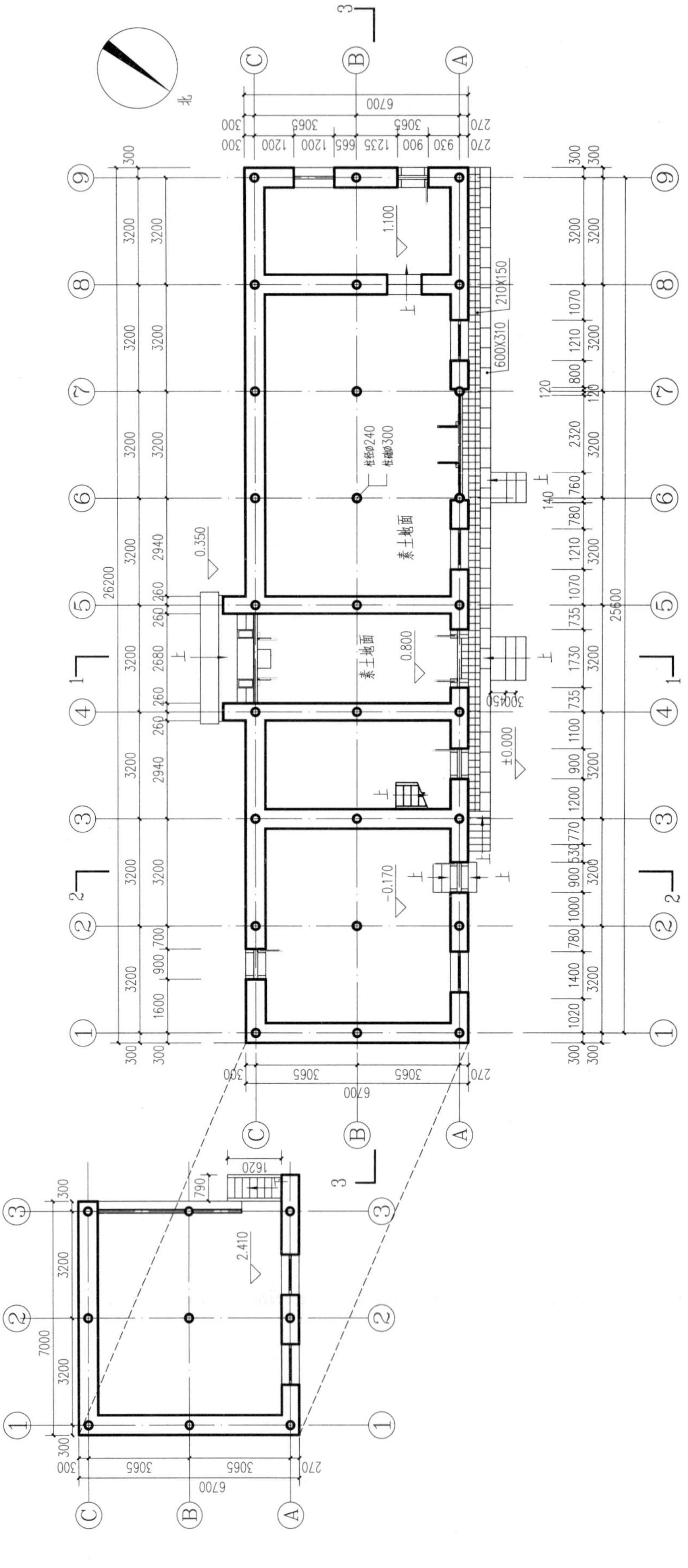

北
素土地面
柱径Φ240
柱础Φ300
1.100
0.350
0.800
±0.000
-0.170
2.410
26200
25600
6700
7000
600X310
210X150

图12　四号房平面图

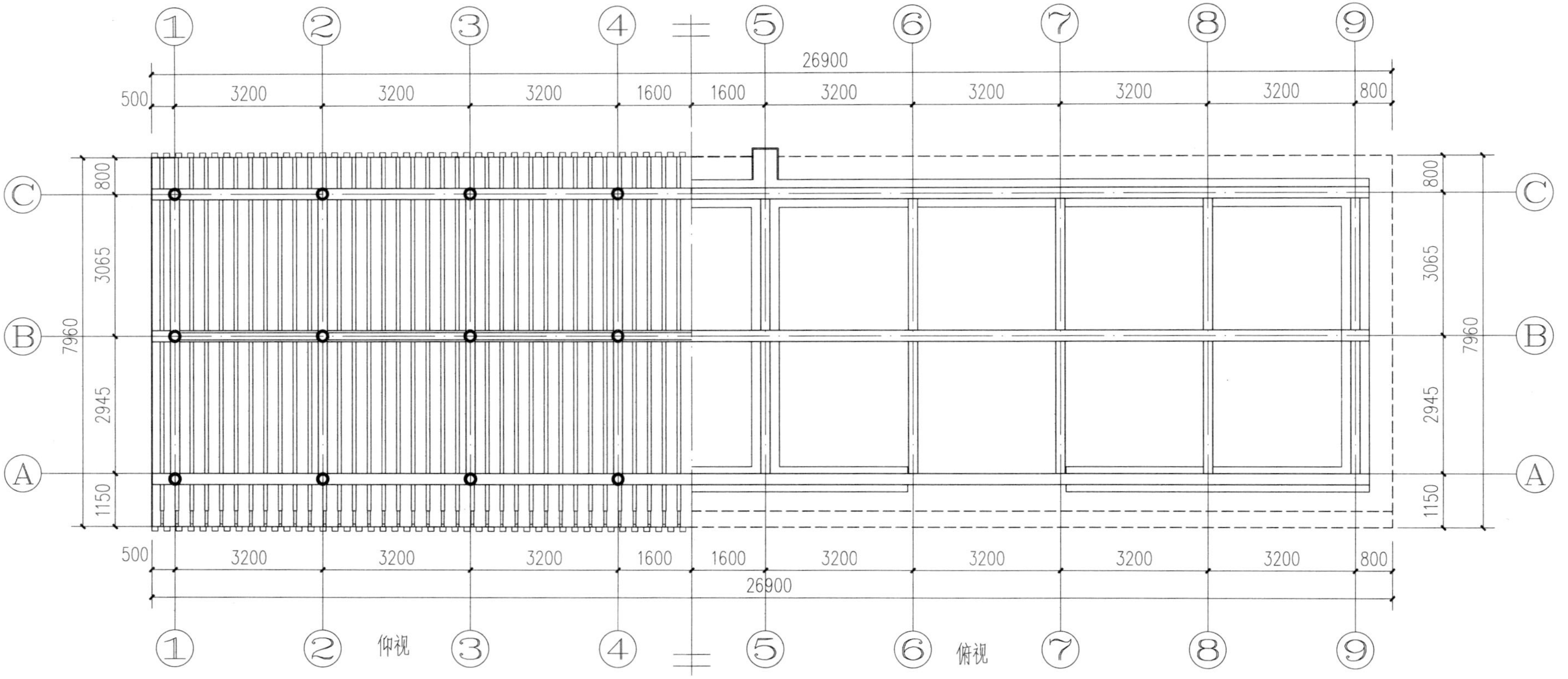

图 13　四号房梁架仰、俯视图

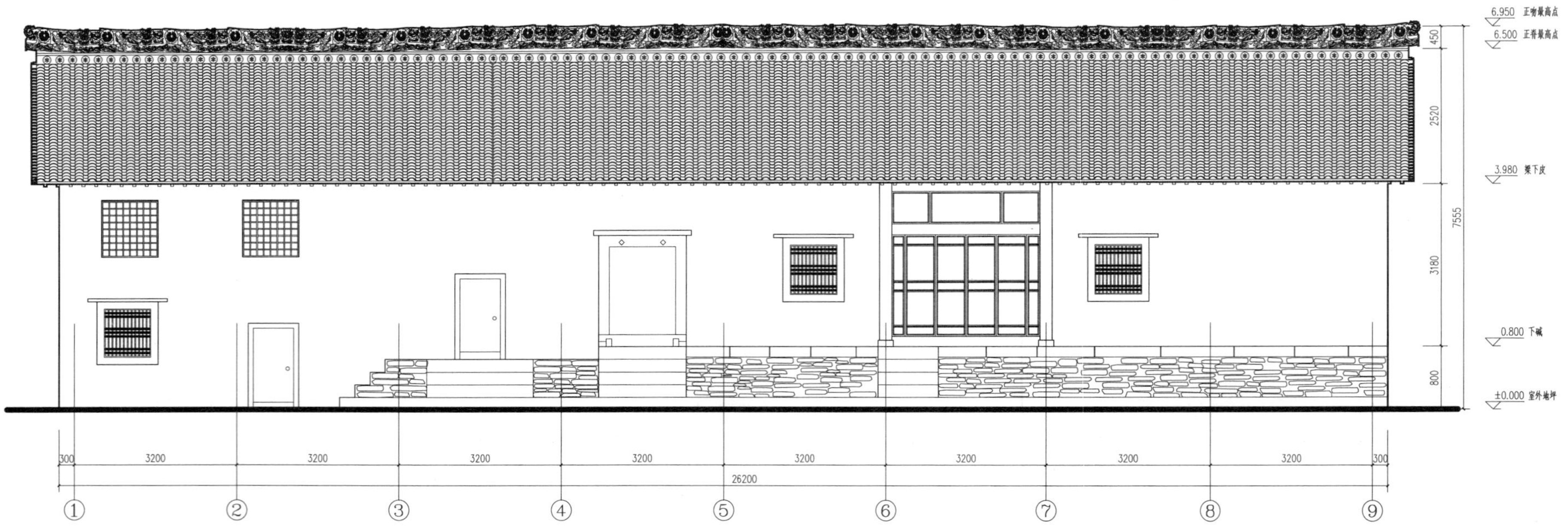

图 14　四号房①～⑨立面图

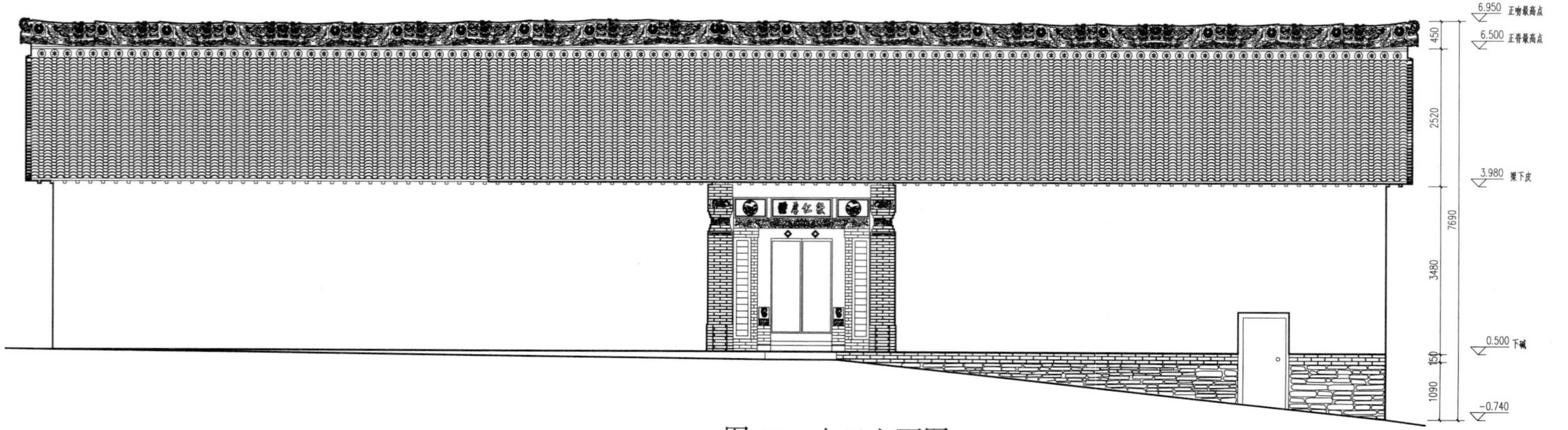

图 15　入口立面图

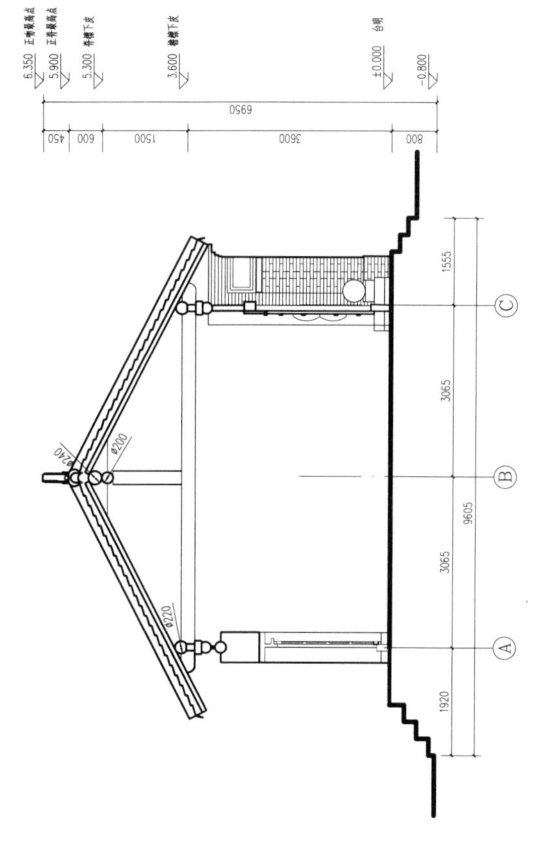

图16 1-1剖面图

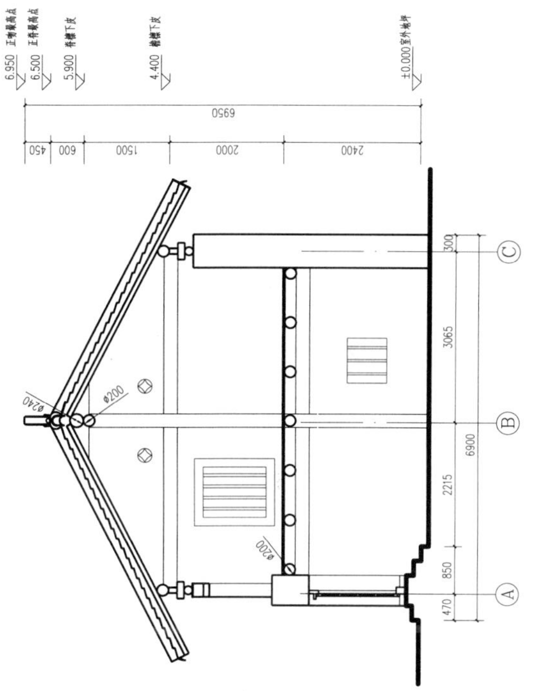

图17 2-2剖面图

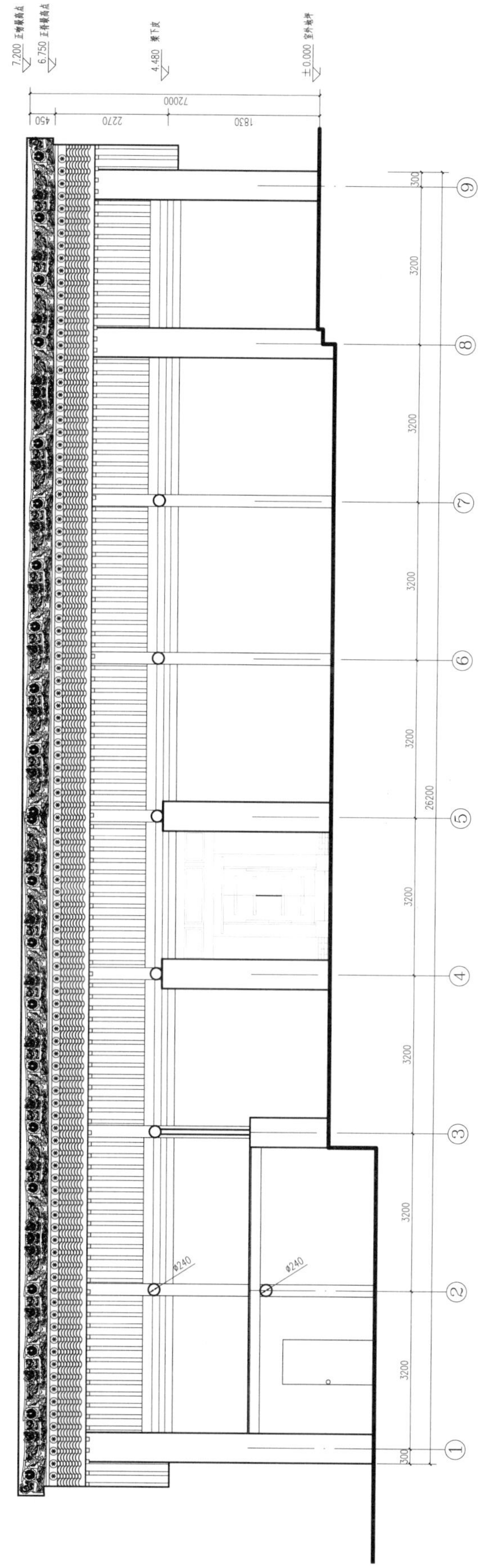

图18 3-3剖面图

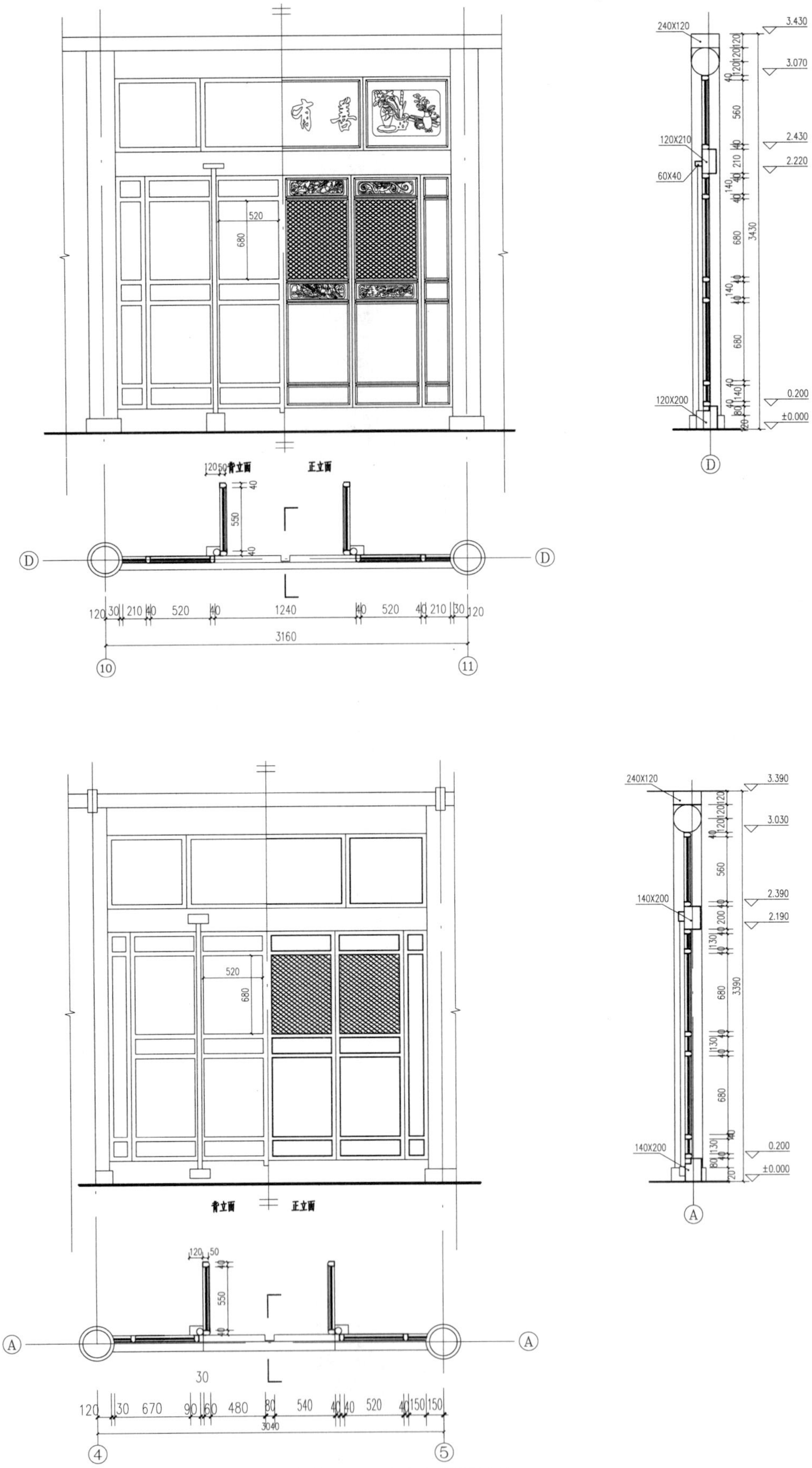
背立面
正立面
240X120
120X210
60X40
120X200
140X200
3.430
3.070
2.430
2.220
0.200
±0.000
3.390
3.030
2.390
2.190
3160
3040

图 19　门大样图之一

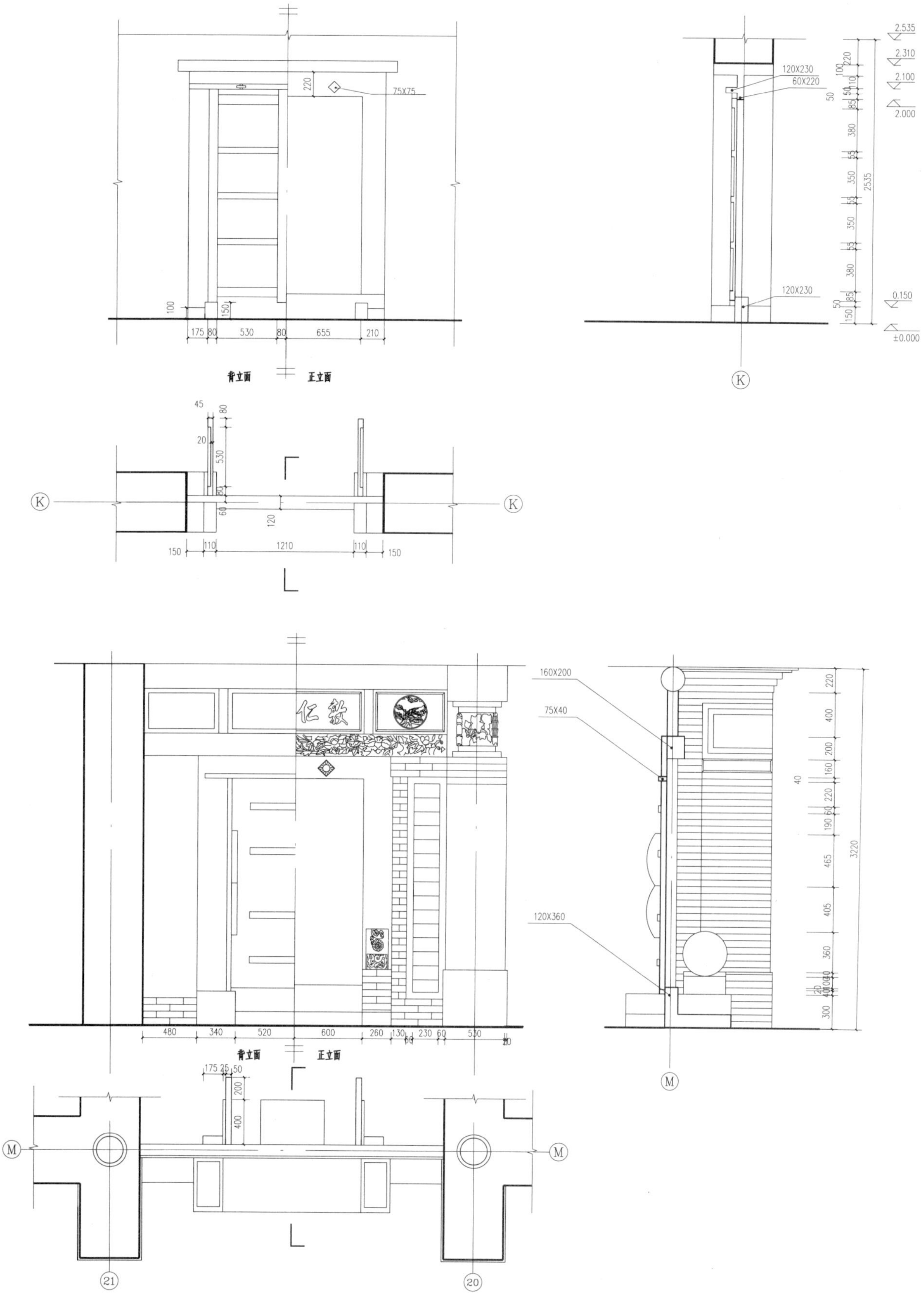
75X75
220
100
150
175 80 530 80 655 210
背立面
正立面
2.535
2.310
2.100
2.000
0.150
±0.000
120X230
60X220
2535
K
45
80
20
530
120
150 110 1210 110 150
160X200
75X40
120X360
3220
480 340 520 600 260 130 230 60 530
175 25 50
200
400
M
21
20

图 20　门大样图之二

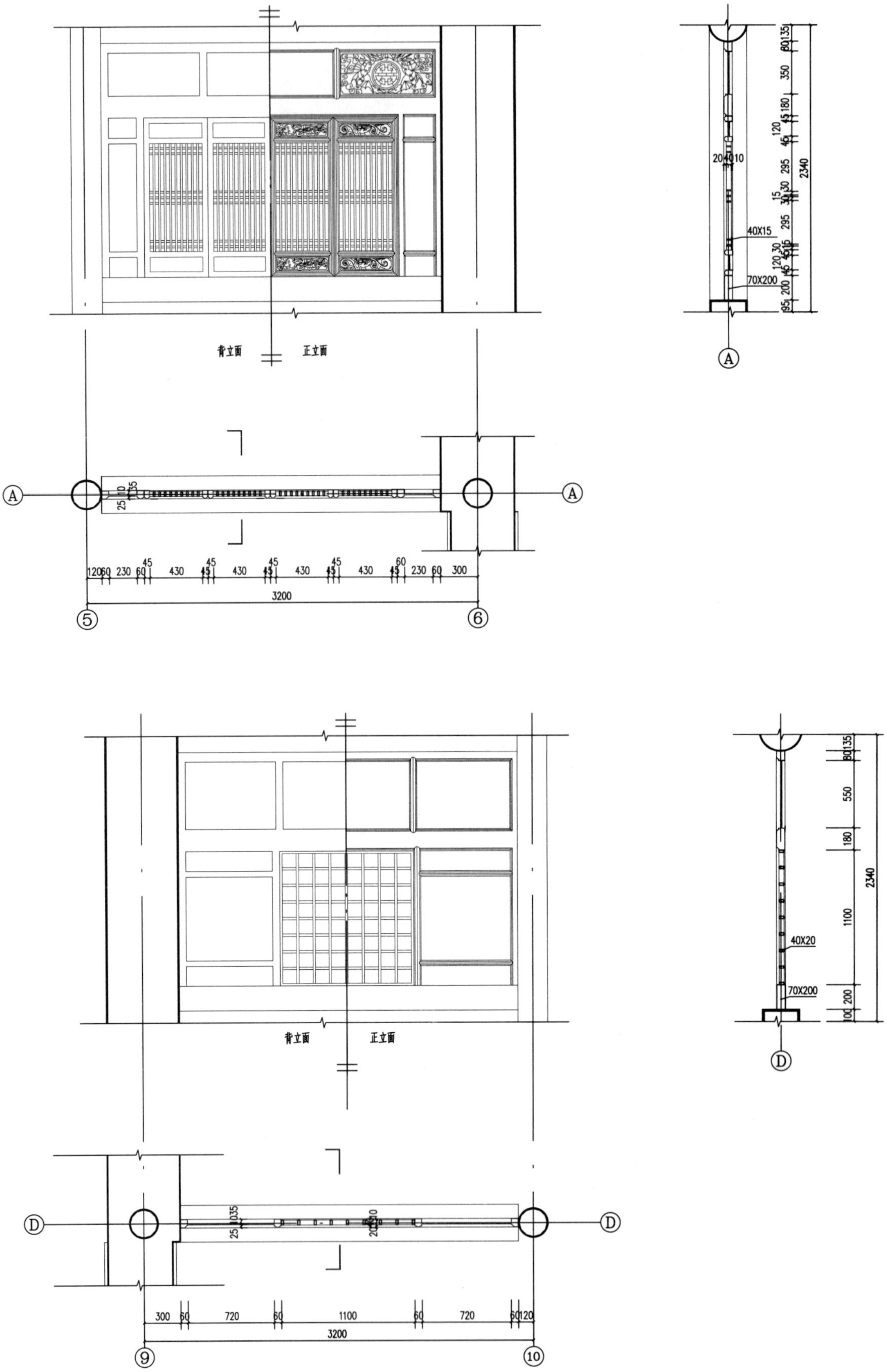
背立面
正立面
2340
40X15
70X200
120 60 230 60 45 430 45 430 45 430 45 430 45 60 230 60 300
3200
背立面
正立面
2340
40X20
70X200
300 60 720 60 1100 60 720 60 120
3200

图 21　窗大样图

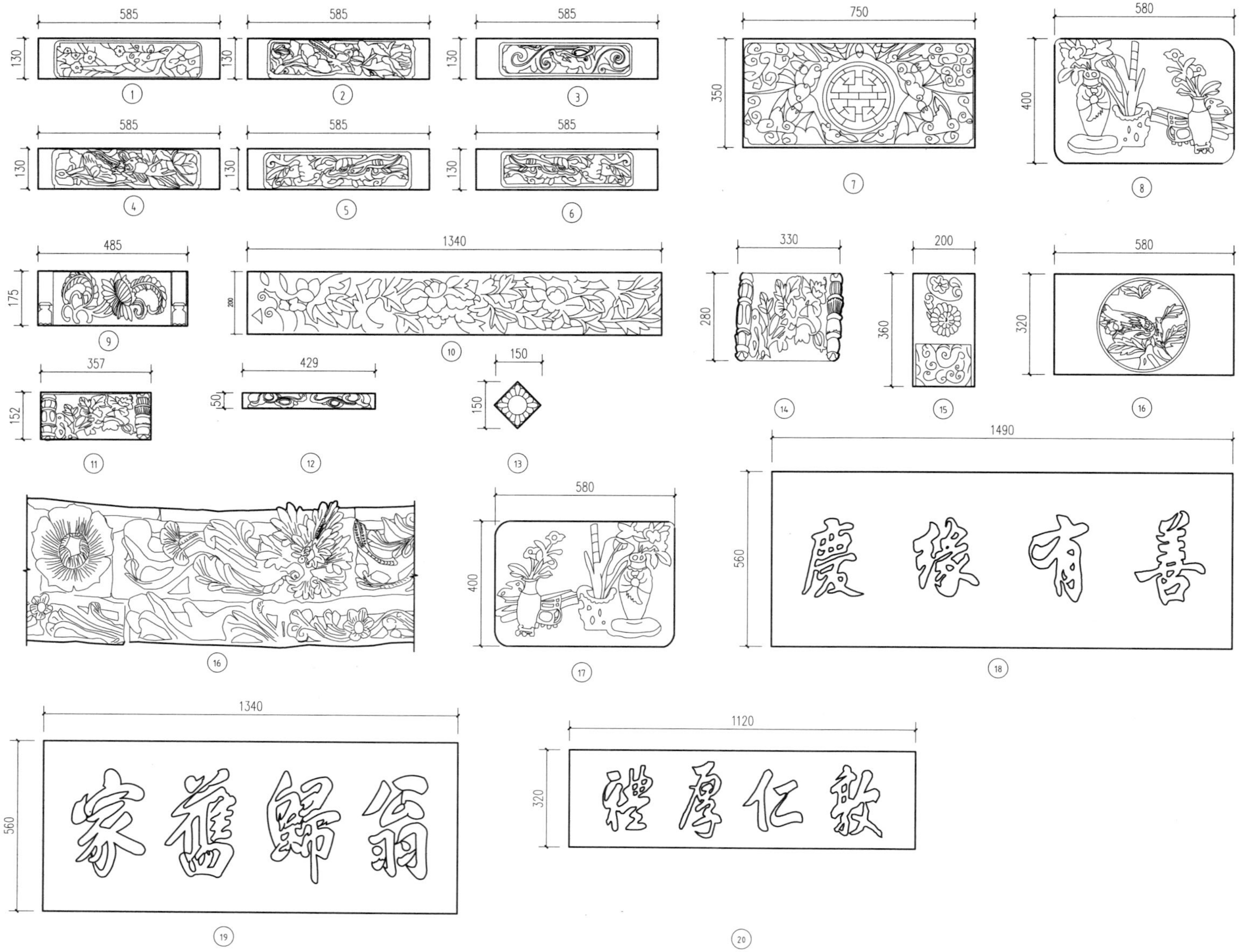

图 22　雕花大样图

康县何家大院

何家大院位于陇南市康县大南峪乡后沟村，地形是窑坪河冲击形成的谷地，后沟村位于山脚之下，农田在村落周边分布。村庄古朴，是传统农耕与山地建筑组成的乡土聚落。何家大院建筑平面为传统四合院形式，建于清代晚期。

何家大院占地面积470m^2，建筑面积538.3m^2，四合院形式，具有康县地区传统民居风貌特色。何家大院坐北朝南，由正房、南房（倒座）和东、西厢房围合组成。院落东西宽近19m，南北长近25m。正房处为全院最高处，台明标高1.0m。东、西厢房与南房在屋檐处有高低之分，但是柱子与墙体共用，整体连接在一起。这是陇南地区较有特色的四合院形式，从入口看，类似转角楼式的“一颗印”形式；进到四合院中，从比例关系来看，又具有“关中窄院”的狭长院落，正房部分与东西厢房则完全脱开，并位于较高的台基之上，形成院落的焦点。

何家大院的正房为穿斗式土木混合结构，二层楼，悬山顶。正房面阔四间，进深三间，平面为“锁子厅”形式，一边耳房缺失。正房前台基和踏步铺阶条石，内庭院四周铺阶条石。楼梯设在正房的次间处，二层为杂物间。屋顶为合瓦屋面，屋脊采用低坡垄小脊做法，正脊脊刹为双钱图案。

南房（倒座）为院落的主入口，面阔五间，进深三间，平面为“锁子厅”形式。南房为五架梁的抬梁式土木混合结构，带蜀柱、角背，挑檐受陕南地区民居做法的影响则做弯形软挑。正脊为低坡垄小脊做法，脊刹为当地常用覆瓦叠置形制。明间为六扇板门，门楣上正中走马板题“瑞映溪冈”[1]四字匾额，两侧为圆形透雕花窗，饰以祥云蝙蝠，正中坐以灵动线条形成之“福”字，刻画精美，这也是陇南地区传统民居正房明间的典型装饰形制。其余墙体部分皆为土墙，在梢间位置有圆窗，雕刻镂空“卐”字与“回”形纹为主，兼饰梅花图案。院内部分尽间（南房东西两侧）向院内开圆形洞门，可通往院外，饰以“卐”字锦雕饰。

东、西厢房现仅存西厢房，面阔两间，进深二间，为前、后出檐的穿斗式二层木屋架。屋面皆施清水脊，脊刹以铜钱、山形为主，两端翘起似燕尾。门额上还施一对栩栩如生、惟妙惟

[1] 瑞映溪冈取祥瑞映照福地之意，是当地人对于生产与生活的祈福之向往。

肖的木雕蝴蝶做装饰，左右对称，突出了“蝴蝶楼”的主题风格。

何家大院的建筑雕饰多在门窗部分，尤以木雕为主。木雕内容主题大多以“卐”字、“回”形、套方、方胜、龟背等纹样为主，间以梅花、荷花等花卉及蝙蝠、蝴蝶等祈福图案精心构图而成。厢房处的圆形门洞装饰则为陇南地区罕见的。楼前明间台基和踏步上由阶条石铺筑，这种建筑手法也是地方取材方便的一种表现，具有浓厚的乡土气息。

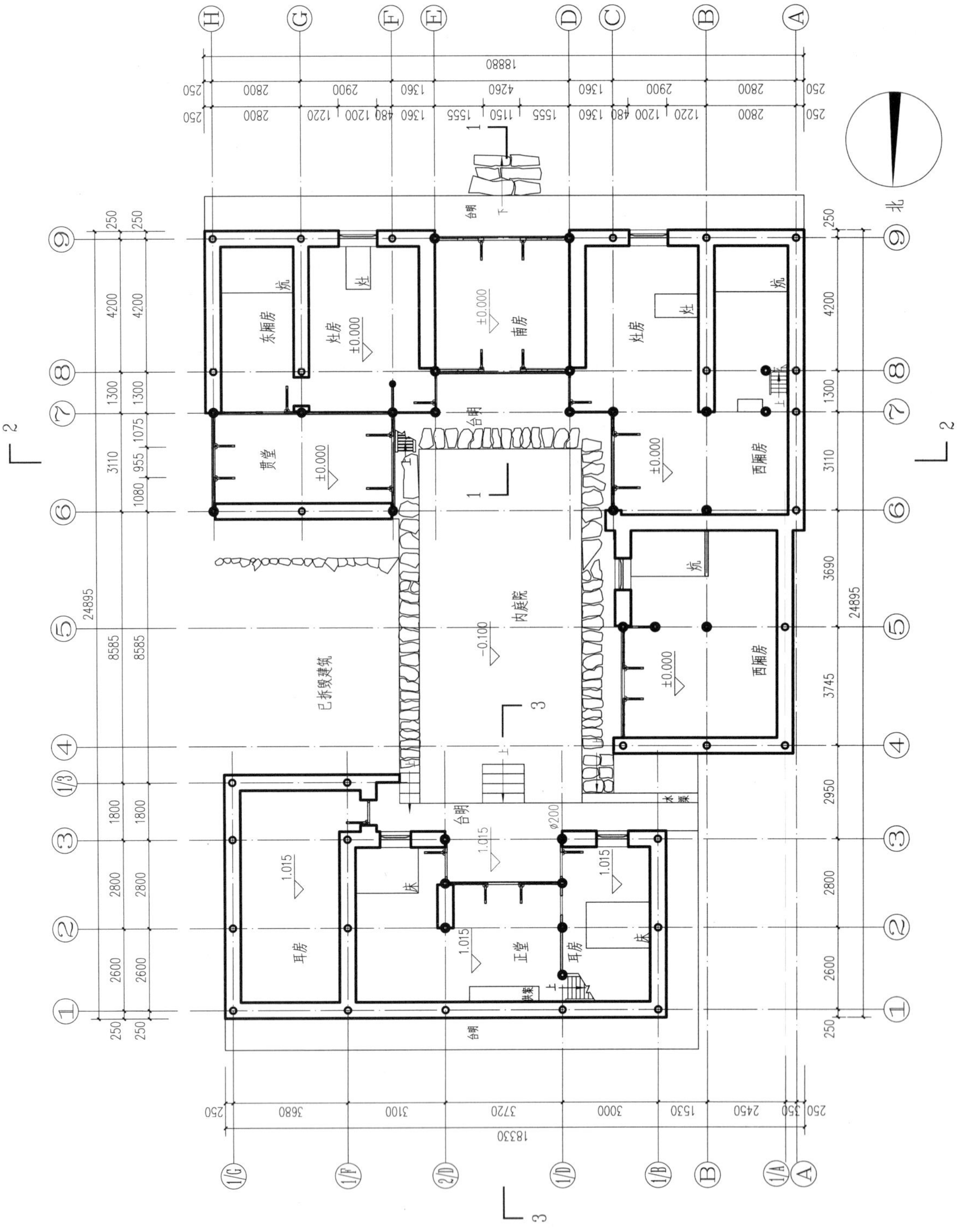

图1 一层平面图

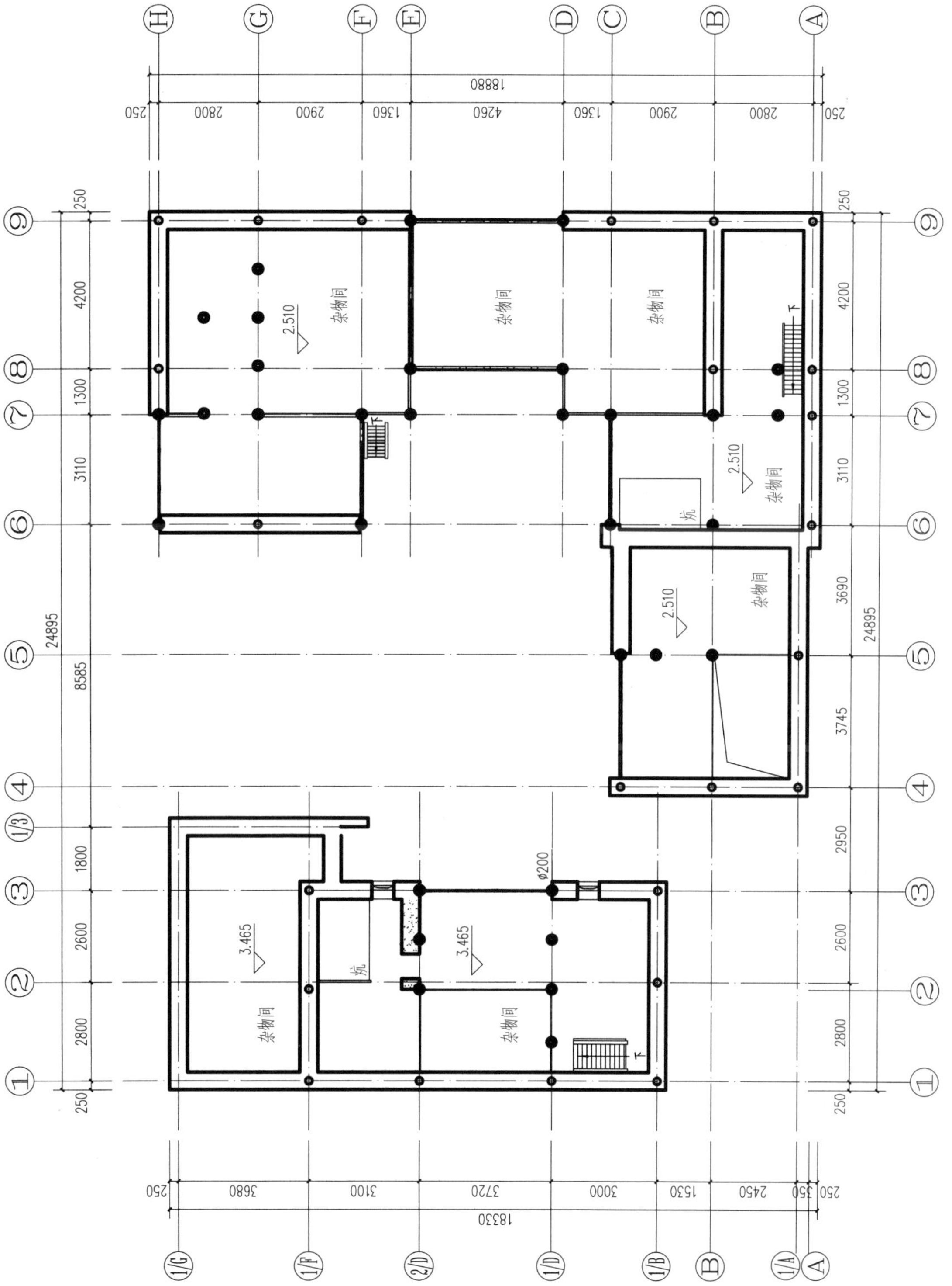

杂物间
杂物间
杂物间
杂物间
杂物间
杂物间
杂物间
炕
炕
2.510
2.510
2.510
3.465
3.465
ø200
18880
18330
24895
24895
8585
250
4200
1300
3110
3690
3745
2950
2600
2800
1800
1360
4260
2900
3680
3100
3720
3000
1530
2450
350

图 2　二层平面图

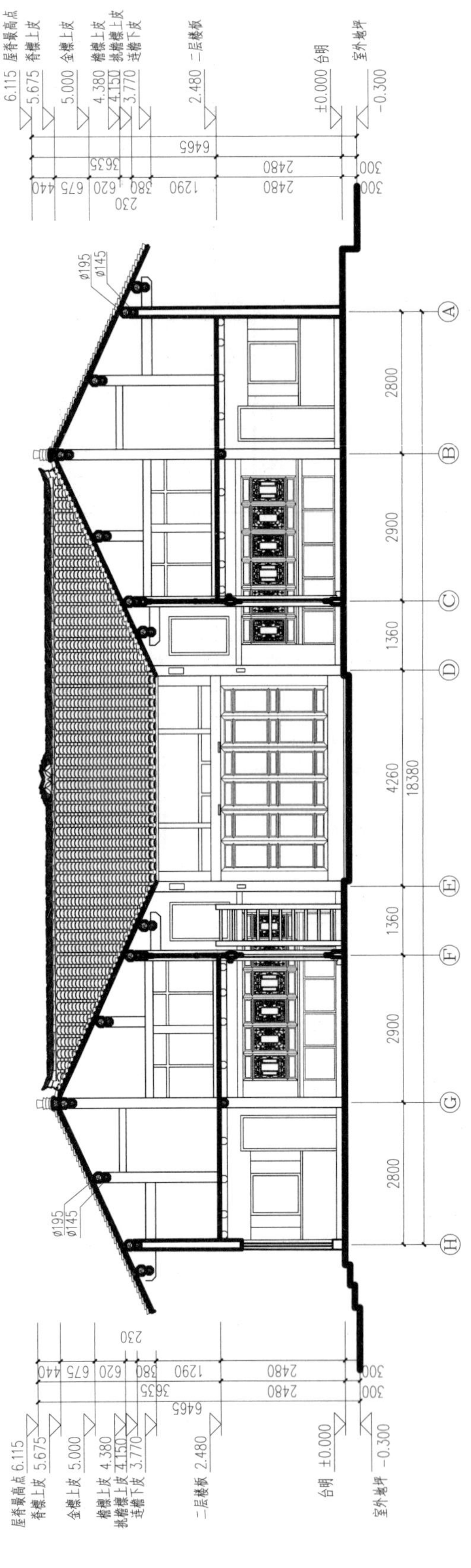

图 3 2-2 剖面图

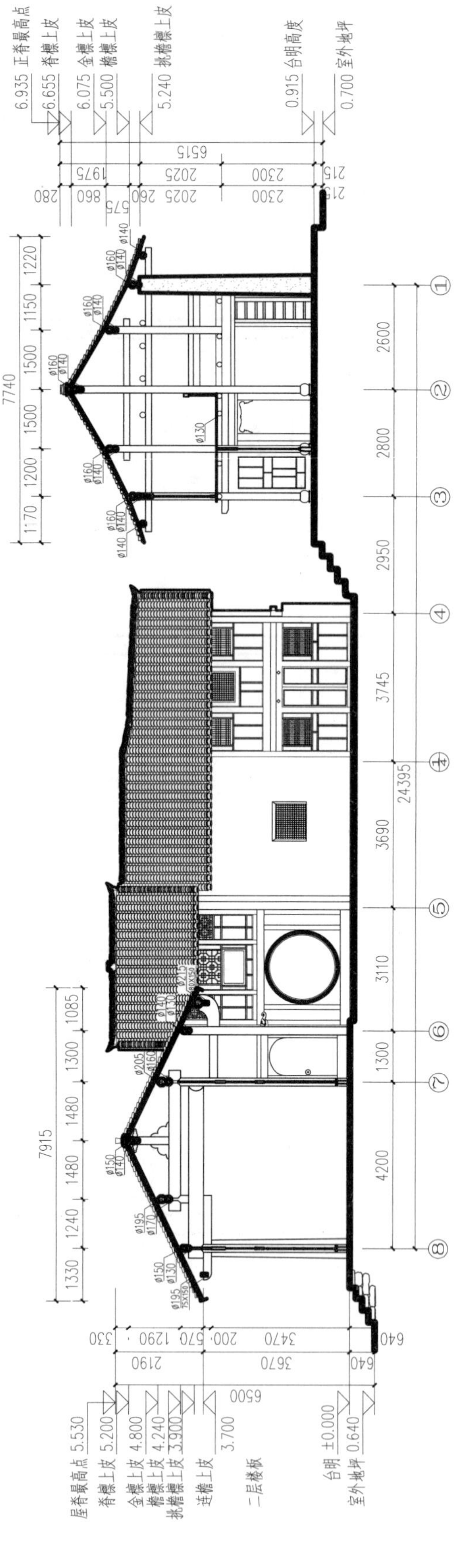

图 4 3-3 剖面图

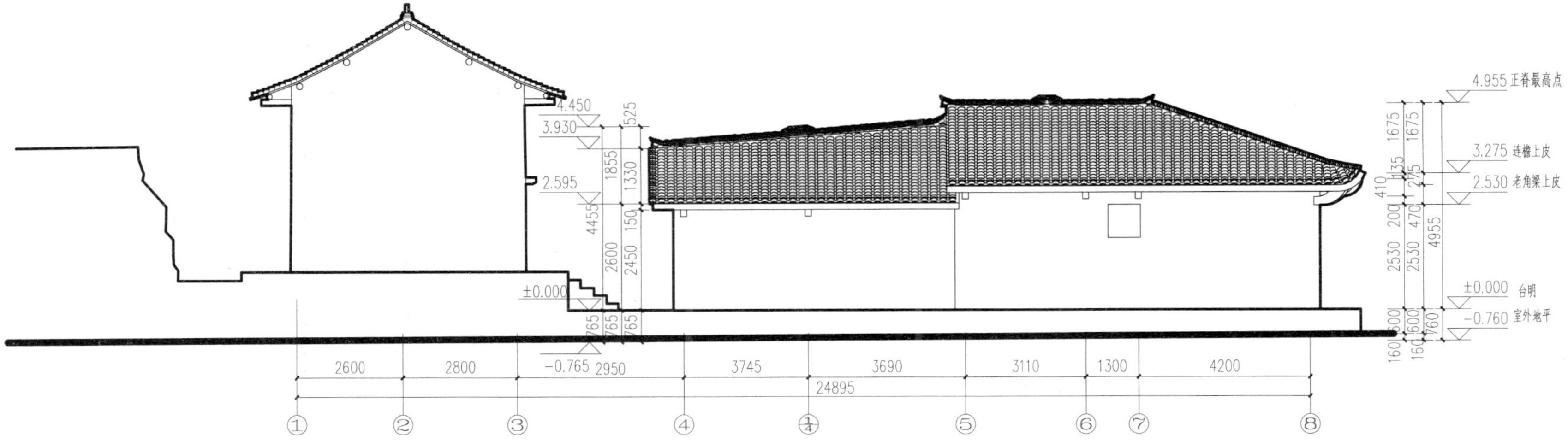

图 5　西外立面图

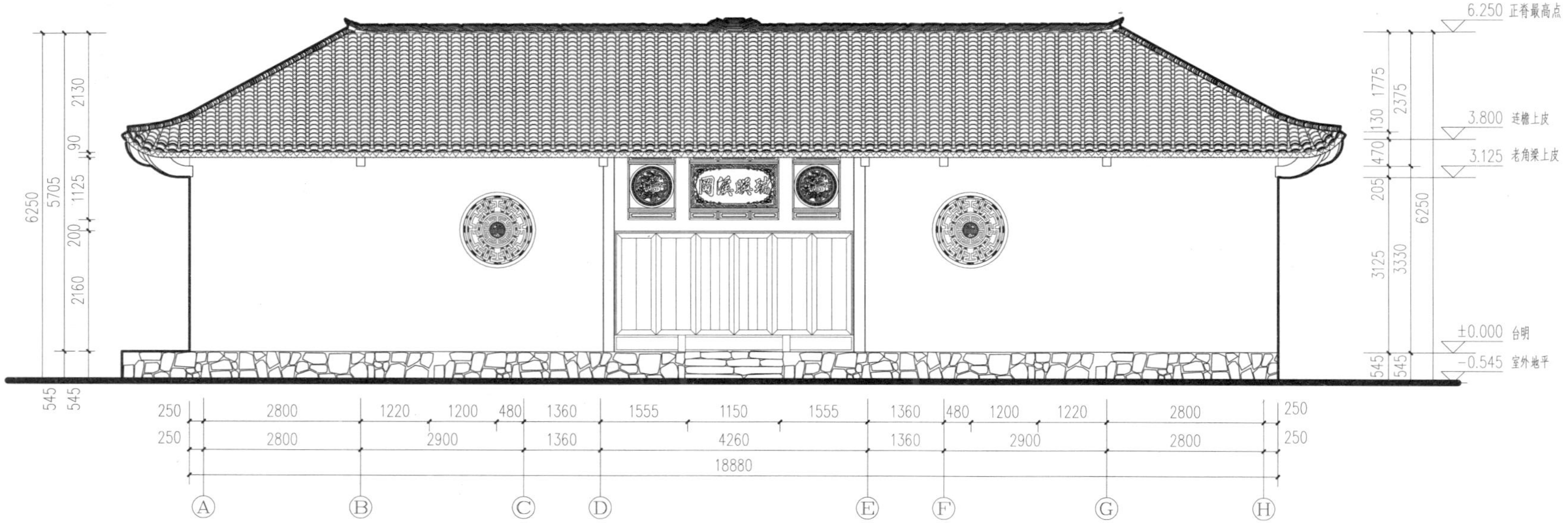

图 6　南外立面图

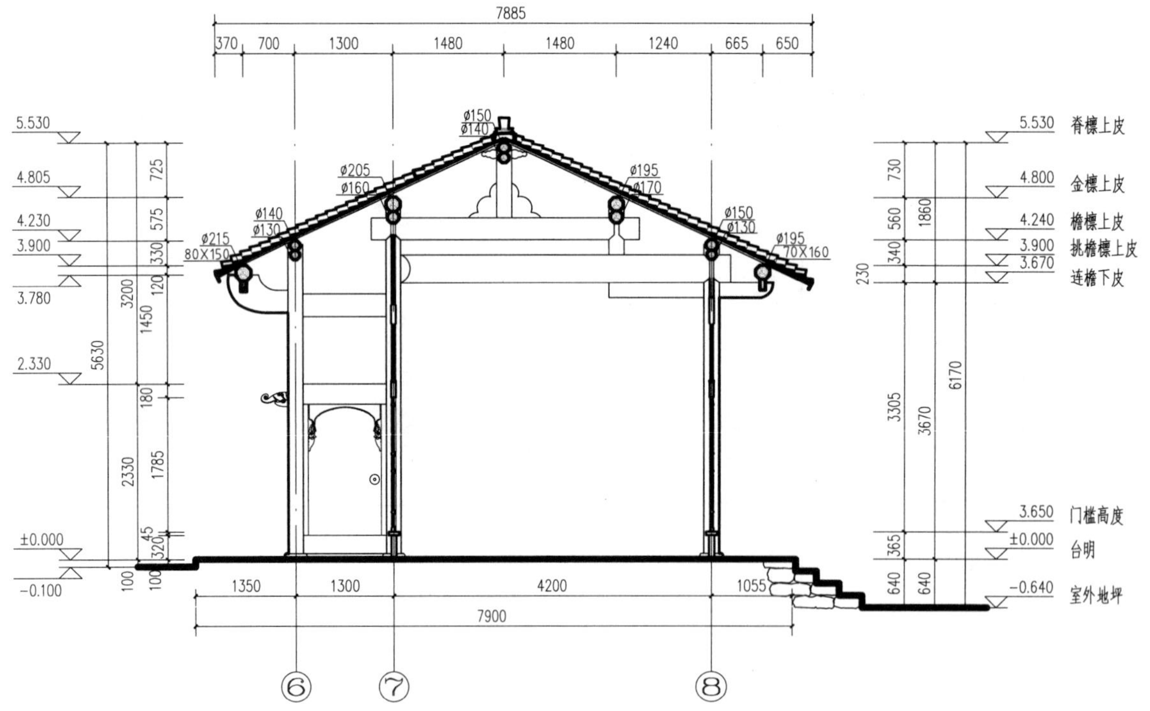

图 7　1-1 剖面图

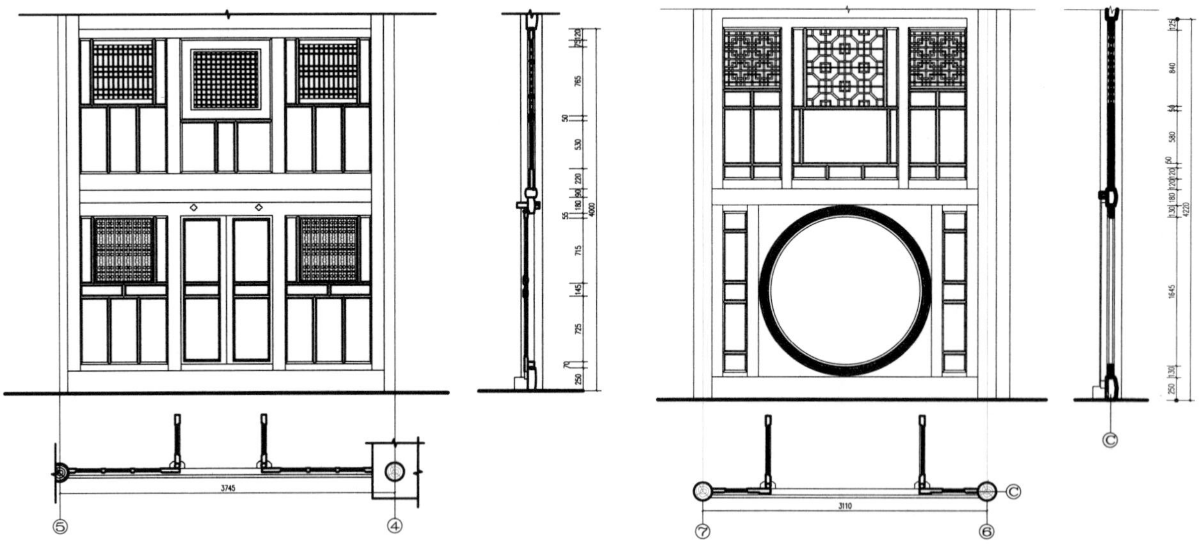

图 8　西厢门窗大样图

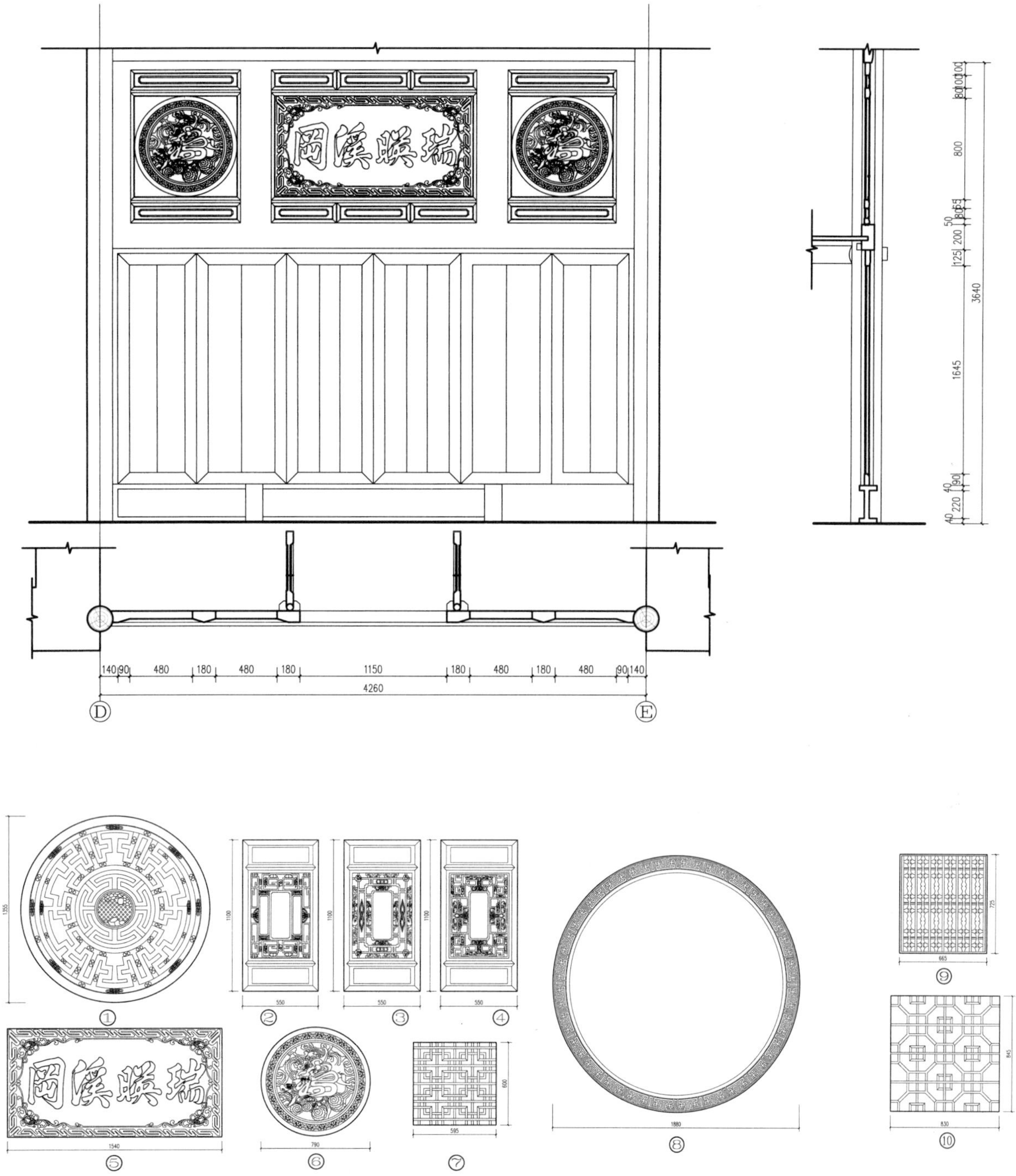
140 90 480 180 480 180 1150 180 480 180 480 90 140
4260
D
E
800
3640
1645
1100
550
1540
790
595
600
1880
665
725
830
845
①
②
③
④
⑤
⑥
⑦
⑧
⑨
⑩

图 9　门窗、雕花大样图

康县黎家大院

黎家大院位于陇南市康县白杨乡金钗峪村上坪社，村落位于山坳之中，入口隐蔽，乡土气息非常浓郁。建于清代晚期，2017 年被纳入到甘肃省第八批省级文物保护单位名录。黎家大院为黎姓两兄弟的宅院，分为两处，这里称为主院与副院。主院建于清道光二十一年（1841 年），穿斗、抬梁混合式土木结构，占地 707m^2。副院晚于主院，具体年代尚无记载。建筑平面形式为传统四合院形式，但存在形制上的不同，两兄弟之间的院落布局也反映了家族发展与演进的状况。

黎家大院主院建筑总面积 882.5m^2，坐北向南，平面基本呈“回”字形，方形平面，总长 22.8m，总宽 21.8m，局部根据地形有凹凸变化。二层楼房在前廊部分基本连通，在屋顶处有高低不同之变化，正房要比南房高出 1.2m。南房（倒座）为院落的主入口，面阔五间，五柱穿斗式木屋架、带蜀柱和角背，为了节省木料，将短柱直接架在梁上，但是荷载分配不均匀。构件使用不规则，体现了民居之中的乡土气息。东、西厢房为前、后出檐的穿斗式二层木屋架。屋面皆有正脊，以青瓦叠置，两端翘起似燕尾。明间门楣上正中饰匾额“树德务滋”四个字[1]，匾额两侧为花窗，刻画精美，其余部分皆为土墙。内庭院四周铺阶条石，内部为河卵石铺成圆形图案。内院四周木雕较为丰富，基本上以灯笼形花窗为框架，饰以人物、花鸟以及器物等主题。尤其值得一提的是在木雕花窗之中有整体立轴式山水构图，层次丰富，雕刻手法娴熟，线条流畅，也反映了当时此地的雕刻艺术水平。

黎家大院副院坐北朝南，三合院形式，墙体为传统版筑、土坯工艺。民居的装饰部分稍欠于主院，反映了家长制度下的中国乡村伦理文化的统治地位。建筑总面积 538.3m^2。由正房和东、西厢房围合组成，并无院墙，直接开敞。正房处于全院最高处，台明标高 1.76m。东、西厢房比正房屋檐要低，整体连接在一起形成“U”字形。这是陇南地区较有特色的合院形式，正房与东西厢房连接在一起。正房面阔五间，进深四间，穿斗式屋架，平面为“锁子厅”形

[1] 《尚书・泰誓下》之中记载：“树德务滋，除恶务本”，释义是铲除恶势力，必须杜绝根本。这与当时黎家大院营造之时，黎家先祖黎大甸的安邦抵寇应有关系。

式。一侧耳房利用高差形成半地下空间作为灶房。正房前台基和踏步铺阶条石。楼梯设在正房的尽间处，作为杂物间，二层也作为杂物间，屋面施以青瓦叠置屋脊。正房明间门楣之上是“穀贻孙子”[1] 四字匾额，两侧门板雕花采用立轴式构图。东、西厢房各两间，进深两间，这种偶数开间的做法也是陇南地区传统民居在平面布局方面的特征所在。建筑采用穿斗式屋架，门窗雕饰相比正房要稍微简单一些，以龟背、梅花以及直棂窗为主。

黎家大院的主院与副院是以血缘为纽带而形成聚落的典型案例，其根据各自所处区域的自然地形地貌之不同来营造整体的空间格局，利用高差变化形成生产与生活的必要空间。这也充分体现出康县坡地建筑营造的智慧所在。二者之间的平面制式虽然不同，但是其雕饰文化内涵较为一致，对于安家定邦、荫庇后代等祈福思想在黎家大院当中皆有映射。

[1] 《梦溪笔谈·艺文志》中记载：“自今而后，歲其有，君子有穀，贻孙子”；“穀”通“谷”，作赡养之意。

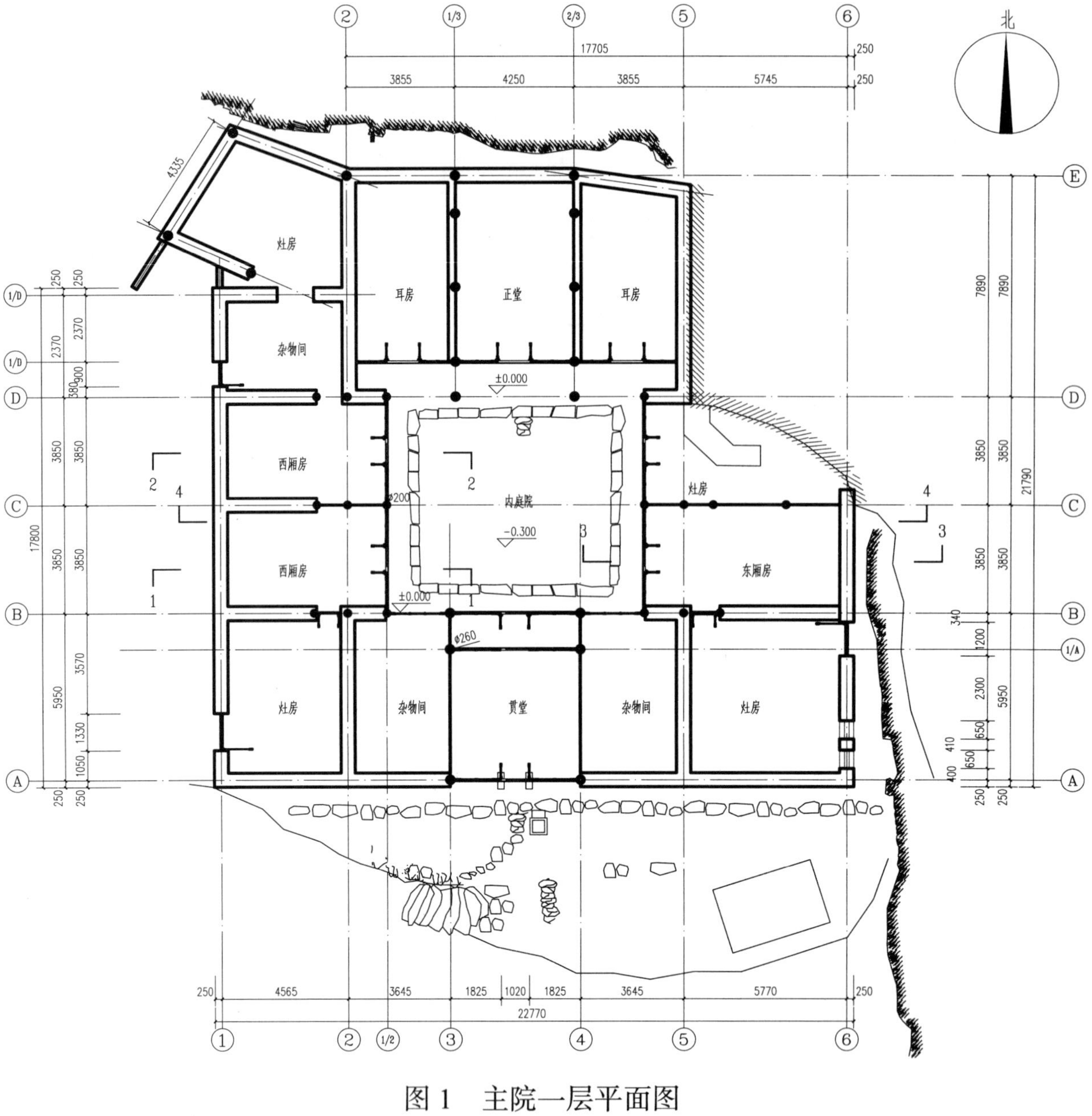
北
灶房
耳房
正堂
耳房
杂物间
西厢房
内庭院
西厢房
灶房
东厢房
灶房
杂物间
贯堂
杂物间
灶房
±0.000
-0.300
17705
3855
4250
3855
5745
22770
4565
3645
1825
1020
1825
3645
5770
17800
21790

图1 主院一层平面图

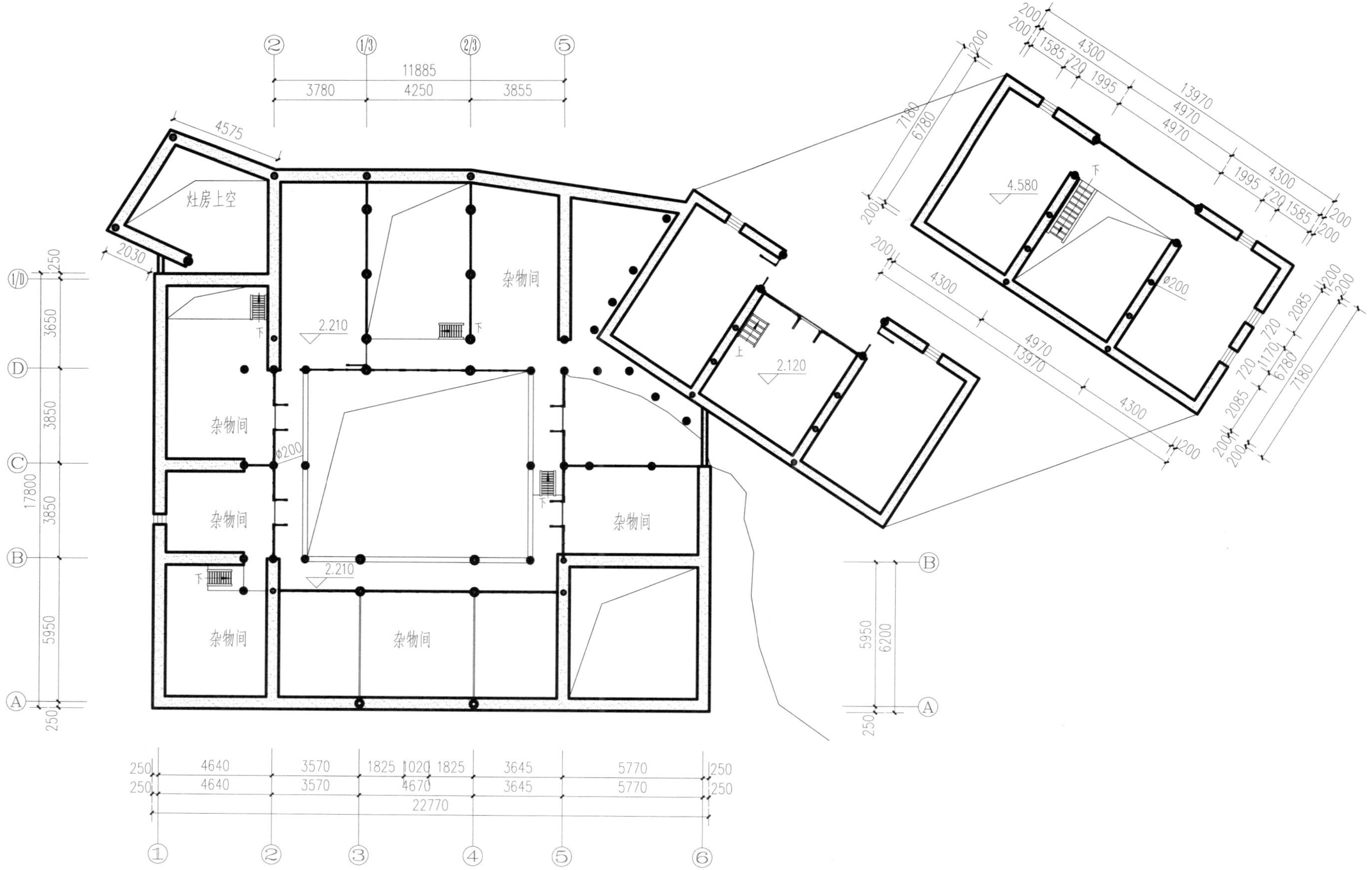
灶房上空
杂物间
杂物间
杂物间
杂物间
杂物间
杂物间
2.210
2.210
2.120
4.580
ϕ200
ϕ200
11885
3780
4250
3855
4575
2030
17800
3650
3850
3850
5950
250
250
4640
3570
1825
1020
1825
3645
5770
4670
22770
5950
6200
13970
4300
4970
1995
720
1585
7180
6780
2085
1170
200

图 2　主院二层平面图

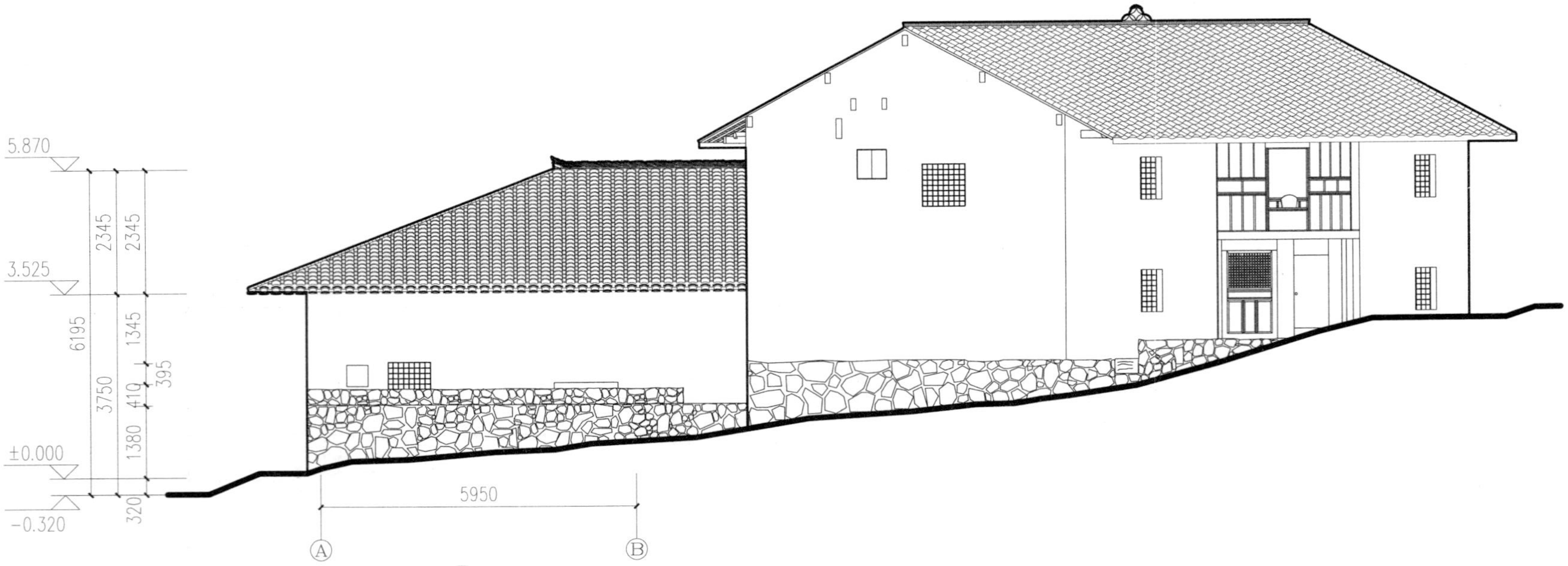

图 3　东外立面图

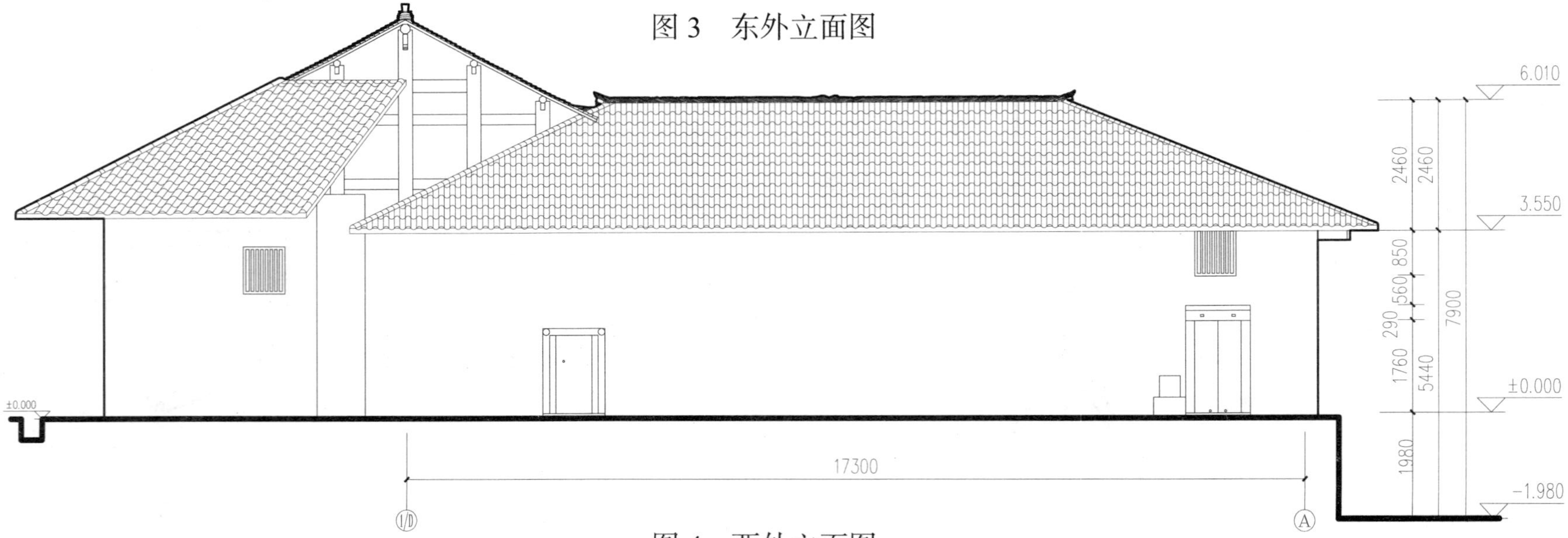

图 4　西外立面图

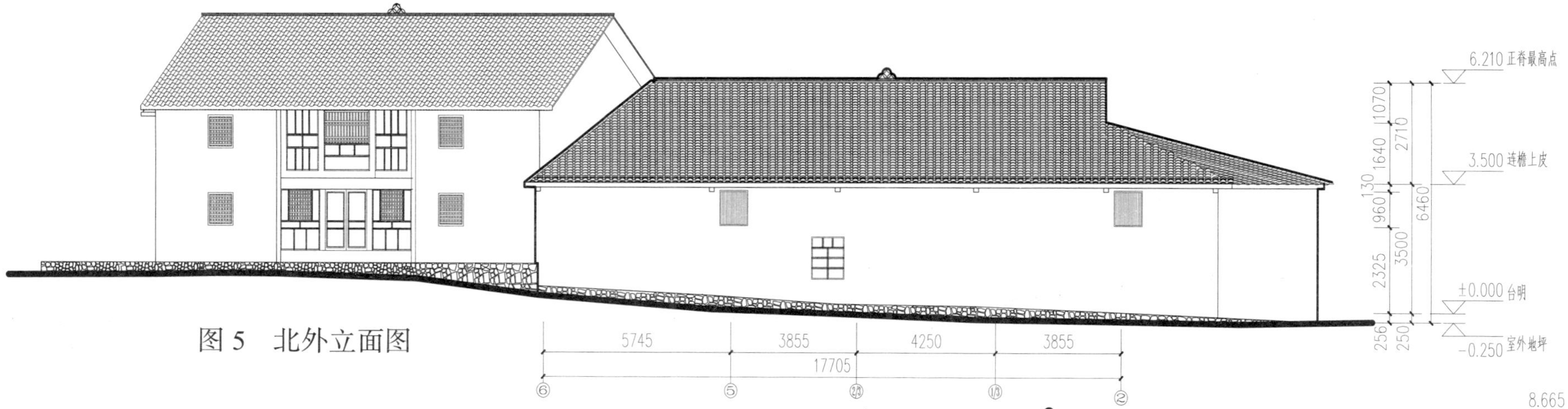

图 5　北外立面图

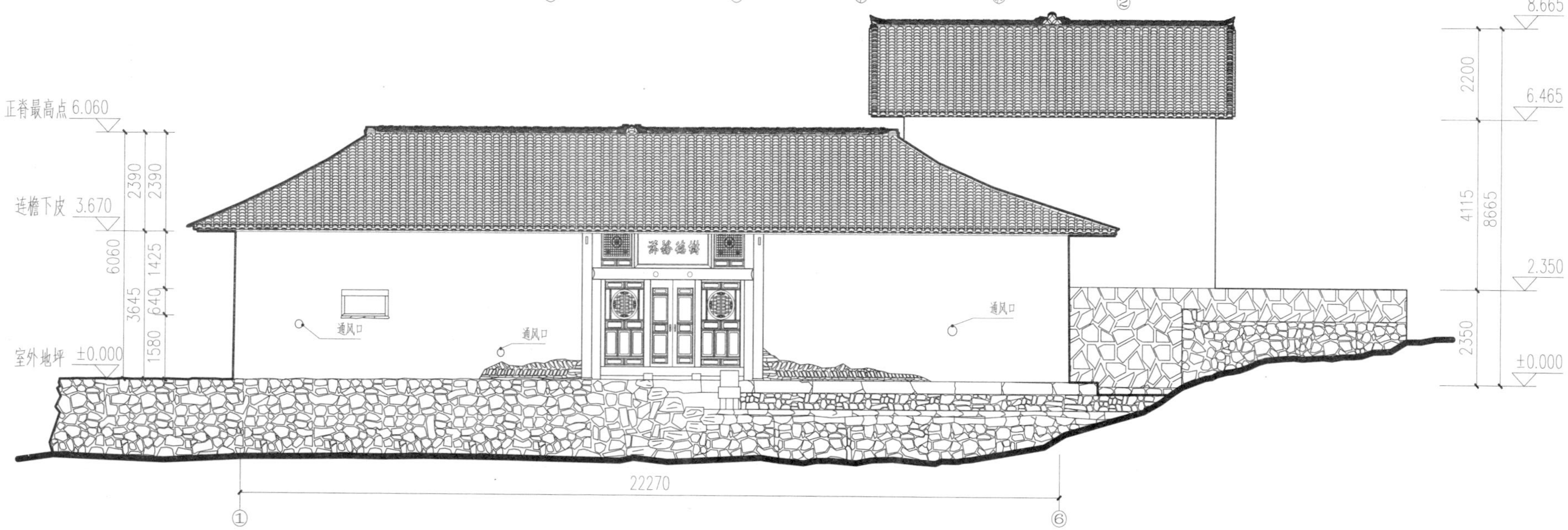

图 6　南外立面图

4.980
正脊最高点
2.270
连檐上皮
2.080
二层楼板
±0.000
台明
−0.850
室外地坪
2445
2445
115
140
900
2195
7835
1040
180
900
2080
1000
850
850
250
4100
1550
950
950
1550
4150
250
250
4100
5000
4150
250
13750

图 7　正房外立面图

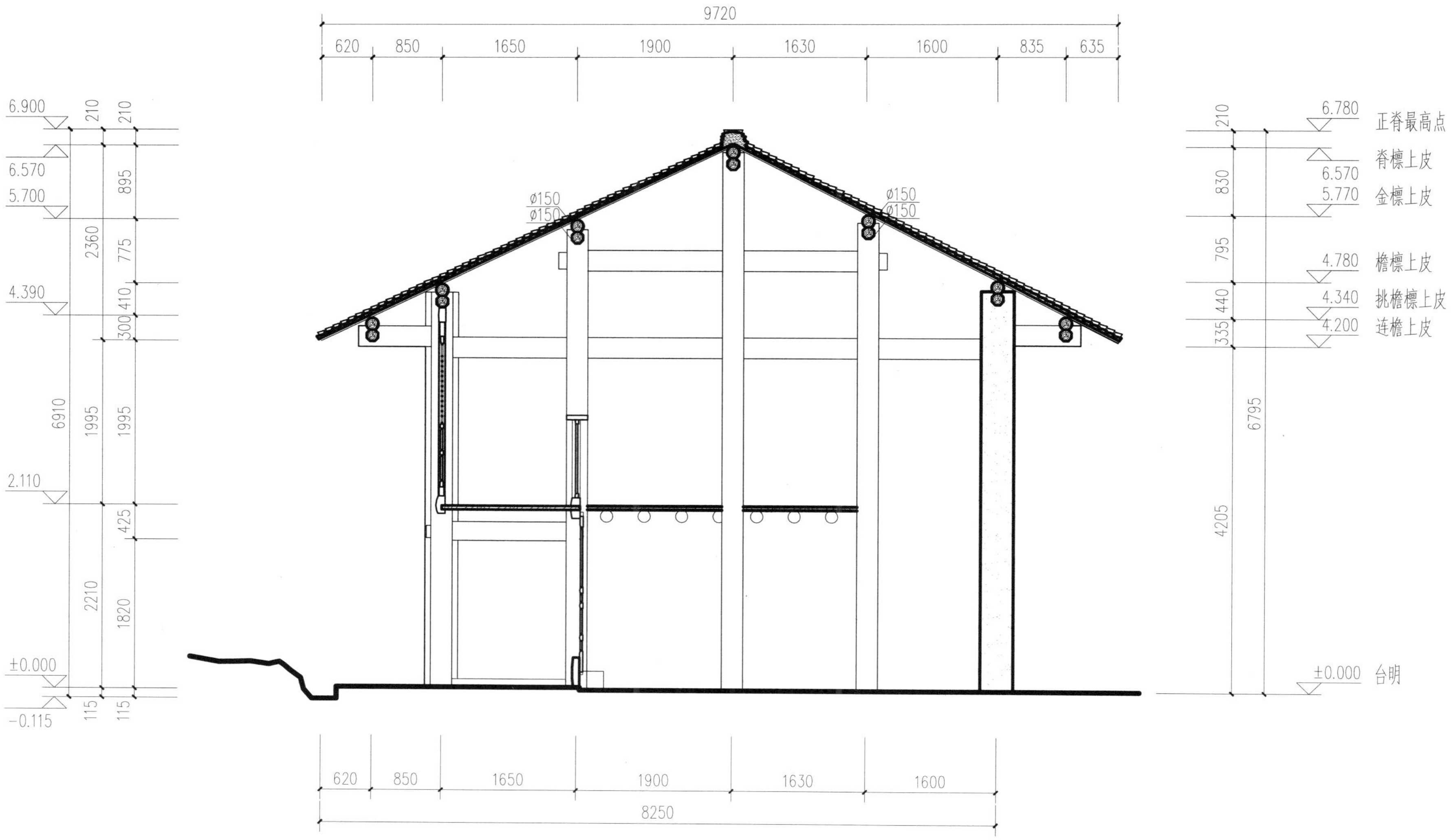
9720
620
850
1650
1900
1630
1600
835
635
6.900
6.570
5.700
4.390
2.110
±0.000
−0.115
210
895
2360
775
410
300
6910
1995
1995
425
2210
1820
115
115
ø150
ø150
ø150
ø150
210
830
795
440
335
6795
4205
6.780 正脊最高点
6.570 脊檩上皮
5.770 金檩上皮
4.780 檐檩上皮
4.340 挑檐檩上皮
4.200 连檐上皮
±0.000 台明
620
850
1650
1900
1630
1600
8250

图 8　正房明间剖面图

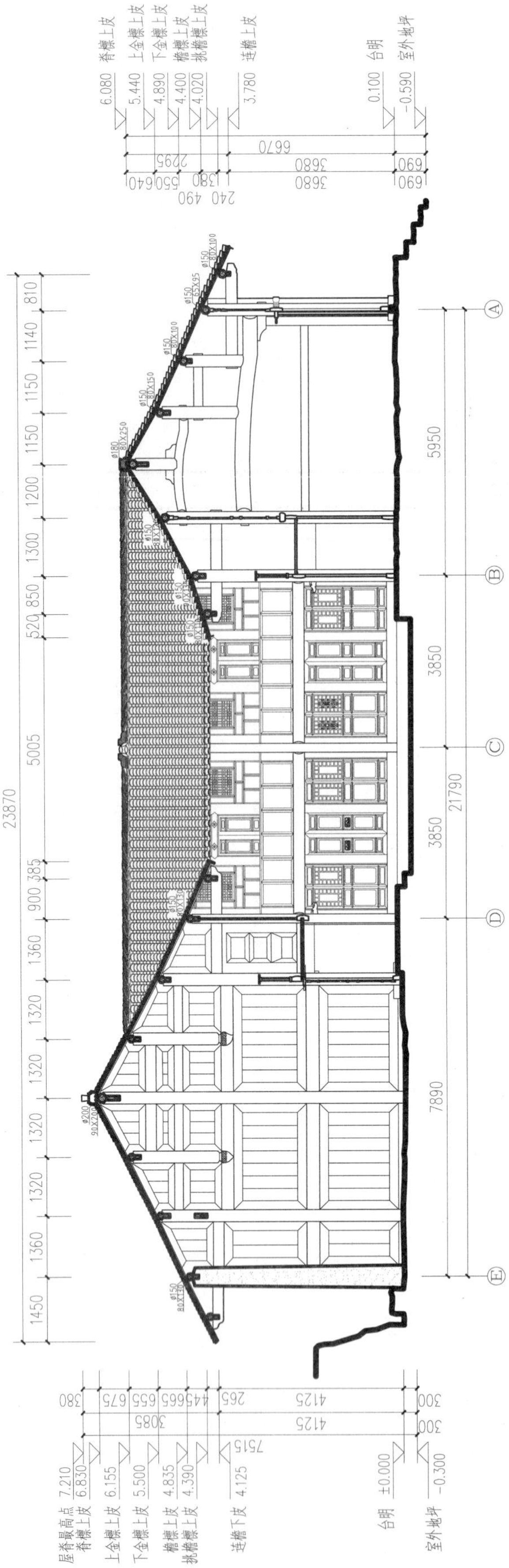
屋脊最高点 7.210
脊檩上皮 6.830
上金檩上皮 6.155
下金檩上皮 5.500
檐檩上皮 4.835
挑檐檩上皮 4.390
连檐下皮 4.125
台明 ±0.000
室外地坪 -0.300
脊檩上皮 6.080
上金檩上皮 5.440
下金檩上皮 4.890
檐檩上皮 4.400
挑檐檩上皮 4.020
连檐上皮 3.780
台明 0.100
室外地坪 -0.590
23870
21790
7890
3850
3850
5950
A
B
C
D
E

图9 主院东厢房立面图

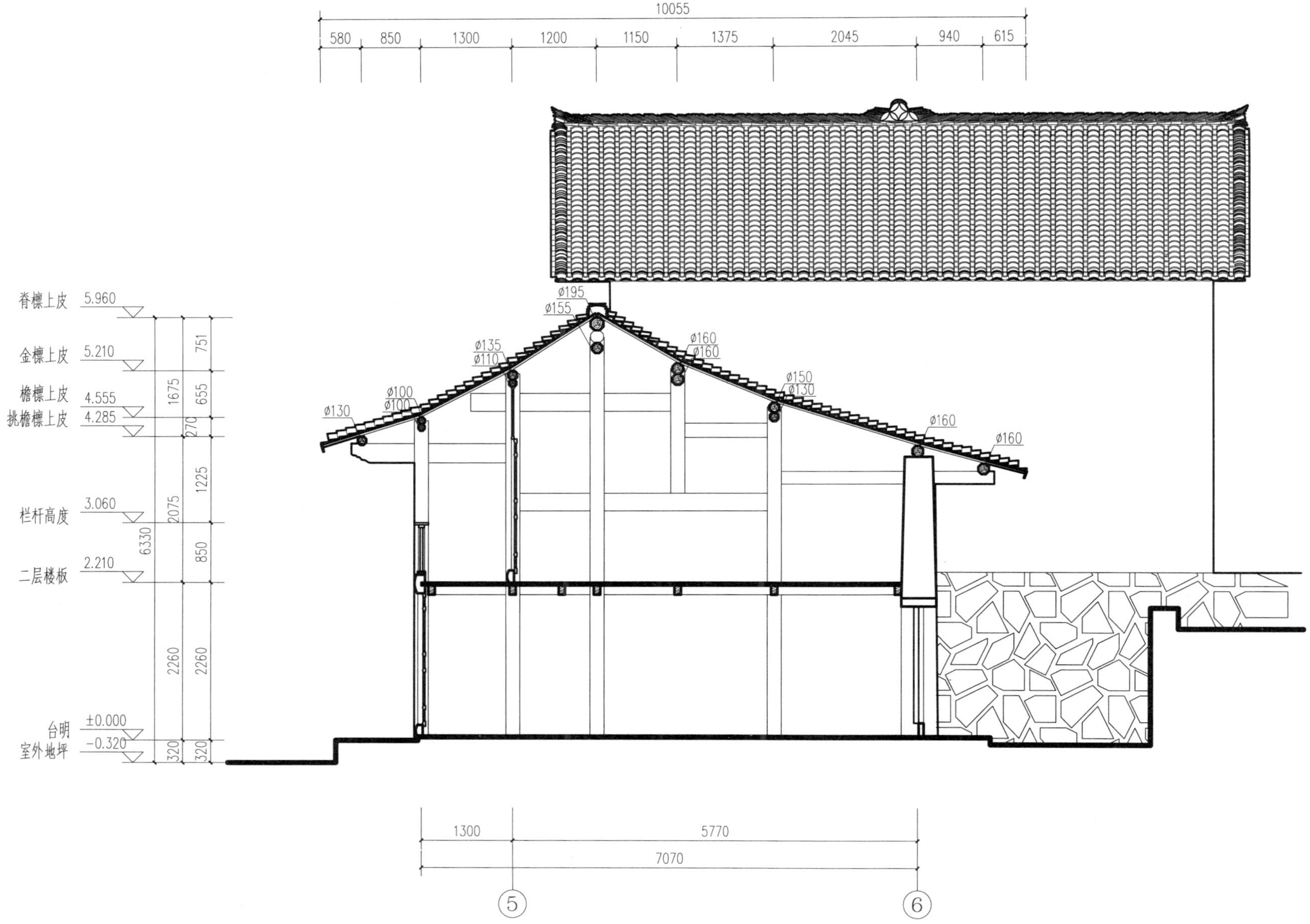
10055
580
850
1300
1200
1150
1375
2045
940
615
脊檩上皮 5.960
金檩上皮 5.210
檐檩上皮 4.555
挑檐檩上皮 4.285
栏杆高度 3.060
二层楼板 2.210
台明 ±0.000
室外地坪 −0.320
751
655
270
1225
850
2260
320
1675
2075
6330
ø195
ø155
ø135
ø110
ø100
ø100
ø130
ø160
ø160
ø150
ø130
ø160
ø160
1300
5770
7070
5
6

图 10　3-3 剖面图

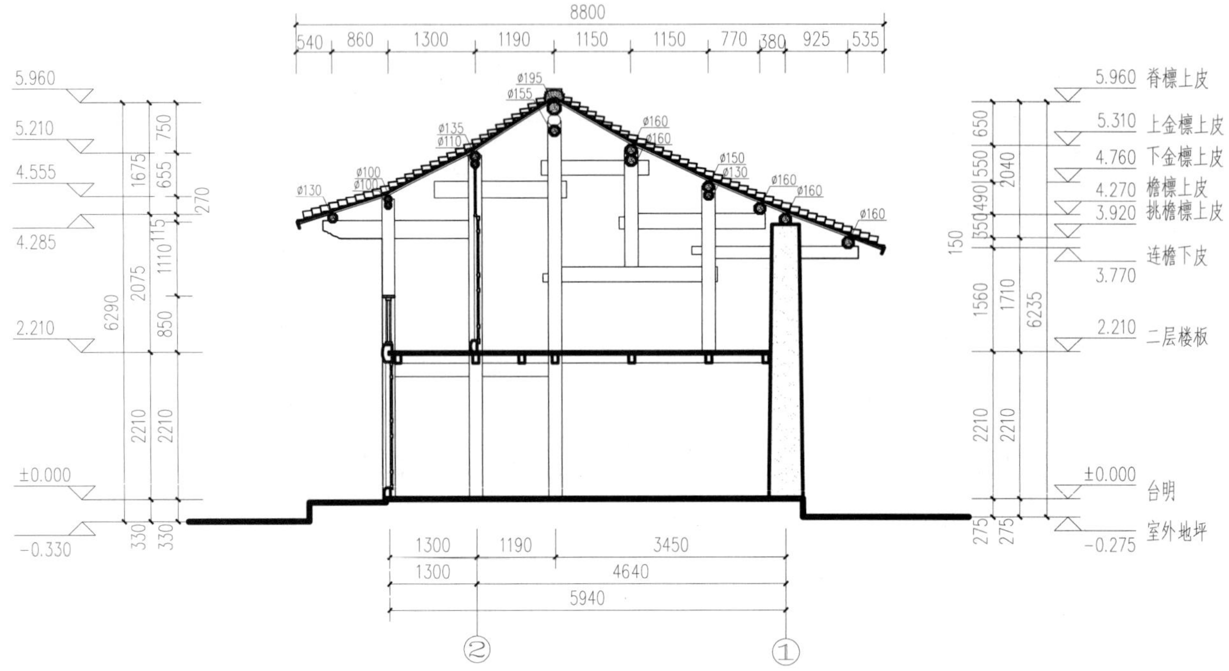

图 11　2-2 剖面图

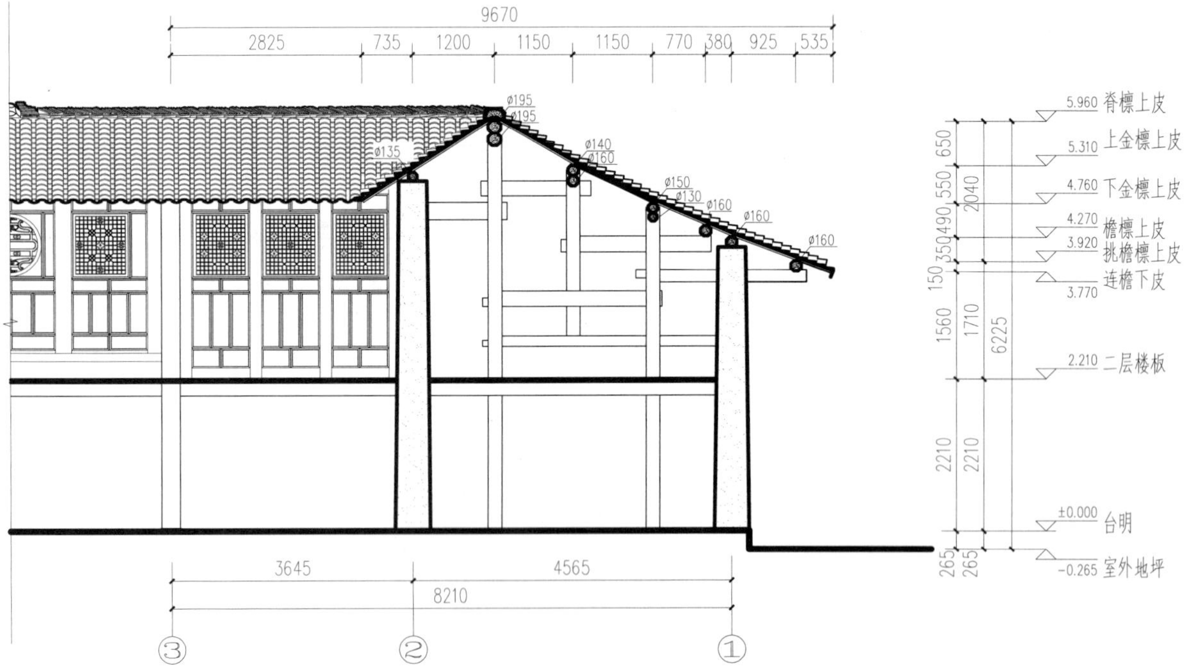

图 12　1-1 剖面图

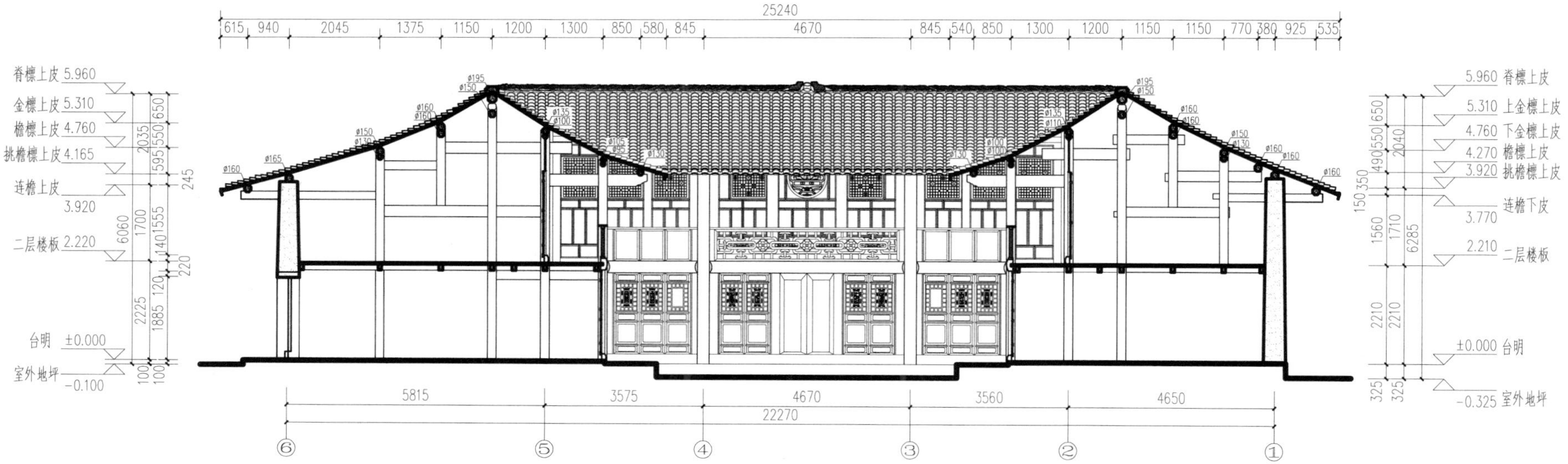
25240
615 940 2045 1375 1150 1200 1300 850 580 845 4670 845 540 850 1300 1200 1150 1150 770 380 925 535
脊檩上皮 5.960
金檩上皮 5.310
檐檩上皮 4.760
挑檐檩上皮 4.165
连檐上皮 3.920
二层楼板 2.220
台明 ±0.000
室外地坪 -0.100
5.960 脊檩上皮
5.310 上金檩上皮
4.760 下金檩上皮
4.270 檐檩上皮
3.920 挑檐檩上皮
3.770 连檐下皮
2.210 二层楼板
±0.000 台明
-0.325 室外地坪
5815 3575 4670 3560 4650
22270
⑥ ⑤ ④ ③ ② ①

图 13　5-5 剖面图

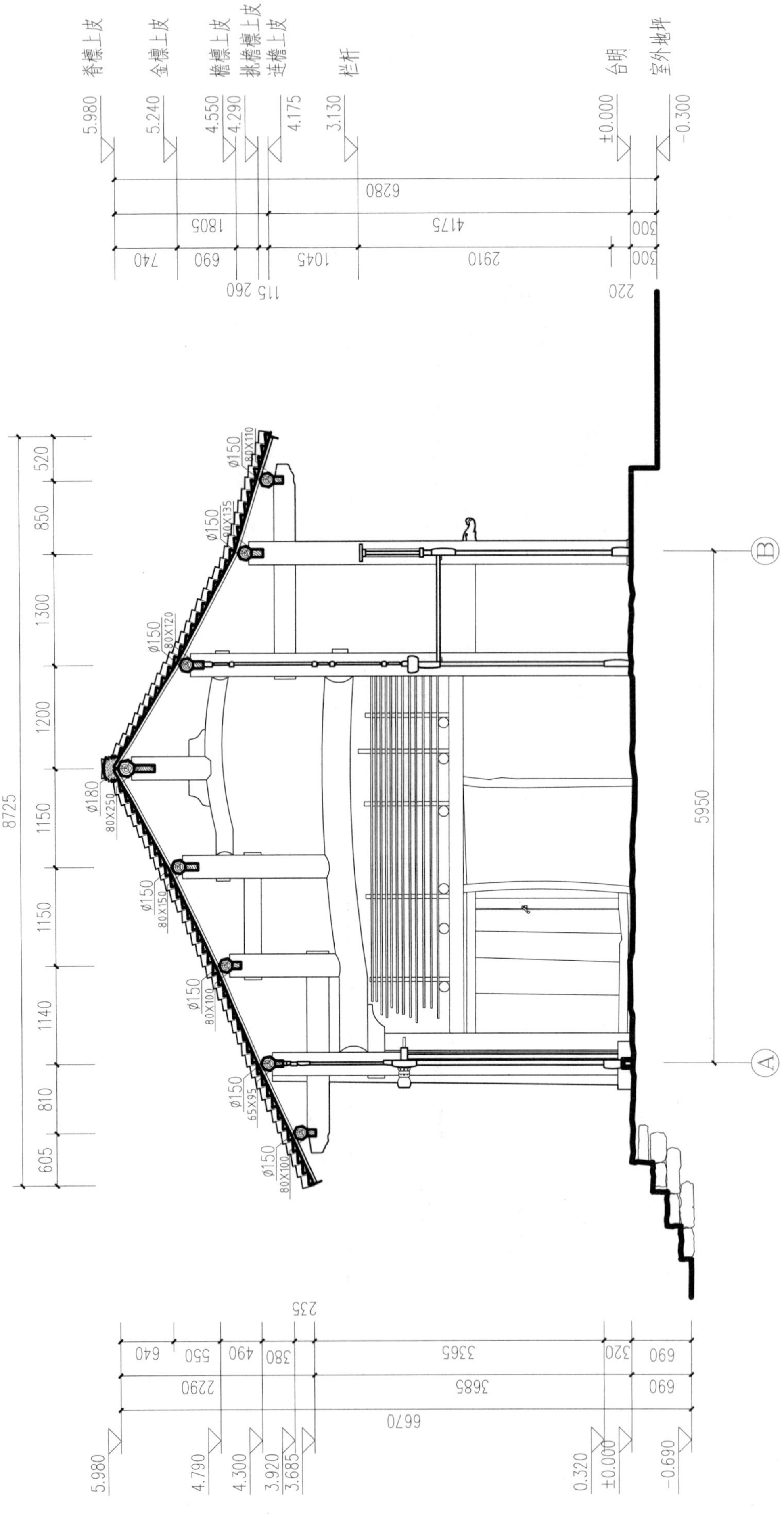

图 14 南房明间剖面图

24460
1345
1150
1150
1150
1200
1300
850
535
1080
4270
1080
580
850
1300
1200
1150
1375
2045
895
6.260 正脊最高点
5.440 脊檩上皮
4.890 上金檩上皮
4.400 下金檩上皮
4.020 檐檩上皮
3.780 连檐上皮
0.100 台明
室外地坪
-0.425
970
650
550
610
1995
185
1975
7255
3965
1990
325
4565
3645
4670
3645
5769
22270
①
②
③
④
⑤
⑥

图15　4-4剖面图

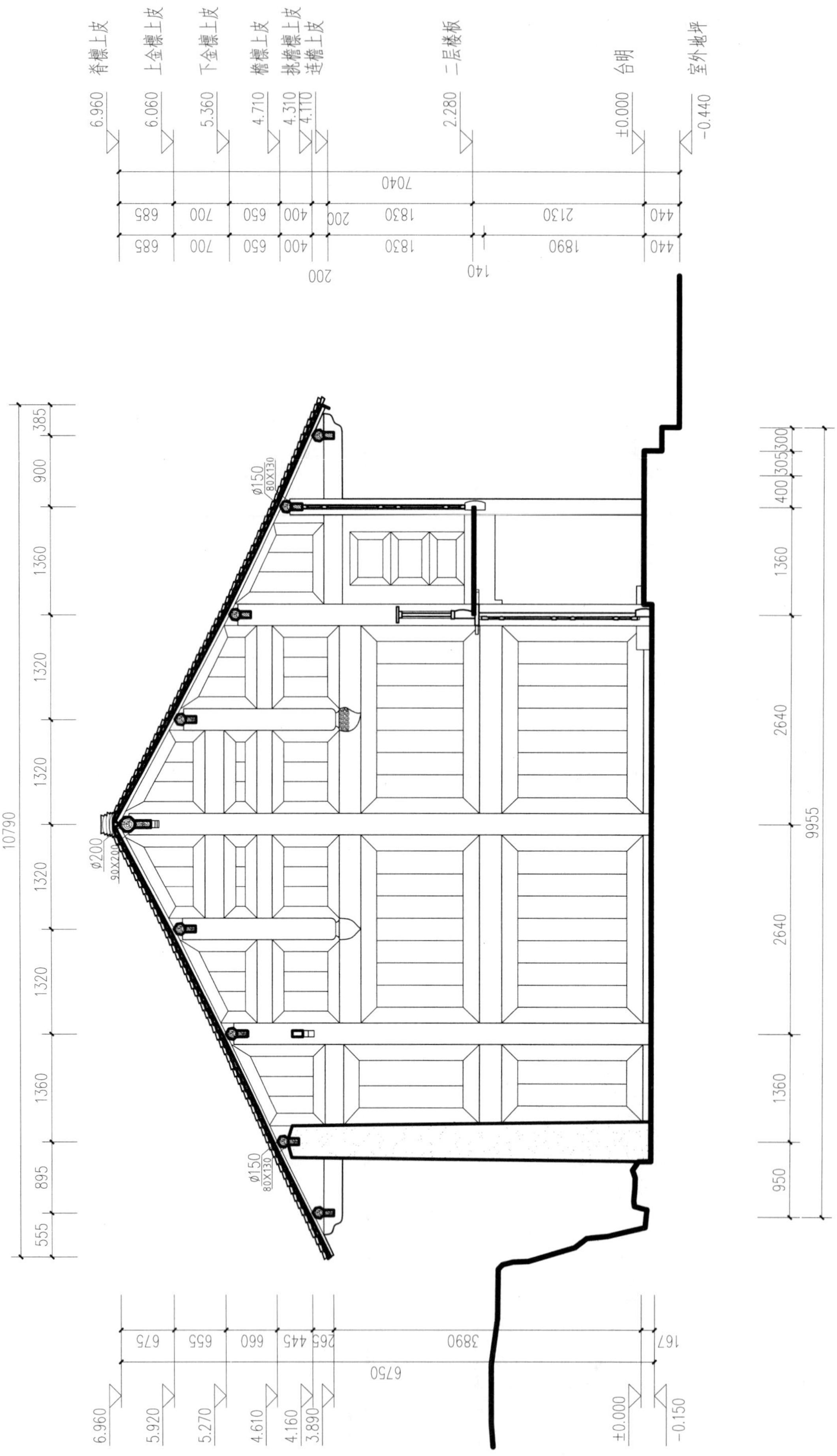
6.960 脊檩上皮
6.060 上金檩上皮
5.360 下金檩上皮
4.710 檐檩上皮
4.310 挑檐檩上皮
4.110 连檐上皮
2.280 二层楼板
±0.000 台明
-0.440 室外地坪
7040
685 700 650 400 200 1830 2130 440
685 700 650 400 200 1830 140 1890 440
10790
555 895 1360 1320 1320 1320 1320 1360 900 385
Ø150 80X130
Ø200 90X200
Ø150 80X130
9955
950 1360 2640 2640 1360 400 305 300
6.960
5.920
5.270
4.610
4.160
3.890
±0.000
-0.150
675 655 660 445 265 3890 167
6750

图 16 北房明间剖面图

1830
440
675
525
520
490
575
600
4060
875
730
845
720
615
①
②
③
④
⑤
⑥
⑦
⑧
⑨
⑩
⑪
⑫
⑬
⑭
⑮
⑯
⑰
⑱

图 17　门窗大样图之一

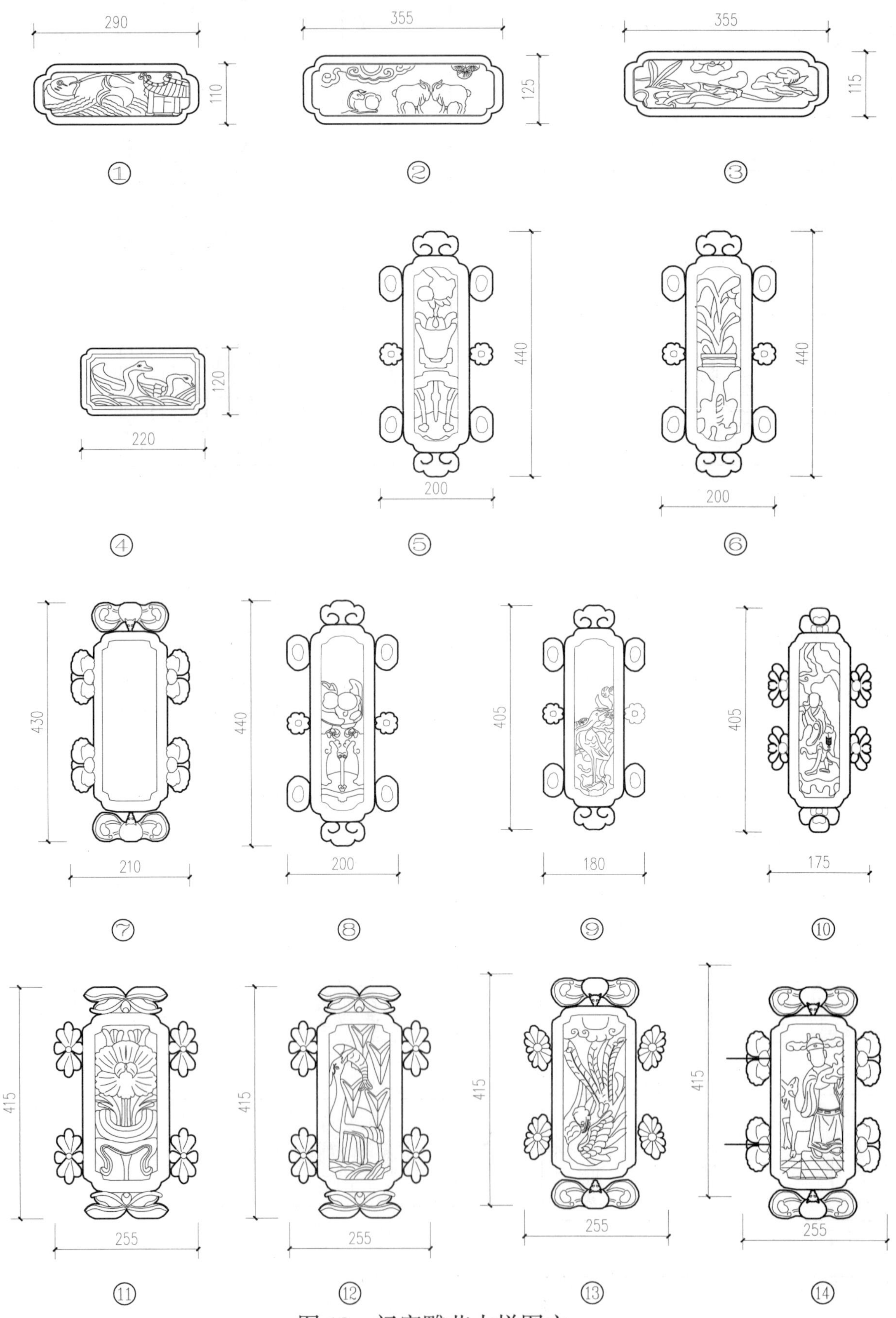

图 18　门窗雕花大样图之一

图 19　门窗大样图之二

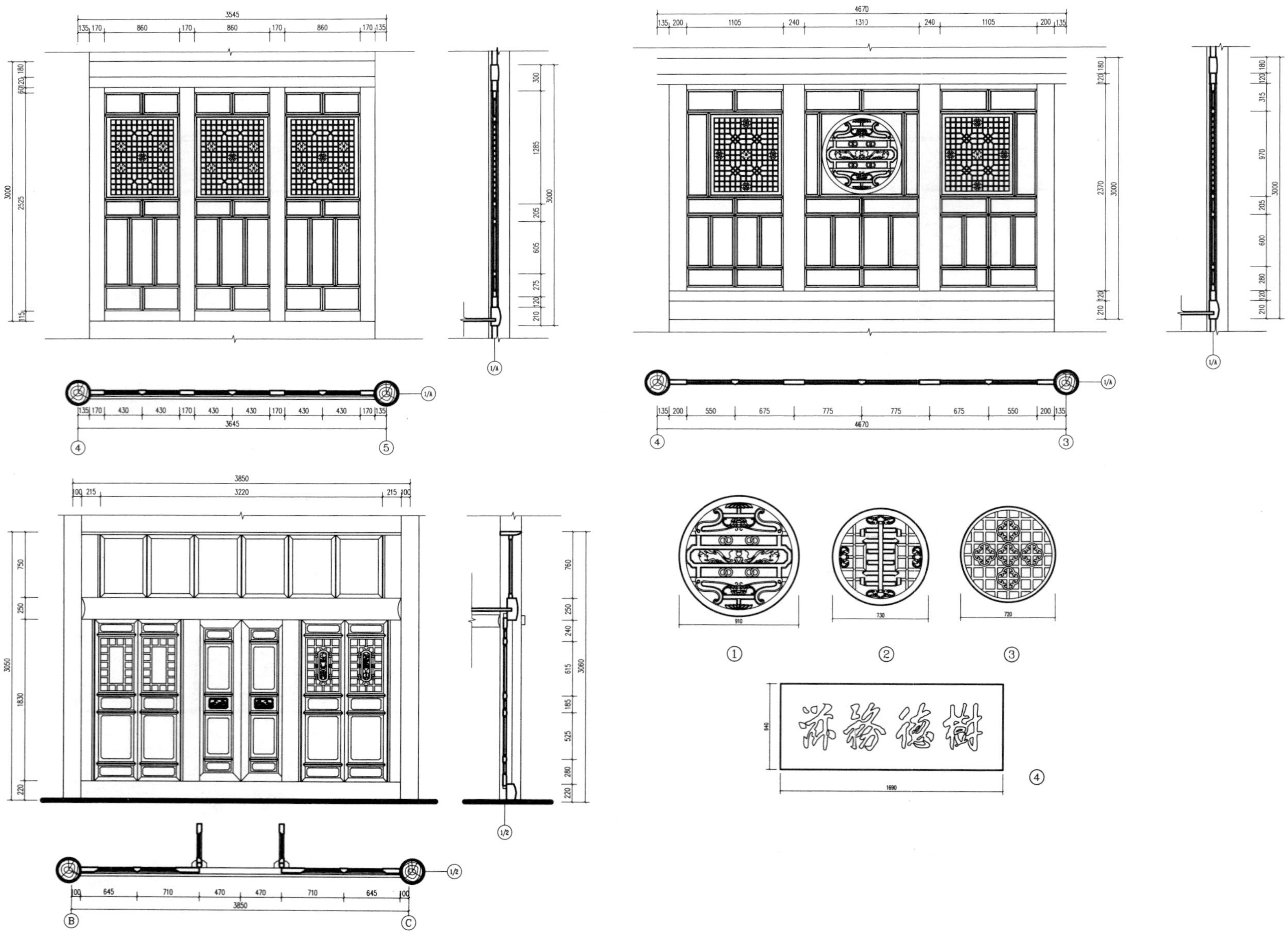

图 20 门窗雕花大样图之二

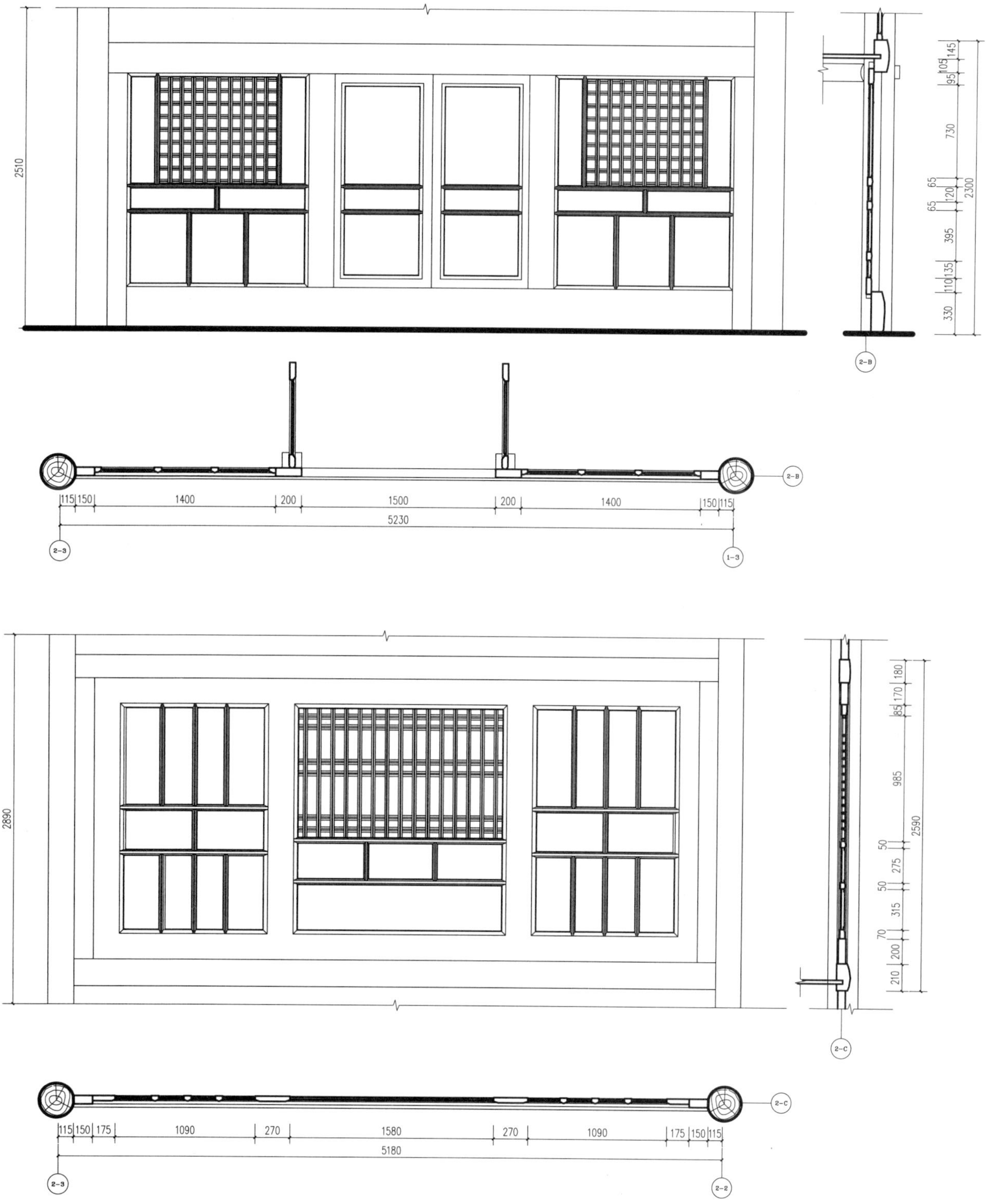
2510
145
105
95
730
65
65
120
2300
395
135
110
330
2-B
115 150 1400 200 1500 200 1400 150 115
5230
2-3
1-3
2890
180
170
85
985
2590
50
275
50
315
70
200
210
2-C
115 150 175 1090 270 1580 270 1090 175 150 115
5180
2-3
2-2

图 21　门窗大样图之三

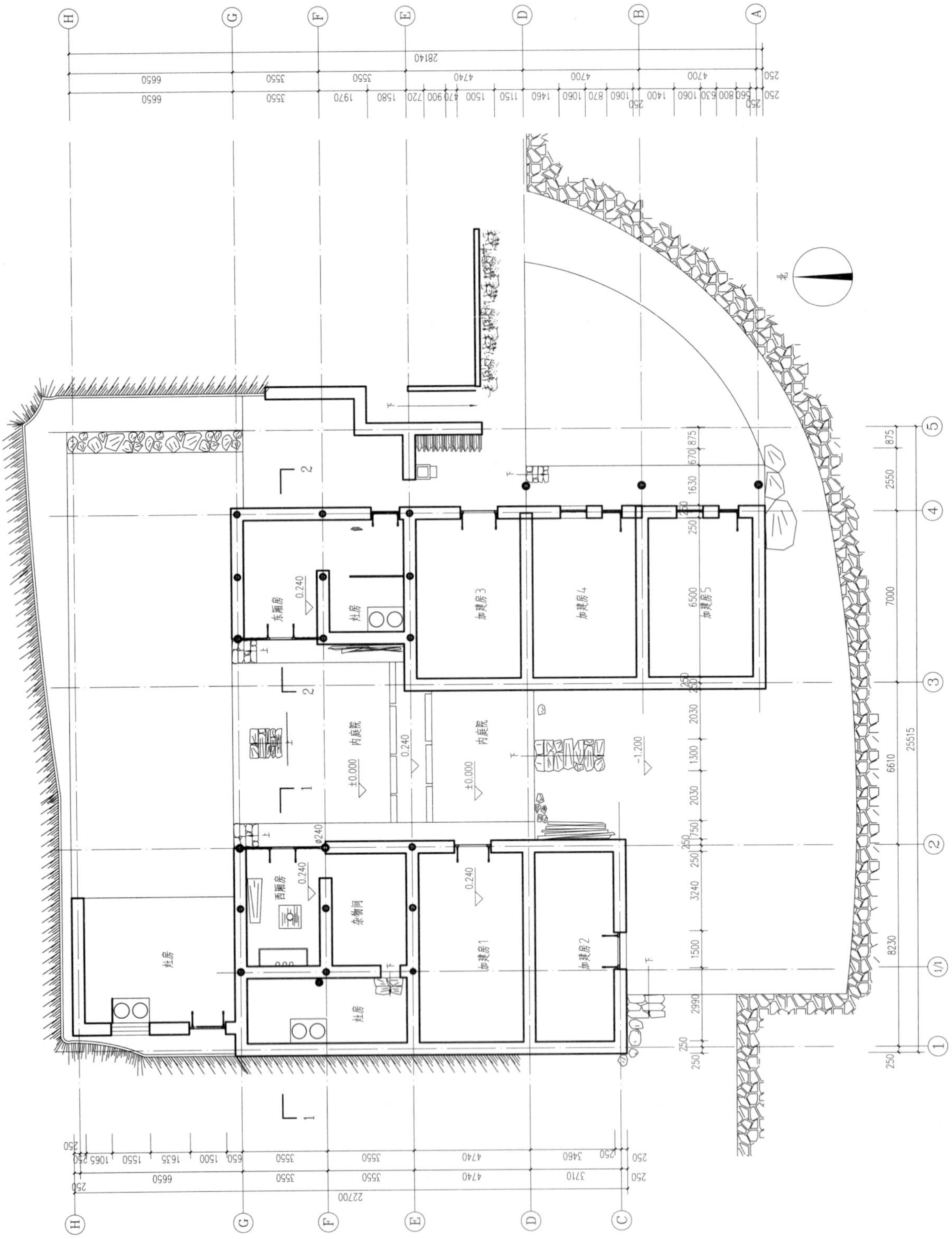

图 22 分院标高 0.240 平面图

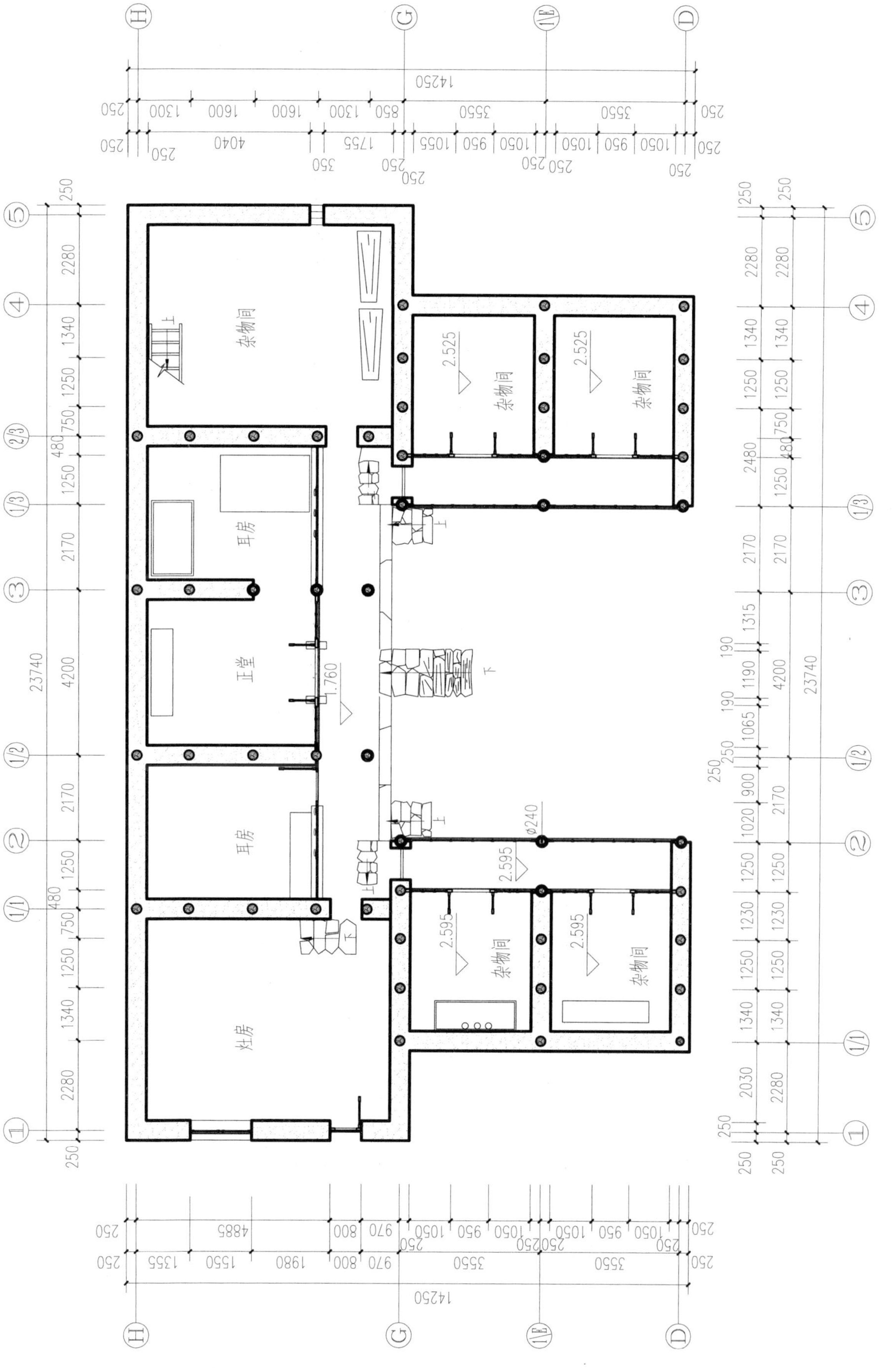

图 23　标高 2.595 平面图

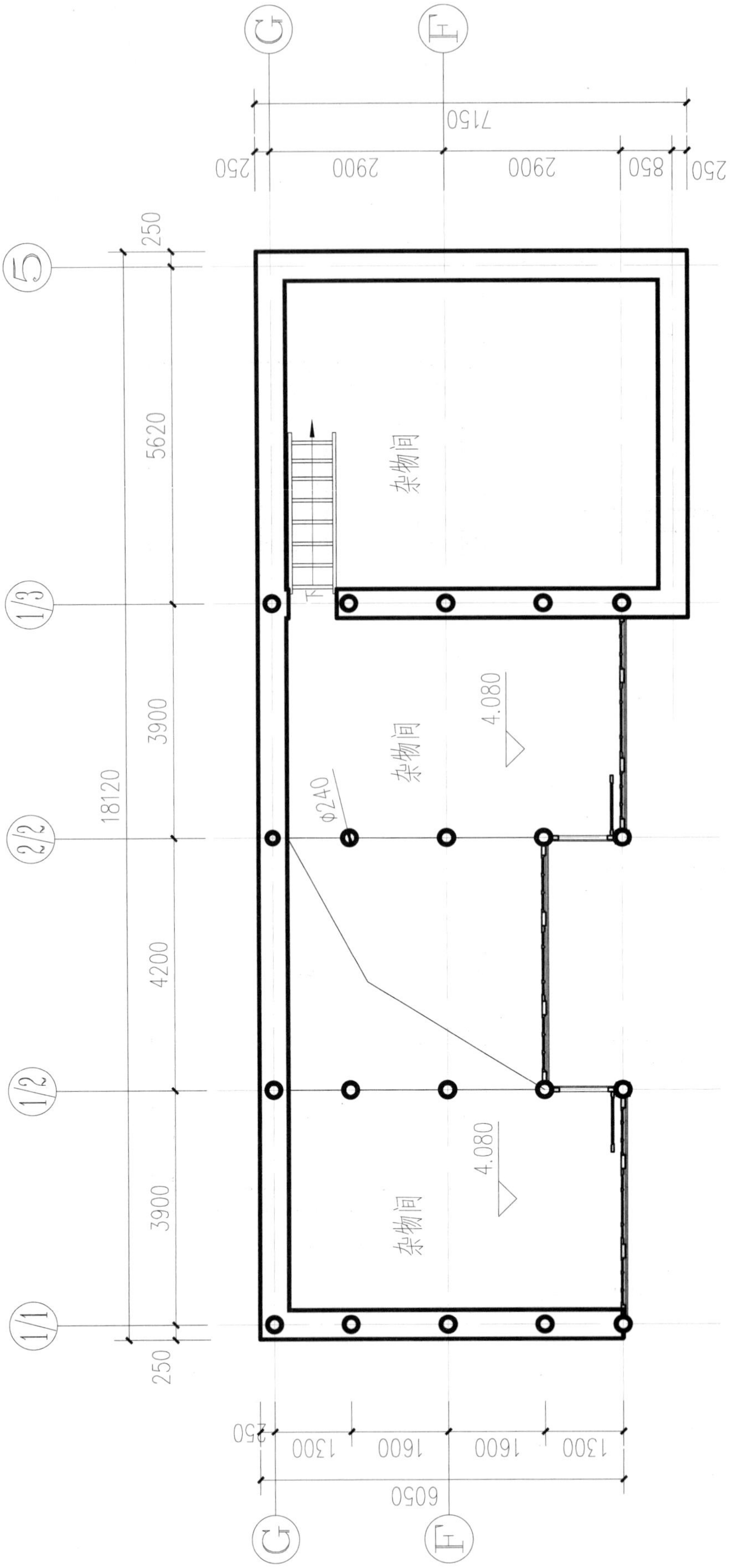

图 24　标高 4.080 平面图

8690
760
685
1300
1600
1600
1300
680
594
ø205
ø215
ø160
ø160
ø160
ø160
ø175
ø215
ø175
ø175
ø215
ø175
7.970
正房正吻最高点
7.670
耳房正吻最高点
4.895
连檐下皮
±0.000
内庭院地坪
-1.570
室外地坪
300
215
270
240
1805
1130
785
880
460
740
900
1570
300
1340
2315
3765
1570
9290
7980
4260
4260
5690
22700
H
G
F
E
D

图 25　东厢房立面图

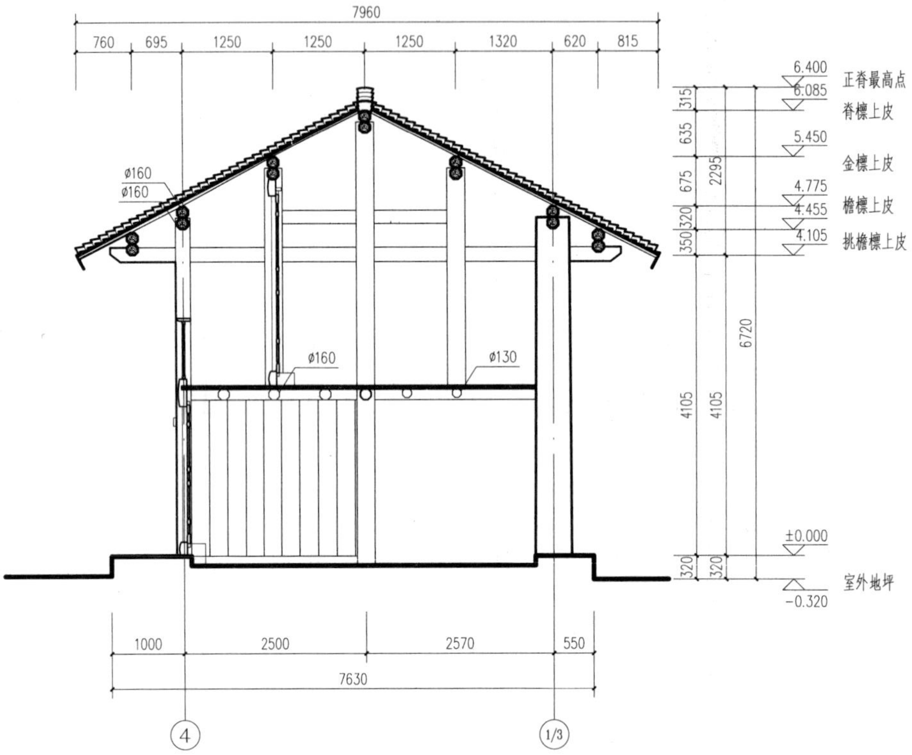

图 26　东厢房剖面图

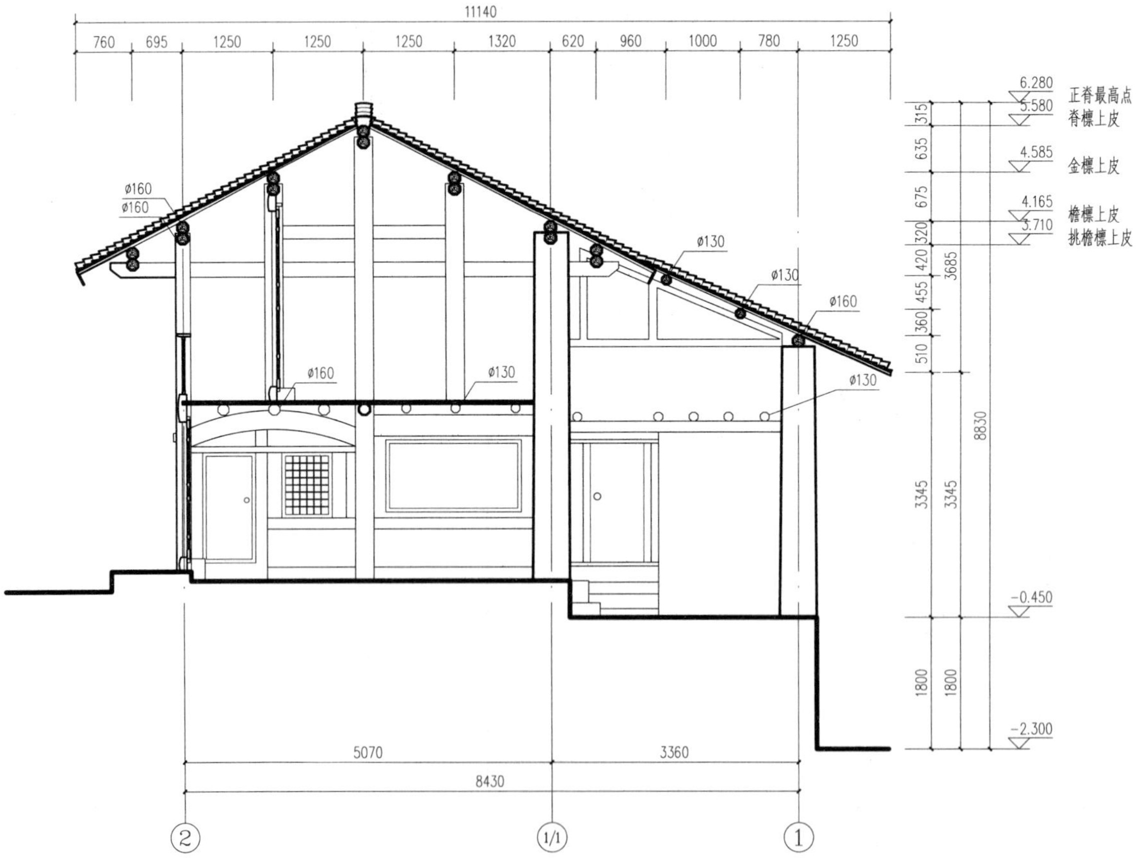

图 27　西厢房剖面图

8690
595 680 1300 1600 1600 1300 685 760
ø215
ø215
ø160
ø160
ø175
ø215
正脊最高点 6.640
连檐下皮 4.325
内庭院 ±0.000
−1.570
270
2320
2050
2375
1035
880
8210
460
740
1950
1210
1570
1570
8.410 正脊最高点
8.130 脊檩上皮
7.380 金檩上皮
6.840 檐檩上皮
6.560 挑檐檩上皮
6.560
1.760 室外地坪
280
750
540
280
250
2105
4200
4200
6300
3710
4740
3550
3550
6650
22700
B
D
E
F
G
H

图 28　西厢房立面图

6.630 正脊最高点
±0.000 台明
-1.760 室外地坪
2120
1720
250
2260
280
1760
6630
3360
5070
2210
4160
2170
6520
22040
①
1/1
②
1/2
③
1/3
④

图 29　北厢房立面图

图 30　门窗大样图

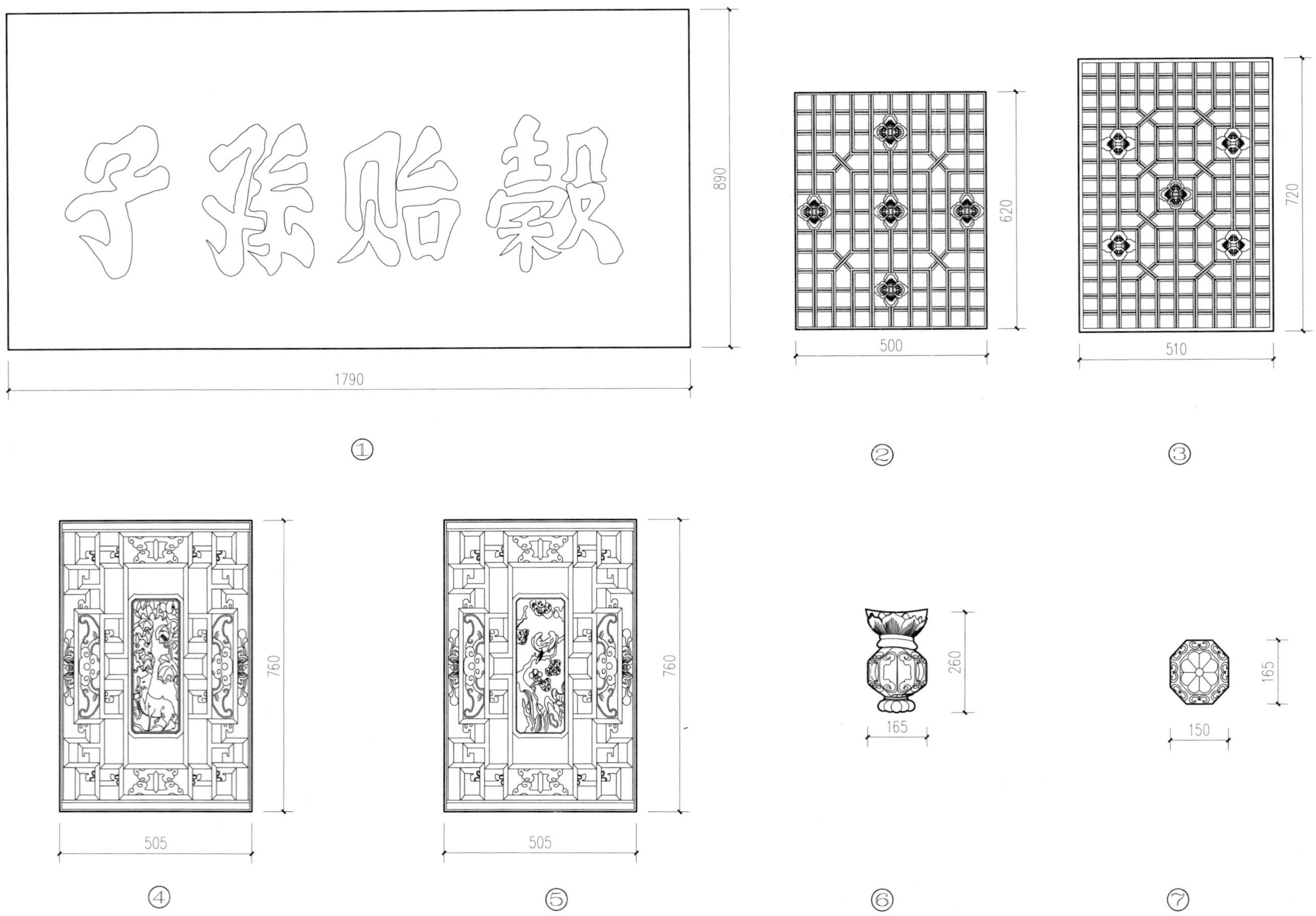
穀贻孙子
890
1790
①
620
500
②
720
510
③
760
505
④
760
505
⑤
260
165
⑥
165
150
⑦

图 31　雕花大样图

康县窑坪村廊桥

窑坪廊桥位于陇南市康县大南峪乡窑坪村，村落位于大南峪镇以东 10km 的陕甘两省交界地带，自古以来便是“茶马古道”必经之地和陕甘两省边境重要贸易集散地之一。始建于民国二年（1913 年）八月。窑坪廊桥是现在窑坪留存的主要历史建筑，作为“茶马古道（康县段）”[1] 的重要组成部分，于 2011 年被纳入到省级文保单位名录。

窑坪廊桥，桥长 11.88m，宽 5.4m，跨度 7m，距河床高 2.2m，总建筑面积 57.5m^2，通高 5.44m。平板卧波、朱漆板柱、方木梁架，明瓦明椽、飞檐翘角，四角有牛腿斜撑支撑，挑檐深远，有陕南地方传统建筑特色。窑坪廊桥属于廊庑式建筑，桥面全用厚木板铺成，为平板式，桥边沿陈设木椅。窑坪廊桥架设在横穿窑坪街的河沟之上，连接着上下街。向西过桥就是窑坪古街，是当年窑坪的商业街，也是甘、陕交界处最为繁华的地方。2008 年汶川大地震受损，2010 年依照“修旧如旧”的原则予以重修。

窑坪廊桥整体面阔四开间，进深三开间，歇山顶建筑。其利用建筑的山墙面进行交通组织，属于穿斗式木构架。当心间一架为主要通行功能，因此，采用类五架抬梁式的穿斗木构架，并用瓜柱与穿梁，从而获得了较为开敞的空间；两侧开间则相对较窄，利用穿斗架形成桥上的休憩与停留空间，相得益彰，做到了整体结构与功能的融合。

窑坪廊桥的出檐深远，采用软单挑形式并用牛腿进行斜撑来加强整体结构的稳定性。廊桥的雕饰较为素朴，四角牛腿斜撑是廊桥上少有的雕饰构件，构图则以河神与八仙人物为主题，有“八仙过海各显神通”之意，与廊桥的桥梁类型也十分契合；正中穿梁之上悬挂两块画匾，以“太平圣象”为题；柱础为两段复合式，有多边形与鼓形、南瓜形与鼓形之异。

[1] 茶马古道（康县段）包括窑坪桥、古洞流泓桥、望关茶马古道遗址、巩家山廊桥、羊宫岩古栈道遗址、团庄龙凤桥、药铺沟龙凤桥等。

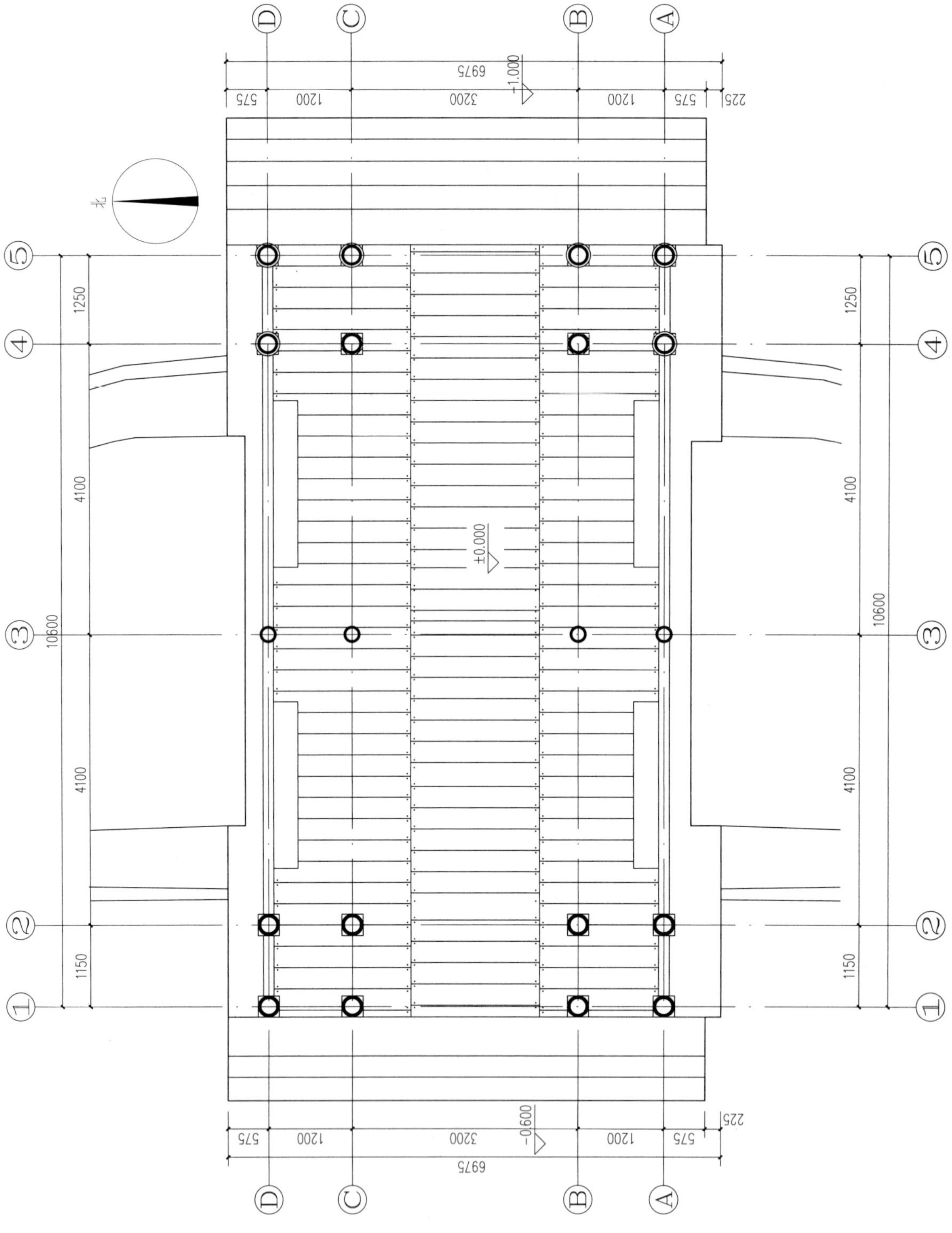
北
6975
575
1200
3200
1200
575
225
-1.000
±0.000
-0.600
1250
4100
4100
1150
10600
A
B
C
D
1
2
3
4
5

图1 平面图

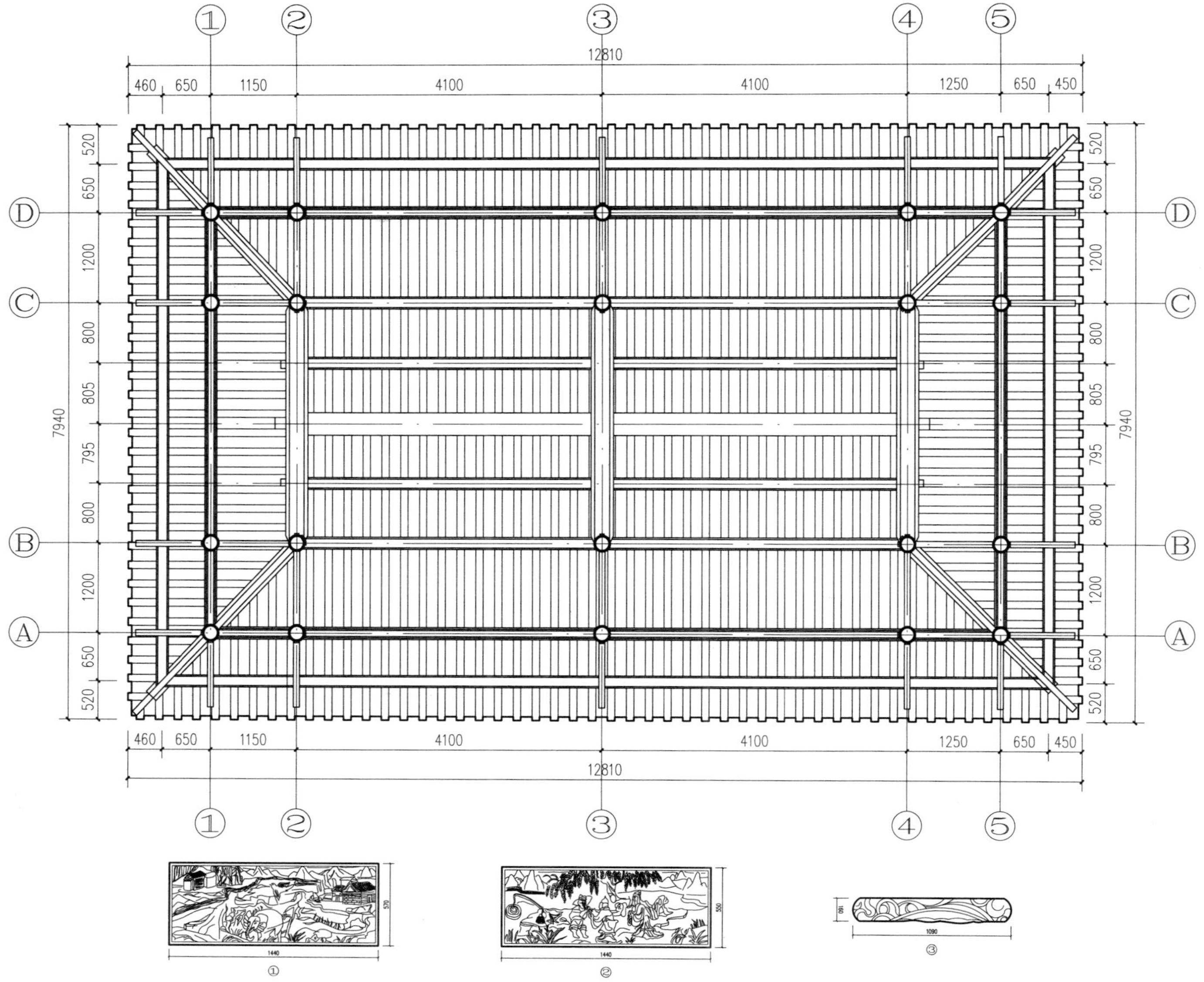

图 2　梁架仰视图及大样图

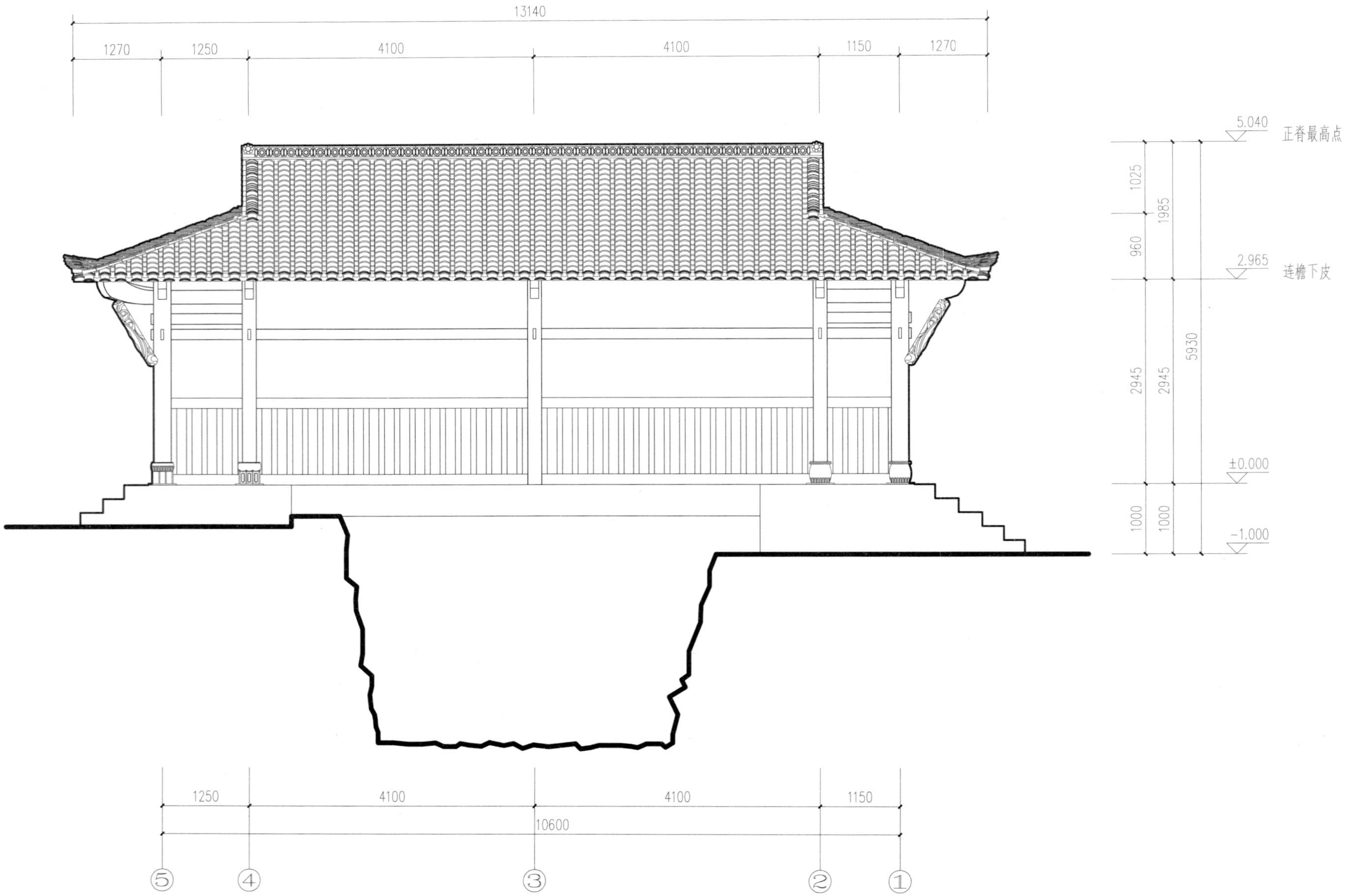
13140
1270
1250
4100
4100
1150
1270
5.040
正脊最高点
2.965
连檐下皮
±0.000
-1.000
1025
960
1985
2945
2945
5930
1000
1000
1250
4100
4100
1150
10600
⑤
④
③
②
①

图3 南立面图

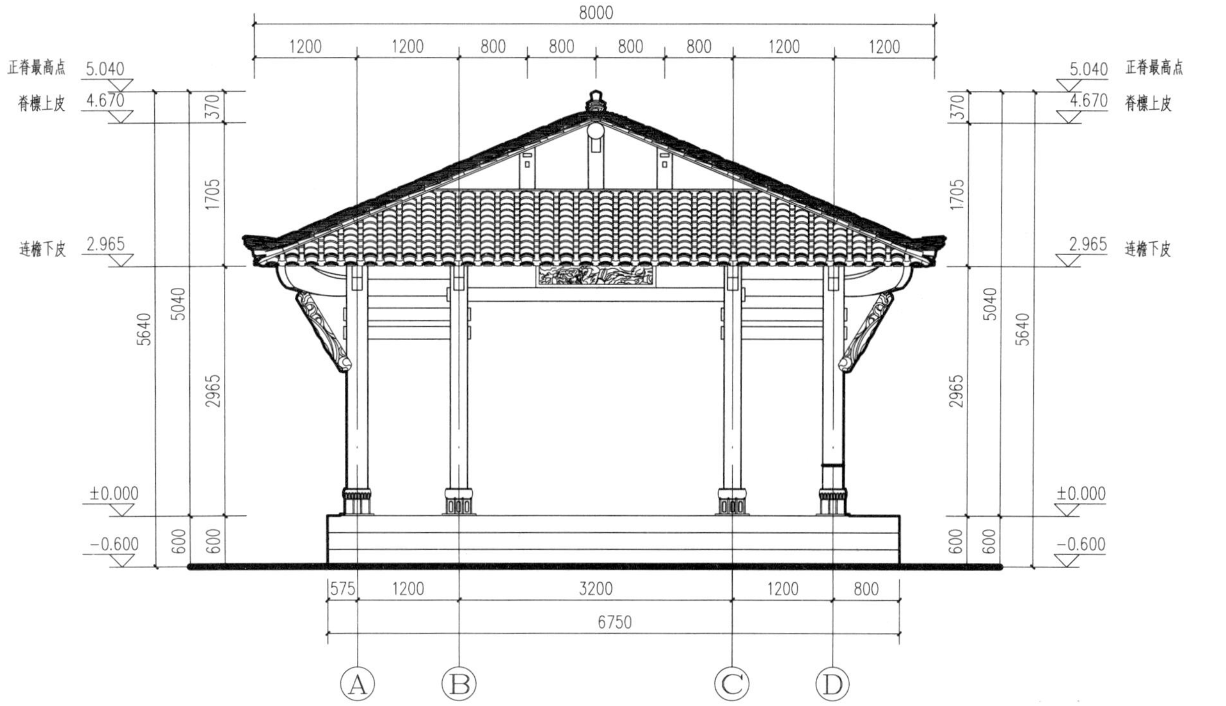

图 4　西立面图

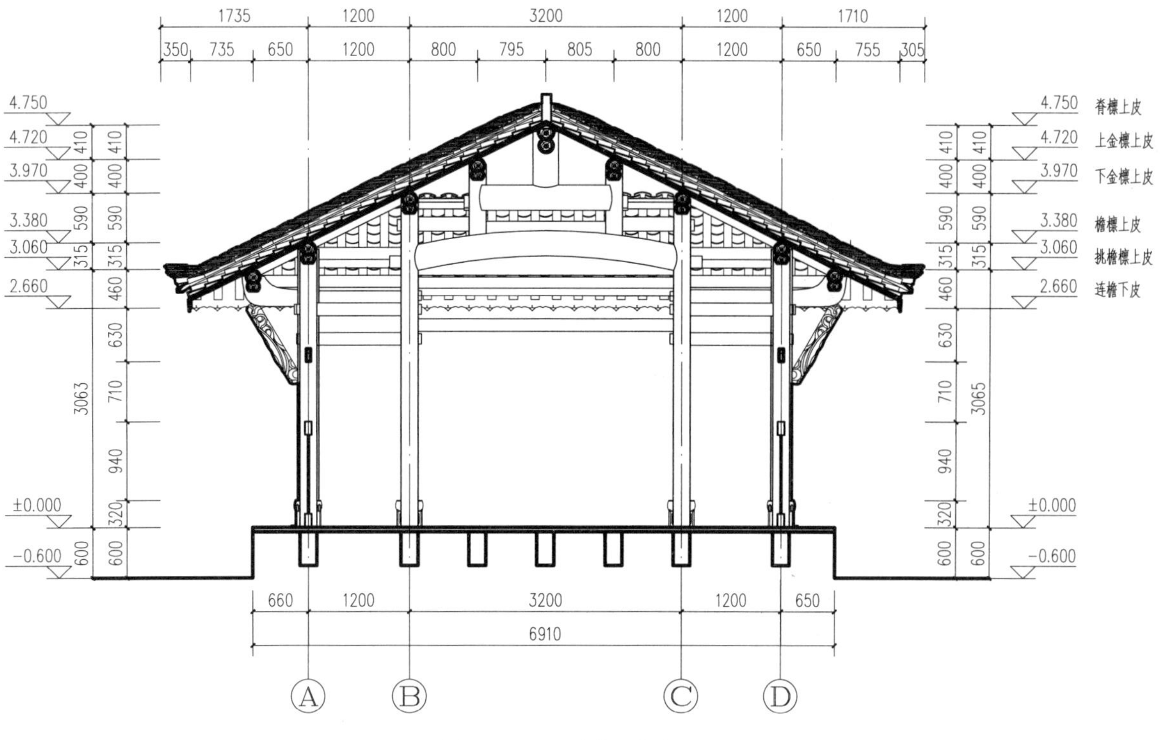

图 5　1-1 剖面图

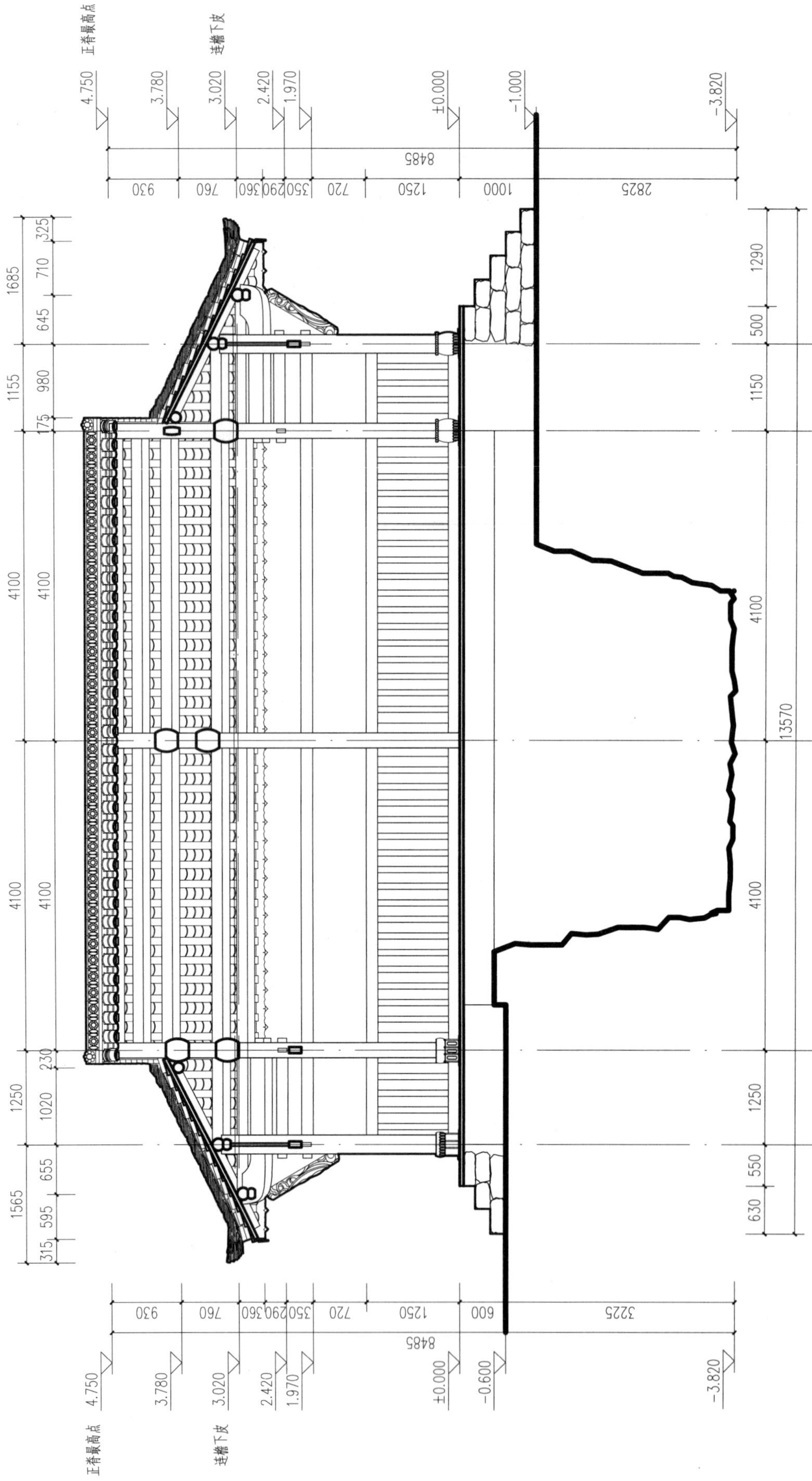

正脊最高点
连檐下皮
4.750
3.780
3.020
2.420
1.970
±0.000
-1.000
-0.600
-3.820
8485
930
760
360
290
350
720
1250
1000
2825
600
3225
1685
325
710
645
1155
980
175
4100
1250
1020
230
1565
655
595
315
1290
500
1150
13570
550
630
①
②
③
④
⑤

图 6　2-2 剖面图

康县赵氏庄园

赵氏庄园，位于陇南市康县铜钱乡茶味沟村老房庄社，村落位于半山腰。据考证，院落建于清嘉庆二十四年（1820 年）之前，距今已有 200 年。其建筑平面为传统四合院形式，传说按照“九进九出”的大宅院，原有建筑面积 4000m^2，占地 10000m^2，其院落组合之多，占地规模之大，在陇南市乃至甘肃省内古民居中都是罕见的。现仅存不完整的两进院落，建筑 20 余间，建筑总面积约为 540m^2。

据传，该庄园为赵嘉菴之父在世时负责修建。那时其家特别富裕，家族团结，对外联系甚广。因儿子在朝廷当教喻，虽不是实权人物，但朝廷给他的奉禄还是相当可观的，这就为他兴建庄园、大兴土木奠定了良好的基础。

赵氏庄园现存两进院落，坐北向南，前院已经不完整，后院较为完整。由正房和东、西厢房、倒座与过厅部分围合组成。与其他传统民居院落在尺度与比例上有所区别，在纵向轴线方向较窄。院落东西宽近 20m，南北长近 32m。整体院落以正房为全院最高处，台明标高 2m。东、西厢房是很长的一个部分，从现存的东厢房部分来看，其由两组建筑组成，总共六开间。在屋檐处有高低之分，但是柱子与墙体共用，倒座、过厅与正房构成了院落的主轴线。这是陇南康县地区保存院落进数最多的民居院落之一。

赵氏庄园的建筑为土木混合结构的二层转角楼，正房（一号房）为单檐悬山顶，前后出檐，前檐长于后檐部分。东、西厢房（二、三号房）与正房构架搭接在一起，但在屋顶处严格区分开来。现存正房面阔四间，进深两间，檐廊式穿斗构架，二层楼，一边有耳房。楼梯设在正房的梢间内侧，二层为杂物间。正房前台基和踏步铺阶条石，内庭院四周铺阶条石，内部素土地面。屋面施以青瓦叠置屋脊，正脊两端翘起似燕尾。倒座（六号房）为院落主入口的第一处建筑，面阔三间，进深四间，穿斗式木屋架，平面为挑檐式。穿斗挑檐式木构架，用瓜柱，尤其在挑檐部分所使用的穿枋，向内承托穿梁的荷载，向外挑出承托檐檩，杠杆作用十分明显。过厅（四号房）面阔四间，进深四间，穿斗式木屋架，梁架下采用“乌蓬轩”的苏式民居做法进行空间的再次划分，十分特别。前院现存厢房（五号房）为五柱穿枋木构架，采用“分段穿枋”，与倒座相比则省去了大木的穿梁构件，节省了材料。

赵氏庄园的雕饰方面，后院比前院的雕饰更为丰富，雕梁画栋，尤其是后院的门窗雕花，刻画题材多样，构图精美、笔法流畅，可谓精品。雕刻基本构图为灯笼式，由抽象鹰喙图示形成“回”字纹作为基底构图，以镂空各种花卉图案、器物图案以及人物故事为主题，立体感较强。值得提及的是悬于过厅梁枋之上的“童子送财”的木雕，刻画十分精美。

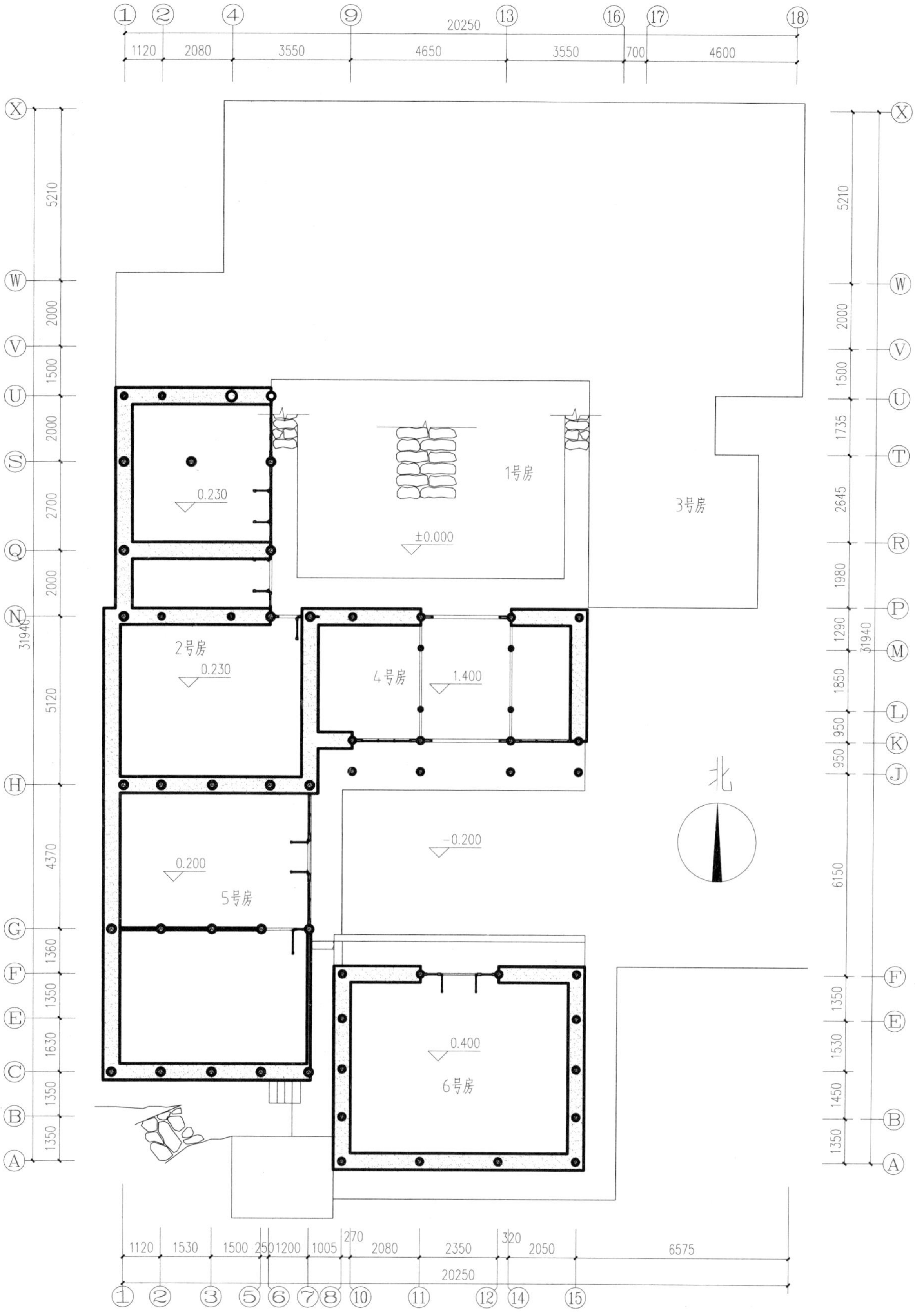

图 1　0.000 标高平面图

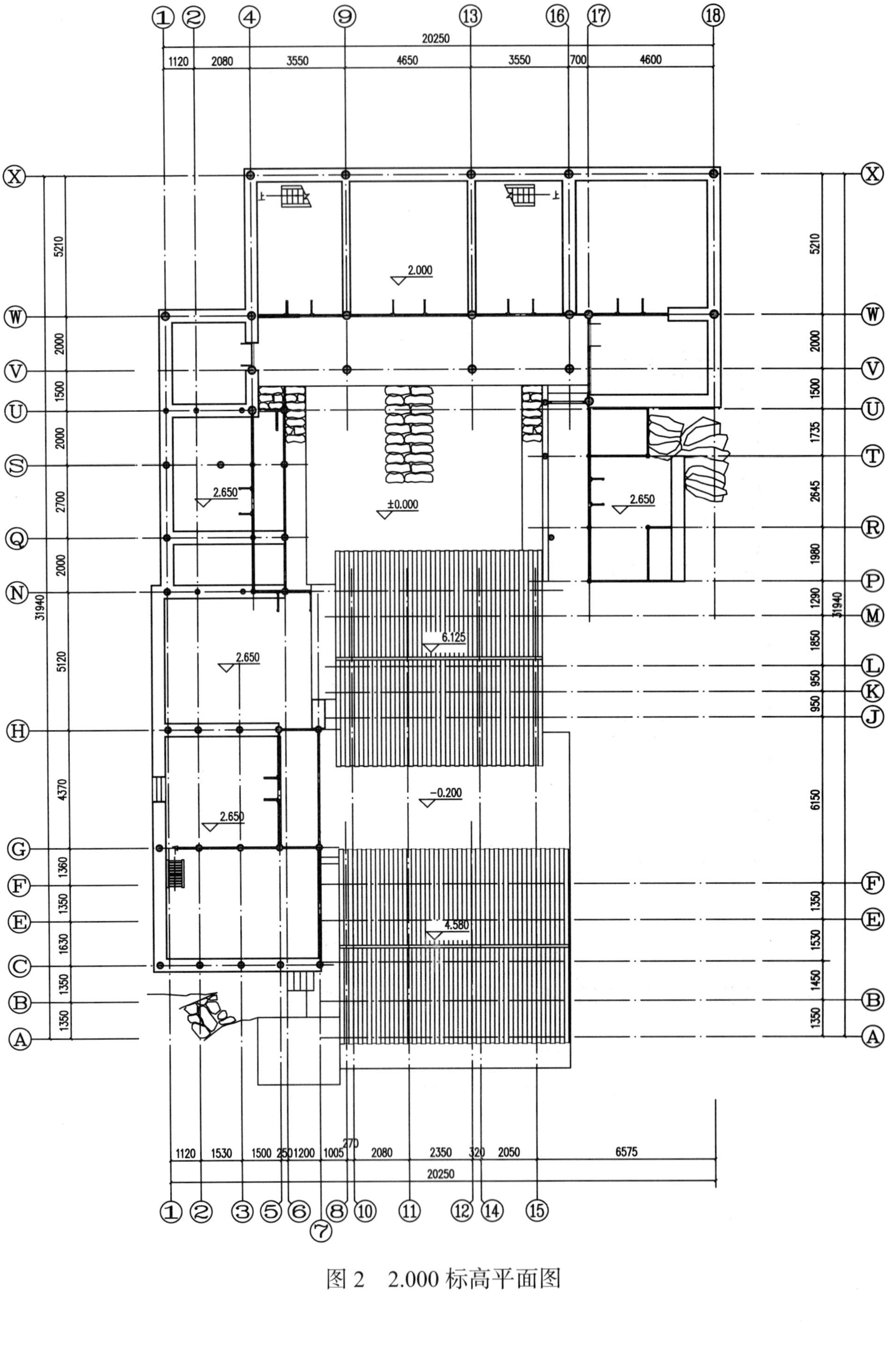

图 2　2.000 标高平面图

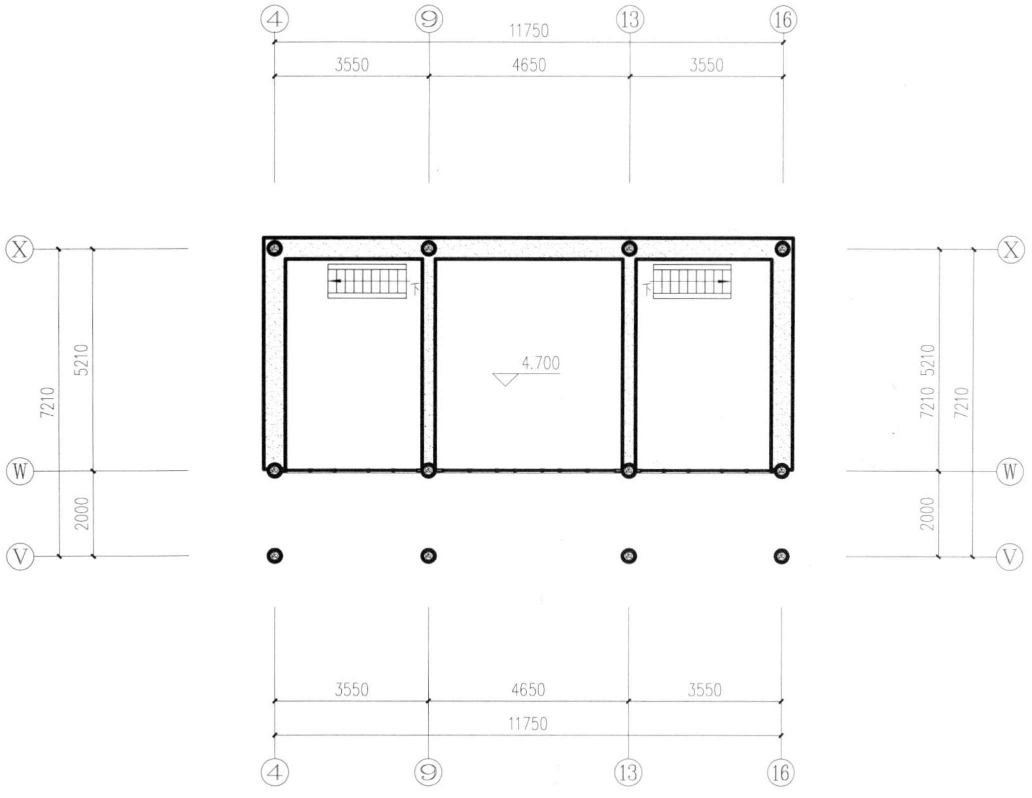

图 3　4.700 标高平面图

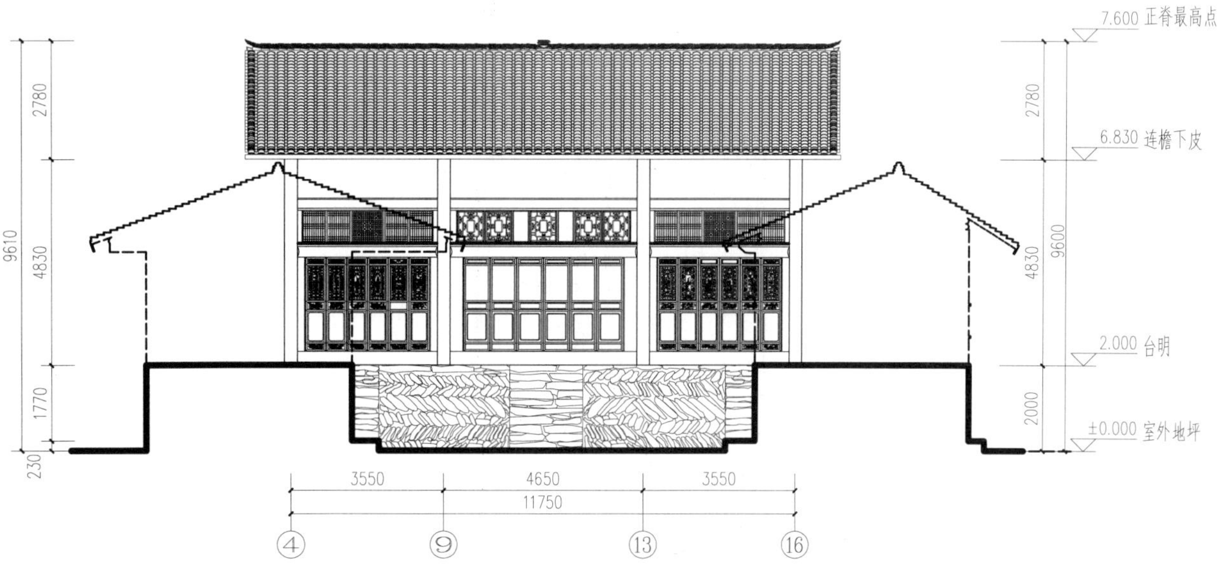

图 4　1 号房立面图

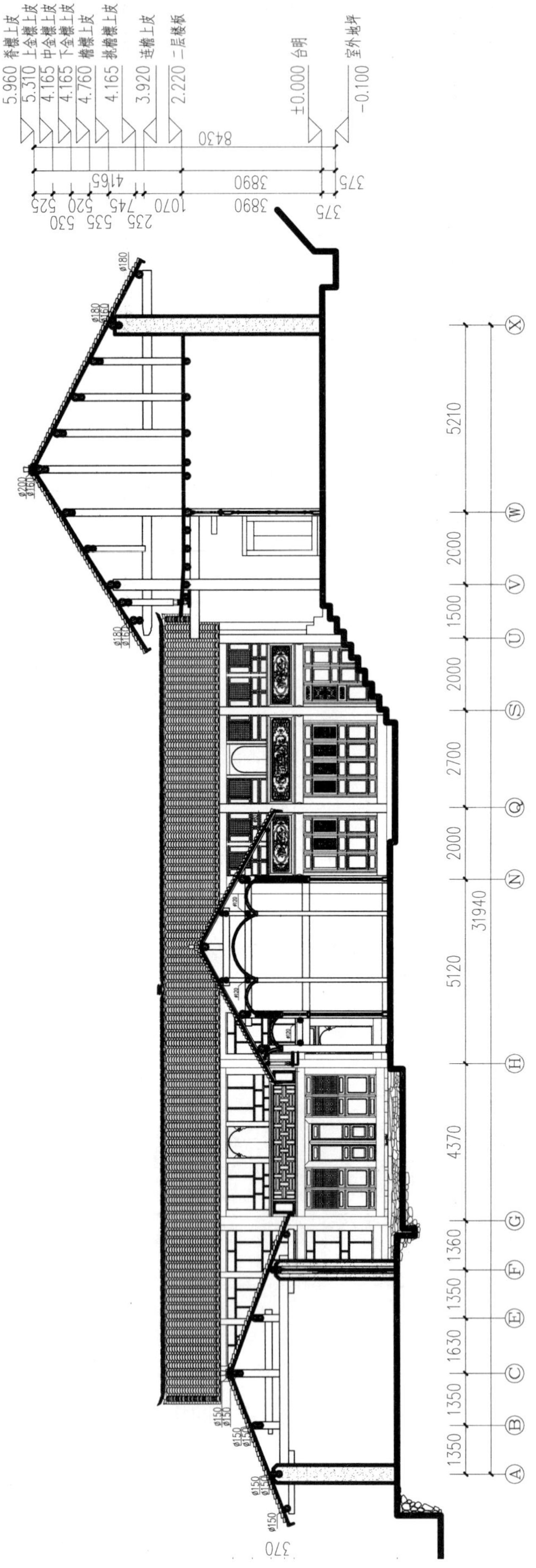

5.960 脊檩上皮
5.310 上金檩上皮
4.165 中金檩上皮
4.165 下金檩上皮
4.760 檐檩上皮
4.165 挑檐檩上皮
3.920 连檐上皮
2.220 二层楼板
±0.000 台明
−0.100 室外地坪
8430
4165
3890
375
1350 1350 1630 1350 1360 4370 5120 2000 2700 2000 1500 2000 5210
31940
A B C E F G H N Q S U V W X

图 5　院落 1-1 剖面图

图 6　一号房剖面图

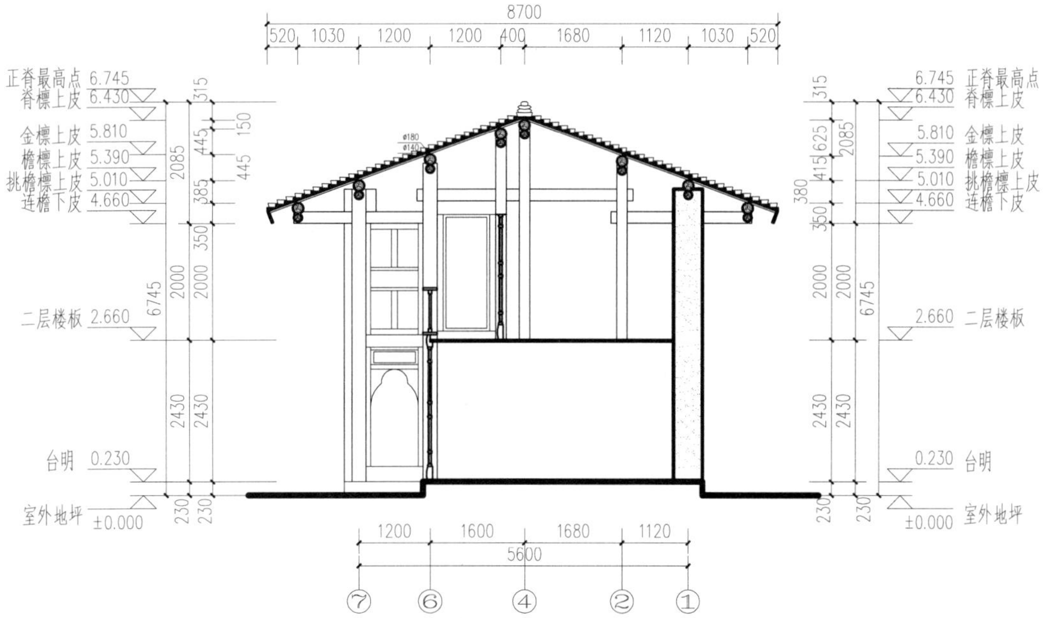

图 7　二号房剖面图

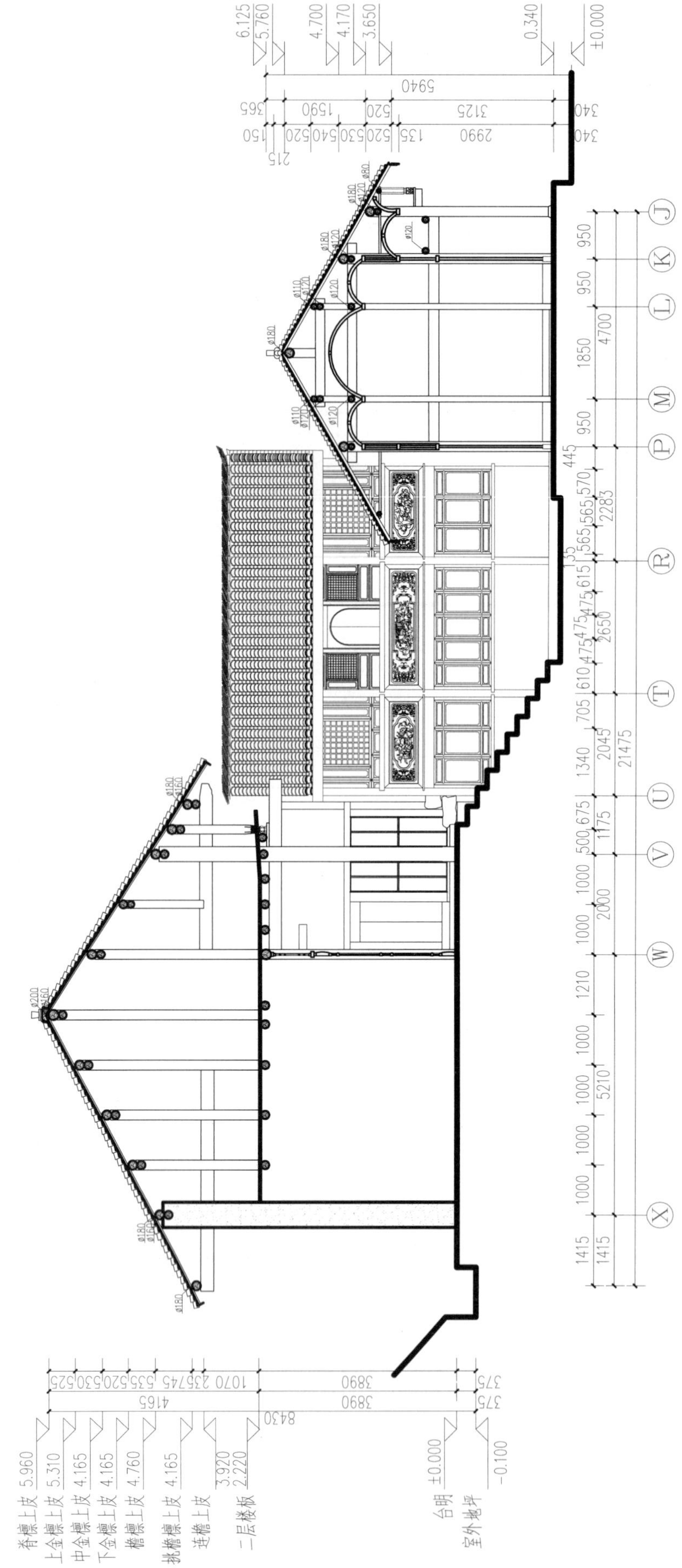

脊檩上皮 5.960
上金檩上皮 5.310
中金檩上皮 4.165
下金檩上皮 4.165
檐檩上皮 4.760
挑檐檩上皮 4.165
连檐上皮 3.920
二层楼板 2.220
台明 ±0.000
室外地坪 -0.100
J
K
L
M
P
R
T
U
V
W
X

图 8 三号房立面图

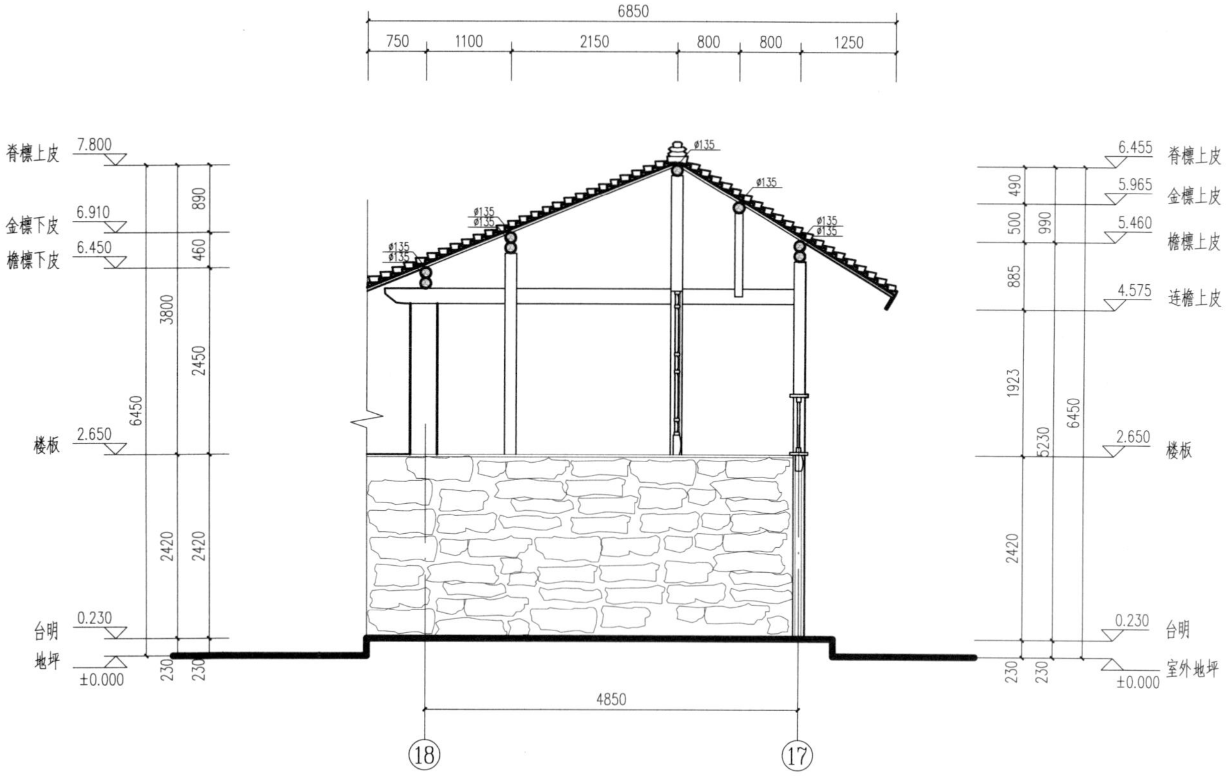

图 9　三号房剖面图

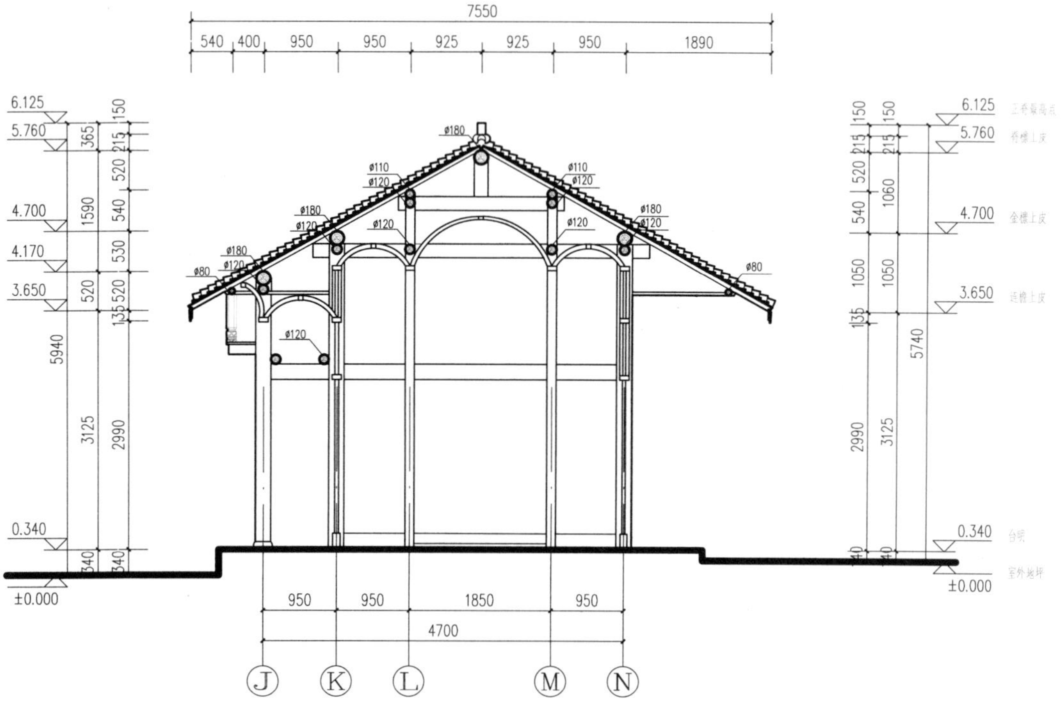

图 10　四号房剖面图

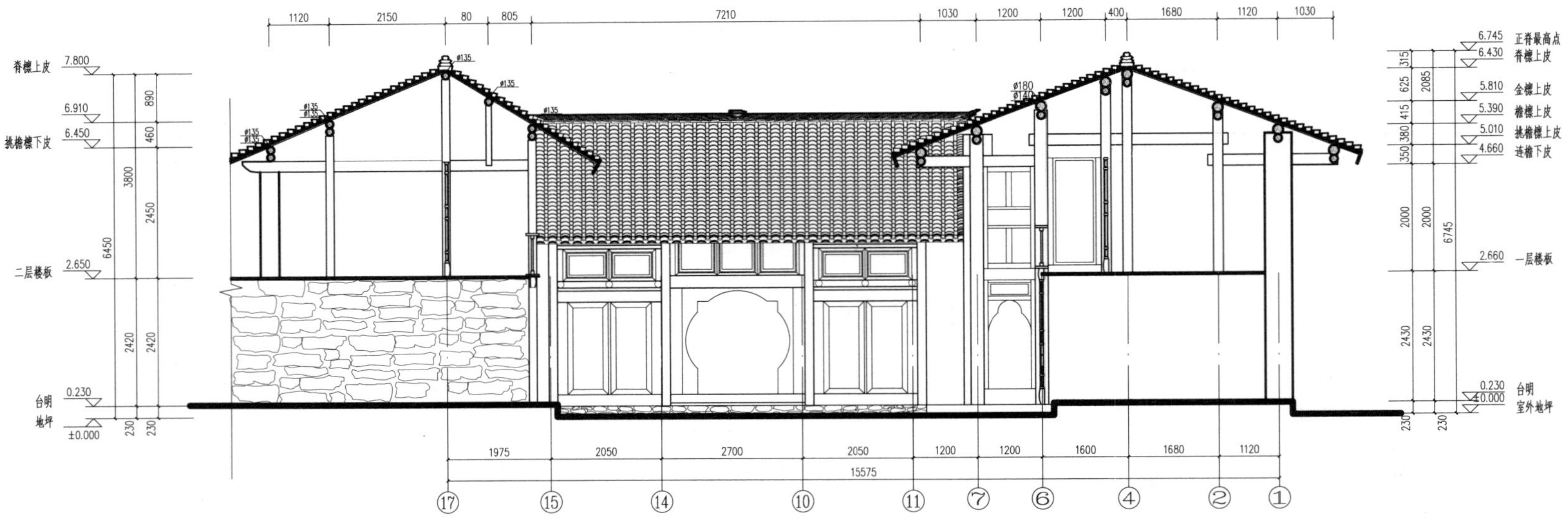

图 11　四号房内立面图

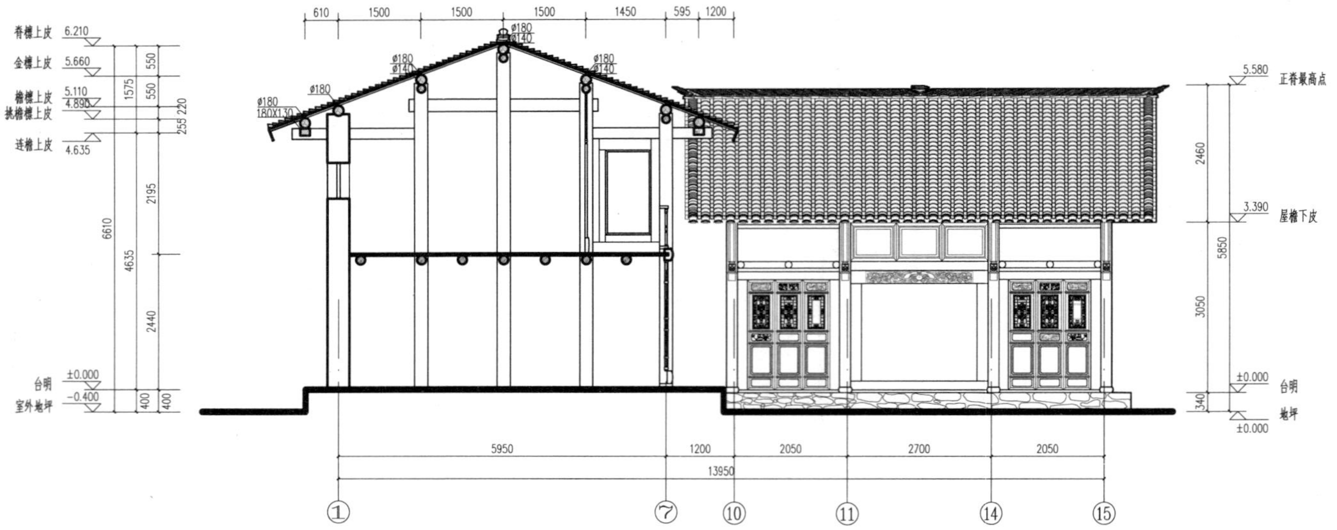

图 12　四号房外立面图

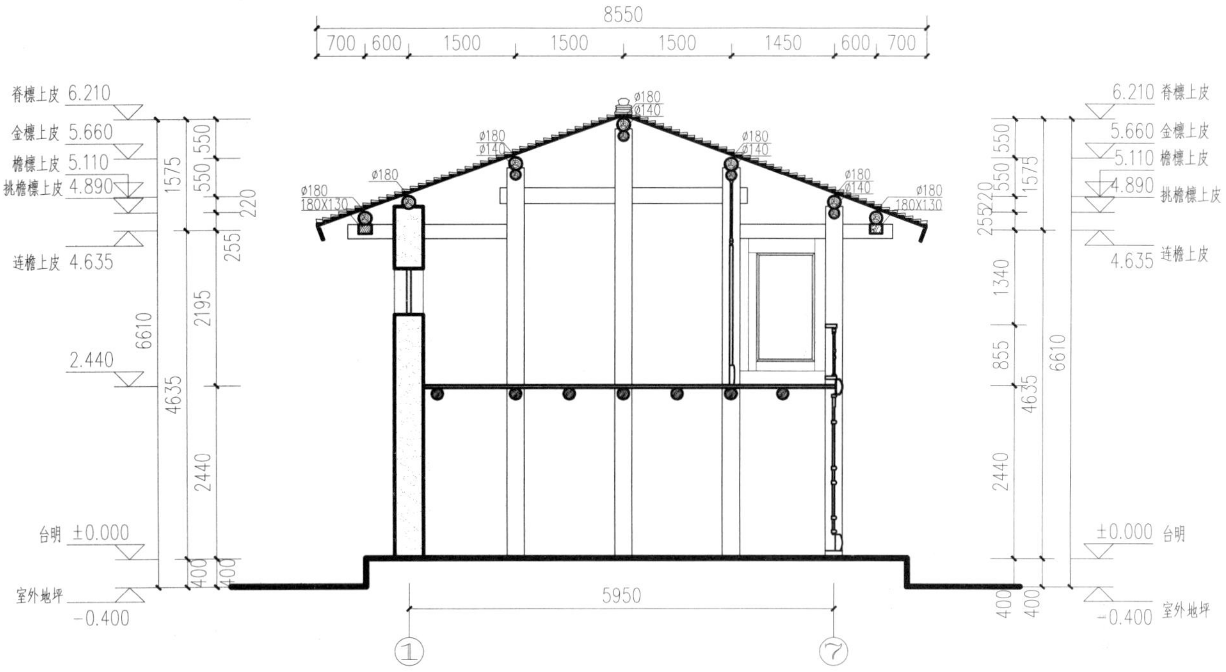

图 13　五号房剖面图

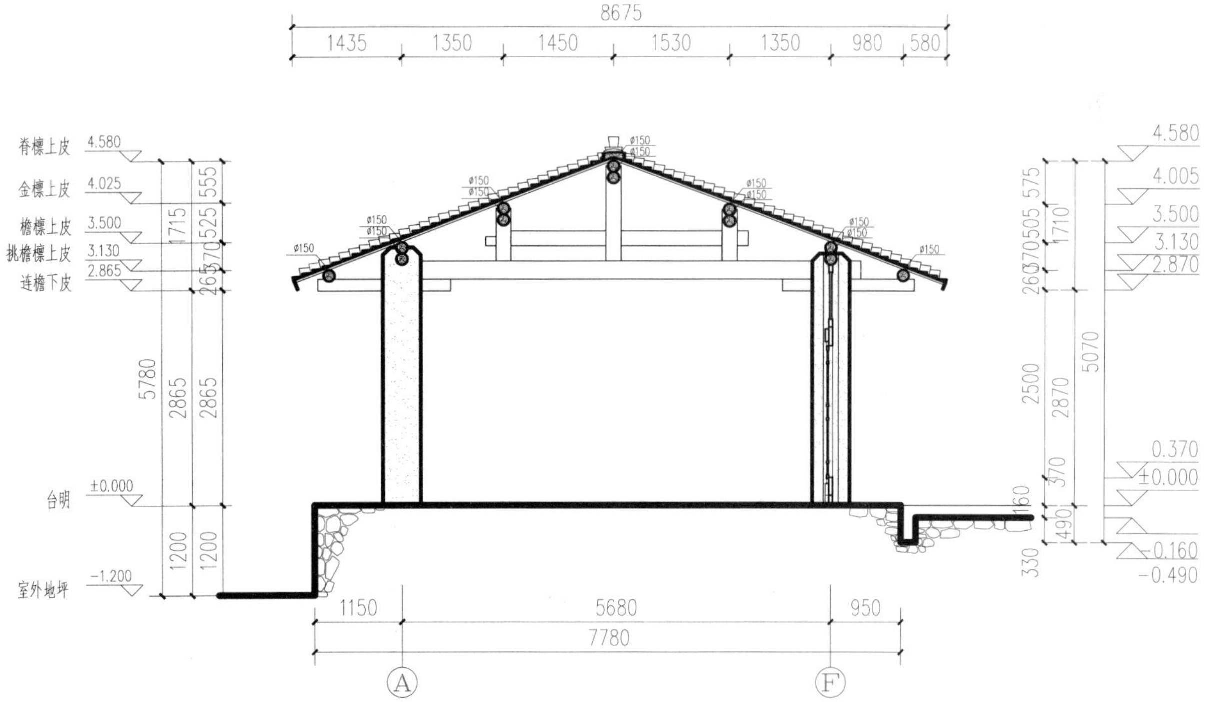

图 14　六号房剖面图

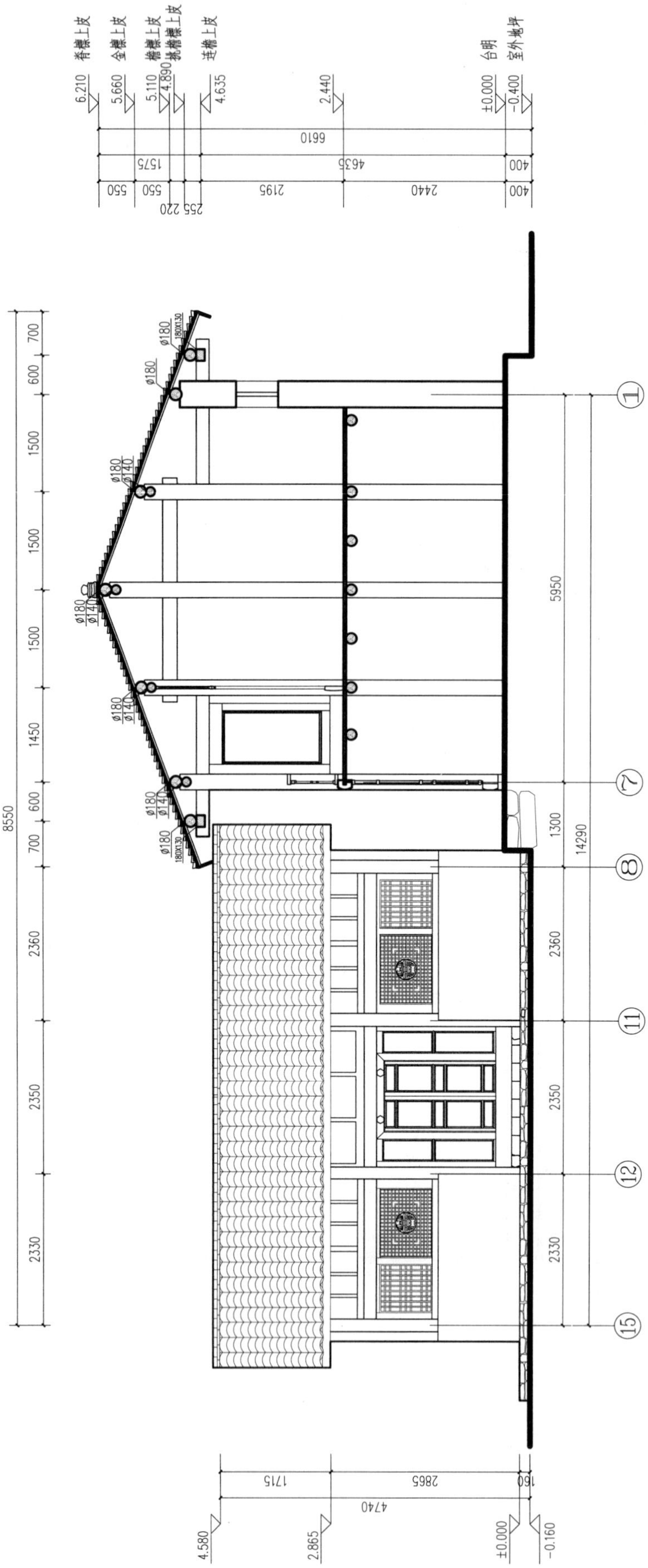

6.210 脊檩上皮
5.660 金檩上皮
5.110 檐檩上皮
4.890 挑檐檩上皮
4.635 连檐上皮
2.440
±0.000 台明
-0.400 室外地坪
6610
1575
4635
400
550
550
2195
2440
255 220
8550
700
600
1500
1500
1500
1450
600
700
2360
2350
2330
5950
1300
14290
4.580
2.865
±0.000
-0.160
1715
2865
160
4740

图 15 六号房立面图

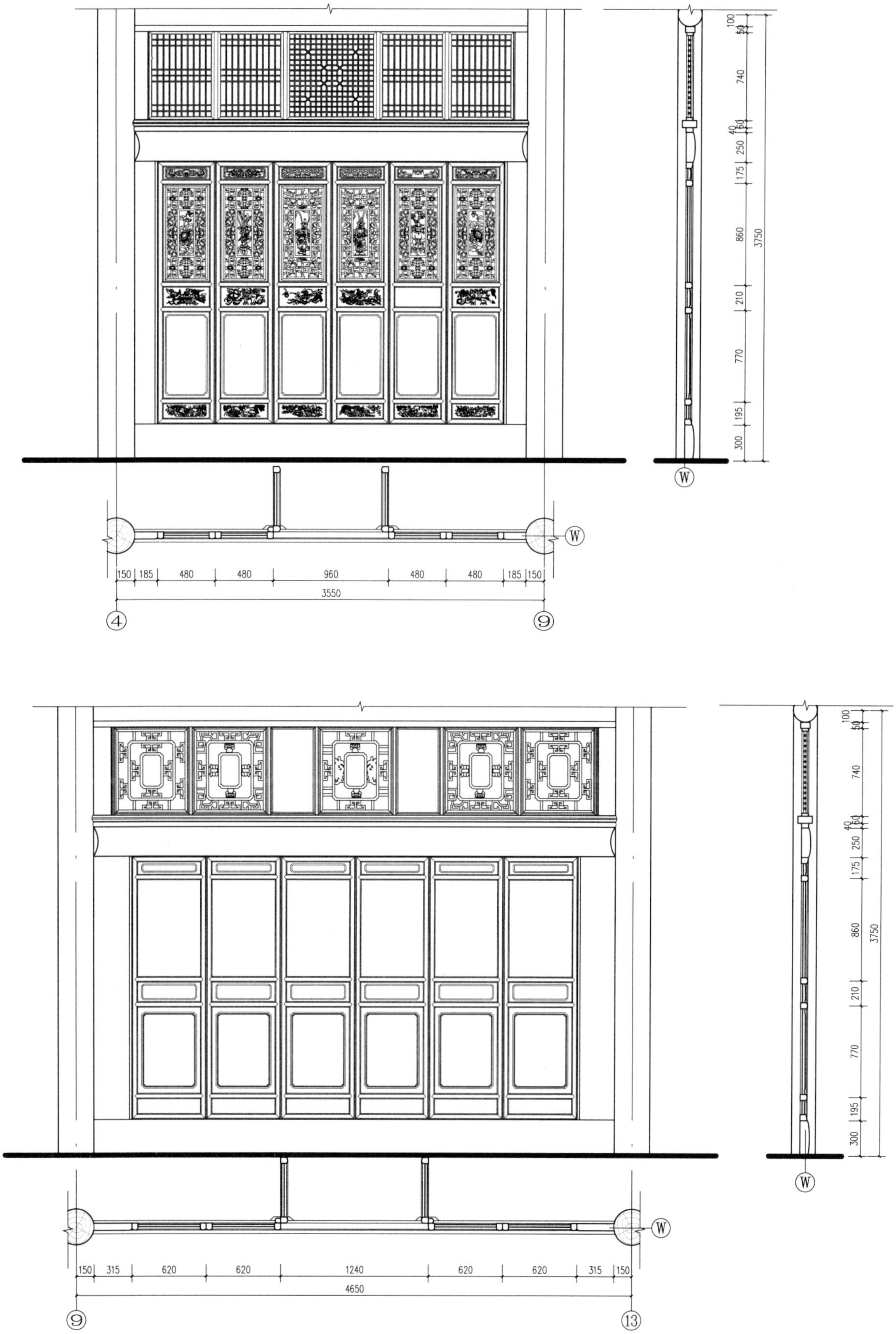

图 16　一号房门窗大样图

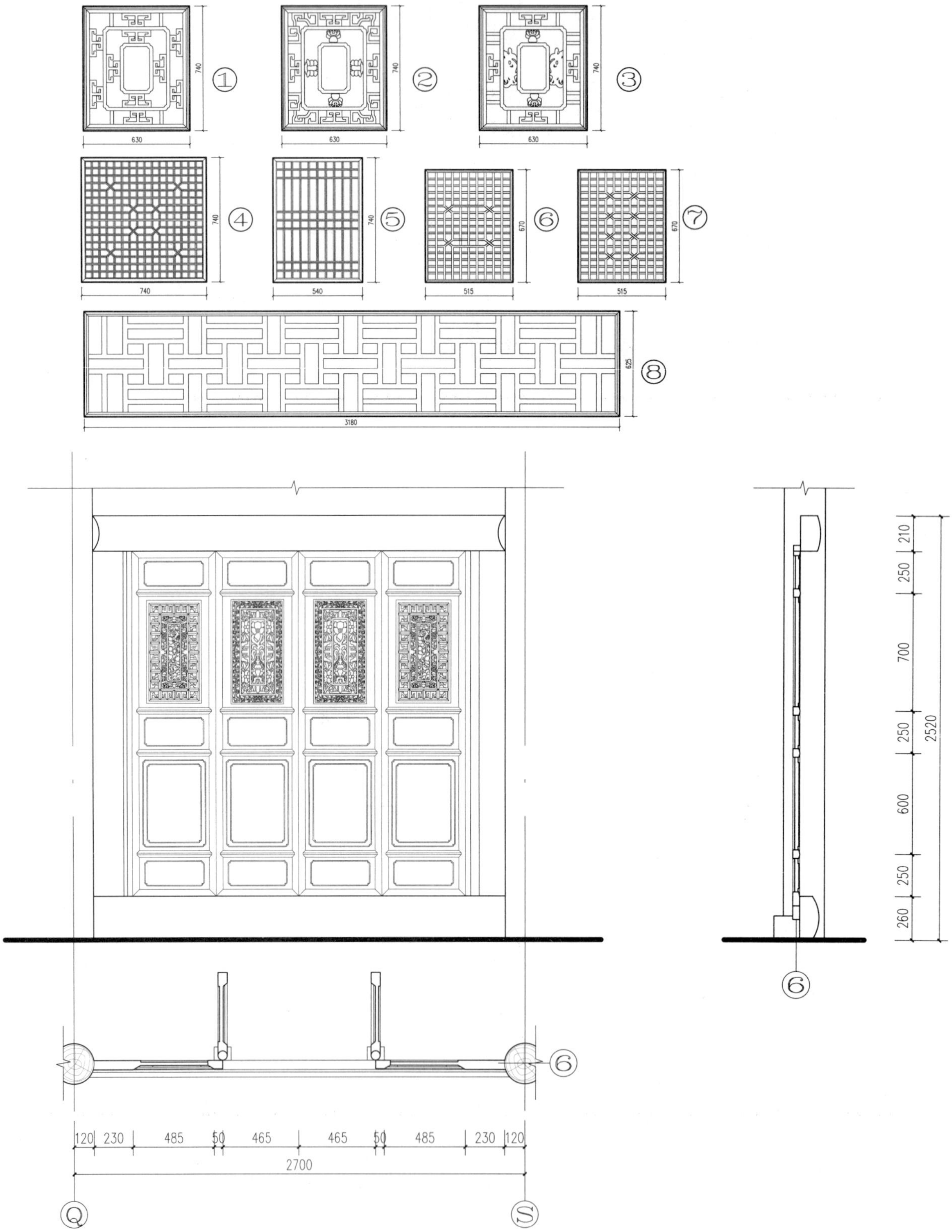

图 17　二号房门窗大样图

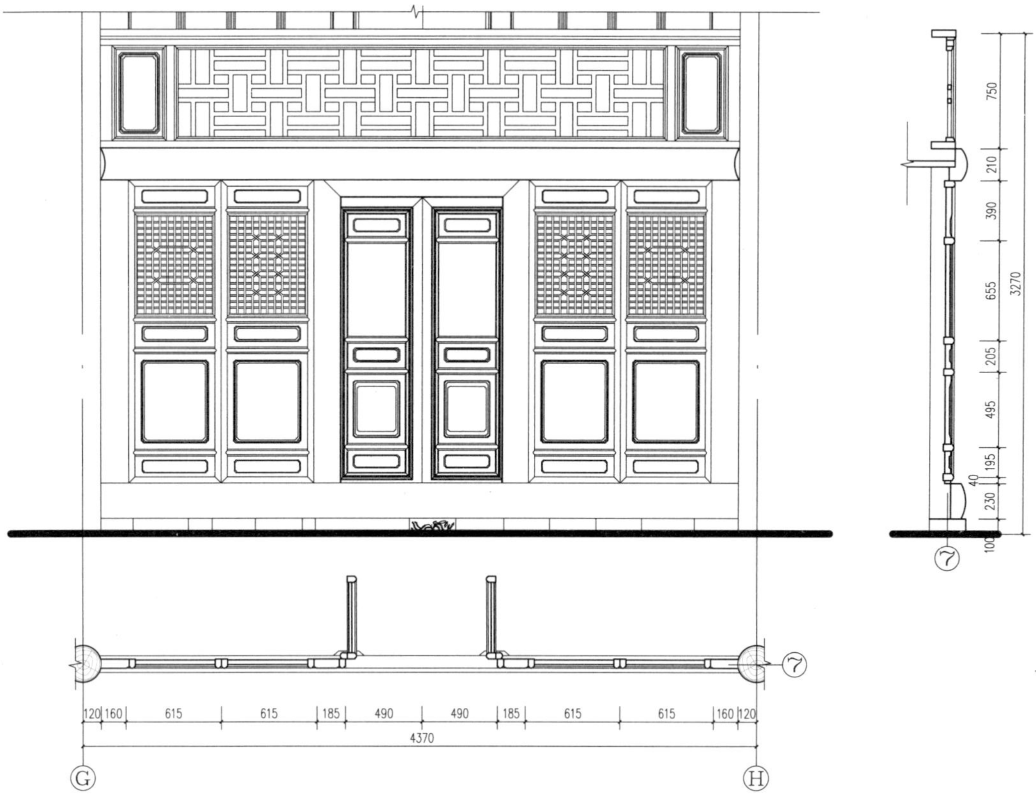

图 18　五号房门窗大样图

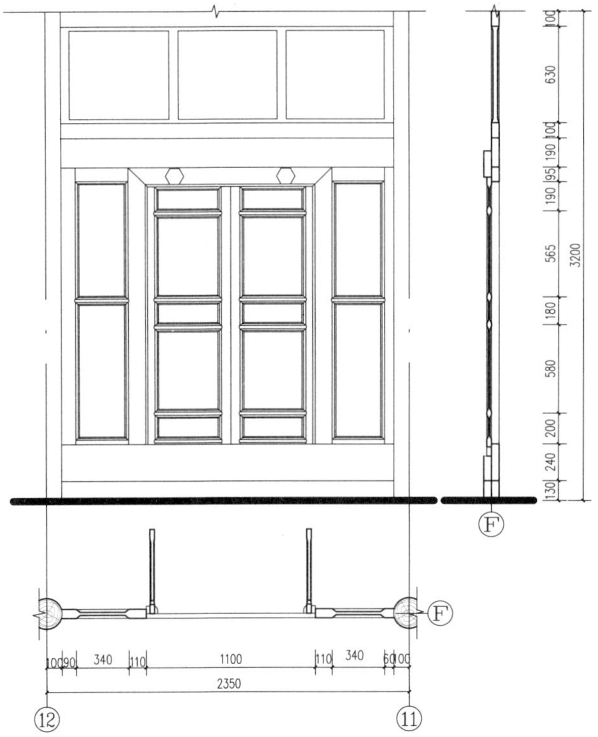

图 19　六号房门窗大样图

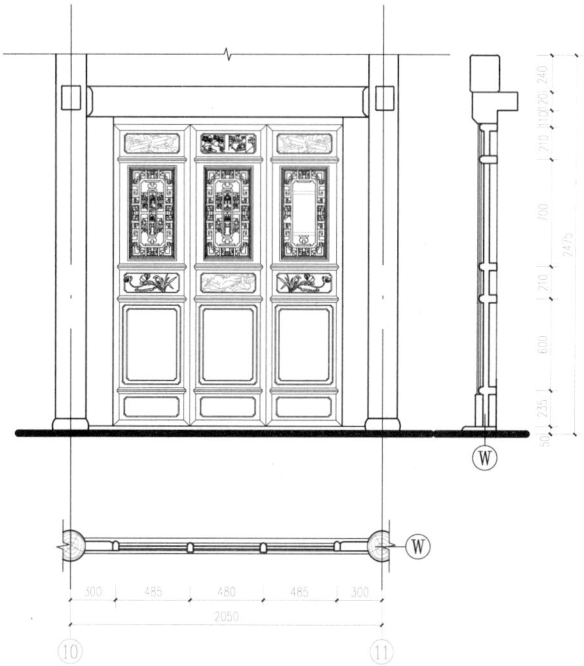

图 20　七号房门窗大样图

1565
1565
1565
1565
470
470
470
470
330
615
330
615
360
620
340
130
340
110
2000
230
2235
470
2235
470

图 21 雕花大样图之一

图 22　雕花大样图之二

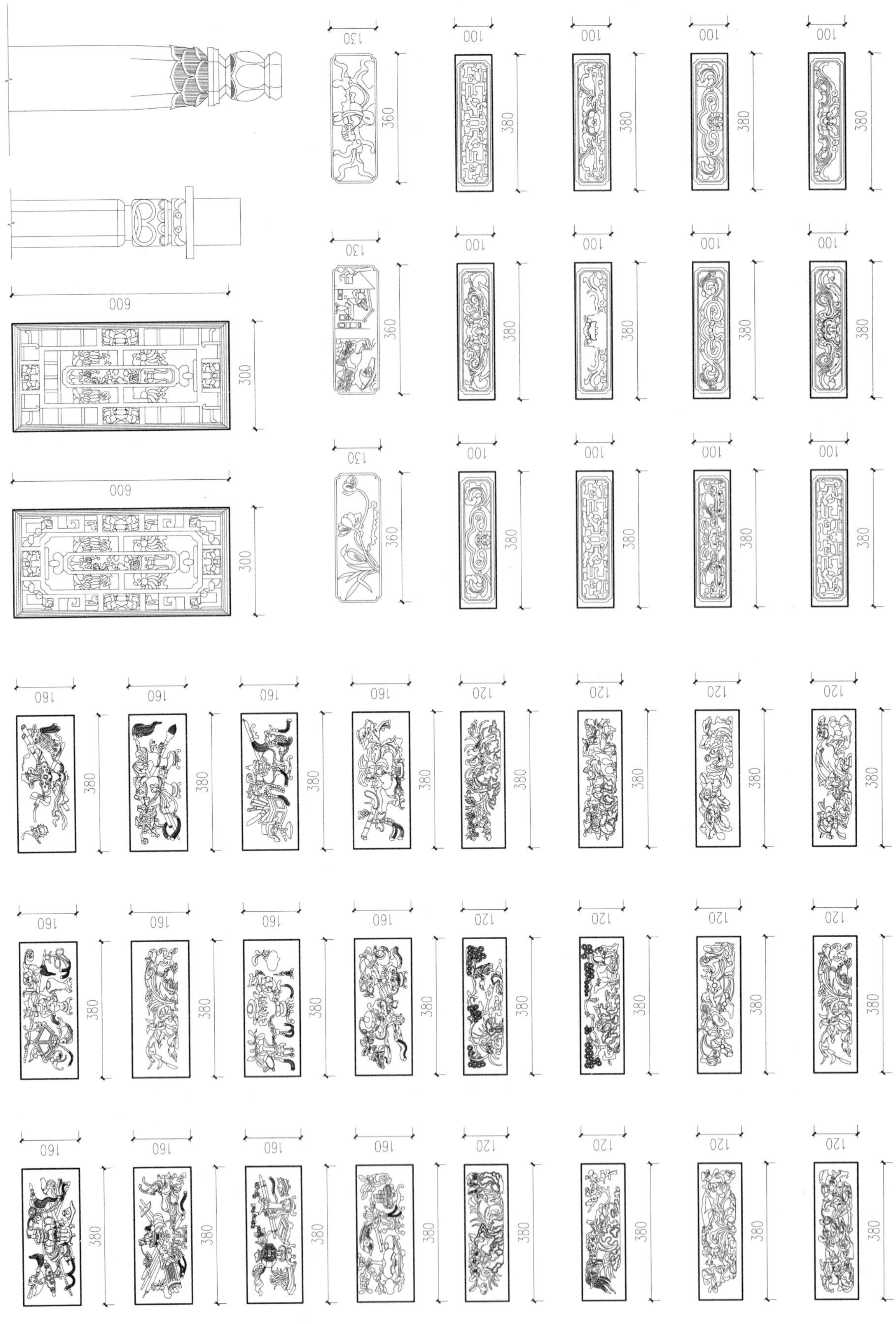

图 23　雕花大样图之三

① 595 1980
② 595 1980
③ 1050 1870
④ 620 2210
⑤ 500 2055
⑥ 500 2055
⑦ 500 2055
⑧ 500 1750
⑨ 480 2210
⑩ 480 2210
⑪ 480 2210
⑫ 480 2210
⑬ 480 2210
⑭ 480 2210
⑮ 480 2210
⑯ 480 2210
⑰ 480 2210
⑱ 480 2210
⑲ 480 2210
⑳ 480 2210

图 24　门窗大样图

康县朱彦杰民居

朱彦杰民居位于康县岸门口镇街道村的朱家沟社，建于清代晚期，院内有一块破损石刻作为标记，其建筑平面为传统四合院形式。属县级文保单位。

朱彦杰民居占地面积 640m^2，建筑总面积 776m^2。朱彦杰民居坐北朝南，原为两进院落，现留存一进完整院落以及门楼部分。整体院落以正房和东、西厢房与过厅部分围合的窄院为核心，过厅部分与门楼部分相连，2008 年汶川大地震震毁了门楼，之后又使用老木料复建，基本保持原样。整个院落以正房处为全院最高处，台明标高 1.36m。东、西厢房与过厅在屋檐处断开，有高低之分，但是柱子与墙体共用，整体连接在一起形成“U”形。从比例关系来看，具有“关中窄院”的狭长形态，正房部分与东西厢房脱开，并位于较高的台基之上。

朱彦杰民居在过厅处多了一个门楼部分，从建筑的入口朝向来看是有风水选址意匠的（村内民居的出入口皆朝向西面的远山）。建筑为土木混合结构的二层转角楼式，正房为单檐悬山顶，前后出檐。东、西厢房与过厅形成转角楼形式。院落东西宽近 24m，南北长近 30m。现存正房面阔六间，包括东边耳房一间，进深四间，穿斗式木构架，平面为“锁子厅”形式。正房前台基、踏步及内庭院四周铺阶条石。二层多为杂物间或者是晾晒功能之用。屋面为合瓦屋面，并施以青瓦叠置平脊。

门楼为宅院的主入口，门楼为“八”字广亮门，无门扇，为不规则抬梁式构架。三开间，门前立抱鼓石，台下竖拴马桩。过厅面阔三间，进深五间，穿斗式木屋架二层楼，平面为“锁子厅”形式。内院明间门楣上正中饰匾额“玉树生香”[1] 四字，与过厅“云程育材”匾额相对，匾额与两侧花窗协调布局形成明间二层的立面制式。东、西厢房，面阔两间，进深四间，两房并不正对，稍有错动。二层栏板皆有雕花，局部损毁。各房二层内铺木地板，全部用木板装修。建筑雕饰多在门楼两侧的石雕以及宅院门窗、二层栏杆部分，木雕图案多以鹰喙勾咬形成回形纹作为底衬，在中心置相应花鸟、故事主题。

[1] 其典出自《晋书·谢安传》：“（谢玄）少颖悟，与从兄朗俱为叔父安所契重。安尝戒约子侄，因曰：‘子弟何预人事，而正欲使其佳？’诸人莫有言者。玄答曰：‘譬如芝兰玉树，欲使其生于庭阶耳。’”后以“芝兰玉树”，比喻有出息的子弟也。故芝兰竞秀，玉树生香，就是说有出息有成就的弟子孩子学生们竞相出了很多成绩的意思，是比桃李满天下更进一步的赞赏语。

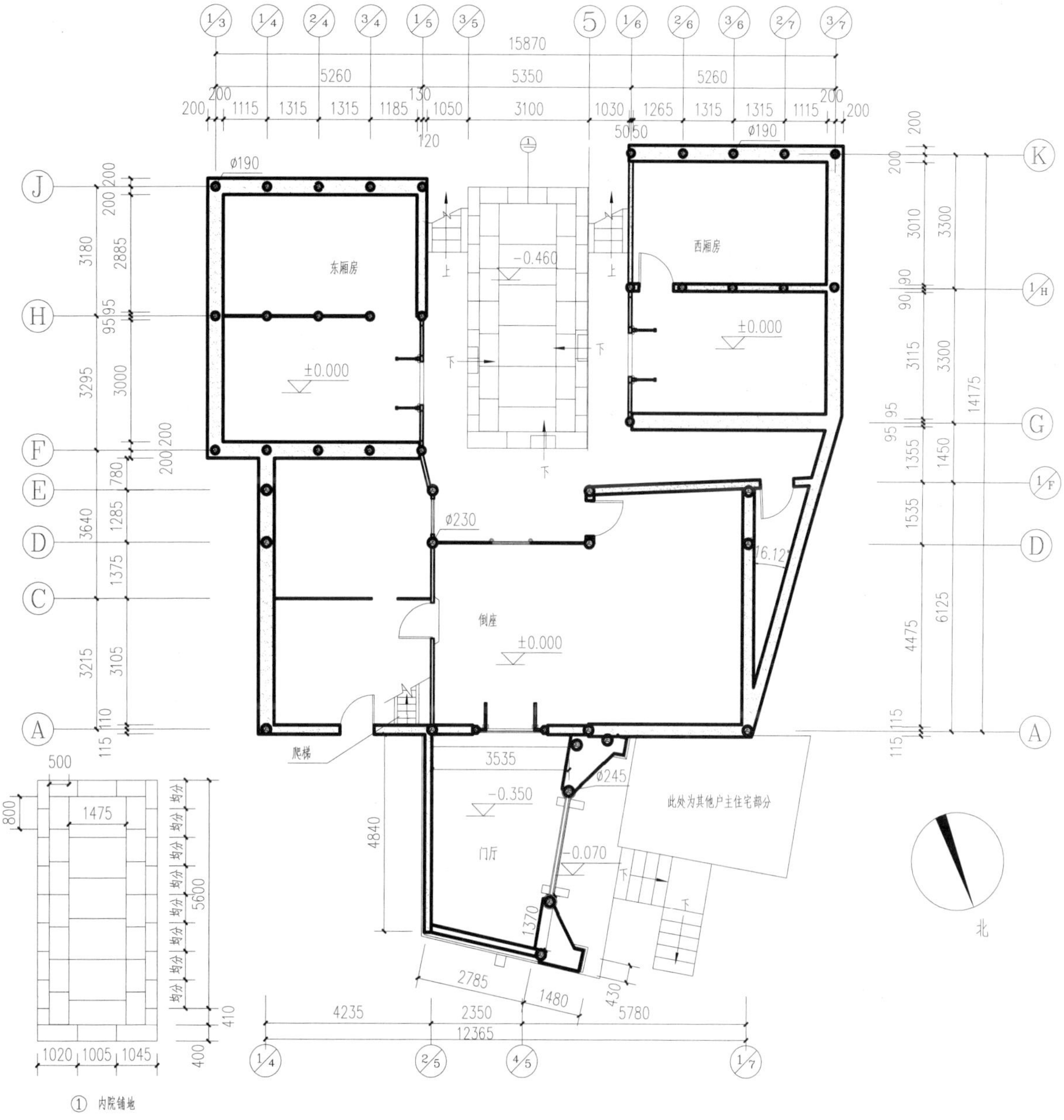
东厢房
西厢房
倒座
门厅
爬梯
此处为其他户主住宅部分
±0.000
-0.460
-0.350
-0.070
ø190
ø230
ø245
15870
14175
12365
北
① 内院铺地

图 1　一层平面图

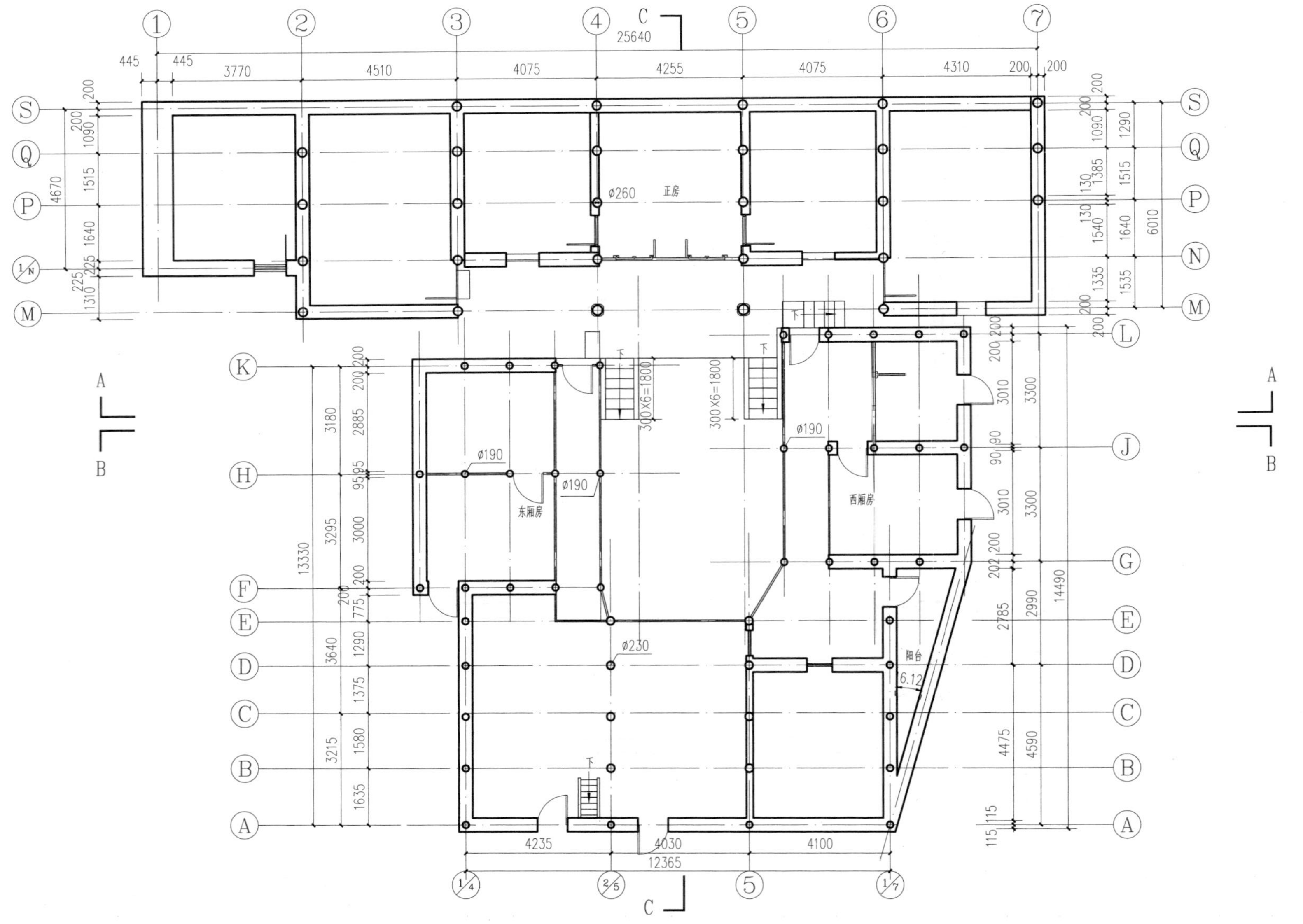
正房
东厢房
西厢房
阳台
ø260
ø190
ø230
300×6=1800
25640
13330
14490
12365
6010
4670

图2　二层平面图

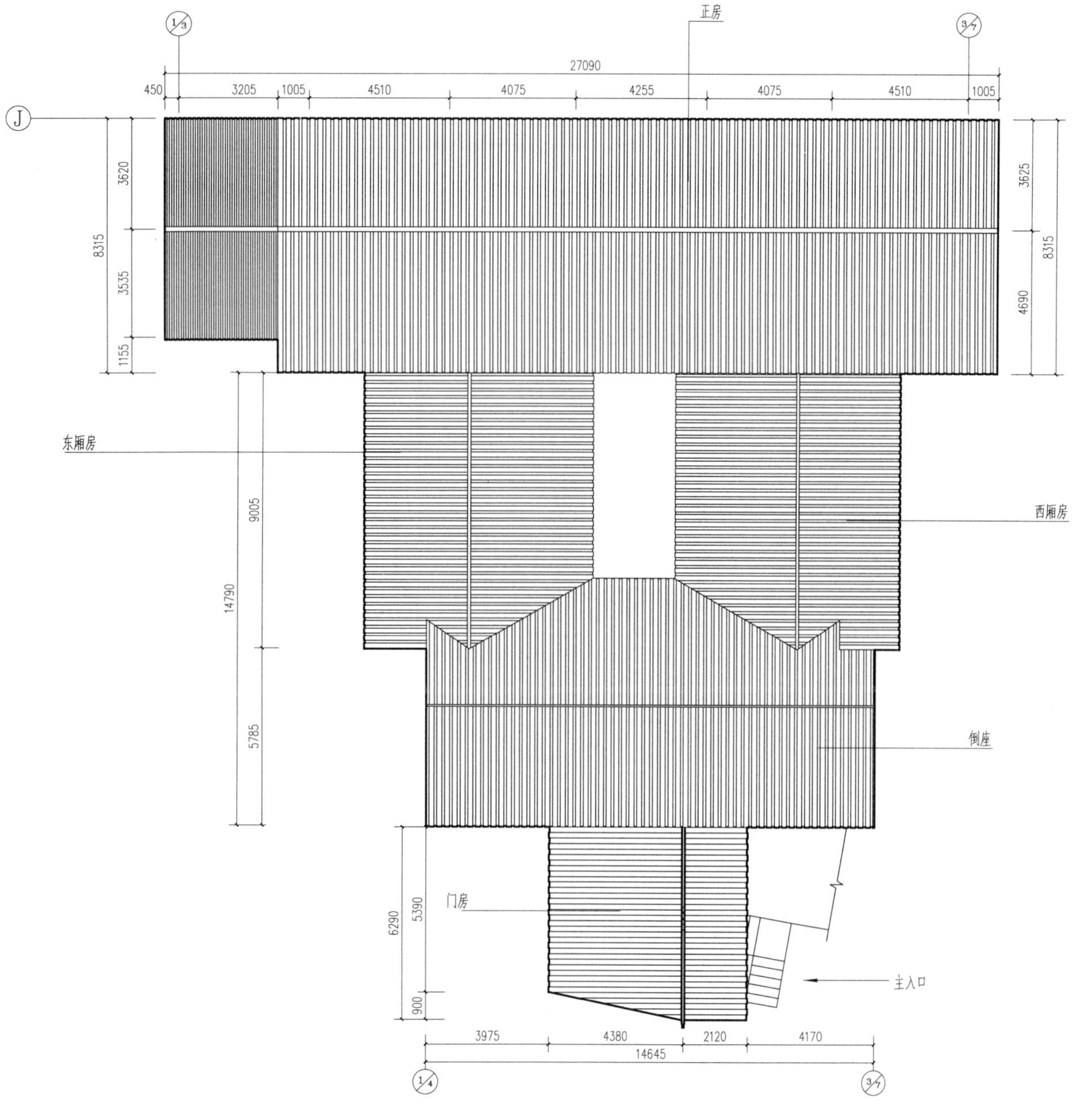
正房
27090
450
3205
1005
4510
4075
4255
4075
4510
1005
J
3620
8315
3535
1155
3625
8315
4690
东厢房
西厢房
9005
14790
5785
倒座
门房
6290
5390
900
主入口
3975
4380
2120
4170
14645

图 3　屋顶平面图

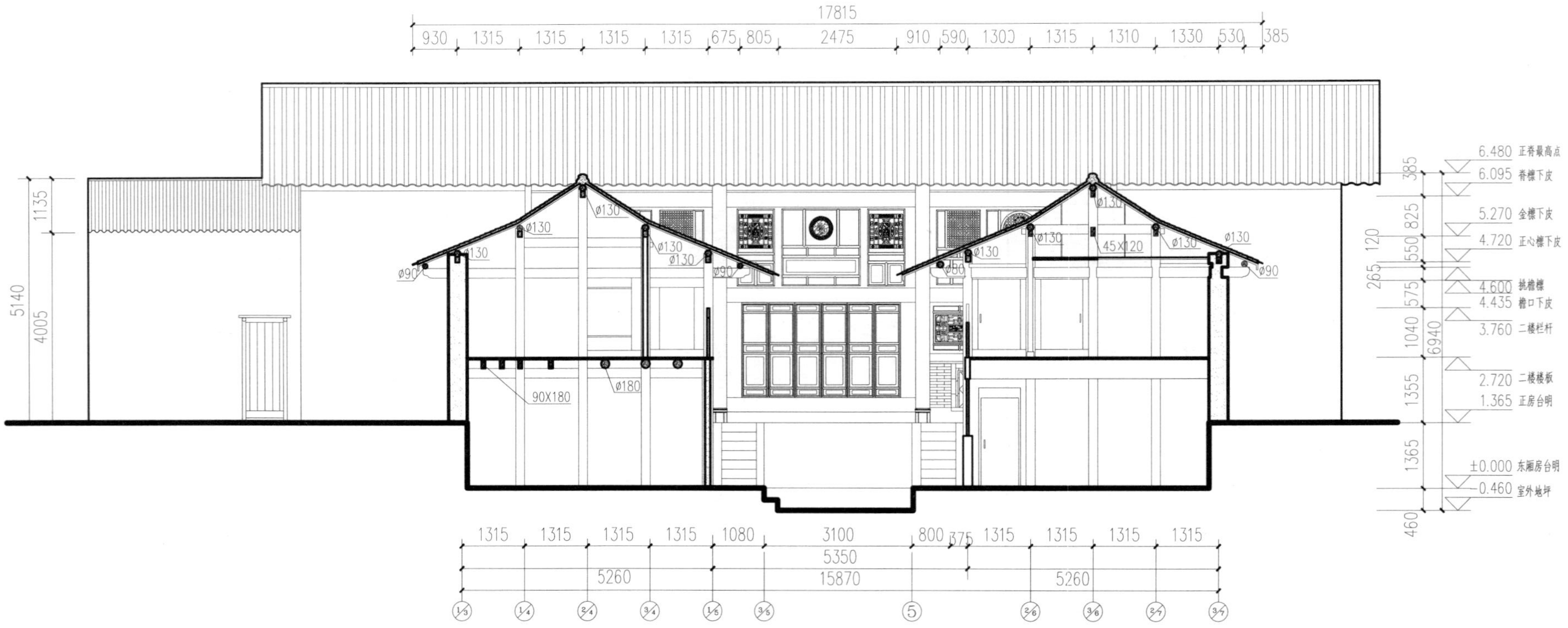
17815
930
1315
675
805
2475
910
590
1300
1310
1330
530
385
5140
1135
4005
Ø130
Ø90
Ø180
Ø80
45X120
90X180
6.480 正脊最高点
6.095 脊檩下皮
5.270 金檩下皮
4.720 正心檩下皮
4.600 挑檐檩
4.435 檐口下皮
3.760 二楼栏杆
2.720 二楼楼板
1.365 正房台明
±0.000 东厢房台明
-0.460 室外地坪
825
550
120
265
575
1040
6940
1355
1365
460
1080
3100
800
375
5350
5260
15870
5

图 4　院落 A-A 剖面图

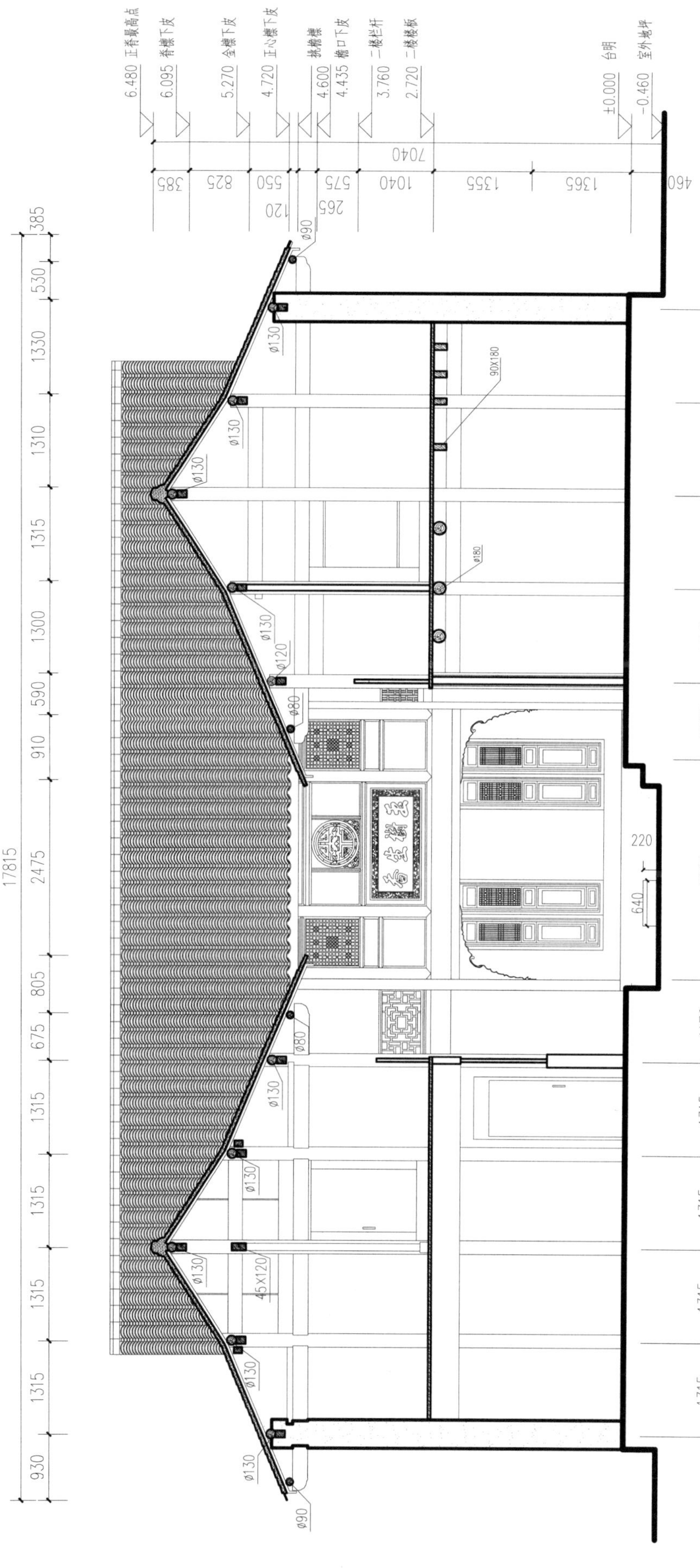

图5 院落B-B剖面图

康县朱彦杰民居

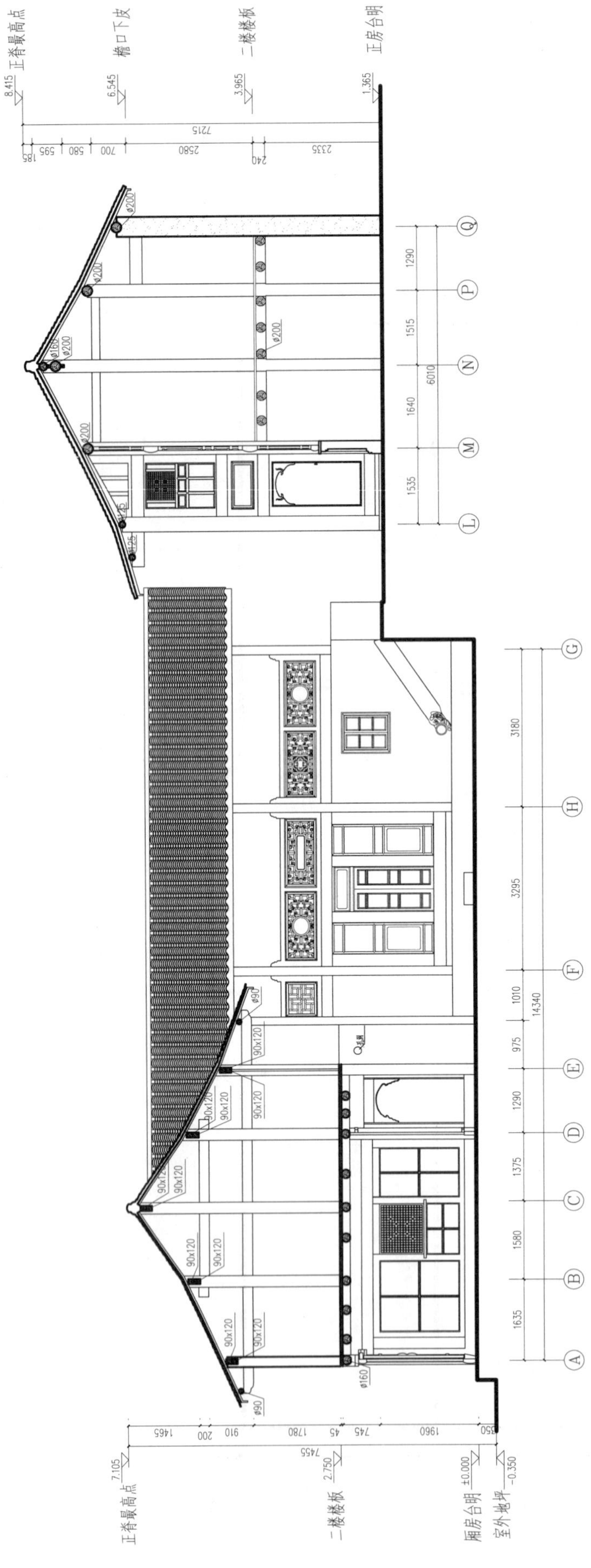

正脊最高点
檐口下皮
二楼楼板
正房台明
8.415
6.545
3.965
1.365
7.105
2.750
±0.000
-0.350
厢房台明
室外地坪

图 6 院落 C-C 剖面图

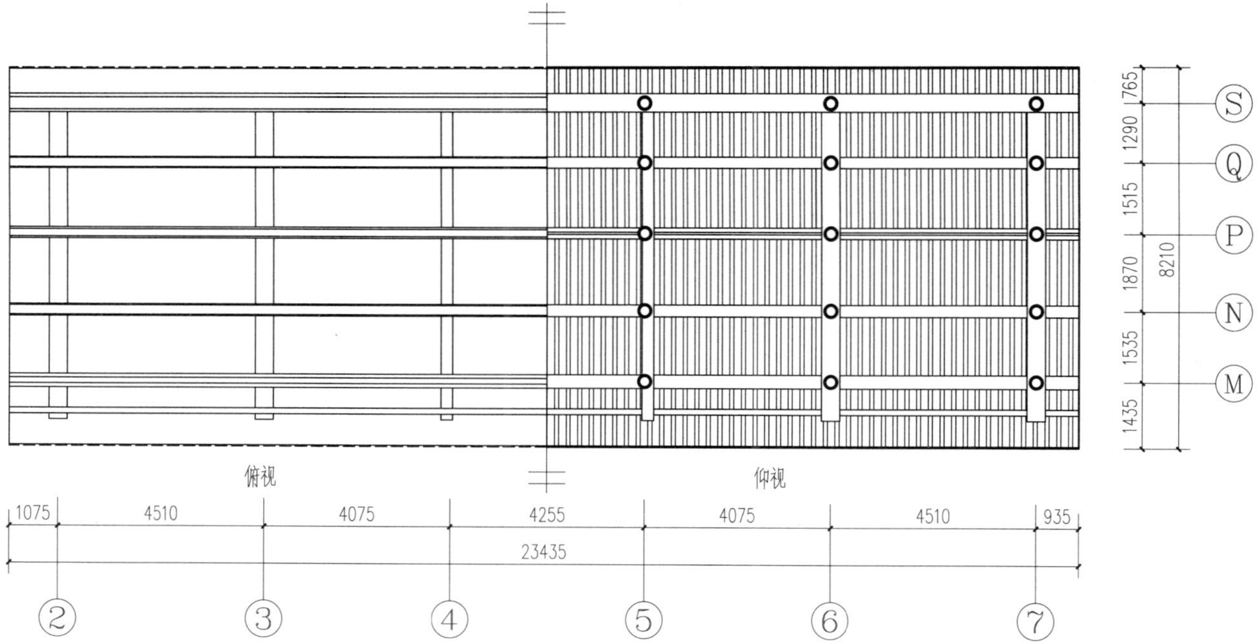

图 7　正房梁架仰、俯视图

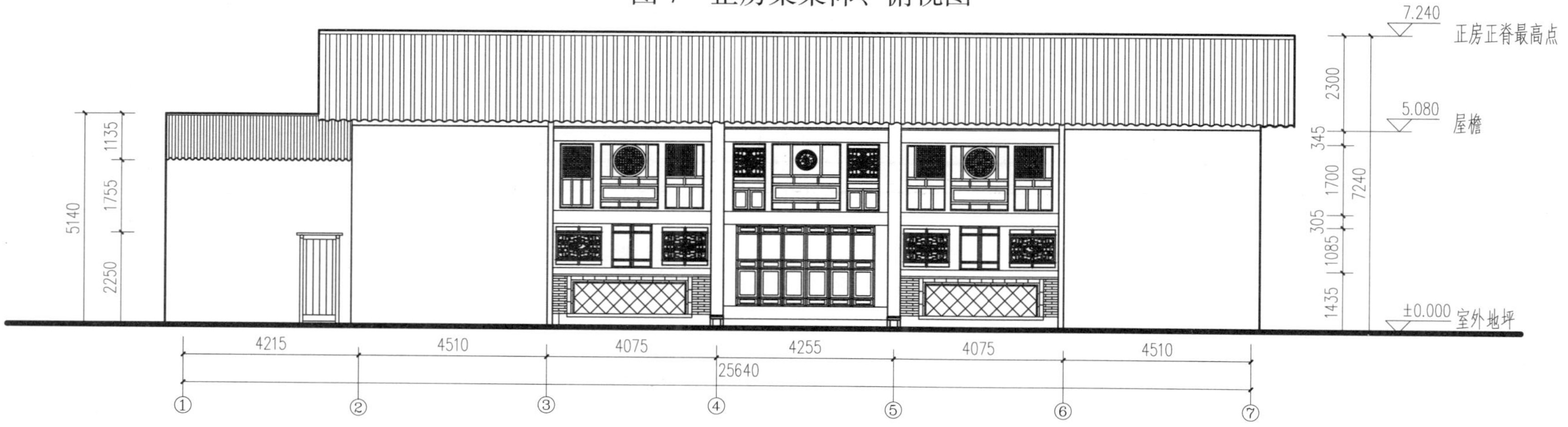

图 8　正房立面图

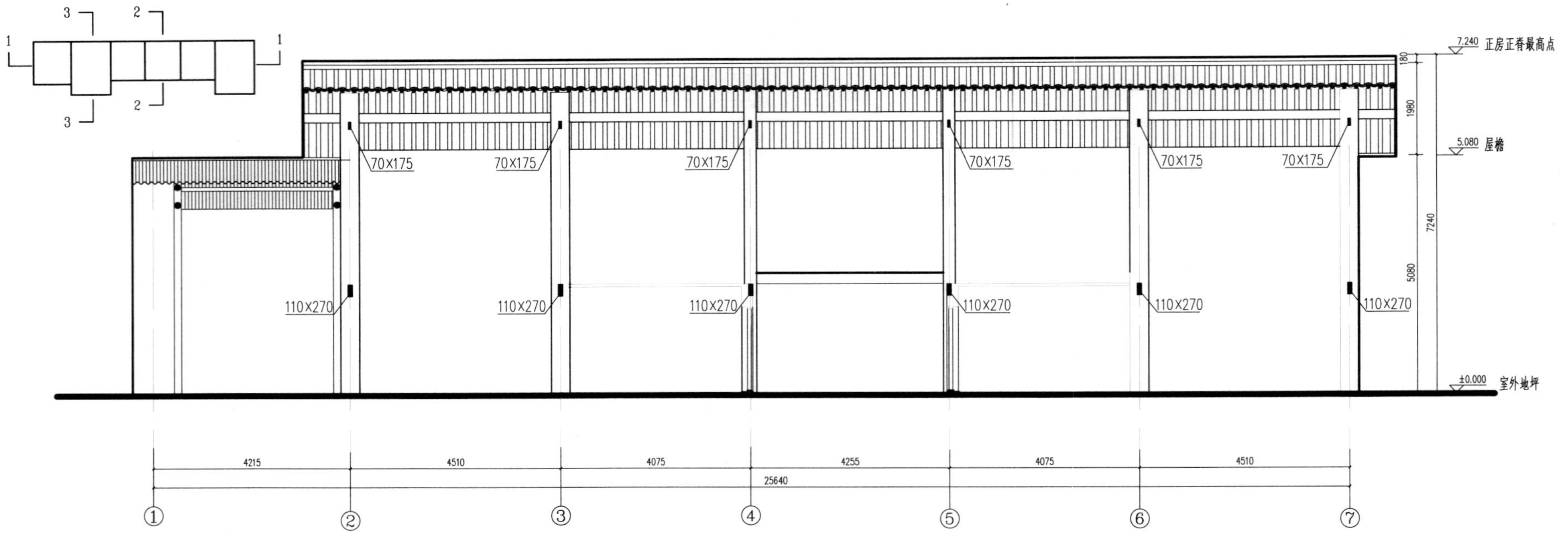
7.240 正房正脊最高点
5.080 屋檐
±0.000 室外地坪
180
1980
5080
7240
70X175
110X270
4215
4510
4075
4255
4075
4510
25640
①
②
③
④
⑤
⑥
⑦

图9　正房1-1剖面图

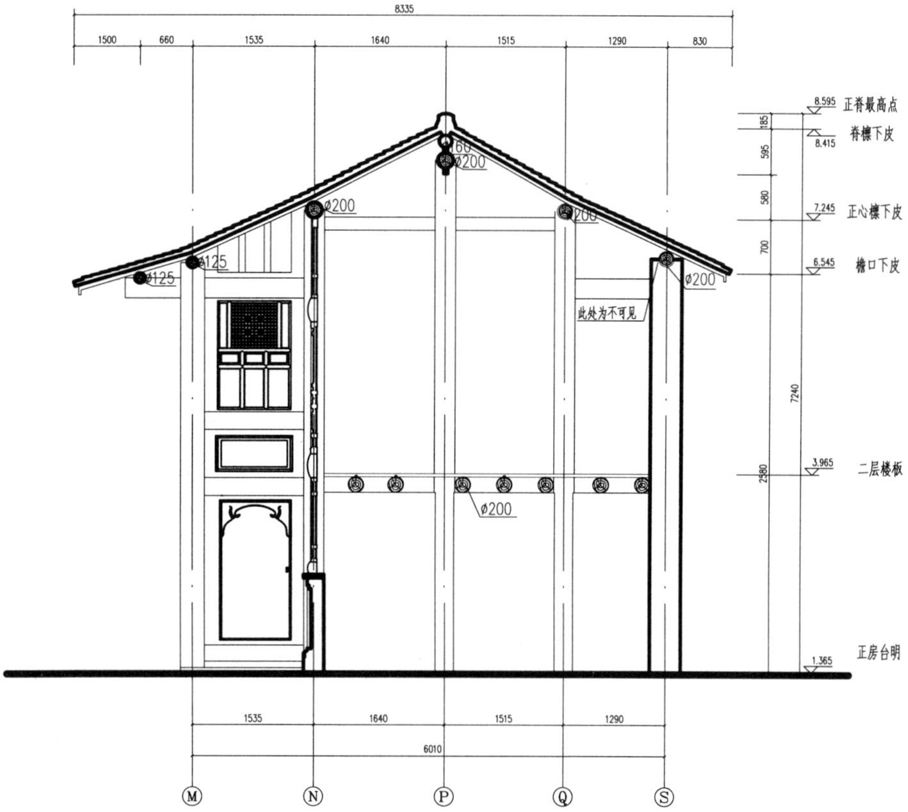

图 10　正房 2-2 剖面图

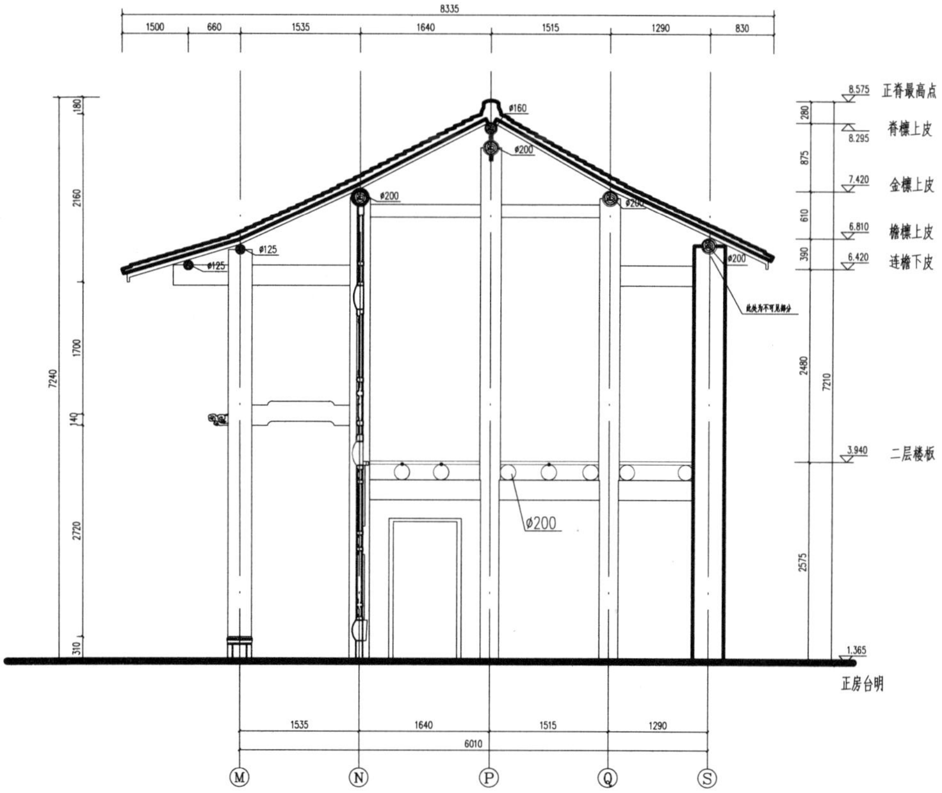

图 11　正房 3-3 剖面图

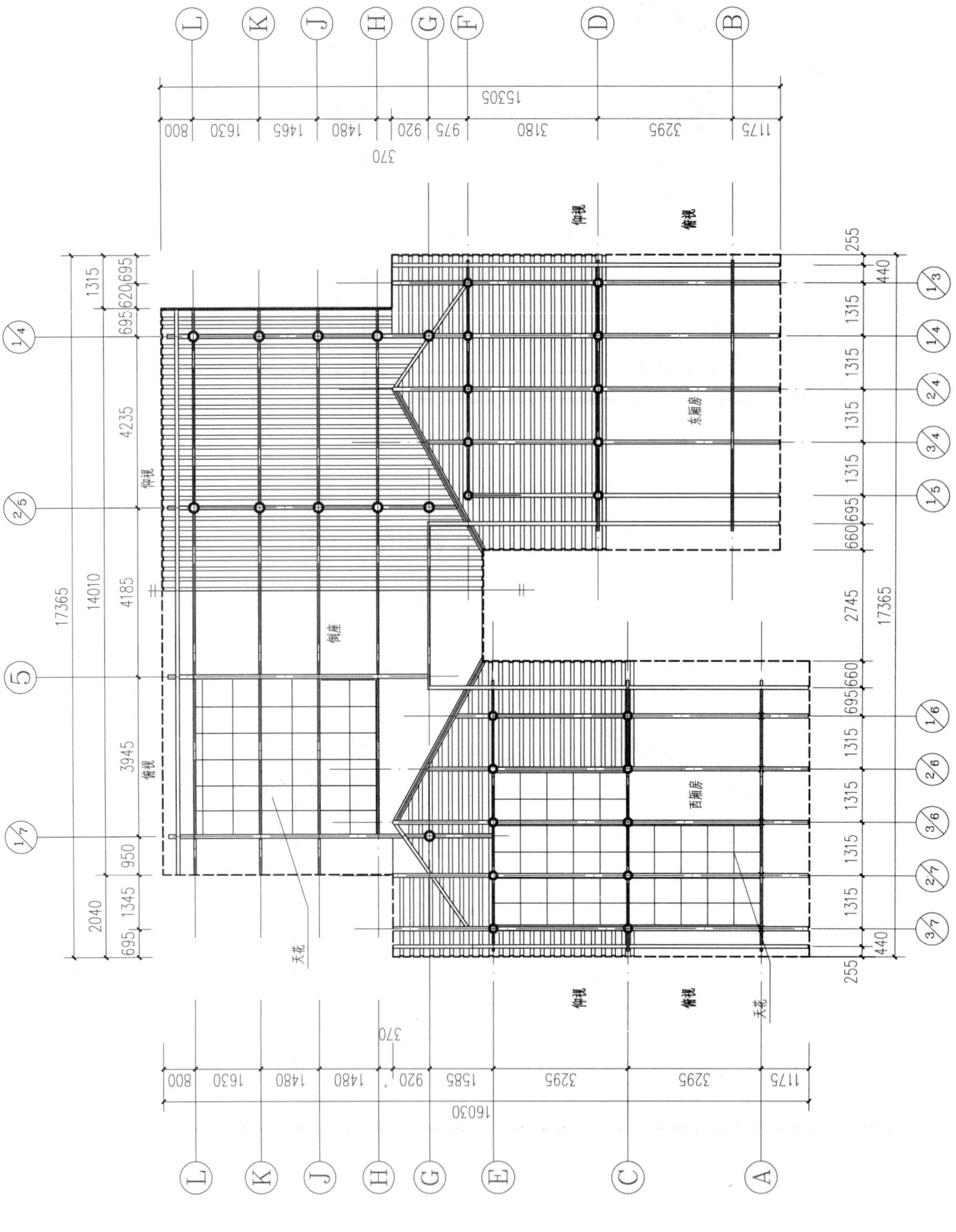

图12 厢房和过厅梁架仰、俯视图

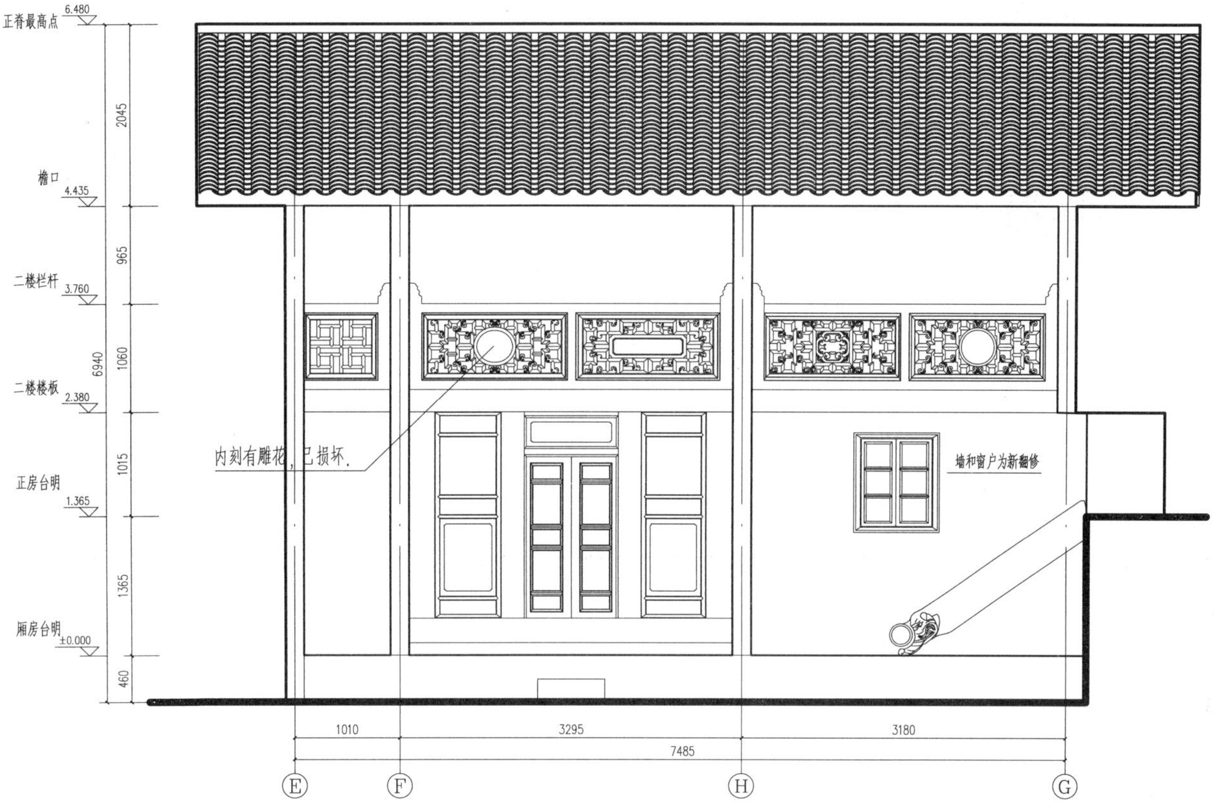

图 13　东厢房立面图

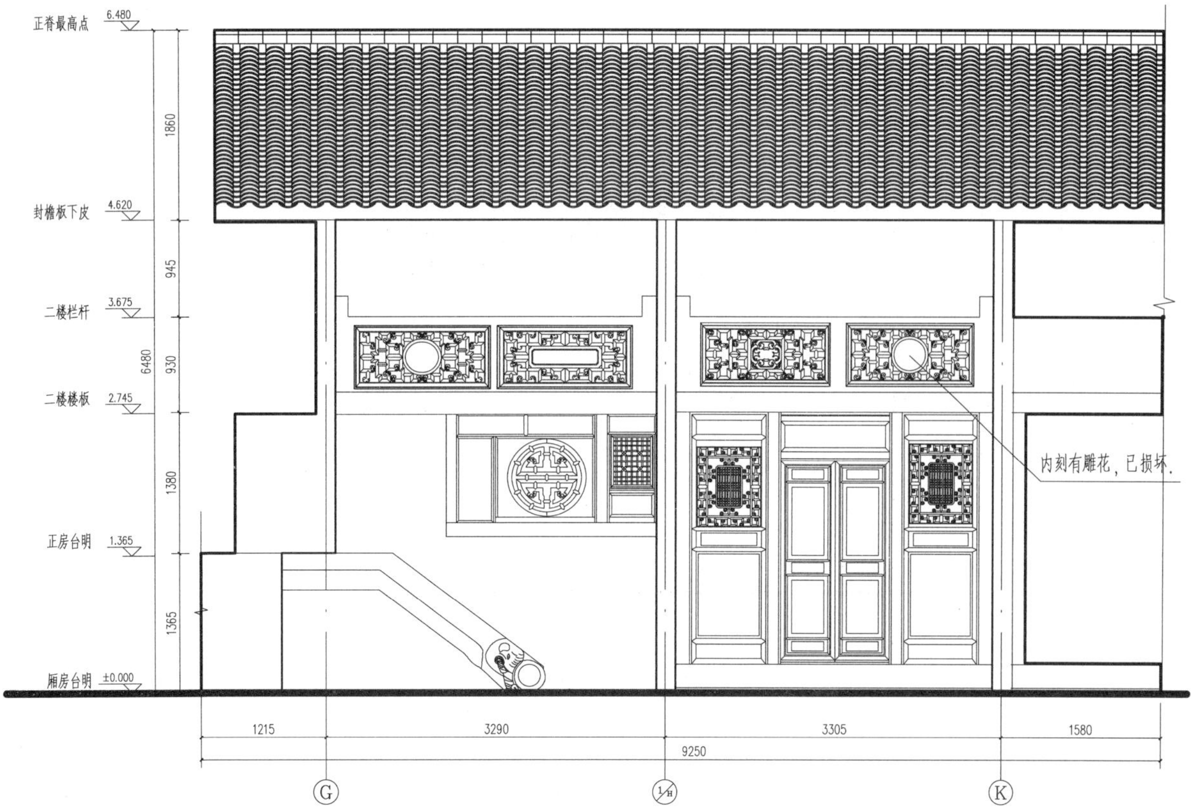

图 14　西厢房立面图

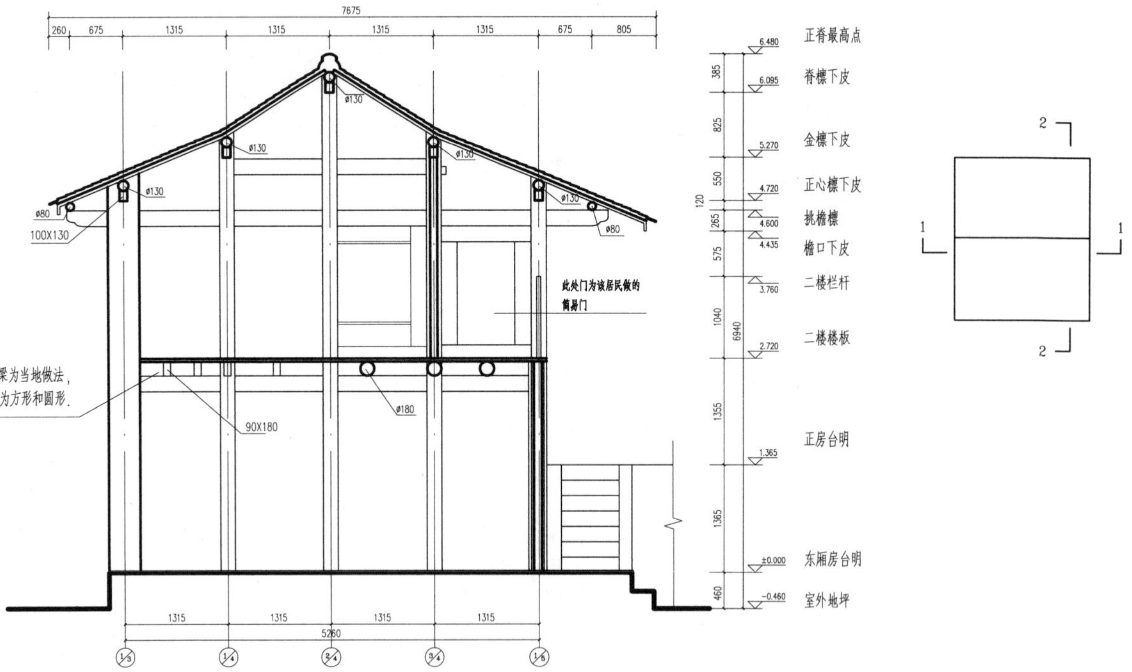

图 15　东厢房 1-1 剖面图

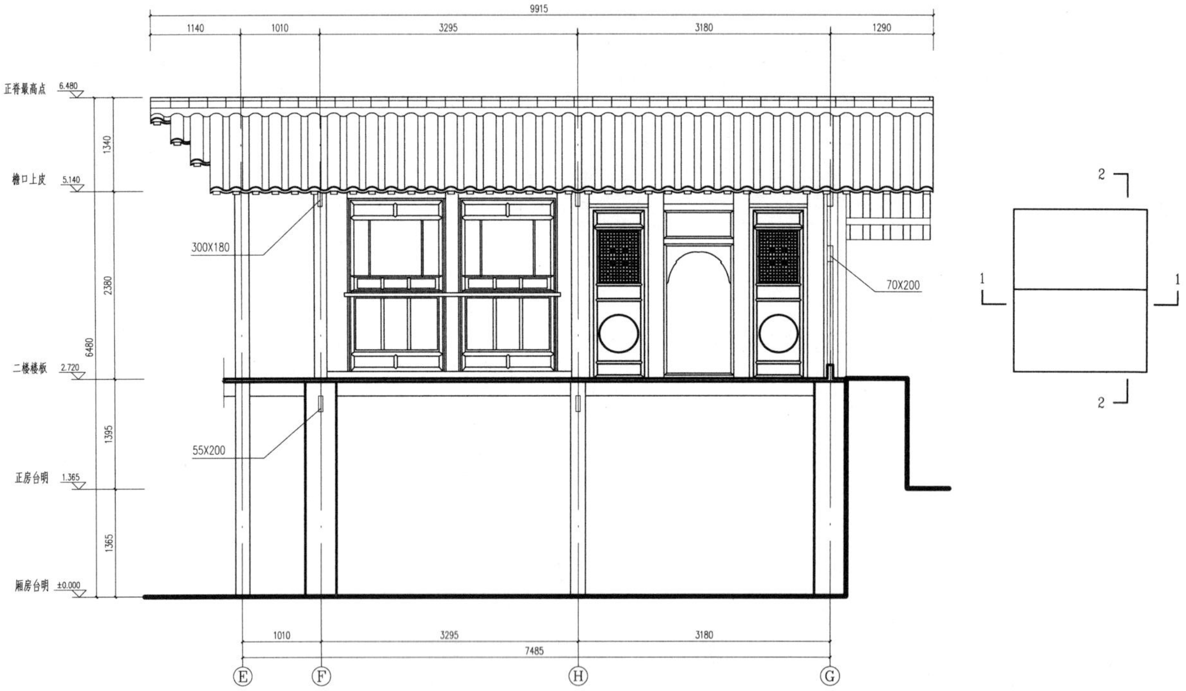

图 16　东厢房 2-2 剖面图

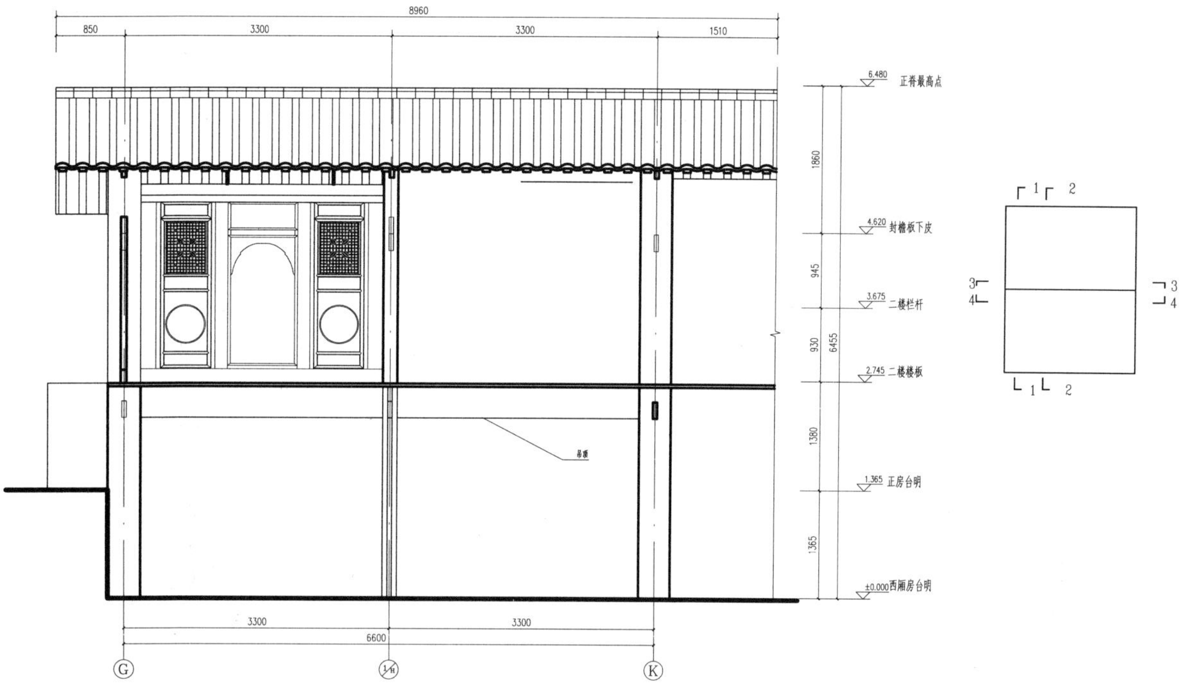

图 17　西厢房 1-1 剖面图

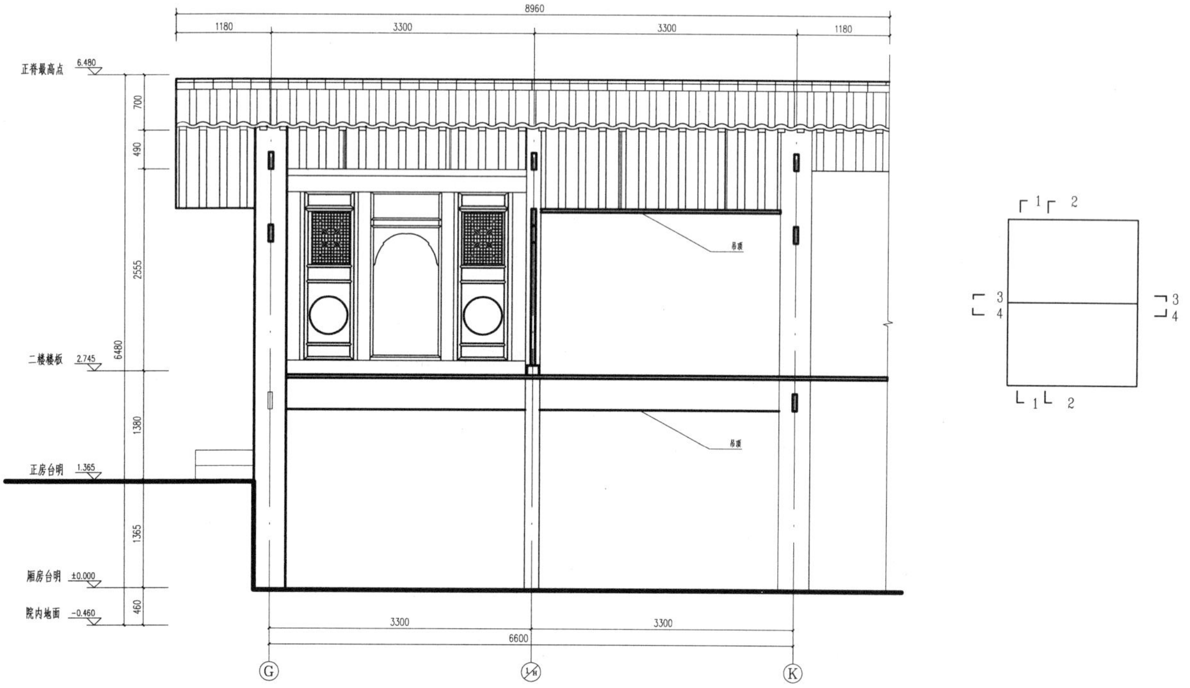

图 18　西厢房 2-2 剖面图

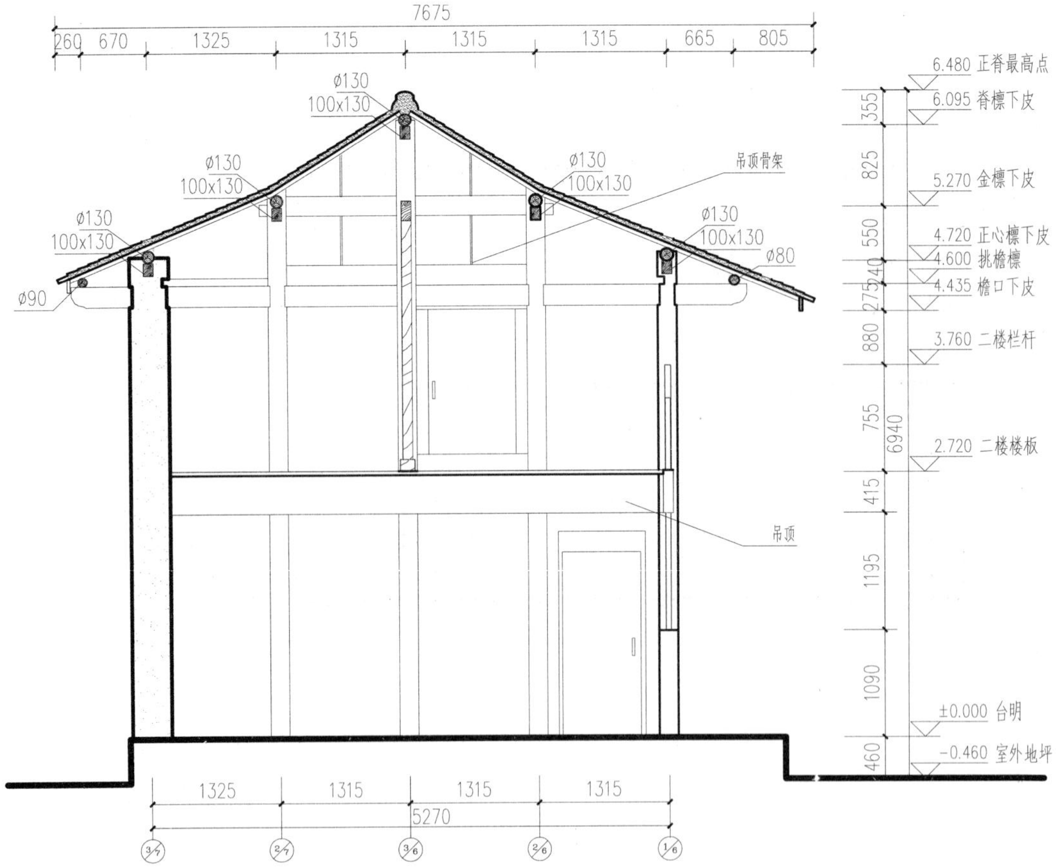

图 19　西厢房 3-3 剖面图

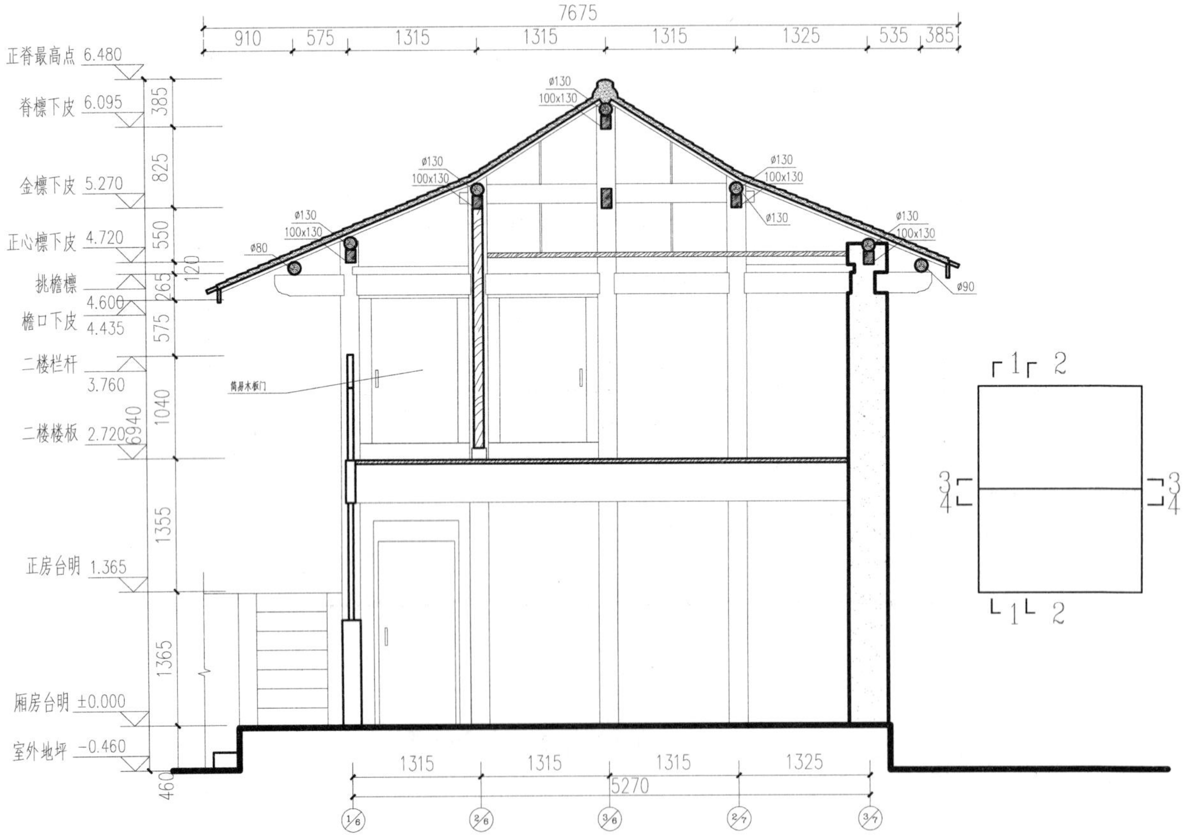

图 20　西厢房 4-4 剖面图

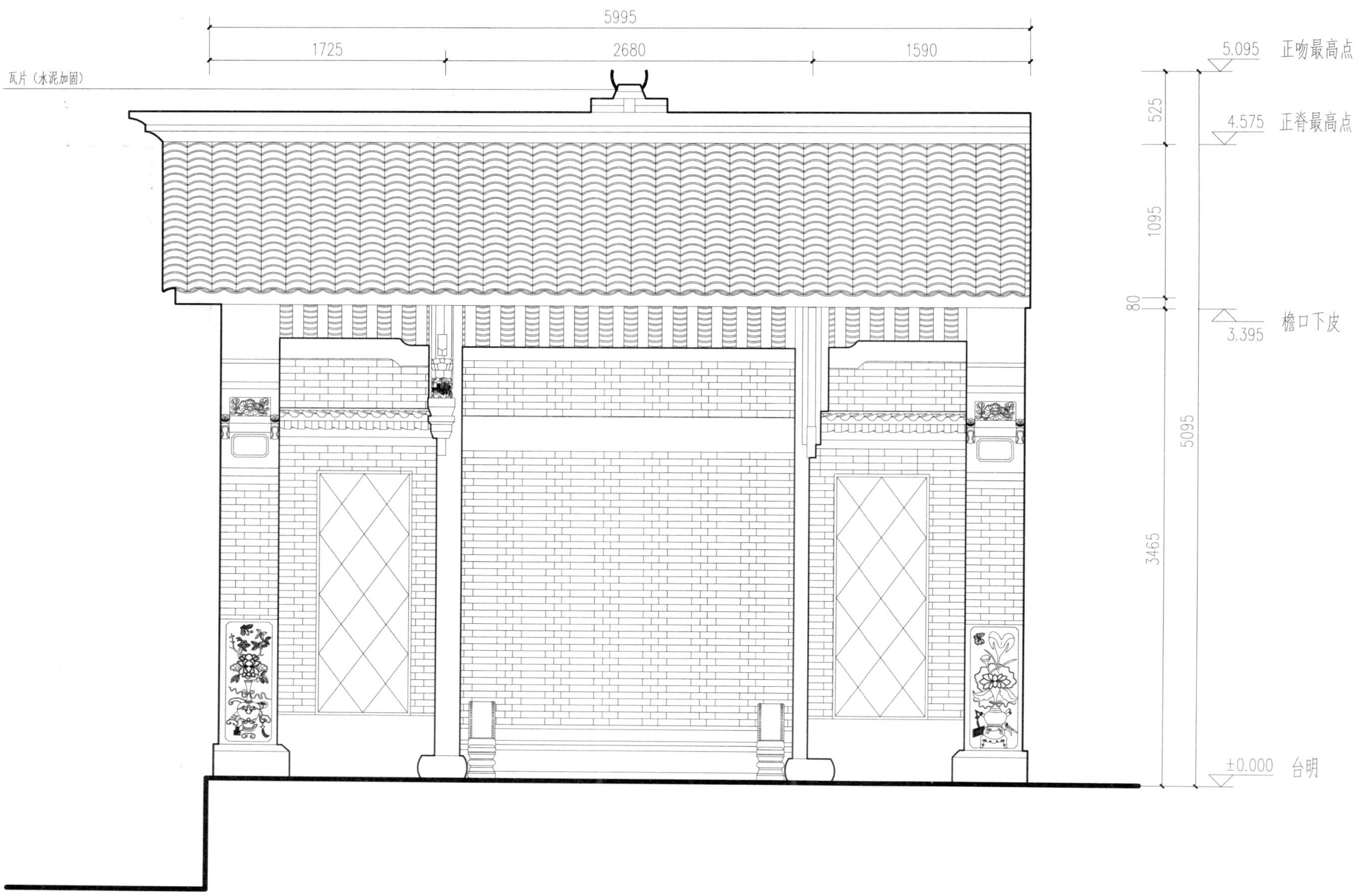
5995
1725
2680
1590
瓦片（水泥加固）
5.095 正吻最高点
4.575 正脊最高点
3.395 檐口下皮
±0.000 台明
525
1095
80
5095
3465

图 21　门房立面图

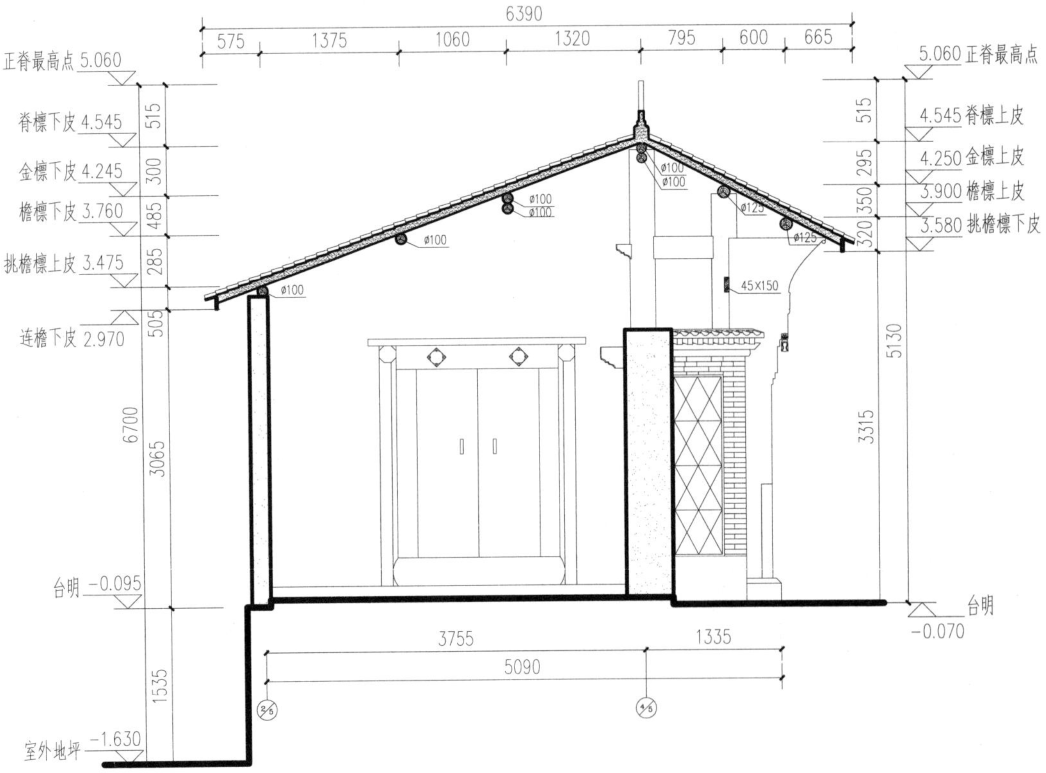

图 22　门房 1-1 剖面图

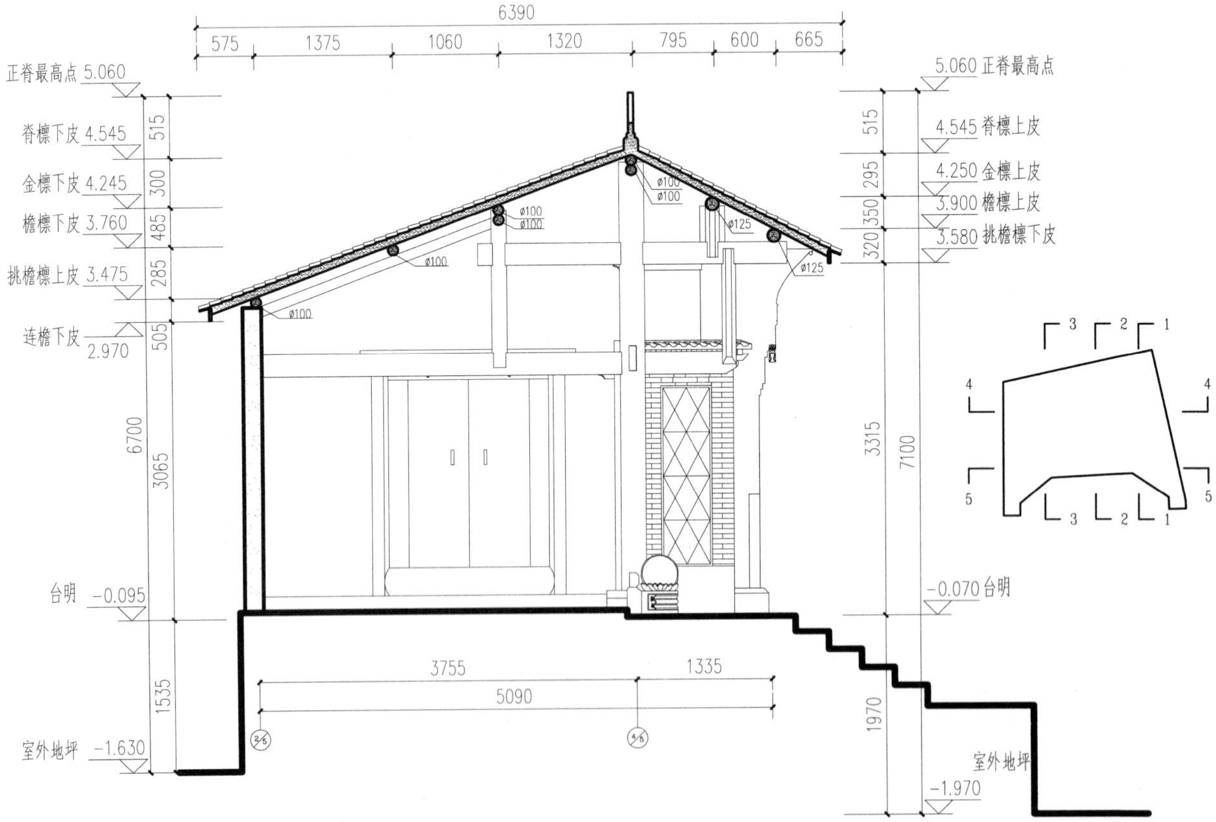

图 23　门房 2-2 剖面图

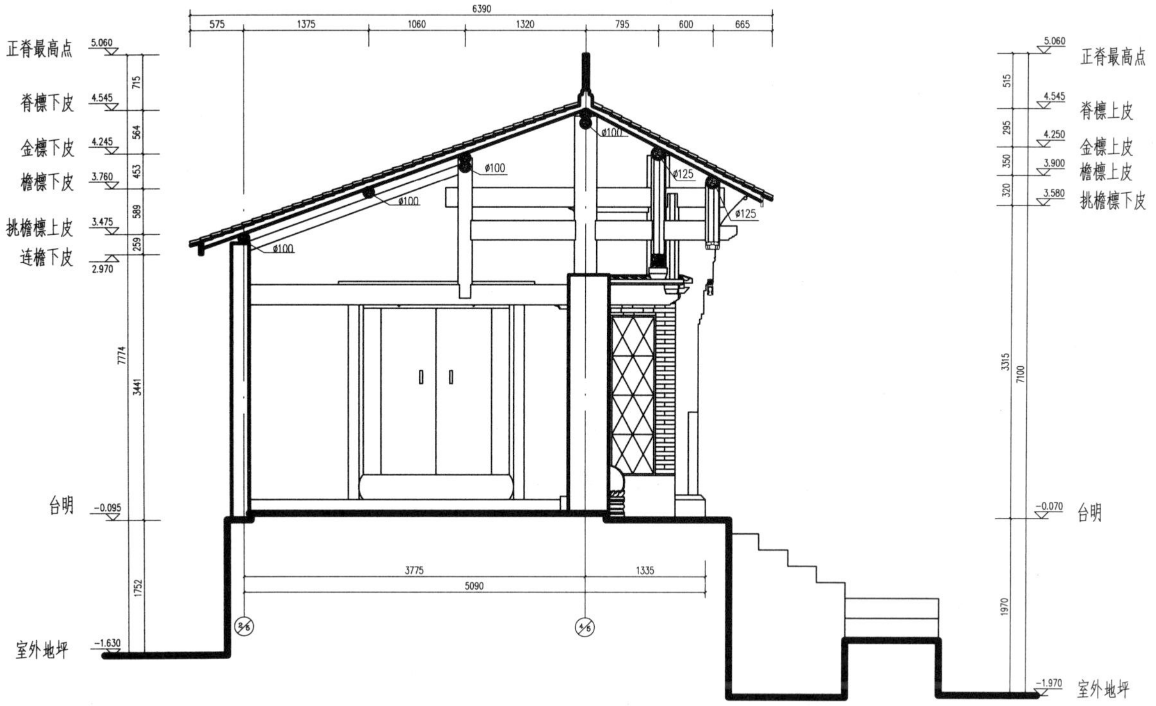

图 24　门房 3-3 剖面图

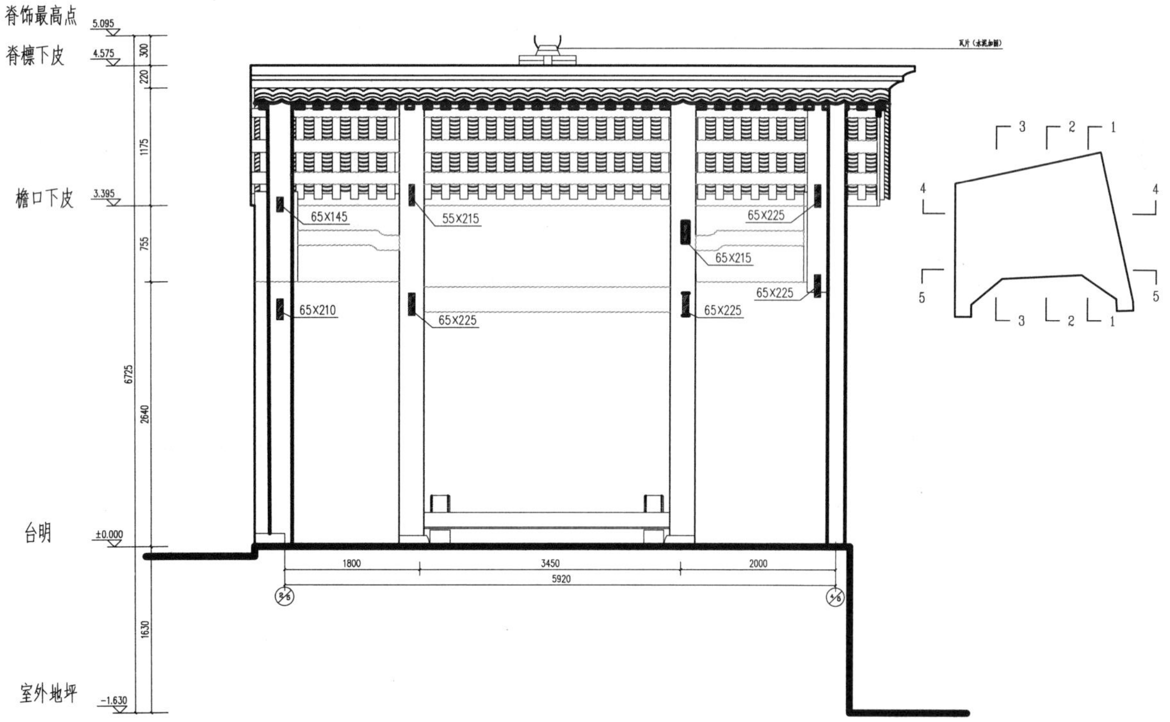

图 25　门房 5-5 剖面图

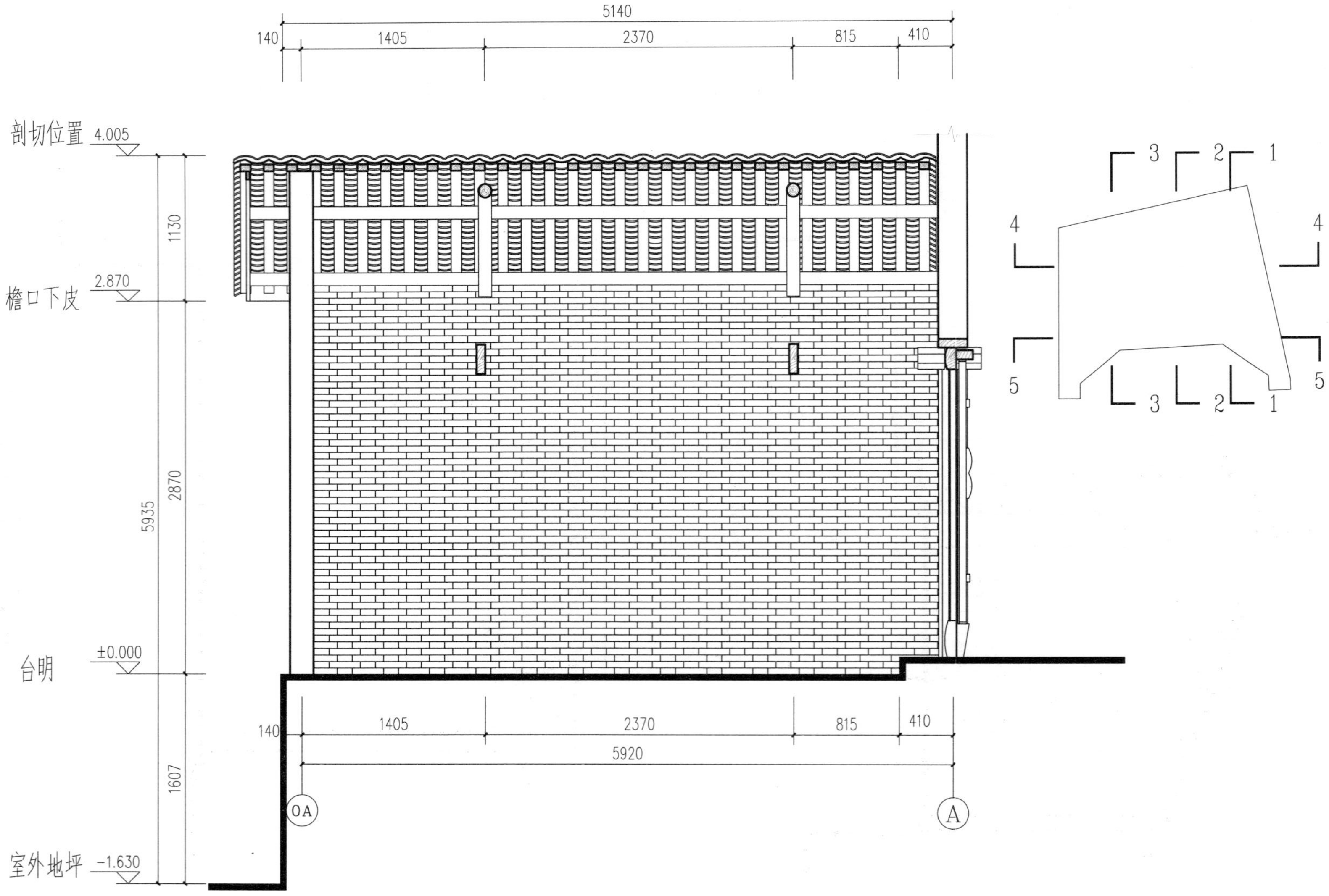
5140
140
1405
2370
815
410
剖切位置 4.005
檐口下皮 2.870
台明 ±0.000
室外地坪 -1.630
1130
2870
5935
1607
5920
OA
A
1
2
3
4
5

图 26　门房 4-4 剖面图

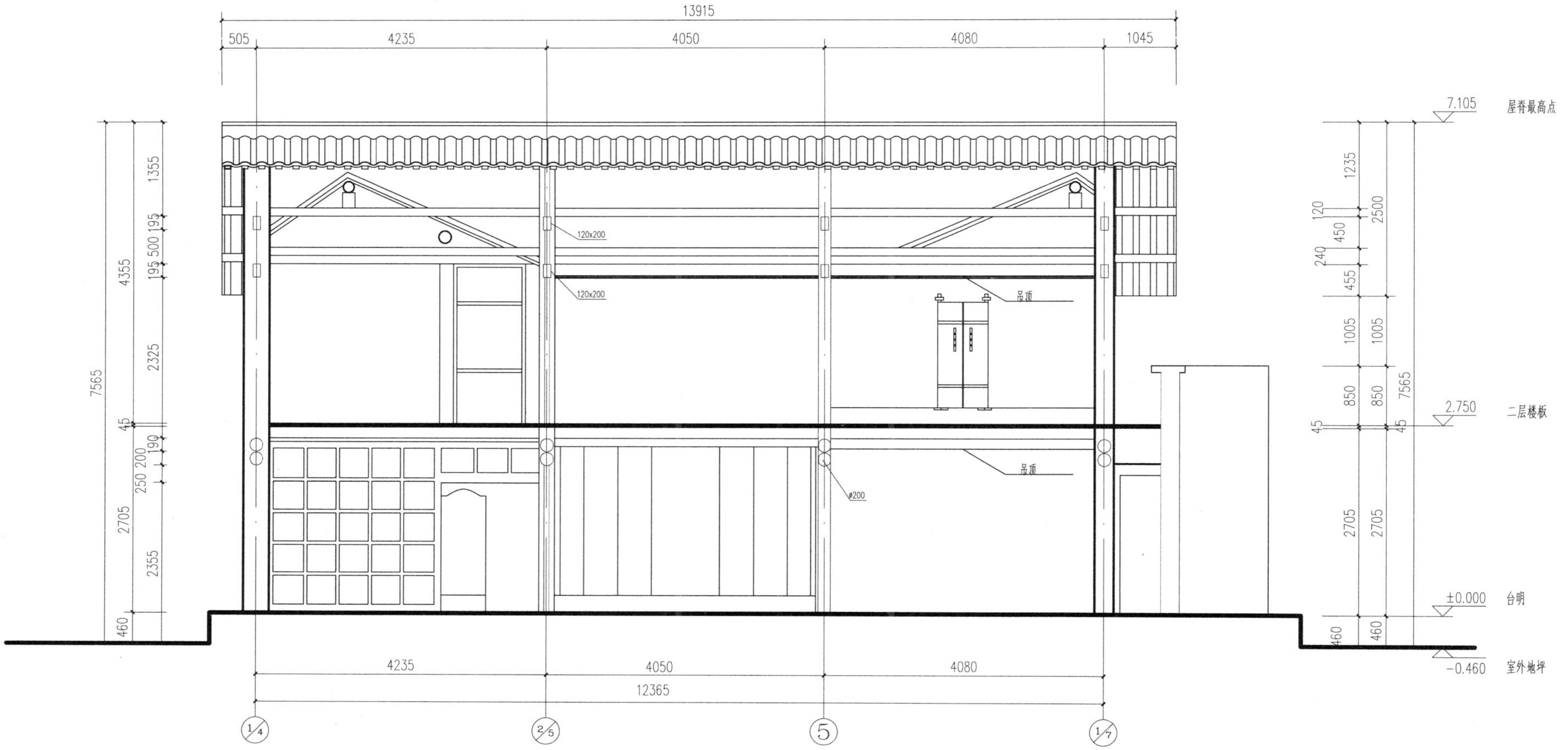
13915
505
4235
4050
4080
1045
7.105
屋脊最高点
2.750
二层楼板
±0.000
台明
-0.460
室外地坪
120x200
120x200
吊顶
吊顶
φ200
7565
4355
1355
195 500 195
2325
45
190
250 200
2705
2355
460
1235
120
450
240
455
1005
850
2500
12365
1/4
2/5
5
1/7

图 27　倒座剖面图

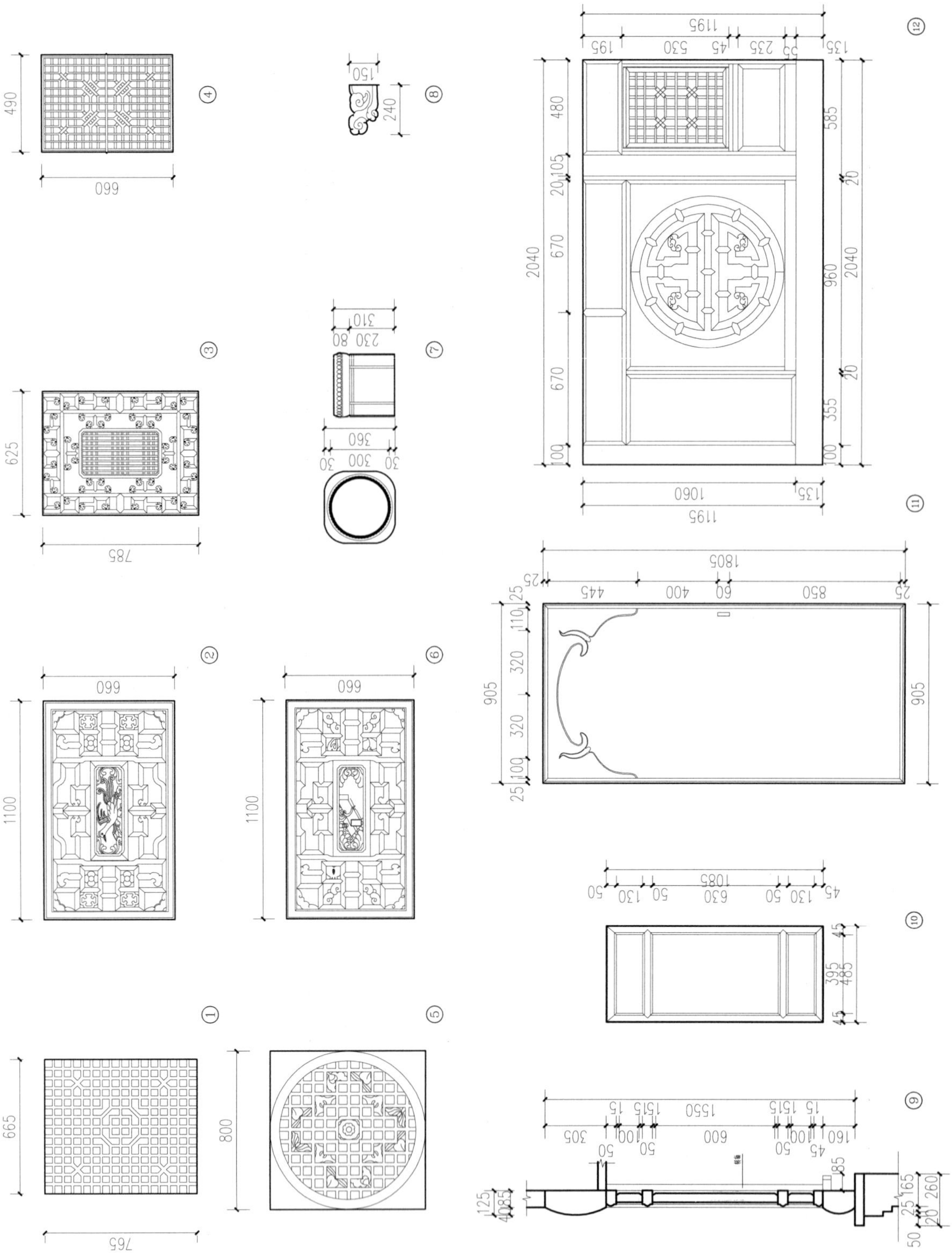
①
②
③
④
⑤
⑥
⑦
⑧
⑨
⑩
⑪
⑫
765
665
660
1100
785
625
490
800
360
310
150
240
1805
905
1195
2040
1060
1085

图 28 雕花大样图之一

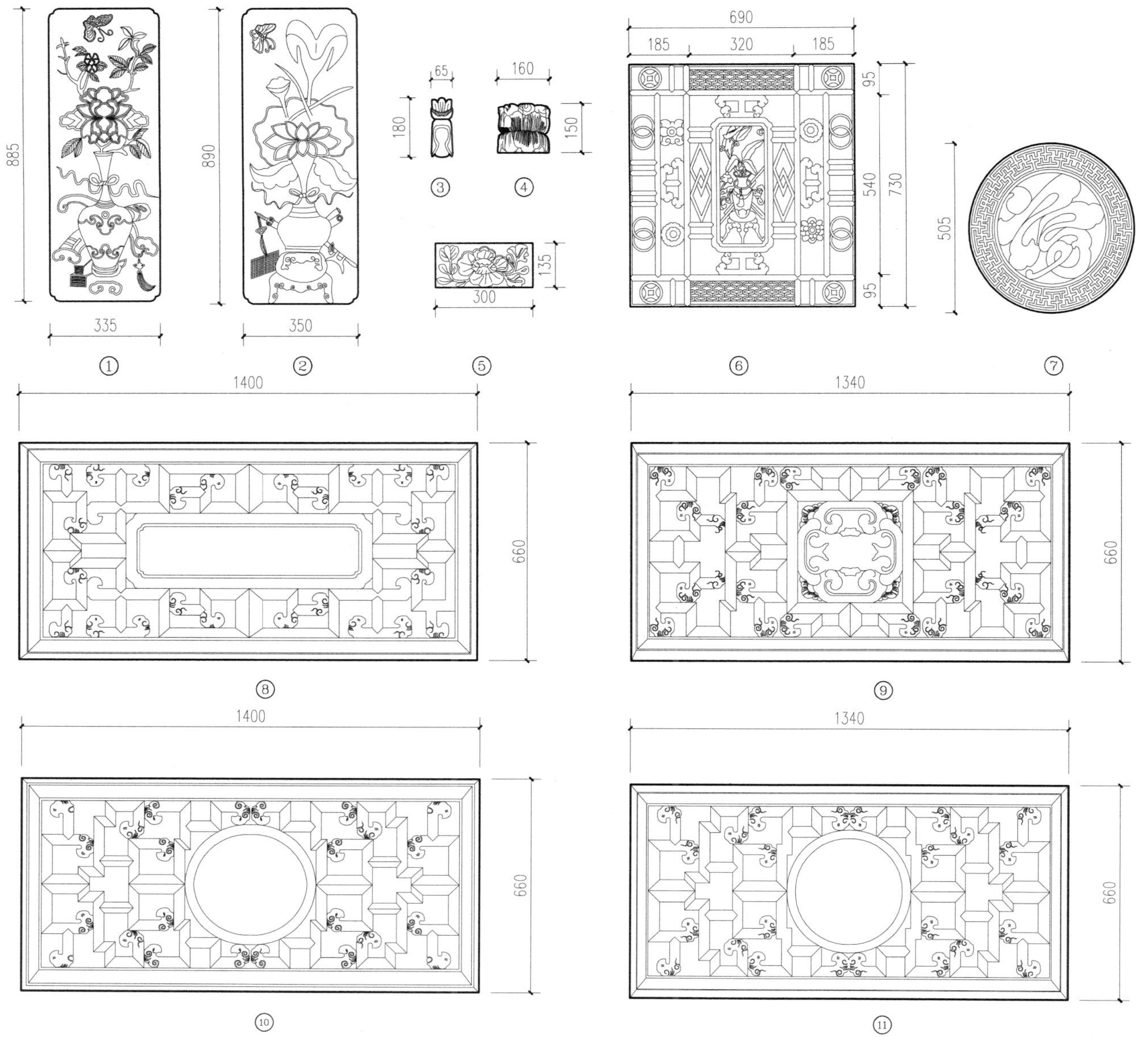
885
335
①
890
350
②
65
180
③
160
150
④
135
300
⑤
690
185
320
185
95
540
730
95
⑥
505
⑦
1400
660
⑧
1340
660
⑨
1400
660
⑩
1340
660
⑪

图 29　雕花大样图之二

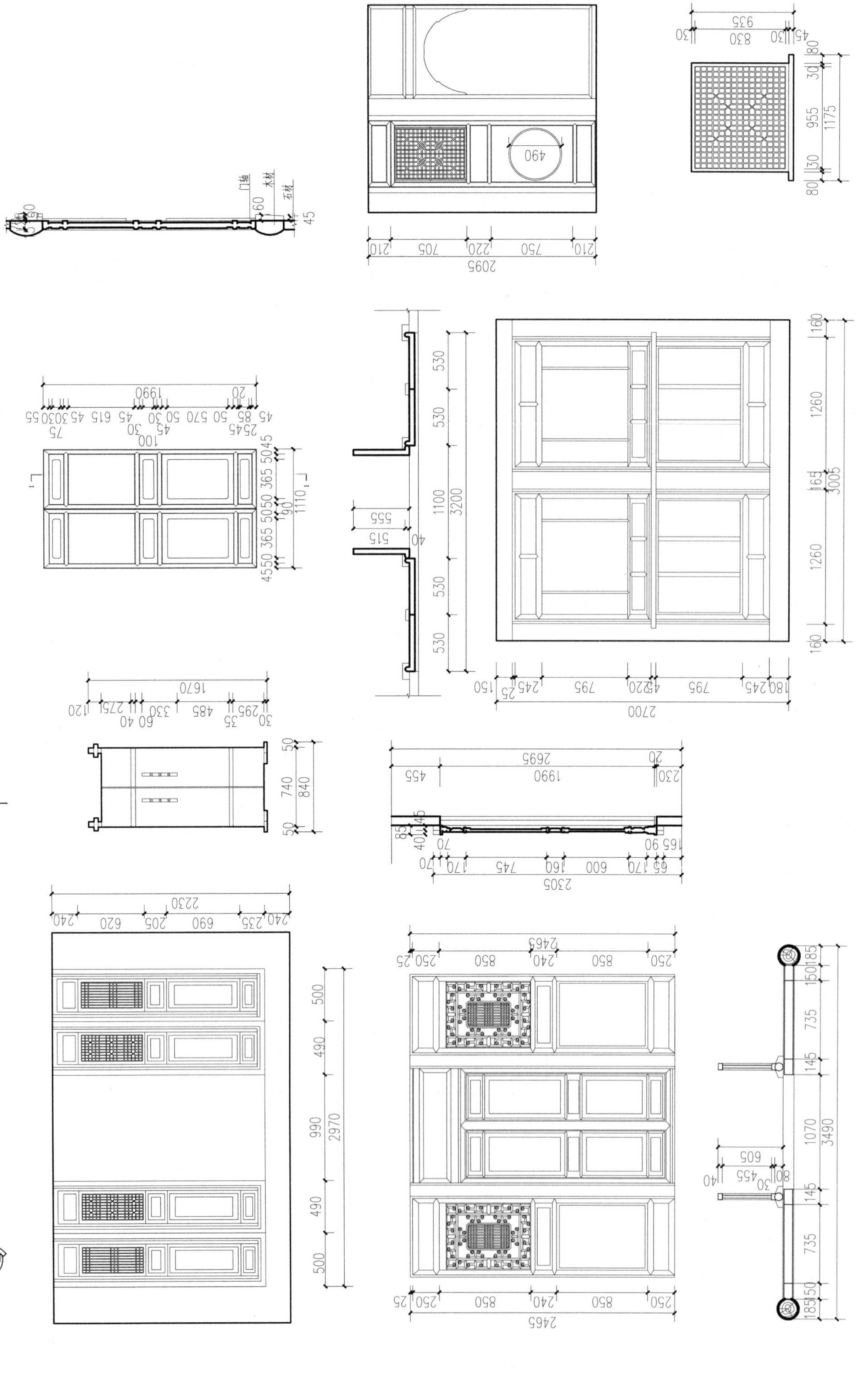

图 30 门窗大样图

两当县左家泰山庙

左家泰山庙位于甘肃省陇南市两当县左家乡大庄村太平场组，左家泰山庙始建年代无考，20 世纪 90 年代中期当地民众捐资重修[1]。左家泰山庙与灵官峡登真洞景区及甘肃省历史文化名村、甘肃省文保单位杨店镇古建一条街相距 5km，同在九龙川的红崖河畔，山水相连，现已成为闻名甘陕的风景名胜之地。已故政协原副主席杨生昌先生曾这样描写左家泰山庙："雕梁画栋夺天工，风雨千年成古城。太平一方留胜迹，不攀东岳功自成。"[2]

左家泰山庙在清代咸丰元年（1851 年）曾进行过大规模修缮，由乡贤龙登云慷慨义捐，担任建庙总督工。经 50 余日，增修卷棚，加补彩绘大殿、谯楼、戏楼、台阶等。竣工之日，各界人士乐捐银两上千，布施工匠粮食数石，时有十八社首鼎力相助。现存一残碑，字迹模糊，难以辨认，仅左边存留："……为界、□路各为界、北至□献殿各为界……督工会首，住持何教贵。公立。"现任会长左尚明说："这是一块功德碑，记录了当时建庙捐资人姓名、四至界限及督建情况。因文字不是直接刻在石碑上，而是在石碑表层涂了一层特制调和泥，然后刻的文字，加上年代久远，表层风化脱落，字迹难以辨认。"

泰山庙整体布局坐东朝西，现存建筑 7 座，其中谯楼、正殿与南北两序偏殿成一组南北对称的院落，戏楼单独位于院落东西轴线延伸线略偏北。

戏楼 2001 年重建，坐西朝东，硬山顶建筑，面阔三间，"人"字形梁架。戏楼上下两层，以楞木上覆木板分隔，上层为戏台，下层明间为过道，两次间分别为演员化妆、休息室及道具库房，并在道具库房西南角布置楼梯供表演者登上二层戏台。二层后檐墙明间开矩形窗，左右两侧对称开圆形漏窗。屋面灰瓦满铺，雕花正脊、垂脊，脊端置脊兽，山墙墀头嵌砖雕，墙体及木构部分遍刷红色。

谯楼又称钟鼓楼，为坐东朝西的门庑式楼阁，面阔三间，进深四架椽，单檐歇山顶。整体坐落于条石砌筑约 1m 高的台基上，有踏步五级。明间通高不设门形成过道，两次间设夹层，

[1] 刘瑞，杨永红主编 . 两当县志 [M]. 兰州：甘肃文化出版社，2005：705.

[2] 成仁才，李兴林主编 . 两当史话 [M]. 兰州：甘肃文化出版社，2011：72.

下部塑牵马人像，檐面及山面上部均开圆形漏窗。谯楼柱间施额枋，柱头置平板枋，用材硕大，高厚比达到了6 ∶ 5，截面接近方形。平板枋上用斗栱，柱头科翘头雕刻成龙首形，明间用平身科两攒，翘头雕刻成象首形；两次间各用一攒，翘头亦作假昂，但雕刻不及明间平身科华丽；角科则龙首、象首两种形式的翘兼而有之。翘头上置小斗安雕刻精美的实拍厢栱，上承撩檐枋。谯楼前檐明间斗栱布置有别于其他位置，这一部分的斗栱分为上下两层，下层斗栱为两攒柱头科，其间等距布置三攒平身科，用四层翘。柱头科不用坐斗，而是层累相交贯穿柱身，翘头上的瓜栱为雕刻精美的花板，用材明显窄于其他横栱。耍头伸出挑垂柱，垂柱上置平板枋承上层斗栱，上层斗栱只出一层翘，耍头刻作龙首形承撩檐枋。檐面平身椽截面为方形，翼角椽截面为圆形；山面均用圆形檐椽。灰色筒板瓦屋面，砖砌山花，正脊、垂脊、博脊均使用雕花砖，纹样为花草形。戗脊与垂脊相交处仍用雕花砖，并延至戗脊三分之一长度处，其余部分为筒瓦脊。明间悬“谯楼”匾一块，左书小字“戊寅年泰山观第八次文化庙会”，右侧落款为“二监龙登云五世孙宗尧题献”。檐面向外伸出八字短墙，墙体中央及墀头部分嵌砖雕，并在墙端嵌砖雕对联一副，其对联曰：“巍宇辉煌千古峙”，“神功浩荡万家春”。墙体及柱子遍刷红色，梁枋斗栱上施以蓝、绿、金三色为主的地方彩画。

大殿整体坐落于约1.4m高的台基上，1993年当地民众捐资翻修大殿，重塑殿内神像。大殿为硬山顶建筑，面阔三间，进深四架椽，明间略宽于两次间，明间及两次间均安装版门，裙板及格心部分彩绘故事画，绦环板部分雕刻八仙法器。额枋用材较小，平板枋用材硕大，截面近圆形，上下斫平以增大与柱枋的接触面积。仅前檐用斗栱，柱头科第一层翘头刻作龙首形，第二层翘为随梁出跳，随梁头亦刻作龙首形，两层翘头上均不置横栱而叠置梁头承花板及挑檐檩，用方椽。明间置一攒平身科，两次间各置两攒，其中以明间平身科最具特色，由三个独立的坐斗共同支撑其上交错的栱件，横栱和翘层层叠压，其间第一层对称斜出6条象首形栱，第二层对称斜出8条龙首形栱，第三层对称斜出10条方形栱，栱端抹斜。次间平身科皆用两层翘，其中邻近柱头科一攒第一层翘为凤首形，邻近角科一攒第一层翘为象首形，斗栱攒当有栱眼壁。殿内只用两棵金柱，三步接尾梁前端插入金柱，后端落在后檐柱上，上部再置一层三架梁，前端落在金柱柱头，后端以柁墩支承于三步接尾梁上，三架梁上立短柱支撑脊檩。殿内保存着大面积道教题材的壁画，人物刻画惟妙惟肖，栩栩如生。屋面铺设灰色筒板瓦，正脊雕花砖为龙纹，正脊中部有脊刹，脊端有吻兽。大殿门口现存石雕人猴1尊，石雕狮子1个，分置两侧，观此两尊石雕风格迥异，石质有别，应非此处原物。

南、北偏殿为2001年重建，均为面阔5间的廊房，前檐开敞，内塑十殿阎王。偏殿正脊为青砖砌筑，上覆筒瓦，不用垂脊。南北偏殿旁各附建房屋3间，用作会议室、厨房、起居房等附属功能。

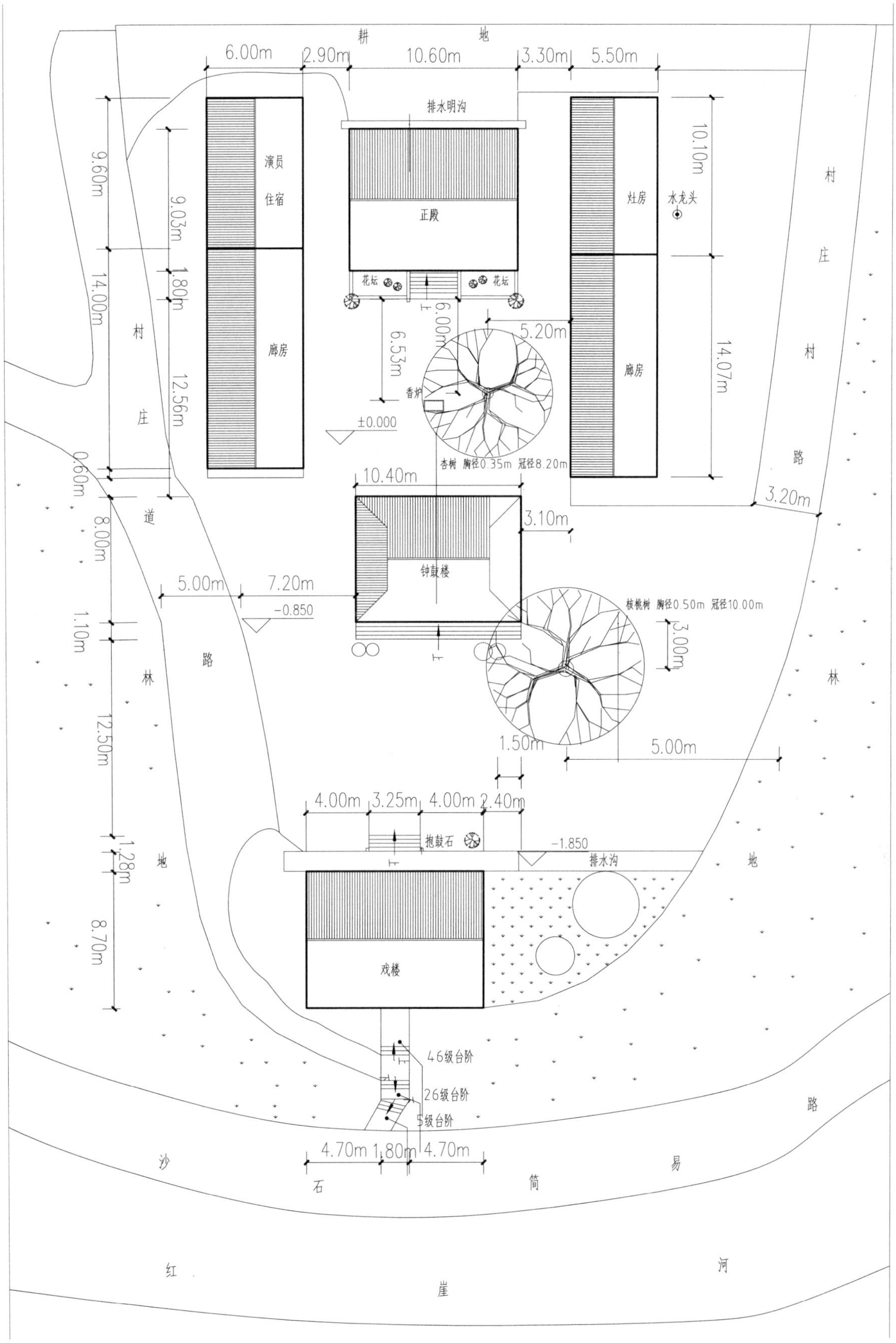
耕地
排水明沟
演员住宿
正殿
灶房
水龙头
花坛
花坛
廊房
廊房
香炉
±0.000
杏树 胸径0.35m 冠径8.20m
钟鼓楼
-0.850
核桃树 胸径0.50m 冠径10.00m
抱鼓石
-1.850
排水沟
戏楼
46级台阶
26级台阶
5级台阶
村庄道路
村庄村路
林地
林地
沙石简易路
红崖河

图1 总平面图

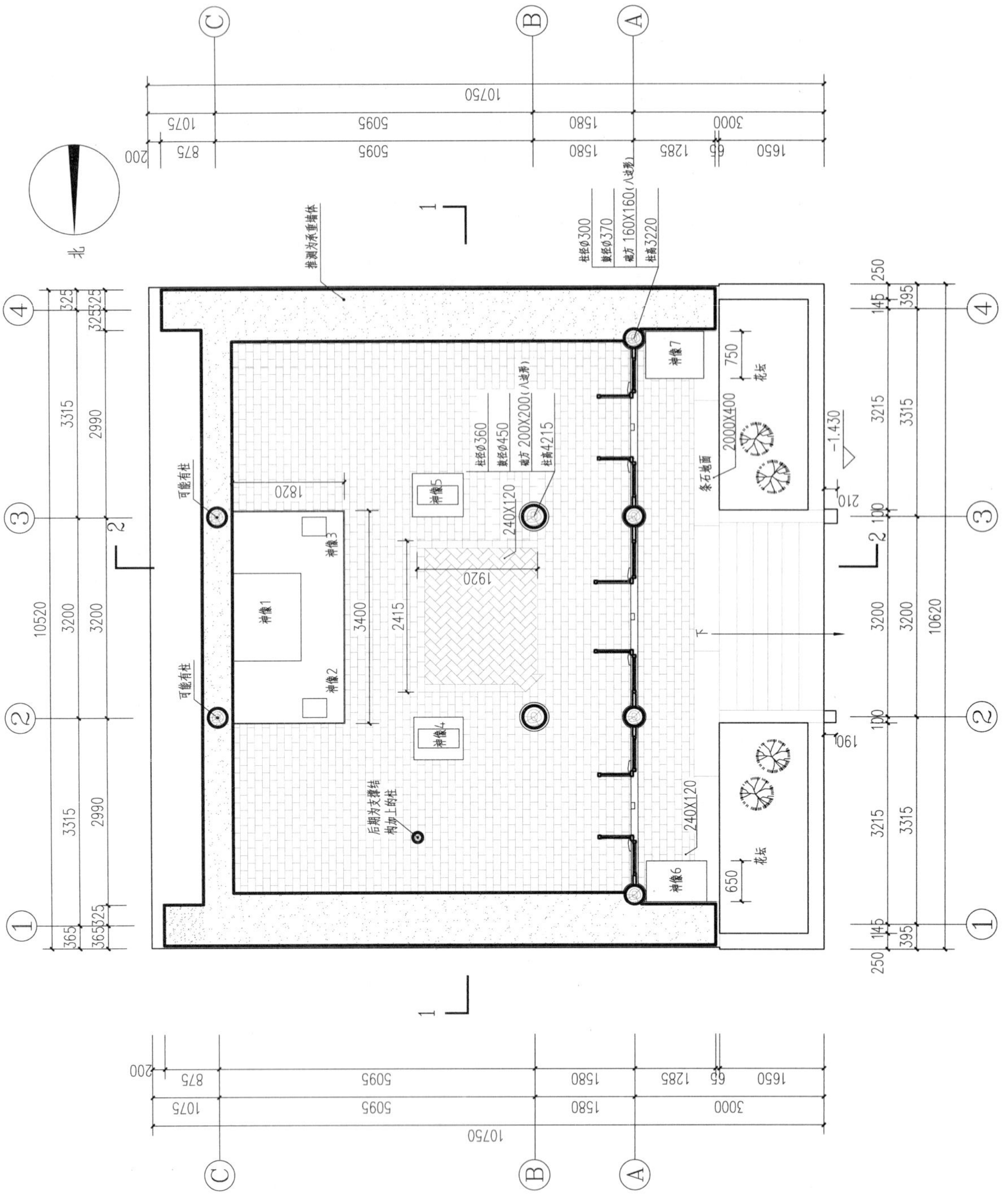

北
推测为承重墙体
可能有柱
可能有柱
神像1
神像2
神像3
神像4
神像5
神像6
神像7
后期为支撑结构加上的柱
条石地面
花坛
花坛
2000X400
240X120
柱径Φ300
覆径Φ370
础方 160X160（八边形）
柱高3220
柱径Φ360
覆径Φ450
础方 200X200（八边形）
柱高4215
-1.430
10750
10520
10620

图 2 正殿平面图

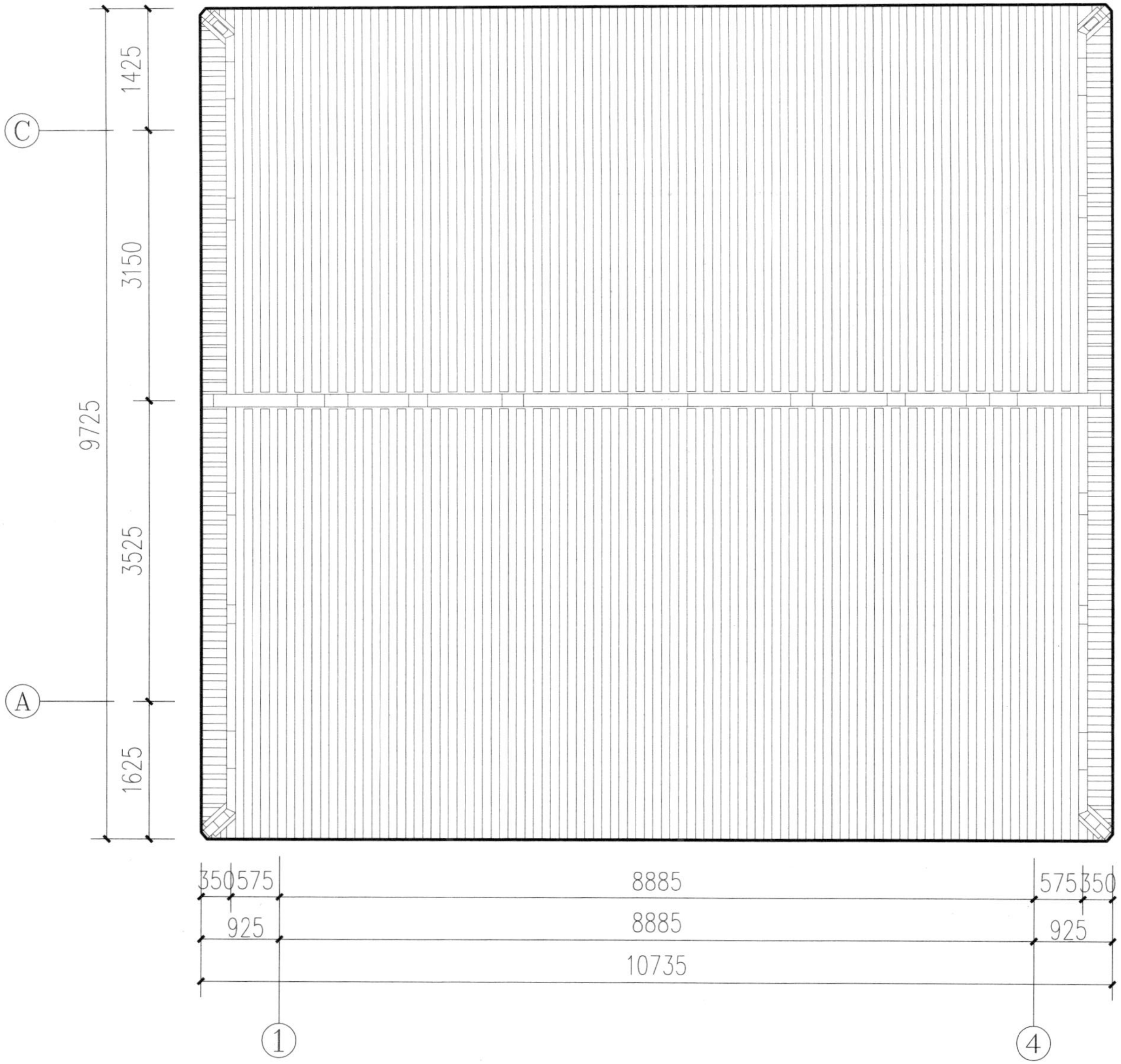
1425
3150
3525
1625
9725
C
A
350
575
8885
575
350
925
8885
925
10735
1
4

图 3　正殿屋顶平面图

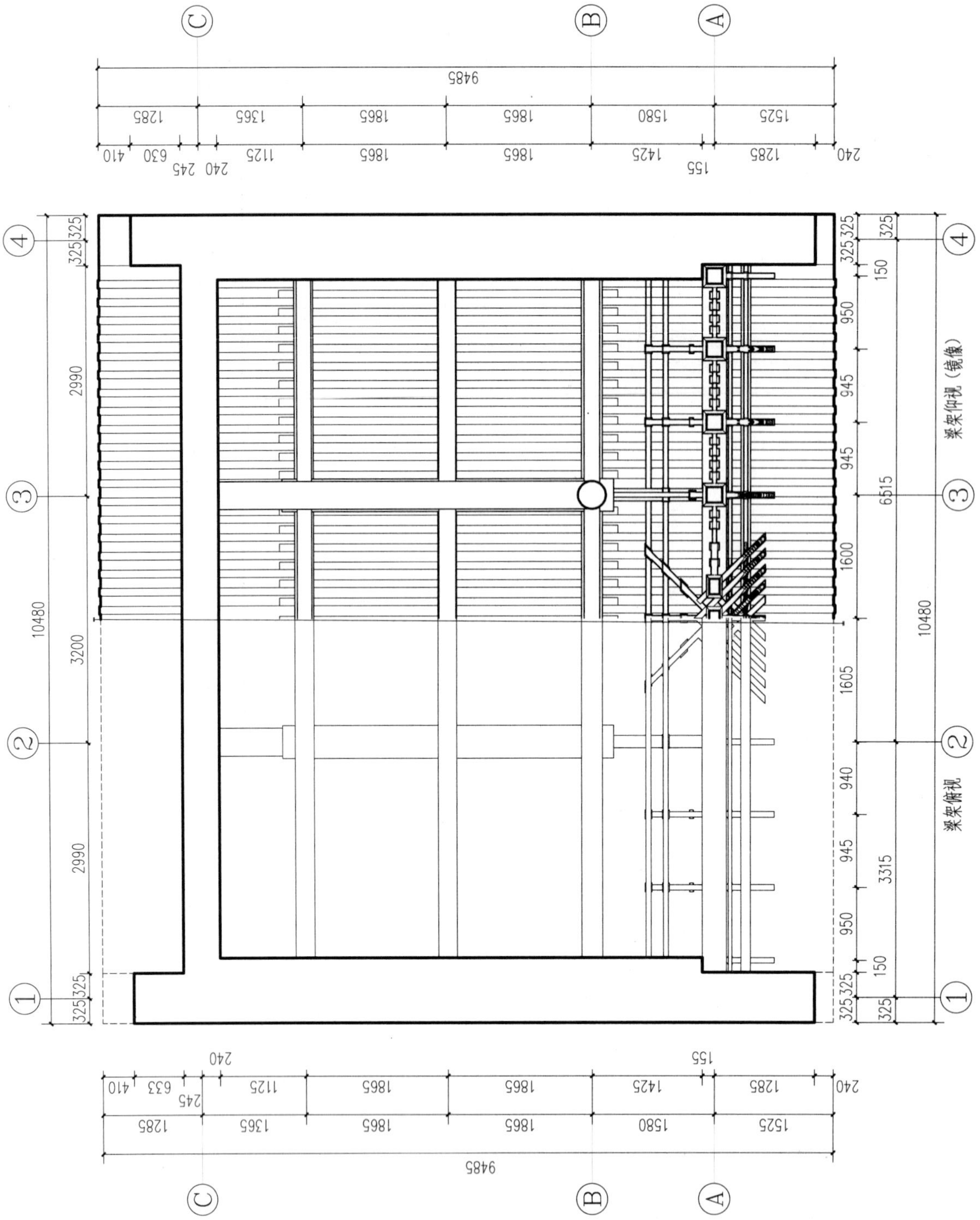

图 4　正殿梁架仰、俯视图

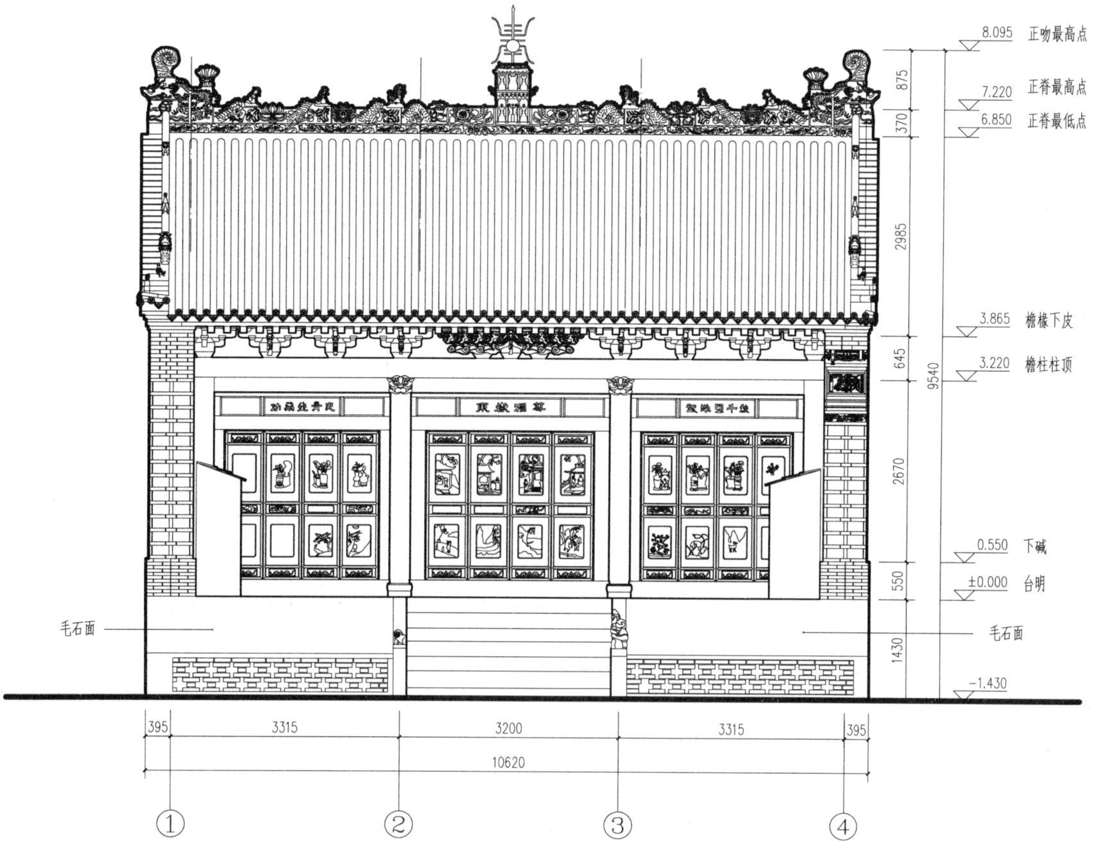

图 5 南立面图

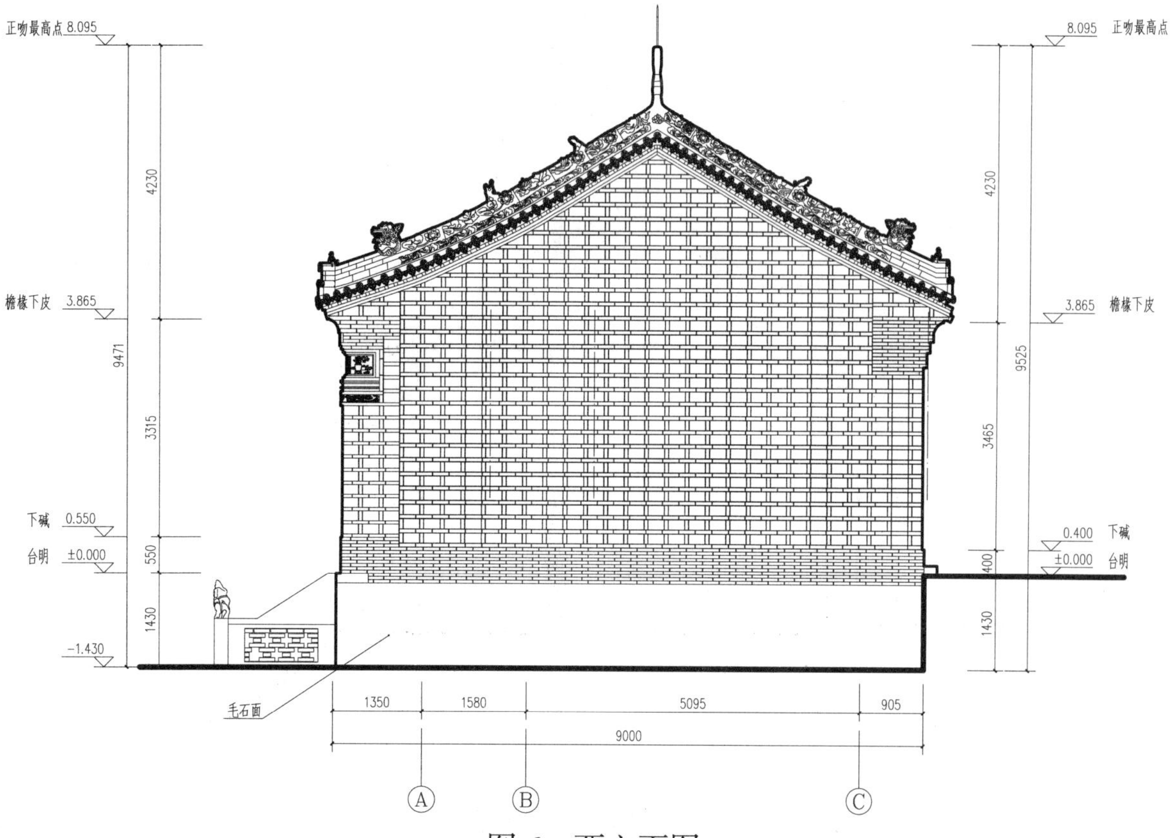

图 6 西立面图

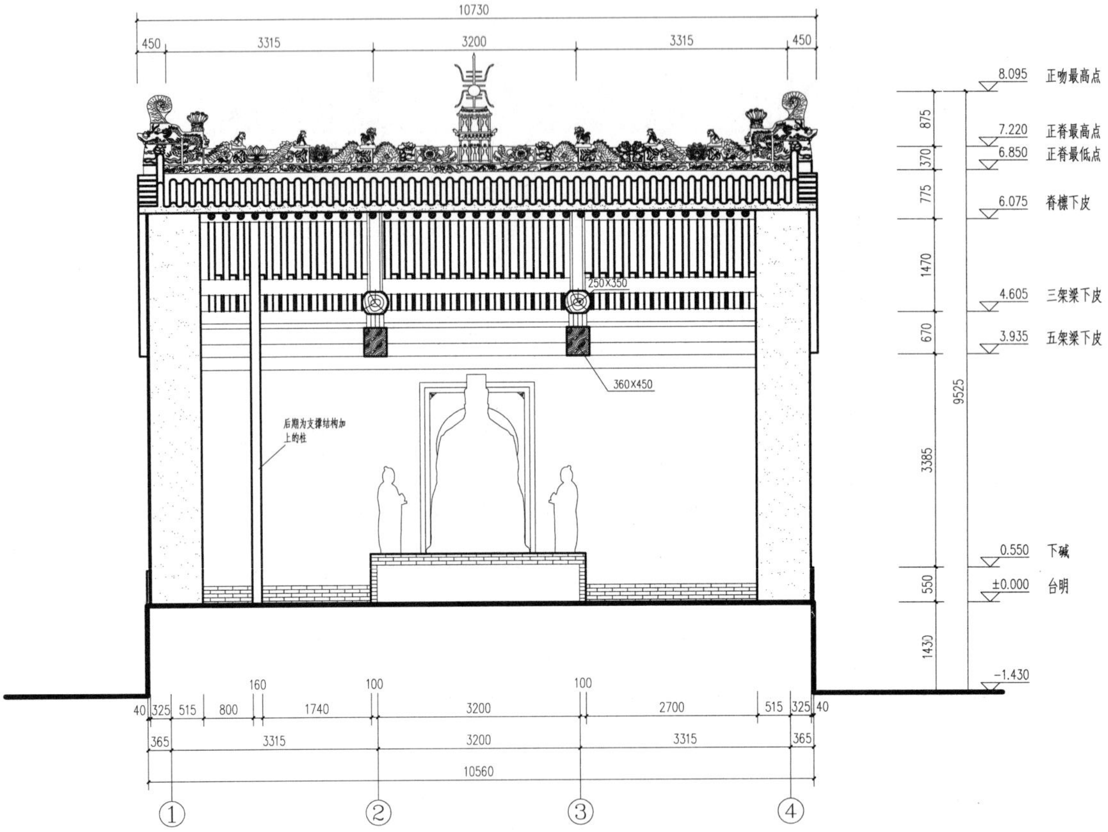

图 7　正殿 1-1 剖面图

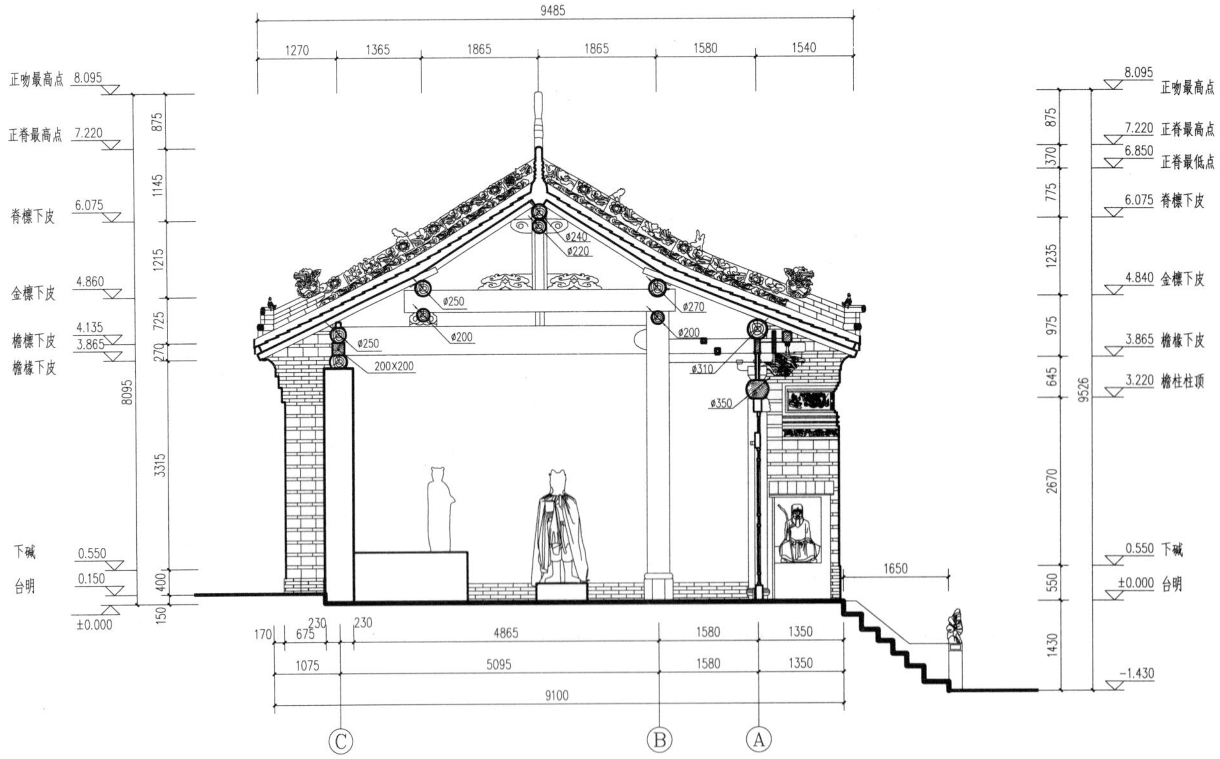

图 8　正殿 2-2 剖面图

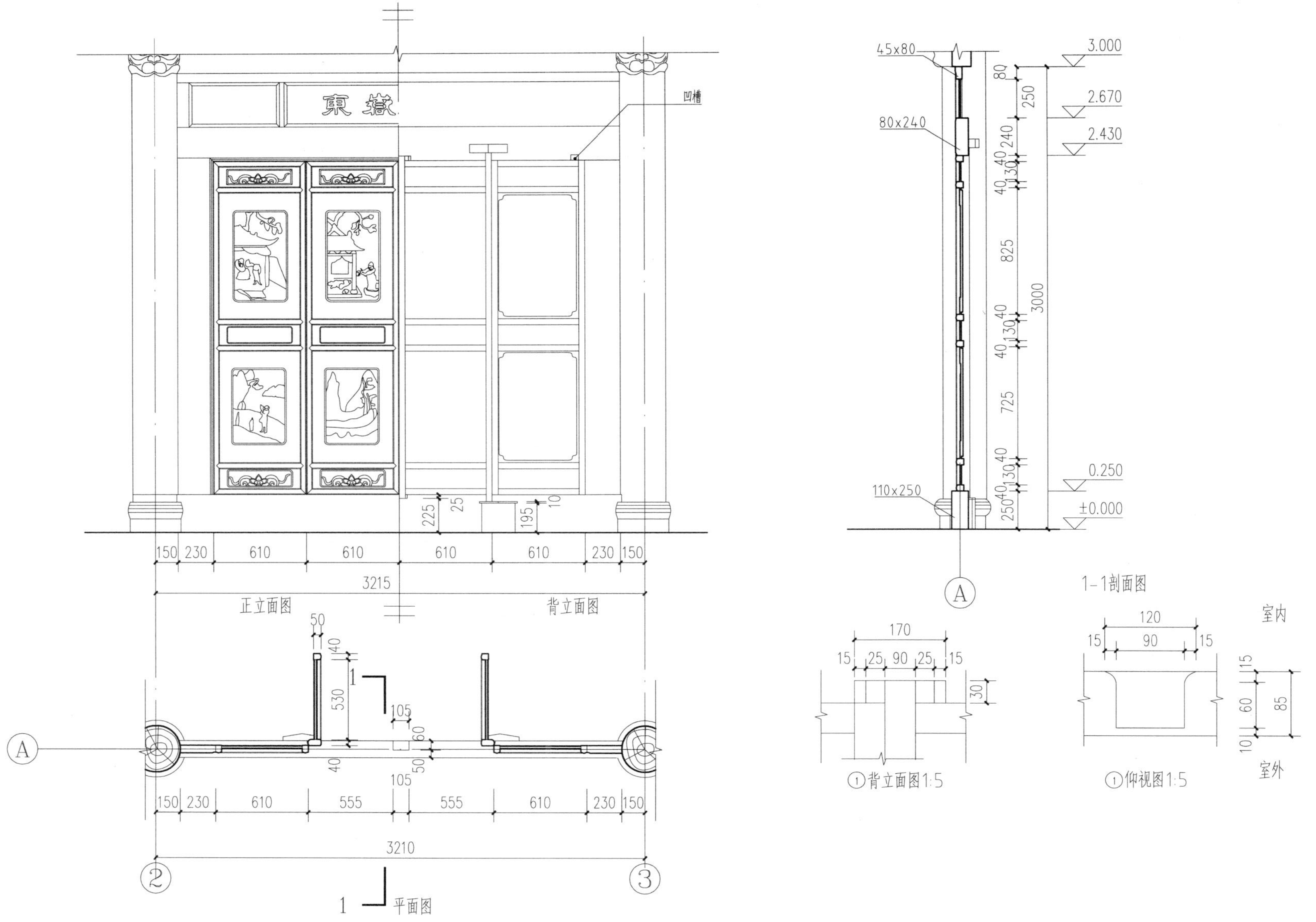

東嶽
凹槽
正立面图
背立面图
平面图
1-1剖面图
45x80
80x240
110x250
3.000
2.670
2.430
0.250
±0.000
3215
3210
①背立面图1:5
①仰视图1:5
室内
室外

图 9　正殿大门大样图

图 10　正殿大门雕花大样图

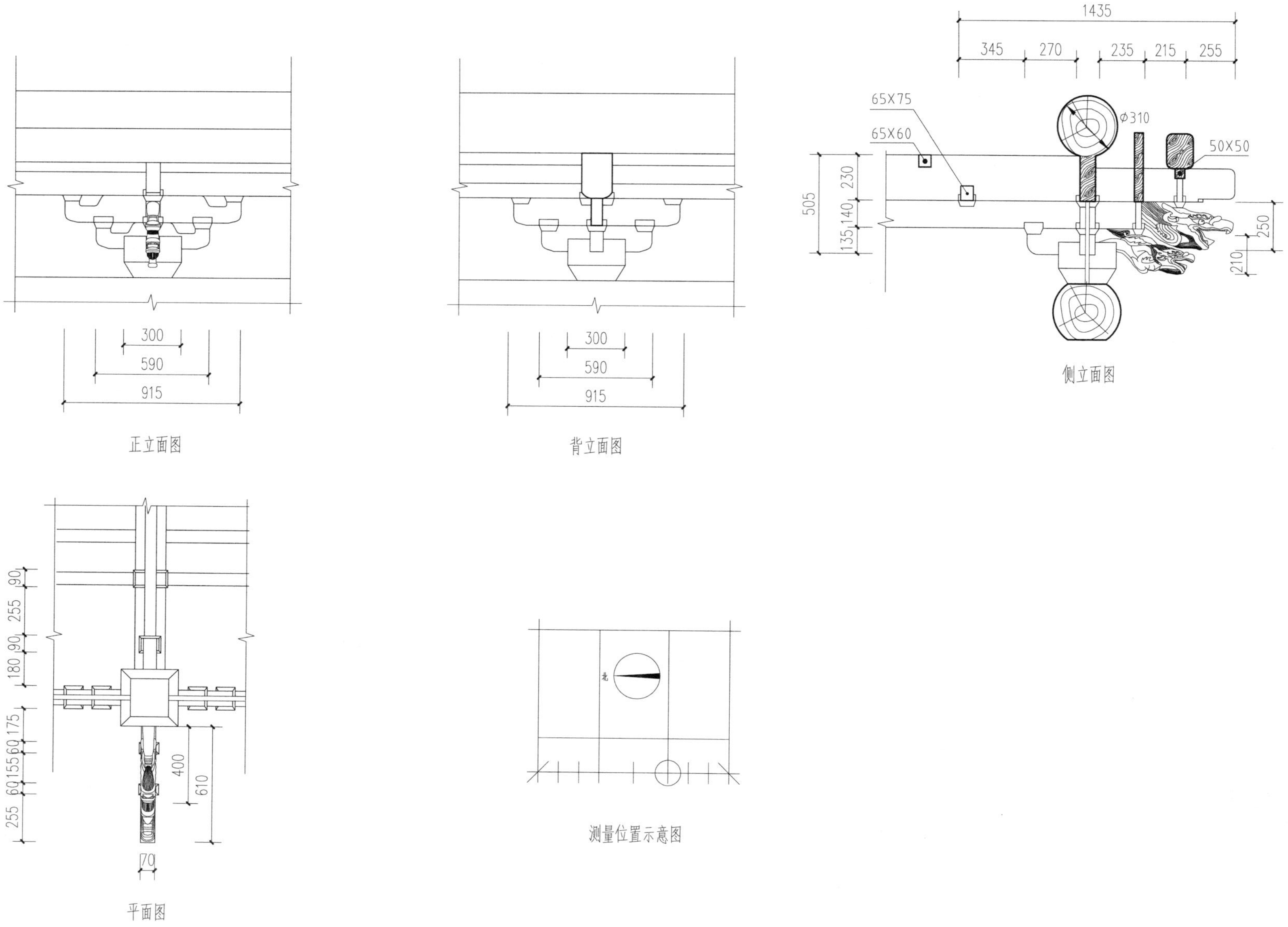

图 11　正殿柱头科斗栱大样图

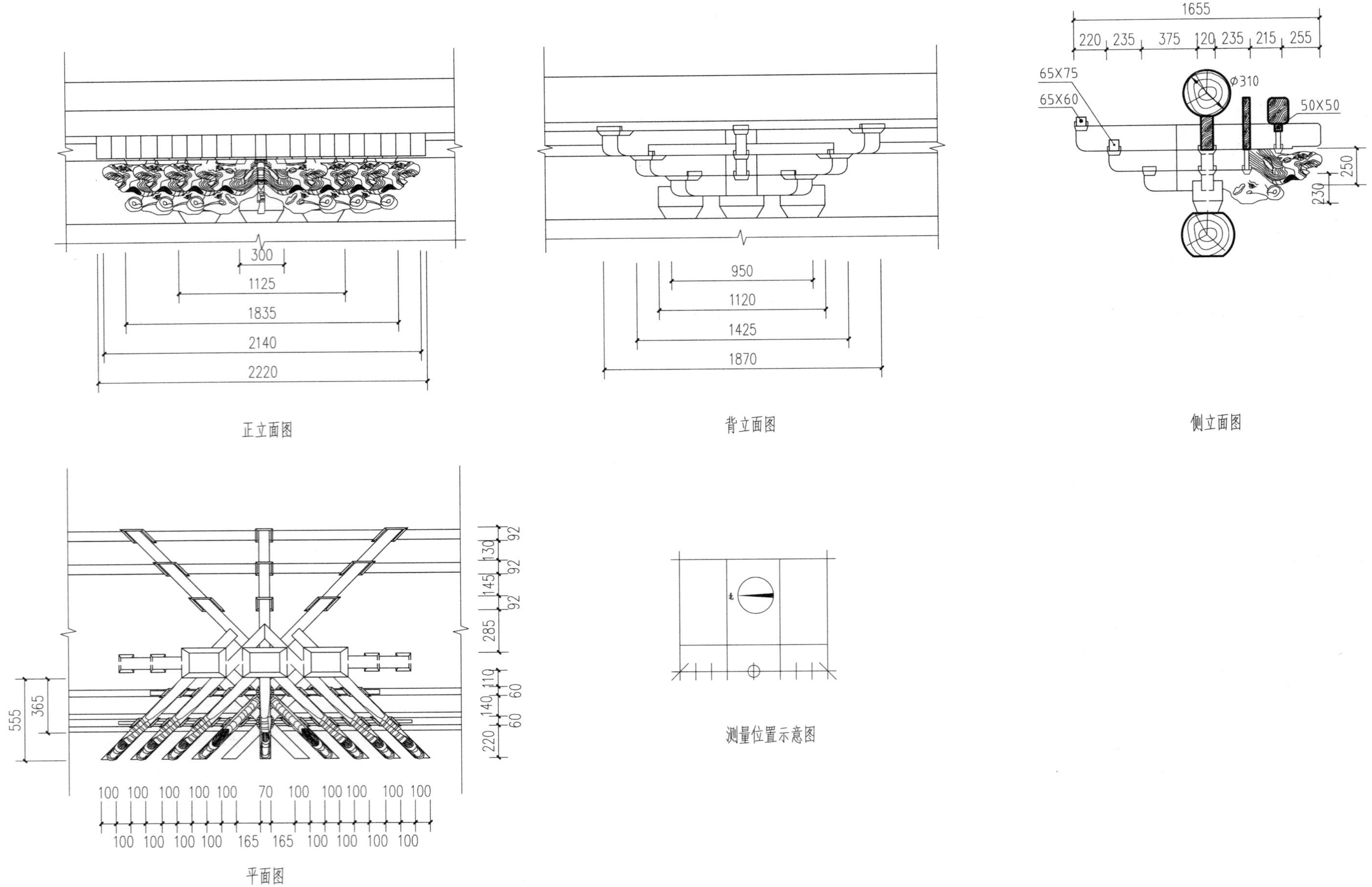

图 12　正殿平身科斗栱大样图之一

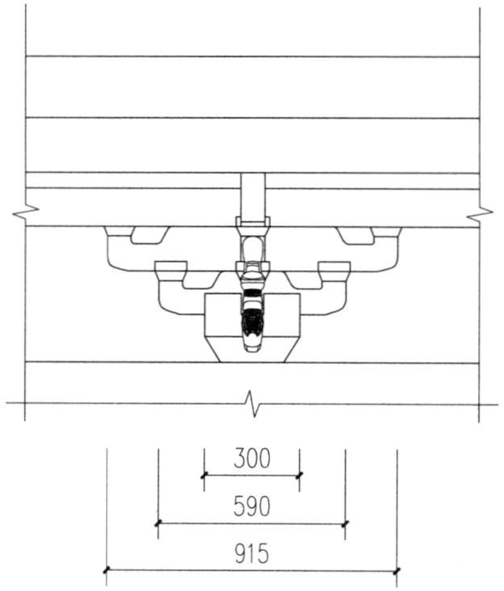

正立面图

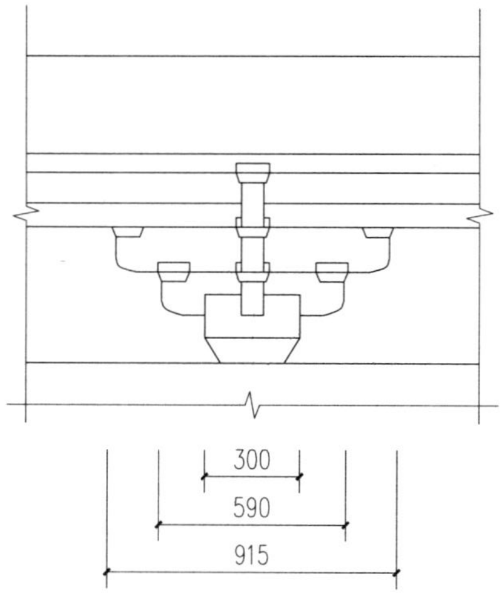

背立面图

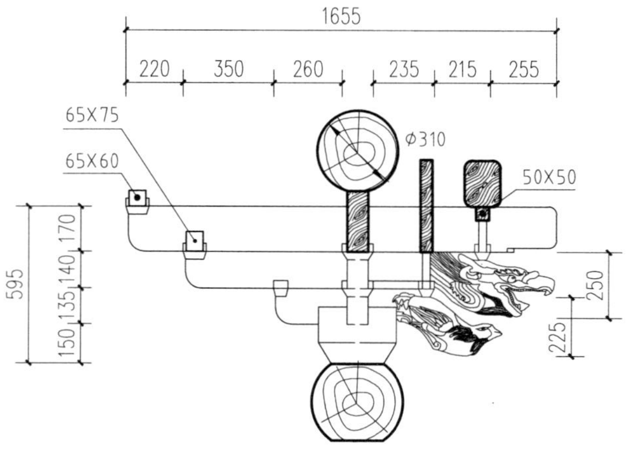

侧立面图

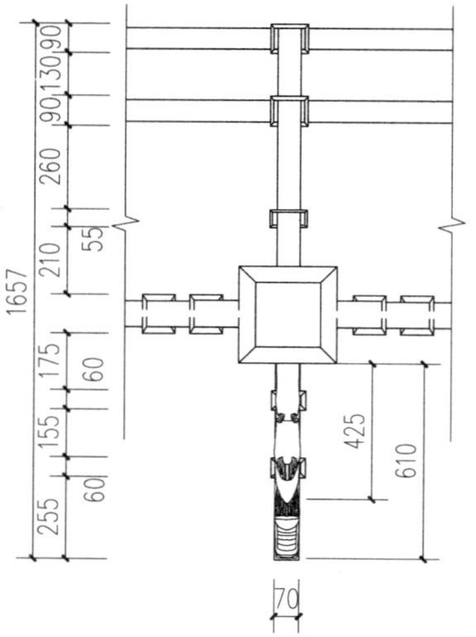

平面图

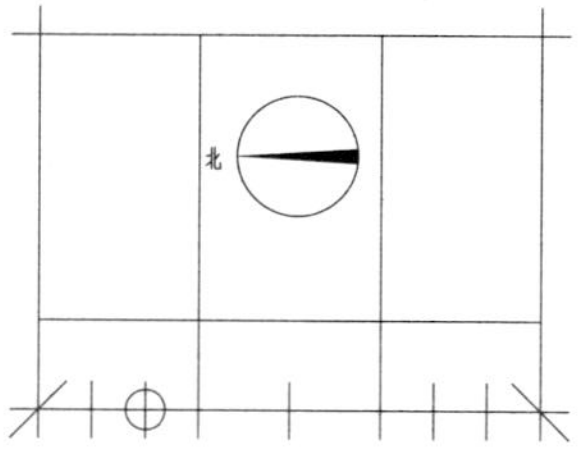

测量位置示意图

图 13　正殿平身科斗栱大样图之二

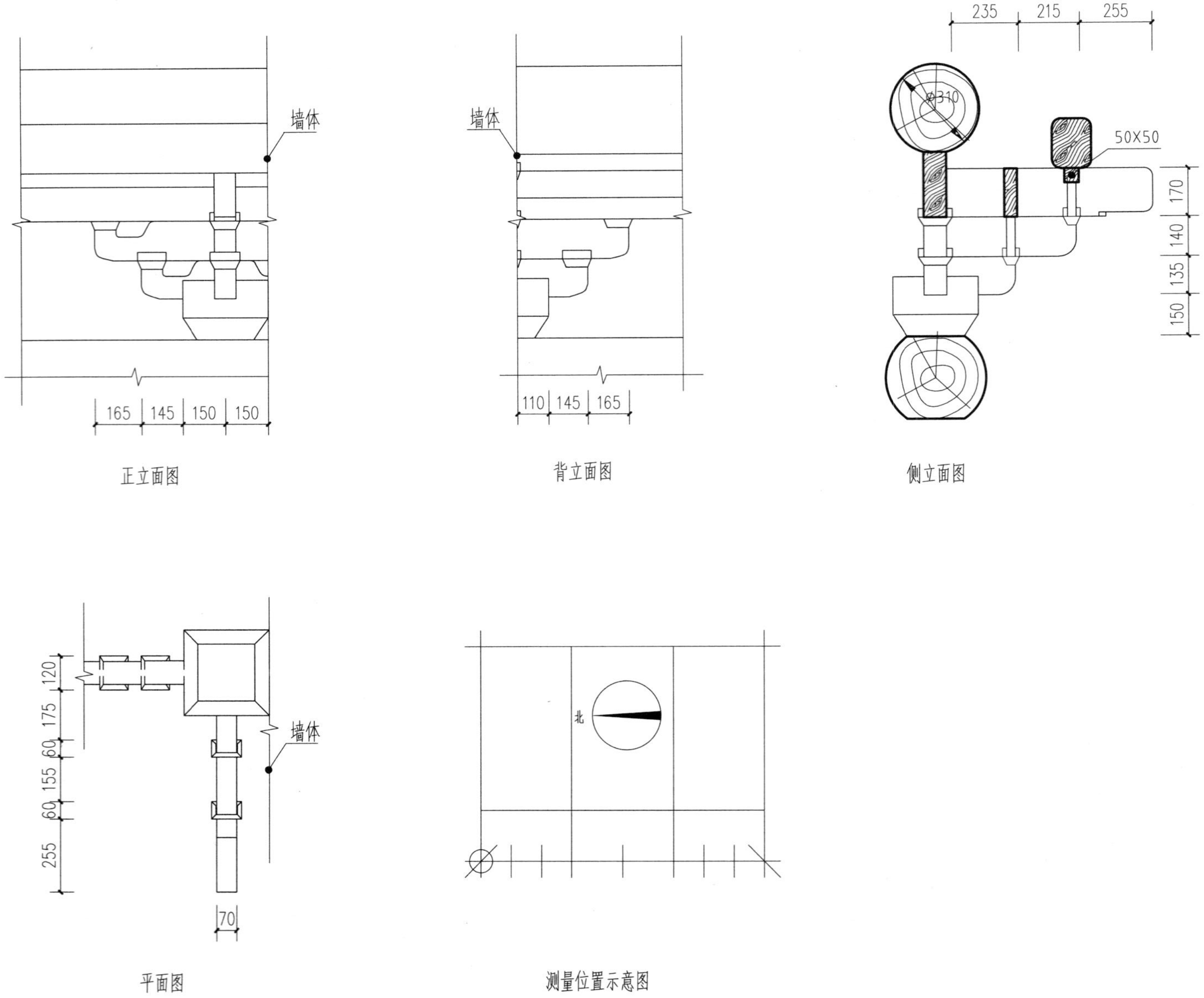

图 14　正殿角科斗栱大样图

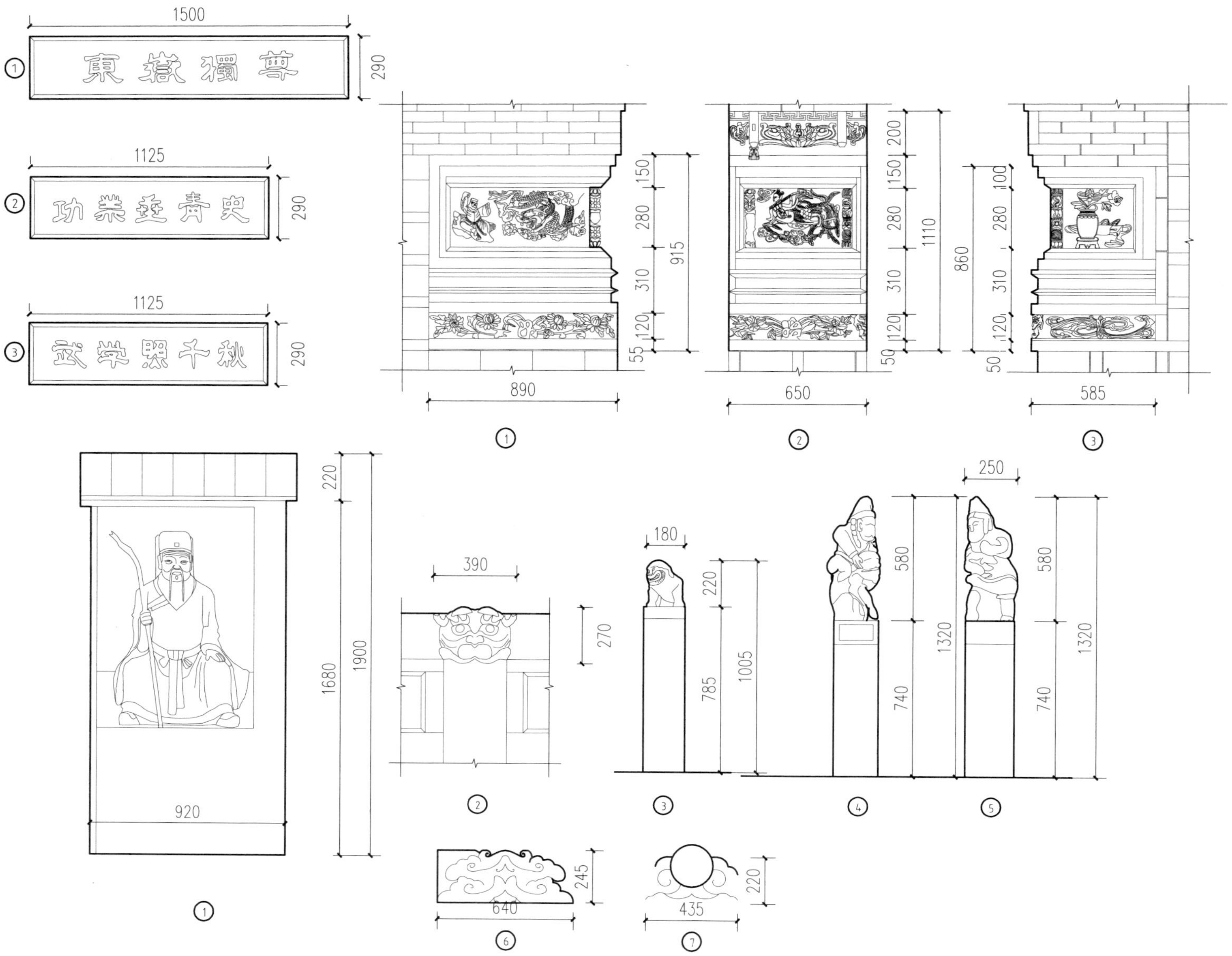

图 15　正殿节点大样图之一

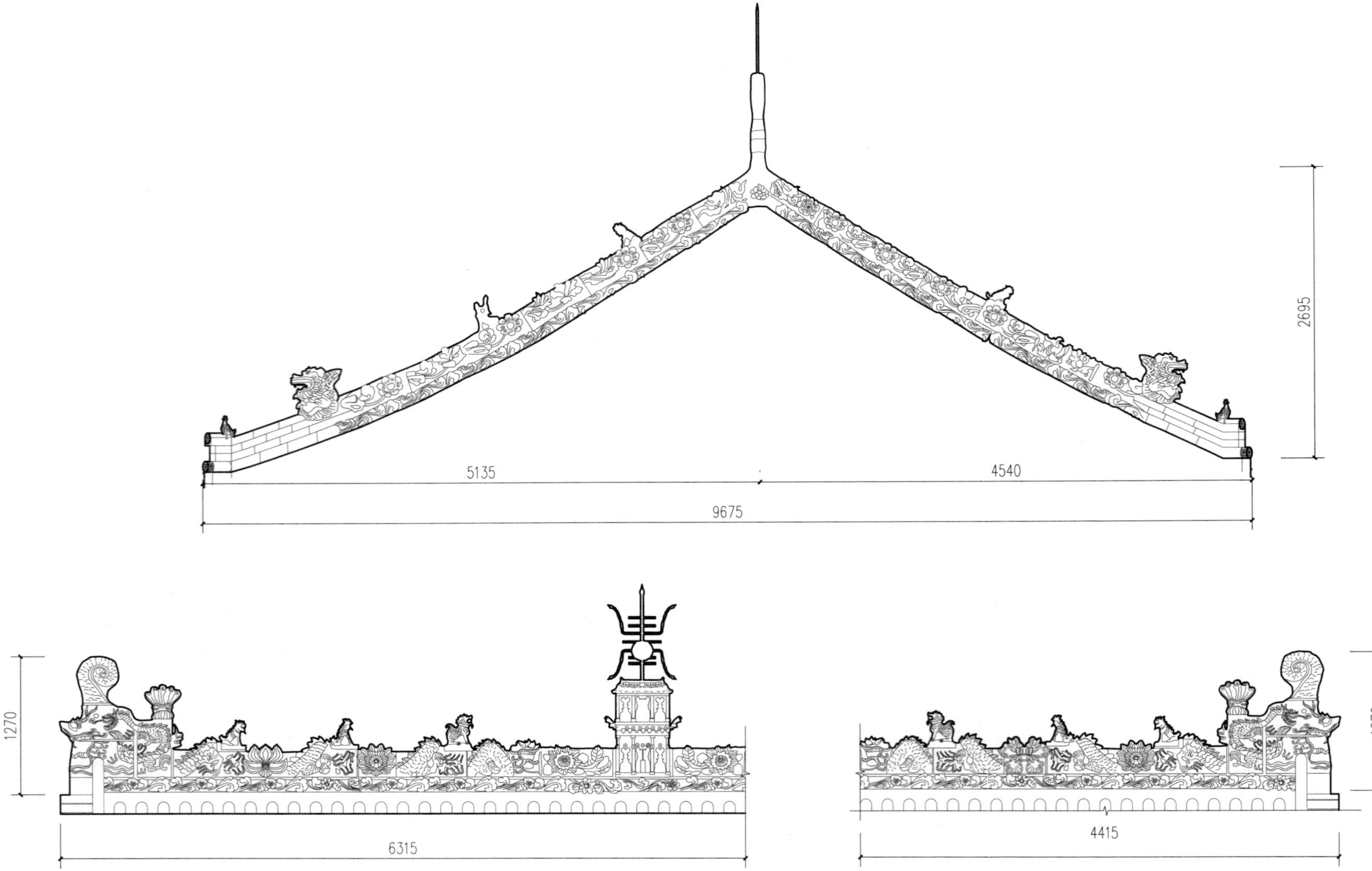

图 16　正殿节点大样图之二

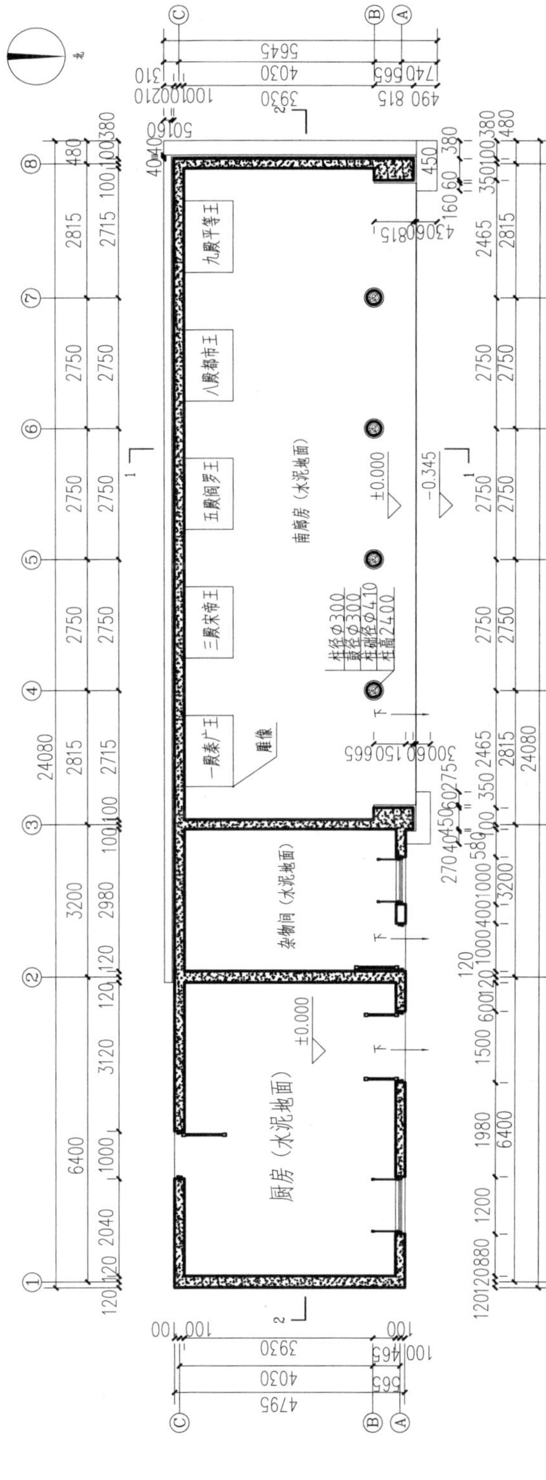

图 17　南廊房平面图

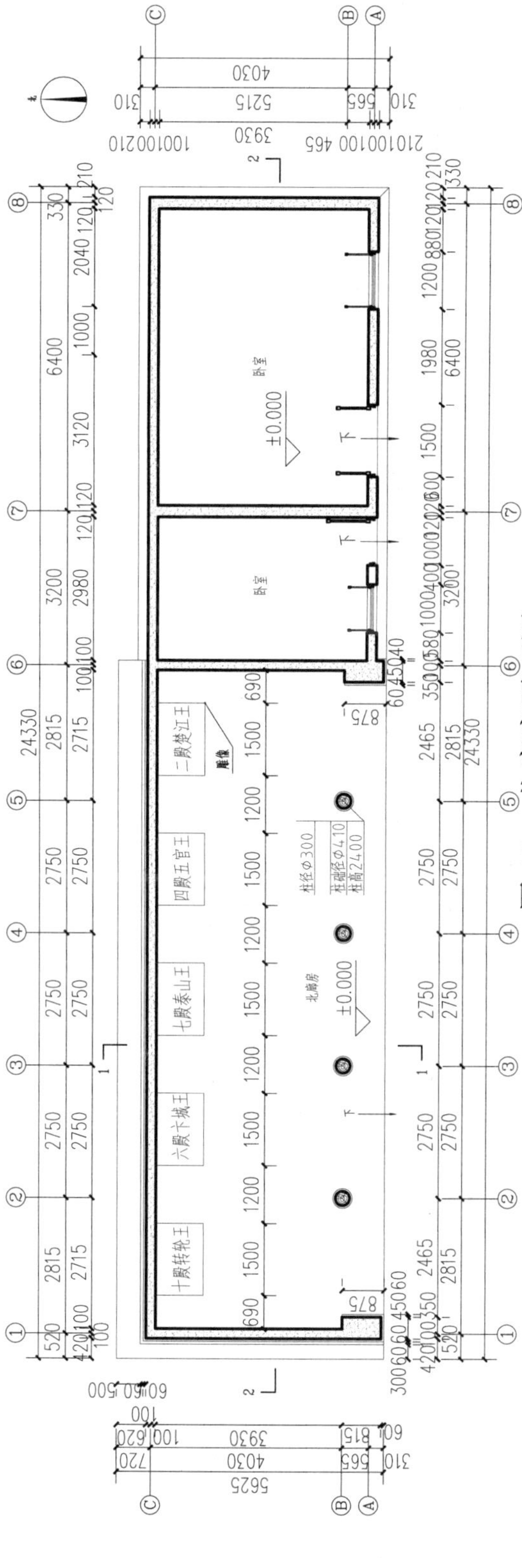

图 18　北廊房平面图

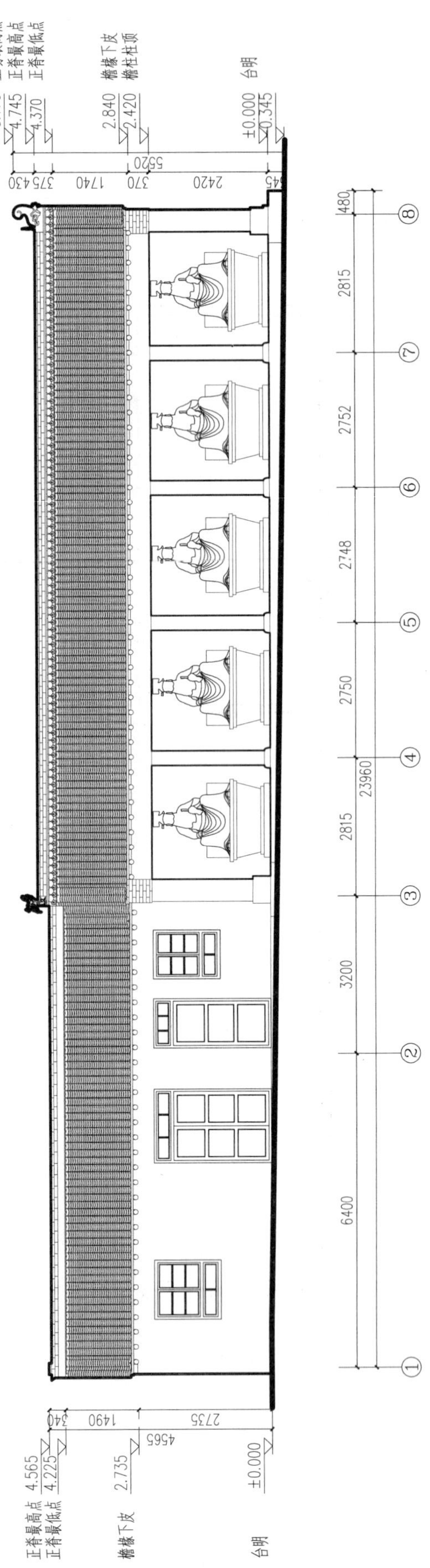

图 19 南廊房立面图

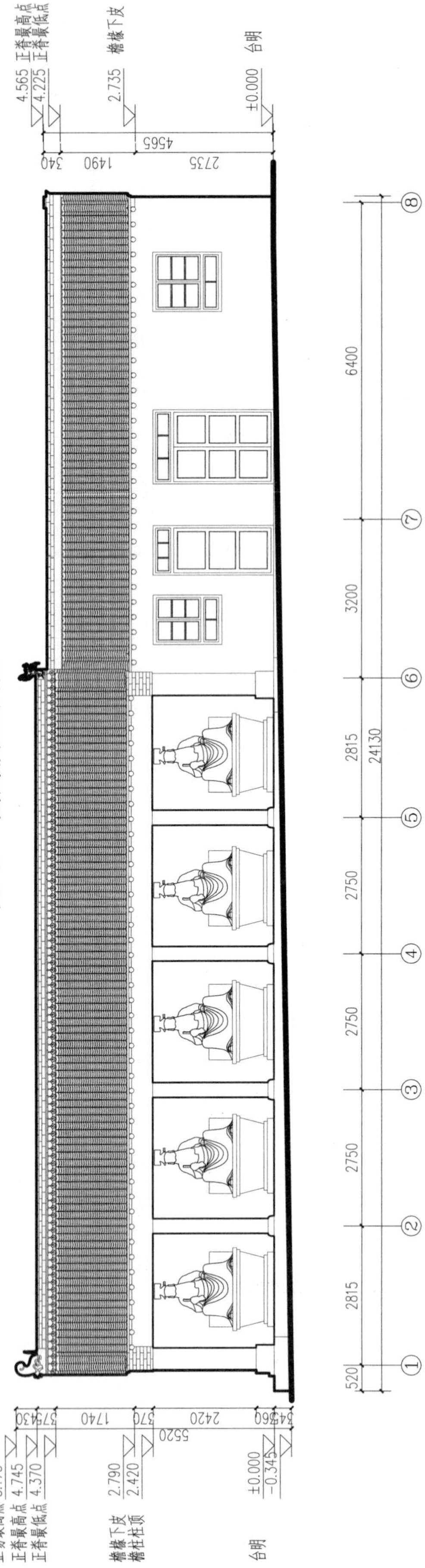

图 20 北廊房立面图

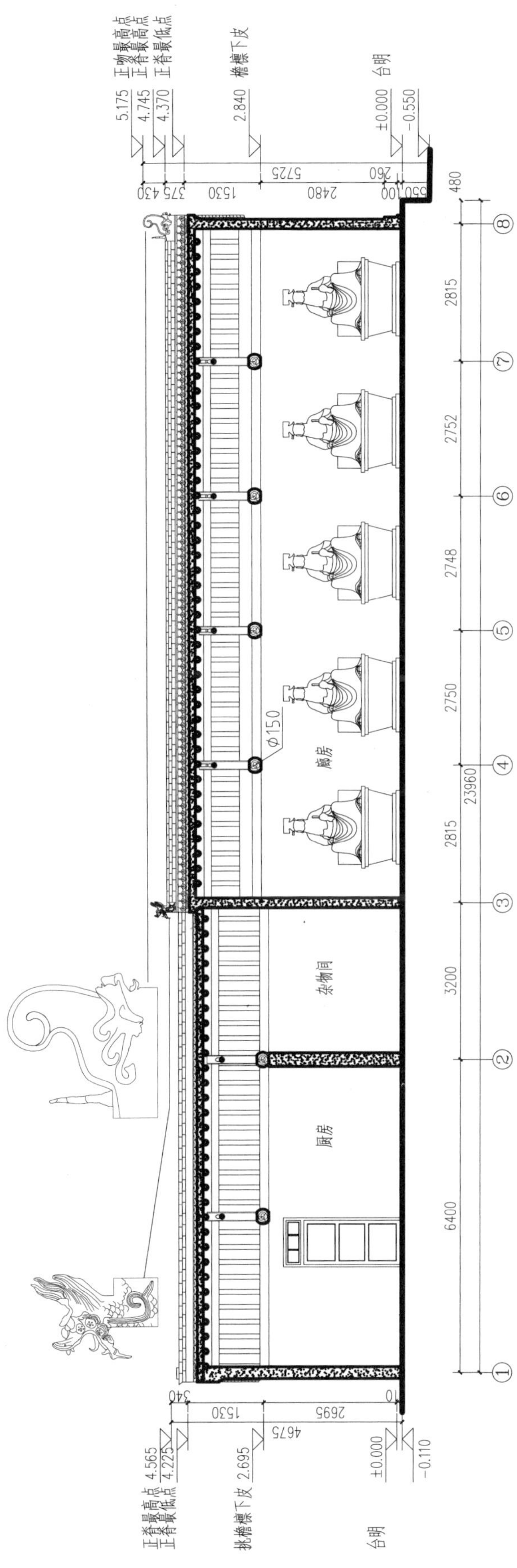

图 21　南廊房 2-2 剖面图

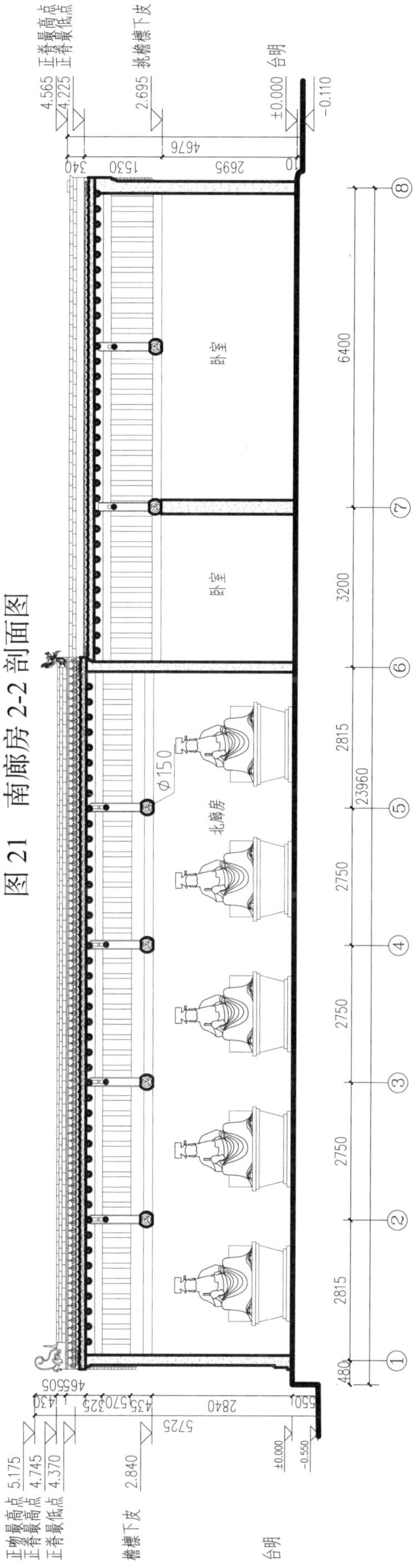

图 22　北廊房 2-2 剖面图

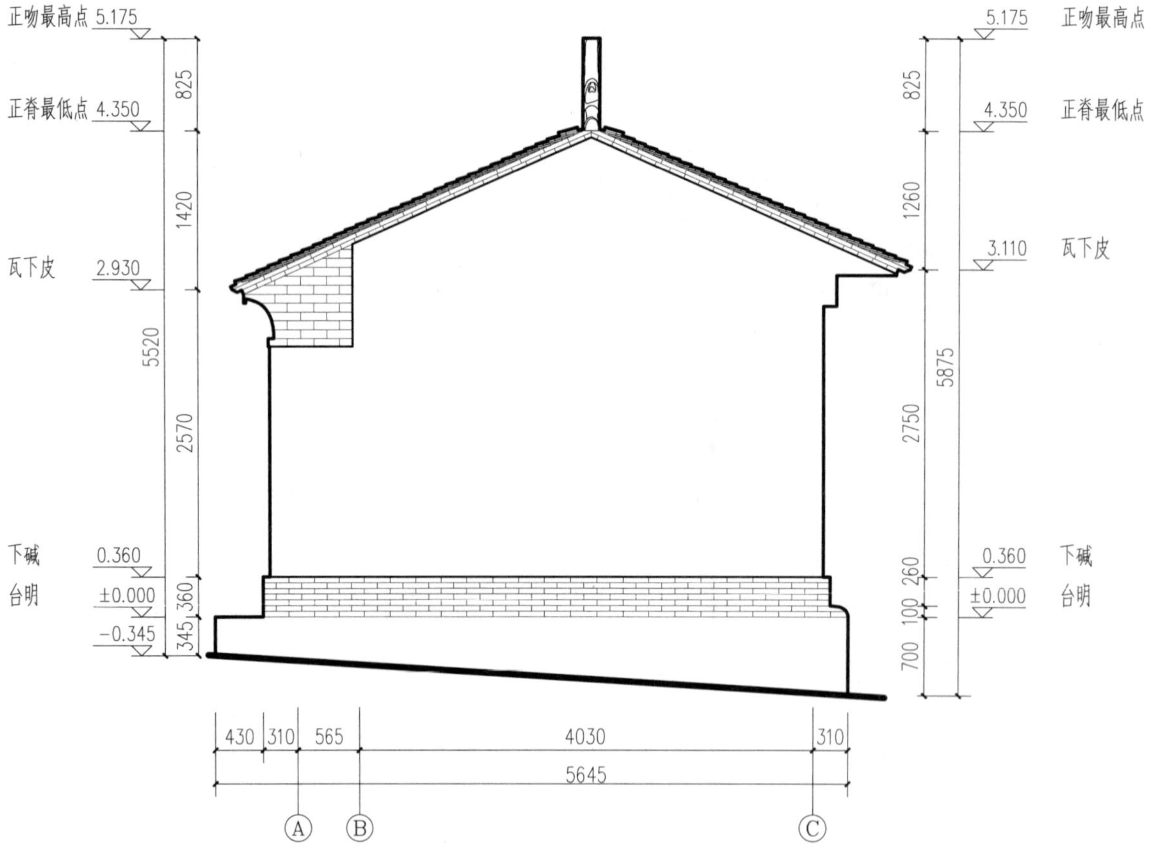

图 23　南廊房立面图

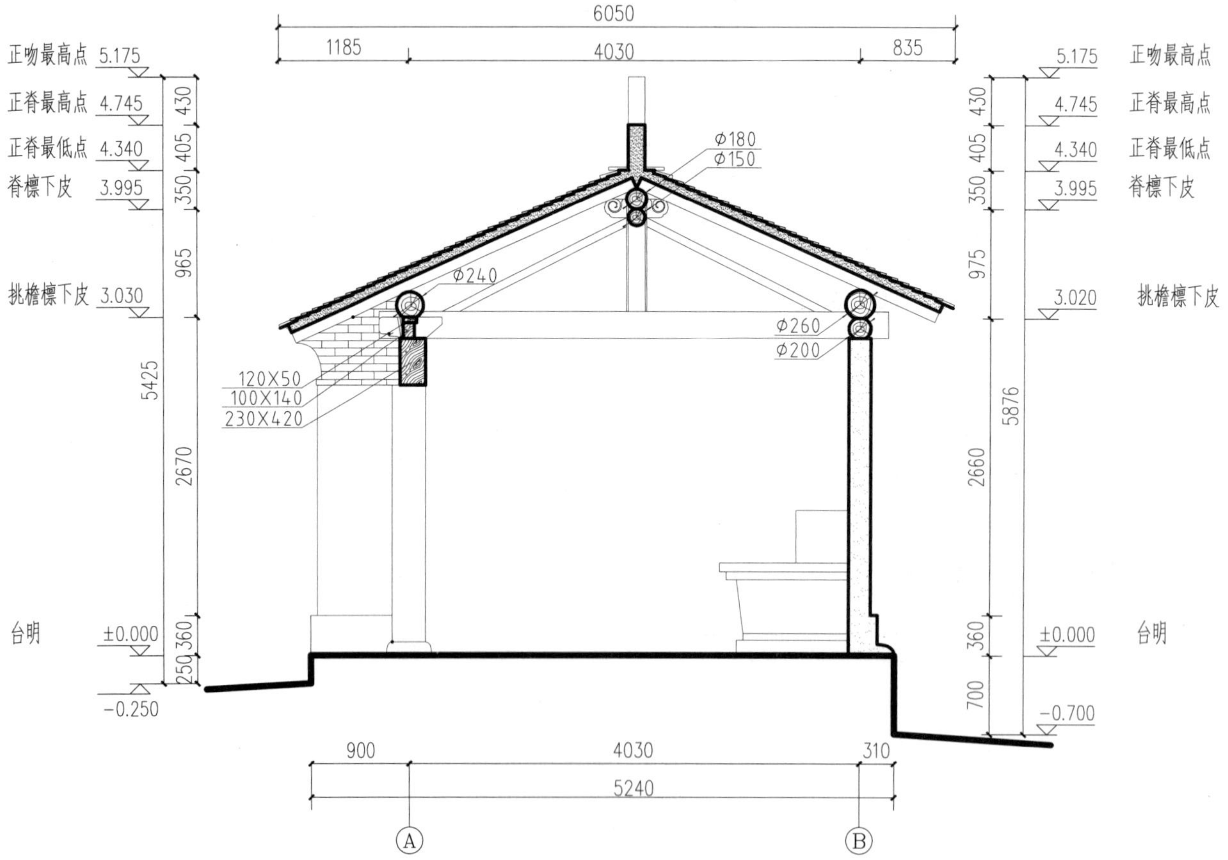

图 24　南廊房 1-1 剖面图

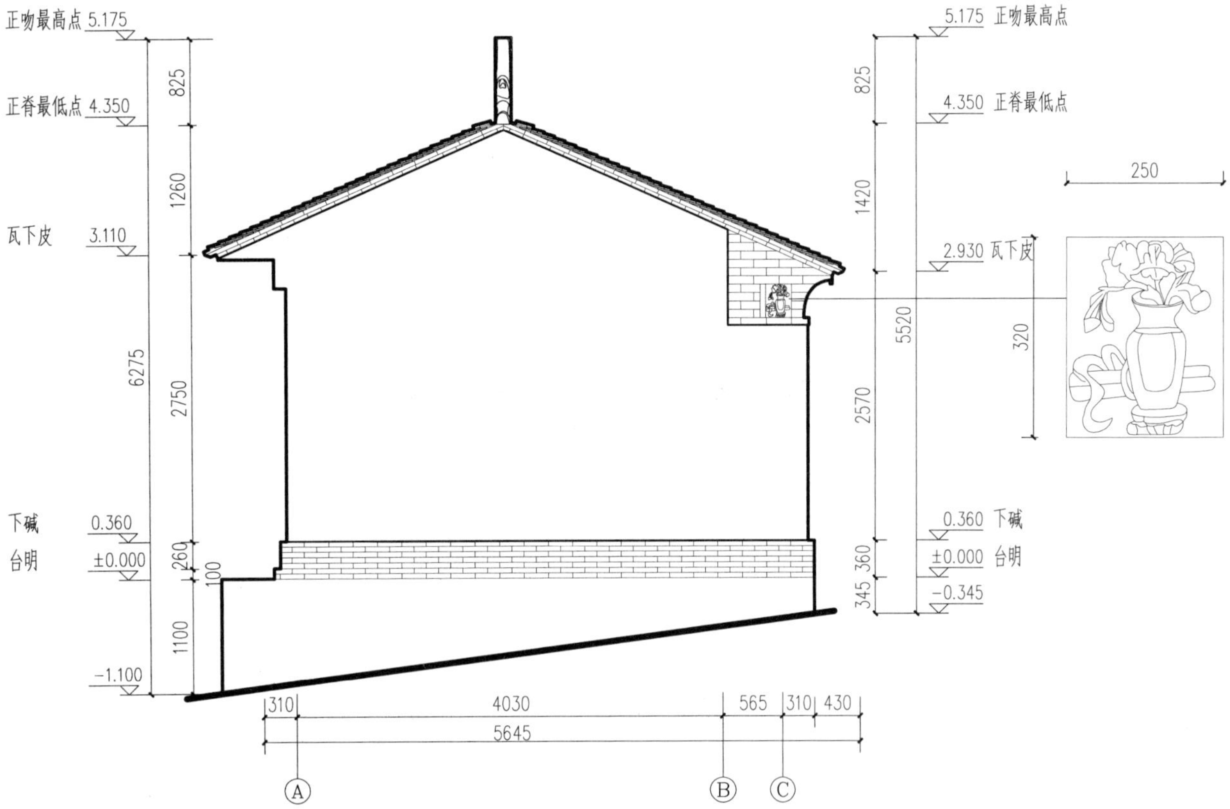

图 25　北廊房立面图

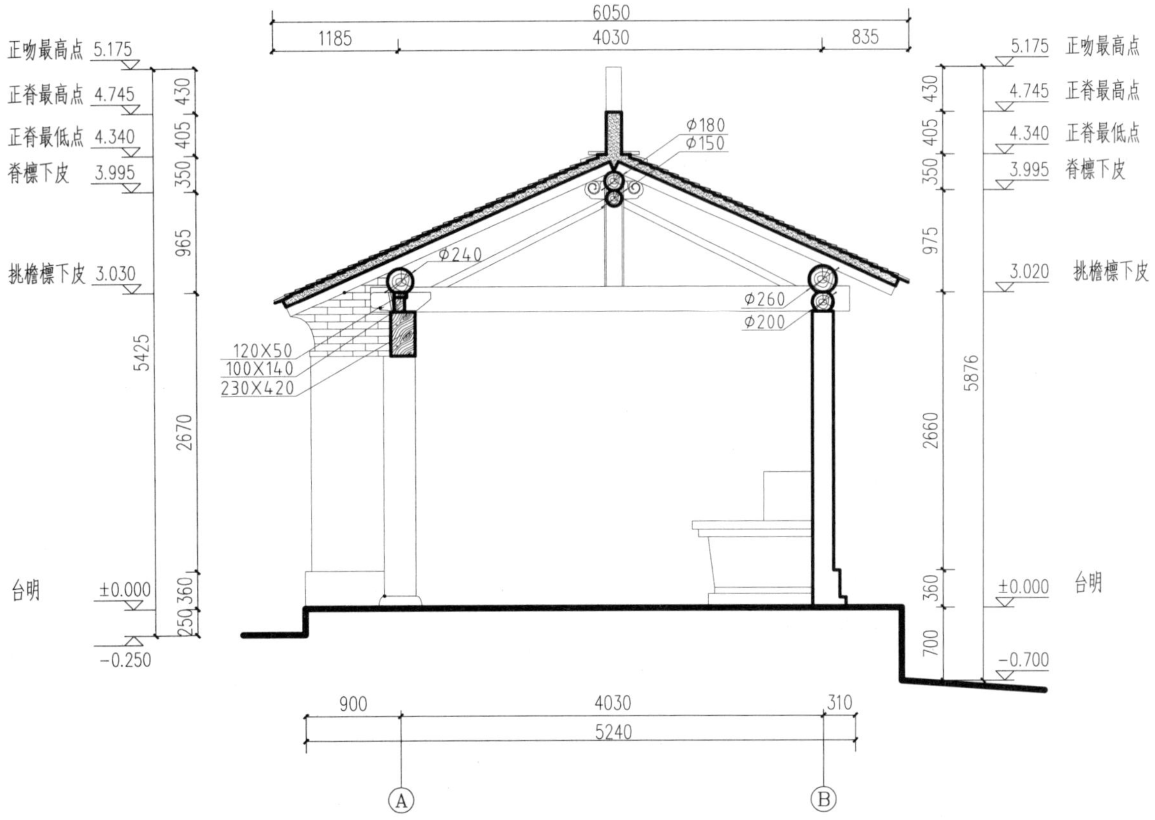

图 26　北廊房 1-1 剖面图

两当县杨店古建一条街

杨店古建一条街（西汉故道县城址）位于甘肃省两当县杨店乡政府所在地，毗邻陕西凤县仅2km左右，自古以来是出甘入陕通川的要塞之地，历代有“甘肃东南门户”之称。2016年6月，被甘肃省政府公布为第八批省级文物保护单位。杨店古建一条街为南北走向，长718m，宽近10m，街面商业店铺多为二层阁楼式建筑风格，多则五开间，少则三开间结构。其古色古香的门面匾额，木雕、砖雕等题材多样、内容丰富，木作营造古朴而严谨，反映了浓郁的地方风情和民俗习惯。

“永顺店”为硬山土木混合结构的二层阁楼式建筑，面阔三间，由于建筑的实际功能使然，当心间的尺度要略小于两侧。明间被一堵墙分为两部分，一侧为通向内院的过道，另一侧与相邻开间组成一处房间。前屋檐带飞椽，后屋檐没有飞椽。沿街立面较丰富，朝向内院的立面较简陋。“永顺店”牌匾保存完好，悬在正中，两侧为镂空花窗。北侧开间被鞋店所用，南侧开间为另一户的生活起居空间，包括一间卧室和一间厨房。沿街建筑墙体下部为夯土墙，上面为木板及木窗扇（更似门扇）围护，一面花窗已经遗失，所剩一侧窗扇为六抹槅扇门。墀头部分为砖砌，立面雕花较精细，部分损坏。

“福兴客栈”为硬山土木混合结构。“福兴客栈”古为街面商业店铺，两层客栈，面阔三间，保存较完好。立面主要由木门木板围护，两侧墀头由砖砌。门额上部雕花和屋脊雕花较精细且保存完好，以植物花卉为主。内部因不可进而不知空间及结构特点。

“车马店”为硬山土木混合结构。沿街为一层，面阔五间，进深达8.34m，为三合院式布局，内部院落为扁长型。墙体的材料主要为夯土，朴实无华，无雕花装饰。现在内部空间部分仍在使用，部分闲置。梁架结构为穿斗式，用材较小。前后不等坡，前坡较长，所以沿街立面显得屋檐很大。

“来财诊所”为硬山土木混合结构。沿街为两层，面阔三间，通面阔6.3m，通进深8.3m。一层用作诊所，北侧开间为通往内院的入口，二层局部用作卧室。沿街店面保存较完好，建筑为三架梁式木构架，用叉手。墙体主要由木质门板围护，墀头及屋脊雕花较完好，且屋脊两端坐有三把鬃龙头。墀头部分青砖及屋脊雕花都较新。整个建筑因其被翻新过，因此较为显眼，同时也反映出了对户主来说较高的使用价值。

“金银斗”为硬山土木混合结构。沿街为两层，面阔四间，通面阔 10.4m，通进深 9.0m。整体建筑为穿斗式木构架，板瓦屋面，正脊为砖雕通脊，雕刻精美。因汶川地震影响，房屋倾斜较严重，立面窗扇部分损坏。建筑左侧开间为通向内院的通道，建筑内部当停车空间用，其余则处于废弃闲置状态。

“老供销社”沿街为两层，面阔五间。一层部分用作种子、水果店，建筑立面以木板围护，墀头部分为砖砌，明间现如今主要用作通向内院的通道。

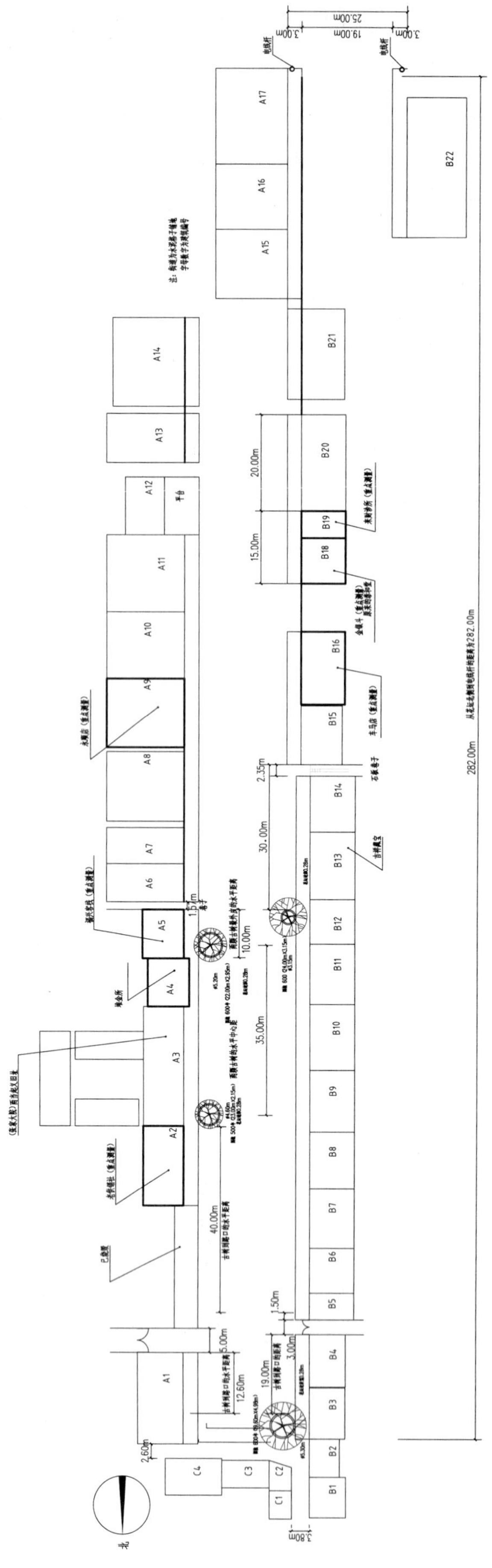
A1
A2
A3
A4
A5
A6
A7
A8
A9
A10
A11
A12
A13
A14
A15
A16
A17
B1
B2
B3
B4
B5
B6
B7
B8
B9
B10
B11
B12
B13
B14
B15
B16
B18
B19
B20
B21
B22
C1
C2
C3
C4
282.00m
25.00m
19.00m
3.00m
40.00m
35.00m
30.00m
20.00m
15.00m
10.00m
12.60m
5.00m
2.60m
1.50m
2.35m

图 1　总平面图

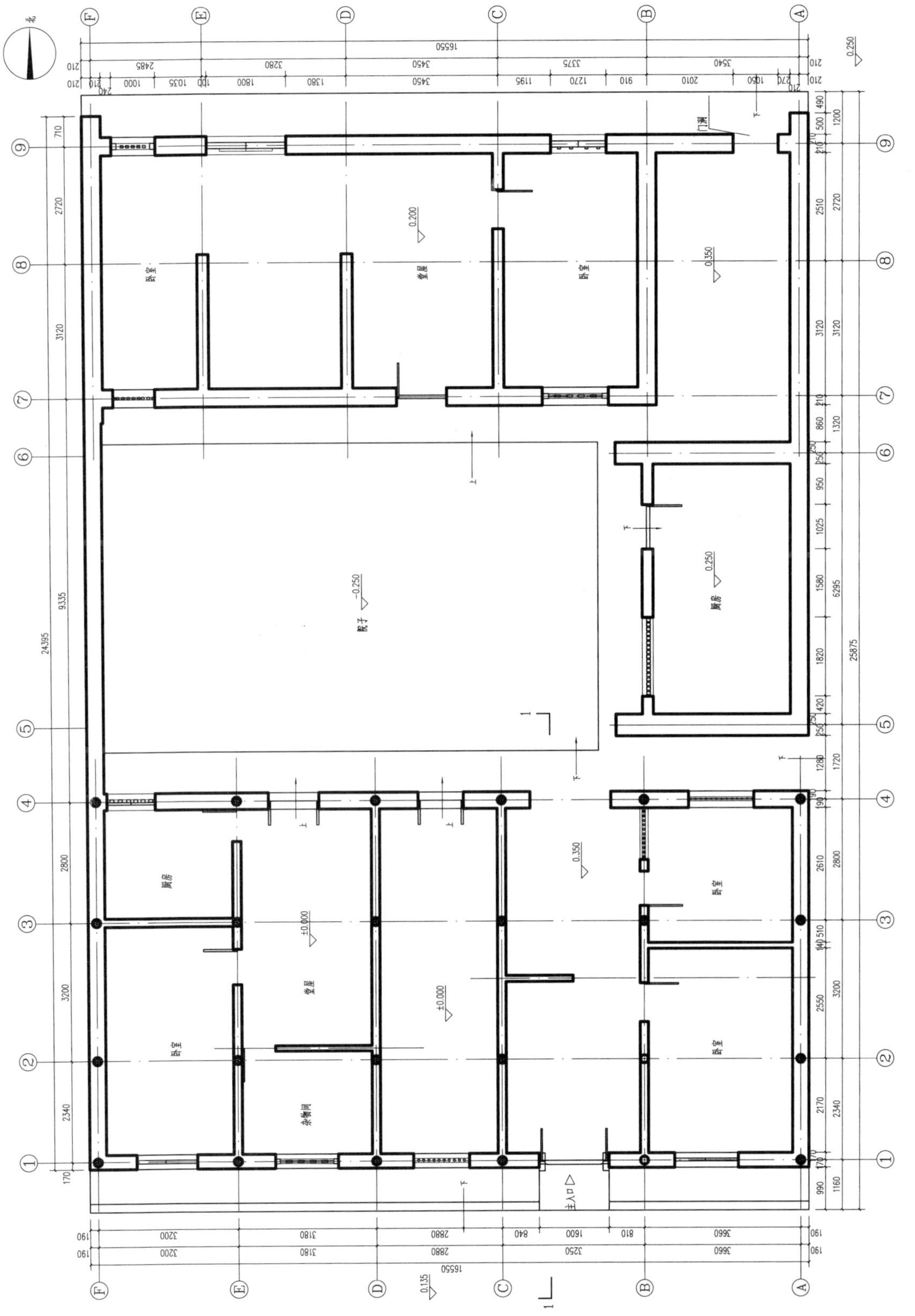

图2 车马店平面图

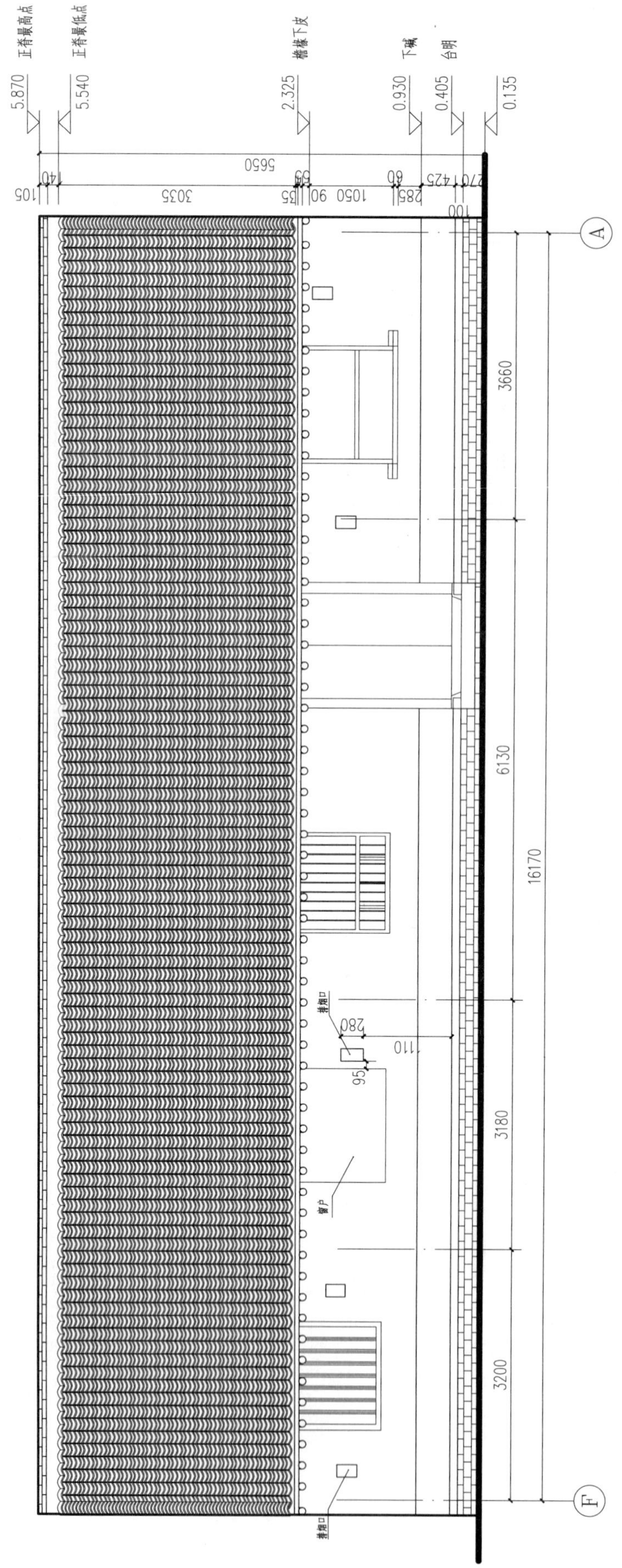
5.870
正脊最高点
5.540
正脊最低点
2.325
檐椽下皮
0.930
下碱
0.405
台明
0.135
5650
3035
1050
3660
6130
16170
3180
3200
280
110
95
排烟口
窗户
A
F

图3 车马店立面图

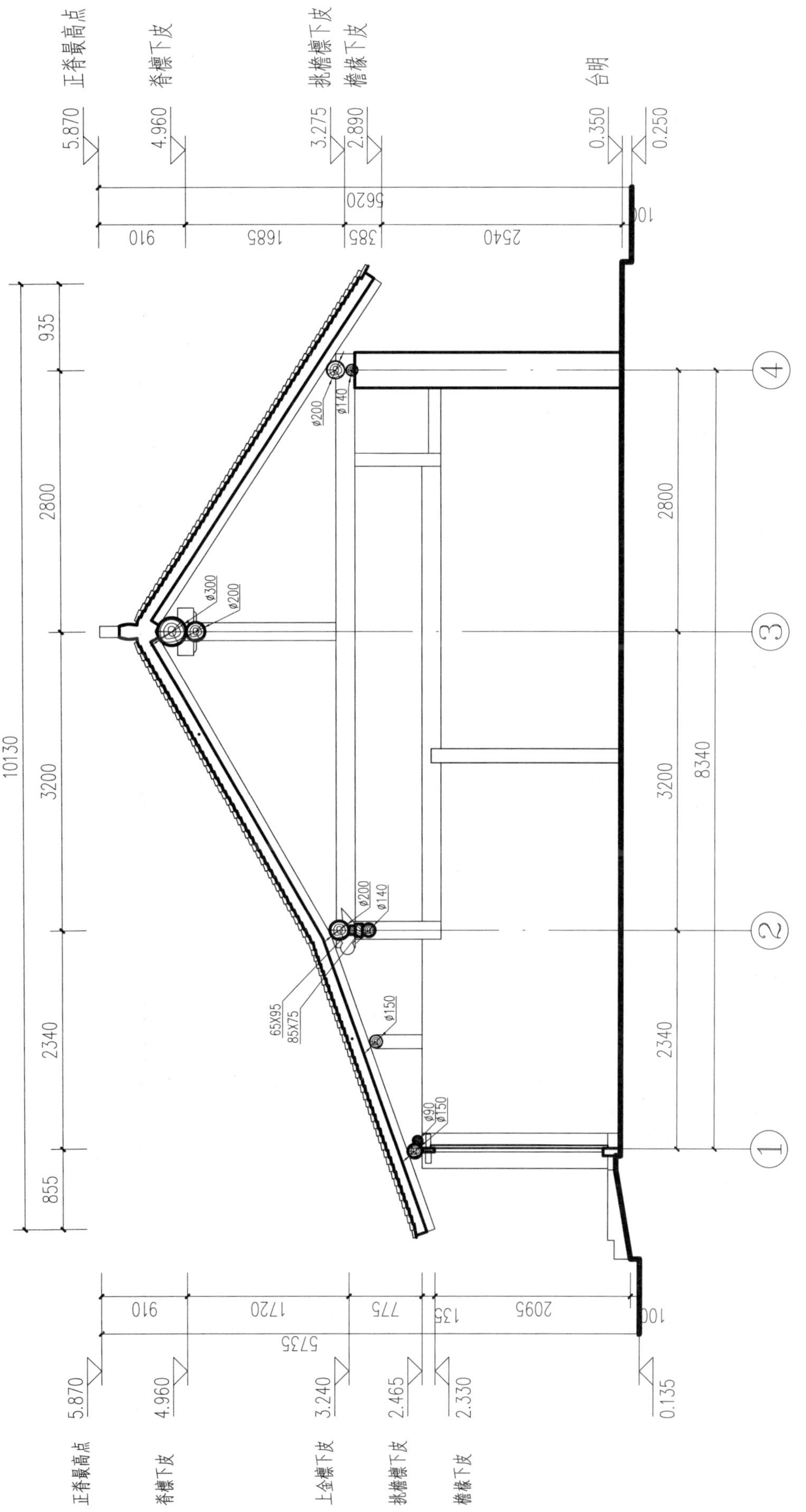

正脊最高点
脊檩下皮
挑檐檩下皮
檐椽下皮
台明
上金檩下皮
5.870
4.960
3.275
2.890
0.350
0.250
3.240
2.465
2.330
0.135
10130
855
2340
3200
2800
935
8340
5620
910
1685
385
2540
100
1720
775
135
2095
5735
ø300
ø200
ø140
ø150
ø90
65X95
85X75
1
2
3
4

图 4　车马店剖面图

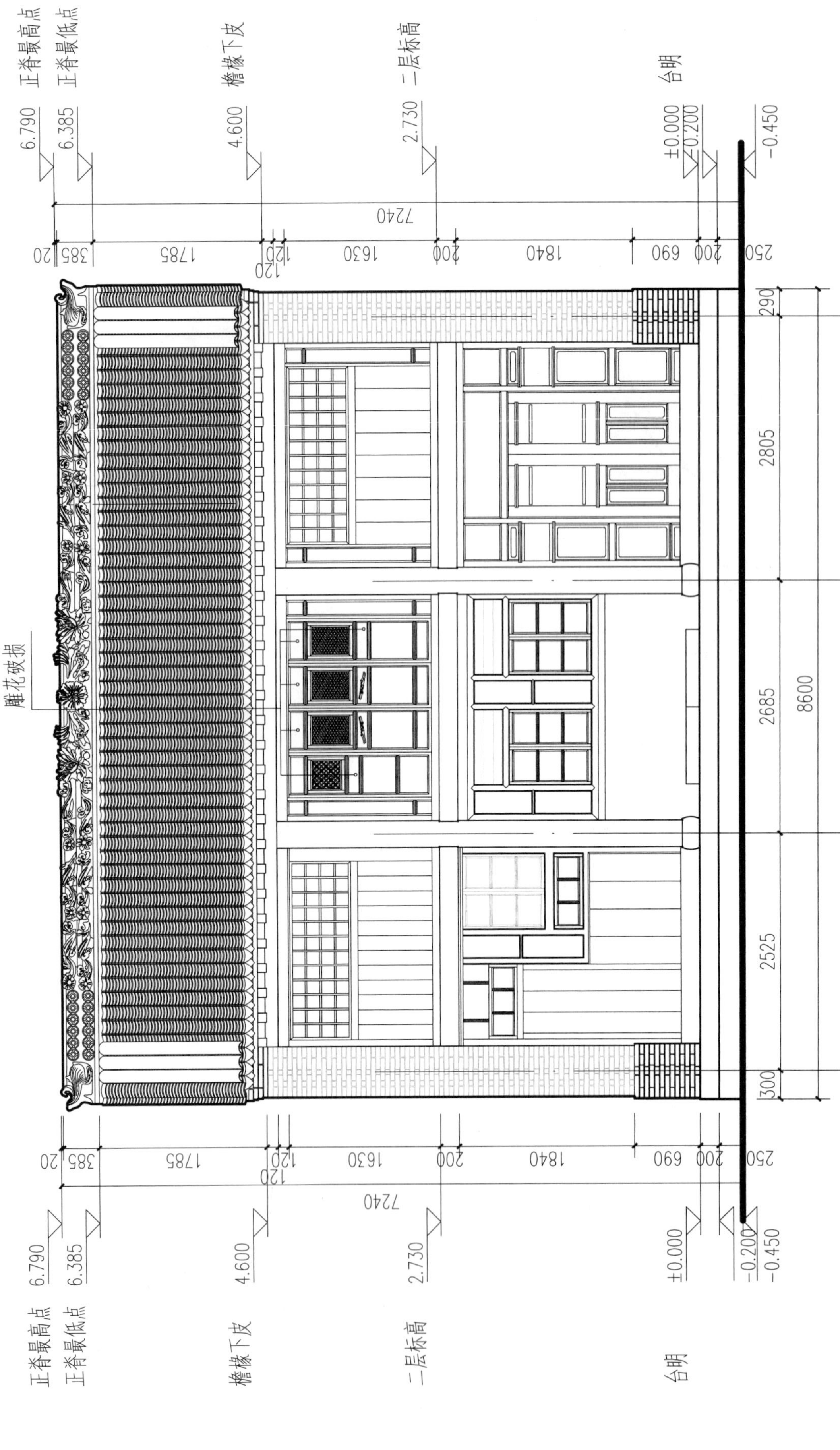
正脊最高点
正脊最低点
檐椽下皮
二层标高
台明
6.790
6.385
4.600
2.730
±0.000
-0.200
-0.450
7240
20
385
1785
120
1630
200
1840
690
250
雕花破损
2525
2685
2805
8600
300
290
1
2
3
4

图 5　福兴客栈立面图

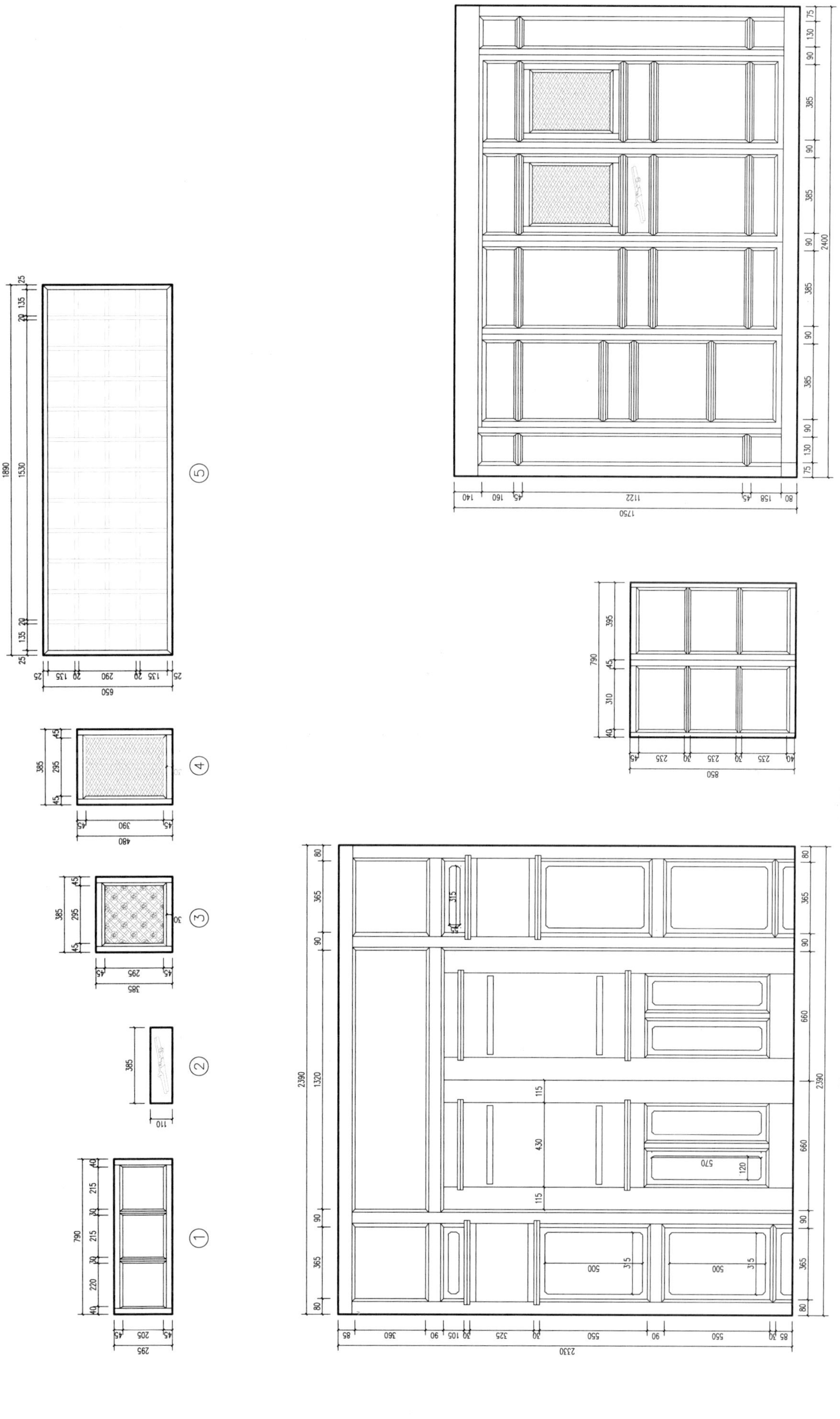

图 6　福兴客栈门窗大样图

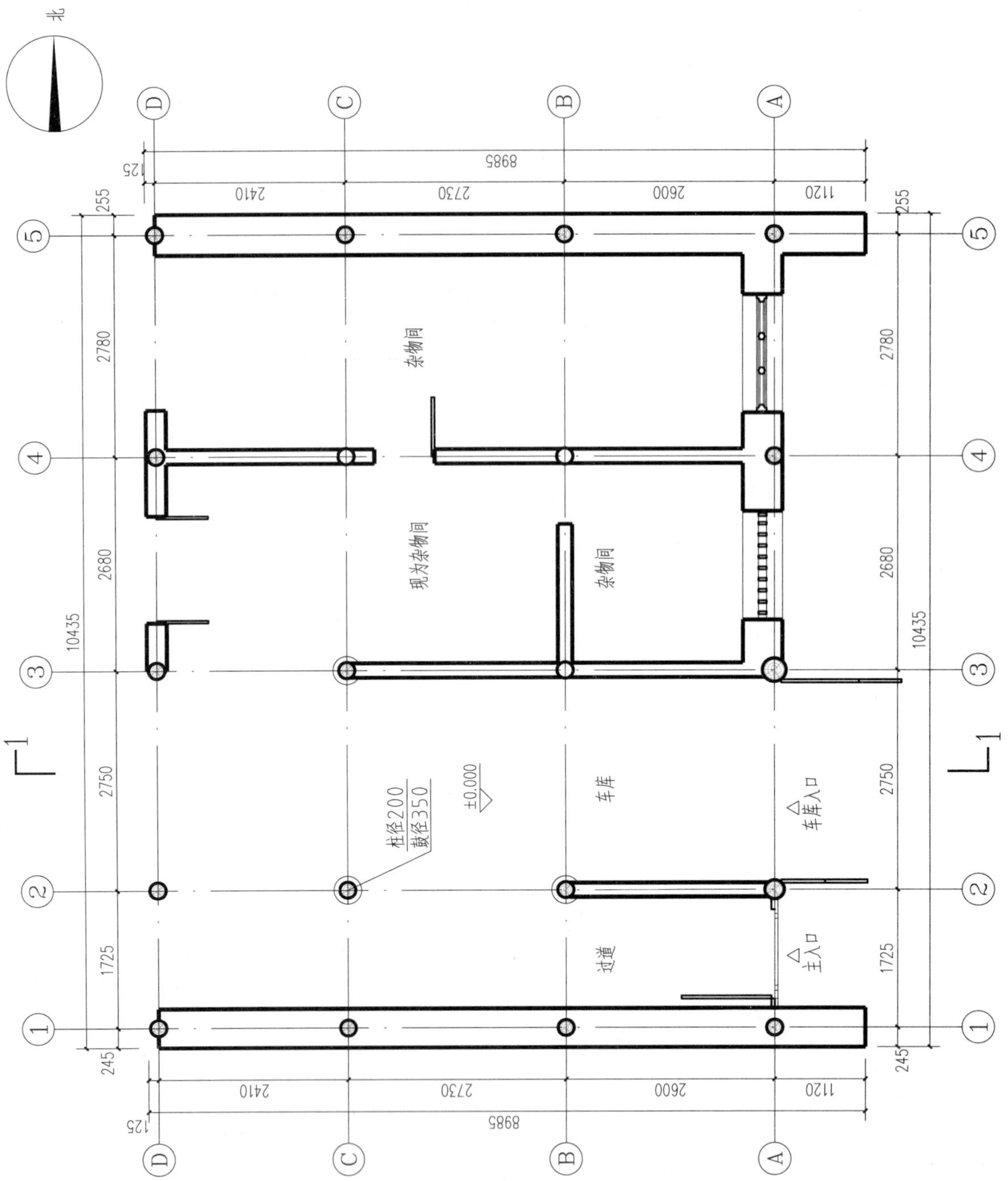
北
杂物间
现为杂物间
杂物间
车库
过道
车库入口
主入口
柱径200
鼓径350
±0.000
10435
8985
2410
2730
2600
1120
125
255
245
2780
2680
2750
1725

图 7　金银斗平面图

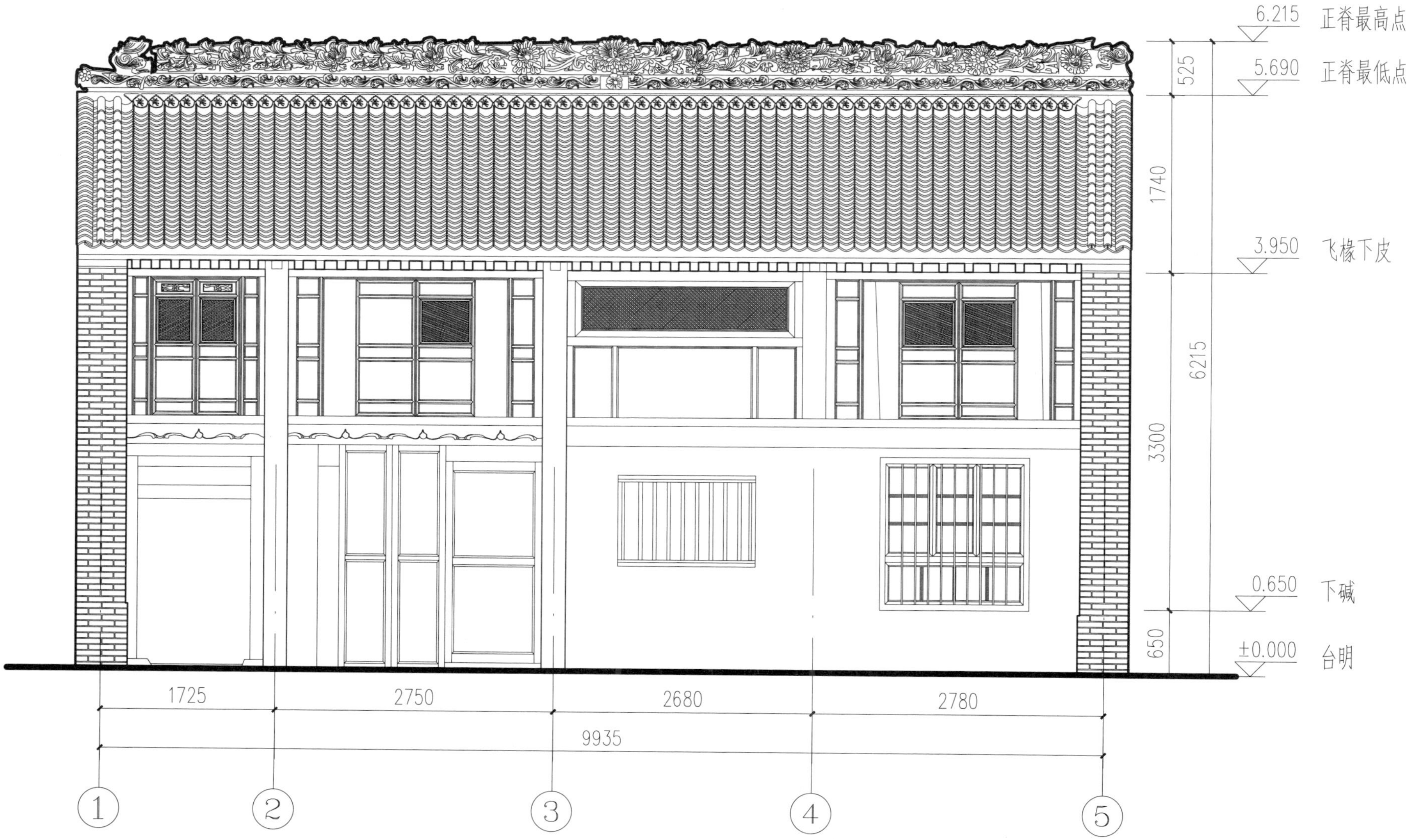
6.215 正脊最高点
5.690 正脊最低点
3.950 飞椽下皮
0.650 下碱
±0.000 台明
525
1740
3300
650
6215
1725
2750
2680
2780
9935
1
2
3
4
5

图8 金银斗立面图

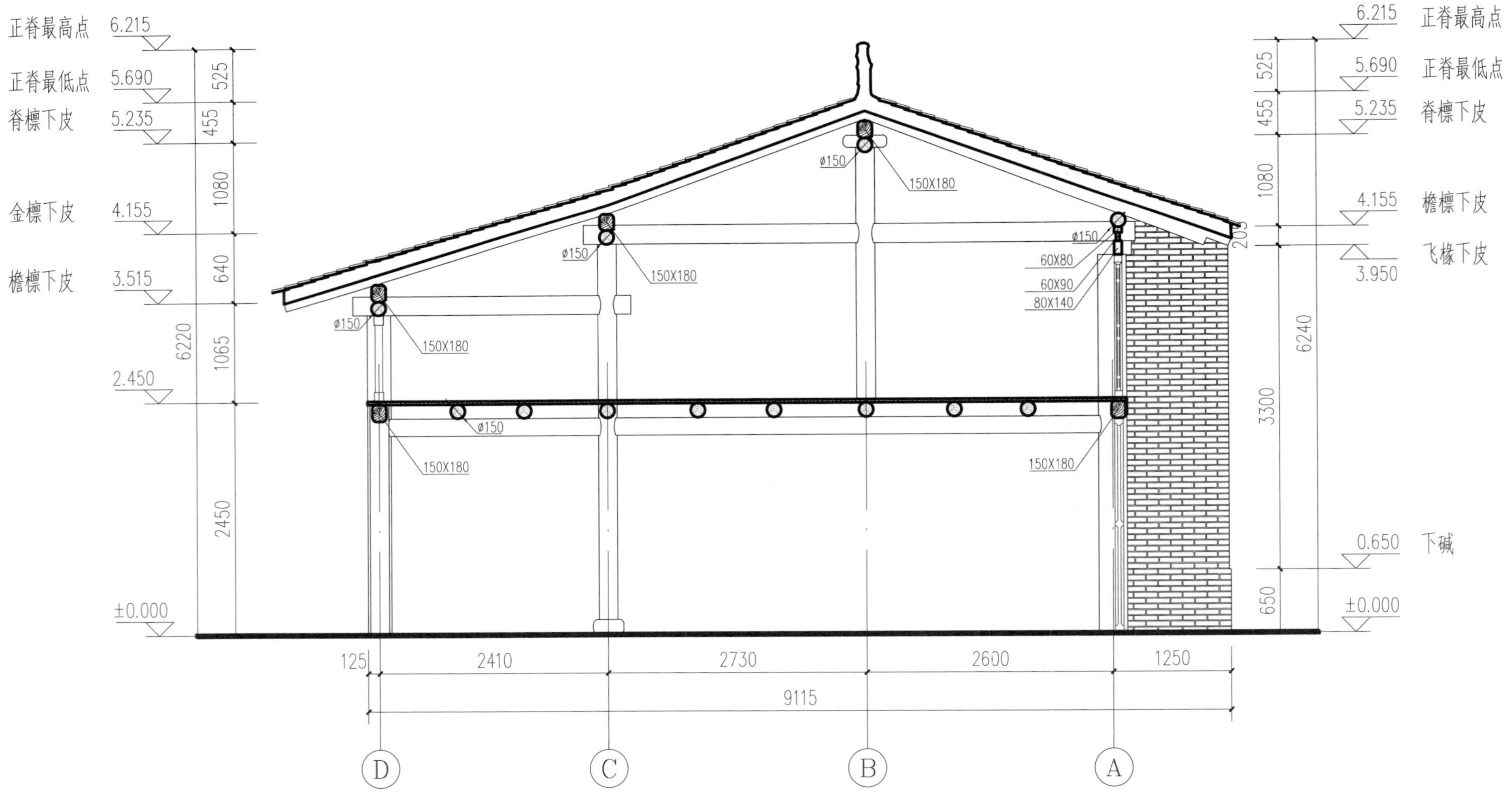
正脊最高点 6.215
正脊最低点 5.690
脊檩下皮 5.235
金檩下皮 4.155
檐檩下皮 3.515
2.450
±0.000
525
455
1080
640
1065
2450
6220
6.215 正脊最高点
5.690 正脊最低点
5.235 脊檩下皮
4.155 檐檩下皮
3.950 飞椽下皮
0.650 下碱
±0.000
6240
3300
650
205
ø150
150X180
60X80
60X90
80X140
125
2410
2730
2600
1250
9115
D
C
B
A

图 9　金银斗 1-1 剖面图

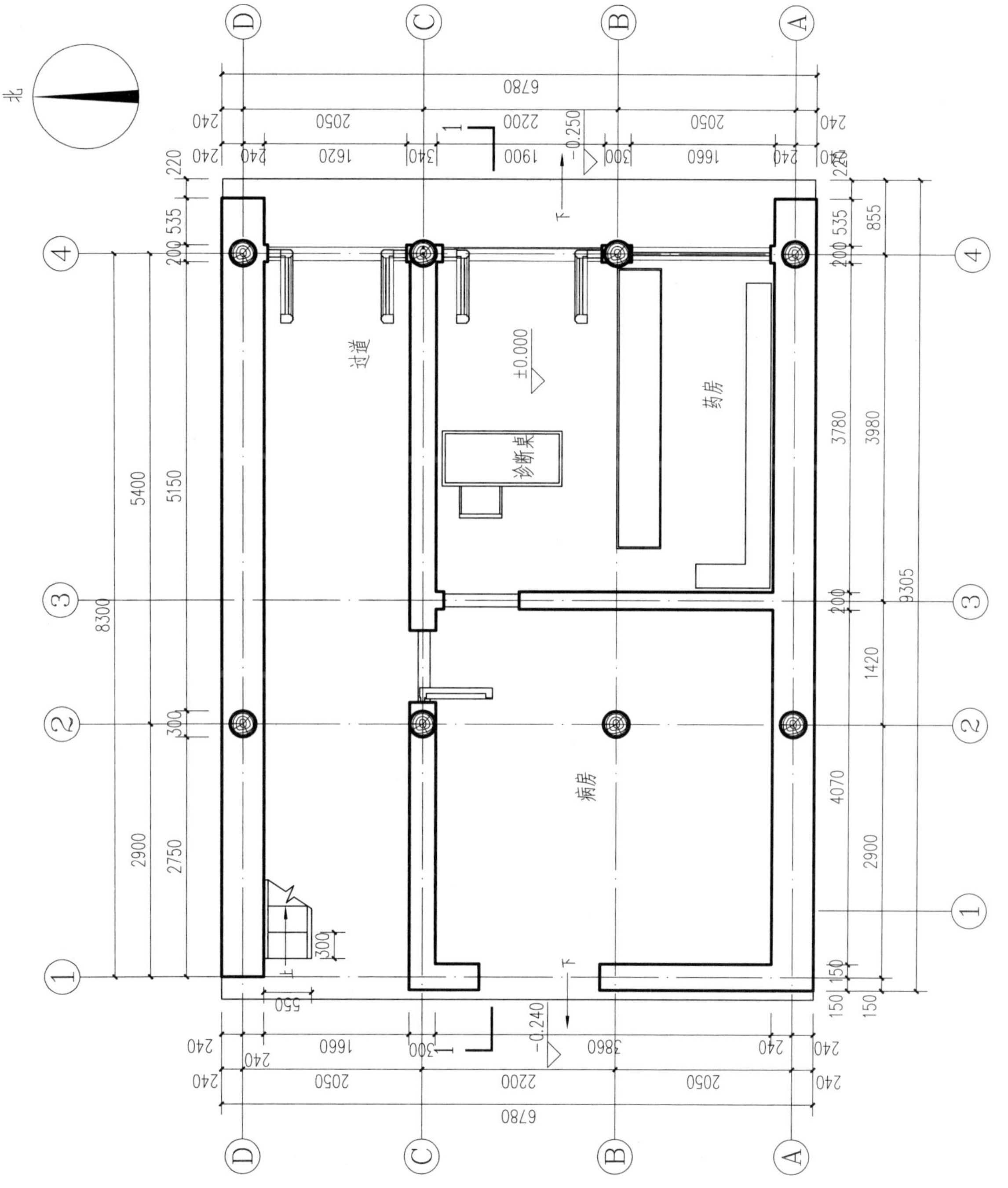

图 10 来财诊所平面图

图 11　来财诊所立面图

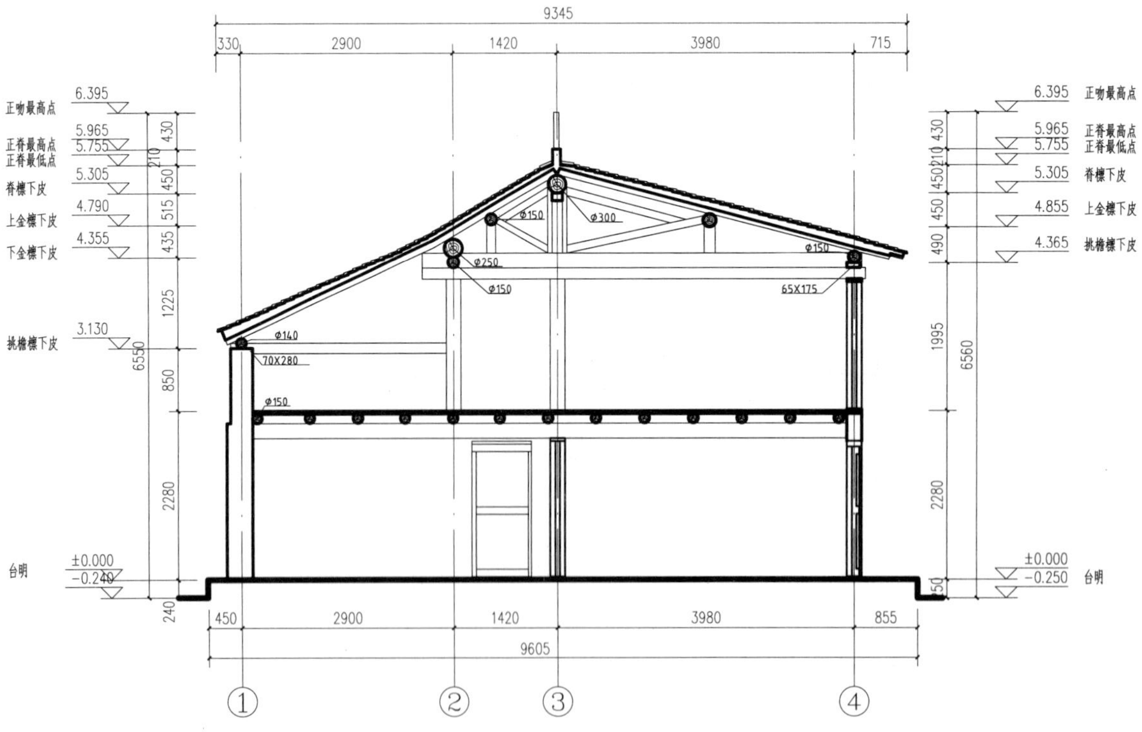

图 12　来财诊所剖面图

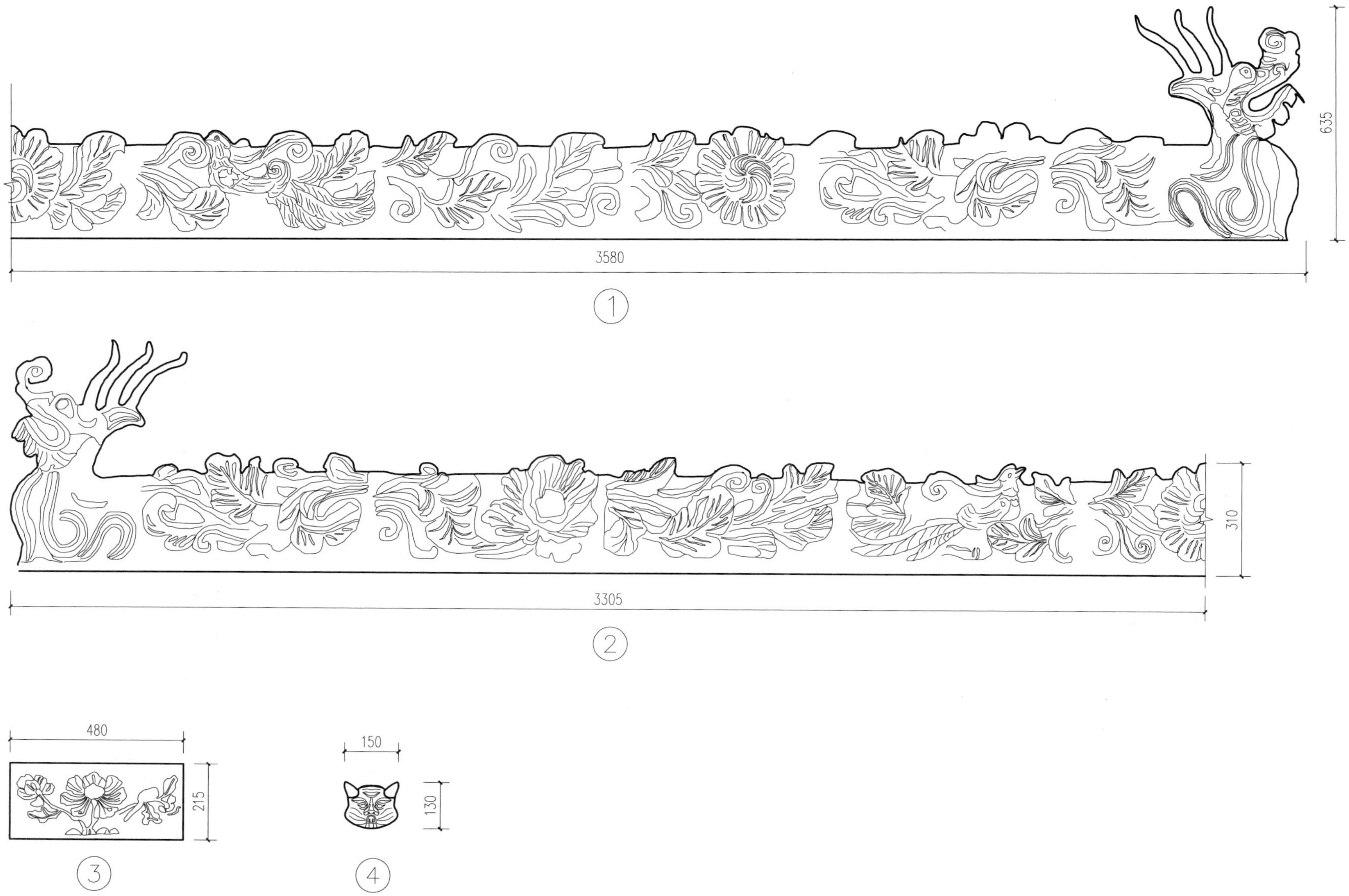

图 13　来财诊所雕花大样图

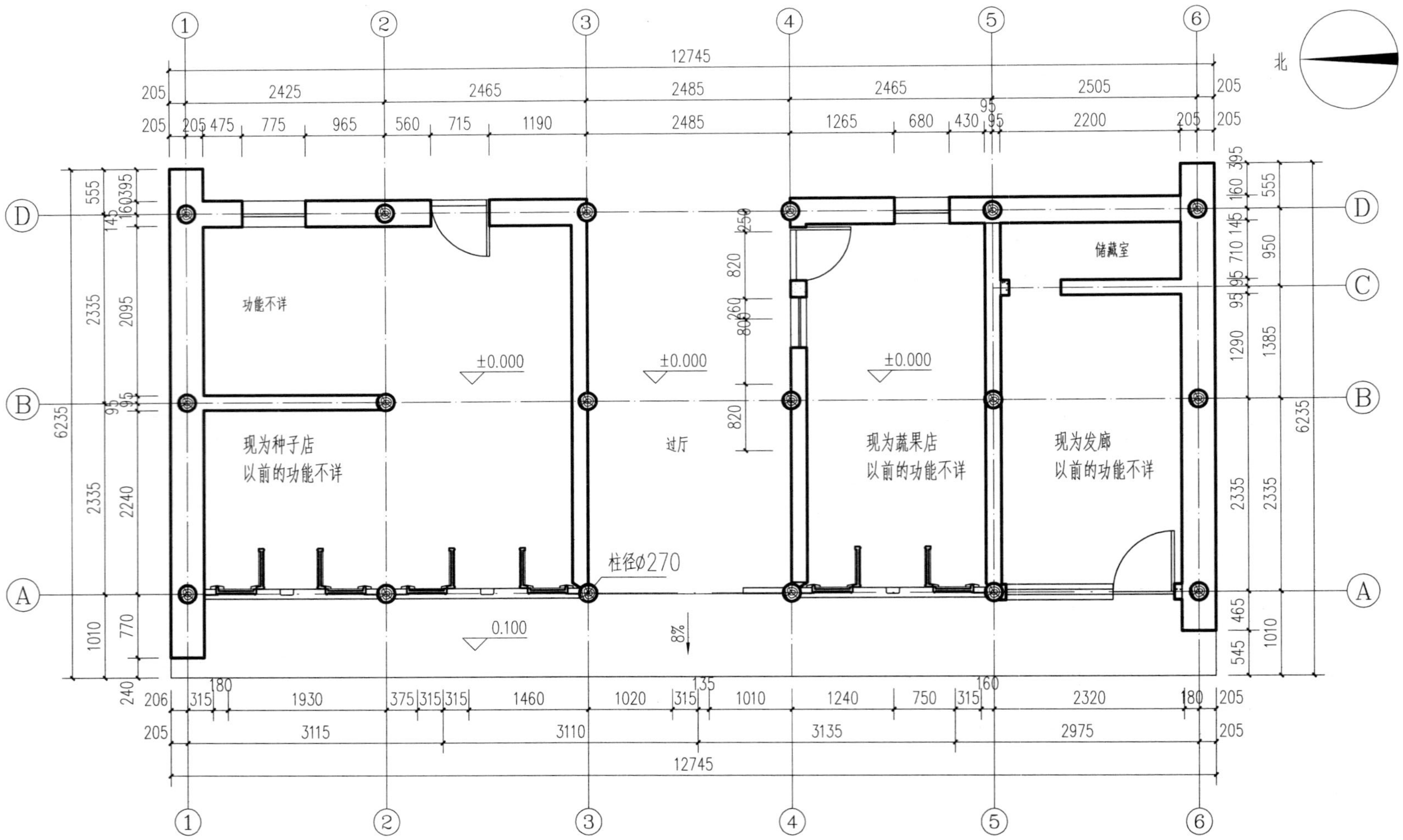

注：①该建筑沿街立面维护结构多为木质，部分为砖砌，背立面墙体为夯土墙。
②推测建筑一层门窗多为后来替换，有的是简易木板门，有的是现代门窗。

图 14　老供销社平面图

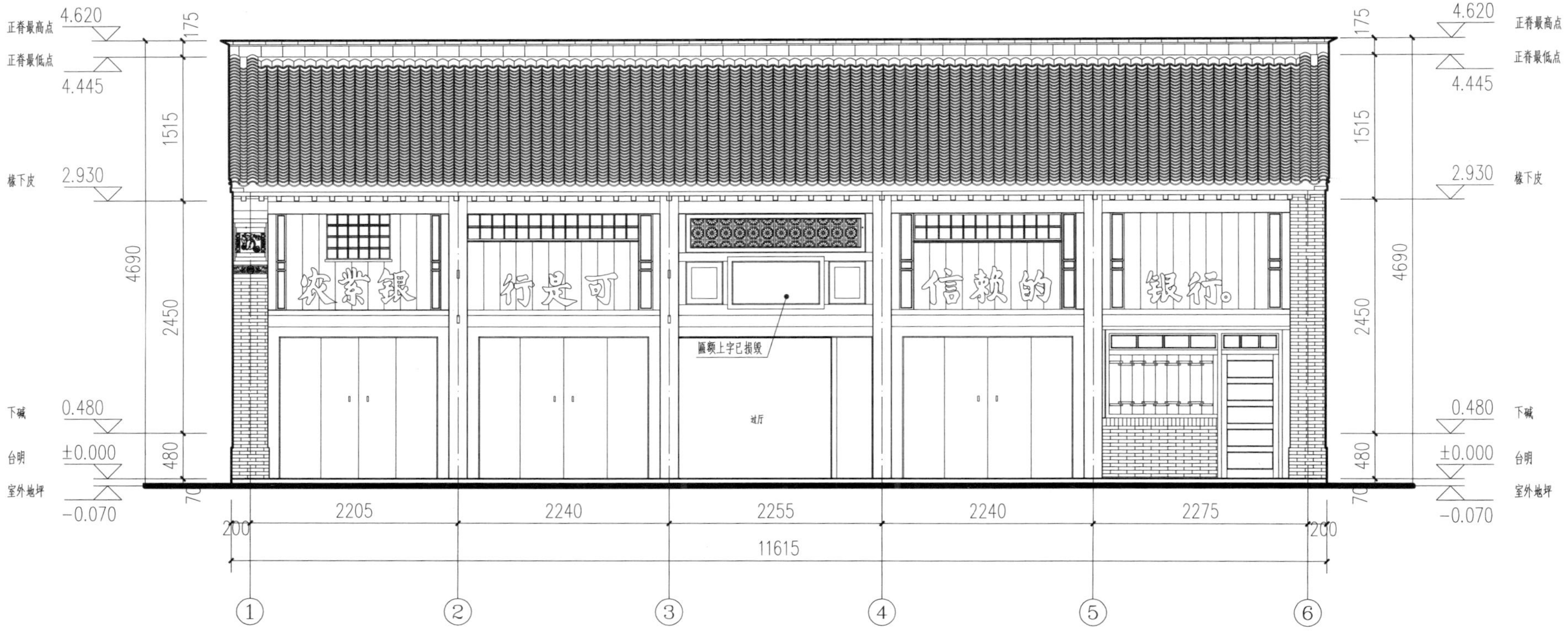

注：该立面一层的门多为后来替换，其中三扇是简易木板门，一扇是普通木质平开门。

图 15　老供销社立面图

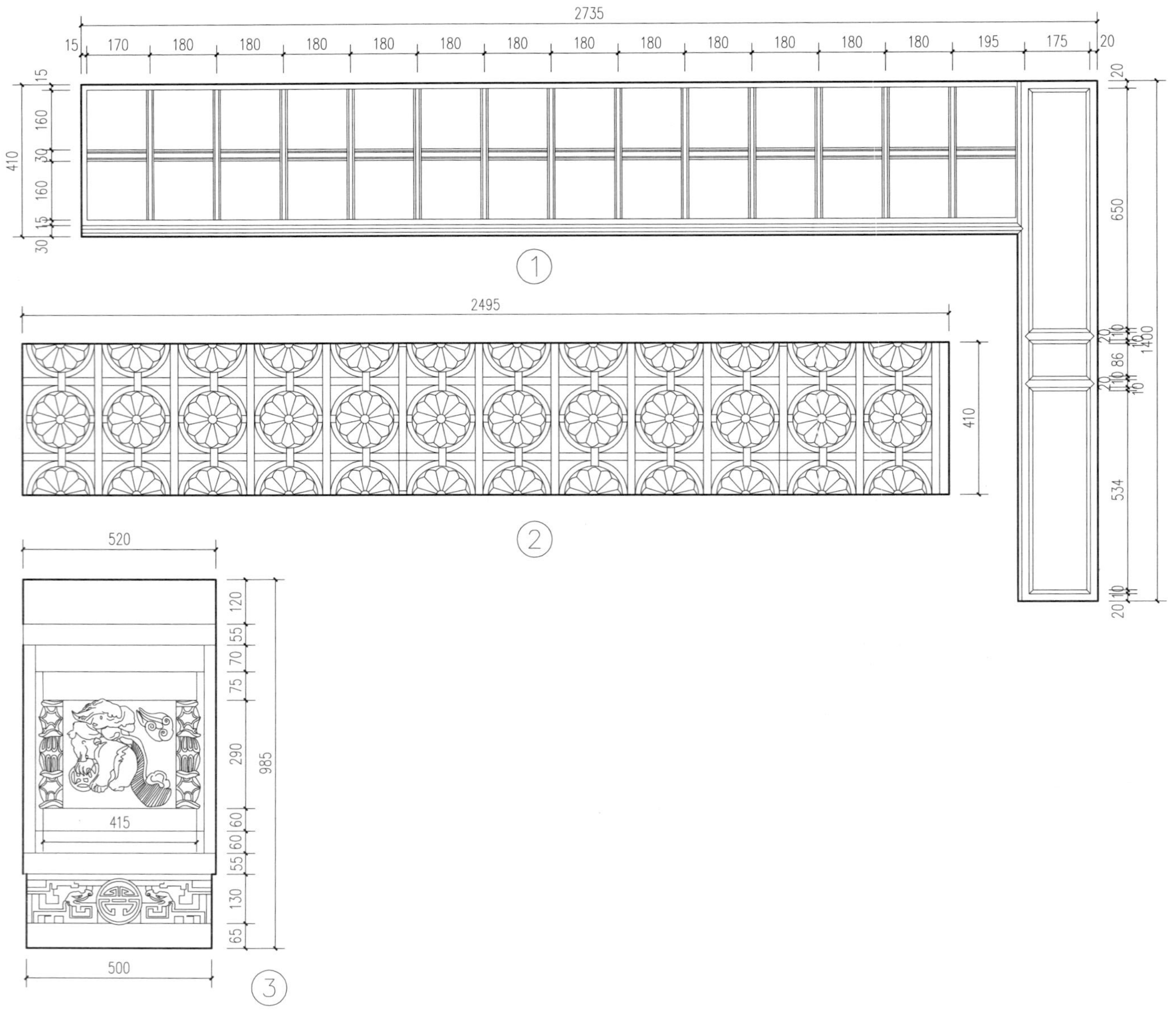

图 16　老供销社雕花大样图

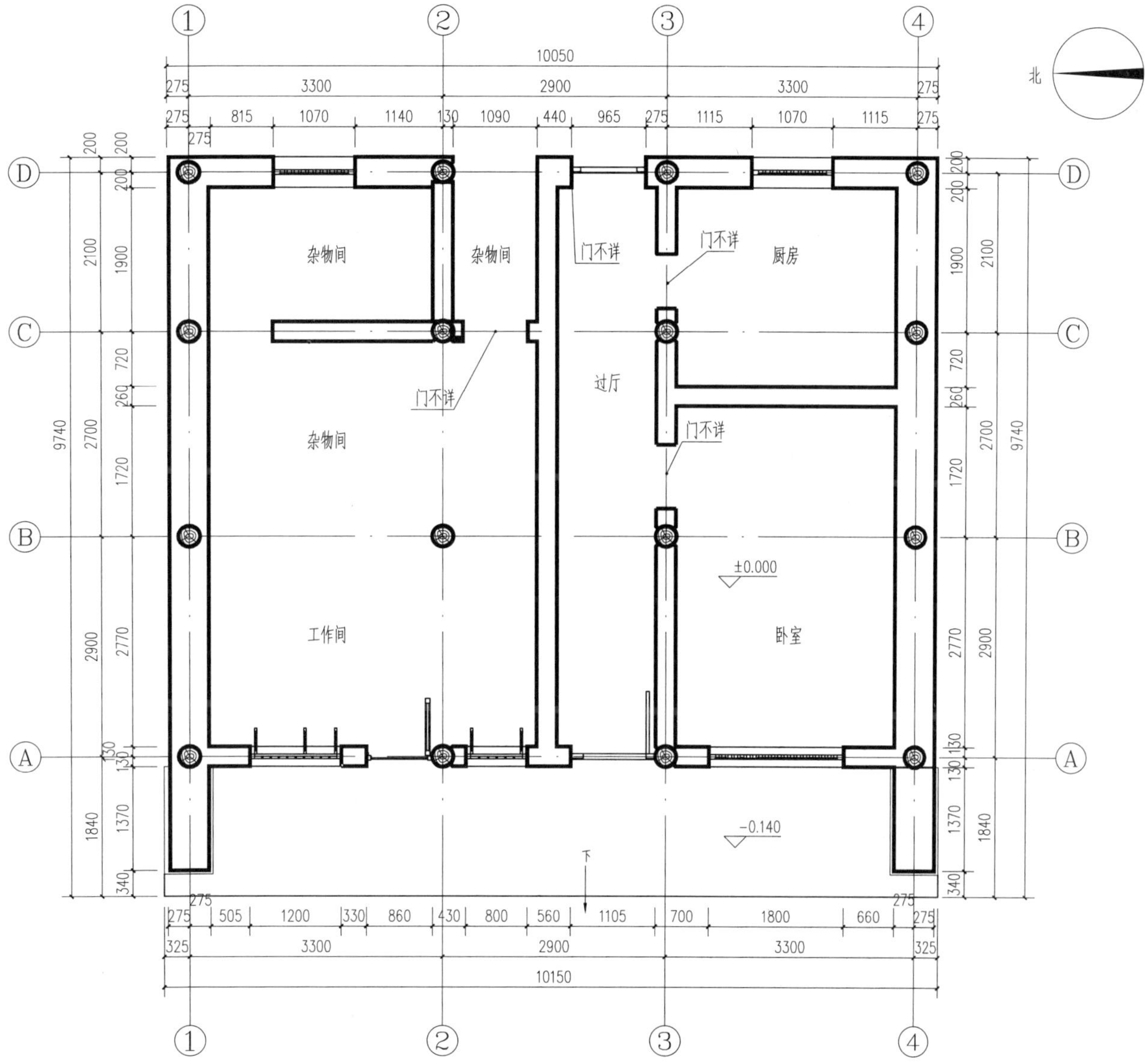
北
杂物间
杂物间
门不详
门不详
厨房
门不详
过厅
杂物间
门不详
±0.000
工作间
卧室
−0.140
下
10050
10150

图 17　永顺店平面图

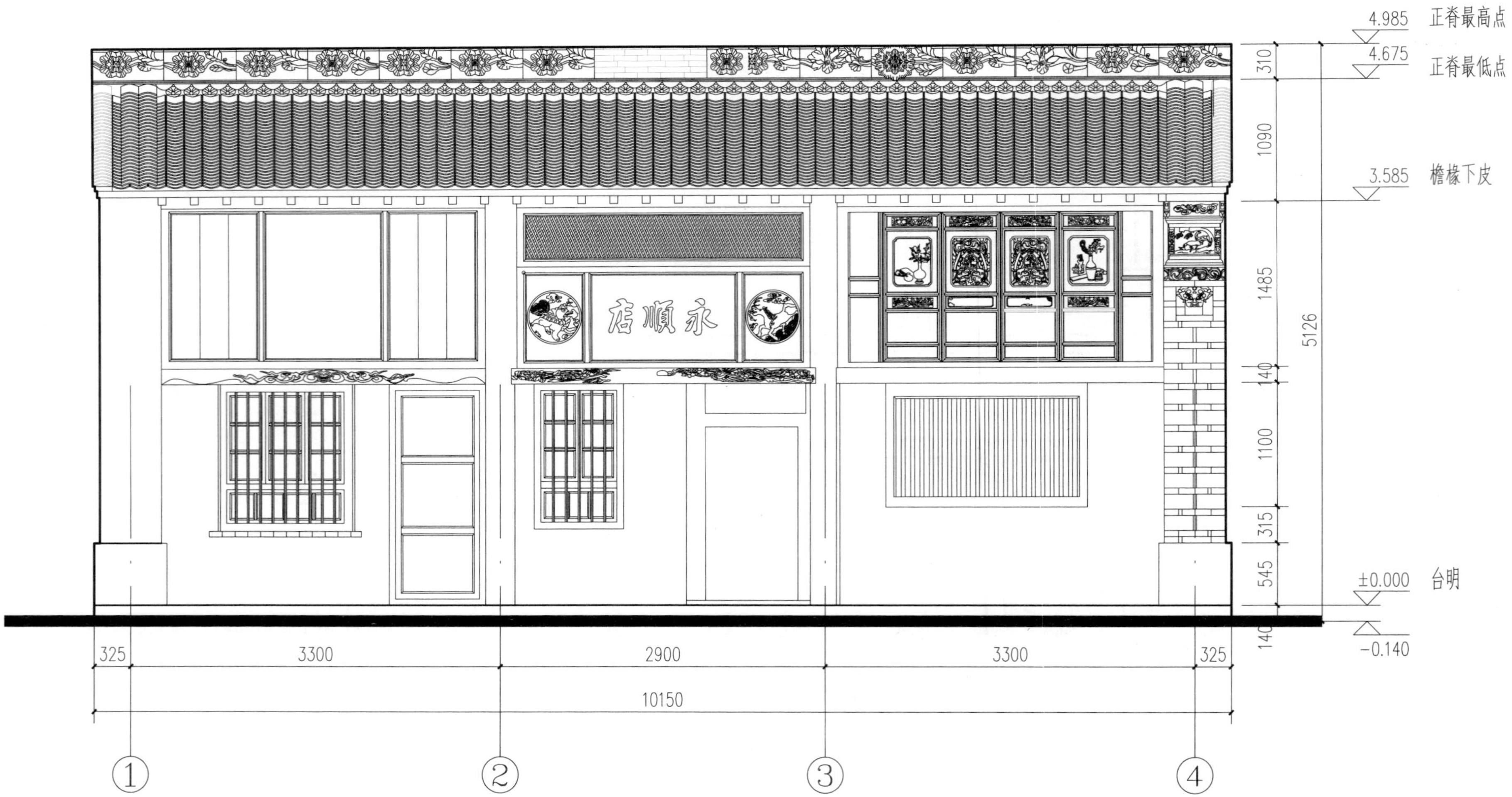
4.985
正脊最高点
4.675
正脊最低点
3.585
檐椽下皮
±0.000
台明
-0.140
310
1090
1485
140
1100
315
545
140
5126
永顺店
325
3300
2900
3300
325
10150
①
②
③
④

图 18　永顺店立面图

图 19　永顺店大样图

后　记

生长于东北，求学于西北，履职辗转于珠三角与长三角，最后随爱人又回到了培养我的兰州理工大学（原甘肃工业大学）任教。蓦然回首，我已经从母校毕业20年了，回想自己的经历，才发现对于建筑文化特殊的情感驱使着我关注一个城市文化的内涵赋存。对于跨越了大半个中国、主修中国建筑史的我来说，留在兰州，研究甘肃的建筑文化应该是一种缘分之初衷，也是一种责任之归宿。

2007年我从杭州回到学校，从建筑师到教师。职业的转变也使我的人生轨迹发生了转折，爱人比我早入校半年，开始讲授“中国建筑史”课程，我则开始主讲“古建测绘”课程。那个时候，我们这对“夫妻档”就形成了“建筑历史”学科团队。在理论与实践的交织中，在带领学生测绘的过程中，爬上爬下，跑东跑西，有一种什么也不怕的冲劲与干劲。同年，院长徐捷强先生委托我协助甘肃省建筑设计研究院对甘肃省政府院内的中山堂进行落架测绘，这是我第一次真正意义上的对地方建筑的深入认知，这一点始终萦绕心间。

随着“古建测绘”课程的进一步开展与推进，日积月累，才发现经过十余年的坚持与不懈，已经测绘了不少的建筑，区域也遍布甘肃各个主要城镇：兰州、天水、陇南、武威与酒泉等。2010年开始，我参与到甘肃省文物建筑保护修缮评审的实践之中，又进一步体会到地方建筑与官式建筑在营造体系上之大不同，但又很少能从文献之中窥其一斑。但是，在快速的城市建设背景下，大量的文物建筑成为了经济快速发展的“绊脚石”，这才发现甘肃地区的文物建筑需要得到关注，值得保护，更值得将研究成果“公布于众”。

2013年，我到西安建筑科技大学攻读博士学位，追随王军教授，接触了乡土建筑，并且加强了系统研究的观念。至此，开始有了对于甘肃地区古建筑进行系统研究的想法。2014~2015年，时值全国积极申报传统村落的黄金阶段，我负责甘肃陇南地区的传统村落调研，在此过程中完成了陇南各县域的典型建筑的测绘工作。在此，感谢陇南市住建局以及各县域住建部门给予的大力支持，这才有了《丝路甘肃建筑遗产研究：阶州古建筑实测图》（以下简称《阶州古建筑实测图》）的基础。2016年，我们测绘了兰州金崖镇的几十处传统建筑，并邀请业内专家在省文物局进行了成果鉴定，得到了认可，从而走上了为文保单位提供“四有档案”的轨道，真正发挥了高校科研机构的社会价值。

《阶州古建筑实测图》是对陇南地区传统建筑的集中展示，是对陇南地区不可移动文物建筑的抢救性记录。陇南地区现存的古建筑多留存在偏远的乡村，这也是它们得以留存的根本原因，同时也是即将毁坏与消失的根源。2018 年，研究生到康县铜钱乡的茶味沟村进行深入调研，学生回来反馈说我们当时所测绘的“九进九出”的赵氏庄园二进院雕刻精美的槅扇门被盗；同年，在网上看到了成县李明武民居被私自拆除的处理意见。耳闻这些消息之后，不免心生遗憾，感叹文物建筑的历史与今生的不确定性，同时也更坚定了将测绘图进行出版的决心。这些测绘图又多了一种使命，对历史存在的真实呈现，以图档的形式永续流传。

《阶州古建筑实测图》是对多元文化交错区建筑文化的深层认知，图纸资料可谓是研究的密码。在深入调研的过程中，发现如北茶马古道、阴平古道等文化线路对于传统建筑发展的影响。团队有幸在 2015 年获得国家自然科学基金（编号：51568038）的资助，若不是在调研测绘的过程之中发现北茶马古道的路线与民居的平面形制的演变存在交叠关系，就不会发现多元文化交错区建筑文化发展的历史空间图谱；同时，在进一步深耕的基础上，在 2020 年又获得国家自然科学基金（编号：52068046）的资助，这些图纸的存留形成了历史空间的动态联系。由此可见，这些深入研究的成果皆是建立在调研与测绘的基础上，它是深层学术研究的基石。

《阶州古建筑实测图》的编写工作跨度较大，时限较长，工作枯燥且艰巨，但也是每个参与者的宝贵经历所在。现在想想，2015 年带领学生去康县铜钱乡的茶味沟村去测绘赵氏庄园的情境，山路不通车，在阴雨天步行两个多小时，最后村民派出六七辆摩托车将我们带到测绘点，学生二话不说，现场测绘一下午，暮色降临的时候才走出山村。那一晚每个人没有艰辛的疲倦，更多的是洋溢着成功的喜悦，因为大家的目标一致，那就是如何更好地将文物建筑科学地呈现。当年测绘的学生已经毕业了，如今活跃在建筑设计的各自岗位，每每相逢谈起这段经历，都会带着无比的骄傲与自豪。这也让我改变了对于这群 90 后孩子的看法，只要老师正确引导，他们可以成就大事业。

任何工作都不是一个人的事情，《阶州古建筑实测图》作为测绘图录的第一卷，也是丛书的第一卷，其倾注了整个团队的心血与情感。从深入到偏僻乡村测绘的 2011 级与 2012 级本科生，到后面 2015 年研究生的相继加入，从前期对于建筑的现场测绘以及后续对于测绘图纸进行系统勘误、补绘的工作，先后多次下陇南，才有了现在的成果。在基础测绘资料上，2011 级建筑学的全体同学功不可没，尤其在补测阶段，大家一边做设计课程作业，一边又要完成测绘图纸，周雨晨、李欣、朱振南、李轩、刘婷、叶远笛等同学付出了艰辛的劳动；在勘误阶段，骆婧、卞聪、苏醒、赵柏翔、张莉、卢晓瑞、顾国权、张琪、史一彤、雷鑫阳、卢萌、李佳洁、张丽萍等先后与我一起参加系统勘误的工作。我与爱人则负责每个典型案例的文字介绍部分。统稿阶段，苏醒、赵柏翔、卢萌等人先后负责。最后阶段，我与爱人以及卢萌一起对书稿进行了最后的校核，形成了最终稿。至此，经过数次图稿与文字的订正，不厌其烦，我才感觉到前辈所说“著书立说之不易”，因此，研究要依靠团队的力量，“众人拾柴火焰高”，星星之火终究可以燎原。

《阶州古建筑实测图》出版之际，我要特别感谢两位恩师——刘临安教授与王军教授，首先是刘老师将我带入“中国建筑史”研究的学术之门，先生的睿智与博学令我心生敬仰，对我的谆谆教诲令我终生受益。书稿付梓之际，刘老师亲自作序，勉励我学术需要严谨，我当铭记于心。其次，王老师为我们团队的研究增加了乡土内涵，先生已是一头银发，还依然致力于一线的调研工作，不辞辛劳，着实令我敬佩。书稿付梓之际，王老师亲自作序，勉励我坚持不懈，给予我强大的动力。

《阶州古建筑实测图》出版之际，我要衷心感谢科学出版社文物考古分社社长孙莉女士，是她的大力支持才使得丛书成为2019年科学出版社的重大出版项目，这给予团队莫大的信心。感谢出版社吴书雷编辑，其任劳任怨，且总在我心情低落之时给予支持，同时又不厌其烦地逐页勘误，提出适宜的修改意见。在此感谢出版社在书稿编校方面付出的极大努力与汗水。

《阶州古建筑实测图》编写历时7年，感谢兰州理工大学刘奔腾、陈伟东、安玉源、赵春晓、周琪等老师在调研阶段的大力支持！在后续编写过程中，还得到了甘肃省文物局、陇南市文化广电和旅游局、住房和城乡建设局以及陇南市武都区委相关领导和朋友的大力支持。最后，感谢我的父母，为了支持我和爱人的工作，他们默默地付出了所有。

《阶州古建筑实测图》的编写虽然已历7个年头，花费了大量的人力，但仍然存在不少的遗憾。全书虽然仅涉及22处传统建筑，但是可供参考的历史文献却是凤毛麟角。由于参编的人员较多，其专业学识与制图能力所限，书稿当中肯定还存在不少的疏漏甚至是错误之处。这一点，在我每一次审稿校对之时就能反复发现很多制图不规范的问题上得以体现，甚至时常发现在同一建筑的不同立面标高都不相同，有的时候真有“挂一漏万”的感觉，仰面俯耳……这些都已经成为历史的遗憾，很多拆毁的传统建筑已经无法再现。但是，每当想到即便是这样的图纸似乎也可以给读者以启示的时候，我认为自己应该撕掉这块儿“遮羞布”，这些有待在向有识之士以及前辈、同行学者的不断学习之中进一步修正，同时也是在给当下的我提供学术研究的经验。在此，敬请各位前辈、同行学者以及关注《阶州古建筑实测图》的有识之士，不吝赐教！在下将感激不尽，当研读深耕，以求改善一二。

阶州，这个称谓与“武都”相互交替，形成了陇南的历史与春秋。立于时下，面对新时代的“传统文化复兴”“乡村振兴战略”“生态文明建设”等一系列伟大目标，继往开来，挖掘传统建筑的多元智慧，为当地民众谋福祉，则是一个建筑历史工作者的时代责任。《阶州古建筑实测图》的出版，如若在此过程之中可以贡献微薄之力，给有识之士以零星启示，对于团队而言也算是一种慰藉。

孟祥武

2021年9月8日于兰州理工大学槐园